실크로드에 핀

고리(高句麗)의 상징
닭깃털관(鷄羽冠)

고구리·고리사 연구총서 ④
실크로드에 핀
고리(高句麗)의 상징 닭깃털관(鷄羽冠)

1판 1쇄 펴낸날 2020년 12월 19일

글쓴이 서길수 | 편집 여유당출판사 편집부 | 디자인 홍수진
펴낸이 조영준 | 펴낸곳 여유당출판사 | 출판등록 2004-000312호
주소 서울 마포구 동교로 27길 53 지남빌딩 201호 | 전화 02-326-2345 전송 02-6280-4563
전자우편 yybooks@hanmail.net | 블로그 http://blog.naver.com/yeoyoubooks

ISBN ISBN 978-89-92351-92-8 93910
책값은 뒤표지에 있습니다.

고구리 · 고리사 연구 4

실크로드에 핀
고리(高句麗)의 상징
닭깃털관(鷄羽冠)

보정 서길수

여유당

책머리에

Ⅰ. 왜 고리(高麗)인가?

이 책의 제목은『실크로드에 핀 고리(高麗)의 상징 닭깃털관(鷄羽冠)』이다. '고리(高麗)'는 이 책에서 다루는 시대를 말하고, '닭깃털관(鷄羽冠)'은 이 책에서 다루는 주제다.

그런데 '고리(高麗)'는 궁예와 왕건이 세운 '고리(高麗)'가 아니라 추모가 세운 '고구리(高句麗)' 때를 말한다. 고구리(高句麗)는 413년 장수왕이 즉위한 뒤 나라이름을 고리(高麗)라고 바꾸었다(<고구리·고리사연구 총서> 시리즈 2권『장수왕이 바꾼 나라이름 고리(高麗)』참조). 그런데 이 책에서 다루는 모든 사료는 장수왕 이후의 것들이므로 5세기 초반 이후 낸 (『삼국사기』를 뺀) 대부분 사료는 고구리(高句麗)가 아니라 '고리(高麗)'라고 기록되어 있다. 보기를 들어 고리(高麗)라는 나라이름이 가장 많이 나오는『구당서』와『신당서』에 나라이름이 각각 210회, 420회 나오는데,『구당서』에는 고구리(高句麗)와 구리(句麗)가 1회씩 나오고 나머지 208회가 모두 고리(高麗)라고 기록되어 있고,『신당서』에는 고구리(高句麗)는 단 한 번도 나오지 않고 오로지 고리(高麗)만 210회 나온다. 글쓴이가 이 책 제목에 '고리(高麗)의 상징'이라고 쓴 까닭이다.

지금까지 고구리사 연구자들은 원 사료에 나온 고리(高麗)를 억지로 고구리(高句麗)로 바꾸어 인용하였지만, 이 책에서는 원 사료에 있는 그대로 고리(高麗)라고 쓴다. 이 책 제목을 정할 때 많은 분들이 "고리(高麗)라고 하면 왕건의 고리라고 오해를 하니 제목은 고구리(高句麗)라고 하자. 만일 검색을 하더라도 '고구려'라고 해야 많은 사람들이 찾을 수 있다."고 했다. 그러나 글쓴이는 "거꾸로 고구리(高句麗)·고리(高麗)로 검색하는 사람을 생각하여 고리(高麗)를 그대로 쓴다."고 주장하였다. 실제 고구리(高句麗)가 강성했던 장수왕(413년) 이후 무려 255년 동안 고리(高麗)라는 나라이름을 썼다. 그러므로 고구리 후반의 역사를 기록할 때는 당연히 고리라는 이름을 사용하는 것이 역사적 진실이다.

이 책에서는 또한 '高句麗 = 고구리'로, '高麗 = 고리'로 읽는다. 고구리 때 그렇게 불렀던 나라이름을 조선시대부터 잘못 읽은 오류를 바로잡기 위함이다. 이 두 가지 문제는 이미 1998년 『고구려 역사유적 답사』에서 문제를 제기하였고, 2007년 『고구려연구』(27)에 「高句麗'와 '高麗'의 소릿값(音價)에 관한 연구」를 발표해 학술적으로 뒷받침하였다. 학계에 공식적으로 발표하여 8년이 지나도 학술적인 반론이 없어 2015년부터는 일반화할 단계라고 생각되어 학술논문에서 고구리(高句麗)·고리(高麗)로 쓰고 있으며, 2019년에 두 책을 내서 자세하게 밝혔다(『고구려 본디 이름 고구리(高句麗)』, 『장수왕이 바꾼 나라이름 고리(高麗)』, 여유당, 2019). 앞으로 교과서가 바뀌기를 바란다.

이 책은 <고구리(高句麗)·고리(高麗)사 연구총서> 7권 가운데 4번째 연구 결과다.

1권 : 고구려의 본디 이름 고구리(高句麗)(2019년 12월 출간)
2권 : 장수왕이 바꾼 나라이름 고리(高麗)(2019년 12월 출간)
3권 : 세계 속의 고리(高麗) - 막북(몽골) 초원에서 로마까지(2020년 출간)
4권 : 실크로드에 핀 고리(高麗)의 상징 닭깃털관(鷄羽冠)(2020년 출간)
5권 : 사마르칸드에 핀 고리(高麗)의 상징 닭깃털관(鷄羽冠)(2020년 출간)
6권 : 남북국시대의 고리(高麗)(2021년 출간 예정)
7권 : 후고리(後高麗)와 후조선시대의 고구리·고리(2021년 출간 예정)

Ⅱ. 불교 서적이 풀어준 수십 년의 화두 닭깃털관(鷄羽冠)

4권 내용은 고구리(高句麗)·고리(高麗) 사람들이 즐겨 쓰던 닭깃털을 꽂은 쓰개(冠)에 대한 것이다. 흔히 새 깃털관(鳥羽冠)이라고 하는데, 이 책의 시작은 고구리(高句麗)·고리(高麗) 사람들이 왜 새깃털(鳥羽)이 아니고 닭깃털(鷄羽)을 꽂고 다녔는가? 하는 문제부터 시작한다.

2009년 8월 정년퇴직하고 바로 산사로 들어갔다. 수행하는 틈틈이 불교 경전을 비롯한 서적들을 공부하면서 바탕을 다져갔다. 그때 가장 큰 보탬이 된 것이 대만 중화전자불전협회(中華電子佛典協會, Chinese Buddhist Electronic Text Association, CBETA)에서 보급한 DVD였다. 팔만대장경은 물론 우리나라『삼국유사』와『조선불교사』까지 불교에 관한 모두 검색이 가능한 프로그램이었다. 어느 날 문득 불교 관계 자료에는 고구리(高句麗)와 고리(高麗)에 관한 자료가 얼마나 있을까 궁금했다. 지난 20년 동안 공부했던 습(習)이 작동한 것이다. 두 낱말을 검색해 보니 놀랍게도 고구리(高句麗)가 30건 가까이 되고 고리(高麗)는 그보다 몇 배가 많았으며, 그동안『삼국사기』를 비롯한 국내 사료와 중원의 25사에서는 보지 못한 많은 내용이 쏟아져 나왔다. 다 검토하지는 못하였지만 몇 가지 사료를 보는 과정에서 눈에 확 뜨이는 내용이 튀어나왔다.

계귀(鷄貴)란 산스크리트 '구구타왜설라(矩矩吒䃜說羅)'를 말한다. '구구타(矩矩吒)'는 닭(鷄)이고, '왜설라(䃜說羅)는 귀하게 여기다(貴)'는 것인데, 바로 고리 나라(高麗國)다. 전하는 바에 따르면, 그 나라는 닭신(鷄神)을 공경(敬)하고 높이 우러러보기 때문에 (닭의) 깃털을 머리에 꽂아 겉을 꾸민다고 한다.

춤무덤 천장 닭신

춤무덤의 닭신

이 자료를 보자마자 마치 화두가 풀리듯 고구리사(高句麗史) 연구 과정에서 막혔던 몇 가지 문제가 확 뚫렸다. 그리고 2012년 하산한 뒤 몇 년 뒤부터 이에 관련된 논문을 몇 편 썼다.

(1) 「춤무덤의 사신도와 조우관에 대한 재검토」, 『역사민속학』(46), 2014. 11.
(2) 「외국 高句麗 인물화에 나타난 닭깃털관(鷄羽冠)과 高句麗의 위상 연구」, 『高句麗渤海研究』(51), 2015. 03.
(3) 「시안(西安) 출토 도관칠국육판은합(都管七國六瓣銀盒)에 새겨진 '고리국(高麗國)'의 연대에 대한 연구」 『高句麗渤海研究』(62), 2018. 11.
(4) 「아프라시압 高句麗 사절에 대한 새 논란 검토 – 高句麗 사신 사행(使行) 부정론에 대한 비판적 고찰(Ⅰ)」, 『高句麗渤海研究』(66), 2020. 03.
(5) 「아프라시압 高句麗 사절에 대한 새 논란 검토 – 高句麗 사신 사행(使行) 부정론에 대한 비판적 고찰(Ⅱ)」, 『동북아역사논총』(68), 2020. 06.
(6) 「일본 법륭사(法隆寺) 불상 대좌에 그려진 고구리(高句麗) 인물상 연구」, 『高句麗渤海研究』(67), 2020. 07.

모든 논문이 '닭 깃털을 꽂은 쓰개(鷄羽冠)'라는 하나의 주제어를 놓고 추적해 가는 것으로, 먼저 고구리(高句麗) 역사와 유적에서 그 보기들을 찾아 정리한 것이 (1)의 논문이었다. 이어서 고구리·고리 영토가 아닌 다른 나라에서 발견된 '닭 깃털을 꽂은 쓰개(鷄羽冠)'들을 추적하여 정리한 것이 (2)의 논문이었다. 그리고 나머지 (3)~(6)은 모두 (2)의 논문 가운데 나오는 사례들을 하나씩 더 깊이 파헤쳐 나가는 논문들이었다. 실로 불교 사료에서 나온 하나의 열쇠가 많은 것을 열어주었다고 할 수 있다.

Ⅲ. 실크로드에 핀 고리(高麗)의 상징 닭깃털관

이 책은 논문을 발표한 뒤 직접 현장을 방문하고, 자료를 더 광범위하게 모아서 발전시킨 내용으로, 다음과 같은 8개 마당으로 짜여 있다.

춤무덤 닭깃털관(鷄羽冠)　　　　　　　　　　춤무덤 닭꼬리털관(鷄尾羽冠)

1. 첫째 마당 서녘(西方)에서 부르는 고리(高麗)

이 마당에서는 책에서 제기되는 모든 문제를 풀 열쇠가 되는 사료를 철저히 검증한다. 이 자료는 이미 『해동고승전(海東高僧傳)』이나 『삼국유사』 같은 고리(高麗)시대의 사료를 비롯하여 1942년 이후 현재까지 전해 내려오는 동안 많은 책에서 저자들이 고리(高麗)를 신라로 잘못 옮겼거나 해석을 잘못하였다는 점을 차근차근 밝혔다.

서역에서 고리 나라(高麗國)를 부르는 낱말 '구구타왜설라(矩矩吒瞖說羅)'에 대해 세밀한 언어학적 검토를 거쳐 그 뜻이 닭신(鷄神)임을 밝히고, 아울러 고리(高麗)에서는 닭신(鷄神, 天鷄)을 섬겨 쓰개(冠)에 닭깃털(鷄羽)를 꼽고 다닌다는 사실을 밝힘으로써 다음 마당부터 보려는 실크로드에 나타난 여러 고리(高麗) 인물상을 해석할 열쇠 말을 만들었다. 바로 닭깃털관(鷄羽冠)이다.

2. 둘째 마당 춤무덤(舞踊塚)의 사신도와 새깃털관(鳥羽冠)에 대한 재검토

먼저 춤무덤(舞踊塚)에서 주작이라고 주장하던 수탉 한 쌍이 고구리(高句麗)가 숭배하는 닭신(鷄神)임을 밝히고, 벽화에 나타난 새깃털관(鳥羽冠)이 닭의 깃털로 만든 관(鷄羽冠)이란 사실을 확정한다. 아울러 고구리(高句麗)의 닭 숭배사상을 검토하고, 벽화에 나타난 새깃털관(鳥

양직공도 고리(高麗) 사신 王會圖(7세기)   양직공도 蕃客入朝圖(1077)

羽冠)에 대한 새로운 해석을 시도한다.

　이 새로운 관점을 통해서 춤무덤, 장천1호무덤, 마선구1호무덤, 감신무덤(龕神塚), 쌍기둥무덤(雙楹塚)에 나오는 고구리의 상징인 관이 모두 닭깃털을 꽂은 닭깃털관(鷄羽冠)이라는 사실을 밝힌다.

3. 셋째 마당 양(梁)나라 직공도(職貢圖)에 그려진 닭깃털관(鷄羽冠)

　이번 마당부터는 고리(高麗) 밖의 다른 나라에서 발견된 닭깃털관(鷄羽冠) 인물도를 통해서 '닭깃털로 만든 관(鷄羽冠)'에 대한 새로운 해석을 시도하며, 동시에 고리 나라(高麗國)의 위상을 살펴보기로 한다.

　셋째 마당에서는 외국에서 발견된 고구리(高句麗) 인물도 가운데 가장 이른 시기에 그려진 양(梁)나라 직공도(職貢圖)에 그려진 닭깃털관(鷄羽冠)을 다룬다. 양나라 직공도(職貢圖)는 양(梁, 502~557) 무제(武帝)의 일곱째 아들 소역(蕭繹, 508~554)이 형주자사(荊州刺史)로 있을 때 무제의 즉위 40년(541)를 기념하여 불교 나라인 양나라에 조공하러 온 사절들의 모습을 그린 것이다. 541년에 그린 그림 원본은 현재 남아 있지 않고 100년쯤 뒤에 그 그림을 베껴 그린 「왕회도(王會圖)」, 남당(南唐, 937~975) 때 본뜬 그림 「번객입조도(蕃客入朝圖)」, 1077년 부장차(傅張次)가 그린 「남경양직공도(南京梁職貢圖)」만 남아 있다.

비록 후대에 본뜬 그림이지만 541년 당시 고리(高麗) 사신의 모습을 천연색 그림으로 볼 수 있을 뿐만 아니라 신라·백제의 사신들도 나오기 때문에 당시의 옷과 쓰개를 비교해 볼 수 있는 좋은 자료다. 이 자료에서 세 나라 사신의 차림새 가운데 가장 특징적인 것은 고리 사신이 쓴 닭깃털관이다.

양직공도에는 30개 안팎의 나라에서 온 사신이 그려져 있는데, 이런 나라들을 자세하게 분석하여 지도로 작성해 보았다. 이런 나라들은 당시 고리 나라(高麗國)가 조공외교를 통해서 교류한 나라들이기 때문이다.

4. 넷째 마당 **일본 법륭사(法隆寺) 불상 대좌에 그려진 닭깃털관(鷄羽冠)**

1992년 8월 24일 일본 법륭사(法隆寺) 경내 문화재를 조사하는 과정에서 발견되었다. 일본에서는 처음 닭깃털관(鷄羽冠)을 쓴 인물상이 발견되었기 때문에 중요한 자료지만 아직 본격적인 논문이 발표되지 않았다. 신문 기사와 1차 조사보고서를 바탕으로 ① 인물화가 그려진 시기, ② 누가, 왜 그렸는가? ③ 누구를 그렸는가? 같은 문제를 검토해 보았다.

『일본서기』를 비롯한 일본 측 사료와 연구 성과를 섭렵하고, 한일관계사를 공부할 좋은 기

법륭사 고리(高麗) 화공의 자화상 사인

법륭사 金堂의 墨畫 인물상

회였다. 이전에 일본사나 한일관계사를 본격적으로 다루어 본 경험이 없었기 때문에 오히려 과감하게 나름대로 추론을 세울 수 있었다. 제작 연대를 폭넓게 잡아 앞으로 논의해야 할 실마리를 제시하였으며, 그림을 그린 당사자가 안작 조(鞍作 鳥, 구라쯔꾸리 노 도리)라고 보았고, 한발 더 나아가 그가 고리(高麗)에서 온 도래인의 후손이라는 점을 증명해 보인 것도 논란의 시작이 될 것이다. 특히 환도산성과 국내성의 고구리의 장인들이 만든 기와와 석제품을 분석하여 이 그림이 고리(高麗)의 화공이 사인처럼 자신의 자화상을 그렸다고 결론지은 것은 많은 논란이 있을 것으로 본다.

한편 전공이 아닌 복식사 관계 논의는 선행 연구를 참조하였으나 아직도 미흡하므로 앞으로 복식사를 전공하는 후학들의 논의와 비판을 기대한다.

5. 다섯째 마당 당나라 장회태자 이현(李賢)의 무덤벽화에 그려진 닭깃털관(鷄羽冠)

장회태자(章懷太子) 이현(李賢)은 당나라 고종 이치(李治)와 무측천(武則天) 황제 사이에서 난 둘째 아들이다. 1971년 7월 2일부터 1972년 2월 하순까지 발굴하여 그해 발굴보고서가 나왔다. 발굴 결과 전체 무덤에서 50편이 넘는 벽화가 발견되었는데 그 보존상태가 아주 좋고 소재가 다양하였다.

여기서 발견된 고리(高麗) 사신은 닭깃털관(鷄羽冠)을 쓴 인물화 가운데 가장 많이 연구되었던 주제였다. 지금까지 깃털관을 쓴 인물에 대하여 ① 일본 사신설 ② 신라 사신설 ③ 발해사

李賢墓 섬서성 박물관 원화   李賢墓 벽화(본뜬 그림)

신설 ④ 고리(高麗) 사신설 같은 갖가지 설이 나왔다. 먼저 지금까지 나온 갖가지 설을 처음부터 최근까지 될 수 있는 한 모두 모아서 검토하였다. 이어서 연구사를 검토한 결과를 바탕으로 신라 사신설이나 발해 사신설의 한계를 지적하고, 어떻게 그 벽화에 고리(高麗) 사람이 등장할 수 있는지를 증명한다.

이 벽화는 현재 섬서성 박물관 지하 벽화실에 전시하고 있다.

6. 여섯째 마당 도관칠개국육판은합(都管七個國六瓣銀盒)에 그려진 닭깃털관(鷄羽冠)

도관칠개국육판은합(都管七個國六瓣銀盒)은 1979년 시안시(西安市) 교통대학 안에서 발견되어 시안시 문물관리위원회가 수장하고 있던 것을 1984년 쨩다홍(張達宏)•왕창치(王長啓)가 논문으로 발표하여 세상에 알려졌다.

이 유물의 특징은 6개의 달걀꼴 꽃잎과 가운데 생기는 공간을 포함하여 모두 7개의 공간에 나라 이름들을 새겨 넣고 그 나라에 알맞은 인물들을 그려 넣었다는 것이다. 그런데 그 나라 가운데 고리국(高麗國)이 들어 있고 등장하는 5명의 인물 모두가 관에 새깃털 2개를 꽂았다. 이 유물의 연도는 나오지 않았지만 나라이름이 "고리(高麗)" "나라(國)"라고 뚜렷이 새겨져 있어 연구자들의 관심을 끌었다.

지금까지 당나라 때 깃털관(羽冠)을 쓴 벽화와 유물들이 꽤 여러 건 발견되어 많은 연구가 진행되었지만 모두 주인공의 국적에 대해 논란이 많았다. 그것은 인물들의 국적이 명기되어 있지 않고, 명확한 연대가 기록되어 있지 않기 때문이었다. 이 유물은 나라이름이 뚜렷하게 나와 있기 때문에 주로 은합이 만들어진 시기에 대한 논의가 많았다. ① 고리(高麗) 사신이라는 설, ② 신라 사신이라는 설, ③ 발해 사신이라는 설, 심지어는 ④ 왕씨 고리(高麗) 사신이라는 설까지 갖가지 주장이 나왔으며, 지금까지도 이어지고 있다. 주로 미술사적인 관점에서 이 은합의 제작 연대가 만당(晩唐) 시기인 9세기라는 전제 아래 진행되었기 때문이다.

글쓴이는 은합에 새겨진 6개 나라가 존재했던 시기를 분석하여 석문을 못한 한 나라를 빼고 모든 나라가 고리(高麗)가 당나라에 항복하기 전에 이미 존재했던 나라들이고, 또 양나라와 수나라 때 해동 3국에 사리를 분배한 기록을 통해서 7세기 중반 이전에 만들어졌을 가능성을 밝혔다.

도관칠개국육판은합 고리국(高麗國)

이 유물은 북경과 서안 두 곳에서 열린 특별전에서 직접 감상할 수 있었는데, 두 번째 서안 전시에서 좋은 사진을 얻을 수 있었다.

7. 일곱째 마당 당나라 사리함에 새겨진 닭깃털관(鷄羽冠)

이 마당에서는 사리함에 나타난 고리(高麗) 인물상이 새겨진 4점의 불교 유물을 다루었다.

1) 법지사(法池寺) 사리함(舍利石函)에 그려진 닭깃털관(鷄羽冠)

1990년 산시성(陝西省) 란티엔현(藍田縣) 짜이꽈이촌(蔡拐村)에서 흙을 파내던 도중 그 속에서 사리를 담았던 돌함(舍利石函)을 발견하였다. 지금까지 연구한 결과로 사리함의 주인공이나 시대를 정확히 알 수 없지만, 수나라와 당나라 때 발견된 다른 사리함에 그려진 비슷한 사리분배도와 비교할 때 법지사 사리함에 나온 깃털관을 쓴 인물은 고리(高麗) 사람이라고 볼 수 있다(14쪽 사진).

법지사 사리석함 고리인(高麗人)(1)   법지사 사리석함 고리인(高麗人)(2)

2) 경산사(慶山寺) 보석 사리탑(舍利寶帳)에 그려진 닭깃털관(鷄羽冠)

1985년 5월 5일 진시황릉 건너편 린통(臨潼)현에 속하는 신풍 벽돌공장(新豊磚瓦廠)에서 벽돌을 만들기 위해 흙을 파는 과정에서 벽돌 방(券室)을 발견하였다. 사리보장(舍利寶帳)은 바로 그 방의 중앙에 서 있고, 그 보장(寶帳) 안에 사꺄여래(釋迦如來)의 사리를 넣은 금 널(金棺)과 은 덧널(銀椁)이 있었다.

2018년 8월 31일 시안(西安) 에스페란토 협회(Xian Esperanto-Asocio) 회장 왕 티엔이(王天義) 선생의 주선으로 담당자를 만나 자료를 확보할 수 있었다. 지하에 있는 유물을 보여주겠다고 했으나 공교롭게도 열쇠를 가진 사람이 없어 직접 유물을 보지 못한 것이 아쉽다.

3) 일본 센오꾸(泉屋) 박고관(博古館) 돌함에 새겨진 닭깃털관(鷄羽冠)

1918년 산뚱성(山東省) 지난시(濟南市) 지양현(濟陽縣)의 황하 기슭에서 나왔다고 전해진다. 돌함은 건원(乾元) 효의황제(孝義皇帝)라는 글이 뚜렷이 새겨져 있어 건원 연간(756~762)에 만들었다는 것이 밝혀졌다.

돌함 전면에 당나라 황제가 새겨져 있고, 문 건너편에 고리(高麗) 왕이 새겨져 있다. 돌함에 새겨진 연대는 고리(高麗) 조정이 당에 항복한 뒤의 일이지만 불교 사리함에서는 관습적으로 사리를 분배하는 나라 가운데 고리가 들어간다는 사실을 알 수 있다.

경산사 사리보장 고리인(高麗人)　　　　　　　　　　泉屋博古館 高麗人

법문사 사리함 高麗人

4) 법문사(法門寺) 사리함 사천왕 그림에 새겨진 닭깃털관(鷄羽冠)

2018년 9월 2일, 이 유물이 전시되고 있는 법문사(法門寺) 박물관을 찾아가 직접 유물을 보고 사진 자료를 확보하였다. 이 그림은 특이하게 사천왕상에 공양인들이 그려져 있는데, 그 공양인 가운데 고리 사람(高麗人)이 있다. 이 유물은 국내에서 처음 소개되는 것이기 때문에 사리함에 대해 자세하게 살펴보았다.

8. 여덟째 마당 둔황(敦煌) 막고굴(莫高窟) 벽화에 그려진 닭깃털관(鷄羽冠)

둔황(敦煌) 벽화 속에서 닭깃털관을 쓴 인물상은 대략 40개 동굴에서 나타난다. 그런 인물의 쓰개는 일반적으로 깃털이 2개 꽂혀 있다. 이 가운데 가장 이른 시기의 인물상은 당나라 초기(618년~) 때의 것(220호굴)이며, 가장 늦은 것은 서하(西夏) 때의 서천불동 7굴이다.

둔황 벽화에 나타난 닭깃털관 인물은 숫자도 많고 형태도 다양하므로 40개 굴에 나온 인물들을 시대별로 정리해 보았다. 막고굴의 닭깃털관 가운데 시대적으로 고구리 조정이 당나라에 항복하기 전에 그려진 인물상은 642년 조성된 220호굴 유마힐경변상도 뿐이다. 그 뒤 이러한 그림본은 토번이 지배할 때도 이어졌고, 비록 그림이 크게 변화되었지만 닭깃털관은 송을 거쳐 서하시대까지 이어졌다.

이상 여덟 마당을 통해 의정이 『대당서역구법고승전』에서 '서녁(西方)에서는 고리(高麗)를 구구타왜설라(矩矩吒翳說羅)라고 부른다'는 설명과 부합되며, 지금까지 소개된 모든 깃털관은 고구리 사람들이 닭신을 숭배하는 의미에서 관에 닭깃털을 꼽는 모습이 하나의 상징이 되어 일본에서부터 실크로드를 따라 꽃피웠다는 것을 알 수 있다. 이런 닭깃털관을 쓴 인물상은 타클라마칸 사막을 넘어 사마르칸드까지 이어진다. 사마르칸드의 닭깃털관 인물상도 여기서 다루려고 했으나 논쟁점이 많아 5권에서 따로 다루기로 했다.

220굴(642년)

335굴(686년)

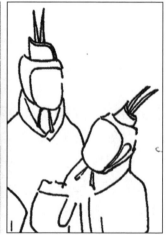

355굴

Ⅳ. 감사드리는 글

이 책을 쓰는 데 여러 사람의 도움이 있었다. 중화인민공화국의 국제어 에스페란토 회원들이 현지 학자들과 만날 수 있도록 미리 주선해 주고 직접 안내하며 통역해 주었고, 중화인민공화국에서 나온 논문은 모두 강남대 송용호 교수가 수고해 주었다. 일본 논문들은 현지 에스페란토 회원들과 용곡대의 서광휘 선생이 찾아서 보내왔으며, 국내자료는 박찬규 박사와 김일권 박사의 도움이 컸다. 다른 책과 마찬가지로 아내 이은금 실장과 김남진 선생이 꼼꼼히 교정을 봐주었고, 두 아들도 큰 도움이 되었다. 맏아들 상원이는 스캐너를 비롯한 모든 컴퓨터 시스템을 완벽하게 갖추어 문제가 생길 때마다 해결해 주었으며, 때로는 다운을 받기 어려운 외국 논문들도 받아서 도움을 주었다. 둘째 상욱이는 대만 갔을 때 양직공도를 전시하는 고궁박물원에 가서 직접 사진을 찍어 가지고 와 해상도 높은 원본 사진을 확보할 수 있었다.

모두 함께 회향할 수 있어 고맙고 기쁘다. 끝으로 많은 분량의 학술서적을 꼼꼼하게 편집해 준 여유당출판사에도 감사드린다.

2020년 7월 26일
창천동 맑은나라에서
보정

차 례

둘째 마당

춤무덤(舞踊塚)의 사신도와 새깃털관(鳥羽冠) 재검토

넷째 마당
일본 법률사(法隆寺) 불상 대좌에 그려진 고구리(高句麗) 인물상

일곱째 마당
당나라 사리함에 새겨진 닭깃털관(鷄羽冠)

Ⅰ. 법지사(法池寺) 사리함(舍利石函)에 그려진 닭깃털관(鷄羽冠)

여덟째 마당
둔황(敦煌) 막고굴(莫高窟) 벽화에 그려진 닭깃털관(鷄羽冠)

첫째 마당

서녘(西方)에서 부르는 고리(高麗) '닭신(鷄貴)'

Ⅰ. 머리말

이 마당은 『대당서역구법고승전(大唐西域求法高僧傳)』상권의 신라 스님들에 대한 기록에서 언급한 고리(高麗)를 구체적으로 분석한다.[1]

『대당서역구법고승전(大唐西域求法高僧傳)』을 지은 의정(義淨, 635~713)은 법현(法顯, 399~412년 13년 간)과 현장(玄奘, 629~645년 16년 간)이 천축을 다녀온 기록을 읽고 그들을 따르고자 20살에 구족계를 받는다. 671년 광주(廣州)를 떠나 바닷길을 따라 천축으로 가서 여러 불교 성지를 탐방하고 인도의 날란다사에서 7년, 스리보자(Śrīboja, 室利弗逝 = 지금의 스마트라 섬)에서 7년 등 30년을 고행한 뒤, 귀국길에 산스크리트 경전 400부를 가져와서 많은 경전을 번역하였다. 아울러 현장이 서역에 다녀온 645년부터 자신이 본국으로 돌아온 695년까지 50년 동안 불교 진리 탐구를 위해 서역을 여행한 고승들의 전기를 모아 『대당서역구법고승전(大唐西域求法高僧傳)』을 펴냈다.[2]

이 책에는 신라 고승들도 8명 들어 있는데 그 가운데 가장 먼저 이 논문의 주

---

1) 서길수, 「외국 高句麗 인물화에 나타난 닭깃털관(鷄羽冠)과 高句麗의 위상 연구」, 『高句麗渤海研究』(51), 2015. 03.

2) 대만에서 발행된 『佛光辭典』에는 天授二年(691)에 이 책을 지었다고 되어 있다.

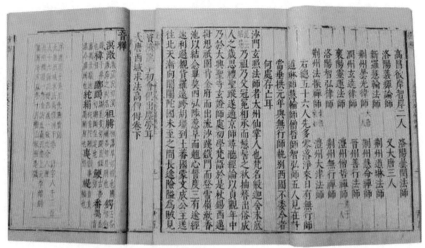

그림 1 「대당서역구법고승전(大唐西域求法高僧傳)」

제를 제공한 아리야바르마 고승이 들어 있다.[3] 먼저 원문과 함께 아리야바르마
스님에 대한 기록을 우리말로 꼼꼼이 옮겨보기로 한다.

아리야바르마(Ārya-varma, 阿離耶跋摩)[4]는 신라사람이다. (당나라 태종) 정관(貞觀

---

3) 2009년 정년퇴임 이후, 강원도 영월 800고지에 자리한 한 산사에 들어가 3년 동안 불법을 수행하
    던 중에 2010년 7월 27일 김규현, 『혜초 따라 5만리』(상, 여시아문, 2005)를 읽었다. 그 책에 인도 나
    란다대학에서 공부한 신라 스님들을 얘기하는 대목에서 고리(高麗) 스님 한 분이 있었다. 그 스님
    의 행적을 자세히 찾다보니 그 분이 바로 아리야바르마이고, 뜻밖에 당시 인도에서 고리(高麗)를
    '계귀(鷄貴)'라고 부른다는 사실이 함께 기록되어 있었다. 그 원전이 바로 『대당서역구법고승전(大
    唐西域求法高僧傳)』이고, 이 내용을 보자 그동안 고구리(高句麗)·고리(高麗)를 연구하면서 가졌던 여
    러 문제들이 실타래 풀리듯 풀리기 시작했다.

4) 『大唐西域求法高僧傳』 머리말에 나오는 차례에는 아난야발마(阿難耶跋摩)를 신라(新羅)의 아리야
    발마(阿離耶跋摩)라고 했다. 같은 책에서 제목은 이(離), 본문은 난(難)이라고 서로 다른 것은 두 가지
    가운데 하나가 틀린 것이다. 이를 인용한 『해동고승전』이나 『삼국유사』에도 모두 아리야발마(阿離
    耶跋摩)라고 했다. 여기서는 아리야발마(阿離耶跋摩)로 옮긴다.
        아리야발마는 산스크리트를 소리 나는 대로 한문으로 옮긴 것인데, 대만에서 나온 『불광사전』
    에는 아리야바르만(Ārya-varman)이라고 했고, 1942년 일본의 아다찌 키로꾸(足立喜六)가 옮긴 『대
    당서역구법고승전』에는 아리야바르마(Āryavarma)라고 했다. varman이란 낱말을 겹씨(복합어)
    로 만들 때는 varma로 쓰기 때문에 여기서는 아리야바르마(Āryavarma)라고 하는 것이 옳다. 산
    스크리트에서 아리야(ārya)는 훌륭한·존경할 만한(respectable), 명예로운(honourable), 믿을 수 있
    는(faithful) 사람; 높이 존경받는 사람(a man highly esteemed)이라는 뜻을 지녔는데, 한문경전에서

627~649년) 연간에, 바른 가르침을 뒤좇아 구하고, 몸소 거룩한 (붇다의) 자취를 찾아 예를 올리기 위해 (당나라) 장안(長安)의 광협(廣脇 : 왕성에 있는 산 이름)을 떠났다. (천축국의) 날란다사(那爛陀寺, Nālandā)에 머물면서 율(律)과 논(論)을 많이 익히고 뭇 경전들을 베껴 썼으나, 가슴 아프게도 (고국으로) 돌아가겠다고 단단히 마음먹은 바를 이루지 못하고 계귀(鷄貴)의 동쪽 변두리 땅에서 태어나 용천(龍泉)의 서쪽 끝에서 돌아가시니, 이 절(寺)에서 덧없음(無常)을 느끼는구나! 나이는 70 남짓 되었었다.

　　[계귀(鷄貴)]란 산스크리트 '구구타왜설라(矩矩吒瞖說羅)'를 말한다. '구구타(矩矩吒)'는 닭(鷄)이고, '왜설라(瞖說羅)는 귀하게 여기다(貴)'는 것인데, 바로 고리 나라(高麗國)다. 전하는 바에 따르면, 그 나라는 닭신(鷄神)을 공경(敬)하고 높이 우러러보기 때문에 (닭의) 깃털을 머리에 꽂아 겉을 꾸민다고 한다. 날란다에 못이 있는데 용천(龍泉)이라 부른다. 서녘(西方)에서는 고리(高麗)를 구구타왜설라(矩矩吒瞖說羅)라고 부른다.[6]

위 문장에서 글쓴이가 이 장의 주제로 삼은 것은 바로 "계귀(鷄貴)란 산스크리트의 '구구타왜설라(矩矩吒瞖說羅)'를 말한다. '구구타(矩矩吒)'는 닭(鷄)이고, '왜설라(瞖說羅)는 귀하게 여기다(貴)'는 것인데, 바로 고리 나라(高麗國)다."라는 구

는 귀(貴) ; 성(聖), 성자(聖者), 묘성(妙聖), 현성선(賢聖善) 같은 뜻으로 옮겼다. 바르만(varman)은 갑옷과 투구(甲冑), 보호, 비호; 크샤트리아(kṣatriya, 刹帝利, 왕족·귀족)의 이름으로 많이 쓰인다. [한문경전]에서는 갑옷(鎧), 갑옷(甲), 투구와 갑옷(盔甲), 투구와 갑옷(盔鎧) 같은 뜻으로 옮겼다. 그러므로 아리야바르마는 '훌륭한 갑옷'이라는 뜻이라고 볼 수 있고, 바르마(Varma)라는 고유명사에 거룩하다는 아리야(ārya)라는 좋은 낱말을 붙였다고 볼 수도 있다.

5)　날란다사(那爛陀寺, Nālandā) : 한자로 나란타사(那蘭陀寺), 아란타사(阿蘭陀寺)라고도 옮겼고, 뜻으로는 시무염사(施無厭寺)라고 옮겼다. 산스크리트로는 날란다~쌍가라마(Nālandā-saṃghārāma, 那爛陀僧伽藍). 고대 중인두(中印度) 마가다국(摩揭陀國) 수도 왕사성(王舍城) 북녘에 있는 큰 절이다. 현재의 라즈기르(Rajgir)에서 북쪽으로 11km쯤 떨어진 바라가온(Baragaon)에 있다. 5세기 초 굽타왕조 사까디땨왕(Śakāditya, 帝日王)이 북인도 라자밤사(Rājavaṃśa)가 되어 이 절을 세웠다. 계속 키워가 고대 인도에서 가장 큰 절이 되고 불교에서 가장 으뜸가는 대학이 되었다. 대당서역기에 자세한 기록이 나온다(불광사전).

6)　義淨, 『大唐西域求法高僧傳』. 이 논문에 나오는 한문 원문은 모두 中華電子佛典協會 (Chinese Buddhist Electronic Text Association, CBETA)에서 무료로 보급한 DVD를 사용하였다. 인용문에서 'No 000'이라고 나오는 것은 대정신수경에 실린 번호를 뜻한다. 阿難耶跋摩者 新羅人也. 以貞觀年中 出長安之廣脇(王城小[山]名) 追求正教親禮聖蹟 住那爛陀寺 多閑律論抄寫眾經. 痛矣 歸心所期不契 出雞貴之東境 沒龍泉之西裔 即於此寺無常. 年七十餘矣. (雞貴者 梵云矩矩吒瞖說羅. 矩矩吒 是雞 瞖說羅是貴 即高麗國也. 相傳云 彼國敬雞神而取尊 故戴翎羽而表飾矣. 那爛陀有池 名曰龍泉. 西方喚高麗為矩矩吒瞖說羅也)

절이다. 이 내용을 다시 줄여 보면 다음과 같은 등식이 성립된다.

'계귀(鷄貴)=구구타왜설라(矩矩吒㗨說羅) = 고리 나라(高麗國)

아리야바르마 스님의 고향을 뚜렷이 밝히는 '계귀(鷄貴)'에 대해서 특별한 주석을 달아 출신을 분명하게 한 것이다. 그러니까 아리야바르마 스님은 계귀(鷄貴), 곧 고리 나라(高麗國)의 스님이었던 것이다.

이 자료는 고리(高麗) 역사 연구에서 다음과 같은 아주 중요한 두 가지 연구 주제를 제공해 준다.

첫째, 인도말로 고리 나라(高麗國)를 '구구타왜설라'라고 하고, 한문으로 '계귀(鷄貴)'라고 했다.

둘째, 그 나라는 닭의 신을 모시고 닭 깃털을 머리에 꾸몄다.

이 마당에서는 먼저 첫 번째 주제인 고리(高麗)를 인도와 서녘에서 어떻게 불렀는지를 정확히 밝히고 그에 대한 의의도 한꺼번에 보고자 한다. 닭신 숭배사상과 그에 따른 문제는 다음 마당에서 다루려고 한다.

이 마당의 연구목적을 달성하기 위해 다음 2가지 장으로 나누어 고찰해 보기로 한다. Ⅱ장에서는 지금까지 내려오는 여러 자료의 번역을 하나하나 검토해보고 그 문제점을 지적한다. 아울러 고리(高麗)를 신라로 해석한 자료들을 검토하고 그 이유를 추적해 본다. Ⅲ장에서는 사료에 나온 산스크리트 이름을 어학적으로 정확히 밝혀내고, 산스크리트 이름을 쓰고 있던 서녘에 대한 범위를 알아본다. 아울러 이처럼 닭을 받드는 여러 자료를 찾아 분석하므로 해서 고리(高麗)의 산스크리트 이름이 갖는 의의를 본다.

Ⅱ. 원 사료와 관련 사료에 대한 비교 검토

이 논문에서 다루는 사료는 분명히 고구리(高句麗=高麗)에 대한 자료이고, 고리(高麗) 사의 중요한 몇 가지 문제를 풀어주는 사료임에도 불구하고 지금까지 고리(高麗) 역사 연구에서 한 번도 다루어지지 않았다. 번역 대부분이 고리(高麗)를 신라(新羅)라고 잘못 옮겼기 때문이다. 이 장에서는 지금까지 번역한 자료들이 어떻게 오역되어 왔는지 자세히 분석해 보자.

1. 지금까지 관련 사료를 번역한 자료에 대한 검토

1) 1942년, 아다찌 키로꾸(足立喜六) 역주, 『대당서역구법고승전(大唐西域求法高僧傳)』

일본에서는 일찍이 1942년 『대당서역구법고승전(大唐西域求法高僧傳)』의 일본말 역주가 이루어졌다. 그리고 이 일본말 번역은 한국에서 이 자료를 보거나 번역하려는 사람들에게 아주 중요한 역할을 했다. 이 역주본에서 아리야바르마에 대한 번역을 어떻게 하였는지 보기로 한다.

> 阿離耶跋摩(Āryavarma)는 신라 사람이다. ……❶ 계귀(鷄貴)[7]의 東境에서 태어나 용천(龍泉)의 西裔 끝에서 죽었다. ……②[계귀(鷄貴)란 산스크리트에서 矩矩吒瞖說羅 ❷ Kukkutaissara(巴利語)라고 한다. 矩矩吒는 닭(鷄)이고 瞖說羅는 貴, 高麗國이다. 전하는 바에 따르면, 그 나라는 鷄神을 공경(敬)하고 높이 우러러보기 때문에 (닭의) 깃털을 꽂아 꾸민다고 한다. 날란다에 못이 있는데 용천(龍泉)이라 부른다. 西方에서는 高麗를 矩矩吒瞖說羅라고 부른다.[8]]

---

7) 앞으로 ❶, ❷, ❸ 같은 검은빛 원문자는 글쓴이가 설명을 위해 덧붙인 것임.
8) 아다찌 키로꾸(足立喜六) 譯註, 『大唐西域求法高僧傳』, 岩波書店, 1942, 40~41쪽.

이 번역은 전반적으로 아주 적절한 번역이라고 할 수 있고, 아리야바르마(阿離耶跋摩)를 산스크리트 Āryavarma라고 밝힌 것은 업적이라고 할 수 있다. 다만 구구타왜설라(矩矩吒䃜說羅)를 산스크리트로 옮기지 못하고 빨리어로만 꾸꾸따잇싸라(Kukkutaissara)라고만 옮긴 것은 아쉬운 점이다. 의설라(䃜說羅)의 명확한 산스크리트를 알 수 없어서 그랬을 것이다. 빨리어도 Kukkuta에서 마지막 [t]는 권설음인 [ṭ]인데 그냥 [t]로 한 것은 인쇄할 때 잘못된 것일 수도 있다.

그러나 그의 번역에서 가장 큰 문제는 ❶에 대한 주석(註釋)에 있었다.

[번역문] 계귀(鷄貴)의 東境에서 태어나 용천(龍泉)의 西裔 끝에서 죽었다. ……
　　　　　矩矩吒는 닭(鷄)이고 䃜說羅는 貴, 高麗國이다.
[주　석] 東境인 鷄貴國(新羅)에서 태어나 西裔인 龍泉(那爛陀寺)에서 죽었다.

원문 주석을 '계국(鷄貴)=고리국(高麗國)'이라고 정확하게 옮겼음에도 불구하고 자신의 주석에서는 '계귀국(鷄貴國) = 신라(新羅)'라고 설명함으로써 내용을 뒤집어 버린 것이 큰 흠이라고 할 수 있다. 앞에서는 고리국이라고 했다가 뒤에서는 신라라고 해서 논리적으로 정반대가 되는 모순이 생긴 것이다.

2) 1980년, 이용범 옮김,『대당서역구법고승전(大唐西域求法高僧傳)』

일본에서 이 책이 번역된 뒤 40년 정도 지나서 한국의 이용범이 이 책을 처음 번역한다. 이 번역은 내용 전체를 번역하지 않고 일부 유명한 고승과 한국과 관계가 있는 부분만 뽑아 번역한 것이지만 한국에서 가장 먼저 국역한 책이어서 한국 학계와 종교·문화 부문에 큰 영향을 주었다.

……❶ 동쪽 끝인 계귀(鷄貴·신라)에서 나와 서쪽 끝인 용천(龍泉·나란타사)에서 돌아가셨다. ……《❷ 계귀(鷄貴)는 인도말로는 「구구차의설라」(矩矩吒䃜說羅)이며 ❸ 인도 남

---

9)　원문에는 한국 옥편에서 '해' 또는 '왜'로 읽는【䃜】로 되어 있으나 이 글자가 아주 드문 글자이기 때문에 여러 자료에서【의(䃜)】자로 쓰고 있다.
10)　옥편에서【吒】는【咤】의 본디 글자(本字)라고 했다. 우리 소리로는 '꾸짖을【타】'라고 되어 있으나

부의 토어인 파리어(巴利語)로는 쿠꾸타이싸라(Kukkutaissara)라고 한다. '구구차'는 닭(鷄)이며 '의설라'는 귀(貴)라는 뜻이다. ❹ 즉 고려국인 것이다. 서로 전하는 바에 따르면 ❺ 그 나라(즉 신라)에서는 닭의 신(神)을 받들어 모시기에 그 날개털을 꼽아 장식으로 한다고 한다. ……❻ 서방에서는 고려를 일컬어 '구구차의설라'라고 한다.[11]

이용범은 서문에서 아다찌 키로꾸(足立喜六)의 번역을 참고한 것을 밝혔다. 위 번역문을 보면 아다찌의 번역과 거의 같다. 다만 아다찌가 산스크리트 대신 빨리어 낱말 하나를 추가했는데, 이용범은 이 낱말을 '인도 남부의 토어인 파리어(巴利語)로는 쿠꾸타이싸라(Kukkutaissara)라고 한다.'고 원문에 없는 문장을 덧붙였고, 두 가지를 더 강조하여 고리(高麗)가 주어인 곳을 신라라고 강조하였다.

첫째, ❶에서 아다찌가 주석에 달았던 내용을 '계귀(鷄貴·신라)'라고 해서 '계귀 = 신라'로 못 박았다. 물론 원문에는 '신라'라는 낱말이 없다.

둘째, ❺에서 '그 나라(즉 신라)에서는'이라고 해서 아다찌보다 신라를 한 번 더 강조하였다.

그러다 보니 번역문의 전체 문맥은 뒤죽박죽이다.

① 첫째 원문 주석의 시작은 계귀(鷄貴)가 된다. 번역문은 '계귀(鷄)는 곧 고려국이다.'고 해서 '계귀=고려국'이라고 제대로 옮겼다.

② 그런데 그 다음에 느닷없이 '그 나라(즉 신라)'라고 해서 '계귀 = 신라'라고 설명해서 앞 뜻을 뒤집어 버린다. 물론 한문 원문에는 '(즉 신라)'라는 말이 없다.

본디 소리(本音)는【차】라고 되어 있으므로 여기서는【차】라고 읽었다. 옥편은 칼그렌이 현재 북경음을【cha】로 표시한 것을 그대로 옮긴 것으로 보인다. 그러나 현재 북경음(보통화)에서도 권설음인【Zha】이고, 6세기 고대음은 칼그렌도【타(t'a)】, 처우 파까오(周法高)는【타(ta)】라고 했으며, 일본어도【타(タ)】라고 읽는다. 아울러 원문인 산스크리트에서도 꾹꾸따=【따(ta)】라고 했기 때문에 옮긴이는 우리나라 소리대로【타】라고 읽었다.

11) 義淨(李龍範 譯),『대당서역구법고승전(大唐西域求法高僧傳)』, 서울, 東國大學校 附設 譯經院(現代佛敎新書 Vol. 26), 1980, 37쪽.

③ 그리고 마지막에 다시 '고려=「구구차의설라」=계귀'라고 원문에 있는 대로 번역했다.

왜 이런 앞뒤가 맞지 않는 번역을 했을까? 그것은 '계귀 = 신라'라는 전제로 번역하였기 때문에 생긴 오역이었다. 또 하나는 의정이 이 책을 쓴 때는 고리(高麗)는 이미 망하고 신라 때였으며, 아직 왕건이 세운 고리(高麗)는 세워지지도 않았다. 그러므로 당연히 신라라고 생각하였을 것이다.

이러한 오역은 이 책을 바탕으로 글을 쓴 여러 사람이 똑같은 잘못을 되풀이하는 씨앗이 되었다.

3) 1993년, 정각, 『인도와 네팔의 불교성지』

1993년 정각이 잘 정리된 책자 『인도와 네팔의 불교성지』를 냈다. 그는 그 책에서 날란다대학을 소개하면서 아리야바르마를 신라에서 태어났다고 했다.

> 우리나라 ❶ 신라의 아리야발마(阿離耶跋摩) 스님도 이곳 "나란다에 머물고 불교윤리의 율(律)과 이론의 학문인 논(論)을 익히고, 여러 가지 불경을 간추려 베꼈다. 슬픈 일이다. 돌아올 마음이 많았으나 그것이 이루어지지 못했다. 동쪽 끝인 ❷ 신라에서 나서 서쪽 끝인 나란다에서 70여 세에 돌아가셨다."고 하였다.[12]

한문 원 사료에서는 ❷는 '계귀의 동쪽 끝에서 태어나서(出雞貴之東境)'라고 한 것을 이용범이 '동쪽 끝인 계귀(鷄貴·신라)에서 나와'라고 했는데, 여기서는 계귀(鷄貴)을 지워버리고 신라로만 옮긴 것이다.

4) 2002년, 문명대, 「둔황에 남아 있는 신라인의 족적」

실제 아리야바르마를 신라 사람으로 번역함으로써 역사적 사실이 크게 왜곡된 보기가 있다.

---

12)   정각 지음, 『인도와 네팔의 불교성지』, 불광출판부, 1993(초판 1쇄), 2002(초판 4쇄), 142쪽.

의정(義淨)의 『대당서역구법고승전』 신라승 아리야발마조에 "신라는 닭의 신(鷄神)을 받들어 모시므로 그 날개털을 꽂아 장식한다."고 기록되어 있으며, 또한 잇달아 신라를 곧 고려국으로 표기하고 있어서 신라와 고려를 같이 쓰고 있는 것을 알 수 있다.[13]

이 문장은 바로 이 장의 주제가 되는 문제인데, 아리아바르마가 고리(高麗) 사람인데 신라 사람으로 잘못 해석하면서 이 사료를 신라 사람이 머리에 날개털을 꽂고 다니는 기원으로 삼아 버렸다.

5) 2005년, 김규현, 『혜초 따라 5만리』

김규현은 『혜초 따라 5만리』에서 아리야바르마의 국적을 신라로 단정하였다.

❶ "아리야발마의 국적은 신라이고……,"
❷ "……신라로 돌아가 불법을 널리 선전하고자 했지만……,"[14]

의정이 쓴 원문에도 ①에서는 국적이 신라라고 했지만 ②에서는 신라라는 국적이 없었는데도 김규현은 친절하게 신라를 넣어 번역함으로써 아리야바르마가 신라 사람이라는 것을 뚜렷하게 했다.

6) 김규현 번역, 『대당서역구법고승전』

이러한 해석은 최근에도 변함이 없는 것으로 보인다. 김규현은 2013년 『대당서역구법고승전』을 번역하여 책으로 내면서 같은 내용을 되풀이하고 있다.

① "아리야발마(阿離耶跋摩, Āryavarma)는 신라 사람이다."
② "동쪽 끝인 계귀(鷄貴, 新羅)에서 나와 서쪽 끝인 용천(龍泉, 邢爛陀寺)에서……"
③ "[계귀(鷄貴)는 인도말로는…… 여기서 '구구타'는 닭(鷄)이며

---

13) 　문명대, 「둔황에 남아 있는 신라인의 족적」, 『신라인의 실크로드』, 2002, 29쪽.
14) 　김규현, 『혜초 따라 5만리』 상권, 여시아문, 2005, 274쪽.

'왜설라'는 귀(貴)라는 뜻으로 바로 고구려국이다.]"[15]

이 번역본에서는 '계귀'를 설명하면서 ②의 괄호 안에 '계귀(鷄貴, 新羅)'라고 '新羅'를 덧붙여 '계귀 = 신라'임을 뚜렷이 하였다. 이런 오역은 아다찌의 주석을 참고한 이용범의 번역을 그대로 따랐기 때문이다. 심지어는 원문에 없는 빨리어도 그대로 옮기고 있다. 한 가지 차이가 있다면 김규현은 마지막에 고리(高麗)를 고구리(高句麗)로 옮긴 것이다. 이 문제를 좀 더 밝혀보기 위해 김규현의 두 번역을 견주어 본다.

> ① 김규현, 『혜초 따라 5만리』 (2005)
>   '계귀'는 인도말로……
>   여기서 '구구타'는 닭이며 '왜설라'는 귀(貴)하다는 뜻으로 바로 고려국을 말한다.
> ② 김규현 역주, 『대당서역구법고승전』 (2013)
>   계귀(鷄貴)는 인도말로는……
>   여기서 '구구타'는 닭(鷄)이며 '왜설라'는 귀(貴)라는 뜻으로 바로 고구려국이다.][16]

같은 원문을 옮기면서 ①은 '계귀 = 고려국', ②는 '계귀 = 고구려국'이라고 옮긴 것이다. 아울러 '고구려국'에는 다음과 같은 주석이 달려 있다.

> ③ "원문은 '고려'이지만 시기적으로 보아서 의정법사의 연대에는 고려가 생기지 않았으므로 고구려가 틀림없다."

김규현은 2005년 간단한 인용을 넘어 2013년에는 본격적으로 『대당서역구법고승전』을 '실크로드 고전여행기' 시리즈 가운데 한 권으로 번역하여 출판해야 해서 이 부분을 옮기면서도 꽤 고심했던 흔적이 엿보인다. 2005년에는 원문에 있는 대로 '고려국'이라고 했는데, 2013년에는 '고려 = 고구려국'이라는 사실을

---

15)   김규현 역주, 『대당서역구법고승전』, 글로벌콘텐츠, 2013, 75쪽.
16)   김규현 역주, 『대당서역구법고승전』, 글로벌콘텐츠, 2013, 75~76쪽.

알아내고 그것을 주석에 밝힌 것이다. 읽는 이들이 쉽게 이해할 수 있도록 '고구려'라고 한 점은 좋은 번역이라고 할 수 있다. 그러나 학술적인 측면에서 엄밀히 말하면 오히려 '고려국'이라고 옮기는 것이 바른 답이다. 왜냐하면 의정이 활동했던 당나라 때는 이미 나라이름이 '고구리(高句麗)'가 아니라 '고리(高麗)'였기 때문이다.[17] 김규현이 '고구려'라고 옮긴 까닭을 '시기적으로 보아서 의정법사의 연대에는 고려가 생기지 않았으므로'라고 한 것을 보면 당나라 때 이미 '고구리(高句麗) = 고리(高麗)'였다는 사실을 몰라서 생긴 오역이었고, 필요 없는 주까지 달았던 것이다. 글쓴이가 2007년 이 문제를 논문으로 발표하고, 2019년 『장수왕이 바꾼 나라이름 고리(高麗)』란 책을 낸 것은 이처럼 전문가들도 '고구리(高句麗)' 때 이미 나라이름을 '고리(高麗)'로 바꾸었다는 사실을 모르는 사람들이 많기 때문이다.

2. 옛 사서에 실린 관련 사료 검토

그렇다면 주석에 분명히 '계귀 = 고리(高麗)'라고 했음에도 불구하고 왜 오늘날까지 원전을 번역하면서 '계귀(鷄貴) = 신라'라는 오역을 반복하는 것일까? 이는 이미 왕건이 세운 후고리(後高麗)[18] 때 편찬된 유명한 사료들도 똑같은 잘못을 저질렀기 때문이다.

1) 『해동고승전(海東高僧傳)』에서 사라진 계귀(鷄貴)

『해동고승전』은 고려 후기 때 영통사(靈通寺) 주지 각훈(覺訓)이 왕명을 받아, 순도(順道)가 고구리(高句麗)에 들어온 뒤부터 각훈이 살던 때까지 약 9세기 동안의 큰 승려들에 대한 업적을 담은 책이다. 1215년(고종 2)에 필사본으로 나온 이

---

17) 자세한 것은 서길수, 『장수왕이 바꾼 나라이름 고리(高麗)』(여유당, 2019) 참조.
18) 왕건이 세운 고리는 후고리(後高麗)라 부른다. 고구리(高句麗) 장수왕 이후 이미 255년 동안 고리(高麗)로 사용하여 앞에 고리(前高麗)가 존재했기 때문이다. 이 문제는 <고구리·고리사 연구총서> 7권 「후고리(後高麗) 편」에서 자세히 다루려고 한다.

책은 오늘날 2권 1책만 남아 있다. 이 가운데 「유통편」1~2가 삼국시대 구법승들에 관한 전기이다. 「구법승전」에서 중국으로 가서 구법한 승려들을 각덕(覺德)부터 안함(安含)까지 소개하였고, 이어서 아리야바르마(阿離耶跋摩)로부터 마지막 현태(玄太)까지 천축(인도)에서 구법한 고승들에 관한 기록을 소개하였다. 여기서 아리야바르마에 대한 기록을 보자.

> 석(釋) 아리야바르마는 불가사의한 지혜가 있어 홀로 깨쳤고, 생긴 모습이 기이하였다. 처음 신라에서 중국에 들어가 스승을 찾아 가르침을 받는데 아무리 멀어도 찾아가지 않는 곳이 없었다. ……연보에 따르면 현장(玄奘) 삼장과 함께 서녘 나라로 떠난 것 같은데, 몇 년인지는 알 수가 없다.[19]

이 『해동고승전』의 천축구법승은 여러 곳에서 의정의 『대당서역구법고승전』을 인용한 것으로 보아 틀림없이 이 부분도 『대당서역구법고승전』을 검토했을 것이다. 그런데 『대당서역구법고승전』에서 아리야바르마는 계귀(鷄貴) = 고리(高麗)사람이라고 한 주석을 다 빼 버리고 앞부분만 '신라에서 중국에 들어갔다'고 못박아 버렸다. 500년 뒤 아리야바르마의 국적이 완전히 바뀐 것이다.

『대당서역구법고승전』과 좀 다른 데가 있다면 아리야바르마가 천축에 간 연도를 『대당서역구법고승전』에서는 정관 연간이라고 했는데, 여기서는 정관(貞觀) 3년(629) 또는 정관 원년(627)이라고 구체화한 것이다.

2) 『삼국유사』의 계귀(鷄貴)에 대한 해석

『삼국유사』는 1281년(충렬왕 7)쯤 고려 후기의 승려 일연이 편찬한 사서다. 『해동고승전』보다 반세기 이상 늦게 나왔는데, 여기서는 계귀(鷄貴)에 대한 해석을 크게 바꾸어버렸다. 『삼국유사』는 그 기록이 『(대당서역)구법고승전』에서 인용한 부분을 뚜렷이 밝혔기 때문에 『(대당서역)구법고승전』과 비교하여 어떻게 계귀(鷄貴)에 대한 해석이 바뀌었는지 보기로 한다.

---

19) 각훈(覺訓), 『해동고승전(海東高僧傳)』(2), 釋阿離耶跋摩 神智獨悟 形貌異倫. 始自新羅入于中國 尋師請益 無遠不參. … 按年譜似與玄.

① [구법고승전] 없음

　　[삼국유사] 廣函求法高僧傳云,

첫머리에 이 내용이 『(대당서역)구법고승전』에 있는 내용임을 밝힌다. 앞에 나온 광함(廣函)을 모든 번역자가 '광함이 지은'이라고 옮겼는데, 『(대당서역)구법고승전』을 지은 의정(義淨)의 다른 이름이나 호(號)인지는 확실하지 않다.

② [구법고승전] 阿難耶跋摩者 新羅人也.

　　[삼국유사] 釋阿離那(一作耶)跋摩(一作□) 新羅人也.

이 부분은 두 책이 같은 내용이다.

③ [구법고승전] 없음

　　[삼국유사] 初希正教 早入中華 思觀聖蹤 勇銳彌增.

이 부분은 『(대당서역)구법고승전』에는 없고 일연이 『삼국유사』에 덧붙인 것이다. '일찍이 중화(中華)에 들어가'라고 해서 당나라를 '중화'라고 표현하였다.

④ [구법고승전] 以貞觀年中 出長安之廣脇(王城小[山]名) 追求正教親禮聖蹤 住那爛陀寺 多閑律論抄寫眾經. 痛矣 歸心所期不契 出雞貴之東境 沒龍泉之西裔 即於此寺無常. 年七十餘矣.

　　[삼국유사] 以貞觀年中 離長安到五天 住那蘭陀寺 多閱律論抄寫具莢. 痛矣 歸心所期不遂 忽於寺中無常. 齡七十餘.

다른 내용은 문구 차이는 있으나 똑같은데, 다만 "계귀(雞貴)의 동쪽 변두리 땅에서 태어나 용천(龍泉) 서쪽 끝에서 돌아가시니(出雞貴之東境 沒龍泉之西裔)"라는 중요한 구절이 빠져 버린다. 다시 말하면, 아리야바르마의 국적에 대한 언급이 없어진 것이다.

⑤ [구법고승전] 없음

　[삼국유사] 繼此有惠業·玄泰·求本·玄恪·惠輪·玄遊 復有二亡名法師等. 皆忘身順法 觀化中天 而或夭於中途 或生存住彼寺者 竟未有能復雞貴與 唐室者. 唯玄泰師克返歸唐 亦莫知所終.

그리고 앞에서 빠진 계귀(鷄貴)가 새로 끼워 넣은 이 문장에서 등장한다. 일연은『대당서역구법고승전』에서 나온 다른 신라 구법승 8명을 아리야바르마에 대한 설명 가운데 집어넣어 간추림으로써 내용이 크게 뒤틀렸다. 여기서 계귀(鷄貴)와 당실(唐室)이라고 했는데, 만일『대당서역구법고승전』의 설명에 따르면 '계귀(鷄貴)=고리(高麗)'이기 때문에 신라 구법승 8명의 국적이 모두 고리(高麗)가 되어 버린다.

물론 일연은 여기서 '계귀(鷄貴)=신라'라는 뜻으로 썼고, 실제로『삼국유사』를 번역하는 모든 번역자들이 '계귀(鷄貴)=신라'로 옮겼다. 이는 옮긴이들이 원전인『대당서역구법고승전』을 참고하지 않았다는 허물은 있지만 원천적으로 일연에게 책임이 있다고 할 수 있다.

⑥ [구법고승전] 雞貴者 梵云矩矩吒醫說羅. 矩矩吒是雞 醫說羅是貴 即高麗國也. 相傳云 彼國敬雞神而取尊 故戴翎羽而表飾矣. 那爛陀有池 名曰龍泉. 西方喚高麗為矩矩吒醫說羅也.

　[삼국유사] 天竺人呼海東云 矩矩吒䃜說羅 矩矩吒言雞也 䃜說羅言貴也. 彼土相傳云 其國敬雞神而取尊 故戴翎羽而表飾也.[20]

이 구절은 본디『대당서역구법고승전』에서 '계귀(鷄貴) = 고리(高麗)'를 설명하기 위한 주석이다. 그런데 일연은『삼국유사』에서 가장 중요한 주격인 첫머리의 '계귀(鷄貴)'라는 말을 빼 버렸다. "계귀(鷄貴)란 산스크리트에서 구구타왜설라를 말한다. 구구타는 '닭'이고 왜설라는 '귀하다'는 뜻인데, 바로 고리 나라(高麗國)

---

20)　一然,『三國遺事』(4)「義解」(5) 歸竺諸師.

를 말하는 것이다(梵云矩矩吒䃜說羅. 矩矩吒是雞 䃜說羅是貴 即高麗國也)."라는 문장을 "천축 사람들은 해동(海東)을 '구구타예설라'라고 부르는데 구구타는 닭을 말하는 것이고, 예설라는 귀한 것을 말하는 것이다(天竺人呼海東云 矩矩吒䃜說羅 矩矩吒言雞也 䃜說羅言貴也)"로 바꿔버린 것이다.

다시 간추려 보면, 일연은 『대당서역구법고승전』을 인용하였다면서 『대당서역구법고승전』에 나온 '계귀(鷄貴)' '고리 나라(高麗國)' '고리(高麗)' 같은 3가지 낱말을 빼고 대신 '해동(海東)'이란 낱말을 집어넣었다. 그러므로 『삼국유사』의 내용을 보면 '계귀(鷄貴) = 신라 = 해동'이라고 해석할 수밖에 없고, 『대당서역구법고승전』을 꼼꼼히 대조해보지 않은 모든 번역자들은 '계귀(鷄貴) = 신라 = 해동'이라고 번역할 수밖에 없도록 왜곡한 것이다.

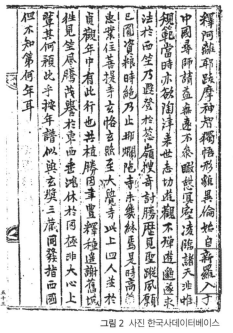

그림 2 사진 한국사데이터베이스

그렇다면 일연은 과연 '계귀(鷄貴) = 고리(高麗)'라는 사실을 모르고 『해동고승전』처럼 간략한 내용을 인용했기 때문에 실수를 했을까? 아니면 의도적으로 고리(高麗)를 신라로 가공한 것일까? 결론부터 말하면, 일연의 신라사 위주로 가공하였다는 것이 뚜렷하다.

첫째, 무엇보다도 가장 첫머리에 『(대당서역)구법고승전』에 나온 내용이라는 것을 분명히 하였고, 둘째, 아주 간략한 『해동고승전』에 비해 『(대당서역)구법고승전』의 내용을 거의 충실하게 반영하였으며, 셋째, 신라 구법승 8명의 이름을 언급할 때 구본(求本)이란 스님이 들어 있는데, 이는 송나라와 원나라의 대장경에서는 빠지고 고려대장경에만 들어간 이름이다. 대장경이 1236~1251년에 만들어졌기 때문에 일연이 30년 뒤 『삼국유사』를 쓸 때는 대장경을 비롯하여 『대당서역구법고승전』이 유통되고 있었다. 그런데 일연이 자료가 부족하거나 내용을 잘 몰라서 왜곡이 되었다고 볼 수는 없으므로 신라사 관점에서 의도적으로 가공하였다고 보는 것이다.

3) 의정(義淨)이 『대당서역구법고승전』에서 국적을 신라로 한 까닭

많은 사람이 아리야바르마를 신라사람으로 옮기게 된 가장 큰 원인은 아리야바르마에 대해 가장 먼저 기록한 의정(義淨)의 『대당서역구법고승전(大唐西域求法高僧傳)』에서 찾을 수 있다. 『대당서역구법고승전(大唐西域求法高僧傳)』의 차례와 본문 첫머리에 아리야바르마는 신라의 사문이라는 것을 뚜렷하게 밝혔기 때문이다. 『대당서역구법고승전(大唐西域求法高僧傳)』에는 모두 56명의 구법 고승들 가운데 신라 법사 8명을 소개하고 있다. 의정은 고리(高麗) 법사인 아리야바르마를 신라 스님들의 리스트에 넣고 있다.

④ 新羅 阿離耶跋摩 法師
⑤ 新羅 慧業 法師
⑥ 新羅 求本 法師[21]
⑦ 新羅 玄太 法師
⑧ 新羅 玄恪 法師
⑨ 新羅 復有 法師 二人(또 법사 2명이 있다)
㊲ 新羅 慧輪 法師

그뿐 아니라 본론에 들어가서도 "아리야바르마는 신라 사람이다(阿難耶跋摩者. 新羅人也)."라고 분명하게 썼다. 바로 이런 점이 비록 뒤에 가서 주를 달아 고리(高麗=高句麗) 스님이라고 했지만, 후대의 문헌에서 모두 신라 스님으로 옮긴 커다란 원인이 되었다.

그렇다면 의정은 왜 고리(高麗 = 高句麗) 스님을 신라사람(新羅人)이라고 했을까? 여기에는 역사적으로 아주 깊은 뜻이 숨어 있다.

의정이 광주(廣州)를 떠나 천축으로 간 시기는 671년으로 고리(高麗) 왕실이 당나라에 항복한 668년으로부터 3년이 지난 때였다. 그러므로 몇 년 뒤에 날란다사에서 고리(高麗) 스님 아리야바르마를 만났거나 이야기를 들었을 때는 이미

---

21)   고려대장경에는 나오는 이 스님 이름이 【宋】【元】【明】【宮】 같은 다른 대장경에는 빠져 있다.

그림 3 삼국유사(1)　　　　　　　　그림 4 삼국유사(2)

고리(高麗)라는 나라가 없어진 뒤였다. 이런 역사적인 사실을 염두에 두고 의정의 기록을 다시 한번 새겨 보면 전혀 새로운 느낌이 들 수 있다.

> (천축국의) 날란다사(那爛陀寺, Nālanda)에 머무르면서 율(律)과 논(論)을 많이 익히고 뭇 경전들을 베껴 썼으나, 가슴 아프게도 (고국으로) 돌아가겠다고 단단히 마음먹은 바를 이루지 못하고 계귀(鷄貴 = 高麗) 동쪽 변두리 땅에서 태어나 용천(龍泉=날란다) 서쪽 끝에서 돌아가시니, 이 절(寺)에서 덧없음(無常)을 느끼는구나! 나이는 70 남짓 되었었다.

아리야바르마가 천축으로 떠난 시기는 정관(貞觀 627~649)이라고 했다. 이때는 당나라 태종이 통치하던 시기로 고리(高麗) 영류왕 10년에서 보장왕 8년에 해당한다. 645년에는 당 태종이 고리(高麗)를 쳐들어왔기 때문에 그보다 훨씬 이전의 이야기라고 본다. 그는 아직 고리(高麗)가 국제무대에서 막강한 힘을 쓰고 있을 때 당나라로 가서 큰 뜻을 품고 천축으로 갔다. 그리고 열심히 공부하고 경전들을 베껴 써서 조국인 고리(高麗)로 돌아가려고 했다. 그런데 뜻하지 않게 고리(高麗) 왕실이 당나라에 항복하여 돌아갈 곳이 없어져 버린 비운을 맞았다. 의정이 "이 절(寺)에서 덧없음(無常)을 느끼는구나!"라고 적은 글은 바로 당나라와 전쟁에서 패한 소식을 들은 고리(高麗)의 한 스님이 본국에 돌아가지 못하고 다른 나라에서 세상을 떠나야 했던 심정을 한마디로 대신하는 글이다.

의정이 『대당서역구법고승전(大唐西域求法高僧傳)』을 쓴 때가 691년(天授 2년)이라고 전해진다(불광사전). 691년이면 고리(高麗)가 항복한 뒤 23년이 지나고 아직 발해가 건국(699)하기 전이며, 당나라도 측천무후가 나라이름을 '주(周)'로 바꾸고 집권한 685년 이후 6년이 지난 때다. 그러므로 의정이 해동의 구법승들을 모아 국적을 쓸 때 이미 없어진 나라이름 고리(高麗)를 쓸 수 없었고, 당연히 당시 해동 3국 가운데 유일하게 살아남은 '신라'로 분류할 수밖에 없었다. 그래서 의정은 나라별로 분류할 때는 '신라 구법승'으로 하고, 본문 시작도 '신라사람'이라고 했지만, 구체적인 내용을 쓰면서 아리야바르마가 고리(高麗) 출신이라는 주석을 달아 분명히한 것이다. 내용을 자세히 보면 아리야바르마는 요동에서 태어나서 고리(高麗)를 떠나 당나라를 거쳐 인도로 간 그는 신라와는 아무 상관이 없는 고리(高麗) 사람이자 스님이었다. 다만 의정이 책을 쓸 때 전체적인 맥락을 잡기 위해 그 스님을 신라의 카테고리에 넣었을 뿐이다. 의정은 주석에서 그 승려의 고향과 국적이 고리(高麗)임을 분명히 밝혔기 때문에 후대의 많은 오해에 대한 직접적인 책임은 없다고 볼 수 있다.

한편 의정이 당나라에 항복한 고리(高麗)를 신라로 분류한 것을 통해 당시 당나라에서 고리(高麗)를 어떻게 인식하였는지를 볼 수 있는 좋은 잣대가 될 수 있다. 현재 중화인민공화국에서 진행되는 역사 왜곡에서는 '고리(高麗)는 중국의 지방 정권'이라고 주장하고, 더구나 고리(高麗)가 멸망함으로써 완전히 당나라 영토에 편입되었다고 한다. 심지어는 한국의 학자나 국민들도 668년 고리(高麗) 왕실이 당나라에 항복한 뒤에는 고리(高麗) 땅이 당나라에 편입되고 당나라의 지배 아래 있었다고 생각한 사람들이 많다. 다시 말해서 의정은 고리(高麗)가 당나라에 편입되지 않았기 때문에 아리야바르마를 신라 구법승으로 분류한 것이다. 의정의 기록을 보면 당시 고리(高麗)가 망한 뒤 당나라에서는 고리(高麗) 사람들을 신라사람으로 분류했다는 명백한 사료인 것이다.

Ⅲ. '계귀(鷄貴)=구구타왜설라(矩矩吒䶩說羅)'에 대한 분석

1. 구구타왜설라(矩矩吒䶩說羅)의 산스크리트 원문

의정이 한자로 '계귀(鷄貴)=구구타왜설라(矩矩吒䶩說羅)'라고 했는데 산스크리트 원문은 어떤 것이며, 무슨 뜻이 있을까? 이 문제를 본격적으로 다루기 위해 이미 보았던 내용을 다시 한번 보기로 한다.

> 계귀(鷄貴)란 산스크리트로 '구구타왜설라(矩矩吒䶩說羅)'를 말한다. '구구타(矩矩吒)'는 닭(鷄)이고, '왜설라(䶩說羅)는 귀하게 여기다(貴)'는 뜻인데, 바로 고리 나라(高麗國)다. 전하는 바에 따르면, 그 나라는 닭신(鷄神)을 공경(敬)하고 높이 우러러보기 때문에 (닭의) 깃털을 머리에 꽂아 겉을 꾸민다고 한다. 날란다에 못이 있는데 용천(龍泉)이라 부른다. 서녘(西方)에서는 고리(高麗)를 구구타왜설라(矩矩吒䶩說羅)라고 부른다.

여기서 천축을 비롯한 서역에서 고구리(高句麗)·고리(高麗)를 부르는 나라이름이 계귀(鷄貴)라는 사실을 알 수 있다. 그리고 계귀(鷄貴)는 산스크리트로 '구구타왜설라(矩矩吒䶩說羅)'라고 했고, ① 구구타(矩矩吒) = 닭(鷄)과 ② 왜설라(䶩說羅)의 겹낱말(合成語)이라고 했다. 이제 이 한문으로 음역한 것을 산스크리트로 복원하여 정확한 뜻을 알아보기로 한다.

1) 산스크리트 꾹꾸따[Kukkuṭa, 𑖎(ku)𑖎(kku)𑖘(ta)]

꾹꾸따(Kukkuṭa)를 산스크리트-영어 사전에서 찾아보면 다음과 같다.

【kukkuṭa(𑖎𑖎𑖘)】남 (여 kukkuṭi) :

수탉(a cock); 야생 닭(a wild cock, Phasianus gallus)[22]

---

22) M. Monier-williams, 『Sanskrit-English』, oxford, 1899.

꾹꾸따는 '수탉'이나 '야생 닭'을 뜻하는 말로 암탉은 꾹꾸띠(kukkuṭi)라고 한다. 한문으로 옮긴 경전에는 주로 구구타(矩矩吒)·구구타(鳩鳩吒)·구구타(俱俱吒) 구구라(究究羅)라고 옮겼는데 모두 닭(鷄)을 뜻한다.

2) 왜설라(𡥉說羅) : 이스바라[īśvara, ૐ(i)ⵠ(śva)ㄈ(ra)]

의정이 '왜설라(𡥉說羅)=귀(貴)'라고 했기 때문에 먼저 한자옥편에서 '귀(貴)' 자를 찾아보니, ① 귀하다. ② 귀히 여기다. ③ 귀하게 된다. ④ 자랑하다. ⑤ 두려워하다. ⑥ 사랑하다. ⑦ 바라다. ⑧ 벼슬이 높은 사람. 존칭에 쓰이는 접두어 같은 뜻이 있다. 그래서 당나라 때 편찬된 여러 산스크리트 사전에서 '귀(貴)' 자를 검색해 보니 다음 같은 낱말들이 있었다.

① 『당범문자(唐梵文字)』[23]
　　　貴 = ᅴ(ma) ᅐ(ha) ᅰ(rgha)
② 『범어천자문(梵語千字文)』[24]
　　　貴 = ᅴ(ma) ᅐ(ha) ᅰ(rgha)
③ 『당범양어쌍대집(唐梵兩語雙對集)』[25]
　　　貴 = 마하마아(麼賀麼誐)

그러나 3가지 다 뜻은 '귀하다(貴)'와 같지만, 소리는 마하르가(mahargha, 麼賀 麼誐)라고 해서 왜설라(𡥉說羅)와는 거리가 먼 낱말들이었다. '귀(貴)'라는 번역이 이미 되어 있어서 그 글자에 집중해서 애써 보았으나 나중에 뒤돌아보니 바로 이 점이 오히려 본디 낱말을 찾는 데 어려움이 되었다는 것을 알 수 있었다. 그래서 이번에는 '왜설라(𡥉說羅)'의 소릿값으로 접근해 보았다.

---

23)　唐 全真 集, 『唐梵文字』
24)　唐 義淨 撰, 『梵語千字文』
25)　唐 僧怛多蘖多·波羅瞿那彌 出, 『唐梵兩語雙對集』

【瑿】자는 반절음과 쉽게 읽는 법 두 가지가 나와 있다.

①『新集藏經音義隨函錄』

　　왜라(瑿羅) : 첫 글자(瑿)는 烏+兮의 반절음이고 烏+計의 반절음인데, 이라(伊羅)

　　　　　　라고도 한다(上烏兮反 烏計二反 或云 伊羅).[26]

②『一切經音義』

　　왜라발(瑿羅鉢) : 첫 글자는 噎+鷄의 반절음. 경의 이름이다(上噎鷄反 經名也).[27]

위 자료에서는 왜설라(瑿說羅) 3자 중에 '왜(瑿)'자 읽는 법을 주로 강조한다. '왜(瑿)'자는 烏+兮와 噎+鷄의 반절음이라고 했는데, 고대음 사전에서 관계되는 음들을 찾아서 맞추어보려고 노력했으나 내 실력으로는 부족했다.[28] 그러나『신집장경음의수함록(新集藏經音義隨函錄)』에서 '왜(瑿) 자는 이(伊)'로 읽는다고 해서 이(伊)의 사용 보기를 찾아보니 주로 [i]나 [ī]로 쓰였다는 것을 알 수 있었다.[29]

[i] 伊字 i-kāra
[ī] 伊舍陀 īśa-dhāra

결과적으로 '瑿 = [i]나 [ī]'라는 것을 알 수 있었다.

【說】자는 한 가지 보기만 있어 아주 쉽게 풀 수 있었다.
[śva] 阿說示 a-śva-jit)[30]
따라서 '說=śva'라고 읽는 것이다.

---

26) 後晋 可洪 撰『新集藏經音義隨函錄』(27)「賢聖集音義」(7-7) 大唐西域求法高僧傳等 三集九卷 同帙.

27) 唐 慧琳 撰,『一切經音義』(80),「開元釋教錄」(1)

28) 周法高,『漢字古今音彙』, 홍콩, 中文大學, 1979(再版)에 따르면, ① 烏 : 상고음 [o], 고대음 [uo] ② 噎 : 상고음 고대음 모두 [iet] ③ 兮 : 상고음 고대음 모두 [ɣei] ④ 鷄 : 상고음 [kieg] 고대음 [kiei]이라고 되어 있다.

29) 사용 보기를 찾는 데는 冨尾武弘,『梵漢音寫例一覽表 ― 萩原雲來「漢譯對照 梵和大辭典」より―』, (京都, 松香堂, 1999)가 크게 도움이 되었다. 이 일람표는 산스크리트-일본 사전에서 산스크리트를 한자로 음역(音譯)한 것을 모두 모아 한자 부수 순으로 만든 책이다.

30) 冨尾武弘,『梵漢音寫例一覽表 ― 萩原雲來「漢譯對照 梵和大辭典」より―』, 京都, 松香堂, 1999.

【羅】 자는 읽는 법이 아주 갖가지지만 주로 la와 ra로 읽기 때문에 쉽게 연결할 수 있었다.

[l] 羅字 l-kāra / 摩羅耶 malaya

[r] 羅字 r-kāra / 阿婆最羅 ābhassara

이상의 결과로 왜설라(殹說羅)＝[i/ī]＋[śva]＋[la/ra]라는 결과를 얻을 수 있었다. 이 과정에서 대만 불광사에서 펴낸『불광대사전』에【구구타예설라국(矩矩吒殹說羅國)】이라는 올림말(標題語)이 올려 있고 다음과 같이 설명하였다. 정확하게 내가 찾고 있는 낱말의 산스크리트 본디 말이 나와 있는 것이다.

【구구타예설라국(矩矩吒殹說羅國)】
矩矩吒殹說羅, 梵名 Kukkuṭeśara.[31] 爲高麗國之異名. 矩矩吒, 乃鷄之意；殹說羅, 爲貴之意. 據『慧琳音義』卷八十一載, 其國國民共事鷄神, 首戴鷄翎, 故有此稱.

여기서 Kukkuṭeśara는 Kukkuṭ[a+ī＝e]śara의 겹낱말(複合語)이기 때문에 왜설라(殹說羅)＝이사라(īśara)가 된다. 그런데 산스크리트 사전에는 이사라(īśara)라는 낱말 자체가 없다. 2013년 2월, 김규현이 번역 출판한『대당서역구법고승전』에는 이렇게 옮겼다.

"계귀(鷄貴)는 인도말로는 '구구타의설라(矩矩吒醫設羅[32][33]/Kukkutaissara[34])[35]'이며 인도

31) 慧琳 撰,『一切經音義』(80),「開元釋教錄」(1)에서는 왜(殹) 자를 예(翳)자로 썼다. 이 사전에서는『一切經音義』에 나온 원문을 그대로 쓴 것이다.

32) 고려대장경에는 '왜(殹)'자로 되어 있는 것을 신수대장경에서【宋】【元】【明】【宮】 장경에는 '의(醫)' 자로 되어 있다고 주석을 달았다. 이 번역본은 신수대장경의 이 주석을 바탕으로 한 것이다. 우리 옥편에서는 '殹'자를 '왜'나 '해'로 읽는다. '왜'는 웃는 소리를, '해'는 웃는 모습을 나타내기 때문에 '왜' 자로 읽는다.

33) 원문에는 '說'자로 되어 있다. 오타로 보인다.

34) t＝t 이 부분은 일본 번역본부터 계속 잘못 쓴 것이다.

35) 김규현 역주,『대당서역구법고승전』, 글로벌콘텐츠, 2013, 396쪽에도 같은 주가 달려 있다.

남부의 토어인 빠알리어[巴利語]로는 '쿠꾸타이싸라(Kukkutaissara)'라고 한다. 여기[36]
서 '구구타'는 닭(鷄)이며 '의설라'는 귀(貴)라는 뜻으로 바로 고구려국이다.]

　　서로 전하는 바에 따르면 그 나라에서는 닭의 신(神)을 받들어 모시기에 날깃털을 머
리에 꼽아 치장을 한다고 한다. 그래서 서방에서는 고구려를 일컬어 '구구차왜설라'라[37]
고 한다. 나란타사에 연못이 있는데, 이를 용천(龍泉)이라고 부른다.[38]

　구구타왜설라(矩矩吒臀說羅)는 산스크리트이기 때문에 산스크리트 원문을 밝
혀야 하는데, 일본어 번역을 맨 먼저 낸 아다찌 키로꾸(足立喜六)가 산스크리트
대신 빨리어를 넣었다. 그 뒤 이용범이 빨리어에 관한 문장을 하나 덧붙였고, 이
에 더해 김규현은 인도말(산스크리트)도 하나 더 덧붙인다.

　① 인도말 : Kukkutaissara
　② 빨리어 : Kukkutaissara

　여기서 인도말(산스크리트)과 빨리어가 똑같다는 것을 볼 수 있다. 물론 두 말
이 같은 경우도 많다. 그러나 이 단어의 산스크리트와 빨리어는 크게 다르고, 결
론부터 말하면 김규현의 번역에 두 가지는 모두 빨리어다. 이런 사실은 산스크리
트 사전에서 잇싸라(issara)를 찾아보면 바로 답이 나온다. 산스크리트 사전에는[39]
잇싸라(issara)라는 낱말이 없기 때문이다. 그리고 빨리어 사전을 찾아보면 더욱
뚜렷해진다.[40]

---

36)　t=ṭ 이 부분도 앞과 마찬가지다.
37)　'타'의 오자.
38)　김규현 역주, 『대당서역구법고승전』, 글로벌콘텐츠, 2013, 75쪽
39)　http://www.manduuka.net/sanskrit/dicnavi/mw.cgi에 들어가면 M. Monier-williams,
　　『Sanskrit-English』(oxford. 1899)를 볼 수 있다. PDF file이라서 완벽한 검색은 안 되지만 비슷한
　　단어를 검색하여 찾아보면 된다.
40)　http://dsal.uchicago.edu/dictionaries/pali/ 에 들어가면 Pali Text Society, London. The
　　Pali Text Society's Pali-English dictionary(Chipstead. 1921-1925)를 검색할 수 있고, 복사해서
　　바로 원고에 붙일 수도 있다.

【잇싸라(Issara)】 [Vedic īś, from īś to have power, cp. also P. īsa]

     lord, ruler, master

(베다의) 초기 산스크리트에서 '힘을 가진(to have power)'이란 뜻의 '이스(īś, 빨리어는 īsa)'에서 온 낱말로 '하느님(lord), 통치자(ruler), 임자(master)' 같은 뜻을 가진다.

여기서 산스크리트와 빨리어는 첫머리가 īś≠īsa로 다르다는 것을 알 수 있고, 빨리어-우리말 사전[41]을 보면 더욱 뚜렷해진다.

【issara】 m[sk. īśvara]

   ① 최고의 신, 자재천, 절대신, 존우(尊佑), 이스와라[sk. īśvara],
   ② 군주, 통치자, 왕, 우두머리.

빨리어의 issara가 산스크리트로는 이스바라(īśvara)[42]라는 것이 뚜렷이 나와 있다. 그러나 김규현의 번역은 빨리어를 통해 산스크리트의 이스바라(īśvara)를 정확히 확인하는 데 큰 도움을 주었다. 위에서 글자별로 본 것을 종합해서 정리해 보면 다음과 같다.

  ① 구구타(矩矩吒) : 꾹꾸따[Kukkuṭa, 𑖎(ku)𑖎(kku)𑖘(ta)]
  ② 왜설라(瞖說羅) : 이스바라[īśvara, 𑖂(i)𑖪(śva) 𑖨(ra)]
  ③ 구구타왜설라(矩矩吒瞖說羅) : 꾹꾸떼스바라(𑖎𑖎𑖘𑖪𑖨, Kukkuṭeśvara)

산스크리트에서는 두 낱말을 합쳐서 한 낱말을 만들 때 앞 낱말의 마지막 모음이 [a]이고, 뒤 낱말의 첫소리가 [i]일 때는 두 소리를 합쳐 [e]로 쓴다.

---

41) 전재성 편저, 『빠알리-한글사전』, 빠알리성전협회, 2005.
42) [va] 발음에 대해서는 'v'로 읽는 이와 'w'로 읽는 이들이 있는데, 전재성은 'v' 앞에 자음이 없을 때는 '바'로 읽고, 자음이 있을 때는 '와'로 읽는다. 그러나 빠니니 문법에서 'v'는 본디 입술소리(脣흡)라고 했는데, '와'는 입술이 완전히 벌어져 버린다. 특히 한국어의 '와'는 특히 더 하다. 그러므로 영어의 'v'처럼 아랫입술을 약간만 대고 소리 내면 우리말의 '바'나 '와'가 아닌 정확한 소리를 낼 수 있다. 그러나 '와'보다는 '바'에 더 가까우므로 때문에 '바'로 읽는다.

곧 [a]+[ī]=[e]이기 때문에 꾹꾸따(Kukkuṭa)+이스바라(īśvara)는 꾹꾸떼스바라(Kukkuṭeśvara)[43]가 되는 것이다.

그렇다면 꾹꾸떼스바라(Kukkuṭeśvara)는 무슨 뜻인가? 의정은 '계귀(鷄貴)'라고 했다. 꾹꾸따(Kukkuṭa)가 닭(鷄), 그 중에서도 수탉이라는 것은 뚜렷하다. 그러나 앞에서 보았듯이 '귀(貴)'라는 한자는 다른 낱말이 있고, 현대 사전으로 해석한다면 '닭처럼 귀한'이나 '닭을 귀하게 여김'이라고 해석해도 서툴러 보인다. 그래서 이 낱말의 뜻을 뚜렷이 보기 위해 '이스바라(īśvara)'의 뜻을 사전에서 찾아 분석해 보기로 한다.

① [梵和大辭典][44]의【īśvara】

    <형용사> 할 수 있는, ~할 능력이 있는

    <남성> ~을 가진 사람 ; 지배자, 주인(主), 임금(王), 제후(候) ; 높은 벼슬(顯官), 부호(富豪) ; 부(富) ; 최고신 ; 브라만신, 시바신 ;

    <한문경전> 왕(王), 자재(自在), 주재(主宰), 자재행(自在行) ; 부(富) ; 자재천(自在天).

② 『Sanskrit-English』(oxford, 1899)의【īśvara】

    <mfn> 할 수 있는(able to do), 능력 있는(capable of), 책임 있는(liable), 드러난(exposed to) ;

    <m.f.> 임자(master), 하느님(lord), 제후(prince), 임금(king), 여주인(mistress), 여왕(queen).

    <m.> 지아비(a husband) ; 신(god) ; 가장 높은 존재(the Supreme Being) ; 가장 높은 마음·나(the supreme soul, ātman) ; 시바신(śiva), 루드라 신 가운데 하나(one of the Rudras) ; 사랑의 신(the god of love).

여기서 우리는 '이스바라(īśvara)'가 하느님, 신, 임금 같은 가장 높은 존재로 쓰

---

43)   kukkuṭêśvara : mantra나 Tantra 이름으로도 쓰인다(산-영 사전).

44)   荻原雲來, 『梵和大辭典』, 東京, 鈴木學術財團, 1986(1쇄), 1999(11쇄).

인다는 것을 알 수 있다. 그렇다면 '꾹꾸떼스바라(Kukkuṭeśvara)'는 바로 '닭신(鷄神)'이라는 뜻으로 닭을 높은 존재로 우러렀다는 것을 알 수 있다. 의정의 주에서 "나라 이름은 계귀(鷄貴)라고 하고, 계귀나라 사람들이 받드는 것은 닭신(鷄神)이다."라고 하였는데 결국 뜻은 같다는 것을 알 수 있다.

2. 고리(高麗)를 구구타왜설라로 부른 서녘(西方)의 범위

한편 의정은 "서녘(西方)에서는 고리(高麗)를 구구타왜설라(矩矩吒瞖說羅)라고[45] 부른다(西方喚高麗為矩矩吒瞖說羅也)."고 했다. 흔히 '서역(西域)'이란 용어를 많이 쓰는데 여기서는 서녘(西方)이란 용어로 썼지만, 당나라의 서녘인 이른바 서역(西域)을 뜻한다고 보는 것도 무리가 없으리라고 본다.

서역(西域)이라는 말은 『한서(漢書)』에 처음으로 나타나는데, 원래 현재의 신장웨이우얼 자치구([新疆維吾爾自治區)의 타림분지에 산재해 있던 오아시스 도시국가들을 지칭하여, 이를 '서역 36국'이라고 불렀다. 그 뒤 중국인의 서녘에 관한 지식이 깊어지면서 뜻하는 지역 범위도 넓어져, 서(西)투르키스탄·서아시아·소아시아, 때로는 인도까지 포함하게 되었다. 전한(前漢)은 흉노 세력을 물리치고 서방제국과의 교통·무역을 보호하기 위해 BC 59년에 꾸차(龜玆 : 현재의 庫車) 동쪽의 오루성(烏壘城)에 서역도호부(西域都護府)를 설치하였다. 그 무렵 타림분지 북쪽 가의 도시국가를 잇는 북쪽 길과 남쪽 가의 도시국가를 잇는 남쪽 길이 서녘으로 통해 있었는데, 그것이 '실크로드(Silk Road)'의 기원이다.

불교사에서 말하는 서역은 인도에서 불교가 일어나 육로를 따라 동쪽으로 전해지면서 한나라나 당나라에 이르는 도중에 있는 곳을 아우른다고 볼 수 있다. 기원전 3세기 대월지(大月氏)가 지배하던 박트리아(Bactria, 大夏, 지금의 아프간) 일부·카시미르·지금의 파키스탄 펀잡 일부와 간다라 지역·파르티아(Parthia, 安

---

45) 꾹꾸따[Kukkuṭa, 𑚐(ku)𑚎(kku)𑚙(ta), 矩矩吒] 와 이스바라(īśvara, 𑚞(ī)𑚩(śva)𑚤(ra), 瞖說羅)라는 두 낱말을 합쳐 겹씨(合成語)를 만들 때는 a+ī=e가 된다. 그러므로 Kukkuṭa+īśvara=Kukkuṭeśvara가 되는 것이다.

息) 세력 범위에 있던 페르시아 북부, 중앙아시아 키르기즈와 사마르칸드에 자리 잡았던 강거국(康居國) 세력 아래 있던 사그디아나(Sagdiana, 底栗弋) 따위를 들 수 있다.[46]

이렇게 보면 '꾹꾸떼스바라(𑀓𑀼𑀓𑁆𑀓𑀼𑀝, Kukkuṭeśvara, 矩矩吒䂉說羅)'라는 산스크리트 나라이름은 천축은 물론 구법승들이 천축을 오가며 들리는 실크로드의 여러 나라에서 고리(高麗) 나라를 부르는 애칭이나 별명으로 불리었다는 것을 알 수 있다. 현장의 『대당서역기』에 보면, 천축으로 가는 도중에 산스크리트를 쓰고 있는 나라들이 많다는 사실을 기록하고 있다.

이하 『대당서역기』의 기록과 글쓴이가 직접 답사한 것을 바탕으로 정리해 본다.[47]

① 아기니국(阿耆尼國) ; 글자는 인두(Indu, 印度) 것을 쓴다(文字取則印度).

그림 5 焉耆國(혜초) : 박물관

그림 6 焉耆 쉭친(Shikchin, 七個星) 절터(2018.9.13.)

---

46) 臺灣 佛光寺, 『佛光大辭典』.
47) 글쓴이는 아내 이은금과 함께 2018년 8월 31일 장안을 떠나 11월 2일까지 64일 동안 중국·파키스탄·인도·방글라데시로 이어지는 실크로드·천축 답사를 했다. 이때 타클라마칸사막 남북로의 주요 유적들을 찾아볼 수 있었다.

② 굴지국(屈支國)

　인두(Indu, 印度) 글자를 쓰는데 거칠고 고친 것이 있다(文字取則印度 粗有改變).

그림 7 꾸차(庫車) 키질동굴(2018.9.11.)

그림 8 수바시(蘇巴什) 옛 절터(2018.9.11.)

③ 구사국(佉沙國)

　인두(Indu, 印度) 글자를 쓴다(而其文字 取則印度).

그림 9 Tuokuzisaira 유적(박물관)

그림 10 카슈가르 불탑(喀什莫爾佛塔)(박물관)

④ 오쇄국(烏鎩國)

　글자와 말은 구사국과 좀 같다(佉沙國 文字語言少同佉沙國).

⑤ 걸반타국(揭盤陀國)

　글자와 말은 구사국과 거의 같다(文字語言 大同佉沙國).[48]

―――――――――
48)　唐 玄奘,『大唐西域記』의 각 나라.

그림 11 Tashkurghan의 석두성(2018.9.23.)

장안을 떠나 인도로 가는 길은 타클라마칸 사막 북쪽으로 가는 서역북로(西域北路)와 남쪽으로 가는 서역남로(西域南路)로 나뉜다. 현장은 이 서역북로에 있는 나라들이 모두 인두(Indu, 印度)의 문자 곧 산스크리트를 쓴다고 하였다. 둔황을 떠나 고창국을 지나 도착한 ① 아기니국(阿耆尼國)은 현재 신장위구르 자치구 옌치현(焉耆縣)인데, 문자는 인두(Indu, 印度) 문자를 쓴다고 했다. 옌치현에서 톈산남로를 따라가면 나오는 ② 굴지국(屈支國), 곧 현재의 쿠차(庫車)도 인두(Indu, 印度) 문자를 쓰지만 약간 바꾸어 쓴다고 했다. 이어서 타클라마칸 사막을 지나 도착하는 마지막 도시 ③ 구사국(佉沙國)도 인두 문자인 산스크리트를 쓴다고 했다. 구사국(佉沙國)을 현재 위그르인들은 카슈가르라 하고 중국인들은 카스(喀什)라고 부른다. 여기서 파미르고원(葱嶺)의 줄기인 ④ 오쇄국(烏鎩國)을 넘어가면 ⑤ 걸반타국(揭盤陀國)이 나오는데 모두 카슈가르와 같이 산스크리트를 사용한다고 했다.

오쇄국(烏鎩國)은 불광대사전에서 오쉬(烏什, Osh)라고 했는데, 오쉬는 걸반타국 가는 길이 아닌 반대편에 있으므로 루트가 맞지 않는다. 아울러 영국 학자 H. Yule이 현재의 양지샤현(英吉沙县, Yangi-hissar)이고 도성은 치힐 굼바(Chihil

Gumbá)라고 했다는 설도 소개하였지만 확인하지 못했다.

걸반타국은 신장 위구르와 파키스탄의 접경 도시인 타쉬쿠르간(Tashkurghan, 塔什庫爾干)을 말하는 것으로, 파미르고원(葱嶺) 남쪽 와칸 계곡으로 넘어가는 사리콜(Sar-i Kol) 계곡에 위치한다. 현재 와칸계곡은 아프가니스탄 영토라서 막혔지만 카라코람 하이웨이를 넘어 파키스탄까지 국제버스가 다니고 있다.

서역 남로에 있는 나라들도 북로처럼 인두의 산스크리트를 사용한다.

① 구살단나국(瞿薩旦那國) …文字憲章聿尊印度, 微改體勢, 粗有沿革.[49]

현장은 구살단나국(瞿薩旦那國)에서는 문자와 법률 제도는 인두(Indu, 印度) 것을 따르지만 조금 바꾼 것도 있다고 했다. 구살단나국(瞿薩旦那國)은 다른 자료에 우전(于闐)이라고 많이 나오는 서역남로의 중심지로, 현재의 허텐(和田)이다. 현장보다 먼저 서역남로를 통해 인두에 간 송운(宋雲)은 주구파국(朱駒波國)에서는 인두 브라만(婆羅門)과 같은 문자를 쓴다고 했다. 브라만이 쓴 것은 물론 산스크리트다.

그림 12 마리커와터(買力克阿瓦提) 성터 2018.9.20.　　그림 13 러와커 절(热瓦克佛寺) 2018. 9.19.

② 주구파국(朱駒波國) … 文字與波羅門同.[50]

송운은 우전(于闐)을 지나서 주구파국으로 들어갔다고 했다. 이곳은 위구르자치구 서남쪽 끝에 있는 도시며 중국인들은 예청(葉城)이라 하고 위구르인들은 카르갈릭(Karghalik, 哈爾碣里克)이라고 한다. 서역남로의 마지막 나라다.

---

49)　唐 玄奘, 『大唐西域記』,「구살단나국(瞿薩旦那國)」.

50)　北魏 楊衒之 撰, 『洛陽城北伽藍記』卷第5.

이처럼 구법승과 사신들이 인두에 가는 길에 있는 여러 나라에서는 대부분 산
스크리트를 쓰고 있었고, 이런 나라에서는 고리(高麗)를 산스크리트로 '꾹꾸떼스
바라(ꔛꔛꔛꔛꔛ, Kukkuṭeśvara, 矩矩吒臀說羅)', 곧 닭신(鷄神)이라고 불렀다는 것
을 알 수 있다.

이런 서역 나라들의 기록이 주로 구법승들에 의해 이루어진 이유로 고리(高麗)
에 대한 별칭도 구법승들에 의해 퍼졌다고만 볼 수는 없다. 왜냐 하면 구법승들은
고리(高麗)의 특징적인 꾸밈인 닭의 깃으로 머리를 장식하지 않기 때문이다. 그러
므로 이는 오히려 사절이나 교역을 통해 서역을 오갔던 고리 사람(高麗人)들 때문
에 생긴 나라이름을 구법승을 기록하면서 언급한 게 아닐까 하는 생각이 든다.

3. 닭을 받드는 풍습에 대한 자료 검토

인도나 서역에서 고리(高麗)를 '닭을 숭상하는 나라'라고 해서 닭신(鷄神) = 계
귀(鷄貴)라고 했다는 것을 보았다. 그렇다면 산스크리트나 불교 경전에는 닭에
대해 어떤 이미지를 갖고 있었는지를 보기로 한다.

1) 산스크리트 사전에서 보는 닭(kukkuṭa)
산스크리트 사전에서는 '닭(kukkuṭa)'이라는 낱말이 '거룩하고 좋다'는 뜻으로
많이 쓰였다.

① 꾹꾸따-만다빠(Kukkuṭa-maṇḍapa) :
베나레스(Benares)에 있는 거룩한 곳(神殿), 마지막 독립을 이룬 곳에 있는 쉬바
상이 오른쪽에 있다.

② 꾹꾸따-브라따(kukkuṭa-vrata) :
종교적 의식, 여자들이 바드라 달의 2주 대낮과 7시(7일째) 쉬바신에게 예배하는
의식. 특히 자손을 위한 기도이다(a religious observance - worship of Śiva, on
the seventh of the light of the fortnight of the month Bhādra by women,
especially for th sake of offspring.).

③ 꾹꾸따-기리(kukkuṭa-giri) : 닭산(鷄山)

④ 꾹꾸따-싸나(kukkuṭa-sana) :

　종교적 수행에서 고행자의 자세 종류(a species of posture an ascetic in religious meditation).

2) 불교 경전에 나오는 상서로운 '닭'이라는 낱말

(1) 산스크리트에서 한문으로 옮긴 경전에 나타난 계림정사(鷄林精舍)

　나는 이렇게 들었다. 한때 붇다께서 파련불읍(巴連弗邑) <u>계림정사(鷄林精舍)</u>에 계셨다. 이때 아난다(Ānanda, 阿難) 존자, 받다(Bhadda, 跋陀羅) 존자도 파련불읍 계림정사에 머물고 있었다.[51]

　나는 이렇게 들었다. 한때 붇다께서 파련불읍(巴連弗邑) 계림정사(鷄林精舍)에 계셨다. 이때 우빠바나(Upavāṇa, 優波摩) 존자, 아띠묵따까(atimuktaka, 阿提目多) 존자도 파련불읍 계림정사에 머물고 있었다.[52]

　경전 내용을 보면 파련불읍(巴連弗邑)이라는 도시에 '닭숲(鷄林)이라는 이름을 가진 절(鷄林精舍)'이 있어 붇다가 가르침을 폈다는 것을 알 수 있다. 파련불읍(巴連弗邑)은 산스크리트 빠딸리뿌뜨라(Pāṭaliputra)를 소리 나는 대로 한자로 옮긴 도시 이름인데, 그 밖에도 불교 경전에 파타리자(波咤釐子)·파타라(波咤羅)·파라리자(波羅利子)·파라리불다라(波羅利弗多羅)·파아리보달라(波咤唎補怛羅)·파라리불(巴羅利弗)·파린(巴隣)이라고 번역되어 많이 등장한다. 특히 화씨성(華氏城)이라는 이름으로 많이 등장하는데, 현재 인도 북부의 파트나(Patna)를 일컫는다. 고대 인도에서 아쇼카왕으로 유명한 마가다 나라의 수도로 인도 최대의 국제도

---

51)　구나바드라(Guṇabhadra, 求那跋陀羅, 394~468) 옮김, 『雜阿含經』(24), 「第五誦道品」(1) 628~630 : 如是我聞. 一時 佛住巴連弗邑 鷄林精舍. 爾時 尊者阿難 尊者跋陀羅 亦住巴連弗邑鷄林精舍 ./ 雜阿含經卷第二十七.

52)　구나바드라(Guṇabhadra, 求那跋陀羅, 394~468) 옮김, 『雜阿含經』(27), 「第五誦道品」(1) 719 : 如是我聞. 一時 佛住巴連弗邑. 爾時 尊者優波摩、尊者阿提目多住巴連弗邑鷄林精舍.

시였으나 750년 강가강(恆河, 영어 Ganges)의 큰물이 넘쳐흘러 폐허가 되었다.

계림정사(鷄林精舍)는 산스크리트 꾹꾸따라마(Kukkutārāma)를 한자로 옮긴 이름으로 다른 경전에는 계원사(雞園寺)·계사(鷄寺)·계작사(鷄雀寺)·계작정사(鷄雀精舍)·계두말사(鷄頭末寺)·계마사(鷄摩寺)·계원승가람(鷄園僧伽藍)[53] 따위로 옮겨 자주 등장한다.

꾹꾸따라마(Kukkutārāma)는 꾹꾸따(Kukkuta)+아라마(ārāma)의 겹낱말(合成語)인데, 산스크리트에서 겹낱말을 만들 때 [a]+[ā]=[ā]이기 때문에 꾹꾸따라마(Kukkutārāma)가 되었다. 본디 산스크리트에서 아라마(ārāma)는 기쁨(delight), 즐거움(pleasure) ; 즐거운 곳(place of pleasure), 마당(a g arden, 庭園), 작은 숲(grove) 같은 뜻이 있는데, 한문경전에서는 원(苑), 원(園), 림(林), 원림(園林)이라고 옮겼다. 따라서 꾹꾸따라마(Kukkutārāma)는 닭마당(鷄園)이나 닭숲(鷄林)이된다.

한편 붇다가 제자들과 함께 수행하던 곳이 대부분 마당(園)이나 숲(林)이었기 때문에 수행 집단을 뜻하는 쌍가(saṃgha)에다가 마당(園)이나 숲(林)을 뜻하는 아라마(ārāma)를 붙여 쌍가라마(saṃghārāma), 곧 절(寺院, 伽藍)이란 뜻으로 쓰이게 되었다. 한문 경전에는 이 낱말을 중원(衆園)·승원(僧園)·승원(僧院)·사(寺)·정사(精舍)처럼 갖가지로 옮겼다. 쌍가라마(saṃghārāma)를 한자로 소리 나는 대로 옮길 때는 '승가람마(僧伽藍摩)'라고 했다.

그런데 승가람마(僧伽藍摩) 4자가 3자인 승가람(僧伽藍)으로 줄어들고, 나중에는 2자로 가람(伽藍)이라고 쓰이게 되었다. 그래서 꾹꾸따라마(Kukkutārāma)를 '닭숲 절(鷄林精舍)'이라고 옮긴 것이다.

이 절은 기원전 3세기 아쇼카대왕 때 이곳에 모든 중과 성인들을 모아 공양하고, 세 번째 결집을 한 곳으로도 유명하고, 그 뒤 마우랴(Maurya) 왕조의 마지막 왕인 뿌샤미뜨라(Puṣyamitra, 沸沙蜜多羅王)가 파괴해 버려 역사에서 사라졌다.

---

53) 대만 불광사 발행『佛光大辭典』.

(2) 빨리어로 쓰인 경전에서도 닭이 상서로움을 상징하는 것으로 나온다.

수행승들이여, 인간의 목숨이 8만 살이 될 때, 이 잠부디빠는 마을과 도시, 지방과 수도
가 닭이 춤추며 내려올 만큼 번영하고 번창할 것이다.[54]

여기서 닭이 춤추며 내려온다는 것은 최상의 번영과 번창을 상징한다는 것을
알 수 있다. 닭이 내려온다는 사상도 닭이 하늘과 관련 있다고 짐작할 수 있다.

3) 인도 현지의 전설적인 닭다리 산(鷄足山)

인도에는 꾹꾸따~빠다(kukkuṭa-pāda)라는 산이 있다. 산스크리트로 꾹꾸따~
빠다(kukkuṭa-pāda)는 닭다리(鷄足)라는 뜻인데, 산이나 봉우리를 뜻하는 기리
(giri)라는 낱말을 덧붙여 꾹꾸따빠다~기리(Kukkuṭapāda-giri, 鷄足山)라고 한다.
인도 마가다 나라(Magadha, 摩揭陀國)에 있는 산으로, 붇다의 으뜸 제자로 경전
성립을 주도한 마하까샤빠(Mahā-kāśyapa, 摩訶迦葉)가 입적한 곳이라고 해서 유
명하다. 본디 닭다리 산(鷄足山, 鷄脚山)이라고 했는데 마하까샤빠가 입적한 뒤로
는 '거룩한 다리 산(尊足山)'이라고 부른다고 한다. 현장이 쓴 『대당서역기(大唐西
域記)』에서 자세하게 설명되어 있다.[55]

'마하강(Mahā-nadā, 莫訶江)에서 동쪽으로 가면 커다란 숲들(林野)로 들어가 100리쯤
가면 꾹꾸따빠다산(Kukkuṭapāda-giri, 屈屈吒播陀山, 당나라 말로는 鷄足이라 한다)에 이
른다. 이 산은 다른 말로 구루파타산[Guru-pāda-giri, 窶盧播陀山, 당나라 말로는 존[56]

---

54) 전재성 옮김, 『디가니까야』 3품 「전륜왕 사자후 경(Cakkavattisīhanādasutta)」 1157쪽 : kukkuṭa-
sampātikā gāmanigamajanapadirājadhāniyo. [주] Smv. 855에 따르면, 한 마을의 지붕 위에서
날아올라 다른 마을 지붕으로 내려오는 것을 말한다. 또는 'kukkuṭa-sampādika'라고 읽어서 한
마을에서 다른 마을로 닭이 걸어 다니는 것을 말한다.
55) 이 이름을 따서 중국 원난성(雲南省)에 있는 불교 성지도 계족산(鷄足山)이라는 이름을 붙였는데 지
금도 불교 성지로 유명하다.
56) guru : 덕망 있는(venerable), 존경할 만한·훌륭한(respectable) 이란 뜻이고, 중성으로 쓰이면 덕망
있는 사람(venerable person), 존경할 만한 사람(respectable person)이라는 뜻이기 때문에 현장이
한자로 '높고 우러러 본다'는 뜻을 가진 '존(尊)' 자로 옮긴 것이다.

경할 만한 (분의) 발(尊足)이라 한다]이라고 부른다. ……나중에 마하 까샤빠(Mahā-
kāśyapa) 존자가 (이 산 속에) 머물다가 니르바나에 들었는데, 외람되이 (닭발 산, 鷄足山
이라고) 부를 수 없으므로 존경할 만한 (분의) 발(Guru-pāda, 尊足)이라고 불렀다.'[57]

현재 인도 가야(Gayā)에서 동북쪽으로 25km쯤에 있으며, 분다가야(Buddha-
Gayā)에서는 동북쪽으로 32km 떨어진 곳에 있다. 중국 운남성에 가면 이 산 이
름을 딴 계족산(鷄足山)이 있다. 현지에 가 보면 진짜인 인도에 있는 닭다리산
(鷄足山)보다 더 많은 전설과 절들이 있고, 실제 마하 까샤빠가 중국의 계족산에
서 니르바나(涅槃)에 들었다고 믿고 있어 중국 5대 불교 명산으로 꼽히고 있다.

4) 신라의 닭숲 '계림(鷄林)'

신라에서도 닭(鷄)은 아주 신성한 동물의 상징이 되었으니 정사인 『삼국사기』
에 그 숨은 이야기가 잘 나와 있다.

> 9년(서기 65) 봄 3월, 임금이 밤에 금성 서쪽 시림(始林) 숲에서 닭 우는 소리를 들었다.
> 날이 샐 무렵에 호공을 보내 살펴보도록 하니, 나뭇가지에 금빛 나는 작은 궤짝이 걸려
> 있었고, 흰 닭이 그 아래에서 울고 있었다. 호공이 돌아와 이를 아뢰자, 임금은 사람을
> 보내 그 궤짝을 가져오게 하였다. 열어보자 그 속에는 어린 사내아이가 들어있었는데,
> 자태와 용모가 기이하고 뛰어났다. 임금이 기뻐하며 가까운 신하들에게 말하였다.
>
> "어찌 하늘이 나에게 아들로 준 것이 아니겠는가!" 그리고 아이를 거두어 길렀다. 자
> 라나자 총명하고 지략이 뛰어났으니, 그의 이름을 알지(關智)라고 하였다. 금빛이 나는
> 궤짝에서 나왔기 때문에 성을 김(金)씨라고 하였다. 시림을 고쳐 계림(鷄林)이라 부르
> 고, 이를 나라 이름으로 하였다.[58]

---

57) 玄奬, 『大唐西域記』(9) 中印度, 摩揭陀國(하) : 莫訶河東入大林野 行百餘里 至屈屈(居勿反)吒播陀
山(唐言鷄足) 亦謂窶盧播陀山(唐言尊足). … 其後 尊者大迦葉波 居中寂滅 不敢指言 故云尊足.

58) 『삼국사기』「신라본기」탈해이사금(脫解尼師今) : 九年春三月 王夜聞金城西始林樹間 有鷄鳴聲 遲
明遣瓠公視之 有金色小櫝 掛樹枝 白鷄鳴於其下 瓠公還告 王使人取櫝 開之 有小男兒在其中 姿
容奇偉 上喜謂左右曰 此豈非天遣我以令胤乎 乃收養之 及長 聰明多智略 乃名關智 以其出於金
櫝 姓金氏 改始林名鷄林 因以爲國號.

닭과 연결된 신화는 고구리뿐 아니라 신라 건국 사상에도 크게 자리 잡고 있으며 닭숲(鷄林)이 나라 이름으로까지 불렸다는 것을 알 수 있다. 이처럼 닭에 대한 신화가 신라를 대표하는 상징으로 기록되었기 때문에 『삼국유사』를 엮은 사가들이나 학자들이 자연스럽게 '계귀(鷄貴)＝신라'라고 생각하였고, 다음에 이어지는 계귀에 대한 주석에서 '계귀(鷄貴)＝고리(高麗)'라는 설명을 소홀하게 다루거나 무시했다는 것을 알 수 있다.[59]

이런 오역은 최근까지 이어지고 있다. 2013년 출간된 김규현 주석『대당서역구법고승전』에 보면, 계귀(鷄貴)의 산스크리트 '구구타예설라국(矩矩吒翳說羅國)'에 주를 달아 이렇게 설명하고 있다.

> 현장은『대당서역기』권8「마가다」조에서 산스크리트어로는 쿠쿠타아라마(屈屈吒阿濫摩/ kurkuta-Arama)라고 표기하고 있다.[60]
>
> [계귀(鷄貴)＝구구타예설라국(矩矩吒翳說羅國)]＝[계림(鷄林)＝쿠쿠타아라마(屈居吒阿濫摩)로 해석한 결과이다.

Ⅳ. 맺음말

위에서 인도와 서녘에서 불렸던 고리(高麗)의 나라이름에 대해 알아본 결과 다음과 같은 결론을 얻었다.

1. 먼저 원 사료를 정확히 번역하여 기존 번역과 견주어 본 결과 번역물

---

59) 북녘에서 옮긴『삼국유사』(리상호 옮김. 조선민주주의인민공화국 고전연구실 편. 신서원 영인) 448쪽 '천축 갔던 여러 중들'에서 '더러는 생존하여 그 절에서 살기도 하여 다시 신라땅(鷄貴)으로나 당 나라로 돌아온 자는 필경 없었다'고 해서 '신라땅＝鷄貴'라고 옮겼다.
60) 김규현 역주.『대당서역구법고승전』. 글로벌콘텐츠. 2013. 76쪽.

대부분 고리(高麗)를 신라(新羅)로 잘못 번역한 사실을 알 수 있었다.

2. 이처럼 고리(高麗)를 신라로 잘못 번역한 것은 이미 왕건이 세운 고리 (高麗) 때부터 시작되었음을 알 수 있었다. 『해동고승전(海東高僧傳)』 에서는 사료의 앞부분만 채택해 주인공인 아리야바르마(阿離耶跋摩)가 '계귀(鷄貴)=고리(高麗)' 출신이라는 자체를 빼 버리고 신라사람으로 기 록하였고, 『삼국유사』에서는 계귀(鷄貴)를 해동(海東)이라고 옮겨 전체 적으로 신라사람으로 기록하였다.

3. 많은 사람들이 아리야바르마를 신라사람으로 옮기게 된 가장 큰 원인 은 아리야바르마에 대해 가장 먼저 기록한 의정(義淨)이 자신의 저서 『대당서역구법고승전(大唐西域求法高僧傳)』 첫머리에 국적을 '신라' 로 적었기 때문이다. 그렇다면 의정은 왜 주석에 아리야바르마는 분명 히 고리(高麗) 출신이라고 밝히면서도 첫머리에 국적을 신라라고 적었 을까? 아리야바르마가 당나라를 거쳐 인도로 갈 때는 되돌아갈 나라가 있었지만, 그의 말년에 고리(高麗) 조정이 이미 당나라에 항복하였고, 의정이 『대당서역구법고승전(大唐西域求法高僧傳)』을 쓴 691년(天授 2 년)에는 고리(高麗)가 항복한 지 23년이나 지나 버렸기 때문에 당시 해 동 3국 가운데 살아남은 '신라'로 분류할 수밖에 없었다. 때문에 의정 은 나라별로 분류할 때는 '신라 구법승'으로 하고, 본문 시작도 '신라사 람'이라고 했지만 구체적인 내용을 쓰면서 아리야바르마가 고리(高麗) 출신이라는 주석을 달아 분명히 하였다.

4. 인도와 서역에서 고리(高麗)를 구구타왜설라(矩矩吒䃜說羅)라고 했는 데 산스크리트로 정확히 복귀해 본 결과 구구타왜설라(矩矩吒䃜說羅) 는 꾹꾸떼스바라(𑀓𑀼𑀓𑁆𑀓𑀼𑀝, Kukkuteśvara)임을 알 수 있었다. 그러니 까 인도와 서역에서는 고리(高麗)를 '꾹꾸떼스바라'라고 불렀다. 의정 은 '꾹꾸떼스바라'를 한자로 '계귀(鷄貴)'라는 뜻으로 옮겼는데, 지금의

한자 뜻으로 옮기면 '닭신(鷄神)'이라고 할 수 있었다.

5. 인도뿐 아니라 장안에서 인도로 가는 길에 있는 서역의 여러 나라에서도 고리(高麗)를 꾸꾸떼스바라(矩矩吒醫說羅)라고 부른 것은 그만큼 고리(高麗)가 서역에 널리 알려졌고 고리(高麗)의 위상 또한 그만큼 높았다는 증거이다.

6. 산스크리트 사전이나 불교 경전을 검토해 본 결과 닭이란 상서로운 짐승으로 표현된 경우가 많았고, 신라의 계림(鷄林) 신화와 결부시켜 볼 때 고리(高麗)를 '닭의 신(鷄神 = 鷄貴)'이라고 부른 데에는 고리(高麗)에 대한 좋은 이미지의 상징적 표현이라고 볼 수 있다.

참고문헌

求那跋陀羅 譯, 『雜阿含經』

전재성 옮김, 『디가니까야』, 한국빠알리성전협회, 2011.

海古籍出版社·上海書店 刊 『二十五史』

北魏 楊衒之 撰, 『洛陽城北伽藍記』

唐 義淨, 『大唐西域求法高僧傳』

唐 玄奬, 『大唐西域記』

唐 全真 集, 『唐梵文字』

唐 義淨 撰, 『梵語千字文』

唐 僧怛多蘗多·波羅瞿那彌 出, 『唐梵兩語雙對集』

唐 慧琳 撰, 『一切經音義』

後晋 可洪 撰, 『新集藏經音義隨函錄』

高麗 覺訓 撰, 『海東高僧傳』

高麗 金富軾 撰, 『三國史記』

高麗 一然 撰, 『三國遺事』

足立喜六 譯註, 『大唐西域求法高僧傳』, 岩波書店, 1942.

義淨(李龍範 譯), 『大唐西域求法高僧傳』, 서울, 東國大學校 附設 譯經院(現代佛教新書 Vol. 26), 1980.

정각 지음, 『인도와 네팔의 불교성지』, 불광출판부, 1993(초판 1쇄), 2002(초판 4쇄).

김규현, 『혜초 따라 5만리』 상권, 여시아문, 2005.

김규현 역주, 『대당서역구법고승전』, 글로벌콘텐츠, 2013.

서길수, 「'高句麗'와 '高麗'의 소릿값(音價)에 관한 연구」, 『고구려연구』(27), 2007.

M. Monier-Williams, 『Sanskrit-English』, oxford, 1899.

周法高, 『漢字古今音彙』, 홍콩, 中文大學, 1979(再版).

臺灣 佛光寺, 『佛光大辭典』

荻原雲來, 『梵和大辭典』, 東京, 鈴木學術財團, 1986(1쇄), 1999(11쇄).

冨尾武弘, 『梵漢音寫例一覽表 ― 萩原雲來「漢譯對照 梵和大辭典」より―』, 京都, 松香堂, 1999.

전재성 편저, 『빠알리-한글사전』, 빠알리성전협회, 2005.

둘째 마당

춤무덤(舞踊塚)의 사신도와
새깃털관(鳥羽冠) 재검토

Ⅰ. 머리말

첫째 마당에서 의정(義淨)이 쓴 책『대당서역구법고승전(大唐西域求法高僧傳)』에 나오는 아리야바르마(阿難耶跋摩)에 관한 자료는 다음 두 가지 중요한 정보를 제공해 준다고 했다.

① 계귀(鷄貴)란 산스크리트의 '구구타왜설라(矩矩吒瞖說羅)'를 말한다. '구구타(矩矩吒)'는 닭(鷄)이고, '왜설라(瞖說羅)'는 귀하게 여기다(貴)는 뜻인데, 바로 고리 나라(高麗國)다.

② 그 나라는 닭신(鷄神)을 공경(敬)하고 높이 우러러보기 때문에 (닭의) 깃털을 머리에 꽂아 겉을 꾸민다고 한다.

①은 앞 마당에서 보았고 이 마당에서는 ②의 문제를 다루기로 한다. ②는 짧은 문장이지만 지금까지 고구려사 연구에서 거의 통설로 되어 있는 몇 가지 문제를 재검토해야 하는 주요 사료가 된다. 그 두 가지 새로운 정보는 다음과 같다.

첫째, 그 나라는 닭신(鷄神)을 공경하고 높이 우러러보았다.
둘째, 그러므로 (닭의) 깃털을 머리에 꽂아 겉을 꾸몄다.

이 마당에서는 이 같은 두 가지 문제에 대한 검토를 통해서 고구리(高句麗)의 닭신(鷄神) 숭배사상을 조명하고 이어서 닭신 숭배사상의 대표적인 상징인 이른바 새깃털관(조우관, 鳥羽冠)을 새롭게 해석하는 게 연구목적이다.

이 마당에서는 이 연구목적을 이루기 위해 Ⅱ장에서 춤무덤(舞踊塚) 사신도의 주작에 대한 지금까지의 연구성과를 검토하고, Ⅲ장에서 벽화에 나타난 새깃털관(鳥羽冠)이 닭깃털관(鷄羽冠)이란 것을 확실하게 하며, Ⅳ장에서 고구리(高句麗) 무덤 벽화에 그려진 닭깃털관(鷄羽冠)들을 종합해 본다.

Ⅱ. 춤무덤(舞踊塚) 사신도의 주작 재검토

1. 춤무덤과의 인연 – 분명히 수탉이었다.

1) 고구리 벽화와의 만남

글쓴이가 고구리 벽화를 처음 만난 것은 1990년 9월 30일 처음으로 고구리의 국내성 옛땅을 밟았을 때다. 광개토태왕비, 장수왕릉(장군총)을 보고 다섯무덤(五盔墳) 5호무덤을 찾았다. 그때만 해도 5호무덤 벽화는 물기는 번지고 있었지만 아직은 4신의 힘찬 모습을 생생하게 느낄 수 있었다. 그 뒤 1991년에도 국내성을 찾아가 장천 1호 무덤까지 가 보았지만 다섯무덤 5호무덤 외에는 개방하지 않았기 때문에 볼 수가 없었다.

고구리 벽화의 고갱이를 제대로 본 것은 1993년 6월이었다. 그해 여름에 개최될 1차 고구리학술대회 참가자들에게 보여줄 벽화무덤을 미리 고르는 프로그램에 참여한 것이 계기가 되었다. 박물관장의 안내로 당시만 해도 공개하지 않던 태왕릉을 보고, 씨름무덤, 춤무덤, 다섯무덤 4호와 5호, 사신무덤을 본 뒤 외국인으로는 처음으로 국동대혈까지 볼 수 있었다. 평소에 많이 보았던 춤무덤의 춤추는 장면과 사냥하는 장면, 씨름무덤의 씨름하는 장면을 직접 대하는 것은 참으로

그림 14 춤무덤(舞踊塚)과 씨름무덤(角觝塚) 전경

감동적이었다. 그리고 벽화 가운데 가장 놀라운 것은 다섯무덤 4호의 사신 그림이었다. 1500년 세월이 지났지만 마치 얼마 전에 그린 그림처럼 뚜렷하고 색깔이 아름다워 숨이 멎는 것 같았다. 그러나 이때까지 벽화는 단 한 장의 사진도 찍을 수가 없었다. (『우리집』(IV), 95호 2쪽, 「고구리 옛땅을 찾아(3)」).

1994년 드디어 이 벽화를 찍을 기회가 왔다. 한국의 한 업체가 현지 박물관과 계약을 맺어 벽화를 찍을 수 있게 준비하였기 때문이다. 7월 15일 어려운 과정을 거쳐 세칸무덤(三室墓) → 씨름무덤(角觝塚) → 춤무덤(舞踊塚) → 사신무덤(四神墓) → 다섯무덤(五盔墳) 4호·5호 같은 6개 무덤의 벽화를 찍을 수 있었다. 당시기록(『우리집』(IV), 106호 2쪽, "두 번째 고구리 벽화를 찾아 –3")에는 이렇게 쓰여 있다. "먼저 삼실묘를 갔는데 사진 두서너 장 찍자 이내 경관장의 재촉이 시작된다. '쉬지주(서길수의 중국식 발음) 선생, 빨리 나와!', 어떻게 배웠는지 '빨리 나와!'는 한국말이다. 이때부터 촬영을 다 마칠 때까지 수없이 되풀이되었다. 그렇게 많이 준비해 간 조명기구 촬영 장비는 아무 쓸모가 없었다. 이때야말로 캐논 EOS 자동카메라의 진가가 발휘되는 순간이었다. 세칸무덤과 그 다음 씨름무덤·춤무덤을 들고 날 때 허리를 납작 굽혀야 할 만큼 입구가 낮았다. 벽화는 회를 칠

하고 그 위에 그린 것인데 정말 생생하고 뚜렷하여 자세히 관찰하고 싶었지만, 일단은 찍느라 바빴다. 사신묘와 다섯무덤 4·5호는 규모가 크고 돌 위에 직접 그린 것이 특징이다. 사신무덤에는 벽화가 많지 않지만 다섯무덤(五盔墓)의 벽화는 정말 입을 다물 수 없을 정도다. 특히 5호무덤과는 달리 완벽하게 남아 있는 4호무덤은 마치 며칠 전 그린 것처럼 뚜렷하고 빛깔이 선명해 1,000년이 넘는 세월을 잊게 했다. 우리가 6개의 무덤을 보는데 걸린 시간은 불과 2시간. 오전에 끝내버린 것이다. 그때 찍은 사진은 KBS·한국방송공사, 고구려 특별대전 도록『고구려 고분벽화』에 모두 실려 있다. 당시 함께 간 모 잡지 사진부장인 황부장은 세계에서 제일 좋은 라이카 카메라를 준비해 갔으나 조명기구를 전혀 사용할 수 없어 핀트를 맞출 수 없었기 때문에 성공하지 못했다."

다음날 계약대로 말구유무덤(馬槽墓)과 모두루무덤(牟頭婁墓)도 보여주었지만, 사진은 찍지 못했다.

1994년 고구리연구소를 설립하고 '고구려특별대전' 때 매주 고구리에 관한 특강을 하면서 고구리 벽화에 관한 공부를 시작하였다. 그리고 1997년 3회 고구리 국제학술대회의 주제를 '고분벽화'로 잡고 일본 도쿄에서 남북한과 일본 학자들이 함께 본격적인 연구발표를 하기에 이르렀다(장소 : 학습원대학 강당, 주최 : 고구리연구회·학습원대·조선재일역사고고학협회).

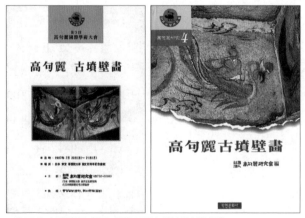

그림 15 '고분벽화' 국제학술대회(1997년, 일본 학습원대학)

2) 춤무덤에 수탉 한 쌍이 그려진 까닭

그러나 글쓴이가 구체적으로 춤무덤의 수탉에 대한 의문을 품기 시작한 때는 1998년부터이다. 1998년부터 고구리연구회 주최로 '역사유적답사'를 매년 실시하였는데, 현지 박물관과 협의하여 다른 유적지와 함께 특별히 '춤무덤(舞踊塚)'을 참가자 전원이 볼 수 있었다. 춤무덤은 좁은 곳이기 때문에 10명씩 나누어 들어가고 글쓴이는 안에서 5~6차례 같은 설명을 해야 했다. 그런데 설명할 때마다 들어온 문 위에 그려진 두 마리 수탉에서 눈길을 멈추었다. 그때까지의 연구 성과에 따르면 그 닭은 사신 가운데 하나인 주작(朱雀)이어야 하는데 아무리 보아도 영락없는 수탉이었다. 그래서 "내 눈에는 수탉으로 보인다."고 설명하고 그해 펴낸 『고구려 역사유적 답사』에 이렇게 설명하였다.

"평행고임 3단에는 각종 상서로운 동물과 신선(仙人)을 그렸다. 동남쪽에는 혀를 길게 내밀고 오른쪽으로 향하여 달려가는 백호와 거문고를 타는 두 인물을 그렸다. 서남쪽에는 한가운데 수탉 한 쌍이 마주보며 서 있고, 북쪽에는 청룡과 나무, 평상에 앉은 인물들을 묘사했다. 동북쪽에는 장사 두 사람이 태견류의 무술을 겨루는 모습을 그렸다."

그림 16 1993년 8월 4일 글쓴이가 찍은 춤무덤 남면에 그려진 수탉 한 쌍

그러나 모든 학자가 주작이라는데, 왜 나는 수탉이라고 해야 하는지 몰랐다. 왜 수탉이 그곳에 그려져 있는지 그 까닭을 뚜렷하게 밝힐 수는 없었기 때문이다. 그 분명히 수탉이었다.

2. 춤무덤 사신도에 대한 기존 연구 검토

1) 『통구(洞溝)』, 1938~1940년

『통구(洞溝)』에 나오는 사진은 1940년대 이후부터 지금까지 가장 많이 보고 인용했던 자료일 것이다. 이 책의 벽화 사진과 본뜬 그림(模寫圖)은 아직도 학계에서 가장 많이 쓰이는 자료다. 『통구(洞溝)』에서는 천정 4단에 있는 그림을 주작이라 했고, 수탉은 쌍계(雙鷄)라고 했다.

> 또 벽면 여러 곳에 배치된 鳥獸에는 백호 청룡 주작(도판 31-2, 주실 우벽 천정 4 단 벽화세부), 기린, 말, 사람 얼굴을 한 새, 雙鷄 따위가 있고, ……[61]

『통구(洞溝)』에서 말하는 주작은 생김새가 다른 벽화의 주작과 많이 비슷하지만 그림 위치가 좌청룡 바로 위에 그려져 있어 전(前) 주작의 자리가 아니다. 청룡·백호와 같은 고임에 있지 않고 한 단 위쪽에 있었기 때문에 연구자들이 그 그림을 주작이라고 받아들이기 어려웠다.

2) 조선화보사, 『고구려 고분벽화』, 1985년

1985년에 일본 조선화보사에서 나온 도록은 한국에서 불법 영인본이 나와 벽화 연구자들 사이에 널리 퍼져서 영향력이 아주 컸다. 이 도록의 <그림 213번>이 바로 두 마리의 수탉이었는데 '주작(춤무덤 4세기 말~5세기 초)'이란 설명을 붙였다. 이어서 이렇게 설명하였다.

---

61)　이께우찌 히로시(池內宏)·우메하라 스에지(梅原末治), 『통구(洞溝)』(하), 日滿文化協會, 1940. 12쪽.

그림 17 「통구」의 주작   그림 18 「통구」의 춤무덤 쌍계(그림 2)

또한 앞간 천정받침에는 위의 청룡과 백호와 더불어 남향의 주작에 해당되는 꼬리가 긴 두 마리 닭 모양의 동물이 표현되어 있다(그림 112).[62]

꼬리가 긴 두 마리 닭이 주작에 해당한다는 것을 분명히 하였다.

3) KBS 고구려특별대전, 『고구려 고분벽화』, 1994년.

한국에서 처음으로 현장에 가서 이 사진을 찍어 한국에 고구리 벽화의 붐을 일으킨 1993년 조선일보 도록에는 이 사진이 없고 설명도 없다. 다행히 1993년 글쓴이가 직접 찍은 사진에 이 사진이 뚜렷이 드러나 있다. 당시 어려운 상황에서 사진을 마음먹은 대로 차분히 찍을 수 없었지만 그 장면이 나온 것은 행운이었다. 이때 찍은 사진으로 열린 '고구려 특별대전'의 도록은 전호태 교수가 내용을 집필하였다. 그때 수탉 두 마리를 이렇게 설명하였다.

서남면 한가운데에는 닭을 연상시키는 주작 한 쌍이 마주보며 서 있다.[63]

주작 한 쌍이 마주보고 있는데 그 생김새는 닭을 연상시킨다는 설명이었다. 자리는 분명한 주작의 자리인데 생김새는 닭이 아주 뚜렷했기 때문이다.

---

62)   朝鮮畫報社, 『高句麗古墳壁畵』, 1985. 84쪽.
63)   KBS 고구려특별대전 『고구려 고분벽화』, 「무용총」, 1994. 50쪽.

4) 신형식, 『집안 고구려유적의 조사연구』, 1996.

다음 해 국사편찬위원회에서 나온 조사연구 결과에서는 수탉 두 마리가 주작이라는 사실을 분명한다.

> 남방 수호신인 주작은 닭, 봉황, 꿩 등의 결합체로서 큰 날개를 지녔다. 따라서 때로는 무용총의 경우와 같이 닭이 주작의 위상을 대변하기도 하고, 5회분 오호묘의 주작은 빨간 큰 날개를 가진 새가 되기도 한다.[64]

내용에서 닭이 주작이 되었다는 설명과 함께 같은 책 119쪽에 있는 <사진 91>에는 「무용총(천정 동벽)의 주작도」라고 설명하고, "큰 날개와 머리(부리와 벼슬) 모양의 수탉이며, 3개의 긴 꼬리가 특이하다."고 설명하여 그 수탉이 주작이라는 사실을 다시 강조하였다.

5) 전호태, 『고구려 고분벽화 연구』, 1997~2000년.

전호태는 앞에서 본 『고구려특별대전』 도록에 춤무덤을 설명하면서 '닭을 연상시키는 주작 한 쌍'이라고 하며 그 생김새가 닭을 생각나게 하지만 주작이라고 해서 '수탉 = 주작'설을 동조하였다. 3년 뒤 박사학위 논문에서는 약간 모호한 표현을 쓰고 있지만 관점에 큰 변화는 없는 것으로 보인다.

> ⓐ 주작의 자리인 천장부 앞면 한가운데에는 장닭 모양 새 두 마리가 서로 마주보게 그려져 있으며, 현무의 자리인 천장부 안쪽면의 같은 자리에는 수박희 중인 두 인물이 묘사되어 있다(250쪽).
> ⓑ 집안계열 전기 고분벽화에서는 사신의 위치에 따른 표현 숫자도 일정하지 않다. 무용총, 장천1호분 등에서는 청룡과 백호가 각 한 마리, 주작이 두 마리씩 그려졌으나 삼실총에서는 무덤 칸 세 개 모두 청룡, 백호, 주작, 현무가 한 쌍씩 그려져 차이를 보이고

---

64) 신형식, 『집안 고구려유적의 조사연구』, 국사편찬위원회, 1996, 99쪽.

있다(312쪽).[65]

위 문장은 '주작이 두 마리'라고 해서 장닭 2마리가 주작임을 인정하고 있다. 3년 뒤 펴낸 책에서는 ⓐ는 똑같이 썼지만 ⓑ에서는 좀 새로운 관점을 보인다.

주작의 자리인 천장고임 앞면의 한가운데에는 장닭 모양의 새 두 마리가 서로 마주보게 그려졌으며, 현무의 자리인 천장 고임 안쪽 면의 같은 자리에는 수박희(手搏戱) 자세의 두 인물이 묘사되어 있다.[66]
　날개를 접은 채 마주보고 서 있는 천장 고임 앞면의 장닭 형상 서조(瑞鳥) 두 마리는 고구려인이 지니고 있었을 것으로 추측되는 금계(金鷄), 혹은 천계(天鷄) 신앙과 관련되는 표현이 아닐까 생각되기도 한다.[67]

일단 ⓐ에서 일반적인 사신 자리 가운데서 주작 자리에 장닭 두 마리가 그려졌다는 내용은 같다. 그러나 그 장닭의 정체에 대해서는 '장닭 형상 서조(瑞鳥)'라고 해서 '장닭처럼 생긴 상서로운 새'라고 표현하고 금계나 '천계 신앙'과 관련된 표현일 것으로 추측하였지만 그에 대한 확실한 전거를 대지 못했다. 그러나 수탉두 마리가 하늘의 닭(天鷄) 신앙과 관련 있을 것이라는 추정은 주작론에서 한발더 나아간 관점이라고 할 수 있다.

6) 김일권,『고구려 별자리와 신화』, 2008년.
김일권은『통구』에 서술된 쌍계(雙鷄)를 쌍주작(雙朱雀)이라고 정의하였다.

(춤무덤에는) 불완전하지만 씨름무덤에는 없던 사신도 주제를 도입하고 있다. 남쪽 하늘에 쌍주작을 그렸고, 동쪽에 청룡을, 서쪽에 백호를 그렸다. 북쪽에는 그렇지 않고 대신 기린도를 그렸다. ……남벽의 주작이 평행고임 3단부 중심에 자리한 것과 달리 청룡과

---

65)　전호태, 「고구려 고분벽화 연구」, 서울대 대학원 박사학위논문, 1997.
66)　전호태, 『고구려 고분벽화 연구』, 사계절, 2000, 236쪽.
67)　전호태, 『고구려 고분벽화 연구』, 사계절, 2000, 238쪽.

백호는 동벽과 서벽의 한쪽으로 치우쳐 그려져 화면의 비중이 크지는 않다. ……셋째, 천장의 배치상 북쪽 천장에서 겨루기를 하는 태껸도(手搏戱)가 남쪽의 쌍주작과 대칭되는 구도로 여겨지기도 한다.[68]

7) 나사라·나일성,『사신도도록』, 신광출판사, 2008.

이 도록은 고구리(高句麗) 벽화에 나온 사신도들을 컴퓨터그래픽으로 재현하면서 춤무덤에 그려져 있는 수탉 두 마리를 이렇게 설명하고 있다.

무용무덤의 사신도 중 가장 인상적인 동시에 또 잘 보존된 그림은 마주보고 있는 두 마리의 주작이다.[69]

8) Naver 지식백과『문화원형백과』,「고구려 중기의 주작」

요즈음은 의문나는 점이 있으면 먼저 포털에서 검색을 한다. 포털 네이버에서 '주작'을 검색한 결과 춤무덤 주작을 설명하면서 '수탉'이라는 이름은 쓰지 않았지만 '남쪽 3층 천정 받침에 있다'고 해서 수탉 두 마리라는 것을 분명히 하였고, 그 특징의 설명에서 수탉 두 마리라는 것을 분명하게 알 수 있다.

중기에 속하는 사신도 중 가장 대표적인 것으로는 통구 무용총의 사신도가 있다. 이것은 삼실총의 예에서와 마찬가지로 사신도가 천정(天井)에 위치하고 있는데, 이 고분에서는 구체적으로 현실(玄室, 곧 主室)의 동, 서벽 제3층 천정 받침에 사신이 표현되어 있다. ……남쪽 천정에는 주작이 그려져 있는데, 전체적인 모습에 있어서는 약수리 고분 벽화의 주작 표현과 크게 다르지 않지만 회화 표현에 있어서 훨씬 성숙된 면모를 보이고 있다. 윤곽선을 분명하게 표현하고 그 위에다 약간의 채색을 가하여 주작의 형태를 충실히 표현하였고, 신체는 좀 더 현실적인 모습으로 그려졌다. 양 날개는 서로 대칭되는 것을 피하여 약간의 변화를 두었고, 몸통 부분에는 털과 근육을 적절하게 묘사하여 사실감을 가져다 주고 있으며, 발 역시 단지 선으로 그 형태만을 그려내던 데에서 나아

---

68) 김일권,『고구려 별자리와 신화』, 사계절, 2008, 121쪽.
69) 나사라·나일성,『사신도도록』, 신광출판사, 2008, 170쪽.

가 땅에 확고하게 딛고 있는 발의 모습을 표현하고 있다.

이처럼 현재 한국의 학계라든지 일반 미디어에서 춤무덤(舞踊塚)에 그려진 수
탉 두 마리는 주작이라는 설이 대세임을 알 수 있다.

3. 고구리(高句麗)의 닭 숭배사상 검토

1)『대당서역구법고승전(大唐西域求法高僧傳)』: 계귀(鷄貴) = 고리(高麗)

앞 절에서 춤무덤의 '수탉=주작'이라는 설이 강력하게 대두되었고 이제 정설
로 자리 잡았다는 것을 알 수 있다. 그러나 이 문제를 오랫동안 집중적으로 연구
한 학자들은 이 설을 부정할 수도 없고 그렇다고 확정적으로 받아들일 수 없는
어정쩡한 입장을 가졌던 것도 사실이다. 그것은 다음과 같은 이유 때문이다.

① 『통구』에서는 4층에 그려진 봉황을 주작이라 했으나 그 자리가 사신 가운
　데 하나인 좌청룡 바로 위에 그려져 있어 사신도에 어울릴 수가 없는 자리
　라 받아들일 수 없었다.
② 사신도 자리에 정확히 일치하는 방위에 수탉 두 마리가 그려져 있는데, 이
　그림은 청룡 위에 그려진 그림이나 다른 사신도에 그려진 그림에 비해 주
　작의 모습을 하지 않고 영락없는 수탉이기 때문에 주작이라고 확정하는 데
　망설이게 하였다.
③ 더군다나 주작과 대칭되는 현무 자리에 현무가 없고 태껸하는 그림이 있어
　수탉을 주작이라고 주장하기 어렵게 만든 요인이 있었다.

이 문제에 대해 가장 큰 의문을 가졌던 것은 앞에서 보았듯이 벽화를 사상사
적으로 조명했던 전호태일 것이라고 본다. 앞에서 인용한 대목을 다시 한번 보면
쉽게 알 수가 있다.

그림 19 남쪽 고임 3단에 그려진 두 마리의 수탉(1993년 글쓴이 찍음)

날개를 접은 채, 마주보고 서 있는 천장고임 앞면의 장닭형상 서조(瑞鳥) 두 마리는 고구려인이 지니고 있었을 것으로 추측되는 금계(金鷄), 혹은 천계(天鷄) 신앙과 관련되는 표현이 아닐까 생각되기도 한다. [70]

두 마리의 수탉이 단순히 사신을 그린 것이 아니라 고구리(高句麗)의 금계나 천계 신앙과 관련된 표현이라고 추측한 것이다. 그러나 '추측되는' '아닐까 생각한다'는 막연한 추측으로 끝날 수밖에 없었다. 이 장에서는 그러한 추측에 대한 확실한 사료를 소개함으로써 춤무덤에 나온 두 마리의 수탉은 사신도에 나오는 주작이 아니라 고구리(高句麗) 사람들이 신으로 받들어 모시는 닭신(鷄神)이라는 것을 밝히고자 한다.

앞에서 본 여러 설을 대신할 수 있는 새로운 자료가 바로 앞마당에서 본 의정(義淨)의『대당서역구법고승전(大唐西域求法高僧傳)』에 나온 아리야바르마에 관한 기록이다. 이 기록 내용은 앞에서 자세히 보았지만 춤무덤의 수탉 두 마리에

---

70)　전호태,『고구려 고분벽화 연구』, 사계절, 2000, 238쪽.

대한 완벽한 결론을 내릴 수 있는 자료이기 때문에 다시 한번 보기로 한다.

[계귀(鷄貴)란 산스크리트의 '구구타왜설라(矩矩吒䀻說羅)'를 말한다. '구구타(矩矩吒)'는
닭(鷄)이고, '왜설라(䀻說羅)는 귀하게 여기다(貴)'는 것인데, 바로 고리 나라(高麗國)다.
전하는 바에 따르면, 그 나라는 닭신(鷄神)을 공경(敬)하고 높이 우러러보기 때문에 (닭
의) 깃털을 머리에 꽂아 겉을 꾸민다고 한다. 날란다에 못이 있는데 용천(龍泉)이라 부른
다. 서녘(西方)에서는 고리(高麗)를 구구타왜설라(矩矩吒䀻說羅)라고 부른다.][71]

이 자료에서 "서녘에서 고리(高麗 = 高句麗)는 계귀(鷄貴)라고 부르고, 계귀는
산스크리트로 '구구타왜설라(矩矩吒䀻說羅)'라고 했으며, 고리(高麗 = 高句麗)에서
는 닭신(鷄神)을 공경하고 높이 우러러본다."고 했다.

이 자료에 따르면 춤무덤 입구 위에 당당한 모습으로 그려진 두 마리의 수탉
은 바로 고리(高麗) 사람들이 신으로 모시고 우러러보는 닭신(鷄神)이었다. 인도
나 서역에서 고리(高麗) 사람들을 '계귀(鷄貴) = 닭신(鷄神)'이라고 부른 것을 보면
고리(高麗 = 高句麗) 당시 백성들이 얼마나 닭을 공경했는지 잘 알 수 있다.

이 자료에서 '계귀(鷄貴) = 고리(高麗) = 구구타왜설라(矩矩吒䀻說羅)'라고 했는
데, 앞에서 본 구구타왜설라(矩矩吒䀻說羅)를 다시 보면 다음과 같다.

① 구구타(矩矩吒) : 꾹꾸따[Kukkuṭa, Ⱄ(ku)Ⱄ(kku)Ⱌ(ṭa)]
   [뜻] 수탉(a cock), 야생 닭(a wild cock, Phasianus gallus)
② 왜설라(䀻說羅) : 이스바라[īśvara, Ⱄ(ī)Ⱄ(śva)Ⱌ(ra)]
   [뜻] 하느님(lord), 임금(king), 신(god), 가장 높은 존재(the Supreme Being)

---

71) 義淨, 『大唐西域求法高僧傳』. 이 논문에 나오는 한문 원문은 모두 中華電子佛典協會 (Chinese
     Buddhist Electronic Text Association, CBETA)에서 무료로 보급한 DVD를 사용하였다. 阿難耶跋摩
     者 新羅人也. 以貞觀年中 出長安之廣脇(王城小[山]名) 追求正教親禮聖蹤 住那爛陀寺 多閑律論抄
     寫衆經. 痛矣 歸心所期不契 出雞貴之東境 沒龍泉之西裔 即於此寺無常. 年七十餘矣. (雞貴者 梵
     云矩矩吒䀻說羅. 矩矩吒是雞 䀻說羅是貴 即高麗國也. 相傳云 彼國敬雞神而取尊 故戴翎羽而表飾矣. 那爛陀
     有池 名曰龍泉. 西方喚高麗為矩矩吒䀻說羅也).

③ 구구타왜설라(矩矩吒瑿說羅) : 꾹꾸떼스바라(ꦗꦗꦕꦕ, Kukkuṭeśvara)[72]

[뜻] 닭신(鷄神), 천계(天鷄)

여기서 우리는 구구타왜설라(矩矩吒瑿說羅)가 닭신(鷄神)을 뜻하고, 계귀(鷄貴)는 바로 '닭신(鷄神)'이라는 뜻으로 닭을 높은 존재로 우러렀다는 사실을 알 수 있다. 의정의 주)에서 나라 이름은 계귀(鷄貴)라 하고, 계귀나라 사람들이 받드는 것은 닭신(鷄神)이라고 하였는데, 결국 뜻은 같다는 것을 알 수 있다.

2) 『일본서기(日本書紀)』: 닭 수컷(鷄之雄) = 고리 사람(高麗人)

국제적으로 인도나 서역에서는 고리(高麗) 사람들이 닭을 높은 존재로 모셨기 때문에 나라이름을 계귀(鷄貴)라고 했는데, 신라에서는 고리(高麗)의 사내들을 수탉이라고 여겼다는 사실이 『일본서기(日本書紀)』에 기록되어 있다.

8년 2월, 천왕이 즉위한 뒤 올해까지 신라가 등을 돌려 8년 동안 선물(苞苴)을 보내지[73] 않으면서 중국(일본)을 크게 두려워하여 고리(高麗)와 사이좋게 지내고(修好) 있다. 이에 고리(高麗) 왕이 날쌘 군사 100명을 보내 신라를 지키게 하였다. 얼마 뒤 고리(高麗) 군사 1명이 얼마 동안 자기 나라로 돌아가게 되었다. 이때 신라 사람을 말몰이꾼[典馬, 말몰이꾼은 우마가비(于麻柯毗)라고 한다.]으로 삼았는데, (그 고리 군사가 말몰이꾼을) 돌아보며 말하기를 "너의 나라(신라)는 우리나라(고리)에 망하게 될 것이다. 머지않았다."[어떤 책에는 "너의 나라는 반드시 우리나라 땅이 될 것이다. 머지않았다."고 되어 있다.]고 말했다. 그 말몰이꾼이 듣고 나서 뱃병이 났다고 속이고 뒤로 처진 뒤 마침내 도망하여 자기 나라에 돌아와 그 사람이 말한 것을 이야기하였다.

이에 신라왕 내지(乃知)는 고리(高麗)가 거짓으로 (신라를) 지켜주고 있다는 것을 알고 심부름꾼을 보내 나라사람들에게 일렀다. "집안에서 기르고 있는 닭 수컷(鷄之雄)을 죽

---

72) 산스크리트에서는 두 낱말을 합쳐서 한 낱말을 만들 때 앞 낱말의 마지막 모음이 [a]이고, 뒤 낱말의 첫소리가 [i]일 때는 두 소리를 합쳐 [e]로 쓴다. 곧 [a]+[i]=[e]이기 때문에 꾹꾸따(Kukkuṭa)+이스바라(iśvara)는 꾹꾸떼스바라(Kukkuṭeśvara)가 되는 것이다.

73) 선물[苞苴] : 포(苞)는 싸는 것이고, 저(苴)는 짚을 밑에 까는 것을 말하는데 선사품(膳賜品)을 일컫는 것이다.

여라." 나라 사람들은 그 속내를 알아차리고 나라 안에 있는 고리 사람(高麗人)들을 모두 죽였다.

파견된 고리(高麗) (군대 가운데) 한 사람만이 틈을 타서 탈출한 뒤 자기 나라로 도망해, 모든 것을 이야기하였다. 고리(高麗) 왕은 바로 군사를 일으켰다.[74]

이 기사를 보면 고리 사람(高麗人)은 신라 사람들에게 수탉이란 별명으로 불렸다는 사실을 알 수 있다. 이는 고리(高麗)의 수탉 숭배 사상이 인도나 서역, 신라는 물론 일본까지 알려졌다는 것을 알 수 있다. 또는 당시 신라에 파병된 고리(高麗) 군사들이 관에 깃털을 꼽고 있었기 때문에 그런 별명이 붙었을 가능성도 있다.

이 기사는 웅략기(雄略紀) 8년에 나온 것이니 464년 기사다. 464년은 고구리 장수왕 52년 때고, 신라 자비왕 7년 때다.『일본서기(日本書紀)』에 나온 내지(乃知)는 현재 한국 학계에서 눌지왕(417~458)으로 보고 있다. 경북 영일군 냉수리에서 발견된 신라비에 내지왕(乃知王)이 나오는데, 이 내지왕이 신라 눌지왕이라는 데는 학계에 이견이 없다. 내지왕=눌지왕이라면『일본서기』에 나온 기사는 눌지왕이 죽고 맏아들인 자비왕이 임금자리에 오른 뒤 7년이 지난 해(464)의 기사이기 때문에 시간상 적어도 7년 이상 차이가 난다. 다만 역사적인 맥락에서 보면 이 기사 내용은 눌지왕 때 기사가 맞다.

광개토태왕비에 따르면 391년 고구리(高句麗) 광개토태왕이 임금 자리에 오른 신묘년(辛卯年) 당시는 신라가 고구리(高句麗)에게 조공을 바치는 형세였음을 알 수 있다. 이와 같은 정황은 다음 해인 392년에 신라 내물왕이 이찬(伊飡) 대서지(大西知)의 아들 실성(實聖)을 강대국인 고구리(高句麗)에 볼모로 보낸 기사를 보[75]

---

74) 『日本書紀』,「雄略紀」8년(464) 2월 : 八年春二月, 自天皇卽位至于是歲 新羅國背誕 苞苴不入於今八年 而大懼中國之心 脩好於高麗. 由是 高麗王 遣精兵一百人守新羅. 有頃 高麗軍士一人 取假歸國 時以新羅人爲典馬[典馬 此云于麻柯毗] 而顧謂之曰 汝國爲吾國所破 非久矣[一本云 汝國果成吾士 非久矣]. 其典馬聞之 陽患其腹 退而在後 遂逃入國 說其所語. 於是 新羅王乃知 高麗僞守 遣使馳 告國人曰 人殺家內所養雞之雄者. 國人知意 盡殺國內所有高麗人. 惟有遺高麗一人 乘間得脫 逃入其國 皆具爲說之. 高麗王 卽發軍兵.

75) 『三國史記』,「신라본기」(3) 三十七年 春正月 高句麗遣使 王以高句麗強盛 送伊飡大西知子實聖爲質

면 알 수 있다. 광개토태왕비에는 또 7년 뒤(399년) 신라가 왜를 치기 위해 파병을 요청하자 400(庚子)년 보병과 기병 5만을 보내 신라를 구하고 가야까지 쳐들어간 기사가 있다. 학계에서는 이때 진군한 고구리(高句麗) 군 일부가 신라에 계속 머물렀다고 보았으며, 이런 과정을 거쳐 신라에는 꽤 많은 고구리(高句麗) 사람들이 생활하고 있었다고 볼 수 있다.

402년 왕이 죽자 볼모로 갔던 실성이 돌아와 왕이 된다. 임금의 아들들이 어렸기 때문이다. 10년 뒤(412), 실성왕은 내물왕의 서자인 복호(卜好)를[76] 고구리(高句麗)에 볼모로 보냈다. 413년 고구리(高句麗)는 장수왕이 자리에 올라 나라이름을 고리(高麗)로 바꾸고,[77] 남녘 경영에 힘을 쏟기 시작하고 신라는 고리(高麗)에 대한 신속관계가 계속된다. 그리고 5년 뒤인 장수왕 5년(417) 실성왕은 내물왕의 맏아들 눌지를 고리(高麗)에 보내 아는 고리(高麗) 사람을 시켜 죽이려 하자 살아 돌아온 눌지가 실성왕을 죽이고 스스로 임금 자리에 오른다. 이때는 강대국인 고리(高麗)가 신라의 왕권에 상당히 많이 개입하고 있을 때고, 신라 왕들도 자기 권력을 위해 고리(高麗)를 활용하고 있다는 것을 알 수 있다. 이때 상황을 자세히 기록한 『삼국사기』의 눌지왕 1년 기사를 보면, 이때 눌지가 고구리(高麗)에 가서 고리(高麗)를 어느 정도 파악하는 기회가 되었다는 것을 기억해 둘 필요가 있다.[78]

눌지왕은 즉위한 뒤 신라에 대한 고리(高麗)의 영향력에서 벗어나기 위해 온 힘을 다 쏟는다. 418년 고리(高麗)에 볼모로 가 있던 동생 복호(卜好)를 탈출시키는 한편 424년(장수왕 12년, 눌지왕 8년) 고리(高麗)에 사신을 보내 예의를 갖추는 적극 외교를 펼친다. 427년 장수왕이 서울을 평양으로 옮겨 본격적인 남방경영

---

76) 여기서 서자는 큰아들이 아니라는 뜻이다.

77) 자세한 내용은 서길수. 『장수왕이 바꾼 나라이름 고리(高麗)』(여유당. 2019) 참조. 『일본서기(日本書紀)』에도 모두 고리(高麗)로 나오기 때문에 장수왕 이후는 고리(高麗)로 쓴다.

78) 『三國史記』「신라본기」(3) 내물왕 37년(서기 392)) : <실성을 고구리에 볼모로 보냈는데, 실성이 돌아와 임금이 되자 내물왕이 자기를 외국에 볼모로 보낸 것을 원망하여 내물왕의 아들을 해쳐 원한을 갚으려고 하였다. 사람을 보내 고구리에 있을 때 알고 지내던 사람을 불러와 몰래 이르기를 "눌지를 보거든 죽여라."라고 하였다. 이어서 눌지에게 떠나도록 하여 도중에서 만나게 하였다. 고구리 사람이 눌지의 외모가 시원스럽고 정신이 고아하여 군자의 풍모가 있음을 보고 도리어 그에게 고하여 말하였다. "그대 나라의 임금이 나에게 그대를 죽이도록 하였으나, 지금 그대를 보니 차마 해칠 수가 없다." 그리고 바로 되돌아갔다. 눌지가 그것을 원망하여 오히려 임금을 죽이고 스스로 왕위에 오른 것이다.>

에 들어가자 이에 대항하기 위해 433년까지 적대관계에 있던 백제와 동맹을 맺었다. 450년 신라의 하슬라성(何瑟羅城) 성주 삼직(三直)이 고리(高麗)의 변장(邊將)을 살해하여 고리(高麗)가 쳐들어오자 외교적인 사과로 해결하면서 날카로운 칼날을 일단 피했다. 그러나 5년 뒤인 455년에는 고리(高麗)가 백제를 공격하자 왕은 나제동맹(羅濟同盟)을 바탕으로 군사를 파견하여 백제를 지원하였다. 이때는 이미 신라가 고리(高麗)의 신속관계를 벗어나 완전히 적대관계로 들어갔다는 것을 뜻한다.

지금까지의 내용을 볼 때, 신라를 지켜주기 위해 왔던 고리(高麗) 군대를 모두 죽인 『일본서기(日本書紀)』의 기사 내용은 450년에서 455년 사이에 일어난 사건이라고 볼 수 있다. 『일본서기(日本書紀)』의 기록이 464년이니 거의 10년 이상 차이가 나는 이유는 나중에 전해 들은 것을 기록했기 때문이라고 볼 수 있다. 왜의 침공에서 지켜주기 위해 날쌘 군사 100명을 보냈다는 것도 지나치게 그 수가 적다고 볼 수 있어 기사의 정확성에 약간의 의문이 남는다. 그러나 고리(高麗) 사람들을 신라에서 수탉이라 한 것만은 터무니없이 지어낸 사실이 아닐 것이다.

3) 하늘닭(天鷄)과 태양새(陽鳥)

아쉽게도 우리나라 자료에서는 아직 '닭신(鷄神) = 하늘 닭(天鷄)'에 관한 것을 찾지 못했다. 다만 곳곳을 검색한 결과, 동진(東晋, 317~419) 때의 문학가이자 학자인 곽박(郭璞, 276~324)이 지은 『현중기(玄中記)』에서 하늘닭(天鷄)에 대한 이야기를 찾을 수 있었다.

> ① 동남쪽에 도도산(桃都山)이 있고 산 위에 도도(桃都)라는 큰 나무가 있는데 가지와 가지 사이가 3,000리다. 나무 위에 하늘닭(天鷄)이 한 마리 있는데 해가 처음 뜨면서 이 나무에 빛이 비치면 하늘닭이 울고 모든 닭들이 다 따라서 운다.[79]
>
> ② 봉래 동쪽에 대여(岱輿)라는 산이 있고, 그 위에 부상(扶桑)이란 나무가 있는데 나무

79) 양나라(梁, 502~556) 임방(任昉, 460 ~ 508)이 쓴 『술이기(述異记)』에도 몇 개 글자만 다를 뿐 같은 내용이 실려 있다. 东南有桃都山 上有大树 名曰桃都 枝相去三千里 . 上有一天鸡 日初出 光照此木 天鸡则鸣 群鸡皆随之鸣.

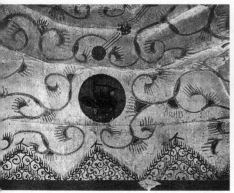

그림 20 씨름무덤 벽화의 태양새(陽鳥)   그림 21 하늘닭이 울면 태양새(陽鳥)가 운다

높이가 1만 길(丈)이나 된다. 나무꼭대기에는 늘 하늘닭(天鷄)이 있고 나무 위에 집이

있다. 날마다 자시(子時, 12시의 첫째, 밤 11시~새벽 1시)가 되면 하늘닭(天鷄)이 운다.

(하늘닭이 울면) 해(太陽) 속에 있는 태양새(陽鳥)가 그 소리에 맞추어 울고, 태양새가

울면 천하의 닭들이 모두 운다.[80]

『현중기(玄中記)』에서는 잇따라 두 가지 비슷한 이야기를 전하고 있는데, 두
자료는 조금 차이가 있다.

첫째, ① 하늘닭(天鷄)이 울면 → 모든 닭이 운다.

　　　② 하늘닭(天鷄) → 태양새(陽鳥) → 천하의 닭들이 운다.

둘째, ① 하늘닭(天鷄)는 해가 처음 뜰 때 운다.

　　　② 하늘닭(天鷄)는 자시(子時, 23:00~01:00)에 운다.

여기서 하늘닭(天鷄)은 우리에게 새로운 하루의 시작을 알리는 천신의 하나로
등장한다. 그리고 하늘닭(天鷄)이 울고 태양새(陽鳥)가 울면 땅 위의 닭들이 운다
고 해서 고구리(高句麗) 벽화에 많이 나타나는 해 속의 세 발 달린 새(三足鳥)가

---

80)　곽박(郭璞, 276~324), 『현중기(玄中記)』. (蓬萊之东 岱輿之山 上有扶桑之树 树高万丈. 树巔常有天鸡 为巢于
　　　上. 每夜至子时 则天鸡鸣而日中阳乌应之. 阳乌鸣则 天下之鸡皆鸣.

바로 태양새(陽鳥)라는 사실을 알 수 있으며, 그 태양새의 임무가 여기서 나오는 것이다. 우리가 흔히 고구리(高句麗) 벽화의 해 속에 들어 있는 새를 세발 까마귀(三足烏)라든가 세발 봉(三足鳳)이라고 하는데, 이 기록에 따르면 수탉 모습을 한 하늘닭(天鷄), 곧 닭신(鷄神)이 새벽을 알리기 위해 울면 태양새(陽鳥)인 세 발 까마귀가 울어 땅 위에 있는 닭을 울게 해서 인간들에게 하루의 시작을 알린다는 이치를 알 수 있다. 이 기록은 이처럼 고구리(高句麗) 춤무덤 벽화에 그려진 하늘닭(天鷄)과 태양새(陽鳥)를 새롭게 해석할 수 있는 실마리를 제공해 준다는 의미에서 주목할 만한 자료라고 할 수 있다.[81]

『현중기(玄中記)』는 신기한 이야기를 모은 책인데, 주로 먼 주변 국가의 이야기들이 많다. 여기 나오는 이야기도 '동남' '봉래(蓬萊)의 동쪽'이라고 했는데[82] 당시 진(晉)나라 동쪽이라면 바로 해동(海東)을 말하는 것이라고 볼 수 있다. 현재도 산동반도 동쪽 끝에서 요동반도로 이어지는 첫머리에 봉래시(蓬萊市)가 있다. 그러므로 봉래 동쪽은 고구리(高句麗)라고 볼 수 있고, 해동인 고구리(高句麗)가 닭신[鷄神]을 높이 공경한다는 점을 생각하면, 이 자료는 닭신[鷄神]의 역할을 밝혀주는 귀중한 자료라고 할 수 있다.

이상의 내용을 통해서 춤무덤의 수탉과 사신도를 재검토한 결과를 간추려보면 94쪽 모사도와 같다.

무덤 널방(玄室) 문을 들어서면 바로 앞에 ❶ 주인공이 손님을 맞이하는 장면이 그려져 있다. 방에 들어온 뒤 주인처럼 뒤돌아 앉아서 들어온 문 쪽을 바라보면 ❷ 왼쪽에는 잔치하는 광경과 춤추고 노래하는 그림이 나오고 ❸ 오른쪽에 사냥하는 그림이 나온다. 이 두 그림은 주인공이 사는 동안 즐겼던 삶을 잘 보여주는 장면으로 문무(文武)를 함께 즐겼다는 것을 알 수 있다. 흔히 고구리(高句麗)

---

81) 글쓴이가 어린 시절을 보낸 전남에서는 결혼식에 반드시 수탉은 묶어서 신랑의 오른쪽, 신부의 왼쪽 상 옆에 놓아두었다. 그때 나는 어른들께 그 이유를 물은 적이 있었다. "닭은 땅과 하늘을 이어주기 때문이다."라는 대답이 지금도 귓가에 맴돈다. 하늘닭의 하루 시작 소리를 인간에게 전하는 수탉의 임무는 바로 하늘과 땅을 이어주는 일이기 때문이다. 이런 면에서 보면 결혼식장의 수탉은 고리(高麗)의 풍습이 옛 백제 땅에서도 전해 내려온 보기라고 할 수 있다.

82) 현재 산동반도 동쪽 끝에서 요동반도로 이어지는 첫머리에 봉래시(蓬萊市)가 있다.

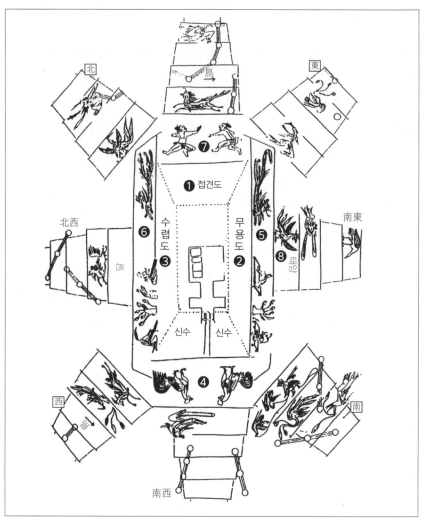

그림 22 춤무덤 내부의 모사도

를 상무정신으로 표현해 무에 치우친 것으로 해석하는데, 주인공이 승려를 만나는 그림과 이 그림에 나타난 춤과 그림을 보면 얼마나 고구리 문화를 사랑했는지 알 수 있고 문무를 훌륭하게 겸했다는 사실도 알 수 있다.

4벽에 대한 그림 위쪽 고임에는 불꽃무늬와 연꽃무늬를 적당하게 배치해 이승과 하늘나라를 나누는 선으로 사용하여 이 선 위는 하늘나라임을 잘 보여주고 있다. 주인공 자리에서 바로 바라보이는(들어가는 문 위) 앞쪽(前, 南) 하늘나라에는 고임 3단에 ❹ 연꽃 속에 수탉 두 마리, 곧 닭신(鷄神)이 아주 당당하게 마주

보고 서 있다. 이로써 앞에서 제시한 여러 사료를 통해서 수탉 두 마리는 사신도의 주작이 아니라 고리(高麗 = 高句麗) 사람들이 받들어 모시는 닭신(鷄神)이라는 것이 확실해졌다.

왼쪽(左, 西) 고임 3단에는 ❺ 푸른 용(靑龍), 오른쪽(右, 東) 고임에는 ❻ 흰 호랑이(白虎)가 그려져 있어 4신도(四神圖)가 아닌 2신도(二神圖) 형태를 취하였다. ❹의 닭신(鷄神)을 사신도의 주작으로 볼 수 없는 이유는 바로 현무 자리인 ❼에 그려진 태견하는 그림을 보면 전체적으로 사신도 구성이 아니기 때문이다.『통구』에서는 ❽에 그려진 새를 주작이라고 했는데, 이것은 사진 자리인 고임이 아닌 4단에 여러 가지 다른 새들과 기린들과 함께 그려져 있고 방향도 청룡과 같은 왼쪽이자 서쪽이기 때문에 주작일 수 없다.

아울러 닭신을 중심으로 오른쪽인 동쪽 하늘 ❽에 해가 있고, 해 속에 까마귀가 그려져 있는 것은 바로 태양새(陽鳥)인 세 발 까마귀(三足鳥)로 닭신(鷄貴, 鷄神, 天鷄)이 울면 이어서 땅 위의 닭들이 울게 하였다는 신화와 연계하여 해석해 볼 수 있다.

Ⅲ. 벽화에 나타난 새깃털관에 대한 새로운 해석

이 장에서 다루고 있는 사료는 고리(高麗)라는 나라이름에 관한 것 말고 두 번째 큰 의미는 다음과 같은 내용을 담고 있다.

① 전하는 바에 따르면, 그 나라는 닭신(鷄神)을 공경(敬)하고 높이 우러러보기 때문에 ② (닭의) 깃털을 머리에 꽂아 겉을 꾸민다고 한다.

고구리(高句麗) 사람들은 왜 머리에 깃털을 꽂고 다녔는지를 아주 명명백백하게 밝혀주는 자료이다. 그냥 단순히 멋 때문이 아니라 거기에는 고구리(高句麗) 사람들의 닭 숭배 사상이 고스란히 담겨 있는 것이다. 그러므로 앞 장에서 ① 춤무덤에 나오는 수탉은 사신(四神)이 아니라 고구리(高句麗＝高麗) 사람들이 신으로 모시는 닭신(鷄神)이라는 내용을 보았고, 이 장에서는 ② 곧 닭깃털을 머리에 꽂고 다니는 부분에 대해 자세히 살펴보기로 한다.

1. 새깃털관(鳥羽冠)에 대한 기존 자료와 연구 검토

1) 사료에 나온 고구리(高句麗)의 새깃털관(鳥羽冠)

고구리(高句麗)의 새깃털관(鳥羽冠)에 대해서는 위(魏)나라부터 당(唐)나라까지의 역사를 적은 정사 열전의 고구리(高句麗)와 고리(高麗)전에 꽤 자세하게 나온다. 이 자료의 각 「열전」에 나온 나라이름을 보면, 삼국시대 위(魏)나라 역사(220~265)를 적은 『위서(魏書)』에서만 고구리(高句麗)라고 적었고 나머지는 모두 고리(高麗)라고 기록했다. 『위서(魏書)』는 제나라(齊, 479~501) 위수(魏收)가 엮은 책인데, 이때는 이미 고구리(高句麗)가 나라이름을 고리(高麗)라고 바꾼 뒤지만 다루는 역사가 나라이름을 바꾸기 전인 위나라(魏, 220~265) 역사였기 때문에 고리(高麗)가 아닌 고구리(高句麗)라고 적었다. <u>그러나 『위서(魏書)』이후의 사서들은 모두 '(高麗)'라고 적었다. 왜냐 하면 413년 장수왕이 즉위하면서 나라이름이</u>[83] <u>고구리(高句麗)에서 고리(高麗)로 바뀌었고, 이 사서들 역시 그 뒤에 일어난 역사를 기록하였으며, 엮은이들도 모두 당나라 때의 인물들이기 때문이다.</u>[84]
먼저 그런 사서에 나온 자료들을 모두 뽑아 옮겨보면 다음과 같다.

① 벼슬 이름은 알사(謁奢) 태사(太奢) 대형(大兄) 소형(小兄) 같은 이름이 있고, 머리에 절풍을 쓰는데 그 생김새가 고깔(弁)과 같으며 곁에 <u>새깃털(鳥羽)</u>을 꽂아 귀한 사람과

---

83) 자세한 내용은 「'高句麗'와 '高麗'의 소릿값(音價)에 관한 연구」와 『장수왕이 바꾼 나라이름 고리(高麗)』를 볼 것.
84) 이러한 사실을 『삼국사기』에서 언급하지 않고 모두 고구리(高句麗)로 기록함으로써 후세에 큰 혼란을 주었다. 후세의 사가들도 이런 사실을 연구에 반영하여 역사책이나 교과서에 언급해 주어야 하였는데 그런 사실이 없기 때문에 왕건이 고리(高麗)를 세우면서 고구리(高句麗)에서 구(句)를 빼고 고리(高麗)라 했다고 잘못 알게 하는 원인이 되었다.

천한 사람의 차이를 나타낸다. [『위서(魏書)』, 「열전(列傳)」, 고구리(高句麗)]⁸⁵⁾

② 그 관은 골소(骨蘇)라고 하는데 대부분 자줏빛 비단으로 만들며 금은을 섞어서 꾸민다. 벼슬이 있는 사람(官品者)은 또 그 위에 <u>새깃털(鳥羽)</u> 2개를 꼽아 다르다는 것이 드러나게 한다. [『주서(周書)』, 「열전」, 고리(高麗)]⁸⁶⁾

③ 사람들은 모두 관을 쓰는데 벼슬아치(使人)⁸⁷⁾는 <u>새깃털(鳥羽)</u>을 더 꽂는다. 귀족들의 관은 자줏빛 비단을 쓰고 금과 은으로 꾸민다. [『수서(隋書)』(81), 「열전」, 고리(高麗)]⁸⁸⁾

④ 사람들 모두 머리에 절풍(折風)을 쓰는데, 생김새는 고깔(弁) 같고, 벼슬아치는 (士人) <u>새깃털(鳥羽)</u> 두 개를 더 꼽는다. 귀족들이 쓰는 관은 소골(蘇骨)이라고 하는데, 대부분 자줏빛 비단을 써서 만들고, 금과 은으로 꾸민다. [『북사(北史)』, 「열전」, 고리(高麗)]⁸⁹⁾

⑤ 고리(高麗)의 음악을 연주하는 사람(樂工人)은 자줏빛 비단모자에 <u>새깃털(鳥羽)</u>로 꾸민다. [『구당서(舊唐書)』, 「지(志)」, 음악(2)]⁹⁰⁾

⑥ 귀족은 푸른 비단으로 관을 만들고, 또 붉은 비단으로 <u>새깃털(鳥羽)</u> 2개나 금은을 꼽는다. [『구당서(舊唐書)』, 「열전」, 고리(高麗)]⁹¹⁾

⑦ 임금은 5색 옷을 입고, 흰 비단으로 관을 쓰며, 허리띠는 모두 금테이다. 대신들은 푸른 비단 관을 쓴 뒤 거기에 진한 붉은 빛 비단(絳羅)으로 2개의 <u>새깃털(鳥羽)</u>을 끼우고 (珥兩鳥羽)⁹²⁾ 금은을 섞은 금테를 두른다. [『신당서(新唐書)』, 「열전」, 고리(高麗)]⁹³⁾

---

85) 齊 魏收 撰, 『魏書』(100) 「列傳」(88) 고구리(高句麗) : 其官名有謁奢太奢大兄小兄之號 頭著折風 其形如弁 旁插鳥羽 貴賤有差.

86) 唐 令狐·德棻 等 撰, 『周書』(49), 「列傳」(41), 異域(上) 고리(高麗) : 其冠曰骨蘇 多以紫羅為之 雜以金銀為飾 其有官品者 又插二鳥羽於其上 以顯異之.

87) 사인(使人)은 심부름꾼이라는 뜻으로, 관에서는 왕의 명령을 받들어 외국에 가는 사신이나 조정에서 파견되어 지방 사무를 보는 벼슬아치를 말하는데, 여기서는 벼슬한 사람과 벼슬하지 않은 사람을 가르는 문장이기 때문에 벼슬아치라고 옮긴다.

88) 唐 魏徵 上, 『隋書』(81), 「列傳」(46), 고리(高麗) : 人皆皮冠 使人加插鳥羽 貴者冠用紫羅飾以金銀.

89) 唐 李延壽 撰, 『北史』(94), 「列傳」(82), 고리(高麗) : 人皆頭著折風 形如弁 士人加插二鳥羽. 貴者其冠曰蘇骨 多用紫羅為之 飾以金銀.

90) 後晉 劉昫 撰, 『舊唐書』(29), 「志」(9), 音樂(2) : 高麗樂工人紫羅帽飾以鳥羽.

91) 宋 宋祁 撰, 『(新)唐書』(220), 「列傳」(145), 고리(高麗) : 王服五采以白羅製冠 革帶皆金釦 大臣青羅冠 次絳羅珥兩鳥羽 金銀雜釦.

92) '이(珥)' 자는 귀고리라는 뜻으로 많이 쓰이지만 여기서는 '끼우다'라는 움직씨로 쓰인 것이다.

93) 宋 宋祁 撰, 『(新)唐書』(220), 「列傳」(145), 고리(高麗) : 後晉 劉昫 撰, 『舊唐書』(199), 「列傳」(149), 고리(高麗) : 貴者則青羅為冠 次以緋羅插二鳥羽及金銀.

위의 사실에서 고구리(高句麗)와 고리(高麗)의 새깃털관(鳥羽冠)에 관한 기록을
정리해 보면 다음과 같다.

① 고구리(高句麗) = 고리(高麗) 사람들은 모두 머리에 절풍(折風)이라는 관을
   쓰는데 생김새가 고깔처럼 생겼다. 그 절풍을 (고구리 말로) 골소(骨蘇)라 한
   다. 이 이름이 가장 먼저 나온『위서(魏書)』에서는 '골소(骨蘇)'라고 했는데
   『북사(北史)』에서는 '소골(蘇骨)'이라고 했다. 가장 먼저 나온 기록을 옮기
   는 과정에서 글자가 바뀔 수도 있고, 앞에서 틀린 것을 나중에 바로 잡을
   수도 있다. 다만 이 자료들을 활용한 후대의『문헌통고(文獻通考)』[94]와『태
   평어람(太平御覽)』[95]에서는 모두『북사(北史)』의 내용을 그대로 옮겨 '소골
   (蘇骨)'이라고 소개하였다.
② 벼슬이 있는 사람(②官品者, ③使人, ④士人)들은 새깃털(鳥羽)을 2개 더 꽂
   아 귀한 사람과 천한 사람의 차이를 나타냈다. 벼슬을 하는 사람 가운데도
   대가(大加)와 주부(主簿)는 모두 책(幘)을 쓰고 소가(小加)는 절풍(折風)을 써
   구별하였다고 한다.[96]
③ 푸른 비단 관을 쓴 뒤 거기에 진한 붉은 빛 비단(絳羅)으로 2개의 새 깃털을
   꽂고(珥兩鳥羽) 금은을 섞은 금테를 두른다.

위의 내용은 사실 이미 많은 연구자에 의해 밝혀진 사실이지만 이 논문에서
특별히 다시 자세히 검토하였다. 그것은 이런 사료에서 이야기하고 있는 새깃털
관(鳥羽冠)이 사실은 새깃털로 만든 게 아니라 이 장의 주제가 되고 있듯이 닭깃
털(鷄羽)이었다는 점을 강조하기 위해서다. 대부분의 사서들을 볼 때 당나라 때
지식인들은 대부분 고리(高麗)에서는 닭신(鷄神)을 공경(敬)하고 높이 우러러보기

---

94) 馬端臨 著,『文獻通考』(325)「四裔考」(二) 高句麗.
95) 宋 李昉 等 撰『太平御覽』(783)「四夷部」(四), 東夷(四), 高句驪
96) 宋 范曄 撰 唐 章懷太子(賢) 注,『後漢書』(115)「東夷傳」(75) 東夷 : 大加主簿皆著幘 如冠幘而無後
     其小加著折風形如弁;(西)晉 陳壽 撰『魏志』(3)「烏丸鮮卑東夷夫餘」: 大加主簿頭着幘 如幘而無
     後 其小加著折風形如弁; 唐 姚思廉 撰,『梁書』(54),「列傳」(4), 諸夷, 高句麗 : 大加主簿頭所著 似
     幘而無後 其小加著折風形如弁.

때문에 (닭의) 깃털을 머리에 꽂아 겉을 꾸민다는 사실을 알고 있었지만 예부터 관습처럼 새털(鳥羽)이라고 썼다는 것을 쉽게 알 수 있다.

2. 새깃털관(鳥羽冠)에 관한 연구성과 검토

1) 해모수의 '까마귀 깃털관(鳥羽冠)'

우리나라에서 새깃털관(鳥羽冠)이 가장 먼저 나온 곳은 이규보의『동국이상국집(東國李相國集)』에 나오는 해모수 이야기다. 여러 논문에서 이 자료를 소개하였지만 깊이 분석한 기사가 없어 여기서 자세히 보고 넘어가려고 한다.

이규보(李奎報, 1168~1241)는 김부식이『삼국사기』에서 유교적 사관에 따라 신기하고 특이한 이야기들을 빼 버렸는데 자기가 "『구삼국사(舊三國史)』를 얻어 「동명왕본기(東明王本紀)」를 보니 그 신이(神異)한 사적이 세상에서 얘기하는 것보다 더했다."고 했다. 그런데 깊이 음미하며 여러 번 보니 '실로 나라를 창시(創始)한 신기한 사적'이란 것을 깨닫고 후세에 알리기 위해 시를 지어 기록한다며 다음과 같은 시를 짓는다.[97]

---

97) 이규보(李奎報),『동국이상국집(東國李相國集)』(3),「고율시(古律詩)」, 동명왕편(東明王篇) : 세상에서 동명왕(東明王)의 신통하고 이상한 일을 많이 말한다. 비록 어리석은 남녀들까지도 흔히 그 일을 말한다. 내가 일찍이 그 얘기를 듣고 웃으며 말하기를, '옛날 스승이신(先師) 공자(仲尼)께서는 이상야릇한 큰 힘이나 어지러운 신(怪力亂神)에 대해 말씀하지 않았다. 동명왕의 일은 실로 황당하고 기괴하여 우리들이 얘기할 것이 못된다."고 하였다. 나중에『위서(魏書)』와『통전(通典)』을 읽어 보니 그런 책에도 그 일을 실었으나 간략하고 자세하지 못하였으니, 자기 나라 것은 자세히 적고 다른 나라 것은 간략히 하려는 뜻인지도 모른다. 지난 계축년(1193, 고려 명종 23) 4월『구삼국사(舊三國史)』를 얻어 「동명왕본기(東明王本紀)」를 보니 신기하고 이상한 역사적 자취가 세상에서 얘기하는 것보다 더 심했다. 그러나 처음에는 믿지 못하고 귀신(鬼)이나 곡두(幻)로만 생각하였는데, 3번 되풀이 해 읽으면서 차츰 그 근원에 들어가니, 곡두(幻)가 아니고 거룩한 것이며, 귀신(鬼)이 아니고 신(神)이었다. 하물며 나라의 역사(國史)란 있는 그대로 쓴 글인데 어찌 거짓된 것을 전했겠는가. 김부식(金富軾) 공이 국사를 다시 펴내면서(重撰) 그런 대목을 생각보다 많이 줄여 버렸는데, 공은 나라의 역사란 세상을 바로잡는 글이니 크게 이상한 일은 후세에 보일 것이 아니라고 생각하여 줄인 것이 아니겠는가? 당나라 「현종본기(唐玄宗本紀)」와 「양귀비전(楊貴妃傳)」에는 신선 술법을 닦는 사람(方士)이 하늘에 오르고 땅에 들어갔다는 일이 없는데, 오직 백낙천(白樂天) 시인이 그 일이 자취마저 없어질까 두려워하여 노래를 지어 기록하였다. 그런 것들은 참으로 황당하고 음란하고 이상야릇하고 허망한 일인데도 오히려 시로 읊어서 후세에 보였거늘, 그와 달리 동명왕의 일은 변화의 신

① 漢神雀三年. ② 孟夏斗立巳　漢 神爵 3면(BC 59) 이른 여름 북두가 동남을 가릴 때

③ 海東解慕漱 ④ 眞是天之子　해동의 해모수, 참으로 하늘의 아들께서

⑤ 初從空中下 ⑥ 身乘五龍軏　처음 공중에서 내려오시니, 스스로 다섯 용 수레 타고

⑦ 從者百餘人 ⑧ 騎鵠紛襂襹　따르는 100명 남짓 고니 타고 늘어진 깃털옷 휘날리며

⑨ 淸樂動鏘洋 ⑩ 彩雲浮旖旎　맑은 음악소리 넘쳐 흐르고 고운 빛구름 둥실 떠 있구나.[98]

이상의 시 ④에서 다음과 같은 주석을 달았다.

「본기(本記)」에…… 동부여라고 하였다. 옛 서울에는 하느님 아들 해모수가 와서 서울로 삼았다(本記云 : ……號東夫余. 於舊都 解慕漱爲天帝子來都).[99]

여기서 말하는 「본기(本記)」는 『구삼국사(舊三國史)』 「동명왕본기(東明王本紀)」를 말하는 것으로 아주 믿을만한 사료였던 것이 틀림없다. 그리고 마지막 ⑩번의 주석에 바로 새깃털관(鳥羽冠)이 나온다.

한(漢) 신작(神雀) 3년 임술년(기원전 59년), 하느님이 맏아들을 내려보내 부여 왕의 옛 서울에서 놀게 했는데 해모수(解慕漱)라 불렀다. 하늘에서 내려올 때 용 5마리가 끄는 수레(五龍車)를 타고 100명 남짓 따르는 사람들은 모두 흰 고니를 타고 오는데 5색 구름이 위에 둥실둥실 떠다니고 구름 속에 음악소리가 울려 퍼졌다. 웅심산(熊心山)에서 열흘 남짓 머물렀다가 내려오는데 머리에는 까마귀 깃털로 만든 관(鳥羽之冠)을 쓰고 허리에는 용처럼 빛나는 칼(龍光之劍)을 찼다.[100]

이(神異)한 것으로 여러 사람의 눈을 현혹한 게 아니고 실로 나라를 창시(創始)한 신기한 사적이니, 이것을 기술하지 않으면 후인들이 장차 어떻게 볼 것인가? 그러므로 시를 지어 기록하여 우리나라가 본래 성인(聖人)의 나라라는 것을 천하에 알리고자 한다(한국고전종합DB 검색 인용).

98)　이규보(李奎報), 『동국이상국집(東國李相國集)』(3), 「고율시(古律詩)」, 동명왕편(東明王篇).

99)　이규보(李奎報), 『동국이상국집(東國李相國集)』(3), 「고율시(古律詩)」, 동명왕편(東明王篇).

100)　『동국이상국집(東國李相國集)』(3), 「고율시(古律詩)」, 동명왕편(東明王篇). 漢神雀三年壬戌歲, 天帝遣太子 降遊扶余王古都 號解慕漱. 從天而下 乘五龍車 從者百餘人 皆騎白鵠 彩雲浮於上 音樂動雲中. 止熊心山. 經十餘日始下. 首戴鳥羽之冠. 腰帶龍光之劒.

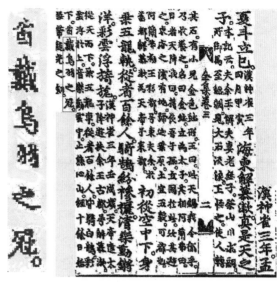

그림 23 「동명왕편」 오우지관(烏羽之冠)

이 사료에 나온 것은 '새깃털관(鳥羽冠)'이 아니라 '까마귀 깃털로 만든 관(烏羽
之冠)'이라는 것을 알 수 있다. 이와 똑같은 내용이『세종실록』「세종지리지」평
양부(平壤府)에도 실려 있는데, 역시 '까마귀 깃털로 만든 관(烏羽之冠)'이라고 했
다. 그러나『동사강목(東史綱目)』에서는 이규보의 동명왕편을 직접 읽어 보지 않
고 권남(權擥)의『응제시주(應製詩註)』를 인용하는 글에서 '까마귀(烏)' 자를 '새
(鳥)' 자로 잘못 읽어 새깃털관(鳥羽冠)이라고 기록하였다.[101]

이「동명왕본기(東明王本紀)」에 나오는 까마귀깃털관(烏羽冠)에 대해서 김문자
와 신경섭은 이렇게 주장하였다.

> 최초의 鳥羽冠의 착용자로 기록된 해모수는 그 신화의 성격상 샤만 역할을 겸한 제정
> 일치적 인물로 추정할 수 있으며 鳥羽를 冠에 揷植하는 풍습은 유목민의 조류숭배사상
> 과 함께 우리나라에도 들어오게 된 것으로 보인다. 고구려에서도 조우관에 대한 古記
> 錄과 고분벽화에도 鳥羽冠을 착용한 인물들을 볼 수 있다. 백제에 있어서는 조배제사
> 시에만 鳥羽冠을 착용한다는 기록은 鳥羽飾이 상징하는 샤만적 巫具의 역할을 나타내

---

101) 『동사강목(東史綱目)』, 부록 상권 「괴설변증(怪說辨證)」.

는 것이 아닐까 한다.[102]

「동명왕본기(東明王本紀)」에 나오는 새깃털관(鳥羽冠) → 고구리(高句麗)에 관한 기록과 벽화에 나오는 새깃털관(鳥羽冠)'이라는 등식을 통해서 새깃털관(鳥羽冠)이란 낱말의 정당성을 증명하고 있다. 내용상 고구리(高句麗) 새깃털관(鳥羽冠)의 연원을 우리 역사에서 찾는 것 같은데, 그다음에 이어지는 말은 "그처럼 새깃털을 꽂는 풍습은 유목민의 조류숭배사상과 함께 우리나라에 들어왔다."고 주장하여 전혀 다른 곳에서 그 연원을 찾는다. 한편 신경섭은 해모수가 머리에 쓴관과 허리에 찬 검은 태양의 후예임을 나타내는 상징물이라고 했다.[103]

2) '까마귀깃털관(烏羽冠)'과 '닭깃털관(鷄羽冠)'

많은 논의가 있었지만 글쓴이가 여기서 밝히고자 하는 핵심은 해모수 일행이 쓰고 내려온 쓰개는 '새깃털관(조우관, 鳥羽冠)'이 아니라 '까마귀깃털로 만든 관(오우관, 烏羽之冠)'이라는 점이다. 물론 까마귀깃털로 만든 관(烏羽之冠)도 새 깃털로 만든 관(鳥羽冠)이라고 할 수 있다. 새깃털(鳥羽)과 까마귀깃털(烏羽)이 무슨 차이가 있느냐고 할 수 있다. 까마귀도 새이기 때문이다. 만일 그 쓰개의 생김새만으로 말한다면 비슷한 깃털이다. 그러나 여기서 논의하고 있는 깃털은 부여 건국신화에서는 해모수가 하늘에서 쓰고 내려온 쓰개에 꽂힌 깃털의 의미를 찾는 것이기 때문에 그저 '새깃털(鳥羽)'이라고만 명시하는 것은 깊이 있는 연구를 불가능하게 만들어 버리는 약점을 지니고 있다. 신화이기 때문에 하늘과 까마귀와의 전설적 관계를 갖는 아주 특별한 뜻이 있을 수 있는데, 그저 새깃털로만 본다면 그 신화가 지닌 의미에 접근한다는 자체가 처음부터 불가능해져 버린다. 마치 '까마귀(烏)'와 '까치(鵲)'를 '새(鳥)'와 '조(鳥)'라고 하는 만큼 무책임한 것이다.

그러므로 우리의 신화 스스로가 가진 의미와 사상성을 발굴하지 않고 다른 문화와의 연관성에서만 그 답을 찾으려고 한다면 자칫 역사적 진실에서 벗어날 수

---

102) 金文子, 『한국 복식문화의 원류』, 민족문화사, 1994, 73쪽; 김문자, 「고대 조우관의 원류에 대한 연구」, 『한복문화』(8-1), 2005, 57쪽.

103) 신경섭, 「한국의 鳥羽冠과 중국의 鵲冠 연구」, 『복식』 50-4, 2000, 91쪽.

있다. 그 단적인 보기가 유목문화에서 근원을 찾는 것이다.

우리의 조우관의 직접적인 연관관계는 유목기마민족 문화인 스키타이계 복식문화에서 찾을 수 있다 하겠다. 古代 鳥羽冠의 착용 遺例를 살펴보면 스키타이 칼집의 裝飾文에서 半人半獸인 弓手가 머리에 띠를 매고 鳥羽로 보이는 것을 꽂고 있다. B.C. 6세기 Kelermes 古墳出土 金冠에서도 鳥形飾을 달고 있는 것을 볼 수 있다. 이 같은 鳥形飾은 B.C. 5-3C Pazyryk barrow 2 出土 女性用 頭飾에서도 볼 수 있는데, 특히 鳥羽飾의 꼬리부분을 圖案化한 樣式을 'Scythe-shaped' tail 양식이라고 부르며, 이는 우리나라의 高句麗 冠裝飾에서 볼 수 있어 그 源流를 짐작할 수 있다.[104]

관모에 조우식을 사용하는 것은 거의 전 세계적으로 사용하던 방식으로 우리나라에만 있던 독특한 관모는 아닌 것으로 생각된다. ……흔히 생각하는 고구려 벽화에 보이는 二鳥羽를 삽식하는 것은 그 자체로는 우리 고유의 착용방법이라고 보기 어렵다. 이 같은 조우 두 개를 관 양쪽에 삽식하는 방식은 중국에서도 호복으로 착용시 흔히 하는 방법이므로 우리와 구별된다고 할 수 없다.[105]

이런 관점은 주로 유물에 나오는 새의 생김새에서 비슷한 모습만을 견주어 시대차를 가지고 선후를 따져 원류를 따진 경우라고 하겠다. 그런 조우관에 관해서는 사상적인 민속학적인 접근도 많았다. 신경섭은 이런 논점들을 모아 정리하였는데, 주로 새에 대한 의식세계를 연구한 결과이다.[106]

104) 金文子, 『한국 복식문화의 원류』, 민족문화사, 1994, 73쪽; 김문자, 「고대 조우관의 원류에 대한 연구」, 『한복문화』(8-1), 2005, 56~57쪽. 이와 같은 주장은 신경섭의 앞 논문에서도 인용하여 긍정하고 있다.
105) 金文子, 『한국 복식문화의 원류』, 민족문화사, 1994, 73쪽; 김문자, 「고대 조우관의 원류에 대한 연구」, 『한복문화』(8-1), 2005, 58~59쪽.
106) 신경섭, 「한국의 鳥羽冠과 중국의 鶡冠 연구」, 『복식』 50-4, 2000, 90~91쪽. 신경섭이 간추린 자료는 다음과 같다. ① 구미래, 『한국인의 상징세계』(교보문고, 1994) ② 『한국문화상징사전』(동아출판사, 1996) ③ 김병모, 『금관의 비밀』(푸른역사, 1998) ④ 이은창, 「한국고대벽화의 사상적인 연구 - 삼국시대 고분 벽화의 사상적인 고찰을 중심으로-」『성곡논총』 16집(1985) ⑤ 박호원, 「솟대신앙에 관한 연구」(한국정신문화연구원 석사학위 논문, 1986).

첫째는 태양숭배사상과 관련된 것으로 그들은 하늘에 떠 있는 태양과 하늘을 날아다니는 새가 밀접히 연관된다고 인식하였다. 사신총이나 쌍기둥무덤(쌍영총) 벽화 등에 해와 달을 새와 토끼상으로 대신한 것도 이를 반영한 것이다.

둘째는 고대인의 영혼불멸 사상과 관련된 것이다. 고대인들은 새를 정령의 세계에 사는 영물로 간주하고 사람이 죽으면 육체를 떠난 영혼이 새를 타고 공중을 날아다닌다고 생각하였다.

셋째는 신과 인간의 매개자의 역할이다. 새를 천상의 영혼과 육신의 세계를 오가는 전달자로 보았고, 여기에 자연히 새를 신성시하고 영물시하는 관념이 발생하였다. 이로 인해 인간과 영혼과의 접촉을 위해 중매자로서 새의 깃(鳥羽)이 등장하였고 솟대에 새를 올려놓은 것은 이와 같이 새를 천계와 현세를 연결하는 매개자로 생각했기 때문이다.

새와 깃에 대한 고대의 사상, 장의문화, 시베리아 샤먼 같은 많은 자료들을 종합하였다. 그렇다면 고구리(高句麗) 사람들의 쓰개(冠)에 보이는 깃털은 어떻게 보아야 할까? 만일 선학들이 부여의 깃털은 단순한 새깃털(鳥羽)이 아니고 까마귀의 깃털(烏羽)이고 고구리(高句麗)의 깃털은 단순한 새깃털(鳥羽)이 아니고 닭깃털(鷄羽)이라는 정확한 사료를 바탕으로 유목민의 자료를 검토했다면 전혀 다른 결론이 나왔을 것이다. 아니 연결할 필요가 없었을지도 모른다. 그런데 우리 사료에 대한 근본적인 검토 없이 그 연원을 밖에서만 찾았기 때문에 여러 가지 가능한 자료들을 통해서 수많은 설을 양산해 왔다. 그런데 이 책에서 글쓴이가 제시한 사료는 아주 명쾌하고 뚜렷하게 그 까닭을 제시해 준다.

계귀(鷄貴)란 산스크리트의 '구구타왜설라(矩矩吒䁱說羅)'를 말한다. '구구타(矩矩吒)'는 닭(鷄)이고, '왜설라(䁱說羅)는 귀하게 여기다(貴)'는 뜻인데, 바로 고리 나라(高麗國)를 일컫는다. 전하는 바에 따르면, 그 나라는 닭신(鷄神)을 공경(敬)하고 높이 우러러보기 때문에 (닭의) 깃털을 머리에 꽂아 겉을 꾸민다고 한다. ……서녘(西方)에서는 고리(高麗)를 구구타왜설라(矩矩吒䁱說羅)라고 부른다.

① 고구리(高句麗) 사람들은 닭의 신(鷄神)을 공경하고 우러러본다.

② 그래서 (닭의) 깃털을 머리에 꽂고 다닌다.

③ 따라서 서녘(西方)에서는 고리(高麗)를 '닭신(鷄神)=구구타왜설라'라고 부른다.

고구리(高句麗) 사람들의 닭깃털로 꾸민 쓰개(冠)는 바로 그들이 믿고 우러러보는 대상을 생활에서 꾸밈으로 실천하는 국가적 상징이기 때문에 단순한 겉멋이 아닌 깊은 사상성을 지니고 있다. 이 닭은 단순한 닭이 아니라 하늘에 있는 닭이고, 하늘에 있는 이 닭신(鷄神)이 울면 모든 닭이 울어 밝은 하루가 시작된다는 믿음을 겉으로 나타내는 징표가 바로 닭깃털관(鷄羽冠)이다. 이처럼 경건하게 닭깃털을 꽂고 다니는 고구리(高句麗) 사람들의 모습이 다른 나라 사람들에게는 고구리(高句麗) 사람들을 특징짓는 잣대가 되어버렸다. 요즘 말로 하면 고구리(高句麗) 사람들의 상징적 이미지이고 아이콘이 된 것이다.

굳이 이런 풍습의 연원을 거슬러 올라가 본다면 앞에서 본 해모수의 '까마귀 깃털관(烏羽之冠)'이다. 이 까마귀도 하늘과 연관된다. 하늘에서 내려온 해모수 일행이 꽂고 내려온 것이기 때문이다. 이 이야기는 「동명왕본기(東明王本紀)」에서 나온 것인데, 부여의 건국 신화가 고구리(高句麗)의 건국 신화와 거의 같다는 것은 이미 잘 알려진 사실이다. 그리고 쓰개도 '까마귀 깃털(烏羽)'인지 '닭의 깃털(鷄羽)'인지 그 차이만 빼면 거의 같은 모티프임을 쉽게 알 수 있다. 그리고 고구리(高句麗) 벽화에 유달리 해(太陽) 속에 까마귀가 많은 것도 우연이라고 할 수 없다. 회남자에 이르길 '해 속에 웅크리고 앉아 있는 새는 세발까마귀(三足烏)'라고 했다.[107] 고구리(高句麗) 벽화의 해 속에 그려진 많은 세발까마귀(三足烏)는 해모수의 까마귀 깃털로 만든 쓰개와의 관계를 생각해 볼 수 있는 것이다.

앞에서 본 하늘닭(天鷄)과 태양 속에 있는 새(陽鳥)에 대한 『현중기(玄中記)』의 기록을 다시 보자.

봉래 동쪽에 대여(岱輿)라는 산이 있고, 그 위에 부상(扶桑)이란 나무가 있는데 나무 높

---

107) 明 彭大翼 撰, 『山堂肆考』 卷二, 「天文」: 淮南子曰 日中有踆烏 謂三足烏也.

그림 24 다섯무덤 4호에 그려진 세발까마귀(三足烏)

이가 10,000길(丈)이나 된다. 나무꼭대기에는 늘 <u>하늘닭(天鷄)</u>이 있고 나무 위에 집이 있다. 날마다 자시(子時, 12시의 첫째, 밤 11시~새벽 1시)가 되면 <u>하늘닭(天鷄)</u>이 운다. (하늘닭이 울면) 해(太陽) 속에 있는 <u>태양새(陽鳥)</u>가 그에 맞추어 울고, 태양새가 울면 <u>천하의 닭</u>들이 모두 운다.

여기서 보면 닭의 신(鷄神), 곧 하늘의 닭(天鷄)과 땅 위에 있는 천하의 모든 닭을 연결해 주는 대상이 바로 태양 속에 있는 태양새(陽鳥)다. 그렇다면 태양 속에 있는 새는 어떤 새인가? 고구리(高句麗) 벽화를 보면 바로 까마귀다. 이렇게 보면 춤무덤에 나온 닭신(鷄神)과 닭깃털로 꾸민 쓰개를 쓴 4명의 인물들, 그리고 하늘과 사람을 이어주는 해 속의 태양새(陽鳥) 세발까마귀(三足烏)의 구성은 당시 고구리(高句麗) 사람들의 생각과 풍습을 한판에 그려낸 걸작이라고 할 수 있다.

Ⅳ. 고구리(高句麗) 무덤 벽화에 그려진 닭깃털관(鷄羽冠)

고구리(高句麗)는 ① 이처럼 수탉을 높이 우러러 모시기 때문에 ② 닭의 깃털을 머리에 꽂아 겉을 꾸민다고 했는데, 이제 실제 고구리(高句麗) 벽화무덤에 나타난 실태를 보기로 한다.

I. 춤무덤(舞踊塚)에 그려진 닭깃털관(鷄羽冠)

춤무덤에는 들어온 문 높이를 기준으로 위아래로 나뉘어 아랫부분은 무덤 주인공의 이승 생활이, 윗부분은 죽은 사람이 갈 하늘나라가 그려져 있다. 이 두 부분의 중간에 불꽃무늬(火焰紋)와 가지가지 연꽃무늬(蓮花紋)를 그려 넣어 하늘과 땅을 나누었다. 앞에서 우리는 하늘에 있는 닭신(鷄神)에 대해서 보았고, 해 속에 그려진 태양새에 대해서도 간단히 보았다. 이제는 아랫부분에 그려진 주인공의 사는 모습을 그린 그림을 통해서 닭신 숭배사상이 어떻게 현실에서 구현되고 있었는지를 보기로 한다. 춤무덤은 고구리(高句麗) 무덤벽화 가운데 닭신 숭배사상을 가장 완벽하게 답변해 주고 있다고 할 수 있다.

1) 널방(玄室) 동쪽의 춤추는 사람들을 그린 그림(舞踊圖)

널방이란 주인공의 주검을 넣은 널을 놓은 곳이라고 해서 널방이라고 한다. 그러므로 남쪽에 있는 문에 들어서면 바로 보이는 북쪽 벽에 주인공을 그렸다. 그리고 들어온 남쪽을 바라보고 앉은 주인공을 중심으로 왼쪽인 동쪽에는 잔치하며 춤추고 노래하는 문화생활을 그렸고, 오른쪽인 서쪽 벽에는 산에 가서 사냥하는 그림을 그렸다.

흔히 고구리(高句麗) 사람 하면 무예를 중하게 여기는 상무정신(尙武精神)을 강조하는데 고구리(高句麗) 사람들은 이처럼 문무를 겸했다는 부분을 뚜렷하게 보여 준다. 인류 역사에서 문화의 발전 없이 싸움만 일삼는 나라가 오래 유지한 적이 없다. 고구려가 700년 이상의 역사를 가질 수 있었던 데에는 이처럼 문화국가로서 역량이 두터웠기 때문에 가능했다.

먼저 춤추는 그림을 보자. 바로 춤추는 이 그림 때문에 무덤 이름이 춤무덤이 된 유명한 그림이다. 앞에서 춤을 이끄는 사람이 있고, 5명이 직접 춤을 추고 있

그림 25 춤무덤의 춤추는 사람이 쓴 닭깃털관(鷄羽冠)(사진 : 「洞溝」)

다. 나란히 같은 자세로 춤추고 있는 사람 가운데 맨 앞에 서 있는 남자가 머리에 닭깃털(鷄羽)을 꽂은 모자를 쓰고 있다. 이 깃털이 지금까지 학계에서 이야기했던 새깃털(鳥羽)이 아닌 닭깃털(鷄羽)이었던 것이다. 앞에서『구당서』에 "고리(高麗)의 음악을 연주하는 사람(樂工人)은 자줏빛 비단 모자에 새 깃털로 꾸민다."고 했는데, 그림을 보면 자줏빛 고깔에 닭깃털을 분명히 꽂은 것을 알 수 있다.

한편 고구리(高句麗)에서는 벼슬이 있는 사람만 닭깃털을 꽂을 수 있다고 했는데, 음악을 연주하는 사람도 닭깃털을 꽂은 것을 보면 춤추는 예술가들의 사회적 지위도 꽤 높아 대접받은 계층이 아니었을까 하는 생각도 든다.

2) 널방(玄室) 서쪽의 사냥 그림(狩獵圖)

춤무덤 주인공이 남쪽 문을 바라보는 자리에서 오른쪽에 그려진 사냥도에도 닭 숭배 풍습은 뚜렷이 나타난다. 사냥하는 사람이 모두 5명인데 그 중에 ❶ 맨 위 말을 달리며 뒤쪽을 향해 화살을 겨누고 있는 사람, ❸ 맨 왼쪽에 닭꼬리털관(鷄尾冠)을 쓰고 말 타고 사냥터로 가는 사람, ❷ 한가운데서 호랑이를 겨누고 있는 사람, ❹ 왼쪽 아래 구석에는 닭깃털관(鷄羽冠)을 쓰고 활을 겨누고 있는 사람

그림 26 춤무덤 사냥하는 그림에 나타난 닭깃털관(鷄羽冠)

이 있다. 그리고 ❺ 오른쪽 아래 구석에는 관에 닭깃털(鷄羽)로 꾸미지 않은 사람
이 사슴을 쫓고 있다.

고구리(高句麗) 벽화는 원근법을 지키지 않고 멀리 있더라도 주인공을 더 크게
그렸다. 따라서 주인공 ❶이 산 뒤에서 사냥하고 있지만 가장 크게 그렸다는 것
을 알 수 있다. 이렇게 보았을 때 ❶, ❸의 그림에서 닭꼬리털(鷄尾)을 꽂은 사람
들이 ❷, ❹에서 닭깃털(鷄羽) 2개를 꽂은 사람보다 벼슬이 높은 사람이 아닌가
하는 생각이 든다. 상대적으로 ❺는 아직 닭 깃털을 꽂을 수 있는 벼슬에 이르지
못한 사람이라고 볼 수 있다.

깃털을 꽂은 관을 논의하는 많은 학자가 고구리(高句麗)의 관에는 새깃털관(鳥
羽冠)과 새꼬리털관(鳥尾冠)이 있다는 것은 이미 상식이 되었다. 그러면 도대체
어떤 새의 깃털이고 어떤 새의 꼬리털인가? 새들의 깃털들은 서로 비슷해 새깃
털관(鳥羽冠)으로는 변별력이 뚜렷하지 않기 때문에 새꼬리털관(鳥尾冠)으로 비

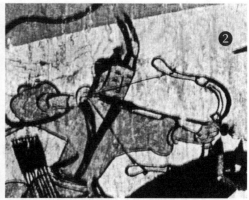

그림 27 닭꼬리털관(鷄尾冠)

그림 28 닭깃털관(鷄羽冠)

그림 29 닭꼬리털관(鷄尾冠)

그림 30 닭깃털관(鷄羽冠)

교해 보기로 한다.

이에 대해 김문자는 "북방유목민족들 사이에서 행해지고 있던 것으로 유목적 수렵생활을 영위하는 중에 땅에 떨어진 아름다운 새의 깃을 주워 머리에 꽂은 것이 조우관의 기원일 것이다. ……우리의 조우관의 직접적인 연관 관계는 유목기마민족 문화인 스키타이계 복식문화에서 찾을 수 있다."[108]고 하였다. 그러나 유목지역에 있는 새 가운데 하나인 독수리 꼬리털과 고구리 때 무사들이 꽂았다던 꿩의 꼬리털을 벽화에 나오는 꼬리털과 서로 비교해 보면 서로 같은 꼴이 없는 데

108) 김문자, 「고대 조우관의 원류에 대한 연구」, 『한복문화』(8-1), 2005, 55쪽.

그림 31 춤무덤 주인의 닭꼬리털관(鷄尾冠)

그림 32 춤무덤 닭신(鷄神)의 꼬리털

그림 33 독수리의 꼬리털

그림 34 꿩의 꼬리털

반해 벽화에 그려진 닭신(鷄神) 꼬리털과는 딱 들어맞는다는 것을 알 수 있다.

이처럼 직접 그림으로 견주어 보아도 고구리(高句麗) 사람들이 쓴 쓰개에 꽂은 깃털은 새깃털(鳥羽)이 아니고 닭깃털(鷄羽)임을 알 수 있고, 꼬리털은 새꼬리털(鳥尾)이 아니고 닭꼬리털(鷄尾)이 확실하다.

2. 다른 고구리(高句麗) 벽화에 그려진 닭깃털관(鷄羽冠)

1) 장천1호 무덤의 닭깃털관(鷄羽冠)

춤무덤이 수도구역 안에 있는 무덤이라면, 장천1호무덤은 수도에서 압록강을 따라 위쪽으로 한참을 거슬러 올라가 있는 장천이라는 이름을 가진 함지땅(盆地) 동쪽 낮은 언덕에 자리 잡은 무덤이다.

그림 35 장천1호무덤 앞방 왼벽 아랫단 그림(『조선유적유물도감』)

널길 지나 무덤으로 들어가면 앞방이 나오고 다시 이음길을 지나면 무덤 주인의 널이 놓이는 널방이 나온다. 춤무덤과 달리 두 개의 앞방과 널방으로 구성된 전형적인 두칸무덤이다. 이 무덤은 고구리(高句麗) 무덤 가운데 가장 불교적인 벽화가 많이 그려진 무덤 가운데 하나다. 널방은 사방 모두 연꽃으로 그려진 연꽃 세계이고, 앞방에는 춤무덤과 마찬가지로 들어오는 문을 기준으로 위아래로 나누어 현실세계와 불교적 세계관으로 본 하늘나라(또는 극락)를 그리고 있다.

앞방의 살아생전 생활 모습은 무덤 주인이 바깥쪽을 내다보는 자리에서 왼쪽과 오른쪽에 그려져 있는데, 지금까지 발견된 고구리(高句麗) 무덤벽화 가운데 출연 인원이 가장 많은 벽화 가운데 하나이다. 왼쪽에는 집안에서 노래하고 춤추는 생활을 그리고 오른쪽에는 바깥에 나가 벌이는 잔치를 그렸는데, 바깥에서 잔치하는 그림에 닭 깃털을 꽂은 쓰개를 쓴 사람들이 나온다. ❶번 언저리에 그

❶ 닭깃털관 쓴 세 사람

❷ 말 탄 무사의 닭깃털관

려진 남자들 3명 모두 닭깃털을 꽂았는
데 앞에 무릎을 꿇은 듯 자세를 한 사람
은 닭꼬리털(鷄尾)을 꽂은 것처럼 보인
다. ❷번에 말을 타고 사슴을 쫓으며 활
시위를 당기고 있는 사람도 사진에는
뚜렷하지 않지만 여러 본뜬 그림(模寫
圖)을 대조해보니 닭깃털을 꽂은 모습이
뚜렷하다.

그림 36 마선구1호무덤 닭깃털관(尹國有)

2) 마선구1호무덤 벽화에 나타난 닭깃털관(鷄羽冠)

장천1호무덤이 국내성을 중심으로 압록강 상류인 동북쪽에 있는 무덤이라면
마선구1호무덤은 압록강을 따라 내려가다 마지막 평원인 마선구에 있는 무덤이
다. 1961년 집안현문물보관소가 발견하여 1962년~1963년 길림성박물관 집안고
고대가 조사하였다. 지금은 찾기 힘들고 찾아도 벽화를 찾을 수 없는 형편이다.

이 무덤칸 안에는 백회를 입혀 벽화를 그렸는데 벽화 주제는 생활풍속이다.
발굴 당시 희미하게 일부 벽화를 찾아 선으로 본뜬 그림을 보면 그림에서 보듯이
인물이 3명 나오는데, 가운데 쓰개는 특이하여 뚜렷하지 않지만 나머지 두 사람

은 닭깃털(鷄羽)이나 닭꼬리털(鷄尾)을 꽂은 쓰개를 썼다(그림 참조).¹⁰⁹⁾

3) 감신무덤(龕神冢) 벽화에 나타난 닭깃털관(鷄羽冠)

평안남도 용강군 신령면 신덕리에 있는 벽화고분이다. 일찍이 1913년 발견될 당시는 큰연꽃무덤(大蓮花塚)이라고 불렀다. 앞방과 널방으로 이루어진 두 칸 무덤이다. 앞방 좌우에 하나씩 감(龕)이 2개 있고, 주인공을 신(神)이라고 잘못 판단해 감신(龕神)이라는 이름이 붙었다.

벽화는 회칠한 벽면에 그렸는데 많이 떨어져 나가 지금은 극히 일부만 남았다. 앞방 두 곳에 닭깃털(鷄羽)을 꽂은 투구를 쓴 병사가 나온다.

(1) 앞방 서쪽 감실 벽화

앞방 서쪽 감실 속 벽에 주인공이 그려져 있고, 큰 연꽃 자리에 앉은 주인공 뒤에는 왕(王)자 무늬가 촘촘하다. 그리고 주인공 좌우의 감실 벽에 주인공을 지키고 돕는 사람들이 작게 그려져 있는데 그 가운데 무사가 1명 있다.

이 무사는 손잡이 끝에 고리가 달린 고리자루큰칼(環頭大刀)을 들고 문 앞을 지키고 있는데, 머리에는 투구 위에 닭깃털(鷄羽) 5가닥을 꽂았다. 언뜻 보면 닭꼬리털(鷄尾) 같이 보이기도 하지만 닭 꼬리털에 비해 곧바로 서 있는 것을 보면 닭 깃털을 겹쳐서 꽂은 듯하기도 하다.

(2) 앞방 남벽의 벽화

앞방 동벽에는 시자·시녀, 서벽에는 인물상·산(山)·신선, 남벽에는 악대·수레·인물상, 북벽에는 주작도·인물상·연꽃무늬가 그려져 있다. 그런데 남벽 큰 수레 그림 옆에 그 수레를 호위하는 두 병사의 그림이 남아 있다. 두 병사 모두 고리자루큰칼(環頭大刀)을 어깨에 메고 머리에는 투구를 썼는데 투구에 감실에서 본 것과 똑같이 닭꼬리털(鷄尾)을 꽂고 있다.

---

109) 尹國有, 『高句麗壁畵研究』, 吉林大學出版社, 2003, 15쪽.

그림 37 앞방 오른쪽 감실 뒷벽의 무덤 주인(국립박물관 소장 본뜬 그림)

그림 38 무사

그림 39 앞방 남벽 수레를 호위하는 두 병사(닭깃털 투구)

4) 쌍기둥무덤(雙楹塚) 벽화에 나타난 닭깃털관(鷄羽冠)

이 무덤은 평안남도 남포시 용강읍(龍崗邑)에 있다. 이 무덤은 인물풍속과 사신도를 그린 두칸무덤이다. 앞방과 널방 사이에 여덟모 난 큰 기둥 2개가 세워져 있어서 쌍기둥무덤(雙楹塚)이라는 이름이 붙었다.

이 무덤의 주제도 생활도와 사신도다. 앞방에는 동쪽에 청룡, 서쪽에 백호를 그리고 남쪽 벽에 사람을 그렸다. 이 앞방에서 널방으로 들어가는 안길 동벽에는

그림 40 쌍기둥무덤 닭깃털관(『조선유적도감』)　　　　**그림 41** 쌍기둥무덤 닭깃털관

수레와 말 탄 사람을 그리고 북 치는 사람을 비롯하여 30명이 넘는 남녀 인물을 그렸다. 서벽에도 수레, 말 탄 사람, 북 치는 사람, 창 들고 춤을 추는 사람 같은 아주 풍부한 벽화가 그려져 있었다. 그러나 지난날 도굴꾼들이 다 떼어가 버려 지금은 남아 있는 것이 없다. 다행히 그 가운데 말 타는 그림 일부분은 현재 국립 박물관에 잘 보존되어 있다.

　이처럼 그림들이 뜯겨 없어졌지만 다행히 그 이전에 본떠서 그린 그림이 남아 있어 당시의 생활을 잘 알 수 있는 자료가 되고 있다. 본뜬 그림에는 남녀 옷차림이 잘 표현되어 있고 그 가운데 말 탄 사람과 서 있는 사람이 머리에 닭깃털관(鷄羽冠)을 쓴 모습이 잘 그려져 있다.

V. 맺음말

　역사를 연구하는 데 있어서 역사적 사실을 증명해 주는 사료를 찾아내서 그 사료를 제대로 해석하여 역사적 진실을 밝혀내는 작업이 가장 중요하다. 따라서 기존의 연구 결과가 이미 일반화되어 있는 상황이라 하더라도 새로운 자료가 나타나면 그 자료와 기존 학설에 대한 검토를 통해 새로운 연구 결과를 창출하는 것이 바로 학문의 사명이라고 할 수 있다. 그런 의미에서 이번 연구는 아주 작은 부분이지만 새로운 진전이 있었다고 할 수 있다.

1. 이 마당의 주제가 된 춤무덤(舞踊塚)의 사신도에 대한 현재까지의 연구를 검토한 결과, 현재 학계와 일반 미디어에서 춤무덤(舞踊塚)에 그려진 수탉 두 마리는 주작이라는 설이 일반상식이라는 것을 알 수 있었다. 그러나 그 수탉 2마리는 다른 사신도에 나오는 주작과 모습이 완전히 다르고, 대칭되는 반대 자리에 현무가 아닌 태껸하는 그림이 그려져 있어 전통적인 사신도의 구도와도 완전히 다르다. 그러므로 두 마리 수탉은 주작이 아니다. 이런 사실을 다른 사료로 증명하기 위해 다음 3가지 사료를 검토하여 그 수탉이 주작이 아니라 닭신(鷄神)이라는 것을 밝혔다.

1) 『대당서역구법고승전(大唐西域求法高僧傳)』에 나온 자료에서 "서녘에서 고리(高麗 = 高句麗)를 산스크리트로 꾹꾸떼스바라(Kukkuṭeśvara)라고 부르는데 꾹꾸떼스바라(Kukkuṭeśvara)는 닭신(鷄貴, 鷄神)이라는 뜻이다. 이는 고리(高麗) 사람들이 닭신(鷄貴, 鷄神)을 공경하고 높이 우러러보기 때문이다."라고 했다. 이 자료에 따르면 춤무덤 입구 위에 당당한 모습으로 그려진 수탉 2마리는 사신도의 주작이 아니라 바로 고리(高麗) 사람들이 신으로 모시고 우러러보는 수탉이었던 것이다.

2) 『일본서기(日本書紀)』에 보면, 신라 눌지왕이 백성들에게 "집안에서 기르고 있는 닭 수컷(鷄之雄)을 죽여라."고 하자 나라 사람들은 왕의 속내를 알아차리고 나라 안에 있는 고리 사람(高麗人)들을 모두 죽였다는 기사가 있다. 이는 신라 사람에게 고리(高麗) 남자들은 수탉으로 알려져 있었으며, 수탉은 고리(高麗) 사람을 상징하는 것을 알 수 있다.

3) 곽박(郭璞, 276~324)이 지은 『현중기(玄中記)』에서는 하늘닭(天鷄)이 울면 태

양새(陽鳥)가 울고, 태양새가 울면 천하의 닭들이 운다고 했다. 여기서 하늘닭(天鷄)은 새로운 하루의 시작을 우리에게 알리는 천신, 곧 닭의 신(鷄神)이라는 것을 알 수 있다. 이 기록에 따르면 수탉 모습을 한 하늘닭(天鷄), 곧 닭신(鷄神)이 새벽을 알리기 위해 울면 태양새(陽鳥)인 세발까마귀가 울어 땅 위에 있는 닭들이 울게 해서 인간들에게 하루의 시작을 알린다는 것을 알 수 있다. 이 기록은 고구리(高句麗) 춤무덤 벽화에 그려진 하늘닭(天鷄)과 태양새(陽鳥)의 역할을 새롭게 해석할 수 있는 실마리를 제공해 주었다.

2. 『위서(魏書)』에서 『신당서』까지 여러 사서에서 고구리(高句麗)=고리(高麗) 사람들은 '소골(蘇骨)'이라는 절풍(折風)을 쓰고 다닌다고 했다. 그런데 『대당서역구법고승전(大唐西域求法高僧傳)』에서 '고리(高麗)에서는 닭신(鷄神)을 공경(敬)하고 높이 우러러보기 때문에 (닭의) 깃털을 머리에 꽂아 겉을 꾸민다'고 하였다. 그러므로 사서에서 이야기하는 새깃털관(鳥羽冠)이란 바로 '닭의 깃털로 만든 관(鷄羽冠)'이었다는 사실을 밝혔다.

3. 지금까지 고구리(高句麗) 벽화에 그려진 닭깃털관 모습은 스키타이를 비롯한 유목민의 영향을 받아 들어온 풍습이라는 설이 지배적이었다. 그러나 고구리(高句麗)의 그 모습은 다른 나라에서 들어온 단순한 풍습이 아니라 닭의 신(鷄神)을 공경하고 우러러보는 고구리(高句麗) 사람들의 상징적 이미지요, 그 시대의 아이콘이었다는 것도 밝혔다.

4. 끝으로 고구리(高句麗) 사람들이 닭신을 받들어 닭깃털을 꽂는 풍습을 그린 벽화들을 검토하여 종합하였다. 벽화에 닭깃털관(鷄羽冠)을 그린 벽화는 춤무덤(舞踊塚)이 가장 대표적이고, 그 밖에 장천1호무덤, 마선구1호무덤, 감신무덤(龕神冢), 쌍기둥무덤(雙楹塚), 같은 곳에서도 머리에 닭 깃털을 꽂은 관을 쓴 그림이 발견되어 당시의 상황을 입체적으로 보여준다.

참고문헌

『後漢書』

『魏書』

『魏志』

『梁書』

『周書』

『隋書』

『北史』

『舊唐書』

『(新)唐書』

『文獻通考』

『太平御覽』

『三國史記』

『日本書紀』

『東史綱目』

義淨,『大唐西域求法高僧傳』.

郭璞,『玄中記』.

任昉,『述異记』.

彭大翼 撰,『山堂肆考』.

李奎報,『東國李相國集』.

池內宏・梅原末治,『洞溝』(下), 日滿文化協會.

朝鮮畵報社,『高句麗古墳壁畵』, 1985.

KBS 고구려특별대전『고구려 고분벽화』, 1994.

김문자,『한국 복식문화의 원류』, 민족문화사, 1994.

김문자,「고대 조우관의 원류에 대한 연구」,『한복문화』(8-1), 2005

김일권,『고구려 별자리와 신화』, 사계절, 2008.

나사라・나일성,『사신도도록』, 신광출판사, 2008.

서길수,「高句麗'와 '高麗'의 소릿값(音價)에 관한 연구」,『고구려연구』(27), 2007년.

신경섭,「한국의 鳥羽冠과 중국의 鶡冠 연구」,『복식』50-4, 2000.

셋째 마당

양(梁)나라 직공도(職貢圖)에 그려진 닭깃털관(鷄羽冠)

I. 양(梁)나라 직공도(職貢圖)에 대한 개관

1. 양직공도의 탄생과 본뜬 그림(摹寫圖)

양나라 직공도(職貢圖)는 양(梁, 502~557) 무제(武帝)의 일곱째 아들 소역(蕭繹, 508~554)이 형주자사(荊州刺史)로 있을 때 무제의 즉위 40년(541)을 기념하여 불교 나라인 양나라에 조공하러 온 사절들의 모습을 그린 그림이다. '직공(職貢)'[110]이란 조공이란 뜻인데, 양나라에 조공하는 그림이라고 해서「양직공도(梁職貢圖)」라고 부른다. 그리고 소역(蕭繹)이 552년 양나라 원제(元帝)가 된 까닭에「양 원제 직공도(梁元帝職貢圖)」라고도 한다.

이 양직공도에 외국에서는 처음으로 고리(高麗) 사신이 등장한다. 바로 그 사신이 머리에 쓴 관에는 닭깃털이 꽂혀 있다. 대개 그림을 그리는 사람은 상대방의 특징을 잡아서 그림을 그리는데, 고리(高麗)의 사신에게는 머리에 꽂힌 닭깃털관이 남다른 특징으로 보였던 것이다.

이 양직공도에 대해서는『양서(梁書)』를 비롯하여 여러 사료에 언급되었으나

---

110) 深津行德,「臺灣古宮博物院所藏 '梁職貢圖'模本について」, 學習院大學 東洋文化硏究所 調査硏究報告 No. 44,『朝鮮半島に流入した諸文化要素の硏究』, 1999, 42쪽.

아직 그 실물이 발견되지 않았다. 그런데 1960년 ❶ 남경박물원(南京博物院)에서 북송 때 본뜬 그림(模寫圖)이 발견되어 처음으로 그 존재가 밝혀졌다.[111] 비록 원본이 아니고 본뜬 그림이지만 양직공도의 내용을 연구할 수 있는 좋은 자료가 발견된 것이다. 그 뒤 1987년 대만 고궁박물원에서 새로 다음 같은 2가지 본뜬 그림이 발견(模寫圖)되었다.

❷「당 염립본 왕회도(唐 閻立本 王會圖)」:「왕회도(王會圖)」라고 줄인다.
❸「남당 고덕겸이 본떠 그린 양나라 원제의 번객입조도(南唐 顧德謙 摹 梁 元帝 蕃客入朝圖):「번객입조도(蕃客入朝圖)」라고 줄인다.

이 3가지 본뜬 그림의 특징을 시대순으로 살펴보면 다음과 같다.

❷「왕회도(王會圖)」: 이 그림은 당나라 때 염립본(閻立本, 601?~673)이라는 화가가 소역의 직공도를 본떠서 그린 것이다.

> 「남당 고덕겸이 본떠 그린 양나라 원제의 번객입조도(南唐 顧德謙 摹 梁 元帝 蕃客入朝圖)」 및 「당 염립본 왕회도(唐 閻立本 王會圖)」는 「양직공도(梁職貢圖)」를 본보기(模本)로 한 것으로……「당 염립본 왕회도(唐 閻立本 王會圖)」에 그려진 사신 모습 하나하나의 구도는 이미 「양직공도(梁職貢圖)」를 본보기(模本)로 한 것이 확인된 「남경박물원 구장본(南京博物院舊藏本)」[112] 것과 거의 같다.

이 문제는 거의 재론할 여지가 없는 것 같다. 「남당 고덕겸이 본떠 그린 양나라 원제의 번객입조도(南唐 顧德謙 摹 梁 元帝 蕃客入朝圖)」는 제목 자체에서 양나라 원제의 번객입조도(양직공도)를 본뜬 그림이라고 분명히 밝혔는데, 시대 차이

---

111) 金維諾,「職貢圖的年代與作者 - 讀畵札記」,『文物』, 1960-7. 현재 중국국가박물관 소장.
112) 深津行德,「臺灣古宮博物院所藏 '梁職貢圖'模本について」, 學習院大學 東洋文化硏究所 調査硏究報告 No. 44,『朝鮮半島に流入した諸文化要素の硏究』, 1999, 71쪽.

가 커서 그림은 많이 변형되었어도 사신들의 순서나 모습은 같기 때문이다.[113]

이「왕회도(王會圖)」에는 모두 24개 나라 사신들이 등장한다. 원래 양직공도가 541년 그려졌으니 원본이 그려진 뒤 100년쯤 지난, 비교적 빠른 시기에 그렸기 때문에 원본과 가장 가까웠을 것으로 보인다. 이 그림은 색깔까지 칠해 당시 사신들의 특징을 파악하는 데 아주 좋은 자료이다. 염립본은 고리(高麗)가 당나라에 항복한 668년 이전에 살았기 때문에 고리(高麗) 사람을 직접 봤을 가능성도 크다는 점에서 그 신빙성이 더욱 높아진다. 다만 원본에 있었던 각국에 대한 설명이 빠져 아쉽다. 이 그림에는 고리(高麗), 신라, 백제 3국의 사신 모습이 모두 등장한다.

❸「번객입조도(蕃客入朝圖)」: 이 그림은 당나라가 망하고 5개 나라가 각축을 벌이던 5대시대 남당(南唐, 937~975)의 화가 고덕겸(顧德謙)이 그린 그림이다. 이 그림은 원본이 그려진 뒤 400년쯤 지난 뒤에 그렸기 때문에 원본을 직접 보지 않고 여러 번 거친 그림을 보고 그렸을 가능성이 크다.「번객입조도(蕃客入朝圖)」에는 32개 나라 사신들이 등장하여 3가지 그림 가운데 사신들의 수가 가장 많다는 특징을 지니고 있다. 그림은 먹 선으로 특징만 스케치했는데 원본과 많은 차이를 보이는 것으로 판단된다. 이 그림에는 고리(高麗), 신라, 백제 3국의 사신 모습이[114] 모두 등장한다.

❶「남경양직공도(南京梁職貢圖)」: 이 그림은 송나라 때인 1077년 부장차(傅張次)가 그린 그림으로 원본이 그려진 541년 이후 500년 이상 지난 뒤에 그렸다.[115] 이 그림에는 12개 나라에서 온 사신 모습이 있고 13개 나라에 대한 설명이 쓰여 있는데, 500년이 지난 뒤인 당시는 13개 나라 사신만 남은 그림을 대본으로 한

---

113) 최근 발행된 대만 國立古宮博物院,『四方來朝 職貢圖特展』(2019. 12, 244쪽)에서도 "탕창(宕昌)·등국(鄧至)·주고가(周古柯)·호밀단(胡密丹)·백제(白題) 같은 나라들이 수·당서 같은 정사에 나오지 않기 때문에 그림 속 초상들은 염립본(?~673) 때의 외국 인물들이 아니라 이 작품은 남북조시대「사방래조(四方來朝)」를 기록하여 정권의 합법성을 널리 알리는 왕회도가 틀림없다."고 하였다.

114) 「왕회도(王會圖)」에 '고리국(高驪國)'이라고 '가라말 려(驪)' 자를 썼는데, 여기서는 고리(高麗)라고 썼다.『한원(翰苑)』에도 고리(高麗)라고 한 것을 보면 염립본이 고리와 당이 사이가 안 좋을 때 그린 것이라고 본다.

115) 현재는 중국역사박물관(전 북경역사박물관)에 소장되어 있다.

것일 수 있고, 그림을 그린 뒤 일부분이 없어졌을 수도 있다. 그러나 이 마지막[116] 본에는 각 사신이 속하는 나라의 정황이나 중국과의 교통 사실을 적은 글이 있어 아주 중요한 자료가 되고 있다. 그러므로 비록 시기적으로 늦었지만, 원본을 제대로 보고 그렸을 가능성이 크다. 남경양직공도(南京梁職貢圖)에는 아쉽게도 백제 사신만 있고 고리(高麗)와 신라 사신은 없다.

2. 양직공도 본뜬 그림(摹寫圖)에 나오는 고리(高麗) 사신의 특징 – 닭깃털관(鷄羽冠)

위의 3가지 본뜬 그림 가운데 우리나라와 관계가 있는 고리(高麗)·신라·백제에 관한 부문만 모아서 비교해 보겠다. 3가지 그림 가운데 백제는 모든 그림에 다 들어있으므로 백제의 사신만으로 비교해 보면 입은 옷이나 신발이 「남경양직공도(南京梁職貢圖)」와 「왕회도(王會圖)」는 같은 원본을 쓴 것처럼 거의 같지만 「번객입조도(蕃客入朝圖)」는 상당히 차이가 보인다. 특히 겉옷 허리띠가 옷고름을 맨 것처럼 그린 것이나 바지와 신발도 큰 차이가 나는 것을 쉽게 알 수 있다. 고리(高麗) 사신을 보아도 입은 옷과 신발에서 크게 차이가 난다. 이런 비교를 통해서 「번객입조도(蕃客入朝圖)」는 꽤 여러 차례 베낀 그림을 밑그림으로 하였다는 사실을 알 수 있다.

이처럼 두 그림에 차이가 있지만 여기서 글쓴이가 밝히고자 하는 '깃털을 꽂은 관(羽冠)'에 대한 것은 큰 변화가 없다. 3명이 그린 그림 모두 신라와 백제의 사신들은 머리에 깃털을 꽂은 관을 쓰지 않은 데 비하여 고리(高麗) 사신은 남은 두 그림 모두 깃털을 꽂은 절풍을 쓰고 있다. 「남경 양직공도」에서 백제를 설명하

---

116) 다음 두 자료에 각 나라 수를 잘 정리하여 놓아 참고하였다. 深津行德, 「臺灣古宮博物院所藏 '梁職貢圖' 模本について」, 學習院大學 東洋文化研究所 調査研究報告 No. 44, 『朝鮮半島に流入した諸文化要素の研究』, 1999, 68쪽. 李成市, 「梁職貢圖の高句麗使圖について」, 文部省科學研究費補助金 研究成果報告書 『東アジア史上の國際關係と文化交流』, 1986~7, 21~22쪽.

면서 "말과 옷은 대략 고리(高麗)와 같다(言語衣服畧同高麗)."고 했듯이 세 나라의 옷을 가지고는 어떤 특징을 잡기 어려운 데 비해 고리(高麗)의 '닭깃털관(鷄羽冠)'은 신라 백제의 사신과 크게 대비된다. 고리(高麗)가 특별히 깃털을 꽂은 고깔을 쓴다는 것은 여러 사서에도 기록되어 있지만 이처럼 그림에 그 모습을 분명하게 그린 그림을 보면 당시 국제사회에서 고리(高麗) 사람들의 가장 큰 특징이고 상징이 바로 이 '닭깃털을 꽂은 고깔(鷄羽冠)'이었다는 점을 뚜렷이 보여주는 좋은 보기라고 할 수 있다. 그런 뜻에서 '닭 깃털을 꽂은 고깔(鷄羽冠)'은 앞으로 볼 외국에서 그린 그림에서 나타나는 고리(高麗) 사람의 인물을 재는 잣대가 되는 귀중한 자료가 아닐 수 없다.

여기서 글쓴이가 이 그림의 깃털(羽) 꽂은 쓰개에서 특별히 강조하고자 하는 부분은 바로 그들이 꽂았던 깃털은 닭깃털(鷄羽)이었다는 점이다. 닭을 신으로 모시며 경건한 마음과 자부심을 느끼고 닭깃털(鷄羽)을 꽂고 다니는 고리(高麗) 사신이 다른 새털이나 꿩깃털을 꽂을 리는 없기 때문이다.

이 자료가 갖는 중요성 때문에 한 가지 더 덧붙이고자 한다. 앞에서 보았듯이 「남경 양직공도」는 그림과 함께 관계된 나라에 대한 간단한 설명이 붙어 있었

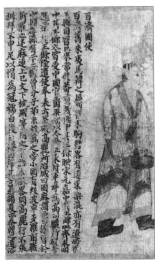

그림 42 「남경 양직공도」

그림 43 「당 염립본의 왕회도(唐 閻立本 王會圖)」(2020.2.1. 서상욱)

그림 44 「남당 고덕겸이 그린 양 원제의 번객입조도(2020.2.1. 대만 국립고궁박물원 서상욱 찍음)

는데 그 그림에는 백제만 있고 고리(高麗)와 신라는 없어서 설명을 알 수가 없었다. 그러나 『한원(翰苑)』에 양직공도에 기록된 고리(高麗)에 대한 설명을 옮겨 실어놓았기 때문에 여기 소개하고자 한다.

> 양 원제 직공도에 이렇게 쓰여 있다. 고리(高麗)의 부인 옷은 흰빛이고 남자 옷은 붉은 비단으로 만드는데 금은으로 꾸민다. 신분이 높은 사람(貴者)은 책(幘)을 쓰고 그 뒤 금은으로 사슴뿔(鹿茸)을 만들어 책 위에 붙인다. 신분이 낮은 사람(賤者)은 절풍을 쓰고 귀를 뚫어 금귀고리를 한다. 윗옷은 흰 적삼이고 아래는 긴 바지를 입는다. 허리에 은으로 만든 띠를 두르고 왼쪽에 숫돌을 차고 오른쪽에 오자도(五子刀, 주머니칼)를 찬다. 발에는 두례(豆禮) 가죽신을 신는다.[117]

이 『한원(翰苑)』에 인용된 내용은 지금까지 전해 내려오는 다른 사료에는 없는 (쓰개에 대한 묘사, 귀고리에 대한 지적 같은) 독자적인 내용일 뿐 아니라 여기에 쓰

---

117) 『翰苑』(30), 蕃夷部 高麗. 梁元帝職貢圖云, 高麗 夫人衣白 而男子衣紅錦 飾以金銀. 貴者冠幘 而後以金銀爲鹿茸 加之幘上, 賤者冠折風 穿耳以金環. 上衣白衫 下白長袴. 腰有銀帶 左佩礪 而右佩五子刀. 足履豆禮鞜.

인 글 내용이 「양직공도(梁職貢圖)」에 그려진 사절의 모습과 잘 들어맞는 것을 눈여겨보아야 한다.[118]

2011년에 청나라 때 장경(張庚)이 베낀 제기(題記)가 새롭게 발견되었는데, 내용이 더 많다.

> 고구리(高句驪)[119]는 옛 동이(東夷) 부여의 한 갈래(別種)다. 한나라 때 현도(玄菟)의 고리현(高驪縣)에 살았기 때문에 그렇게 부른다. (후한) 광무제(光武, 25~57) 초 고구리(高句驪) 왕이 사신을 보내 조공하며 처음 왕이라고 일컬었다. 그 속인들은 성질이 흉하고 급하고 악하지만 바르고 깨끗하고 착하다. 부인 옷은 희고, 남자 옷은 붉은 비단이며 금과[120] 은으로 꾸민다. 신분이 높은 사람(貴者)은 책(幘)을 쓰는데 뒤가 없고(以無後)[121] 금과 은으로 사슴뿔(鹿茸)[122]을 만들어 책 위에 붙인다. 신분 낮은 사람(賤者)은 절풍을 쓰는데 그 생김새가 옛날 고깔(弁) 같다.[123] 귀를 뚫어 금귀고리를 한다. 윗옷은 흰 적삼이고[124] 아래는 흰 긴 바지를 입는다. 허리에 은으로 만든 띠를 두른다.[125] 글을 아주 잘 배워 사신이 중국에 가면 경전과 사서를 많이 구한다. 건무(建武, 25~56) 때 표를 올리고 공물을 바쳤다.[126]

앞뒤 부분은 장경(張庚)이 덧붙인 것으로 보인다. 청나라 때 베낀 제기(題記)는

---

118) 李成市, 「梁職貢圖の高句麗使圖について」, 文部省科學研究費補助金 研究成果報告書 『東アジア史上の國際關係と文化交流』, 1986~7, 19쪽.

119) 원본에 晉이라고 되어 있으나 舊의 잘못으로 보인다. (趙燦鵬, 「南朝梁元帝《職貢圖》題記佚文的新發現」, 『文史』, 2011-1, 114쪽).

120) 『한원(翰苑)』에서 주를 달아 원초본에는 결금(結錦)으로 되어 있으나 뜻을 살려 홍금(紅錦)으로 고쳤다고 했는데, 여기서는 결금(袺錦)이라고 해서 앞뒤 뜻이 맞지 않아 『한원(翰苑)』과 마찬가지로 홍금(紅錦)으로 옮긴다.

121) 원본에 이무부(而無復)라고 되어 있으나 『한원(翰苑)』의 기록에 따라 '부(復)'를 '후(後)'로 고쳐 옮긴다.

122) 원본에 녹이우(鹿耳羽)라고 되어 있으나 『한원(翰苑)』의 기록에 따라 녹용(鹿茸)으로 고쳐 옮긴다.

123) 『한원(翰苑)』에는 "그 생김새가 옛날 고깔(弁) 같다(其形如古之弁)."는 구절이 없다.

124) 상의왈표(上衣曰表)는 『한원(翰苑)』에 상의백삼(上衣白衫)이라고 해 문맥이 더 옳기 때문에 고쳐 옮긴다. 하의왈장고(下衣曰長袴)은 『한원(翰苑)』에 하백장고(下白長袴)라고 되어 있어 고쳐 옮긴다.

125) 『한원(翰苑)』에 나온 마지막 문장 "왼쪽에 숫돌을 차고 오른쪽에 오자도(五子刀, 주머니칼)를 찬다. 발에는 두레(豆禮) 가죽신을 신는다(左佩礪 而右佩五子刀. 足履豆禮鞜)."는 빠져 있다.

126) 張庚, 「淸張庚諸番職貢圖卷」, 葛嗣浵 편, 『愛日吟廬書畫續錄』 卷5. 高句驪 晉(舊?)東夷夫餘之別種也. 漢世居玄菟之高驪縣 故以號焉. 光武初 高句驪王遣使奉貢 則始稱王. 其俗人性凶急惡 而潔淨自善. 夫人衣白 而男子衣祛(紅?)錦 飾以金銀. 貴者冠幘而無復(而後?) 以金銀爲鹿耳羽(鹿茸?) 加之幘上, 賤者冠折風 其形如古之弁. 穿耳以金環. 上衣曰表(上衣白衫?) 下衣曰長袴(下白長袴?). 腰有銀帶. 頗習書. 其使至中國 則求經史. 建武中 奉表貢獻.

시대가 뒤떨어지고 자주 옮겨서인지 틀린 곳이 많다는 것을 알 수 있다.

Ⅱ. 양직공도(梁職貢圖)의 각국 사신을 통해 본 당시 국제적 판도

1. 양직공도(梁職貢圖)에 등장하는 나라들(A.D. 541)

이 그림을 통해서 당시 양나라에 조공한 나라들을 알 수 있고, 또 조공한 나라들을 통해서 당시 양나라를 중심으로 한 국제적인 판도를 알 수 있다. 더불어 오늘날의 외교관이라고 할 수 있는 사신들은 단순히 조공뿐 아니라 다른 나라 사신들과도 서로 긴밀히 교섭했을 것이기 때문에 이 그림은 고리(高麗)가 어떤 나라들과 국제적인 외교활동을 했는지 살펴볼 수 있는 좋은 자료라고 본다.

지금까지 남아 있는 직공도 가운데 가장 많은 나라 사절이 그려진 직공도가 남당(南唐) 고덕겸(顧德謙)이 본떠 그린 「양 원제의 번객입조도(梁 元帝 蕃客入朝圖)」다. 노국(魯國)부터 부남국(扶南國)에 이르기까지 총 31개국 33인의 사신이 그려져 있는데 중천축(中天竺)과 위국(爲國) 사이, 임강만(臨江蠻)과 고리나라(高麗國) 사이의 사신도에는 국명이 없어서 사신 2명이 한 조를 이루어 파견되었거나 또는 국명이 빠진 것으로 추정되기도 한다.

① 노국(魯國) = 虜國 ② 예예국(芮芮國) ③ 하남(河南) ④ 중천축(中天竺) ⑤ 위국(爲國) ⑥ 임읍국(林邑國) ⑦ 사자국(師子國) ⑧ 북천축(北天竺) ⑨ 갈반타국(渴盤陀國) ⑩ 무흥번(武興蕃) ⑪ 탕창국(宕昌國) ⑫ 낭아수국(狼牙修國) ⑬ 등지국(鄧至國) ⑭ 파사국(波斯國) ⑮ 백제국(百濟國) ⑯ 구자국(龜玆國) ⑰ 왜국(倭國) ⑱ 주고가(周古柯) ⑲ 가발단국(阿跋檀國) ⑳ 호밀단국(胡密丹國) ㉑ 백제국(白題國) ㉒ 임강만(臨江蠻) ㉓ 고리국(高麗國) ㉔ 고창국(高昌國) ㉕ 천문만(天門蠻) ㉖ 건평만(建平蠻) ㉗ 활국(滑國) ㉘ 우전(于闐) ㉙ 신라(新羅) ㉚ 천타국(千陀國) ㉛ 부남국(扶南國)

「왕회도(王會圖)」에는 모두 25개 나라 사신이 그려져 있는데 24개 나라는 모두 「번객입조도」에 나온 나라들이고 마지막 말국(靺國)만 나와 있지 않기 때문에 ㉜번으로 추가하였다. 이 직공도에는 「번객입조도(蕃客入朝圖)」에서 앞의 3개 나라와 뒤의 4개 나라가 빠져 있다. 비교가 가능하도록 「양 원제의 번객입조도(梁元帝 蕃客入朝圖)」에 붙였던 번호를 똑같이 붙였다.

① 노(虜)(國) ② 예예국(芮芮國) ④ 중천축(中天竺) ⑦ 사자국(師子國) ⑧ 북천축(北天竺) ⑨ 갈반타국(渴盤陀國) ⑩ 무흥번(武興蕃) ⑪ 탕창국(宕昌國) ⑫ 낭아수국(狼牙修國) ⑬ 등지국(鄧至國) ⑭ 파사국(波斯國) ⑮ 백제국(百濟國) ⑯ 구자국(龜玆國) ⑰ 왜국(倭國) ⑱ 주고가(周古柯) ⑲ 가발단국(呵跋檀國) ⑳ 호밀단국(胡密丹國) ㉑ 자제국(自題國) ㉒ 임강만(臨江蠻) ㉓ 고리국(高驪國) ㉔ 고창국(高昌國) ㉕ 천문만(天門蠻) ㉖ 건평만(建平蠻) ㉗ 활국(滑國) ㉘ 우전(于闐) ㉙ 신라(新羅) ㉜ 말국(靺國)

「남경박물관 소장본」도 완본이 아닌데, 현재 12개국 사신의 그림과 각국의 정황이나 중국과의 교통 사실을 적은 제기(題記)로 구성되어 있다. 이 직공도도 「번객입조도(蕃客入朝圖)」에서 앞뒤 부분이 주로 빠져 있는 것을 알 수 있으나 「왕회도(王會圖)」와 마찬가지로 말국(末國 = 靺國)이 추가되어 있다.

⑪ 탕창국(宕昌國) ⑫ 낭아수국(狼牙修國) ⑬ 등지국(鄧至國) ⑭ 파사국(波斯國) ⑮ 백제국(百濟國) ⑯ 구자국(龜玆國) ⑰ 왜국(倭國) ⑱ 주고가(周古柯) ⑲ 가발단국(呵跋檀國) ⑳ 호밀단국(胡密丹國) ㉗ 활국(滑國) ㉜ 말국(末國 = 靺)

다음 절에서 3가지 직공도에 나온 32개 나라를 대략 보고 지도에서 전체적인 판도를 보려고 한다. 여기서는 『양서(梁書)』 제이전(諸夷傳)에 나오는 대로 3가지로 나누어 본다.

2. 북쪽 오랑캐 나라(北虜) : ① 노(魯)=노(虜)

「양 원제의 번객입조도(梁 元帝 蕃客入朝圖)」에는 가장 먼저 노국(魯國)이라는 나라가 나온다. 그러나 양나라 때는 노나라(魯國)가 없었다. 그래서 「왕회도(王會圖)」에서 똑같은 그림을 살펴보니 머리글 한 글자만 남아 있는데, 그 한 자도 명확하지 않다. 자세히 검토해 보니 '노(虜)'자라는 것을 알 수 있었다. 이 '노(虜)'자는 이공린첩(李公隣帖)에서도 확인되었다.[127] 그러니까 각기 다른 판본에서 노국(魯國)과 노국(虜國)이라는 다른 이름으로 기록되어 있지만 두 나라는 같은 나라를 부르는 이름이다. 노국(魯國)을 검색하면 전국시대 노나라가 나오기 때문에 결국은 노국(虜國)으로 접근해야만 했다.

남북조시대 남조인 송·남제(南齊)·양(梁) 같은 한인(漢人) 나라에서는 북방의 선비족이 세운 왕조들을 북쪽 오랑캐라는 뜻을 가진 '로(虜)'를 써서 로인(虜人)·로민(虜民)·로정(虜廷, 로의 조정)·로사(虜使, 로의 사신)라고 불렀다. 그러므로 『남제서』에서는 북위(北魏)를 열전에 배치해 오랑캐인 위(魏)라고 해서 '위로(魏虜)'라는 제목을 붙여서 기록하였으며, 북위가 쓴 연호도 앞에 '거짓 가(假)' 자를 덧붙여 썼다.

> 위로(魏虜)는 흉노의 핏줄로 성은 탁발씨다. ……송 원가(434~453) 연간, 가짜 태자(僞太子) 황(皇)과 최씨·구씨와 서로 뜻이 맞지 않고 최·구가 헐뜯었다. ……송 명제 말년(471), 처음으로 (북쪽 오랑캐인) 로(虜)와 화평하고 사이가 좋아졌다. 원휘(元徽, 473~476)와 승명(昇明, 477~478) 때, 로(虜)가 연초 사신을 보내 통했다. 건원(建元) 원년(479)은 가짜 태화(假太和) 3년이다.[128]

『양서』에는 북쪽 오랑캐라고 해서 '북로(北虜)'라는 용어를 썼고, '가짜 태자(僞

---

127) 深津行德,「臺灣古宮博物院所藏 '梁職貢圖'模本について」, 學習院大學 東洋文化研究所 調査研究報告 No. 44,『朝鮮半島に流入した諸文化要素の研究』. 1999, 68쪽 표의 ⑦ 참조.

128) 『南齊書』卷57,「列傳」第38, 魏虜. 魏虜, 匈奴種也, 姓托跋氏. … 宋元嘉(434~453)中 僞太子皇與大臣崔氏·寇氏不睦 崔·寇譖之. … 宋明帝末年, 始與虜和好. 元徽昇明之世, 虜使歲通. 建元元年, <u>僞太和三年也.</u>

太子)' '가짜 태화(假太和)'라고 얕잡아 보았다는 것을 알 수 있다. 그러므로 '노국(魯國)=노국(虜國)'은 양나라 북쪽에 바로 국경을 접하고 있는 위(北魏)나라였다. 직공도는 무제의 즉위 40년(541)을 기념하여 그린 그림이기 때문에 당시는 이미 533년 북위가 동위(東魏)와 서위(西魏)로 나뉘어 있을 때였다. 아마 노국(魯國)은 동위(東魏, 534~550)가 옛날 전국시대 때 노국(魯國) 땅이었기 때문에 직공도에서 노국(魯國)이라고 하지 않았나 하는 생각이 든다.

3. 서남쪽(西南夷)과 해남 여러 나라((海南諸國)

『양서(梁書)』제이전(諸夷傳)에서는 특이하게 해남의 나라들이 가장 먼저 나온다. 이 점은 북사 계통의 기록과 크게 차이나는 부분이다. 직공도에는 모두 ④ 중천축(中天竺) ⑥ 임읍국(林邑國) ⑦ 사자국(師子國) ⑧ 북천축(北天竺) ⑫ 낭아수국(狼牙修國) ㉚ 간타국(干陀國) ㉛ 부남국(扶南國) 같은 7개 나라가 그려져 있다. 『남사』에서는 임읍국과 부남국을 해남(海南) 여러 나라에 넣고, 나머지 중천축(中天竺), 사자국(師子國), 북천축(北天竺), 낭아수국(狼牙修國), 간타국(干陀國) 같은 5개 나라를 서남이(西南夷)로 분류하였다.

1) ④ 중천축(中天竺) ⑧ 북천축(北天竺)

『양서』에는 중천축만 나오는데 'Hindu(一名身毒)'라고도 한다고 해서 북천축도 한꺼번에 아우르고 있다는 것을 알 수 있다. 그러나 실제 직공도에서는 중천축, 북천축이 서로 다른 사신을 보냈다는 사실을 알 수 있다.

  (1) 중천축(中天竺)은 쉽게 말하면 강가 강(恆河, Gaṅgā, 영어 Ganges)을 중심으로 한 현재의 북인도를 말한다.『범어잡명』에 말하는 중국(中國)을 말한다.[129]

  (2) 북천축(北天竺)은 인두 강(印度, Indu, 영어 Indus)을 중심으로 한 현재의 파키스탄 북녘을 말한다.

---

129) 서길수,「6세기 인도의 천하관(天竺=中國)과 高(句)麗의 위상에 관한 연구」,『백산학보』(100), 309·321쪽 이하 : <고구리·고리사 연구총서>③『세계 속의 고리-막북(몽골 초원에서 로마까지)』

2) 인도지나반도의 ⑥ 임읍국(林邑國) ⑫ 낭아수국(狼牙修國) ㉛ 부남국(扶南國)

(1) 임읍국(林邑國) : 현재 월남의 중부 Champa.

동한(東漢) 말에 세워진 임읍국은 동진(東晉, 317~420) 말 자주 동진을 침범하여 위협이 되었다. 송나라가 들어서자 420년 바로 정벌하여 그 뒤 신하라고 일컫고 공물을 바쳤다.

현재 베트남의 후에(Hue)와 다낭(Danang) 지역으로, 본디 참족(Cham, 點族)의 근거지다. 현재 Hoi An이란 항구를 핵심 지역으로 보기도 한다.[130]

(2) 낭아수국(狼牙修國) : 현재의 말레이시아

『공귀집(攻媿集)』에서는 남해에 있고, 광주(廣州)에서 2만 4,000리 떨어져 있다(在南海中去廣州二萬四千里)고 했다. 랑카쑤까(Lankasuka)라는 불교국가였고, 현재 말레이시아 반도에 있었다. 랑카수카의 위치에 대해서 여러 논란이 있지만, 다음 3가지로 본다.[131]

① 말레이반도 동안(東岸)설은 현재의 타일랜드 남부, 말레이시아 북부의 국경 일대라는 견해(Paul Wheatley 등).
② 말레이반도의 서안에 위치한 말레이시아의 크다(Kedah)지역이라고 비정하는 견해(Michel Jacq-Hergoualc'h).
③ 현재 타일랜드 영토인 나컨 시 탐마랏이라는 견해(鈴木峻).

(3) 부남국(扶南國, Funan) : 메콩강 삼각주 옥 에오(ÓC EO)

『양서』에서 부남국(扶南國)은 임읍에서 서남쪽으로 3,000리 남짓 된다(在林邑西南三千餘里)고 했다. 지금의 위치는 메콩강 하류로 베트남과 캄보디아, 그리고 태국의 동남부 일부에 해당한다. 주요 항구는 옥 에오(ÓC EO)로 보고 있다.[132]

---

130) 권오영, 「狼牙脩國과 海南諸國의 세계」, 『百濟學報』(20), 2017. 230쪽.
131) 권오영, 「狼牙脩國과 海南諸國의 세계」, 『百濟學報』(20), 2017. 222~223쪽
132) 권오영, 「狼牙脩國과 海南諸國의 세계」, 『百濟學報』(20), 2017. 230쪽.

그림 45 랑카쑤카 나라(낭아수국)

3) 곤륜국(崑崙國)에 속하는 ⑦ 사자국(師子國) ㉚ 간타국(干陀國)

곤륜은 본디 한국(漢國) 본토 동남쪽 섬나라를 일컫는데, 당시 천축을 오가는 항로의 요충지가 되었다는 것은 『범어잡명』을 연구할 때 자세히 보았다.[133]

(1) **사자국(師子國)** : 『양서』에서는 그 위치를 간단히 천축 옆에 있는 나라(天竺 旁國也)라고 했는데, 현재의 스리랑카라는 사실은 잘 알려져 있다. 이미 동 진(東晉) 410년에 고승 법현(法顯)이 이곳에 머문 것을 기록하여 잘 알려져 있었다.

(2) **간타국(干陀國)** : 『양서』와 『남서』에 나오는 건타리국(幹陀利國)이다. 직공 도 설명에서 남해주에 있고, 그 풍속은 임읍·부남과 거의 같다(在南海洲上. 其俗與林邑, 扶南略同)고 했다. 간다라(乾陀羅, Gandhāra)도 검토해 보았지 만 『양서』에 건타리국(幹陀利國)이 천감(天監) 원년(502)과 17년(519)에 방물 을 올린 기록이 있어 건타리국으로 보았다.[135]

---

133) 서길수, 「6세기 인도의 천하관(天竺=中國)과 高(句)麗의 위상에 관한 연구」, 『백산학보』(100), 2014, 309·353쪽.

134) 간다라(Gandhāra, Gāndhāra)를 말한다. 음(音)을 健陀羅, 犍陀越, 乾陀越, 乾陀衛, 乾陀羅, 揵陀, 犍陀呵, 健馱羅, 乾陀婆那 등으로 옮겼고, 뜻으로는 향지(香地), 향결(香潔), 묘형(妙香) 따위로 옮겼 다. 지금의 파키스탄 카불강(Kabul) 하류와 인두강[印度河, Indu(s)] 북쪽이다.

135) 『梁書』卷2「本紀」第2, 武帝 天監元年. 八月 是月, 詔尚書曹郎依昔奏事. 林邑, 幹陀利國各遣使 獻方物; 十七年 五月 己卯, 幹陀利國遣使獻方物.

현재의 인도네시아 수마트라(옛날 산스크리트로 Suvara Dvipa 황금섬)를 말하는
데 말레이시아 반도 케다(Kedah)의 다른 이름인 카다람(Kadaram)이라는 설도
있다(바이두 백과).

4. 동쪽 나라(東夷) 4국

앞에서 고리(高麗)를 보면서 북국의 사서들을 볼 때는 주로 고리(高麗) 위주로
가끔 백제가 나왔지만, 신라와 왜국은 거의 없었다. 서로 관계가 많지 않았기 때
문이다. 이에 반해 남국을 대표하는 양나라에서는 백제가 중요한 상대였고, 신라
와 왜국도 아우르고 있었다는 것을 알 수 있다. 『양서』에서 동이는 ⑮ 백제국(百
濟國) ⑰ 왜국(倭國) ㉓ 고리국(高麗國) ㉙ 신라(新羅) 같은 4개 나라가 나온다.

1) 백제국(百濟國)
「남경양직공도(南京梁職貢圖)」에 자세한 설명이 나온다.

> 백제는 옛날 동이(東夷)로 마한(馬韓)에 속했다. 진(晉, 266~316) 말 구리(駒麗)는 요동
> 과 낙랑을 다스렸고,[136] (백제)도 요서·진평현(晉平縣)을 다스렸다. 진(晉) 이후 늘 번국으
> 로 조공하였다.[137] 의희(義熙, 405~418) 연간 그 왕 부여 전(餘腆, 전지왕)이, 송 원가(元嘉,
> 424~453) 연간 그 왕 부여 비(餘毗, 비유왕)가, 제(齊) 영명(永明, 483~493) 연간 그 왕 부여
> 태(餘太, 동성왕)가 중국 관작을 받았고, 양(梁, 502~556) 초기 태(太, 무령왕)에게 정동장[138]

---

136) 다음 두 자료에 따라 주어를 백제로 하였다. 『梁書』 권54, 열전 제48, 諸夷. 其國本與句驪在遼東
　　 之東, 晉世句驪既略有遼東, 百濟亦據有遼西, 晉平二郡地矣, 自置百濟郡;『宋書』 卷97, 列傳 第
　　 57, 夷蠻. 本與高驪俱在遼東之東千餘里, 其後高驪略有遼東, 百濟略有遼西. 百濟所治, 謂之晉平
　　 郡晉平縣. 정사에 비해 그림에 덧붙인 내용은 정확도가 떨어진다는 것을 알 수 있다.

137) 『삼국사기』 권25, 「백제본기」 3. 전지왕 12년.

138) 양나라는 502년에 세워졌고, 백제에서는 이미 501년에 무령왕이 즉위해서 양나라 말기인 554년
　　 까지 재위했으므로 양나라 초기라면 무령왕이 되어야 한다. 무령왕의 이름은 사마(斯摩)나 융(隆)이
　　 었기 때문에 직공도의 표기가 잘못된 것으로 보인다.

군을 내렸다(521). 고구리(高句驪)를 쳐서 깨졌지만 보통(武帝 普通) 2년(521) 그 왕 부여 융(餘隆)이 사신을 보내 표를 올려 여러 차례 고리(高麗)를 깨트렸다고 했다. 다스리는 성(城, 수도)을 고마(固麻)라고 부르고 고을(邑)을 첨로(檐魯)라고 하는데, 나라 군현에 담로가 22개 있어 아들이나 일가에게 나누어 주었다. 주위에 반파(叛波)·탁(卓)·다라(多羅)·전라(前羅)·사라(斯羅)·지미(止迷)·마련(麻連)·상사문(上巳文)·하침라(下枕羅) 같은 작은 나라들이 의탁하였다. 말과 옷은 고리(高麗)와 거의 같고, 걸을 때 드러내지 않고 팔짱을 끼며 절을 할 때 다리를 퍼지 않는다. 쓰개(帽)는 관(冠)이라 하고, 저고리를 복진(複衫)이라 하고, 바지는 곤(褌)이라 하는데, 그 말에 여러 가지 하(夏)의 말이 섞여 있는 것 또한 진한(辰韓)의 옛 풍속이다.[140]

　　내용은 『양서』 백제전과 거의 같다. 구리(駒麗), 고구리(高句驪), 고리(高麗)라는 이름이 모두 나오는데 시대순으로 변한 양상을 나타낸다. 『양서』에서는 고리(高驪)라고 했지만, 직공도에서는 고리(高麗)라고 해서 실제 당시 쓰던 말을 그대로 썼다. "말과 옷은 고리(高麗)와 거의 같다."는 내용은 당시 두 나라가 모두 부여에서 비롯되었다는 것을 보여주는 좋은 자료다.

2) 왜국(倭國)
　　지금의 일본이다.

3) 고리국(高麗國)
　　직공도가 541년 그려졌기 때문에 이때는 안원왕 11년으로 『삼국사기』에 "양나라에 조공하였다."는 기록이 있다. 앞에서 보았기 때문에 간단히 줄인다.

---

139) 『삼국사기』 권26, 「백제본기」 4. 무령왕 21년.
140) 「남경양직공도(南京梁職貢圖)」. 百濟舊來夷馬韓之屬. 晉末駒麗略有遼東樂浪 亦有遼西晉平縣. 自晉已來常修蕃貢. 義熙中 其王餘腆 宋元嘉中其王餘毗 齊永明中其王餘太 皆受中國官爵 梁初以太 爲征東將軍. 尋爲高句驪所破 普通二年 其王餘隆遣使奉表云 累破高麗. 所治城曰固麻 謂邑檐魯 於中國郡縣 有二十二檐魯 分子弟宗族爲之. 旁小國有 叛波 卓 多羅 前羅 斯羅 止迷 麻連 上巳文 下枕羅 等附之. 言語衣服略同高麗 行不張拱 拜不申足. 以帽爲冠 襦曰複衫 袴曰褌 其言叄諸夏 亦秦韓之遺俗.

4) 신라(新羅)

진흥왕 2년 때 그려졌다. 신라 제기(題記)는 2011년에야 청나라 중기 장경(張庚. 1685~1760)이 베낀 「제번공직도(諸番貢職圖)」에서 발견되었다. 청나라 말 갈사동(葛嗣浵, 1867~1935)이 편집한 『애일음노서화속록(愛日吟廬書畵續錄, 1914)』이라는 문집(권5)에 「청 장경 제번직공도권(淸張庚諸番職貢圖卷)」이라는 이름으로 다시 실린 것인데, 간단히 소개하고 『양서』와 비교 검토하려 한다.[141]

> 신라 나라는 본디 동이 진한(辰韓)의 작은 나라다. 위나라 때(220~265) 신라(新羅), 송나라 때(420~478) 사라(斯羅)라 불렀는데 사실은 한 가지다. 한(韓)에 속하기도 하고 왜(倭)에 속하기도 하였다. 그 나라 왕은 스스로 사신을 통해 인사를 올리지 못했다. 보통(普通) 2년(521) 성은 모이고 이름은 태인 그 왕이 처음으로 백제 사신을 따라 표를 올리고 방물을 바쳤다. 그 나라에는 성이 있어 건년(健年)이라 부른다. 그 풍속과 고리(高麗)와 서로 같은 무리다. 글자가 없어 나무에 새겨 본보기로 삼는다. 말은 백제의 도움을 받아야만 통한다.[142]

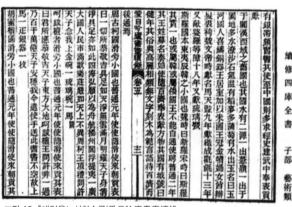

그림 46 「애일음노서화속록(愛日吟廬書畵續錄)」

---

141) 이 자료의 발견 경위와 분석에 대해서는 다음 논문 참조. (趙燦鵬, 「南朝梁元帝《職貢圖》題記佚文的新發現」, 『文史』, 2011-1, 114쪽).

142) 張庚, 「淸張庚諸番職貢圖卷」, 葛嗣浵 편, 『愛日吟廬書畵續錄』 卷5, 新羅國 本東夷辰韓之小國也. 魏時曰新羅 宋時曰斯羅 其實一也. 或屬韓或屬倭. 國王不能自通使聘. 普通二年 其王姓募名泰 始使隨百濟奉表獻方物. 其國有城呼曰健年. 其俗與高麗相類. 無文字刻木爲範. 言語待百濟以後通言.

앞에서 백제를 볼 때 양직공도의 내용이 주어가 생략되고 『양서』에 비해 그 내용이 정밀하지 못하다는 것을 보았다. 그래서 신라의 양직공도 기록도 『양서』와 비교해 보았다.

① 新羅國 本東夷辰韓之小國也.
梁 新羅者 其先本辰韓種也.

직공도에서 신라가 '진한의 작은 나라(小國)였다'는 것을 『양서』에서는 '진한의 핏줄(種)이다'라고 했는데 내용에 전혀 차이가 없다.

② 魏時曰新羅 宋時曰斯羅 其實一也.
梁 魏時曰新盧 宋時曰新羅 或曰斯羅.

신라의 나라 이름을 시대에 따라 어떻게 불렀느냐 하는 것인데. 직공도에서는 위-신라, 송-사라(斯羅)라고 했고, 『양서』에서는 위-신로(新盧), 송-신라·사라라고 기록되어 있어 약간 차이가 난다.

③ 或屬韓或屬倭.
직공도에 나온 이 문장은 『양서』에서는 전혀 나오지 않는다.

④ 國王不能自通使聘. 普通二年 其王姓募名泰 始使隨百濟奉表獻方物.
梁 其國小, 不能自通使聘. 普通二年, 王姓募名秦, 始使使隨百濟奉獻方物.

직공도에서는 '나라의 왕'이 주어이고, 『양서』에서는 그 나라가 주어이면서 '나라가 작으므로'라고 해서 차이가 좀 난다. 왕 이름을 직공도는 모태(募泰)라 하고 『양서』에서는 모진(募秦)이라 했는데 『남사』에서도 모진(募秦)이라고 했다.

⑤ 其國有城呼曰健年.

Ⓨ 其俗呼城曰健牟羅, 其邑在內曰啄評, 在外曰邑勒,

직공도에서 성(城)을 건년(健年)이라고 했는데,『양서』에서는 건모라(健牟羅)라고 했다.『양서』에 이어서 고을(邑)을 안에서는 탁평(啄評)이라 하고 밖에서는 읍륵(邑勒)이라고 자세하게 기록한 것을 보면『양서』의 기록이 더 믿을 만하다.

⑥ 其俗與高麗相類.

Ⓨ 其拜及行與高驪相類

직공도에서 풍속이 고리(高麗)와 서로 같다고 했는데,『양서』에서는 절하고 걷는 습속만으로 한정해서 약간 차이가 난다.『양서』에서는 백제전에서도 걷고 절하는 습관에 한정한다(行不張拱 拜不申足). 여기서 중요한 것은 고리(高麗)와 서로 같다는 것으로 정사인『양서』에서는 고리(高驪)라고 해서 일부러 '가라말 리(驪)' 자를 썼는데, 직공도에서는 당시 일반화된 '나라이름 리(麗)' 자를 썼다.

⑦ 無文字刻木爲範. 言語待百濟以後通焉.

Ⓨ 無文字刻木為信. 語言待百濟而後通焉.

말과 문자에 관해서도 두 문서의 차이는 없다. 다만 직공도에서는 '나무를 새겨 법도(範)'로 삼는다고 했고,『양서』에서는 '신표(信)'로 삼는다고 했는데 큰 차이는 나지 않는다. 여기서 "말은 백제의 도움을 받아야만 통할 수 있다."고 한 것은 백제의 통역이 필요하다는 말인데, 달리 보면 백제와 신라는 말이 통한다고 볼 수 있고, 앞에서 고리(高麗)와 백제는 거의 같다고 했기 때문에 당시 고리(高麗) 백제 신라는 서로 말이 통했다는 것을 알 수 있다.

앞에서 본 바와 같이 직공도와『양서』의 내용이 거의 같지만 ③ 한(韓)에 속하기도 하고, 왜(倭)에 속하기도 한다(或屬韓或屬倭)고 한 문장은 모든 정사를 검색해 보아도 전혀 나오지 않는다. 1739년 이 직공도 내용을 옮겨 쓴 장경의 발문(跋文)에 원본의 상황이 나온다.

흑백「제번도(諸番圖)」한 권은 낙관도 없고 제사와 발문(題跋)도 없어 누가 만들었는지 알 수 없다. 그 필치를 보면 이공린(李公麟)과 비슷하지만 이공린의 친필(眞迹)은 아니고 조씨의 부본이 틀림없다. 수염과 눈썹이 살아 움직이고 신기가 빛나며, 또 옷 무늬가 힘 있고 뛰어나 참으로 보석이라 할 만하다.

나는 노성(潞城) 이명부(李明府)에서 얻어 보고 좋아서 손에서 놓을 수가 없어 바로 집으로 돌아와 한 권을 베꼈다. 시력이 흐리지만 일곱 치 수정 광안경을 쓰고 작업하였기 때문에 그 정미함이 대략 비슷하였다. 흑백그림은 이공린이 더할 수 없는 경지였다. 아들 앙초(昻稍)가 겉치레를 하였으나 그 필법을 잃지 않았는데 정남우(丁南羽)에 이르러 확 변해 너무 가늘게 그린 탓에 이공린의 화법이 끊어지게 되었다.

지금 이 한 권을 보고 매우 다행이라고 생각한다. 사람을 늘 분명하게 그리고 편안하게 새겼기 때문에 빨리 베껴서 사람들에게 배우도록 하고 싶은데 시력 때문에 참 아쉽다! 5일 만에 베껴내니 결과가 그다지 좋지 않다.

건륭(乾隆) 4년(1739) 10월 상순, (장) 경 적다. 올해 나이 55살.[143]

당시 복사했던 원본의 상태가 낙관도 없고 제사와 발문(題跋)도 없어 누가 만든 것인지 알 수가 없다고 했으며, 그림에 신경을 많이 썼지만 제기(題記)에 대한 고증은 없었던 것으로 보인다. 그러므로 앞에서 본 고리(高麗)와 신라의 제기 내용을 보면 오류가 많다. 이 사료는 시대도 많이 뒤떨어지고『양서』에서 비교해 본 바와 같이 기록 내용이 정사에 비해 신빙성이 떨어진다. 그러므로 "③ 한(韓)에 속하기도 하고, 왜(倭)에 속하기도 한다(或屬韓或屬倭)."고 한 문장은 앞으로 다른 사료를 통해 새로운 연구 성과가 나와야 평가를 할 수 있다고 본다.

---

143) 張庚 撰. 白描《職貢圖》,「圖畵精意識」, 淸 光緖 14年, 19葉. 跋文. 白描《諸番圖》一卷 無款 亦無 題跋 不知何人所作. 觀其筆意 類李公麟 然非公麟眞迹 必趙氏之副本. 其鬚眉生動 神氣煥發 而 衣紋淸勁秀逸 洵足寶也. 余於潞城李明府處獲觀 愛玩不忍釋手 遂假歸寓齋 臨摹一卷. 目力雖花 用水晶七寸光眼鏡取之 故其精微 猶得髭鬚一二也. 夫白描以公麟爲極致 子昻稍爲緣飾 然猶不 失其法 至丁南羽 一變而爲極工細 於是公麟之法 遂不傳矣. 今見此卷深幸 淸規逸矩 尙在人間 固 當急模 以示來學 目力亦(原注:此亦字原本點去)又何惜耶! 臨五日乃卒功. 乾隆四年冬十月上浣庚識. 時年五十有五.

5. 서북 18국의 사신들

양나라(502~557)는 동진(317~419)이 망한 뒤 송(420~478)·제(齊, 479~501) 같은 단명한 왕조를 거쳐 정권을 잡았고, 당시 북조도 후기 북위(385~534), 서위(西魏, 535~556)·북주(北周, 557~581)와 동위(東魏, 534~550)·북제(北齊, 550~577)로 이어지는 극히 혼란한 시기에 55년 동안 이어간 나라다. 그러므로 『양서』에 보면, 북조 가운데 적어도 한 나라(西魏)에서는 사신을 보내지 않았고, 서위를 통한 서북지방이 단절되어 있어서서북을 합쳐 '서북 여러 오랑캐(西北諸戎)'라고 다루었다.

> 서북의 여러 오랑캐(戎)…… 양(梁) 나라가 명령을 내려 정월 초하루(正朔)를 받들고 조정에 와 알현하도록 하니, 곧 구지(仇池)·탕창(宕昌)·고창(高昌)·등지(鄧至)·하남(河南)·구자(龜茲)·우전(于闐)·활(滑) 같은 나라들이다.[144]

모두 18개 나라인데, 남사에서는 서융(西戎), 여러 만(諸蠻), 서역(西域), 북쪽 오랑캐(北狄) 같은 5개 나라로 나뉜다. 이하 남사의 분류에 따라 가 보자.

1) 서융(西戎) : ③ 하남(河南) ⑩ 무흥번(武興蕃) ⑪ 탕창국(宕昌國) ⑬ 등지국(鄧至國)

(1) ③ 하남(河南) : 토욕혼으로 수도는 청해서 서쪽 15km 복사성(伏俟城)

선비 모용씨에서 나온 토욕혼(土谷渾)의 후예다. 하남(河南) 땅이며, 옛날 유사(流沙)다(『공귀집(攻媿集)』).[145] 우리가 흔히 알고 있는 토욕혼이다. 그 땅이 장액(張掖)의 남쪽, 농서(隴西)의 서쪽, 황하(黃河)의 남쪽에 있었기 때문에 (河南이라고) 부른 것이다. 그 경계는 동쪽으로 첩천(疊川)에 이르고, 서쪽으로 우전(于闐)과 이웃하며, 북으로는 고창(高昌)과 이어져 있고, 동북쪽으로는 진령(秦嶺)과 통하여

---

144) 『梁書』 권54, 열전 제48, 諸夷, 西北諸戎. 西北諸戎. … 有梁受命, 其奉正朔而朝闕庭者, 則仇池, 宕昌, 高昌, 鄧至, 河南, 龜茲, 于闐, 滑諸國焉.
145) 樓鑰, 「跋傳欽甫所藏職貢圖」, 『攻媿集』(75). 河南出鮮卑慕容氏吐谷渾之後也地在河南古之流沙也

사방 천 리가 넘는다. 대체로 옛날 유사(流沙)의 땅이다.[146]

수도 복사성(伏俟城)은 청해(靑海) 호수 서쪽 15km 지점에 있다(오늘날 靑海省 海南州 共和縣 石乃亥鄕 菜濟河 南 鐵卜加村).

(2) ⑩ 무흥번(武興蕃) : 깐수성(甘肅省) 롱난시(隴南市)

『공귀집(攻媿集)』에서 '본디 구지(本仇池)'라고 했다. 구지국(仇池国)은 위진남북조(魏晋南北朝) 때 저족(氐族) 양씨(楊氏)가 세운 나라로 현재 깐수성(甘肅省) 롱난(隴南)에 있는 구지산 저우치산(仇池山)에서 이름을 딴 것이다. 구지국은 전진(前秦)에게 망하고 그 후예가 세운 것이 무흥국이다(『百度百科』).

(3) ⑪ 탕창국(宕昌國) : 깐수성(甘肅省) 롱난시(隴南市) 탕창현(宕昌縣)

하남(河南)의 동남쪽, 익주(益州)의 서북쪽, 농서(隴西)의 서쪽에 있는 강족(羌族) 핏줄이다. 옷과 풍속은 하남(토욕혼)과 대략 같다.[147] 307년 강인(羌人) 양근(梁懃)이 세운 나라로 566년 북주(北周)가 멸했다. 현재 깐수성(甘肅省) 탕창현(宕昌縣).

(4) ⑬ 등지국(鄧至國)

등지국은 서양주(西涼州) 경계에 있으며, 강족(羌族)의 한 갈래(別種)다.[148] 그 땅은 팅제(亭街) 동쪽에서 핑우(平武) 서쪽, 원링(汶嶺) 북쪽에서 탕창(宕昌) 이남이다.[149] 지도에서 보면 탕창국, 무흥번, 등지국 순으로 아래로 내려오면서 조금 더 가면 사천성 청도(成都)에 이른다. 양나라 때 서쪽 오랑캐란 지금의 깐수성(甘肅省)과 칭하이성(靑海省)을 일컫는다고 할 수 있다.

---

146) 『梁書』권54, 열전 제48, 諸夷, 西北諸戎. 其地則張掖之南, 隴西之西, 在河之南, 故以為號. 其界 東至疊川, 西鄰于闐, 北接高昌, 東北通秦嶺, 方千餘裏, 蓋古之流沙地焉.

147) 『梁書』권54, 열전 제48, 諸夷, 西北諸戎. 宕昌國, 在河南之東南, 益州之西北, 隴西之西, 羌種也. … 其衣服, 風俗與河南略同.

148) 『梁書』권54, 열전 제48, 諸夷, 西北諸戎. 鄧至國, 居西涼州界, 羌別種也「남경양직공도(南京梁職貢圖)」에는 "鄧至 居西涼州界 善別種也"라고 해서 선(善)의 별종이라는데, 잘못 기록된 것 같다.

149) 『百度百科』其疆域自亭街以東, 平武以西, 汶岭以北, 宕昌以南, 辖区大致包括今蜀陇间的白水江 上游南北以及岷江上游诸地.

2) 만국(蠻國) : ㉒ 임강만(臨江蠻) ㉕ 천문만(天門蠻) ㉖ 건평만(建平蠻)

(1) ㉕ 천문만(天門蠻) ㉖ 건평만(建平蠻)

위진남북조(魏晉南北朝) 시대에서 수당(隋唐) 시기에 이르기까지 통치된 '만·단(蠻蜒)'은 때에 따라 만(蠻)이나 단(蜒)이라고 불렀는데, 천문단(天門蜒, 天門蠻이라고도 하였다.)과 건평단(建平蜒, 건평만이라고도 하였다.) 같은 만이다. 이는 역사 문헌에 실린 것 빼고도 고고학이나 민족학 자료에서도 실증할 수 있다.[150] 임강만(臨江蠻) 천문만(天門蠻) 건평만(建平蠻)은 옛날 형주·옹주의 만(荊雍州蠻)으로 장강 상류에 있었다.

《송서(宋書) 만전(蠻傳)》의 설명 : "형주·옹주의 만(荊雍州蠻)은 반호(槃瓠)의 후손이[151]다. 종족과 부락을 나누어 여러 군과 현에 퍼져 살고 있다. ……집단을 만들고 무리를 이루어 수천 수백 명이 활동하기도 하였는데 주군(州郡)이 약했기 때문에 들고 일어나 도적이 되기도 하였다. 부류가 아주 많고 호구 수는 알 수가 없었다." 이른바 형주·옹주의 만(荊雍州蠻)은 주로 진(晉)나라 때 지금의 후베이성(湖北省) 난장(南漳)·웬안(遠安)·당양(當陽)에 사는 '저·장만(沮·漳蠻)'을 가리킨다. 한수(漢水) 가에 사는 경릉만(竟陵蠻, 경릉군 치소는 지금의 種祥), 삼협지구(三陝地區)·악서(顎西)·상서(湘西)를 끼고 있는 건평만(建平蠻, 건평군의 치소는 지금의 巫山), 천문만(天門蠻, 천문군의 치소는 지금의 湖南 玆利의 동북쪽)[152]이다.

---

150) 劉美崧,「建平蜒·天门蠻·臨江蠻興衰述略ーー魏晋南北朝時期的土家族先民」,『中国魏晋南北朝史學會第二屆學術討論會論文集』, 1986, 246쪽. 在魏晋南北朝至隋唐時期被統治爲"蠻蜒", 有時則蠻與蜒呼稱, 如天門蜒亦稱天門蠻, 建平蜒又稱建平蠻(或巴東建平蠻). 這除了見于歷史文獻記載之外, 還可以從考古學與民族學資料得到證實.

151) 논문에는 경호(磬瓠)라고 되어 있으나 『송서』에 따라 반호(槃瓠)라고 바로 잡는다.

152) 王延武,「南蠻, 寧蠻校尉府散論」,『漢水文化研究-漢水文化暨武當文化國際學術討論會論文集』, 2004, 153쪽.《宋書 蠻傳》中稱: "荊·雍州蠻 磬瓠之後也. 分布種落 布在題郡縣. …… 結黨連群 動有數百千人 州郡力弱 則起爲圖籍. 種類稍多 戶口不可知也." 所謂荊·雍州蠻 主要是指晋時居住在今湖北南漳·遠安·當陽的"沮·漳蠻"; 沿漢水居住的"竟陵蠻"(竟陵郡治今種祥; 夾三陜地區及顎西及湘西的"建平蠻"(建平郡治今巫山)·天門蠻(天門郡治今湖南玆利東北).

위 자료에 따르면 건평만과 천문만은 현재의 충칭시(重慶市)와 후난성(湖南省)이다. 이 자료에 따르면 두 만은 다음과 같이 정리할 수 있다.

① 건평만(建平蠻, 建平蜑) : 건평군치(建平郡治) 지금의 충칭시 우산현(巫山縣)
② 천문만(天門蠻) : 천문군치(天門郡治) 지금의 후난성(湖南省) 장지에지시
　(張家界市) 지리(玆利縣, 慈利縣?) 동북.

건평만과 천문만은 『송서』에 그 근거가 나온다. 그들이 사는 곳은 대부분 깊고 험한 곳인데, 무릉(武陵)에는 웅계(雄谿)·만계(樠谿)·진계(辰谿)·유계(酉谿)·무계(舞谿) 같은 곳에 살고 있어 5계만(五谿蠻)이라고 한다. 또 선도(宜都)·천문(天門)·파동(巴東)·건평(建平)·강북(江北) 같은 군에 사는 여러 만(蠻)이 사는 곳도 모두 깊은 산중으로 겹겹이 막혀 있어 사람 발자취가 드문 곳이다.[153]

(2) ㉒ 임강만(臨江蠻) : 시추안성(泗川省) 쫑현(忠縣)

임강만은 앞에서 본 건평만과 천문만이 살고 있는 5계만(五谿蠻)과 가까이 있는 만(蠻)으로, 지금의 시추안성(泗川省) 쫑현(忠縣) 동쪽 2리에 있는 성이 중심이 되었다.

> 임강군(臨江郡)은 남조 양(梁) 대동 6년(540)에 설치되었다. [『촉중명승기(蜀中名勝記)』 충현 색인(忠縣索引) 『군국지(郡國志)』], 군에서는 임강성(臨江城)을 설치하였다. (옛 성은 지금의 시추안성(泗川省) 쫑현(忠縣) 동쪽 2리). ……임강군(臨江郡)·신주(信州) 및 배능군(涪陵郡)은 모두 한나라 때 파군(巴郡) 범위에 속했는데, 지리적 위치는 하나로 이어져 있었다. 『화양국지(華陽國志)·파지(巴志)』의 기록에 따르면, 이 일대에 대대로 살고 있는 양(獽)·단(蜑) 및 만(蠻) 같은 고대부족들이 특별히 활동하였는데 다민족이 섞여 사는 지구였고, 오계지구(五溪地區, 주로 오늘날의 향시(湘西) 토가묘족자치주(土家族苗族自治州)와 서로 통했다. 『촉중명승기(蜀中名勝記)』 팽수현(彭水縣) 『구경(舊經)』을 인용하였다. : "땅은 형·초

---

153) 『宋書』 卷97, 列傳 第57, 夷蠻. 所在多深險, 居武陵者有雄谿, 樠谿, 辰谿, 酉谿, 舞谿, 謂之五谿蠻. 而宜都, 天門, 巴東, 建平, 江北諸郡蠻, 所居皆深山重阻, 人跡罕至焉. 前世以來, 屢爲民患.

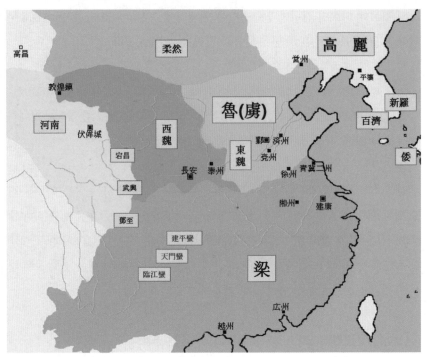

그림 47 양직공도(梁職貢圖)에 나온 양나라 주변국들(541년)

(荊楚)에 가깝고, 기후는 파촉(巴蜀)과 같고, 5계(五溪)와 맞닿아 있는 만단(蠻蜑)의 삶터이다." 이 때문에 우리는 '임강만(臨江蠻)'·'신주만[信州蠻(蜑)]'의 활동을 함께 서술할 수 있다. 이 일대 만족(蠻族)과 단족(蜑族) 부락의 추장과 수령은 아주 많은데, 그 가운데 염(冉)씨가 가장 강한 종씨로, 사천(四川)의 유양(酉陽) 염씨를 보기로 들 수 있다. [『청일통지(淸一統志), 유양직예주(酉陽直隸州)』, 도광(道光) 2년『염씨가보(冉氏家譜)』 서문 참조)].[154]

---

154) 劉美崧,「建平蜑·天门蠻·臨江蠻興衰述略一魏晋南北朝時期的土家族先民」,『中国魏晋南北朝史學會第二届學術討論會論文集』, 1986, 242쪽. 臨江郡, 南朝梁大同六年(540年) 設置(《蜀中名勝記》忠縣索引《郡國志》), 郡治設臨江城(故城在今泗川省忠縣東二里). … 臨江郡·信州及涪陵郡, 均屬漢代巴郡範圍, 在地理位置上連成一片. 据《華陽國志·巴志》記載, 這一帶土着的獠·蜑及蠻等古代部族異常活躍, 是多民族雜居地區; 且和五溪地區(主要在今湘西土家族苗族自治州)相連通,《蜀中名勝記》彭水縣條引《舊經》:"地近荊楚, 候如巴蜀, 五溪襟束, 蠻蜑聚落". 因之, 我們可以將"臨江蠻"·"信州蠻(蜑)"的活動一起敍述. 這一帶蠻蜑族落的酋領很多, 其中又以冉氏爲强宗, 如四川西陽的冉氏(參考《淸一統志, 酉陽直隸州》, 道光二年《冉氏家譜》序).

3) 서역의 여러 나라(西域諸國)

(1) ㉔ 고창국(高昌國) : 투르판의 고창고성(高昌故城)

5세기 중엽에 세워진 불교 나라로 현재 신장(新疆) 투루판시(吐魯番市) 까오창구(高昌区) 동남쪽 카라코자(哈喇和卓, Karakhoja) 지방에 옛 성이 잘 남아 있다. 서역 교통의 중심지로 천산남로의 북도로 이어진다.

『양서』에서 "그 나라는 대체로 차사(車師)의 옛 땅에 해당한다. 남쪽으로는 하남국(河南)과 접하고, 동쪽으로는 둔황(燉煌)과 이어지며, 서쪽으로는 구자(龜玆) 옆이고, 북쪽으로는 칙륵(敕勒)과 이웃하여 있다"고 했다. 차사국은 바로 아래서[155] 보는 활국(滑國)을 말한다.

(2) ㉗ 활국(滑國) : 현재 투르판의 교하고성(交河故城)이 수도

『양서』에 "차사(車師)국의 한 갈래다(車師之別種也)."라고 했다.

한나라 무제 때인 BC 108년 고사(姑師)를 격파하고 이름을 차사(車師)로 바꾸었다.『위서』에 그 왕이 교하성에 산다(其王居交河城)고 하였기 때문에 지금의[156] 투루판 교하고성(交河故城) 터라는 사실을 알 수 있다. 북쪽으로 유연(柔然=蠕蠕)과 접해 있다.『양서』에 "말(言語)은 하남(河南)이 중간에서 통하게 해주었다."고 했다.[157]

(3) ⑱ 주고가국(周古柯國) : 교하고성(交河故城) 가까운 곳

『양서』에 활국(滑國) 옆에 있는 작은 나라다. 보통 원년(520) 활국 사신을 따라와서 방물을 바쳤다(滑旁小國也. 普通元年, 使使隨滑來獻方物). 카슈가르라는 설이 있다.[158]

---

155) 『梁書』권54, 열전 제48, 諸夷. 西北諸戎. 其國蓋車師之故地也. 南接河南, 東連燉煌, 西次龜玆, 北鄰敕勒.

156) 『魏書』卷102,「列傳」第90. 西域.

157) 활국(滑國:아프가니스탄)이라는 설이 있으나 전거가 없다.
    전북일보 http://www.jjan.kr/news/articleView.html?idxno=1129019

158) 榎一雄,「職貢図巻」,『歷史と旅』, 1985, 1月号.

(4) ⑲ 가발단국(呵跋檀國)

『양서』에 활국(滑國) 옆에 있는 작은 나라로 교하고성(交河故城)에서 가깝다.
보통 원년(520) 활국 사신을 따라와서 방물을 바쳤다(滑旁小國也. 普通元年, 使使
隨滑來獻方物). 타지키스탄이라는 설이 있다.[159]

(5) ⑳ 호밀단국(胡密丹國)

『양서』에 활국(滑國) 옆에 있는 작은 나라로 교하고성(交河故城)에서 가깝다.
보통 원년(520) 활국 사신을 따라와서 방물을 바쳤다(滑旁小國也. 普通元年, 使使
隨滑來獻方物). 타지키스탄 수도 두샨베 남부라는 설이 있다.[160] 앞서 본 에노끼 가
즈오(榎一雄)의 카슈가르 설과 타지기스탄 설은 활국이 현재 투르판의 교하고성
이라고 할 때 딱 들어맞지 않는다. 위의 세 나라를 『남사』에서는 활국 안에 있는
작은 나라로 분류하고 있으므로 쿠차 가기 전에 있었던 작은 나라들이라고 본다.

(6) ⑯ 구자국(龜玆國)

현재의 신쟝 우룸치자치구(新疆維吾尔自治區) 쿠차현(庫車縣). 실크로드에 있
는 나라로 <고구리·고리사 연구 총서> 3권 『범어잡명』에서 자세하게 보았다.

| 11 | 구자(龜玆) | 俱支曩 | ཙུཀྱ་ན | kucīna | 꾸찌나 |

(7) ㉘ 우전(于闐)

현재 신쟝(新疆) 화전현(和闐·和田县). 타림분지 타클라마칸 남쪽.
실크로드에 있는 나라로 『범어잡명』에서 자세하게 보았다.

| 12 | 우전(于闐) | 嬌[引]㗚多曩
❷ 矯[引]㗚多(二合)曩 | ཀོཏྟན | korttana | 꾸찌나 |

---

159) 榎一雄, 「職貢図巻」, 『歴史と旅』, 1985, 1月号.
160) 榎一雄, 「職貢図巻」, 『歴史と旅』, 1985, 1月号.

(8) ⑨ 갈반타국(渴盤陀國)

『공귀집(攻媿集)』우전(于闐)에 속한 작은 나라라고 했고,『양서(梁書)』에서는 서쪽은 활국(滑國), 남쪽은 계빈국, 북쪽은 사륵국(沙勒國)과 접해 있다고 했다.[161] 장경(張庚),「청장경제번직공도권(淸張庚諸番職貢圖卷)」에는 "갈반타는 우전(于闐) 서쪽에 있는 작은 나라다(渴盤陀 於闐西小國也)."고 했다.[162] 그러나 가장 정확한 것은 현장을 직접 가서 기록한『북위 승려 혜생 서역기(北魏僧惠生使西域記)』라고 할 수 있다.

> 8월 8일 갈반타국(渴盤陀國) 국경에 들어갔다. 서쪽으로 600리를 가면 총령산(葱嶺山)을 오르고, 다시 서쪽으로 3일을 가면 발맹성(鉢孟城)에 이르고, 3일을 (더 가면) 독룡지(毒龍池)에 이른다. 옛날 반타왕(盤陀王)이 바라문주(婆羅門呪)를 외우자 용이 총령 서쪽으로 옮겨갔는데 여기서 2,000리를 갔다는 곳이다. 총령을 떠나서는 한 걸음 한 걸음 더 높아지는데 이렇게 4일을 가면 산 위 재에 이른다. 중간 아래쯤인데 실로 하늘의 반이다. 갈반타국(渴盤陀國)은 바로 산꼭대기에 있다.[163]

갈반타국이 파미르고원(葱嶺山) 언저리라는 것을 알 수 있다.

(9) ㉑ 백제국(白題國) : 교하고성(交河故城) 동쪽

『양서』에 "그 선조는 대개 흉노의 갈래인 호다(其先蓋匈奴之別種胡也)."라고 했다. 지금은 활국의 동쪽에 있으며, 활국에서 6일 거리에 있고, 서쪽 끝까지 가면 파사(波斯)다(今在滑國東. 去滑六日行, 西極波斯)라고 했다. 활국 동쪽이라고 한

---

161) 『梁書』권54. 열전 제48. 諸夷. 西北諸戎. 其西隣滑國. 南接罽賓國. 北連沙勒國. 所治在山谷中. 城周四十餘里. 國有十二城. 風俗與于闐相類.

162) 張庚,「淸張庚諸番職貢圖卷」, 葛嗣浵 편,『愛日吟廬書畫續錄』卷5.

163) 大正藏第 51 冊 No. 2086 北魏僧惠生使西域記. 大正藏第 51 冊 No. 2086「北魏僧惠生使西域記」. (八月入渴盤陀國界. 西行六百里. 登葱嶺山. 復西行三日. 至鉢孟城. 三日至毒龍池. 為昔盤陀王以婆羅門呪呪之. 龍徙葱嶺西. 去此地二千餘里. 自發葱嶺步步漸高. 如此四日. 乃至嶺. 依約中下. 實天半矣. 渴盤陀國. 正在山頂.『바이두백과(百度百科)』에서는 "현재 우룸치자치구(新疆 维吾尔自治区) 카슈가르지구(喀什地区) 투쉬-꾸르간 싸리콜(塔什库尔干塔吉克自治县, Tush-kurghan, Sarikol , 石城)이며, 이른바 싸리꼴(塞勒库勒, Sariq-gol, 黃谷)을 말한다."고 했다.

것을 보면 활국이 교하고성이라고 할 때 그 동쪽에 있다고 볼 수 있다.

(10) ㉜ 말국(末國) : 신장(新疆) 차말현(且末縣)

『양서』에 "말국(末國)은 한대(漢代)의 차말국(且末國)이다. 승병(勝兵)이 1만여
호다. 북으로는 정령(丁零)과 접하고, 동으로는 백제(白題)와 접하며, 서로는 파사
와 접한다."고 했다.[164]

말국은 한대의 차말국(且末局)이라고 했는데, 위에서 본 백제(白題)의 서쪽임
을 알 수 있다. 그렇다면 백제는 활국의 동쪽이라고 했기 때문에 활국과 백제 사
이에 있다는 결론이 나온다. 『바이두백과(百度百科)』에는 지금의 강현(羌縣) 서남
쪽에 있는 차말현(且末縣)이고 현의 서남쪽에 차말성(且末城)이 있다고 했다.

(11) ⑭ 파사국(波斯國)

파사국은 일반적으로 페르시아, 곧 지금의 이란을 일컬어 많이 쓰이고, 『범어
잡명』을 보면서 파사가 페르시아인 것을 보았다. 그러므로 글쓴이도 지난번 논
문을 쓸 때 파사국은 페르시아라고 했다. 그러나 이번에 양나라 직공도를 다시
다루면서 『양서』를 깊이 있게 분석한 결과, 여기서 말하는 파사국은 페르시아가
아니라는 사실을 알게 되었다. 우선 『양서』에 나오는 파사국을 보기로 한다.

> 파사국(波斯國)은 그 선조 가운데 파사닉(波斯匿)이라는 왕이 있었는데, 자손이 왕인 조
> 상의 호칭(字)을 성(氏)으로 삼았기 때문에 나라 이름이 되었다. 파사국(波斯國)에는 성
> 이 있는데, 둘레가 32리이고, 성 높이는 네 길[丈]이며, 모두 누각이 있고, 성안에는 가
> 옥 수백 수천 간이 있으며, 성 바깥에는 불교 절(佛寺)이 200~300개 가 있다. 성에서 서
> 쪽으로 15리 떨어진 곳에 흙산이 있는데, 산이 그다지 높지 않지만 산세가 이어진 것이
> 매우 멀고, 산속에 양을 잡아먹는 수리(鷲鳥)가 살고 있어서 그 지역 사람들이 아주 큰
> 걱정거리로 여긴다. 나라 안에는 우발담화(優曇鉢華)가 있는데, 고운 꽃이 사랑스럽다.
> 용구마(龍駒馬)가 난다. 서쪽 큰 못(咸池)에서는 산호나무(珊瑚樹)가 나는데, 길이가 1~

---

164) 『梁書』 권54, 열전 제48, 諸夷, 西北諸戎. 漢世且末國也. 末國, 漢世且末國也. 勝兵萬餘戶. 北與
丁零, 東與白題, 西與波斯接.

2자이다. ……

　나라 동쪽은 활국(滑國)과 잇대어 있고, 서쪽과 남쪽은 모두 바라문국(婆羅門國)과 이

어지고, 북쪽은 범률국(汎慄國)과 접해 있다. 중대통(中大通) 2년(530) 사신을 보내 붇다

의 이(佛牙)를 올렸다.[165]

위 기록에서 파사국이 페르시아가 아니라는 것을 몇 가지로 간추릴 수 있다.

첫째, 이 나라 이름이 선조 가운데 파사닉(波斯匿)이라는 왕이 있어 후손들
이 그 이름을 성으로 쓰면서 파사(波斯)가 되었다고 했다. 그러니까 파사닉(波
斯匿)이란 이름을 가진 왕의 후손임을 알 수 있다. 파사닉(波斯匿, 산스크리트
Prasenajit. 빨리어 Pasenadi) 왕은 중인도 꼬살라(산스크리트 Kośala, Kauśala, 빨리
어 Kosalā)라는 나라의 왕이었다. 기원전 붇다가 법을 펼 때 있었던 16개 나라 가
운데 하나였는데, 나중에는 마가다국과 함께 가장 강력한 두 나라 가운데 하나
였다. 동진(東晉)의 법현(法顯, 334~420)은 『불국기(399~412)』에 '구살라국(拘薩羅
國)' 또는 '북교살라(北憍薩羅)'라고 기록하였다. 붇다가 이 나라 수도인 스라바스
티(śrāvastī, 舍衛城)에서 머물며 수많은 경전을 설하였다. 파사국(波斯國)은 이미
『대방등대집경(大方等大集經, 권 55)』같은 경전에도 나오고, 『근본설일체유부
비라야약사(根本說一切有部毘奈耶藥事)(권 16)』같은 율장에도 나온다.

꼬살라국의 위치에 대해서는 여러 설이 있는데 커닝함(A. Cunningham)은 옛
날 비다르바(Vidarbha), 수도 낙뿌르(Nagpur)나 찬다(Chanda)라고 보아 현재의
베라르(Berar)에 있는 곤돠나(Gondwāna) 지방이라고 했다. 그란트(Grant)[166]와 J.
퍼거슨(Fergusson)은 현재의 찻티스가르(Chhattisgar)라고 보고 그 수도는 바이
라가드(Wairagarh, Vairagad)라고 보았다(『불광사전』). 그리고 현재는 많이 옛 성

---

165) 『梁書』권54, 열전 제48, 諸夷, 西北諸戎. 波斯國, 其先有波斯匿王者, 子孫以王父字為氏, 因為國
　　號. 國有城, 周廻三十二里. 城高四丈, 皆有樓觀. 城內屋宇數四千間, 城外佛寺二三百所. 西去城
　　十五里有土山, 山非過高, 其勢連接甚遠, 中有鷙鳥噉羊, 土人極以為患. 國中有優鉢曇花, 鮮華可
　　愛. 出龍駒馬. 鹹池生珊瑚樹, 長一二尺. …… 國東與滑國, 西及南俱與婆羅門國接, 北與汎慄國接.
　　中大通二年, 遣使獻佛牙.

166) A. Cunningham: "The Ancient Geography of India", Delhi, Low Price Publication, 1871.

터가 발굴되어 인도 북부 네팔과의 국경지대인 카트라(Katra, Shravasti, Uttar Pradesh)로 확정되어 있다.

둘째, 성 밖에 200~300개의 절이 있다고 했다. 페르시아의 수도 교외에 200~300개의 절이 있다고 볼 수 없다. 양직공도를 그린 541년은 페르시아의 사산왕조(226~651) 때인데 불교가 그렇게 번창했을 수가 없다. 야즈데게르드 1세가 죽은 뒤(420) 아들 바흐람 4세는 동부에 에프탈이 쳐들어와 동로마 제국과 100년 간의 평화조약을 맺고 기독교 신앙의 자유를 허용했다. 그러나 당시 사산왕조의 종교는 배화교, 곧 조로아스터교이고, 카바드 1세(488~531)는 정통 조로아스터교를 재정립하였다. 그러므로 여기 나오는 파사는 페르시아가 아니다.[167]

셋째, 530년 사신을 보내 붇다의 이(佛齒)를 바쳤다고 했다. 그렇다면 반드시 붇다의 사리를 모신 불교국가여야 하는데 페르시아는 불교국가가 아니고 붇다의 사리가 있을 수도 없다. 그러므로 여기서 말하는 파사는 페르시아가 아니다.

넷째, 파사국(波斯國)은 동쪽은 활국(滑國)과 잇대어 있고, 서쪽과 남쪽은 모두 바라문국(婆羅門國)과 이어지고, 북쪽은 범률국(汎慄國)과 접해 있다고 했다. 동쪽이 활국, 곧 지금의 투르판의 교하고성(交河故城)이라고 했으니 교하고성의 서쪽에 있다는 것을 알 수 있다. 그런데 파사국의 서쪽과 남쪽이 모두 바라문국(婆羅門國)이라고 했다. 서쪽과 남쪽이 모두 바라문국이라면 페르시아가 될 수 없다. 그렇다면 파사국은 어디쯤 있을까? 북위 때 승려 혜생(嚈噠國)이 쓴 기록에서 그 답을 찾을 수가 있다.

> 10월 초순 엽달국(嚈噠國)에 들어갔다. 성곽이 없는 곳에서 살고 물과 풀을 따라 옮겨 다니며 문자를 모른다. 한 해에 윤년이 없고 12달이 되면 1년이 된다. 여러 나라에서 공물을 받아들이는데 남으로 첩라(牒羅)에 이르고 북으로 칙려(勅勒)에서 그치고, 동쪽으로 우전(于闐)에 미치고, 서쪽으로 파사(波斯)에 미쳐 40개가 넘는 나라들이 모두 와서

---

167) 현장의 『大唐西域記』에는 천사(天祠)가 아주 많고 외도인 조로아스터교(提那跋)인이 주를 이루고 있다. 절(伽藍)이 두세 개에 승려 수백 명이 있는데, 모두 소승을 배우고 설일체유부의 법을 가르치고 있다. 사꺄무니 붇다의 발우가 이 왕궁에 있다(天祠甚多, 提那跋外道之徒爲所宗也. 伽藍二三, 僧徒數百, 並學小乘敎說一切有部法. 釋迦佛鉢在此王宮)고 했다.

조공하는 가장 강대한 나라다. 왕의 장막은 40보이고 그릇은 7보를 쓴다. 불법을 믿지 않고 산 것을 죽여 피를 마신다. 위나라 사신을 보면 절을 하고 조서를 받았다. 서울에서 2만 리 넘게 떨어져 있다.

　11월 파사국(波斯國)으로 들어갔다. 영토가 아주 좁고 7일이면 지나갈 수 있었다. 사람들은 산골짜기에서 살고 눈에서 나는 빛이 해처럼 빛났다. 11월 중순 사미국(賒彌國)에 들어갔다. 점차 파미르고원(葱嶺)을 벗어나는데 메마르고 모나고 위태롭고 높아 사람과 말이 간신히 다닐 수 있고, 쇠사슬다리가 매달려 있는데 아래 바닥을 내려다볼 수가 없었다.

　12월 초순 오장국(烏場國)에 들어섰다. 북쪽으로 파미르고원(葱嶺)에 접하고 남쪽으로 천축(天竺)으로 이어진다.[168]

　이 기록은 북위의 승려 혜생(惠生)과 둔황 사람 송운(宋雲)은 518년 본국을 떠나 서역을 다녀온 기록이기 때문에 바로 양나라 때와 시대가 딱 맞아떨어진다. 타클라마칸 사막 남로를 따라 총령(파미르고원) 정상에 있는 갈반타국(渴盤陀國)까지는 아주 전통적인 코스다. 그 다음 4개월 일정을 보면 다음과 같다.

(8월 초) 갈반타국(渴盤陀國) 국경⇨600리⇨총령산(葱嶺山, 파미르 고원)을 오른다⇨3일⇨발맹성(鉢盂城)⇨3일⇨독룡지(毒龍池)⇨점점 높아진다⇨4日⇨총령 정상(至嶺), 갈반타국(渴盤陀國)은 산꼭대기에 있다(正在山頂)⇨(9월 중순) 발화국(鉢和國)⇨(10월 초순) 엽달국(嚈噠國)⇨(11월 초) 파사국(波斯國)⇨(11월 중순) 사미국(賒彌國)⇨(12월 초) 오장국(烏場國)

　9월 중순 파미르고원을 내려와 발화국(鉢和國)에 이른다. 발화국은 파미르고원을 남쪽으로 내려와 도착한 와칸계곡으로 본다(아프가니스탄 Sarhad 근방). 여

---

168) 大正藏第 51 冊 No. 2086 北魏僧惠生使西域記. 十月初旬入嚈噠國. 居無城郭. 隨逐水草. 不識文字. 年無盈. 周十二月為一歲. 受諸國貢獻. 南至牒羅. 北盡勅勒. 東被于闐. 西及波斯. 四十餘國. 皆來朝貢. 最為強大. 王帳周四十步. 器用七寶. 不信佛法. 殺生血食. 見魏使拜受詔書. 去京師二萬餘里. 十一月入波斯國. 境土甚狹. 七月(?)行過. 人居山谷. 雪光耀日. 十一月中旬入賒彌國. 漸出葱嶺. 磽角危峻. 人馬僅通. 鐵鎖懸度. 下不見底. 十二月初旬入烏場國. 北接葱嶺. 南連天竺.

기서 20일쯤 가서 엽달국(嚈噠國)에 이른다. 엽달국은 에프탈(Ephtalites)을 일컫는데, 5세기 중엽부터 7세기 중반까지 투르키스탄과 아프가니스탄을 통일한 민족이다. 양나라 때는 에프탈 3세(재위 484~545) 때로 인근의 30여 개 부족을 지배할 만큼 위력이 강했다. 혜생과 송운은 에프탈에서 파사국(波斯國)을 갔다고 했다. 만일 여기서 서쪽으로 다시 페르시아로 갔다면 다음에 이어지는 일정과 전혀 맞아떨어지지 않는다. 왜냐 하면 다음 일정이 사미국(賖彌國)인데, 사미국은 현재의 길기트(Gilgit)이고 이곳은 바로 힌두쿠시산맥을 넘어와야 하기 때문이다. 이른바 바로길(Barogil, 3,882m)을 넘어와 사미국(賖彌國)을 지나 현재 Swat계곡인 오장국(烏場國)으로 이어진다. 그러므로 만일 페르시아로 갔다가 다시 에프탈로 와서 와칸계곡을 거쳐 힌두쿠시산맥을 넘는다면 그렇게 짧은 시간에 다다를 수가 없다. "11월 초 파사국에 들어왔는데 국토가 아주 좁아 7일 만에 지났다."고 했다. 그리고 이어서 힌두쿠시산맥을 넘어 중순에 현재 길기트인 사미국(賖彌國)에 이른다. 이렇게 보면 파사국은 에프탈 동쪽에서 사미국 사이에 있는 아주 작은 나라임을 알 수 있다.

한편 『낙양가람기(洛陽伽藍記)』에 보면 영령사(永寧寺)를 소개하면서 "그때 서역의 사문 보디다르마(菩提達磨)가 있었는데 파사국(波斯國)의 호인(胡人)이다."고 했다.[169] 보디다르마(菩提達磨, Bodhidharma, ?~535)는 동아시아 선종(禪宗)의 시조다. 양(梁) 무제 때인 520년 바다를 통해 광주(廣州)로 들어와 무제를 만났으나 무제와 말이 통하지 않자 북위로 넘어가 숭산(崇山) 소림사에서 법을 전했다. 만일 양나라 때 파사(波斯)를 페르시아로 본다면 보디다르마가 불교가 성하지 않은 페르시아 출신이 되므로 역사적 사실과 맞지 않고, 여기서 본 것처럼 절이 200~300개나 있는 파미르고원 작은 나라 파사(波斯)에서 왔다는 게 앞뒤가 맞는다고 할 수 있다.

이 파사 문제는 앞으로 더 깊은 논의가 있기를 바란다.

---

169) 大正藏第 51 冊 No. 2092. 楊衒 撰, 『洛陽伽藍記』. 時有西域沙門菩提達磨者. 波斯國胡人也.

4) 북쪽 오랑캐(北狄) : ② 예예국(芮芮國)

『남제서』는 북적(北狄)편에서 유유(蠕蠕)를 들고 있는데 바로 양나라 때의 예예국(芮芮國)이다. 예예는 양나라와의 사이에 서위(西魏)가 있어 국경을 서로 맞대고 있지 않았기 때문에 늘 하남도(河南道), 곧 토욕혼(河南道)을 거쳐 익주(益州)[170][171]에 이르렀다.

예예국(芮芮國)은 <고구리·고리 연구총서>③에서 돌궐비문과 동로마 책을 연구할 때 보았던 유연(柔然) = 유유(蠕蠕)이기 때문에 간단히 줄인다.

5) ⑤ 위국(爲國)

위국(爲國)은 확인하지 못했다.

위에서 직공도에 나와 있는 나라들을 자세히 들여다봤던 것은 당시 국제적인 판세를 파악함으로써 고리(高麗)가 조공외교를 폈던 대상국을 살필 수 있기 때문이다. 나중에 아프라시압 벽화에서 보겠지만 고리(高麗)는 당나라와 겨루기 위해 북녘의 설연타와 돌궐, 나아가 사마르칸드까지 사신을 보내 연합을 도모했다. 이러한 외교들은 설명한 바와 같은 조공외교가 그 바탕을 이루었다고 보기 때문에 자세하게 살펴보았다.

---

170) 현재의 사천성(四川省) 서부, 충칭(重庆), 운남성(雲南省), 귀주성(貴州省) 지역. 양나라 서부에 해당된다.

171) 『南齊書』, 卷59,「列傳」第40. 南齊書卷五十九 列傳第四十. 芮芮虜. 芮芮虜 芮芮常由河南道而抵益州.

넷째 마당

일본 법륭사(法隆寺) 불상 대좌에 그려진
고구리(高句麗) 인물상 연구

I. 머리말

1996년 고구리연구회에서는 「광개토호태왕비 연구 100년」이란 주제로 두 번째 국제학술대회를 열었다. 당시 사흘 동안의 대회에서 한국 9명, 중국 6명, 일본 4명, 대만 1명의 학자들이 논문을 발표하였는데, 그 가운데 와세다대학 이성시(李成市) 교수가 아사히 신문을 복사한 기사 한 장과 자신이 그 신문에 쓴 논설 한 편[172]을 가져다주었다. 일본에서 고구리(高句麗) 인물상이 발견되었다는 것은 아주 흥미로운 일이었지만 아쉽게도 당시 국제대회를 책임지던 글쓴이는 시간이 없어 이성시 교수와 이 문제에 대해 논의할 시간을 갖지 못했다.

그 뒤 이 자료는 정리만 해두었다가 25년이 다 되어서야 꺼내게 되었다. 지금까지 국내외에서 고구리(高句麗)의 특징적 상징인 깃털관(羽冠)을 쓴 인물들을 다루면서 일본에서 나온 이 인물상도 본격적으로 다루어보기 위해서다.

이 고구리(高句麗) 인물상은 1992년 8월 24일 일본 법륭사(法隆寺) 경내 문화재를 조사하는 과정에서 발견되었다. 추고왕(推古王 스이꼬왕)의 조카 성덕태자(聖德太子)가 601~607년에 세웠다는 법륭사(法隆寺)는 일본에서 지금까지 남아

---

172) 李成市, 「法隆寺金堂阿彌陀如來坐像臺座から發見された人物畵像の出自をめぐって」, 『アジアにおける國際交流と地域文化』, 1994.

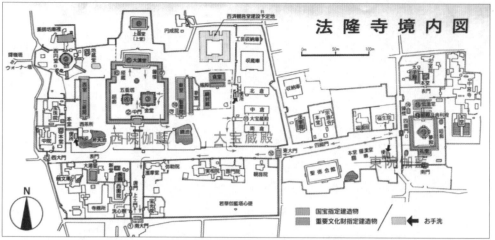

그림 48 법륭사 평면도(1997.8.7. 안내서)

그림 49 법륭사 서원 가람 평면도(1997.08.07. 안내서)

그림 50 법륭사 금당 석가삼존불(1997.08.07. 안내서)

있는 가장 오래된 나무로 지은 건물이다. 스이꼬 양식인 금당(金堂)· 오중탑(五重塔)을 중심으로 하는 서원(西院)과, 덴표(天平) 양식인 몽전(夢殿)을 중심으로 하는 동원(東院) 두 부분으로 나뉜다.

법륭사의 미술품에는 불상으로 금당의 약사여래상·석가삼존불상·아미타삼존불상 등이 있고, 벽화에는 금당 4벽의 4불정토도(四佛淨土圖) 같은 고미술품 수백 점이 소장되어 있고 2,563마리 비단벌레의 날개로 만든 옥충주자(玉蟲廚子, 다마무시즈시)가 유명하다. 이것들은 일본의 국보급 문화재들이다. 특히 백제인이 일본으로 건너가 제작한 목조 백제관음상이 유명하며, 금당 내부의 벽화는 610년(고구려 영양왕 21) 고구리의 담징(曇徵)이 그린 것이다. 이는 중국의 운강석불(雲崗石佛), 경주의 석굴암 등과 함께 동양 3대 미술품의 하나로 꼽히고 있다. 세계문화유산 목록에 등재되어 있다.

지금까지 글쓴이가 법륭사에 대해 가지고 있는 지식은 위의 백과사전에 나오는 내용 정도였다. 이 마당에서는 고구리(高句麗) 인물상을 다루면서 깊이 있는 공부를 해 보고자 한다.

법륭사의 본 건물인 금당(金堂)에 모신 불상은 한가운데 사꺄무니(Śākya-muni, 釋迦牟尼) 붇다(buddha), 동쪽에 약사불(藥師佛), 서쪽에 아미따불(Amita, 阿彌陀佛)이다. 그러니까 고리(高麗) 인물상이 나온 아미따여래는 서쪽 칸에 모신 붇다고, 그 대좌에서 그림이 나온 것이다.

II. 1992년 법륭사(法隆寺)에 고리(高麗) 인물화 발견

1. 1992년 10월 30일, 요미우리신문(讀賣新聞)의 대서특필

1) 요미우리 신문의 기사 내용

1992년 10월 30일 자 요미우리(讀賣)신문에 「법륭사에서 가장 오래된 인물화

– 7세기 고구리(高句麗) 사절인가?」라는 14면 머리기사가 나왔다. 그 내용을 보면 다음과 같다.

나라현(奈良縣) 이까루가죠(斑鳩町) 법륭사(法隆寺) 금당(金堂) 본존 가운데 하나인 아미따여래 좌상의 대좌(7세기 중엽쯤의 중요문화재)에서 29일 장년 남성을 그린 먹그림이 발견되었다. 다까마쯔(松塚) 고분(같은 현 明日香村)의 벽화보다 반세기 이상이나 오래되고, 인물화로서는 우리나라(일본)에서 가장 오래된 것이다. 그림의 쓰개나 옷은 중국 당나라 때의 벽화에 그려진 조선반도 사절과 똑 닮아, 조사한 나라(奈良)국립문화재연구소는 "고구리(高句麗) 아니면 신라 사절을 스케치한 것일 가능성이 크다."라고 판단하였다. 당시 복장을 알 수 있는 그림이 일본이나 조선반도에는 거의 남아 있지 않아 복식사에 귀중한 자료가 될 것으로 보인다. ……

전체적으로 중국·산시(陝西)성에 있는 장회태자묘(章懷太子墓, 711년)에 그린 조선반도의 사절을 표현한 것과 똑같은 것으로, 중국의 사서『수서(隋書)』에 나온 "고구리(高句麗) 사절은 통소매(筒袖)로 된 윗옷을 입고 새의 깃털을 꽂은 관을 쓰며, 노란 가죽신을 신는다."라고 하는 기술과도 일치한다. ……

그림이 그려진 연대는 성덕태자(622년 세상을 뜸)가 살아 있을 때와 겹칠 가능성도 있다. 법륭사(法隆寺)에서는 금당 벽화도 고구리(高句麗) 계인 키우미노에시(黃文畵師)가 그렸다는 설이 있어 벽화 제작에 터치한 고구리(高句麗) 계 화가가 고국의 사절을 그렸다고 생각할 수 있다. 동시에 고구리(高句麗)와의 깊은 관계를 찾을 수 있는 발견이 될 것이다. [173)]

[174)]
국가중요문화재인 아미따(Amita) 여래(阿彌陀如來) 상 대좌를 금당에서 경내

173) 讀賣新聞 1992년 10월 30일자. 奈良県斑鳩町の法隆寺金堂にある阿弥陀如来像（重文）の台座から, 墨で描いた人物画が見つかったと２９日, 同寺が発表した. 鳥の羽をつけた冠か帽を頭に被(かぶ)り正装した壮年の男性像で, ７世紀前半から中ごろの飛鳥時代に, 朝鮮半島の高句麗か新羅から来た使節らしい. 当時の服装を知る絵は日本や朝鮮半島にほとんど残っておらず, 服飾史にとって貴重な資料になりそうだ. 이하 생략.
174) 산스크리트 아미따(Amita)는 '끝없는', '가없는'이란 뜻으로 한문으로는 '무량(無量)'으로 옮겼다. 산스크리트에는 '따(ta)'와 '타'(tha)'라는 다른 홀소리가 있기 때문에 정확하게 '아미따'라고 옮긴다.

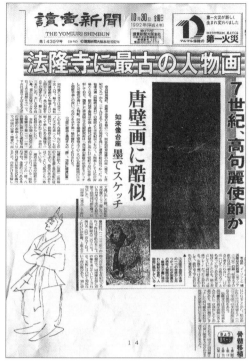

그림 51 요미우리 신문기사(이성시 제공)　　　　　**그림 52** 고구리 사진 인물화

에 있는 성덕회관(聖德會館)으로 옮겨 다까다 료신(高田良信) 씨가 먼지를 털어내
는 과정에서 먹으로 그린 인물화를 발견한 것이다. 당시 「법륭사 소화자재장(法
隆寺昭和資財帳)」 조사위원장이자 건축사학자 오따 히로다로(太田博太郎, 1912~
2007)를 비롯한 몇몇 학자들이 회관에 모여 "굉장한 것이 나왔다."고 떠들썩하였
다. 일본에서 가장 오래된 인물상이 나타났기 때문이다.[175]

2) 이성시, 법륭사(法隆寺) 깃털관 인물은 고구리(高句麗) 사람

이 기사에서 '이 발견은 정치사에서도 귀중하다.'라고 코멘트하였던 이성시(李
成市) 교수가 다음과 같은 견해를 발표하였다.

<hr>

175)　朝日新聞 2017年1月6日 기사. <高田長老の法隆寺いま昔> 「台座から大発見　思わず…」.

이상에서 본 바와 같이 조우관을 쓴 인물화는 오늘 알려진 도상에 관한 한 5세기 이래 나라 안팎을 통하여 고구리(高句麗) 사람을 일컫는 인물로 그려져 왔다는 것을 알 수 있었다. 특히 고구리(高句麗)가 망한 뒤에도 불교권 여러 나라에서는 무시할 수 없는 나라로서 고구리(高句麗) 사람을 그리고, 그 상징으로 새깃털관(鳥羽冠)을 그렸다는 것은 고구리(高句麗)와 새깃털관(鳥羽冠)과의 관계가 국제적으로 널리 알려져 있었다는 것을 증명하는 것으로 보아도 좋을 것이다. 그러므로 법륭사(法隆寺) 금당 아미따여래 좌상 대좌에서 발견된 인물화상은 고구리(高句麗) 멸망 이전에 그려졌다고 추정하는 만큼 고구리(高句麗) 사람 모습을 그렸을 가능성이 극히 높다고 할 수밖에 없다. 그렇다면 이어서 밝혀야 할 부분은 쇼도꾸(聖德)태자와 연고가 있는 호류(法隆)사에 고구리(高句麗) 사람의 모습을 그린 것이 발견된 역사적 의의에 대한 것이 될 것이다.[176]

　아직 본격적으로 다룬 논문은 아니라 조심스럽게 고구리(高句麗) 인물상으로 추정하였지만 앞으로 연구해야 할 주제가 "쇼도꾸(聖德)태자와 연고가 있는 법륭사(法隆寺)에 '고구리(高句麗) 사람 모습을 그린 것이 발견된' 역사적 의의에 대한 것"이란 사실은 뚜렷하게 제시하였다.

2. 기타 관련 자료 검토

1) 동경문화재연구소의 자료
　동경문화재연구소 홈페이지의 미술계 1년사(美術界年史·彙報)에도 참고할 만한 기록이 있다.

◉ 법륭사의 불상 대좌에서 나온 묵화·묵서
　법륭사는 29일, 금당 아미따(阿彌陀) 여래상(중요문화재)의 대좌에서 새깃털관(鳥羽冠)을 쓴 정장모습의 묵서 인물화를 발견했다고 발표하였다. 또한 11월 1일까지 <u>석가(釋迦)</u>

---

176) 李成市,「法隆寺金堂阿彌陀如來坐像臺座から發見された人物畵像の出自をめぐって」,『アジアにおける國際交流と地域文化』, 1994, 5쪽.

삼존상(국보)의 대좌 옆면에 그려져 있는 사천왕상 가운데 지국천의 아래 그림이 발견되고, 2일째에는 같은 대좌에 쓰인 부재(部材)에서 간지(干支) 연도와 행정기구 이름을 먹으로 쓴 문자 30자가 확인되었다. 간지는 성덕태자가 죽은 전년인 621년을 보여 주어 미술사 자료로서도 가정조직을 아는 중요한 역사자료로서 주목을 받았다.[177]

이 자료에 따르면 당시 석가삼존상 대좌에서도 새로운 그림과 글자가 발견되었는데, 특히 신사(辛巳, 621)라는 간지가 나와 좌대의 편년을 하는데 중요한 자료가 되었다는 것을 알 수 있다.

2) 발견자 다까다 료신(高田良信)의 『법륭사 이제와 옛날(今昔)』

2017년 요미우리 신문에는 당시 그림을 발견한 다까다 료신(高田良信)의 연재 회고에서 그 그림의 가치를 이렇게 기록하였다.

● 다까다 료신(高田良信) 장로의 『법륭사 이제와 옛날(今昔)』
"대좌에서 대발견, 뜻하지 않게…"
자세히 살펴보던 마찌다 아끼라(町田 章) 나라(奈良) 국립문화재연구소 평성궁(平城宮)유적발굴 조사부장에 따르면, 고구리(高句麗)에 대해 기술한 중국 사서에 "사람들은 관을 쓰고, 사자(使者)는 새 깃털을 더한다. 소매가 큰 옷을 입고, 입구가 큰 주름 잡힌 아래옷, 노란 가죽신을 신는다."고 한 것과 일치한다고 했다. 또 중국 시안(西安)의 고분 '장회태자무덤(711년)' 벽화에 고구리나 신라에서 온 사절이 그려져 있는데 새 깃털을 단 정장 모습과 거의 같다. 7세기 인물화는 국내에서는 중궁사(中宮寺)의 '천수국수장(天壽國繡帳)'(622년)과 다까마쓰(高松) 고분의 벽화(7세기 말부터 8세기 초)밖에 없다.

---

177) 동경문화재연구소. 記事番号:04171. 年月:1992年10月. 法隆寺の佛像臺座から墨書・墨書. 法隆寺は29日, 金堂阿弥陀如来像（重文）の台座から, 鳥羽冠を被った正装姿の墨書人物画が発見されたと発表した. さらに11月1日までに釈迦三尊像（国宝）の台座側面に描かれている四天王像中の持国天の下絵が見つかり, 2日までには, 同台座に使われている部材から干支年や行政機構名を書いた墨書文字30字が確認された. 干支は聖徳太子が死去する前年の西暦621年を示しており, 美術史的資料としても家政組織を知る歴史資料としても重要な資料として注目を集めた. 登録日：2014年04月14日, 更新日：2015年11月20日.
https://www.tobunken.go.jp/materials/nenshi/7549.html

인물을 선으로 새긴 그림은 야요이(彌生)시대부터 있었고, 6세기 고분벽화에는 인물을 그린 채색화도 있다. 또 먹으로 그린 그림으로는 1988년 같은 절에서 종교화인 '비선도(飛仙圖)'(7세기 전반)가 발견되었다. 그러나 먹으로 그린 세속의 인물화로는 이번 것이 가장 오래된 것이다.[178]

첫머리에서도 인용하였지만 발견 당시의 상황과 몇 가지 유적·유물을 비교하여 먹으로 그린 세속 인물로는 가장 오래된 것임을 밝혔다.

3. 인물상이 그려진 아미따불(阿彌陀佛) 좌상 대좌(臺座)

1) 1차 보고서의 내용

1992년 인물상이 발견되고 2년 뒤인 1994년 당시 조사위원장이었던 마찌다 아끼라(町田 章) 나라(奈良) 국립문화재연구소 평성궁(平城宮)유적발굴 조사부장이 간단한 조사보고서를 발표한다. 이 조사보고서를 바탕으로 내용을 몇 가지로 나누어 고찰해 보려고 한다.

가장 먼저 인물상이 그려진 대좌에 대하여 마찌다 아끼라(町田 章)는 이렇게 설명하였다.

> 아미따불(阿彌陀佛) 좌상 대좌(臺座)의 대각부(臺脚部) 천판(天板: 책상 따위의 맨 위에 있는 큰 널빤지)은 3장의 나뭇결이 곧은 널빤지(柾目坂)를 남북방향으로 세우고, 바깥면 세 곳(동쪽·가운데·서쪽)에 다리(棧)를 대서 받치고 있다. 남면 1장은 바깥쪽 동쪽에 네모난 홈을 오목하게 파고 가운데는 둥근 구멍을 뚫었다. 북쪽 1장은 2장의 다른 재목을 꺾쇠로 맞춘 것인데, 역시 동쪽에 네모난 홈을 파 넣었는데, 다리(棧) 때문에 3분의 1이 갈라져 있어 대좌 천판으로 쓰이기 이전의 생긴 것임을 알 수 있다. 네모꼴 홈과 둥근 구멍을 열쇠 구멍이라고 본다면 본래는 건물의 문짝일 가능성이 크다. 대각부(臺脚部) 천판의

---

178) 朝日新聞 2017年 1月6日. 『高田長老の法隆寺いま昔』台座から大発見　思わず….
https://www.asahi.com/articles/ASJDY5HCDJDYPLZU003.html

안쪽 측면 북동 모서리에 나뭇결과 비스듬하게 인물이 그려져 있다.[179]

꽤 전문적인 용어를 써서 복잡한 대좌를 설명하고 있어 불상에 대해 아는 바가 없는 글쓴이로서는 정확하게 파악하여 옮기는 데 어려움이 있었다.

먼저 이 대좌에 관한 것과 이 대좌가 금당에서 어떤 위치에 있는지 검토해 볼 필요가 있다.

2) 금당의 세 불상에 대한 기본 정보

법륭사의 본전(本殿)인 금당의 내진(內陣)에는 붇다를 모시는 수미단(須彌壇)이 세워져 있고, 그 위에는 세 분의 붇다를 모셨다. 법륭사의 홈페이지에 소개된 내용을 그대로 옮겨본다.[180]

(1) 석가삼존상(釋迦三尊像)

단정하고 엄숙한 가운데 부드러운 웃음을 짓는 석가삼존상[鞍作址利(구라쯔꾸리 노 도리) 만듦]의 광배 뒷면에는 스이꼬(推古) 30년(622)에 쇼도꾸태자(聖德太子. 574~622년)가 병이 나서 세상을 떠날 즈음 그 병이 낫고 도를 이루길 바라며 태자 실물 크기와 같은 상(等身像)을 완성하였고, 그 다음 해 불사(佛師·佛工) 도리(址利)가 불상을 완성하였다는 것이 새겨져 있다. 결국 이 상(像)은 석가의 상이면서 성덕태자 본인의 상이기도 하므로 법륭사는 태자가 깨닫는 절이기도 하다는 이야기다(아스까시대 국보).

(2) 약사여래상(藥師如來像)

금당 동쪽 칸에 안치된 약사여래상은 광배 뒷면 글월(銘文)에 법륭사 창건의 유래가 새겨져 있다. 글에 따르면, 태자의 아버지 요메이 천황(用明天皇, 518~587)은 스스로 병이 낫기를 빌며 절을 짓고 약사여래를 만들 것을 발원하였지만 완성을 보지 못하고 세상을 떴다. 그 뒤 스이꼬천황(推古天皇, 593~628)과 태자가 그 유지

---

179) 町田章, <調査報告 1 > 「法隆寺金堂阿弥陀坐像の台座に描かれた人物像について」, 法隆寺昭和資財帳編纂所『伊珂留我ー法隆寺昭和資財帳調査概報 ⑮』, 小学館, 1994年 4月 10日, 6~7쪽.

180) 聖德宗總本山 法隆寺. http://www.horyuji.or.jp/garan/kondo/detail/

그림 53 석가삼존불(大橋一章79쪽)　　　그림 54 약사여래(大橋一章93쪽)　　　그림 55 아미따여래(법륭사홈피)

를 이어 스이꼬(推古) 15년(607)에 완성되었다고 쓰여 있어 이것이 약사여래를 본
존으로 하는 창건호류지(創建法隆寺)라고 되어 있다. 그러나 『일본서기』에는 덴
지(天智) 9년(670) 조에 호류지가 불타 없어졌다고 기록되어 있어 현재 법륭사는
그 뒤 다시 세웠다고 보고 있다(再建法隆寺)(아스까시대 국보).

(3) 아미따여래상(阿彌陀如來像)

서쪽 칸에 안치된 광배 뒤의 글(銘文)에서 승덕(承德) 연간(1097~1098)에 도난
당해 운께이(運慶)의 넷째 아들 야스까츠(康勝)가 삼존을 만들어 조에이(貞永) 원
년(1232) 공양한 것이라고 밝혀졌다. 아스까 옛 양식을 본받아 좇았으나 가마꾸
라시대의 사실성이 보인다(가마꾸라시대 중요문화재).

2) 고구리(高句麗) 인물상이 그려진 위치

위에서 보았듯이 금당에 모신 세 붇다 가운데 약사여래상은 스이꼬(推古) 15
년(607)에 만들어졌고, 석가삼존상은 그보다 15년 뒤인 스이꼬(推古) 30년(622)에
만들어졌다. 그런데 우리가 보려는 아미따여래상은 조에이(貞永) 원년(1232)으로
600년쯤이나 늦게 만들어진 불상이다. 이 문제는 고구리(高句麗) 인물상의 시대

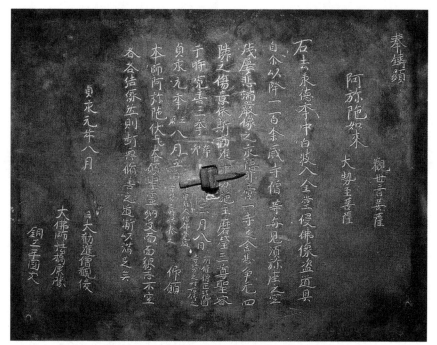

그림 56 아미따여래 광배 글(『国宝法隆寺金堂展』 98쪽)

를 알아내는 데 아주 중요한 문제이기 때문에 더 자세히 보고 가기로 한다. 먼저
아미따여래상의 광배 뒤에 새겨진 글을 옮겨보면 다음과 같다.

지난 승덕(承德 1097~1099) 연간 금당에 도둑이 들어 불상을 범하고 도구(道具)를 훔쳐
갔다. 그 뒤 100년 남짓한 세월 동안 그 절의 승려를 비롯하여 (대중들이) 쓸모없이 남아
있는 수미좌(須彌座)를 볼 때마다 늘 존엄한 (불)상이 영원히 떠난 것을 슬퍼하였다. (이
는) 비단 한 절(寺)만이 갖는 슬픔이 아니었다. 사방 이웃의 근심을 없애기 위해 시방의
시주들에게 권하여 삼존의 성상을 갈고 다듬었다.

이때가 관희(觀喜) 3년(辛卯, 1231) 3월 8일이다. <전 권승정(權僧正) 범원(範円)이 절 일
을 볼 때 주조를 시작함>

정영(貞永) 원년(임진, 1232) 8월 5일 우러러 바람. <(僧位) 법인(法印大和尚位) (僧官) 각
편(覺遍)이 절 일을 볼 때 공양함>

본사(本師) 아미따불께서 본원으로 성령을 받아들이셔 여러 사람의 간절한 뜻이 헛되

지 않기를 엎드려 빕니다.

정영(貞永) 원년(1232) 8월 대권진승(大勸進僧) 관준(觀俊)

대불사(大佛師) 법교(法橋上人位) 강승(康勝)

강공평(鋼工平) 국우(國友)[181]

광배 글에 따르면, 본디 있던 <u>아미따여래상은 승덕(承德, 조도꾸) 연간(11세기)</u>에 도난당해 대좌만 쓸모없이 남아 있었기 때문에 호끼(寬喜) 3년(1231)부터 이 상을 만들기 시작해 다음 해인 조에이(貞永) 원년(1232)에 개안(開眼: 불상을 안치하고 처음 드리는 불공)하여 공양하였다. 따라서 아마따여래상은 가마꾸라(鎌倉)시대 때 야스까쯔(康勝)가 만든 것이기 때문에 고리(高麗) 인물상과 아무 상관이 없다.

그러나 『국보 호류지 금당 전시회(国宝法隆寺金堂展)』도록에 보면, 불상과 좌대가 만들어진 연대가 다르다는 사실이 이미 밝혀졌다는 것을 알 수 있다. 아미따삼존상만 잃어버려 600년 뒤에 다시 만든 것이고 대좌는 본디 금당을 지을 때 만들었던 옛날 대좌라는 것이다.

◉ 아미따삼존상 대좌(중요문화재, 목조, 채색) 높이 203.0cm

[위 대좌(上座)] 가마꾸라시대(鎌倉時代, 13세기)

[아래 대좌(下座)] 아스까시대(飛鳥時代, 7세기)

법륭사 금당 서쪽 칸에 안치된 아미따삼존상의 대좌는 2층 선자좌(宣字座)[182]인데, 위아래 두 대좌(臺座)는 같은 시기에 만들어지지 않았다는 것이 발견되었다. 아래 대좌(下座)는 우께바나(請花 : 연꽃 장식)와 가에리바나(反花 : 위로 향한 연꽃)를 새겨 표현한 부분만

---

181) <法隆寺 阿彌陀如來 光背 刻銘> 右去承德季中 白波入金堂 侵佛像盜道具/自余以降一百余歲 寺僧等每見須彌座之空/殘 屢悲端嚴像之永隱 非啻一寺之含悲爭无四/隣之傷意依斯勸進十方施主磨瑩三尊聖容/于時寬喜三季(辛卯)三月八日(前權僧正 範円寺務之 時始鑄之)/貞永元年(壬辰)八月五日(法印權大僧都 覺遍寺務之時 供養之)仰願/本師阿彌陀 伏乞本願聖靈納受 面面懇志不空/各各結緣然則斷惡脩善之道漸以滿足矣/貞永元年八月 日 大勸進僧觀俊/大佛師法橋康勝/鋼工平國友

182) 불상을 안치하는 좌(대좌[台座])의 일종. 형태가 '선(宣)' 자를 나타내고 있어서 이 이름이 있다. 수미산(須彌山) 모양을 본떴다고 하여 수미좌라고도 부른다. 몸통 거울판(鏡板)에 수미산을 그린 예도 있다. 중국 북위시대 운강석굴의 불상대좌에 보인다(미술대사전-용어편. 1998.. 한국사전연구사 편집부).

그림 57 아미따삼존불 대좌(「国宝法隆寺金堂展」사진 14)

그림 58 석가삼존불 대좌(金堂展 12)

그림 59 약사불 대좌(金堂展 13)

녹나무(樟木) 목재고, 다른 부분은 노송나무(檜木)를 써서 만들고 칠을 발라 색을 입혔다. 석가삼존 아래 대좌와 마찬가지로 앞뒷면 경판(鏡板)에 산 같은 그림을 그리고 양옆쪽에는 사천왕을 그렸다. 앞면 그림은 거의 떨어져 나갔으나 밑변 좌우에 산, 그 언저리에 나무, 가운데 위쪽에 안쪽으로 비천상 2명을 알아볼 수 있다. 뒷면에는 3개의 산이 나란히 있고, 산 위에 나무가 줄지어 서 있다. 산이나 나무 형식은 석가삼존 아래 대좌와 같지만 아미따삼존불의 형태가 더 둥그스름한(원만한) 느낌이 든다. 사천왕은 각 면에 2명이 앞면을 보고 서 있고, 가운데 칸 (석가삼존불 대좌)과 거의 같은 형태다. 이런 특징에서 아래 대좌는 아스까시대(飛鳥時代) 만든 것으로 본다.

또 내면에는 이국풍의 옷을 입은 남자 상이 한 명 간단한 흑선으로만 그려져 있는데, 만들 때 낙서한 것으로 보인다. 또 천판 윗면은 검은 옷칠을 하였는데 가운데 부분에 너비 64cm쯤 되는 둥근 옷칠이 남아 있다. 원래는 현재처럼 위 대좌를 설치하지 않고 둥근 바닥 면을 갖는 다른 상의 대좌로 만들었다는 것을 나타내지 않았나 추정되지만 헤이안(平安)시대 후기 서쪽 칸에는 작은 불상들이 열 몇 구가 안치되어 있었다는 기록도 있어 이 아래 대좌가 당초에 어디에 있었는지는 확실하지 않다.

위 대좌(上座)는…… 화풍으로 볼 때 아미따삼존상을 조립한 것과 같은 시기인 관희(觀喜) 3년(1231)에 만든 것으로 보아도 좋다.[183]

위의 대좌에 대한 설명에 대좌도 위아래 대좌의 만든 연대가 달라 위 대좌의 연대는 현재 아미따여래 상을 만든 가마꾸라 때 덧붙여 만든 것이고, 아래 대좌는 금당을 처음 지을 때 만들었던 것으로, 잃어버린 아미따여래의 대좌였다는 것을 알 수 있다. 그렇다면 고리(高麗) 인물상은 어디서 나온 것인가?

앞에서 보았지만 마찌다 아끼라(町田 章)의 설명을 다시 한번 찬찬히 보자.

아미따불(阿彌陀佛) 좌상 대좌(臺座)의 다리 부분(臺脚部) 천판(天板: 책상 따위의 맨 위에 있는 큰 널빤지)은 3장의 나뭇결이 곧은 널빤지(柾目坂)를 남북방향으로 세우고, 바깥면 세 곳(동쪽·가운데·서쪽)에 사리(棧)를 대서 받치고 있다. 남면 1장은 바깥쪽 동쪽에 네모난 홈을 오목하게 새기고 가운데는 둥근 구멍을 뚫었다. 북쪽 1장은 2장의 다른 재목을 꺾쇠로 맞춘 것인데, 역시 동쪽에 네모난 홈을 파 넣었는데, 다리(棧) 때문에 3분의 1이 갈라져 있어 대좌 천판으로 쓰이기 이전에 생긴 것이라는 판단을 할 수 있다. 네모꼴 홈과 둥근 구멍을 열쇠 구멍이라고 본다면 본래는 건물 문짝일 가능성이 크다. <u>다리 부분(臺脚部) 천판의 안쪽 측면 북동 모서리에 나뭇결과 비스듬하게 인물이 그려져 있다.</u>[184]

(1) 고리(高麗) 인물상이 그려진 대각부(臺脚部)는 대좌의 다리 부분이기 때문

183) 奈良国立博物館, 『国宝法隆寺金堂展』(展覧会図録), 2008, 182~183쪽.

184) 町田章, <調査報告 1>「法隆寺金堂阿弥陀坐像の台座に描かれた人物像について」, 法隆寺昭和資財帳編纂所 『伊珂留我ー法隆寺昭和資財帳調査概報 ⑮』, 小学館, 1994年 4月 10日, 6~7쪽.

에 당연히 앞의 도록 설명에서 본 아래 대좌(下座)를 일컫는 것으로, 시대가 가마꾸라 때가 아니고 다른 불상과 같은 때임을 알 수 있다.

(2) 그리고 인물상은 밖에 그려져 있지 않고 천판 안쪽에 그려져 있는 것으로 보아 불상이나 대좌를 만들 때 그 대좌를 꾸미기 위해 그린 그림이 아니라는 것을 알 수 있다. 그렇다면 왜 대좌 다리 위에 얹은 천판 안쪽에 고리(高句麗) 인물이 그려져 있을까? 이 문제는 뒤에 가서 다시 보기로 한다.

(3) 대좌를 만든 널빤지가 "네모꼴 홈과 둥근 구멍을 열쇠 구멍이라고 본다면 본래는 건물의 문짝일 가능성이 크다."고 했는데 아주 흥미로운 관점이다. 그러나 그런 거대한 불사를 하는데 다른 곳에서 문짝으로 쓰인 헌 널빤지를 붇다의 대좌에 썼을지는 의문이 남는다.

Ⅲ. 법륭사 대좌 인물상의 국적과 제작 시기

1. 조사보고서에서 밝힌 인물상과 인물화법

1) 1차 보고서 내용

마찌다 아끼라(町田 章)는 발견된 고구리(高句麗) 인물을 이렇게 묘사하였다.

> 그림은 백묘화(白描畵: 먹선만으로 그린 그림)인데 (그림 1) 묵선(墨線)이 가늘고 생생해 익숙한 붓놀림으로 체격이 좋은 장년 남자를 그렸다. 이마에 주름이 세 줄 나 있고, 눈썹은 굵고 꼬리가 처졌으며, 눈은 크게 뜨고 눈꼬리가 처져 있다. 코는 높고 작은 입을 다물고 있다. 목덜미를 통통하게 표현하고 있다. 자세한 얼굴 묘사에 비해 목 이하의 묘사는 치밀하지 않다. 크기는 높이 25.6cm, 너비 10.4cm다.[185]

---

185) 町田章, <調査報告 1 >「法隆寺金堂阿弥陀坐像の台座に描かれた人物像について」, 法隆寺昭和資財帳編纂所『伊珂留我ー法隆寺昭和資財帳調査概報 ⑮』, 小学館, 1994年 4月 10日, 7쪽.

그림 60 고리 인물상 사진(金堂展 183쪽)

이 그림은 먹선으로만 그린 그림으로 대좌 안쪽 구석에 그린 것을 보면 실제로 어떤 주제를 놓고 그린 것은 분명히 아니다. 그렇다면 왜 대좌의 속에 그림을 그렸을까? 이 문제도 뒤에 가서 짚어보려 한다.

이 그림에서 가장 큰 특징은 역시 머리에 쓴 특별한 모자다. 모자에 깃을 꽂았는데 지금까지 본 다른 고구리(高句麗) 인물화에 비해 깃털이 매우 짧고 왼쪽 것은 깃털이 너무 넓고 짧아 제대로 그리지 못했다. 그리고 두건을 묶을 때 꼭 귀를 내놓는 것이 보통인데, 이 그림에서는 생략하여 찬찬히 그리지는 않은 듯하다. 그러나 두건에 깃털을 꽂고 턱밑에 묶는 것은 고구리(高句麗)의 닭깃털관(鷄羽冠)이 틀림없다.

2) 금당의 고리 사람(高麗人)과 다까마쓰무덤(高松塚) 벽화의 인물 화법(畫法)

법륭사 아미따여래 대좌에 그려진 고리(高麗) 인물상에 대해서는 아직 논의가 거의 없었다. 그런데 다까마쓰무덤(高松塚)의 인물화와 법륭사 고구리(高句麗) 인물이 같은 양식(樣式)에 들어간다는 주장이 있어 보고 가기로 한다.

다까마쓰무덤(高松塚) 그림 가운데 사람을 그린 것만 보면 동벽과 서벽에 각각 4명씩 두 그룹의 남녀가 있는데 그 가운데 가장 잘 남아 있는 것이 서벽에 궁녀 4명을 그린 그림이다. 사하라 마꼬또(佐原 眞)는 이 다까마쓰 무덤벽화의 특징을 다음 7가지로 든다. [186]

---

186) 佐原 眞, 「竹原古墳と高松塚古墳の繪を比べる －裝飾古墳壁畫の2つの樣式－」, 國立歷史民俗博物館 編輯, 『裝飾古墳의 世界』(展示圖錄), 朝日新聞社 發行, 1993, 143~144쪽.

(1) 서 있는 위치를 앞뒤로 비켜서게 하였다.

(2) 서로 가까이 접해 서 있다.

(3) 앞에 있는 도형이 뒤의 도형을 가린다.

(4) 비스듬하게 바라보는 얼굴.

(5) 눈이 윤곽선을 끊는 얼굴.

(6) 비스듬하게 바라보는 것이 주류.

(7) 주로 한쪽으로 바라본다.

(8) 얼굴과 얼굴을 마주보지 않는다.

사하라 마꼬또(佐原 眞)가 말하는 다까마쓰무덤 양식(樣式)이란 다까마쓰무덤의 그림양식, 곧 화법(畫法)을 뜻한다. 사하라는 다까마쓰무덤 양식이 다까마쓰무덤 빼고는 오사까부 안복사(安福寺) 횡혈(橫穴)에 선으로 새긴 그림뿐이었는데, 그 뒤 법륭사 금당에서 두 가지 보기가 발견되었다며, 그 두 가지를 검토한다.

지금까지 본 다까마쓰고분 양식의 그림 원리는 대부분 나라현 법륭사의 금당 벽화에도 꼭 들어맞는다. 무리를 그린 그림이 아닌 한 사람이나 얼굴을 표현한 것을 보면 금당 아미따여래상(阿彌陀如來像)[187]대좌에서 최근 찾아내 화제가 된 남자 상(그림 ❷), 금당 천정(天井) 낙서의 남자 얼굴(그림 ❶)에서 눈의 윤곽선을 끊는 얼굴을 볼 수 있다. 오사까부(大阪府) 안복사(安福寺) 횡혈(橫穴) 그림(그림 ❸)에 나오는 3명 가운데 두 사람의 눈이 윤곽선을 끊은 얼굴이 보인다. 또 말을 탄 다른 한 사람의 머리 모양에서 비스듬히 향하는 모습을 확인할 수 있다. 이 그림을 그린 사람은 다까마쓰 무덤·법륭사의 그림과 공통된 작법을 알고 있었던 것이 틀림없다. 단독 인물상에서 양식의 구성 요소가 많지 않다고 할 수 있지만, 이 그림도 잠정적으로 '다까마스무덤양식'에 포함시켜 놓고 싶다.[188]

마꼬또가 세 그림을 검토하는 과정에서 사용한 화법은 (4) 비스듬하게 향하는

---

187) 아미따여래상을 석가상으로 잘못 인식하여 바꾸었다. 그림에서도 같은 잘못이 있어 바꾸었다.

188) 佐原 眞,「竹原古墳と高松塚古墳の繪を比べる －裝飾古墳壁畫の2つの樣式－」, 國立歷史民俗博物館 編輯,『裝飾古墳의 世界』(展示圖錄), 朝日新聞社 發行, 1993, 144쪽.

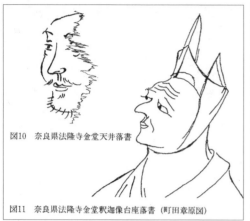

図10 奈良県法隆寺金堂天井落書

図11 奈良県法隆寺金堂釈迦像台座落書 (町田章原図)

그림 61 高松塚 서벽 궁녀도(裝飾古墳의 世界 144쪽)

❸ 오사까 안복사 횡혈

그림 62 大阪府 安福寺 橫穴(裝飾古墳의 世界 144쪽)

얼굴과 (5) 눈이 윤곽선을 끊는 얼굴이다. 두 가지 화법을 좀 더 자세히 보자.

(4) 비스듬히 향하는 얼굴(斜め向き顔)

다까마스무덤 그림에서 또 하나의 큰 특징은 비스듬히 앞을 향하는 얼굴이 많다는 것
이다. 얼굴을 똑바로 이쪽으로 정면을 향하는 것을 0도로 하고, 완전히 옆으로 돌리면
90도라고 한다면 비스듬히 향하는 얼굴이란 대체로 45도 방향을 향하고 있다.

(5) 눈이 윤곽선을 끊는 얼굴

그리고 대단히 특징적인 것은 얼굴 양쪽의 윤곽선 가운데 먼쪽 윤곽선을 끊어 놓은 것
이다. 결국 이마에서 그어 내려오던 윤곽선을 눈 바로 위에서 끊고 눈을 그린 뒤, 눈 바
로 아래서부터 다시 윤곽선을 시작하여 뺨에 이르는 것이다. 눈을 그릴 때는 눈알을 동
그렇게 그리게 된다.[189]

검토 결과 사하라 마꼬또(佐原 眞)가 다까마쓰무덤 벽화의 양식이라고 결론짓
는 것은 다음 4가지 그림이다.

---

189) 佐原 眞, 「竹原古墳と高松塚古墳の繪を比べる －裝飾古墳壁畵の2つの様式－」, 國立歷史民俗
博物館 編輯, 『裝飾古墳의 世界』(展示圖錄), 朝日新聞社 發行, 1993, 143~144쪽.

❶ 나라현 다까마쓰무덤 벽화

❶ 나라현 법륭사 금당 천정 낙서

❷ 나라현 법륭사 금당 아미따상 대좌 낙서

❸ 오사까 안복사 횡혈 그림

이런 연구성과를 통해서 법륭사 아미따여래 대좌에서 발견된 고구리(高句麗) 인물상은 다까마스무덤 화법에 들어간다는 사실이 밝혀졌다.

끝으로 ❶ 나라현 법륭사 금당 천정 낙서와 ❸) 오까부(大阪府) 안복사(安福寺) 횡혈(橫穴)에 대해 간단히 보기로 한다.

(1) 나라현 법륭사 금당 천정 낙서

금당 천정 낙서에 대해서는 발견되고 얼마 안 되어 논문이 나와 있어 파악하기 쉬웠다. 불상 연구 전문가 고누 다다시(久野 健, 1920~2007)는 1945년부터 문부성 미술연구소(현재 동경 국립문화재연구소)에 근무하면서 금당 천정 낙서를 집중적으로 연구하여 1947년「법륭사 금당 천정판 낙서」라는 논문을 썼다.

> 법륭사 금당 천정은 내진(內陣)과 외진(外陣)으로 나뉘어 내진 천정을 이른바 절상조입천정(折上組入天井: 가운데 부분이 둘레보다 한 단계 높은 組入天井)으로 둘레에 빗천정(支輪: 양쪽 옆벽 위에서 안쪽으로 비스듬히 올려 꼭대기에서 맞붙은 삿갓 모양의 천정)이 있고, 외진 천정은 조입천정(組入天井 : 작은 네모꼴로 짠 천정)이라는 것은 여러 사람이 두루 아는 사실이다. 내·외진 천정은 모두 굵은 네모난 테두리(格緣)로 바둑판의 눈처럼 구획되어 있고, 그 위에 천정판(天井板)이 붙어 있다. 낙서는 이들 내·외진 천정판(天井板)에서 나왔다. 도판에 보이는 떨어져 나간 연꽃무늬가 네모 사이(格間)에 상당하는 부분에서 연꽃무늬와 연꽃무늬 사이에 그림이 없는 나무(素木)가 네모 테두리 속에 숨겨져 있다. 도판에서도 볼 수 있듯이 현재 볼 수 있는 낙서는 태반이 이 부분에서 나왔다. ……
> 현재까지 나온 낙서는 모두 228개 정도다. 그 중에 내진 천정판에서 나온 낙서가 145건, 외진 천정판에서 나온 것이 83건이다. ……이들 낙서는 그려진 성질에 따라 나누면, 그

림과 무늬를 시험 삼아 그려본 것, 문자 및 붓을 연습한 자국으로 크게 나눌 수 있다. 그림에 포함된 것으로는 얼굴 낙서 17건, 얼굴 부분 29건, 동물의 발굽 9건, 성적인 낙서 5건, 기타 12건, 판별할 수 없는 것이 12건으로 나눌 수가 있었다. ……무늬를 시험 삼아 그려본 것 가운데 당초무늬나 연꽃무늬를 그린 것을 무늬라 부르고, 뺑뺑이 같은 기구를 써서 그린 낙서를 기하무늬라고 하였는데 무늬 17건, 기하무늬 6건 같은 두 가지로 나눌 수 있다. 문자 낙서는 1자를 하나로 헤아려, 현재 읽을 수 있는 글을 문자라 부르고 (79건), 앞으로 연구하면 읽을 수 있는 글을 반해독 글자(23건)로 하고, 없어져 뚜렷하지 않아 읽어낼 수 없는 글자(17건)로 하여 세 가지로 나누었다. 모두 106자인데 쌍구(雙鉤: 글씨의 윤곽만 가는 선을 그어 베끼는 것)가 9자 있다.[190]

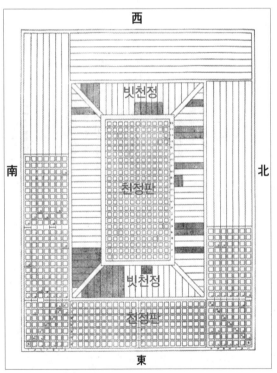

그림 63 금당 천정 평면도(久野健, 32쪽)

금당 천정 낙서를 누가, 왜, 어떤 내용을 낙서하였는지 자세히 정리하였다. 금당 천정이 바둑판처럼 나뉘어 있고, 네 모마다 사진틀처럼 테두리를 붙였는데, 그 속에 낙서가 들어 있었다는 것이다.

그런 낙서들은 ① 본 그림을 그리기 전에 보이지 않고 덮일 부분에 시험 삼아 그려 본 것 ② 문자를 쓰거나 붓질이 잘되도록 연습한 자국들이라고 했고, 내용은 주로 ① 사람 얼굴, ② 동물 발굽 ③ 당초·연꽃무늬 ④ 문자 같은 것들이 었다.

화가들이 네모 판을 만들기 위해 테두리를 대는 곳은 보이지 않아서 그곳에 연습하거나 낙서를 하고, 그 위에 테를 대고 덮어버린 것이 테두리가 떨어지면

---

190) 久野健, 「法隆寺金堂天井板落書」, 『美術硏究』(140), 1947, 34~35쪽.

서 낙서가 드러나게 된 것이다.

다음 문제는 이 낙서가 언제 이루어졌는지다. 금당은 불이 나서 타 버린 적이 있기 때문이다.

> 이번 발견된 200건이 넘는 낙서는 천정판에 그려져 있다는 점에서 이 낙서가 천정판이나 금당 건축과 불가분의 관계가 있다는 것은 말할 필요가 없다. ……빗천정 위의 네모난 테두리가 금당 건축의 기본 조합이기 때문에 처음부터 절상(折上: 가운데가 한 단계 높은 천정)으로 계획하였다고 볼 수밖에 없고, 나중에 절상식 조입천정으로 바꾸는 것은 윗층을 뜯어내지 않는 한 불가능한 것이다. …… 천정판이 맨 처음의 자재이고, 그 뒤 한 번도 천정을 뜯어내지 않았다면 이 낙서들도 천정판과 같은 시대라고 할 수 있다. 특히 200건이 넘는 낙서가 주(朱)·먹(墨)·녹청(綠靑)·호분(胡粉) 같은 안료로 그려졌고, 연꽃무늬도 주(朱)·먹(墨)·녹청(綠靑)·호분(胡粉) 같은 안료가 쓰였다는 점을 감안하면, 이 천정판 연꽃무늬를 그릴 때를 앞뒤로 한 낙서라고 보는 것이 가장 자연스럽다고 본다.[191]

결론은 금당을 처음 지을 때 천정이 지금까지 남아 있으며, 그 낙서도 천정의 역사와 같다는 것이다. 뒤에서 금당의 건축연대에 대한 논의는 다시 보기로 한다.

(2) 안복사(安福寺) 횡혈군(橫穴群) 북군(北群) 10회 횡혈의 선으로 새긴 벽화

오사까부(大阪府) 가시하라시(柏原市)의 다마데산(玉手山)의 해발 100m쯤 되는 나지막한 언덕에 있다. 안복사 횡혈군은 그 언덕 서쪽에 서횡혈군, 동쪽에 동횡혈군이 있다. 바위에 새겨진 그림은 횡혈군(橫穴群) 북군(北群) 10호 횡혈에서 발견되었다. 가시하라시의 공식 홈페이지에 실린 내용을 보면 다음과 같다.

> 북군 10호 횡혈의 무덤길 벽에는 유명한 선으로 새긴 벽화가 있다. 말에 탄 사람, 머리에 새털 비슷한 장식을 꽂고 바지를 입은 인물, 관을 쓰고 칼을 차고, 긴 소매와 긴 옷자락의 옷을 입은 인물이 그려져 있다. 그 중에 왼쪽 끝에 그려진 말 탄 사람이 가장 유명

---

191) 久野健,「法隆寺 金堂 天井板 落書」,『美術硏究』(140), 1947, 35~36쪽.

한 그림이다. 그 말은 팽팽한 다리 근육까지 표현되어 있다. 그러나 이 그림들은 후세에 그린 그림으로 추측하는 의견이 많다.

세 명의 인물이 모두 비스듬히 향하고, 전체적으로 입체감 있는 벽화이다. 그러나 지금까지 알려진 고분시대 벽화는 모두 정면이나 측면을 향하고 있어, 비스듬하게 향하여 입체감 있는 인물은 다까마쓰무덤에도 그려져 있지 않다고 본다. 만일 안복사 횡혈군의 벽화가 6세기 중반의 벽화라면 다까마쓰무덤보다 100년 이상 앞선 입체감 있는 벽화가 된다. 새긴 선도 얕고 1400년 이전의 벽화라고 보기에는 어려운 것 아닐까요?[192]

비록 전문 화가가 그린 그림이 아니지만 사하라 마꼬또(佐原 眞)가 말하는 것처럼 낙서라기보다는 소박한 벽화라고 할 수 있다. 현지의 설명에 따르면 형성시기를 6세기 중반이라고 하면서 화법이 다까마쓰무덤과 관계가 있는 것으로 보고 있다. 다만 현지에서는 1400년 전의 그림이라는 데 의심을 품고 있는 그림이다. 두 인물 모두 표현은 매우 서툴지만, 깃털 같은 것을 머리에 꽂고 있고, 화법이 다까마쓰무덤과 같다는 점에서 관심이 간다. 앞으로 연구가 더 진행되어 무덤 떼의 주인공에 대한 사실이 밝혀지길 바란다.

2. 인물상의 옷을 통해서 본 국적

마찌다 아끼라(町田 章)는 조사보고서에서 그 시대의 복식에 대해 중점적으로 검토하여 인물상의 국적을 확정한다. 이 인물상에 대해서는 다른 연구성과가 없으므로 마찌다의 연구성과를 좀 더 자세히 살펴보기로 한다.

머리에 관(冠)이나 모(帽)를 쓰고 있는데 양쪽 귀 위에 새깃털(鳥羽) 같은 것을 세웠다. 옷은 위아래가 나뉘어 있다. 윗옷은 통소매(筒袖)로 허리에서 넓적다리에 걸쳐 있고, 옷자락이 크고 넓으며, 왼쪽 옷깃을 위로 하는 좌금(左衿)으로 입는다. 두 손을 가슴 앞에

192) 가시와라시(柏原市) 홈페이지 文化財課 : 安福寺橫穴群.
　　　http://www.city.kashiwara.osaka.jp/docs/2016091100039/?doc_id=5362

모았는데, 이 부분이 손상되었지만 베띠(布帶) 꼴의 것을 끌어당기는 것처럼 보인다. 배 가운데 묶은 허리끈이 하나 길게 늘어뜨려져 있다. 아래 옷은 발목에서 오므라지는 바지 형식이다. 신발을 신은 발을 크게 그렸다.

벽화에는 인물이 윗옷과 아래 옷으로 된 두 피스 의복을 입었는데, 중국 고전에서는 이를 과습(袴褶 : 袴는 윗옷, 褶은 아래옷)이라 불러 선진시대에 북방 호족의 승마복을 받아들였다고 한다. 동주(東周)에서 시작하여 차츰 한화(漢化)하여 주로 군복으로 자리 잡아 갔다. 한편 북방 호족도 전과 다름없이 과습(袴褶)을 입고, 부족에 따라 형식을 달리하면서 오래 전승되어 갔다. 여기서는 4세기 무렵부터 과습을 점검하여 법륭사의 인물이 입은 복장이 어디서 기원하였는지를 밝히려고 한다.[193]

1) 선비족의 호복(胡服)

마찌다는 먼저 선비족의 호복(胡服)에 이어 고구리(高句麗)와 백제의 복장을 검토한 뒤 마지막으로 왜인(倭人) 복장을 검토한다. 선비족의 호복(胡服)은 ① 가장 서쪽에 있는 한식(漢式) 정쟈좌(丁家閘) 5호 벽화무덤(甘肅省 酒泉)과 가장 동쪽에 있는 안악3호 벽화무덤에서 검토하였다. 이곳은 5호16국시대에 선비와 한족들이 뒤섞여 살면서 만든 벽화무덤이다. 이어서 마찌다는 ② 5세기 전반 탁발선비가 세운 북위의 무덤인 칠화관묘(漆畫棺墓: 寧夏回族自治區 固原)와 네슨미술관이 소장한 북위 효자전도(孝子傳圖) 석관에서 선비족의 호복을 검토하고, 북제

그림 64 丁家閘5號 벽화무덤(町田章 7쪽)

그림 65 칠화관묘(漆畫棺墓)(町田章 8쪽)

---

193) 町田章, <調査報告１>「法隆寺金堂阿弥陀坐像の台座に描かれた人物像について」, 法隆寺昭和
資財帳編纂所『伊珂留我―法隆寺昭和資財帳調査概報 ⑮』, 小学館, 1994年 4月 10日. 7쪽.

시대의 누예무덤(婁叡墓) 벽화에서 이를 검토한 뒤 이런 결론을 내린다.

> 북조 말기가 되면 수당시대로 이어지는 (바지인) 고습(袴褶)의 원형이 마무리된다. 산시
> 성(山西省) 타이웬(太原)에 있는 누예무덤(婁叡墓, 570년 사망)에서는 북위의 전통을 이끈
> 옷깃이 둥근(圓領式) 고습(袴褶)이 무관 조복의 중심이 되고 습(褶)의 옷자락(裾) 길이가
> [194]
> 길어지는 경향을 나타낸다.

2) 왜인(倭人)의 옷

마찌다는 왜인(倭人)의 옷을 5세기 후반에서 7세기 초의 옷차림인 하니와(埴輪)
를 분석하고, 그 뒤 옷차림의 변화를 천수국수장(天壽國繡帳) 검토를 통해서 검증
하였다. 그는 "하니와는 기본적으로 투피스 고습(袴褶)이지만 자세히 보면 중국이
나 조선에서 볼 수 없는 독특한 스타일이다."라고 하며 6세기 하니와의 대표작으
로 군마현(群馬縣) 오다시(大田市) 유라(由良)에서 출토된 하니와를 보기로 든다.

> 머리에 차양이 달린 산고모(山高帽, やまたかぼう)를 쓰고, 얼굴 양쪽에 큰 미즈라(美豆
> 良, みずら: 머리 스타일)로 묶고, 목을 둥근 구슬로 꾸몄다. 옷깃을 왼쪽으로 여민(左衽)
> 습(褶)은 통소매 팔에 농수(籠手, こて)를 감았다. 둥근 목둘레(圓領)를 막은 깃(襟) 스타일
> 은 가슴과 옆구리에서 끈으로 묶었다. 허리에 베 띠를 매고 큰 칼과 (활을 쏠 때 왼팔에 대
> 는 가죽으로 된) 팔찌(鞆)를 매달고, 짧은 습(褶)의 옷자락(裾)이 널리 벌려 있다. 바지(袴)
> 의 정강이에 끈으로 묶었는데, 윗부분이 통통하게 부풀고, 아랫부분이 좌우로 지느러
> [195]
> 미처럼 생긴 옷단을 강조한다. 발에는 목이 짧은 신(短靴)을 신었다.

이런 하니와의 옷차림은 동호계 고습(袴褶)을 기초로 하면서 5세기 한식(漢式)
고습이란 새로운 요소가 더해져 왜식 고습이라고 할 만한 스타일을 이루었다고

---

194) 町田章, <調査報告 1 >「法隆寺金堂阿弥陀坐像の台座に描かれた人物像について」, 法隆寺昭和
資財帳編纂所『伊珂留我一法隆寺昭和資財帳調査概報 ⑮』, 小学館, 1994年 4月 10日, 9쪽.
195) 町田章, <調査報告 1 >「法隆寺金堂阿弥陀坐像の台座に描かれた人物像について」, 法隆寺昭和
資財帳編纂所『伊珂留我一法隆寺昭和資財帳調査概報 ⑮』, 小学館, 1994年 4月 10日, 11쪽.

그림 66 由良 출토 하니와(町田章 11쪽)　　　그림 67 천수국수장(天壽國繡帳) 倭人(町田章 12쪽)

보았다. 그리고 5세기에 백제나 가야지방에서 건너왔을 가능성을 시사하였다.

　　일본에서 복장의 전환이 일어난 시기를 622년 성덕태자가 죽은 뒤 왕비 귤대랑녀(橘大郎女, 다찌바나노오이라쯔메)가 만들었다는 '천수국수장(天壽國繡帳)'에서 찾았는데 7세기 초기의 복장에 대한 하나밖에 없는 유물이며, 그 유물에 나온 남자 상은 하니와와 닮았다고 본다.

　　습(褶)은 깃이 둥글고(圓領) 허리에 하얀 띠를 둘렀다. 두 손 모은 남자 상은 바지(袴) 위에 주름이 있는 스커트 같은 습(褶, 히라미)을 입고 신을 신었다. 책상다리로 앉은 남자 상은 바지의 무릎 아랫부분을 끈으로 묶는 행전(足結: 행동하기 쉽게 자락을 노끈으로 묶는 것)이 보인다. 옷깃(衿)의 모양과 히라미(褶)를 입은 것이 6세기 하니와의 복장과 다르다. 둥근 깃(圓領)은 남녀가 모두 공통인데 깃을 표현하지 않은 것, 손 부분까지 내놓은 것, 소매까지 펴고 정확히 표현하지 않았다. 옷깃을 가슴 앞에 모아 똑바로 내린 깃은 중국과 조선에도 없기 때문에 자수라는 기술적인 문제 때문에 그렇지 본래는 목에서 배 옆쪽으로 비스듬히 내리는 옷섶(衽)을 똑바로 나타냈을 것이라고 보는 게 무난하다.[196]

　　끝으로 다까마쓰무덤의 벽화에 나온 남자상은 "윗옷은 하니와와 같이 좌임이지만 옷자락(裾)이 뚜렷하게 길어 웃옷(袍)라고 할 수 있다. 옷깃(領)의 형은 잠자

---

196)　町田章, <調査報告 1 >「法隆寺金堂阿弥陀坐像の台座に描かれた人物像について」, 法隆寺昭和資財帳編纂所『伊珂留我―法隆寺昭和資財帳調査概報 ⑮』, 小学館, 1994年 4月 10日, 12쪽.

리 잠금(トンボ留め) 부분이 네모지게 튀어나와 있어서 둥근깃(圓領)이라 할 수 있다. 통소매는 소맷부리가 넓지만 행전(足結)이 있는지 없는지 확실하지 않다. 실사관(漆紗冠: 옷을 칠해 만든 관)을 쓰고 상투를 틀고(結髮) 있는 것, 히다미(ヒダミ)를 입지 않은 것, 난삼(襴衫)을 입고 있는 것을 통해서 682·685년에 조서를 내려 바꾼 복제라고 보는 것이 일반적이다.[197]"라고 정리하였다.

그리고 마지막으로 "이상이 대륙과 반도를 넘어 일본열도에 정착한 6세기에서 7세기에 걸친 복장의 형태가 마무리된다. 그 복장이 첫머리에 본 법륭사의 인물상 복장과 기본적으로 다른 부분에 대해서는 새삼스럽게 설명할 필요 없을 것이다."라고 정리하였다.

일본에서 발견된 이런 옷차림 말고 양나라 직공도에서도 왜인의 모습이 나오는데 마찌다는 이를 소개하지 않아서 잠깐 보고 넘어가기로 한다. 양나라 무제(武帝)의 일곱째 아들 소역(蕭繹, 508~554)이 형주자사(荊州刺史)로 있을 때 무제의 즉위 40년(541)을 기념하여 그린 이 직공도는 그린 연도가 뚜렷하여 비교하기에 알맞다. 방대한 중국 자료 가운데 일본에 관한 문자 사료는 많지만 화상자료는 그렇게 많지 않다. 그 가운데 가장 오래된 것이 '양직공도(梁職貢図)'(南京博物院蔵)다.[198]

그림 68 다까마쓰무덤의 남자 무리(町田章 12쪽)

197) 町田章, <調査報告 1 >「法隆寺金堂阿弥陀坐像の台座に描かれた人物像について」, 法隆寺昭和資財帳編纂所『伊珂留我—法隆寺昭和資財帳調査概報 ⑮』, 小学館, 1994年 4月 10日, 13쪽.
198) 王勇,「中国資料に描かれた日本人像 -遺唐大使の風貌を中心に」, 国文学研究資料館『国際日本文学研究集会会議録』(24), 2001. 2쪽.

그림 69 당 염립본(사진 서상욱)　　그림 70 남당 고덕겸(사진 서상욱)

역사가 우에다 마사아끼(上田正昭) 씨는 백제의 사신과 왜의 사신을 비교하여 이렇게 이야기하였다.

> 백제국 사신은 관을 쓰고, 예복을 입고, 신을 신고 있는 데 비하여 왜국(倭國) 사신은 베 같은 것을 머리에 두르고, 넓은 베를 묶어서 윗옷으로 하고, 허리에 베를 감고, 토시(手甲)와 행전(脚絆) 같은 것을 두르고 맨발로 합장하고 있다. 머리에 고리처럼 베를 두르고 있는데 그 모습이 전혀 볼품이 없어 보이지 않는가?[199]

양직공도에 나온 왜나라(倭國) 사신의 인물상은 모자·옷·맨발 등 어떤 것을 보아도 법륭사에서 발견된 인물상과 닮은 점이 없다. 다시 말해 법륭사에 그린 인

---

199) 上田正昭,「職貢図倭人の風俗」,『風俗』(3-4), 1964.3. (위의 王勇 논문에서 재인용).

물은 일본사람이 아니라는 것이 명백하다.

3) 고구리인(高句麗人)의 옷

마찌다는 선비나 한식(漢式) 복장에서 법륭사 인물의 원류를 찾지 못하고 결국 고구리(高句麗)에서 그 답을 찾는다. 마찌다는 법륭사의 인물이 5세기 고구리(高句麗) 귀족의 복장이라고 결론을 맺기 위해서 다음 두 가지 보기를 검토하였다.

첫째, 5세기 국내성 지역에 나오는 춤추덤을 중심으로 벽화의 남자 옷이『주서(周書)』에 나온 내용과 같다는 점에 눈을 돌렸다.

> 사내 옷은 통소매(筒袖: 반소매) 저고리(衫), 허리춤이 넓은 바지(大口褲)를 입는다. 흰 가죽 허리띠를 두르고 누런 가죽신을 신는다. 관(冠)은 골소(骨蘇)라고 부르는데 주로 보랏빛 비단으로 만들며, 벼슬을 하는 사람은 그 위에 새깃털 2개를 꽂아 (보통 골소보다) 더 두드러져 보이게 한다. 부인 옷은 치마(裙), 저고리(襦, 속옷이라는 뜻도 있다)를 입고, 옷자락과 소매(裾袖)에는 모두 선(襈)을 댔다.[200]

이러한 옷차림은 <그림 71>에서 보듯이 국내성 지역에서 나온 춤무덤의 주인공 옷차림과 일치한다는 것을 증명한다.

둘째, 현재 산시성(陝西省) 깐현(乾縣)에 있는 장회태자(章懷太子)무덤에 나오는 고구리(高句麗) 사신의 옷차림은 5세기 국내성 무덤의 벽화 사내 옷차림과 달라『수서』의 내용과 같이 변했다고 보았다.

> 사람들은 모두 가죽 관(皮冠)을 쓰고 사인(使人)은 새깃털(鳥羽)을 더 꽂는다. 귀족은 자줏빛 비단으로 만들고, 금과 은으로 꾸민다. 옷은 소매가 넓은 저고리(大袖衫)에 통 넓은 바지(大口袴)를 입고, 흰 가죽 띠를 두르고 노란 가죽신을 신는다. 아낙네들은 치마(裙),

---

200) 唐 令狐·德棻 等 撰,『周書』(49),「列傳」(41), 異域(上) 고리(高麗) : 丈夫衣同袖衫, 大口褲, 白韋帶, 黃革履. 其冠曰骨蘇, 多以紫羅為之, 雜以金銀為飾. 其有官品者, 又插二鳥羽於其上, 以顯異之. 婦人服裙襦, 裾袖皆為襈.

그림 71 국내성 춤무덤 벽화(町田章 10쪽)　　　　그림 72 장회태자무덤 벽화(町田章 10쪽)

저고리(襦)를 입고, (옷자락과 소매에는) 선(襈)을 덧댄다.[201]

　장회태자 무덤벽화 고리(高麗) 사신은 ① 새깃털을 꽂은 관을 쓰고 있고, ② 소매가 넓은 웃옷을 입고 있고, ③ 목덜미 부분이 높은 교령(交領)이고, ④ 뒤의 옷자락이 짧고 앞이 긴 습(褶)을 우임(右衽)으로 입었고, ⑤ 허리에 넓은 띠를 두른 옷차림이기 때문에『수서』의 내용과 일치한다고 주장했다(그림 87).
　그리고 이런 결론을 내린다.

　　① 비슷한 것은 오히려 당 장회태자묘 「객사도」에 그려진 고구리(高句麗) 사절이다. ② (그러나) 법륭사의 인물과 비교해 보면, 장회태자묘에서 소맷부리가 넓게(廣口袖) 그려져 있고, 옷자락이 아래로 흔들거리는 주름 있는 치마가 표현되어 있지 않기 때문에 ③ 5세기 고구리식 과습(袴褶)의 모양을 남긴(遺風) 귀인의 복장이다.[202]

　① 장회태자 무덤의 고구리 사신과 비슷하다.
　② 그러나 장회태자 무덤의 사신 옷은 소맷부리가 넓고, 주름치마가 없다.

---

201)　『隋書』(81),「列傳」(46), 고리(高麗). 人皆皮冠, 使人加插鳥羽. 貴者冠用紫羅, 飾以金銀. 服大袖衫, 大口袴, 素皮帶, 黃革履. 婦人裙襦加襈.
202)　町田章, <調査報告 1 >「法隆寺金堂阿弥陀坐像の台座に描かれた人物像について」, 法隆寺昭和 資財帳編纂所『伊珂留我ー法隆寺昭和資財帳調査概報 ⑮』, 小学館, 1994年 4月 10日, 13쪽.

③ 그러므로 5세기 고구리식(高句麗式) 귀인의 복장과 같다는 결론을 내린다.

4) 마찌다의 결론에 대한 종합 검토

마찌다는 처음부터 ③ 5세기 고구리식(高句麗式) 귀족의 복장이 법륭사에서 나온 인물의 복장과 일치한다고 보았으나, 제시한 춤무덤 주인은 관에 깃털(닭깃털)을 꽂지 않았다. 그렇기 때문에 '① 장회태자의 무덤의 고구리 사신과 비슷하다'고 하여 깃털관을 결합한 것으로 보인다.

그러나 위의 두 가지를 한 판에 그린 보기도 제법 있다. <그림 74>과 <그림 75>의 모습은 한눈에 법륭사의 인물과 똑 닮았다는 것을 알 수 있다. 우선 머리에 절풍을 쓰고 턱 아래로 묶은 모습은 고구리(高句麗)의 가장 특징적 아이콘이다. 그리고 웃옷의 깃이 넓게 아래까지 이어지고 엉덩이까지 덮는 것도 같으며 깃에 선(襈)을 넓게 댄 것도 같다. 다만 팔에 가려 허리띠가 보이지 않지만, 허리 부분이 잘록한 것을 보면 허리에 띠를 두른 것이 가려졌다고 볼 수도 있다. 바지를 아주 풍성하게 그리면서도 아주 절제된 선을 쓴 것도 비슷하다.

한쪽 깃털이 짧다거나, 웃옷 밑단 선(襈)이 빠진 것이나, 신발을 야무지게 그리지 못한 점이 있지만 ① 정식 벽화가 아니고, ② 시대가 100~200년이나 차이나는 점을 감안하면 거의 같은 그림본을 두고 그렸다고 해도 과언이 아닐 정도다.

위와 같은 인물은 말을 탄 모습에서도 많이 나타난다. 옷 빛깔에서 차이가 나지만 옷차림은 법륭사 인물과 같다는 것을 알 수 있다. <그림 77>의 관은 닭꼬리털을 꽂은 관(鷄尾羽冠)이다.[203] 짧은 닭깃털도 많다는 것을 고려하면 법륭사 그림에 깃털이 짧은 것을 이해할 수 있다. 나중에 고리(高麗) 조정이 당에 항복한 뒤 100~200년이 지난 뒤 실크로드에 그려진 고리(高麗)의 깃털관에서는 깃털의 길이가 아주 길어지는데 깃털이 하나의 상징으로 변했기 때문이다.

고구리 벽화에 보면 닭깃털관(鷄羽冠)을 쓰지 않았지만 법륭사의 인물과 같은 옷을 입은 그림이 많다.

이상에서 법륭사 아미따여래 대좌에서 나온 그림 속 인물은 고리(高麗) 사람임

---

203) 고구리(高句麗) 벽화를 보면 닭의 날개 깃털을 꽂는 닭깃털관(鷄羽冠)과 닭의 꼬리털을 꽂는 닭꼬리털관(鷄尾羽冠)이 있다.

그림 73 법륭사 고구리 인물화

그림 74 쌍기둥무덤

그림 75 약수리무덤

그림 76 춤무덤

그림 77 쌍기둥무덤

그림 78 씨름무덤

그림 79 세칸무덤

그림 80 장천1호무덤

이 뚜렷해졌다. 다음에는 이 고리 사람(高麗人)의 신분에 대해서 보기로 한다. 그것은 먼저 닭깃털관(鷄羽冠)을 썼는지 여부를 놓고 볼 수 있다.

① 벼슬 이름은 알사(謁奢) 태사(太奢) 대형(大兄) 소형(小兄) 같은 이름이 있고, 머리에 절풍을 쓰는데 그 생김새가 고깔(弁)과 같으며 곁에 새깃털(鳥羽)을 꽂아 (벼슬이) 높고 낮은 차이를 나타낸다(貴賤有差). [『위서(魏書)』「열전(列傳)」고구리(高句麗)] [204]

② 그 관은 골소(骨蘇)라고 하는데 대부분 자줏빛 비단으로 만들며 금은을 섞어서 꾸민다. 벼슬이 있는 사람(官品者)은 또 그 위에 새깃털(鳥羽) 2개를 꼽아 다르다는 것이 드러나게 한다. [『주서(周書)』,「열전」, 고리(高麗)] [205]

③ 사람들은 모두 관을 쓰는데 벼슬아치(使人)는 새깃털(鳥羽)을 더 꽂는다. 귀족들의 관은 자줏빛 비단을 쓰고 금과 은으로 꾸민다. [『수서(隋書)』(81),「열전」. 고리(高麗)] [206]

④ 사람들 모두 머리에 절풍(折風)을 쓰는데, 생김새는 고깔(弁) 같으며, 벼슬하는 사람은(士人)새깃털(鳥羽)을 2개 더 꼽는다. 귀족들이 쓰는 관은 소골(蘇骨)이라고 하는데, 대부분 자줏빛 비단을 써서 만들고, 금과 은으로 꾸민다. [『북사(北史)』,「열전」, 고리(高麗)] [207]

⑤ 고리(高麗)의 음악을 연주하는 사람(樂工人)은 자줏빛 비단모자에 새깃털(鳥羽)로 꾸민다. [『구당서(舊唐書)』,「지(志)」, 음악(2)] [208]

⑥ 벼슬이 높은 사람(官之貴者)은 푸른 비단으로 관(靑羅冠)을 만들어 쓰고, 그 다음에 진한 붉은 빛 비단(絳羅) 관을 쓰는데, 새 깃털(鳥羽) 2개를 꽂고, 금과은으로 꾸민다. [『구당서(舊唐書)』,「열전」, 고리(高麗)] [209]

⑦ 임금은 5색 옷을 입고, 흰 비단으로 관(白羅冠)을 쓰며, 가죽 띠는 모두 금테를 두르

---

204) 『魏書』(100)「列傳」(88) 고구리(高句麗) : 其官名有謁奢太奢大兄小兄之號 頭著折風 其形如弁 旁插羽 貴賤有差.

205) 『周書』(49),「列傳」(41), 異域(上) 고리(高麗) : 其冠曰骨蘇 多以紫羅為之 雜以金銀為飾 其有官品者 又插二鳥羽於其上 以顯異之.

206) 『隋書』(81),「列傳」(46), 고리(高麗) : 人皆皮冠 使人加插鳥羽 貴者冠用紫羅飾以金銀.

207) 『北史』(94),「列傳」(82), 고리(高麗) : 人皆頭着折風 形如弁 士人加插二鳥羽. 貴者其冠曰蘇骨 多用紫羅為之 飾以金銀.

208) 『舊唐書』(29),「志」(9), 音樂(2) : 高麗樂工人紫羅帽飾以鳥羽.

209) 『舊唐書』(199),「列傳」(149), 고리(高麗) : 官之貴者 則青羅爲冠 次以絳羅 插二鳥羽 及金銀爲飾.

고, 대신은 푸른 비단 관을 쓰고 그 위에 붉은 비단 관을 쓰는데, 새깃털 2개를 꽂고 금은으로 꾸민다. 『신당서(新唐書)』, 「열전」, 고리(高麗)][210]

이렇게 보면 남자들은 모두 절풍을 쓰는데, 다음 같은 경우에 닭깃털을 꽂는다.

① 벼슬이 높은 사람(貴賤有差) (『위서』)
② 벼슬이 있는 사람(官品者) (『주서』)
③ 사인(使人)[211] (『수서』)
④ 벼슬하는 사람(士人) (『북사』)
⑤ 음악을 연주하는 사람(樂工人) (『구당서』)
⑥ 벼슬이 높은 사람(官之貴者) (『구당서』)
⑦ 대신(大臣) (『신당서』)

위의 내용들을 간추려 보면 벼슬이 있는 사람(官品者, 士人), 그 가운데서도 벼슬이 높은 사람(貴者, 官之貴者, 大臣)들이 닭깃털관을 쓸 수 있었고, 연주하는 예술인(樂工人)도 닭깃털을 꽂을 수 있었다.

여기서 예술인들이 벼슬을 하는 사람들과 같은 대우를 받았다는 사실을 알 수 있다. 아울러 닭신(雞貴)을 머리에 모시고 다니는 사람들은 벼슬을 하거나 예술을 하는 자리에 있는 사람들만 가능했던 것으로 큰 자부심이었다는 것도 알 수 있다.

『구당서』에 음악을 연주하는 사람(樂工人)들도 닭깃털을 꽂을 수 있었다고 했는데, 춤무덤 그림을 보면 춤추는 사람 가운데서도 맨 앞에서 이끄는 리더만이 꽂는다는 것을 알 수 있다(<그림81> 참조).

사냥하는 그림에서도 맨 아래 작은 그림의 무사는 닭 깃털을 꽂지 못했고, 중

---

210) 『(新)唐書』(220), 「列傳」(145), 고리(高麗) : 王服五采以白羅製冠 革帶皆金釦 大臣青羅冠 次絳羅珥 兩鳥羽 金銀雜釦.

211) 사인(使人)은 심부름꾼이라는 뜻으로 관에서는 왕의 명령을 받들어 외국에 가는 사신이나 조정에서 파견되어 지방 사무를 보는 벼슬아치를 말하는데, 여기서는 벼슬한 사람과 벼슬하지 않은 사람을 가르는 문장이기 때문에 벼슬아치라고 옮길 수 있다.

그림 81 춤무덤의 춤추는 사람이 쓴 닭깃털관(鷄羽冠)(사진 : 『洞溝』)

그림 82 춤무덤 사냥하는 그림에 나타난 닭깃털관(鷄羽冠)

간에 호랑이를 쫓는 무사는 닭 깃털을 2개 꽂았으나 사슴을 쫓는 주인공은 닭 꼬리털을 꽂았다. 이로 보아 닭 꼬리관(鷄尾冠)이 더 신분이 높다고 상정해 볼 수 있다(그림 82 참조).

　이상에서 본 내용을 총정리해 보면 닭깃털을 꽂은 법륭사의 인물은 벼슬이 높은 사람이거나 예술가였다는 결론이 나온다.

3. 법륭사 고구리(高句麗) 인물상을 그린 연대

1) 마찌다의 연대 비정 : 623~650년 사이

이 그림이 처음 신문에 발표될 때 요미우리 신문에서는 "그림이 그려진 연대는 성덕태자(622년 세상을 떴다)가 살아 있을 때와 겹칠 가능성도 있다."고 했다.[212] 그리고 마찌다는 좀 더 구체적인 연대를 제시하였다.

> 아미따좌상의 대좌는 무늬 양식으로 보아 석가삼존의 대좌(623년)보다 늦게 만들어진 것으로 보인다. 그러나 중국 남북조 후기 작품에 보이는 당초문 연화문을 많이 쓰지 않고, 운기문(雲氣紋)이나 운기문당초문(雲氣紋唐草紋) 같은 옛 문양을 쓰고 있기 때문에 650년 이후로 내려가지는 않을 것이다.[213]

그 주장의 근거는 ① 623년에 만들어진 석가삼존의 대좌보다 늦게 만들어졌다. 그러므로 623년이 상한이 된다. 그리고 ② 운기무늬(雲氣紋)나 운기무늬당초무늬(雲氣紋唐草紋)를 쓰고 있어 650년이 하한이 된다. ①은 고고학적 유물을 통해서 본 것이고, ②는 미술사적 측면에서 판단한 것이다.

(1) 석가삼존상 대좌의 연대 검토

앞서 금당의 세 붇다를 모신 대좌는 모두 옛날에 만들었을 것이다. 먼저 마찌다가 상한으로 보는 석가삼존의 광배 명문을 꼼꼼하게 옮겨본다. 이 광배의 글월은 약사여래상 광배와 함께 법륭사의 수수께끼를 푸는 열쇠이기 때문이다.

---

212) 讀賣新聞 1992년 10월 30일자.

213) 町田章, <調査報告 1> 「法隆寺金堂阿弥陀坐像の台座に描かれた人物像について」, 法隆寺昭和資財帳編纂所 『伊珂留我—法隆寺昭和資財帳調査概報 ⑮』, 小学館, 1994年 4月 10日, 13쪽.

◉ 『법륭사 금당 석가삼존상 광배의 글(銘)』[214]

법흥(法興) 원년[215]으로부터 31년(621), 12월 귀전태후(鬼前太后)[216]가 세상을 떴다. 다음 해 (622) 1월 22일, 상궁의 법황(上宮法皇, 성덕태자)[217]이 병이 나서 편안하지 않았고, 간식왕 후(干食王后)[218]도 이어서 (간병의) 피로 때문에 병이 들어 함께 드러눕게 되었다. 이에 왕 후·왕자 등이 여러 신하들과 함께 크게 걱정하여 모두 함께 발원하였다.

그림 83 석가삼존상 광배(大橋一章 79쪽)

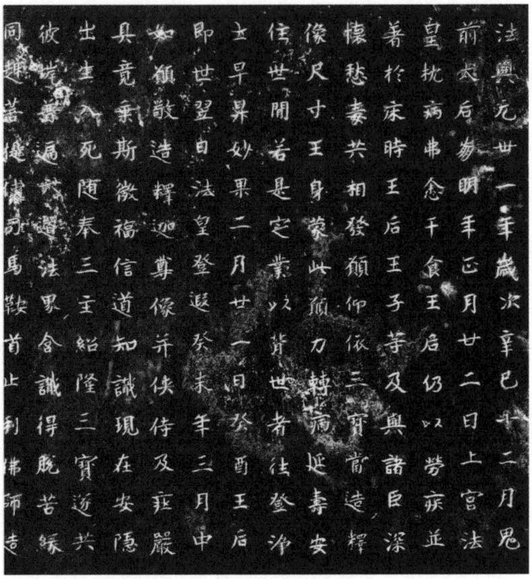

그림 84 광배 글(『国宝法隆寺金堂展』 사진12쪽)

---

214) 원문 : 長岡龍作 『日本の仏像』, 中公新書, 2009.

215) 법흥은 불교에서 쓰인 연호로 법흥 원년은 신해년(辛亥, 591년)이다. 600년과 607년 수나라에 사신 을 보냈다는 다시시히꼬(多利思北孤)가 불교에 귀의하여 법왕이라 칭하고 법흥이라고 개원한 해인 591년으로 보고 있다. 이 당시 불교에서는 국가적으로 통일된 연호나 천황의 이름도 사용하지 않 고 불교 자체의 연호를 사용했다는 사실을 알 수 있다. 자세한 내용은 다음 자료를 볼 것: 正木 裕, 「九州年号の別系列 (法興·聖徳·始哭) について」, 『古田史学会報』(104), 2011. 6. 15. http://www.furutasigaku.jp/jfuruta/kaiho104/kai10401.html

216) 귀전태후(鬼前太后)는 정사에 나오지 않고 이 광배에 나온 것이지만, 법흥 원년을 591년으로 볼 때, 태후는 성덕태자의 어머니고, 용명천황의 황후인 아나호베노하시히또노히메미꼬[(穴穂部間人皇女, あなほべのはしひとのひめみこ, ?~622(推古天皇29年12月21日)]라고 보고 있다.

217) 성덕태자(聖德太子)를 말한다.

218) 干食王后는 성덕태자의 왕후 가시와데노오끼미(かしわでのおおきみ)를 말하는 것으로, 가시와데 부 인(膳部菩岐々美郎女)을 말한다.

"삼보에 귀의하오며, 왕(성덕태자)의 몸과 같은 크기의 석가상을 만들겠습니다. 이 원력으로 병이 나아 목숨이 길어지고 이 세상에서 편안히 살 수 있도록 해 주시고, 만일 정해진 업에 따라 이 세상을 등지게 되면 정토에 올라가서 일찍 묘과(妙果: 깨달음)를 얻길 발원합니다."

(622년) 2월 21일(癸酉) 왕후가 세상을 떠나고 다음 날 법황(성덕태자)이 (극락정토로) 올라가셨다. 계미년(623년) 3월에 발원한 대로 석가존상과 아울러 협시(보살)와 (광배나 대좌 같은) 장엄구를 삼가 만들었습니다. 이 작은 복으로 도를 믿는 지식(知識)들이²¹⁹⁾ 현세에 편안함을 얻고 생을 떠나 죽음에 들면 세 주인(성덕태자·태자의 어머니·부인)을 만나 (불교의) 삼보를 받아들이고 모두 함께 피안에 이르기를 비오며, 6도를 도는 법계의 모든 중생들도 괴로운 연을 여의고 함께 깨달음을 얻기를 빕니다.²²⁰⁾

사마 안수지리(司馬 鞍首止利, 시바 구라쯔꾸리 노 오부또 도리) 불사(佛師)를²²¹⁾ 시켜 만듦.

여기서 두 개의 절대 연대가 나타난다.
① 622년 2월 21일 성덕태자가 세상을 떴다.
② (623년) 3월 석가삼존상을 만들었다.

성덕태자가 죽은 날짜에 대해서는 논란이 있다. 광배에서는 622년 2월 21일로 되어 있는데, 이는 『일본서기』에서는 621년 2월 5일로 거의 1년의 차이가 있기 때문이다. 현재는 이 광배에 나오는 622년 설이 우세하다. 금석문은 특별히 누가 의도적으로 바꾸지 않은 한 그 유물과 함께 이어져 왔기 때문에 더 믿을 수 있다.

---

219) 벗(知人)을 뜻하는 말로 그 사람의 심식(心識)을 가리킨다. 길을 함께 가는 벗을 도반(道伴)이라고 하는데, 흔히 선우(善友) 선지식(善知識)이라고 한다. 나쁜 벗은 악우(惡友) 악지식(惡知識)이라고 한다. [화엄경, 입법계품, 증일아함경 권11, 선지식품(善知識品)]

220) 法興元世一年歲次辛巳十二月, 鬼前太后崩. 明年正月廿二日, 上宮法皇枕病弗悆. 干食王后仍以勞疾, 並著於床. 時王后王子等, 及與諸臣, 深懷愁毒, 共相發願. 仰依三寶, 當造釋像, 尺寸王身. 蒙此願力, 轉病延壽, 安住世間. 若是定業, 以背世者, 往登淨土, 早昇妙果. 二月廿一日癸酉, 王后即世. 翌日法皇登遐. 癸未年三月中, 如願敬造釋迦尊像并侠侍及莊嚴具竟. 乘斯微福, 信道知識, 現在安隱, 出生入死, 隨奉三主, 紹隆三寶, 逐共彼岸, 普遍六道, 法界含識, 得脫苦緣, 同趣菩提. 使司馬鞍首止利佛師造.

221) 불사(佛師): 불공(佛工)을 말하는데 불상이나 그 앞에 쓰는 제구 따위를 만드는 사람.

부서져 없어지기 쉬운 종이에 쓴 것이 아니고 단단한 재료인 쇠나 돌에 영구히 알리기 위해 기록하였기 때문에 사료 가치로 더 인정을 받을 수밖에 없다. 그리고 『천수국수장(天壽國繡帳)』에 쓰인 글에 나온 태자의 죽은 연대도 광배의 연대와 같아 더욱 신빙성이 있다.

(2) 『천수국수장(天壽國繡帳)』에 기록된 글에 나온 연대 검토

『천수국수장(天壽國繡帳)』의 글 전반부는 흠명천황에서 성덕태자에 이르는 계보를 기록하였고, 후반에서는 수놓아 만든 휘장을 만들게 된 경위가 적혀 있다.

> <u>신사년(辛巳, 621) 12월 21일에 들어 (성덕태자의 어머니) 공부간인(孔部間人, あなほべのはしひと) 모왕(母王)이 돌아가시고 다음 해(622) 2월 22일(甲戌) 밤중에 (성덕)태자가 돌아가셨다.</u> 이에 (태자의 妃인) 다지파라대여랑(多至波奈大女郎, たちばなのおおいらつめ)은 슬프고 서러워 탄식하며 (스이꼬·推古) 천왕에게 두려움을 가지고 말했다. "이것을 말씀드리기 두렵지만, 마음에만 품고 있기가 어렵습니다. 우리 대황(성덕태자)과 모왕(母王)이 약속이나 한 듯 잇따라 돌아가셔 괴로움이 그지없습니다. 우리 대왕께서 말씀하시길 "세상은 헛되고 거짓된 것이며 오로지 붇다(의 가르침)만 참되다."고 하셨습니다. 그 (불)법을 새겨보면 우리 대왕께서는 반드시 천수국(天壽國)에 태어나셨을 것이나 그 나라의 모습을 눈으로 볼 수가 없습니다.[222] 생각하기로는 그려진 형상으로나마 대왕이 (극락에) 가서 태어난 모습을 보고 싶습니다." 천왕이 들으시고 애달프고 구슬퍼 말씀하셨다. "내 한 살붙이가 있어 정성이 이처럼 간절하니 조서를 내려 여러 궁녀(采女)에게 수장(繡帳) 2장을 만들게 하여라."
>
> 그림 그린 사람(畵者) : 東漢末賢 (やまとのあやのまけん)
>
> <u>高麗加西溢(こまのかせい),</u>
>
> 漢奴加己利 (あやのぬかこり)

---

222) 천수국(天壽國)을 아미따불 정토인 극락이라는 연구자가 다수이다. 그러나 경전에는 극락국, 안락국(安樂國), 안양국(安養國) 등이 나오지 천수국(天壽國)은 나오지 않는다. 그래서 하늘나라 미륵정토인 두솔천(兜率天)이라고 주장하는 학자도 있다. 하지만 두(兜=두)솔천을 천수국(天壽國)이라고 기록한 경전도 없다. 금당의 붇다 가운데 아미따붇다가 있는 것을 보면 극락을 그렇게 불렀다고 본다.

영을 내린 사람(令者) : 椋部秦久麻(くらべのはだのくま)

여기서 우리는 ① 622년 2월 21일 성덕태자가 세상을 떴고, ② (623년) 3월 석가삼존상을 만들었다는 사실이 신빙성 있다는 것을 알 수 있다. 물론 일본에서 이런 유물의 진위에 대한 논란이 있으나 부정론은 주로 후대의 용어로 이전의 유물을 평가하는 방법이다.[224]

2) 아미따불상 대좌의 제작연대 검토

앞 절에서 금당 석가삼존불의 조성연대를 623년으로 보았고, 마찌다가 그 623년을 아미따삼존불의 연대 상한으로 보았으며, 미술사적으로는 연대가 조금 늦어지지만 650년을 하한으로 한 것을 보았다. 그리고 "11월 1일까지 석가(釋迦)삼존상(국보)의 대좌 옆면에 그려져 있는 사천왕상 가운데 지국천의 아래 그림이 발견되고, 2일째에는 같은 대좌에 쓰인 부재(部材)에서 간지(干支) 연도와 행정기구 이름을 먹으로 쓴 문자 30자가 확인되었다.

간지는 성덕태자가 죽은 전년인 621년을 보여 주어 미술사 자료로서도 가정조직을 아는 역사자료로서도 중요한 자료로 주목을 받았다."는 기사에서 보았듯이 대좌에 나온 간지는 오히려 불상을 만든 연도보다 2년이 앞선다는 사실을

---

223) <원문> 歲在辛巳十二月廿一癸酉日 入孔部間人母王崩. 明年二月廿二日甲戌 夜半太子崩. 于時多至 波奈大女郎悲哀嘆息 白畏天皇前曰: 啓之雖恐懐心難止使. 我大皇與母王 如期従遊 痛酷无比. 我大王所告 世間虚仮唯仏是真, 玩味其法 謂我大王応生於天寿国之中 而彼国之形 眼所叵看. 怖因図像 欲観大王往生之状. 天皇聞之 悽然告曰: 有一我子所啓誠以為然 勅諸采女等 造繍帷二張. 画者東漢末賢・高麗加西溢 又漢奴加己利 令者椋部秦久麻.

224) 일본에서는 아직도 논란이 계속되고 있다. 1) 623년 긍정설 : 광배 실물을 철저하게 조사하여 글월(銘文)이 나중에 추가된 것이 아니고 처음부터 새겨진 것이라는 것을 논증하였고(東野治之,「法隆寺金堂釈迦三尊像の光背銘」,『日本古代金石文の研究』, 岩波書店, 2004년) 이어서 長岡龍作(『日本の仏像』, 中公新書, 2009) 吉川真司 (『飛鳥の都-シリーズ日本古代史3』, 岩波新書, 2011) 같은 학자들이 지지하고 있다. 2) 623년 부정설 : ①「법흥(法興)」이라는 연호가 존재하지 않기 때문에 후대에 쓴 것이다(大山誠一,「'聖徳太子'研究の再検討-上」, 弘前大学國史研究会,『弘前大学國史研究100』, 1996). ②「법황(法皇)」이란 말은 법왕이 천황 칭호의 영향을 받은 것으로, 후세 천황 칭호가 성립된 이후의 것이다.(大山誠一의 같은 책), ③「불사(仏師)」라는 말은 일본에서 만들어낸 말로 정창원 문서에서 734년 처음 사용하였다(藪田嘉一郎,「法隆寺金堂薬師・釈迦像光背の銘文について」,『仏教芸術』 7号, 1950: 田中嗣人,「仏師・仏工の成立と止利仏師」,『日本古代仏師の研究』第1部, 1983.).

알 수 있다. 또 앞에서 요미우리 신문에서는 태자가 살아 있을 때 만들었을 것이라는 가설도 있었다. 그러므로 석가삼존불의 조성연대는 621~623년으로 볼 수 있다.

그리고 앞에서 이미 아미따삼존불의 대좌는 윗부분은 가마꾸라시대에 덧붙인 것이지만 아랫부분은 석가삼존불과 같은 시기에 만들었다는 것도 보았다. 그렇다면 아미따삼존불이 석가삼존불과 같은 시기에 만들었는가?, 아니면 그 이전이나 뒤에 만들었는가? 성덕태자가 세상을 뜬 뒤 석가삼존불을 만들 때 아미따삼존불도 함께 만들었을 가능성이 있다.

앞에서 보았듯이 성덕태자가 세상을 뜬 뒤 만든 천수국수장(天壽國繡帳)에 정토를 그린 것을 보면 정토를 주관하는 아미따불을 함께 모셨다고 볼 수 있다.

(1) 『성덕태자전 사기(聖德太子傳私記)』 검토

그런데 가마꾸라시대(13세기) 기록한 『성덕태자전 사기(聖德太子傳私記)』에[225] 보면 아미따삼존불은 법륭사를 지을 때 약사여래삼존과 함께 만들어지고, 석가삼존불은 성덕태자가 세상을 떠난 뒤 두 불상에 더하여 만들어졌다고 기록하고 있다. 이 기록대로라면 아미따삼존불의 조성이 석가삼존불보다 더 먼저 만들어진 셈이다. 먼저 그 기록부터 검토해 보기로 한다.

● 법륭사 건립에 관한 일(法隆寺建立事)

금당·강당·탑(3德과 3學을 나타낸다)은 '品' 자의 (붓을 세 번 굴리는) 삼전(三轉)을 말하고[226] 면상(面上)의 삼목(三目)에 해당한다. 중문(中門)에 정면(正面)이 없는 것이 많으므로(在

---

225) 『성덕태자전 사기(聖德太子傳私記)』, 도쿄국립박물관 e-Museum(중요문화재). 쇼토쿠태자전에 관한 비전(秘傳)과 법륭사 절의 사지(寺誌)를 기록한 것이다. 『쇼토쿠태자전사기』라고도 한다. 13세기 전반에 법륭사 승려 겐신이 상하 2권으로 정리하였는데 상권에는 스승 류센에게서 전수된 법륭사와 쇼토쿠태자전의 비전을 기록하고, 하권에는 쇼토쿠태자의 도네리(시중드는 사람)였던 쓰키 노 오미마로에 관한 비전과 스스로 쓰키 노 오미마로 직계 자손임을 적고 있다. N-18은 겐신 자필의 초고본으로 곳곳에 고쳐 쓰거나 정정한 흔적이 보인다. N-19는 완성본을 무로마치 시대에 옮겨 쓴 것으로, 내용이 정연하며 N-18과는 기록의 양과 순서에 큰 차이가 있다. 현재는 상중하 3권으로 나뉘어 있다. 이 원문은 N-19에서 옮긴 것이다. http://www.emuseum.jp/detail/100629

226) 중문과 대강당이 회랑을 이어져 있는 모습이 '品' 자 꼴이라는 뜻으로 요즈음은 凸꼴이라고 한다.

多故) 부모가 되기도 하고, 부모 2세가 되기도 하고, 아버지와 나 자신이 되기도 한다. 정면이 없는 가운데 2칸에 2개의 금북(金鼓, 金鼗)이 걸린 것도 위의 사실에서 비롯되었다. 혹은 자손이 계속 이어지지 않은 것으로, 이는 절안의 △를 뜻한다.

또 본 강당(=⑮ 배치도 참조)이 정면이 없고 가운데 2칸이 있는데, 동쪽 칸은 약사불(삼존), 서쪽 칸은 아미따불(삼존)이 중문(中門)의 가운데 2칸을 향하고 있어 중문에 정면이 없다. 이것은 바로 부모가 된다. 혹은 또 탑=④을 세우고, 금당=③ 동면 중문의 중간이 2칸이다. 또 금당 안 정면은 약사(불)이 용명천왕(用明天皇)이 되고,[227] 서칸 아미따(불)은 (황후인) 아자호베 노 히메미꼬(穴穗部皇女)이고,[228] 관음(보살)은 나 자신이고, 세지(보살)는 (왕)비다. 서녘 (아미따불) 삼존은 중생에게 이익을 주기 위해 태어나셨다. 그러므로 법륭사는 부모 두 분(親)을 모시기 위한 절이기 때문에 정면에 다른 절이 없다. 이것은 옛날 불상을 모시는 작법이다.

그래서 태자가 돌아가시자 비로소 (正面 칸을) 모셔 보탠다. 그때 동쪽 칸은 불상이 없었는데, 태자가 세상을 떠난 두 번째 해(623) 봄 3월에 석가삼존(불)을 모셨다. 금당 안 서쪽 아미따(불)을 모신 단상에 구세관음(救世觀音 : 二臂如意輪菩薩 두 분, 앉은 길이 1자)이 있는데 모두 금동태자(석가삼존 등신불)를 본존으로 하고, 더욱 숭상하는 상이다.[229]

이 내용에 따르면 처음 법륭사를 지을 때 금당의 불상 배치는 다음과 같다.

---

227) 용명천황(用明天皇. ?~587) : 일본의 31대 천황(585~587). 선대인 민달천황(敏達天皇)과 달리 불교를 중시하여 불교를 공인하였기 때문에 그 뒤 추고천황(推古天皇) 이후 불교가 융성하였다. 그러나 용명천황은 천연두(疱瘡)에 걸려 2년을 채우지 못하고 세상을 뜬다. 그 뒤 누이인 추고천황이 뒤를 잇고 성덕태자가 사실상 섭정한다.

228) 아자호베 노 히메미꼬(穴穗部皇女, あなほべのひめみこ, ?~622) : 용명천황의 황후이고 성덕태자를 낳은 어머니다.

229) 「法隆寺建立事」 金堂講堂塔(表三德. 表三學) 當品字三轉 當面上三目. 中門無正面在多故 或爲父母 或爲父母二世 或爲父與我身. 無正面中二間 懸二金鼗上由也. 或御子孫不繼相也. 此義有廟內 △. 又本講堂無正面而中二間 東間藥師佛(三尊) 西間阿彌陀佛(三尊) 向中門 中二間 仍中門 無正面 此則爲父母也. 或又依作塔 金堂東面中門中間二間也. 又金堂內正面 藥師爲用明天皇 西間阿彌陀爲穴穗部皇女 觀音爲我身 勢至爲妃. 西方三尊爲 和圍衆生利益降誕. 然則此寺者 奉爲二親 仍無正面餘寺 更無此作法. 此昔佛像安之作法也. 卽太子去世今安持給之. 其時東間無佛像 太子去入滅第二年春三月安釋迦三尊. 金堂內西阿彌陀壇上在救世觀音(二臂如意輪)二躰(坐長一尺) 共金銅太子以本尊(以本地)也. 尤御崇重尊像也.

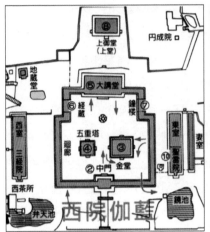

그림 85 법륭사 가람배치도

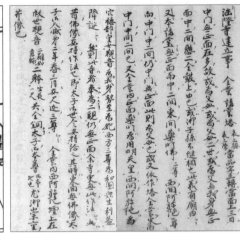

그림 86 法隆寺建立事

(1) 정면 : 약사불(삼존) = 용명천왕(用明天皇)

(2) 서쪽 칸 : 아미따불(삼존) = (황후인) 아자호베노히메미꼬(穴穂部皇女)

   (2)-1 아미따불 협시 관음보살 : 성덕태자

   (2)-2 아미따불 협시 세지보살 : 성덕태자의 비

그리고 622년 성덕태자가 세상을 뜬 뒤 동쪽 칸에 석가삼존을 추가하였다.

(3) 동쪽 칸 : 석가삼존불 = 성덕태자

이렇게 해서 동쪽 칸에 석가삼존불을 모시면서 석가삼존불이 본존(本尊)이 되었다. 현재는 석가삼존불이 가운데 칸에 모셔져 있고, 동쪽 칸에 약사여래상이 모셔져 있지만 처음엔 약사여래상이 본존이었다는 것을 알 수 있다.[230]

(2) 아미따여래 대좌의 제작연대는 607~650년

법륭사와 약사여래가 만들어진 연도는 약사여래 광배 뒷면에 새겨진 연도를

---

230) 大橋一章, 「法隆寺の再建と二つの本尊」, 『早稲田大學大學院文學研究科紀要』(431) 第3分冊, 1998.

기준으로 한다.

● 약사여래(薬師여래) 광배 글(銘文)

지변대궁(池邊大宮)에서 천하를 다스리시는 천황(天皇 = 用明天皇)의 옥체(大御身)가 편찮으실 때인 병오년(用明天皇 원년인 586년), 대왕천황(大王天皇 = 推古天皇)과 태자(厩戸豊聰耳皇子·聖德太子)를 불러 서원을 내리셨다. "내 몸의 병이 나아 평안해지기를 바라기 때문에 지금 바로 절을 지어 약사(불)상을 만들어 모시고자 한다."고 조칙을 내리셨다. 그러나 바로 붕어하시어 만들어 모시지 못했다. 소치전대궁(小治田大宮)에서 천하를 다스리시는 <u>대왕천황(大王天皇 = 推古天皇)과 동궁성왕(東宮聖王 = 厩戸豊聰耳皇子·聖德太子)은 어명을 받들어 정묘년(607년)에 받들어 모셨다.</u>[231]

그림 87 약사여래상 광배(大橋一章 79쪽)

---

231) 池邊大宮治天下天皇大御身勢勞賜時, 歲次丙午年 召於大王天皇与太子 而誓願賜: 我大御身病太平欲故 將造寺藥師像作 仕奉詔然 當時崩賜造不堪者 小治田大宮治天下大王天皇及東宮聖王大命受賜 而歲次丁卯年仕奉.

이 광배의 기록에 따르면, 용명천황의 병을 낫기 위해 절을 짓고 약사여래 상을 만들어 모시려고 했는데, 바로 세상을 떴기 때문에 나중에 그 유지를 받들어 추고(推古, 스이꼬)천황과 성덕태자가 607년에 절을 짓고 약사여래상을 모셨다는 것을 알 수 있다.

용명천황은 병이 들어 2년도 자리를 지키지 못했는데 병이 들자 불교에 귀의하여 천황 가운데 가장 먼저 불교 신자가 되었다. 이 광배의 내용에 따르면 약사여래 상은 607년에 만들어졌다.

약사여래상 광배의 글에 대해서는 일본 연구자들 사이에 논란이 있지만 약사여래상의 제조연대를 607년으로 한다면, 앞에서 보았듯이 아미따여래상의 대좌 하부도 607년까지 거슬러 올라갈 수 있을 것이다. 그렇다면 아미따여래의 대좌 조성연대를 607~650년으로 확대할 수 있다.[232]

IV. 법륭사 고구리(高句麗) 인물상은 누가 왜 그렸는가?

1. 인물상을 그린 화가에 대한 기존 주장

1) 요미우리 신문의 추정 : 고구리(高句麗)계인 황문화사(黃文畵師)

그렇다면 아미따불 대좌 속의 고구리 사람은 누가, 왜 그렸을까?

이 문제를 처음 발표한 요미우리 신문의 첫 추정을 보면 다음과 같다.

법륭사(法隆寺)에서는 금당 벽화도 고구리(高句麗) 계인 황문화사(黃文畵師, 키우미노에

---

232) 大橋一章, 「法隆寺・薬師寺・東大寺 : 論争の歩み」, グラフ社, 2006.4; 大橋一章・片岡直樹 編著, 『法隆寺 美術史研究のあゆみ』, 2019/4/13, 84쪽 이하 참조. 문장 중에 나오는 천황, 동궁 같은 호칭이 스이꼬 천황 때는 아직 쓰이지 않았고, 문체와 서체도 후대의 것이라는 등의 논란이 있다.

<u>시)가 그렸다는 설이 있어 벽화 제작에 터치한 고구리(高句麗) 계의 화가가 고국의 사절을 그렸다고 생각할 수 있다. 동시에 고구리(高句麗)와의 깊은 관계를 찾을 수 있는 발견</u>이 될 것이다.[233]

다음 장에서 자세히 보겠지만 법륭사가 세워지기 직전인 604년 조정에서 고구리(高句麗) 도래인 가운데 황문(黃文) 씨(氏)를 공식적인 화가로 지정한다. 법륭사의 건립 연대에 대해 많은 논란이 있는데, 만일 『일본서기』의 기록대로라면 605년부터 법륭사를 건립하기 시작했기 때문에 이러한 추정을 타당성이 있다고 볼 수 있다. 자세한 것은 다음 장에서 검증하기로 한다.

2) 보고서의 추정 : 일본 화가 아니면 고구리 화가

이에 대해 마찌다는 이렇게 추정하였다.

644년부터 시작하여 당의 고구리 원정을 계기로 하여 조선 3국과 일본과의 외교가 차츰 긴밀해지는 가운데 고구리 사람의 왕래가 늘어나고, <u>일본 화가에 의해 스케치되었을 가능성이 있다.</u> 한편 마음껏 상상해 본다면 법륭사에 기진한 목재를 대좌로 가공하기 이전 단계에서 <u>고구리(高句麗) 의 화가가 고향을 그리워하며 장난삼아 자기 나라 풍속을 그렸는지도 모른다.</u>[234]

① 일본에 온 고구리(高句麗)사람을 일본 화가가 그렸을 것이다.
   (413년 이후는 나라이름이 高麗로 바뀌었으므로 앞으로 고리로 쓴다.)[235]
② 고리(高麗) 사람이 자기 나라 풍속을 그렸다.

이 두 가지 가설을 보면 모두 그 자리에 반드시 고리(高麗) 사람이 있어야만 가능하다. ①은 스케치의 대상으로 고리(高麗) 사람이 있어야 하고, ②는 그림을 그

---

233) 讀賣新聞 1992년 10월 30일자.
234) 町田章, <調查報告 1 >「法隆寺金堂阿弥陀坐像の台座に描かれた人物像について」, 法隆寺昭和資財帳編纂所『伊珂留我―法隆寺昭和資財帳調査概報 ⑮』, 小学館, 1994년 4월 10日, 13쪽.
235) 『일본서기』에 나오는 고구리(高句麗)는 190번이 모두 고리(高麗)로 나오고, 고구리(高句麗)는 단 한

리는 화가가 고리(高麗) 사람이어야 한다.

글쓴이는 마찌다가 추정하는 ②에 무게를 두고 싶다. 다시 말해 아미따불상과 대좌를 만들 때 고리(高麗) 화가(畵師)가 직접 참여했고, 그 화가가 대좌를 짜기 전 널빤지의 안쪽에 동족의 인물을 그려 넣었을 가능성이 크다. 이 점은 앞에서 금당의 천정에 그림을 그린 화가들이 보이지 않은 곳에 많은 낙서를 한 것을 본 것처럼 본 작품을 하기 전 연습을 하거나, 아니면 특별한 목적으로 그림을 그리거나 글을 썼다고 볼 수 있다. 약사여래상에서도 수리하는 도중 그 대좌에서도 아미따불 대좌와 마찬가지로 하좌 안쪽에서 나무와 하늘 사람을 그린 묵화가 발견된 점을 보면 당시 화가들이 이처럼 대좌 안쪽에 그림을 그린 것이 특징이 아닐까 하는 생각이 든다.[236]

일본 화가가 그렸는가? 고리(高麗) 화가가 그렸는가? 아니면 백제 화가가 그렸는가? 기록에 없는 사실이기 때문에 이 문제를 밝히기 위해서는 『일본서기』를 비롯하여 관련 자료에서 고리(高麗) 사람들의 정착과 역할, 불교 도입과 정착과정, 절의 조성과 화가들의 활동을 종합적으로 보아 판단하려고 한다.

2. 성덕태자 때의 불상을 만든 고리(高麗) 장인과 인물화

1) 성덕태자의 스승 승려 혜자(惠慈)와 고리(高麗)계 화공(畵師)들

(1) 성덕태자의 스승 고리(高麗)의 승려 혜자(惠慈)

승준천황이 대신 소가 우마꼬(蘇我馬子)에게 시해되자 흠명천황의 둘째 딸이자 민달천황의 황후이며, 용명천황의 누이인 액전부(額田部, 누까다베) 황녀(皇女)가 일본사에서 처음으로 여자 천황이 된다. 바로 추고천황(推古天皇, 593-627)인

번도 나오지 않는다. 장수왕이 즉위한 413년부터 나라이름을 고리(高麗)로 바꾸었고, 『일본서기』는 720년에 편찬되었기 때문이다. 자세한 것은 서길수, 『장수왕이 바꾼 나라이름 고리(高麗)』(여유당, 2019) 참조.

236) 『国宝法隆寺金堂展』(展覧会図録) , 182쪽.

데, 용명천황의 둘째 아들이고 조카인 성덕태자가 섭정하게 된다.

바로 이 추고천황과 성덕태자가 집권한 시기에 불교가 크게 흥성하고, 글쓴이가 다루는 고리(高麗)의 인물상도 이때 등장하게 되었다고 볼 수 있다. 그런데 고리(高麗) 승려 혜자(慧慈)가 성덕태자의 스승이라는 것을 알 수 있다. 혜자는 승준 3년(595) 일본에 귀화하여 황태자의 스승이 되었다.[237]

성덕태자는 섭정하기 시작한 첫해부터 큰 불사를 일으킨다.

> ① 추고천황 원년(593) 봄 정월 임인삭 병신(15일)에 붇다의 사리를 법흥사 (탑의) 찰주(刹柱) 주춧돌 안에 안치하였다. 정사(16일)에 (탑의) 찰주를 세웠다.[238] ……이 해에 처음으로 사천왕사(四天王寺)를 난파(難波 ; 나니와)의 황릉(荒陵 ; 아라하카)에 지었다.[239]
>
> ② 추고천황 2년(594) 봄 2월 병인 초하루에 천황은 황태자와 대신에게 삼보(三寶: 佛·法·僧)를 일으켜 펴도록 하였다. 이때 모든 신(臣 ; 오미), 연(連 ; 무라지)들은 각각 천황과 어버이(君親)의 은혜를 갚기 위해 다투어 불사(佛舍)를 지었다. 이를 절(寺)이라 하였다.[240]

추고 4년(596) 겨울 11월에 법흥사가 완공되었다. 이 날, 혜자와 혜총 두 승려가 처음으로 법흥사에 거주하였다. 그리고 6년 뒤인 602년(추고 10년) 고리(高麗)에서 승륭(僧隆)·운총(雲聰)이 와서 귀화하였다.[241] 성덕태자가 불사를 일으키는 과정에서 고리(高麗)에서 온 스승이 차지한 역할을 쉽게 알 수 있으며, 불사가 커지면서 고리(高麗)에서 더 많은 승려들이 와서 도왔다는 것을 알 수 있다.

---

237) 『日本書紀』 권22, 推古天皇. 三年 五月戊午朔丁卯, 高麗僧慧慈歸化, 則皇太子師之. ……是歲, 百濟僧慧聰來之. 此兩僧, 弘演佛教並爲三寶之棟梁.

238) 탑 외관은 기단, 탑신, 상륜(相輪)으로 이루어진다. 한가운데 기둥을 심주(心柱) 또는 찰주(刹柱)를 따로 세우고, 그 위가 상륜(相輪)이 된다. 그러므로 사리는 그 기둥 추춧돌 안에 넣고 탑을 만든 것이다.

239) 『日本書紀』 권22, 推古天皇. 元年春正月壬寅朔丙辰, 以佛舍利置于法興寺刹柱礎中, 丁巳建刹柱. …… 是歲, 始造四天王寺於難波荒陵.

240) 『日本書紀』 권22, 推古天皇. 二年春二月丙寅朔, 詔皇太子及大臣令興隆三寶. 是時, 諸臣連等各爲君親之恩競造佛舍, 即是謂寺焉.

241) 『日本書紀』 권22, 推古天皇. 四年冬十一月, 法興寺造竟, 則以大臣男善德臣拜寺司. 是日, 慧慈·慧聰二僧始住於法興寺. …… (十年) 閏十月乙亥朔己丑, 高麗僧僧隆·雲聰共來歸.

(2) 고리(高麗)계 황서화사(黃書畫師)와 산배화사(山背畫師)

추고 12년(604) 4월 성덕태자는 친필로 헌법 17조를 만들어 발표하는데, 제2조에 불교를 믿도록 하는 조항을 넣었다.[242] 그리고 같은 해 9월에 황서화사(黃書畫師)·산배화사(山背畫師)를 처음으로 정하였다.[243] '처음 정하였다(始定)'는 것은 처음으로 설정, 조직했다는 의미로 왜(倭) 왕권에서 화가집단을 관사조직 안에 편입한 사실을 말한다.[244]

『성덕태자전역(聖德太子傳曆)』추고(推古) 12년 12월조에『일본서기』와 같은 내용의 기사가 나오는데,[245] 이 기사에서는 황서(黃書) 화사(畫師)가 황문(黃文, 기부미) 화사로 되어 있어 황서(黃書) = 황문(黃文)임 을 알 수 있다.『신찬성씨록』에는 황문(黃文)이 고리(高麗)에서 온 도래인이라고 되어 있다.

> 929번째 씨(氏) : 산성국(山城國)에 사는 도래인(諸蕃)으로, 고리(高麗)에서 온 황문(黃文) 씨(氏)는 (천황이 내린) 성(姓)이 연(連)이다. 고리(高麗) 나라 사람이고, 옛날 사기왕(斯祁 王)의 후손이다.[246]

산배화사(山背畫師)도 고리(高麗) 사람들이다. 산배(山背=山城)에는 박인(狛人, 고마비도), 대박(大狛, 오고마), 후부(後部, 고베), 출수(出水, 이주미), 취전(吹田, 수이따), 전부고(前部高), 복당(福當, 후따기), 묘원(畝原, 우에하라), 나라(奈良, 나라), 산촌(山村, 야마무라), 박부(狛部, 고마베), 고리(高麗, 고마), 다가(多可, 다까), 박(狛, 고마), 고중(古衆), 자정(滋井 시게이), 황문(黃文, 키우미), 고정(高井, 다까이), 동부(東部, 도베), 광종(廣宗, 히로무네), 고전(高田, 다까다), 전촌(田村, 다무라), 장배(長背/長

---

242) 『日本書紀』 권22, 推古天皇. 二曰. 篤敬三寶. 三寶者佛法僧也. 則四生之終歸萬國之極宗. 何世何人, 非貴是法. 人鮮尤惡, 能教從之. 其不歸三寶, 何以直枉
243) 『日本書紀』 권22, 推古天皇. (十二年) 秋九月. 是月. 始定黃書畫師·山背畫師.
244) 연민수, 「고대일본의 조형문화와 한국계 화가씨족」, 『한국고대사연구』(97), 2020.3, 221쪽 이하 참조.
245) 『聖德太子傳曆』 推古 十二年. 冬十二月. 爲繪諸寺佛像莊嚴. 定黃文畫師·山背畫師·簀秦畫師·河內畫師·楢畫師等. 免其尸課. 永爲名業.
　　 http://www2s.biglobe.ne.jp/~Taiju/10c_shoutokutaishi_denryaku_1.htm#suiko
246) 『新撰姓氏錄』, 929 山城國 諸蕃 高麗 黃文 連 高麗國人久斯祁王之後也.

瀨, 나가세), 팔판마사(八坂馬飼, 야사까 노 우마까이), 반판(反坂), 상원(桑原, 구와하라) 같은 고리(高麗)에서 온 도래인들이 살고 있었다.[247]

황문(黃文, 키우미) 화사도 산배(山背＝山城)에 사는 고리(高麗) 사람이기 때문에 황문씨를 비롯한 산배지역의 고리(高麗) 출신 화가들이 모두 화사로 임명되었다는 사실을 알 수 있다. 앞에서 요미우리 신문이 "법륭사(法隆寺)에서는 금당 벽화도 고구리(高句麗) 계인 황문화사(黃文畫師, 키우미 노 에시)가 그렸다는 설이 있어 벽화 제작에 터치한 고구리(高句麗)계 화가가 고국의 사절을 그렸다고 생각할 수 있다."고 하였다. 바로 그 황문화사(黃文畫師, 키우미 노 에시)가 바로 이때 공식적으로 황실의 화가(畫工·畫師)가 되어 활동하기 시작한다.

2) 일본 불상의 원조, 안작 조(鞍作 鳥, 구라쯔꾸리 노 도리)

(1) 안작 조(鞍作 鳥, 구라쯔꾸리 노 도리)

605년 황제가 직접 구리와 비단으로 불상을 만들도록 지시하면서 일본 불상의 원조라고 할 수 있는 안작 조(鞍作 鳥, 구라쯔꾸리 노 도리)가 등장한다.

13년(605) 여름 4월 신유(초하루)에 천황이 황태자, 대신과 여러 왕, 여러 신하와 함께 다짐(誓願)을 발표하고[248], 처음으로 구리와 비단으로 장육불상 각각 1구를 만들기로 하고 안작 조(鞍作 鳥 ; 구라쯔꾸리 노 도리)를 불상 만드는 장인으로 삼는 명을 내렸다. 이때 고리 나라(高麗國) 대흥왕(大興王)이 일본국 천황이 불상을 만든다는 말을 듣고 황금 300냥을 바쳤다.[249]

---

247) 水城寅雄, 「內地に於ける高句麗歸化族の分布」, 朝鮮總督府 『朝鮮』(255), 1936. (玄圭煥, 『韓國流移民史』, 興士團, 1976, 113쪽 재인용).

248) 장육불상의 '장육(丈六)'은 석가여래의 키가 '1길 6자(一丈六尺)'였다는 전설에서 유래된 말이다. 따라서 장육상이라 하면 16자(尺), 480cm 높이의 불상을 뜻한다.

249) 『日本書紀』 권22, 推古天皇. 十三年 夏四月辛酉朔, 天皇詔皇太子·大臣及諸王·諸臣, 共同發誓願, 以始造銅·繡丈六佛像, 各一軀. 乃命鞍作鳥爲造佛之工. 是時高麗國大興王聞日本國天皇造佛像, 貢上黃金三百兩.

『일본서기』에 나라가 임명한 최초의 불상 장인이다. 여기서 하나 더 눈길을 끄는 것은 일본이 국가적 사업으로 불상을 만드는데 고리(高麗) 왕이 황금 300냥[250]을 보시했다는 것이다. 고리(高麗) 대흥왕(大興王)이란 연대로 봐서 영양왕 16년이 된다. 이 기사 내용을 통해서 일본에 있는 고리(高麗) 사람들이 끊임없이 본국과 소통하고 있었다는 사실을 알 수 있다. 그리고 이때 황금뿐 아니라 불상의 모형도 함께 보내와서 도리가 황제에게 제시하였다고 볼 수 있다.[251] 안작 조(鞍作 鳥, 구라쯔꾸리 노 도리)에 대한『일본서기』의 기록은 매우 자세하다.

추고 14년(606) 여름 4월 을유 초하루 일진일, 구리와 비단으로 만든 장육불상이 함께 만들어졌다. 이날 장육동상을 원흥사(元興寺)의 금당에 안치하였다. 이때 불상이 금당 문보다 높아서 금당 안으로 들일 수가 없었다. 이에 공인들이 의논하기를 "금당 문을 부수고 넣자."고 하였다. 그러나 빼어난 기술을 가진 안작 조(鞍作 鳥)가 문을 부수지 않고 금당에 들여 넣을 수가 있었다. 그날 재(齋)를 지내는 데 모인 사람이 헤아릴 수 없이 많았다. 이 해부터 처음으로 절마다 4월 8일과 7월 15일에는 재를 지냈다.[252]

이 기록은 원흥사(元興寺) 불상을 안작 조(鞍作 鳥, 구라쯔꾸리 노 도리)가 만들었다는 것을 확실히 밝혔다. 이 기사는 이어서 안작 조(鞍作 鳥, 구라쯔꾸리 노 도리)의 가족과 본인의 공이 얼마나 큰지를 아주 자세하게 언급하였다.

---

250) 『일본서기』에서는 불상을 만드는 데 드는 황금을 보시한 것은 물론 기술자를 모셔온 것도 모두 공(貢), 곧 고리(高麗)가 바쳤다는 상투적 표현을 쓰고 있다. 이런 아전인수격 기술이『일본서기』의 신빙성을 많이 떨어뜨린다.

251) 법륭사 금당의 불상이 고리(高麗)의 불상과 같은 식이라는 것은 이미 북한에서 연구되었다. "법륭사 금당의 석가여래3불상은 곡산군 봉산리에서 나온 3불상과 같이 1광3불상 형식으로 되어 좌우대칭의 엄격한 구성과 굳건하고 안전한 자세를 보여주나, 그뿐만 아니라 몸체에 비하여 큰 얼굴과 손, 웃음어린 표정과 기하학적인 장식수법으로 처리한 옷주름의 모양 등이 고구려 조각의 품격을 잘 나타내고 있다. 이 불상은 평원군 원오리(오늘의 덕포리) 절터에서 나온 곱돌로 만든 여래좌상과 비슷하며 그 연관성을 보여주면서도 보다 더 부드러운 얼굴표정과 몸매, 하반신에 나타난 굵고 힘 있는 옷주름 등 전반적 형상에서 더욱 세련된 고구려 조각의 전형적 양상을 보여준다(량연국,『조선문화가 초기일본문화발전에 미친 영향』, 사회과학출판사, 1991, 129쪽).

252) 『日本書紀』권22, 推古天皇. 十四年 夏四月乙酉朔壬辰. 銅·繡丈六佛像並造竟. 是日也, 丈六銅像坐於元興寺金堂. 時佛像高於金堂戶, 以不得納堂. 於是諸工人等議曰, 破堂戶而納之. 然鞍作鳥之秀工, 以不壞戶得入堂. 卽日設齋. 於是會集人衆不可勝數. 自是年初每寺, 四月八日, 七月十五日設齋.

(606년) 5월 갑인 초하루 무오일에 안작 조(鞍作鳥)에게 "짐이 내전(內典 : 불교)을 널리 펴기 위해 절을 세우면서 먼저 사리를 구하였다. 그때 너의 할아버지 사마달등(司馬達等)이 바로 사리를 올렸다. 또 나라 안에 승니가 없었는데 그대 아비 다수나(多須那)가 귤풍일(橘豐日 ; 타치바나 노 토요히)천황을 위해 출가하여 불법을 받들었다. 또 그대의 이모 도녀(嶋女 ; 시마메)는 처음 출가하여 여러 비구니들을 이끌고 붇다의 가르침을 닦았다. 이제 또 짐이 장육불상을 만들기 위하여 좋은 불상을 구하였는데 그대가 바친 붇다모형(佛本)이 짐의 마음에 딱 들었다. 또 불상을 완성하였으나 금당에 들여놓지 못하고 모든 장인이 손을 쓰지 못하고 금당 문을 부수려 하였을 때, 그대는 문을 부수지 않고 불상을 들여놓았다. 이것은 다 너의 공이다."라고 말하였다. 그리고 대인(大仁)이라는 직위를 내리고, 근강국(近江國 ; 아후미 노 쿠니) 판전군(坂田郡 ; 사카타노코오리)에 있는 논 20정을 주었다. (鞍作) 조(鳥)는 이 논으로 천황을 위하여 금강사(金剛寺)를 지었다. 이것이 지금의 남연(南淵 ; 미나부치) 판전니사(坂田尼寺, 사카타 노 아마데라)라는 절이다.[253]

불상을 만든 도리(鳥)는 사마달등(司馬達等)의 손자이고, 용명천황을 위해 출가한 안부 다스나(鞍部多須奈, 구라쯔꾸리 다스나)의 아들이다. 정사의 기록에 사마달등 → 안부 다스나(鞍部多須那) → 안작 조(鞍作鳥)로 이어지는 가계가 뚜렷하게 드러난다. 그리고 안작 조는 대인(大仁)이라는 직위에 오른 것도 알 수 있다.

백제의 기술진으로 시작한 일본 사원의 조성은 추고천황 이후 고리(高麗)의 선진 기술이 우위를 점하면서 추고 14년(605)에도 큰 성과를 내고, 본격적으로 큰 절들이 들어서기 시작하였다.

---

253) 『日本書紀』 권22, 推古天皇. (十四年) 五月甲寅朔戊午, 勅鞍作鳥曰, 朕欲興隆內典, 方將建佛利, 肇求舍利. 時汝祖父司馬達等便獻舍利. 又於國無僧尼. 於是汝父多須那爲橘豐日天皇, 出家恭敬佛法. 又汝姨嶋女初出家, 爲諸尼導者, 以修行釋敎. 今朕爲造丈六佛, 以求好佛像. 汝之所獻佛本, 則合朕心. 又造佛像旣訖, 不得入堂. 諸工人不能計, 以將破堂戶. 然汝不破戶而得入. 此皆汝之功也. 則賜大仁位. 因以給近江國坂田郡水田廿町焉. 鳥以此田, 爲天皇作金剛寺. 是今謂南淵坂田尼寺.

① 원흥사(元興寺) = 법흥사(法興寺) = 비조사(飛鳥寺)[254]
② 금강사(金剛寺 = 坂田尼寺)[255][256]
③ 반구사(斑鳩寺)[257]

606년 황태자는 법화경(法華經)을 강의하고 받은 논 100정을 반구사(斑鳩寺, 이까루까데라)에 바쳤다는 기록이 나오는 것을 보면 이때 반구사(斑鳩寺, 이까루까데라)도 이미 설립되어 있었다는 것을 알 수 있다.[258] 반구사(斑鳩寺)는 법륭사(法隆寺, 호류지)의 별칭으로 현재 나라현(奈良県) 이꼬마군(生駒郡) 이까루까죠(斑鳩町)에 있는 법륭사 남쪽에서 발굴된 '첫 가람(若草伽藍)'을 말한다. 여기서 중요한 것은 이러한 절의 불상을 모두 605년 국가에서 공식적으로 임명한 불상 만드는 장인 안작 조(鞍作 鳥, 구라쯔꾸리 노 도리)가 만들었다는 사실이다.

앞에서 법륭사 불상의 제조연대를 검토하면서 『성덕태자전 사기(聖德太子傳私記)』에서 용명천황을 위해 약사불을 조성하고 황후를 위해 아미따불을 조성하였다는 기록을 보았고, 약사불은 광배의 글을 통해서 "대왕천황(大王天皇=推古天皇)과 동궁성왕(東宮聖王=厩戸豊聰耳皇子·聖德太子)은 어명을 받들어 정묘년(607년)에 받들어 모셨다."는 사실을 확인하였다. 그리고 지금까지 본 역사적 사실을

---

254) 용명 2年 (587) 소가 우마꼬(蘇我馬子)의 건립발원에서는 '법흥사(法興寺)', 위에서 본 추고 14년 (606) 장륙불상 완성기사에서는 '원흥사(元興寺)', 천무 원년(672) 기사에서는 '비조사 북로(飛鳥寺北路)' '비조사 서규(飛鳥寺西槻)'라고 기록하였다.

255) 지금의 아스까촌(明日香村) 大字阪田으로 1973년 이후의 발굴에서 나라시대의 건물 기단과 회랑, 7세기 이전의 기와 등이 출토되었다.

256) 『日本書紀』권22, 推古天皇. 十四年五月甲寅朔戊午, 勅鞍作鳥曰「朕, 欲興隆內典, 方將建佛刹, 肇求舍利. 時, 汝祖父司馬達等便獻舍利. 又於國無僧尼. 於是, 汝父多須那, 爲橘豊日天皇, 出家恭敬佛法. 又汝姨嶋女, 初出家, 爲諸尼導者, 以修行釋教. 今朕爲造丈六佛, 以求好佛像, 汝之所獻佛本則合朕心. 又造佛像既訖, 不得入堂, 諸工人不能計, 以將破堂戸, 然汝不破戸而得入, 此皆汝之功也.」則賜大仁位. 因以給近江國坂田郡水田廿町焉. 鳥, 以此田爲天皇作金剛寺, 是今謂南淵坂田尼寺.

257) 『日本書紀』권22, 推古天皇. 十四年 秋七月, 天皇, 請皇太子令講鬘經, 三日說竟之. 是歲, 皇太子亦講法華經於岡本宮, 天皇大喜之, 播磨國水田百町施于皇太子, 因以納于斑鳩寺.

258) (추고 14년) 606년(是歲) 是歲, 皇太子亦講法華經於岡本宮. 天皇大喜之, 播磨國水田百町施于皇太子. 因以納于斑鳩寺.

바탕으로 607년 만든 법륭사의 약사불과 아미따불 불상은 안작 조(鞍作 鳥, 구라쯔꾸리 노 도리)가 만들었다고 할 수 있다. 이것은 앞에서 623년에 만든 석가삼존불 광배의 글을 검토할 때 석가삼존불을 만든 장인이 사마 안수지리(司馬 鞍首止利, 사마구라쯔꾸리 노 도리) 불사(佛師)였다는 사실이 완벽하게 뒷받침해 준다. 사마(司馬, 시바)는 할아버지 사마달등(司馬達等)이 쓴 씨(氏)를 계속 쓰고 있는 것이고, 안수(鞍首)는 안작(鞍作)과 똑같은 '구라쯔꾸리(くらつくり)'로 읽으니 이는 곧 '안장을 만듦'이란 뜻이며, 지리(止利)와 조(鳥)는 모두 '도리(とり)라고 읽기 때문에 같은 이름을 다른 한자로 기록한 것이다. 다시 말해 605년 불상장인으로 임명된 뒤 623년까지 불상을 도리가 만들었다는 것으로, 흥륭사의 약사불, 아미따불, 석가삼존불 모두 안작 조(鞍作 鳥, 구라쯔꾸리 노 도리)가 만들었다고 보는 결론에는 무리가 없다고 본다.

따라서 이 논문의 주제가 되는 아미따불 대좌의 속에 그려진 고리(高麗) 인물상은 안작 조(鞍作 鳥, 구라쯔꾸리 노 도리)가 그렸다는 결론에 이르게 된다.

3) 안작 조(鞍作 鳥, 구라쯔꾸리 노 도리)는 고리(高麗)계 도래인이다.

그렇다면 안작 조(鞍作 鳥, 구라쯔꾸리 노 도리)의 출신은 어디인가? 이는 안작 조가 누구를 그렸는지가 문제를 푸는 열쇠가 된다. 이 문제는 할아버지 사마달등(司馬達等, 시바닷또)을 살펴보면 자연히 답이 나온다. 일본의 저명한 사전에는 사마달등(司馬達等)의 출신에 대해서 모두 다르게 나온다.

①『세계대백과사전』: 도래(渡來)
②『대사림(大辞林)』(三省堂) : 고대의 도래인(渡來人)
③『일본대백과사전(日本大百科全書)』(小学館) : 도래계 기술자
④『일본사사전(日本史事典)』(旺文社) : 백제(百濟, 구다라) 계의 도래인
⑤『브리타니카 국제대백과사전(ブリタニカ国際大百科事典)』「소항목사전(小項目事典)」: 고대 중국계 도래인
⑥『일본국어대사전(日本国語大辞典)』(精選版) : 중국(中国) 남양(南梁) 사람

외국에서 일본으로 귀화한 도래인(渡來人)은 분명한데, 백제계라는 사전도 있고, 중국계라는 사전도 있고, 더 자세하게 중국의 양(梁)나라 사람이라는 사전도 있어 아주 혼란스럽다. 그런데 모든 사전은 그 근거로『부상약기(扶桑略記)』에 나온 기록을 인용하고 있다. 다시 말해『부상약기』의 해석에 따라 각기 다른 결과가 나온 것이다.『부상약기』는 관치(寬治) 8년(1094년) 이후 호리카와 천황(堀河天皇) 때 히에이산(比叡山) 공덕원(功德院)의 승려 고엔(皇円)이 편찬한 사전으로 되어 있으나, 다른 설도 존재한다. 먼저 그 내용부터 보자.

<흠명천황 13년(552년) 10월> 히에산(日吉山) 약항법사(藥恒法師)가 지은『법화험기(法華驗記)』에 실린 연력사(延曆寺)「승선잠기(僧禪岑記)」에 "27대 계체(繼體) 천황 즉위 16년(522) 임인년에 대당한인(大唐漢人) 안부(案部) 촌주(村主) 사마달지(司馬達止)가 이해 봄 2월에 입조하였다. 곧 야마또국(大和國) 다까이찌군(高市郡)의 사까다하라(坂田原: 현재의 奈良県 明日香村)에 초당을 짓고 본존을 모신 뒤 귀의하여 예배하였다. 세상 사람들이 모두 말하길 "이는 대당(大唐)의 신(神)인데 연 따라 일어난 것이다."라고 하였다고 했다. 은자(隱者)가 이 글을 보고 "흠명천황 이전에 당인(唐人)이 불상을 가지고 왔으나 퍼뜨리지 않은 것이다."고 했다.[259]

이 자료는 몇 가지 해결해야 할 문제들이 있다.

(1) 이 자료에는 사마달등(司馬達等)이 사마달지(司馬達止)라고 나온다. 그러므로 일본에서는 "사마달등(司馬達等)은 사마달지(司馬達止)라고도 한다."고 해서 같은 사람으로 본다.『부상약기』에서는 사마달지(司馬達止)가 522년에 처음 입조하였는데, 522년인데 사마달등(司馬達等)이『일본서기』에 등

---

259) 経済雑誌社 編, <国史大系> 第6卷『日本逸史』·『扶桑略記』, 1897~1901.『扶桑略記』제3, 欽明天王. https://dl.ndl.go.jp/info:ndljp/pid/991096/233 日吉山藥恒法師法華驗記云, 延曆寺僧禪岑記云, 第廿七代繼體天皇即位十六年(522)壬寅, 大唐漢人案部村主司馬達止, 此年春二月入朝, 即結草堂於大和國高市郡坂田原, 安置本尊, 歸依禮拜. 擧世皆云：是大唐神之. 出緣起. 隱者見此文. 欽明天皇以前, 唐人持來佛像, 然而非流布也. 다음 사이트에서 원문을 권별로 다운 받을 수 있으나 틀린 곳이 많으니 앞의 원문복사판을 참고해야 한다.
https://miko.org/~uraki/kuon/furu/text/kiryaku/fusoryakuki.htm

장한 때는 민달 13년(584)년으로 62년이나 지난 일이다. 사마달등이 20세에 입조를 했다고 해도 82세나 된다. 그런데 그해 출가한 딸이 11살이다. 그렇다면 71세에 딸을 낳았다는 것으로 앞뒤가 맞지 않는다.

(2) 사전마다 출신이 다른 이유는 바로 『일본서기』에는 없는 '대당한인(大唐漢人)'이라는 표현 때문이다. 우선 대당(大唐)이라는 당나라는 522년보다 거의 100년이 늦은 618년에 건국되었기 때문에 당나라가 될 수 없다. 『일본서기』에는 수(隋)나라를 당(唐)이라고 기록한다.[260] 수나라는 581년에 건국하였고 『일본서기』에는 606년 처음으로 사신을 보낸 것으로 나온다.[261] 이것이 수·당시대 대륙과의 첫 교류다. 그러므로 수나라도 아니다. 그리고 정사인 『일본서기』에 522년 전후로 왜국을 방문한 외국인은 520년 백제의 장군과 고리(高麗)의 사신 안정(安定)이 와서 수호조약을 맺은 기록밖에 없다. 522년 당시 중원은 남북조시대로 양나라 무제 때이기 때문에 『일본국어대사전(日本国語大辞典)』에서는 '중국(中国) 남양(南梁) 사람'이라고 했다. 그러나 만일 양나라 사람이 귀화했고, 불상을 가져 왔다면 『일본서기』에 그렇게 큰 사건을 기록하지 않을 수 없었을 것이다. 그러므로 대당(大唐)이란 역사적 사실로 받아들이기 어렵다. 일본어에서 한족(漢族)의 한인(漢人)은 간징(かんじん)이라고 읽는데 도래인을 일컫는 한인(漢人)은 아야히또(あやひと)라고 부른다. 한인(漢人)은 동한(東漢)과 서한(西漢)이 있었다. 동한(東漢) 씨에 대해 『세계대백과사전』에서 이렇게 쓰고 있다.

일본 고대에 한반도(朝鮮半島)에서 귀화한 씨족으로 외한(倭漢, 야마또 노 아야) 씨(氏)라고도 쓴다. 후한(後漢) 영제(靈帝)의 자손이라 부른다. 진시황제의 후예라는 진씨(秦氏)와 귀화한 씨쪽의 세력을 양분한다. (백제) 왕인(王仁)의 후예라고 부르는 하내한씨(河内漢氏, 가와찌 노 아야우지)와는 같은 종족 관계이고, 따라서 동한(東漢), 서한(西漢)이라 같이 부르고 있지만 씨(氏)는 다르다.[262]

---

260) 이 문제도 『日本書紀』가 사서로서 신빙성을 많이 떨어지게 한다.
261) 『日本書紀』 권22, 推古天皇 15年, 申朔庚戌, 大禮小野臣妹子遣於大唐, 以鞍作福利爲通事.
262) 株式会社平凡社, 『世界大百科事典』 第2版.

한(漢)을 '아야(あや)'라고 읽어 동한(東漢)은 '야마또(倭·やまと)의 아야(漢·あや)'이고 백제에서 온 왕인의 후예는 '가와찌(河內)의 아야(漢·あや)'라고 하였으니 여기서 '아야(漢)'는 한(漢)나라가 아니라 백제와 가야에서 온 도래인(渡來人)을 일컫는다. 그러므로 '서한(西漢)=하내한(河內漢)=백제계 도래인', '동한(東漢)=가야계 도래인'이라고 볼 수 있다. 후한(後漢) 영제(靈帝)의 자손이니 진시황제의 후예니 하는 것은 진·한(秦漢) 때 일본으로 귀화한 기록이나 환경이 존재하지 않기 때문에 모두 견강부회한 해석이다. 산세이도(三省堂)에서 나온 『대사림(大辭林)』(第三版)을 보면 가라히도(唐人)에 대해 이렇게 해석하고 있다.

からびと 【唐人·韓▽人·漢▽人】 〔古くは「からひと」〕
中国, または朝鮮の人.「－も筏（いかだ）浮かべて遊ぶといふ／万葉集 4153」

'당인(唐人)·한인(韓▽人)·한인(漢▽人)'이 모두 가라히도(からひと)인데, 만엽집(万葉集)을 인용하여 중국이나 조선인이라고 했다. 이는 광개토태왕비에 임라가라까지 추격하였다(追至任那加羅)의 '가라(加羅)'일 가능성이 크다. 그러므로 한인(韓人)이라고 했고, 한자로 당인(唐人)이라고 한 것이지 중국의 당나라와는 아무 상관이 없는데, 후대에서 아전인수격으로 그렇게 해석하고 있다.

(3) 『부상약기(扶桑略記)』의 사마달등에 대한 기록은 「승선잠기(僧禪岑記)」에 있는 글을 『법화험기(法華驗記)』에 싣고, 다시 그 내용을 『부상약기(扶桑略記)』에 옮겨 싣는 과정에서 본디 글보다 추가되고 잘못 기록한 게 많았다는 사실을 알 수 있다. 안부(鞍部)를 안부(案部)로 쓴다거나, 연도가 너무 앞선다거나 '대당한인(大唐漢人)'이 들어갔다고 볼 수 있다.

그렇다면 사마달등(司馬達等, 시바닷또)은 어느 나라에서 온 도래인인가? 이 문제는 『일본서기』와 『부상약기(扶桑略記)』에 나오는 '안부촌주 사마달등(鞍部村主 司馬達等/案部村主 司馬達止)'에서 찾아야 할 것이다. 안부촌(鞍部村)은 가죽으로 말 안장을 만드는 공인들의 마을이다. 그리고 사마달등이 처음 정착한 곳이 야마또국(大和國) 다까이찌군(高市郡)의 사까다하라(坂田原)로 현재의 나라현(奈良県) 아스까촌(明日香村)이다.

여기서 『일본서기』에 나오는 다음 두 가지 기사에 주목할 필요가 있다.

① 인현 6년(493년) 가을 9월 초하루, 일응길사(日鷹吉士 히따까 노 가따시와)를 고리(高麗)
에 사신을 보내 솜씨 있는 사람(巧手)을 불러오게 하였다. ……이 해 일응길사(日鷹吉士)
가 고리(高麗)에 돌아와 장인(工匠) 수류지(須流枳)·노류지(奴流枳) 등을 바쳤다. 지금의
대야마또국(大倭國) 야마베군(山邊郡) 누까따읍(額田邑)에 사는 숙피고려(熟皮高麗, かわ
おしのこま)는 그 자손들이다.[263]
② 흠명천황 17년(556) 소가 대신(蘇我大臣)·도복 숙녜(稻目宿禰) 등을 왜(倭國, 야마또구
니) 고시군(高市郡, 다까이찌군)에 보내 한인(韓人) 대신협둔장(大身狹屯倉 : 韓人은 백제다)·
고리인(高麗人) 소신협둔창(小身狹屯倉)을 두었다.[264]

①은 왜가 고리(高麗) 사신을 보내 기술자를 초빙한 것으로, 493년 고리(高麗)
의 기술자들이 일본에 처음 정착한 기록이다. 이때 고리(高麗)에서 온 장인들은
무두질(熟皮)하여 좋은 가죽을 생산하는 기술자들로 대야마또국(大倭國) 야마베
군(山邊郡) 누까따읍(額田邑)에 정착하였는데, 지금의 나라현(奈良県) 야마또군(大
和郡) 누까따부(額田部, 北町·寺町·南町)다. 법륭사(法隆寺) 동쪽에서 얼마 떨어지
지 않는 곳이다. 천황이 고리(高麗)에 사신을 보내 초빙해 온 최고 기술자들이다.

②는 556년에 흩어져 사는 백제와 고리(高麗)에서 온 도래인들을 모아 하나의
행정단위를 만들었다는 것을 알 수 있다.[265] 백제와 고리(高麗)에서 이민 온 사람들

---

263) 『日本書紀』 권15, 仁賢天皇. 六年秋九月己酉朔壬子, 遣日鷹吉士, 使高麗, 召巧手者. …… 是歲,
日鷹吉士還自高麗, 獻工匠須流枳·奴流枳等, 今大倭國山邊郡額田邑熟皮高麗, 是其後也

264) 『日本書紀』 권19, 欽明天皇. (十七年) 冬十月, 遣蘇我大臣稻目宿禰等於倭國高市郡, 置韓人大身
狹屯倉(言韓人者百濟也)·高麗人小身狹屯倉. 紀國置海部屯倉. (一本云「以處々韓人爲大身狹
屯倉田部, 高麗人爲小身狹屯倉田部. 是卽以韓人·高麗人爲田部, 故因爲屯倉之號也.」)

265) 둔창(屯倉) : 둔창은 율령국가 성립 이전에 있었던 천황·황족의 영유지를 말하는 것으로, '미야께'
라고 읽고 둔가(屯家)·관가(官家)·어택(御宅)·삼택(三宅)이라고 쓴다. 본디 벼를 받아들이는 관가의
창고였는데, 나중에 관창에 내는 벼 심는 논, 이에 딸린 관개시설, 농부 = 다베(田部)를 아우르는 말
이 되었다. 농지 경작과 세금을 거두는 행정조직이었으며 호적을 통해 농민을 지배하는 기구였다.

그림 88 법륭사 – 다까이치군

이 모여 사는 곳은 다까이찌군(高市郡)으로 현재도 나라현(奈良縣)에 다까이찌 군(高市郡)이 있다. 다카토리정(高取町)과 아스카촌(明日香村)으로 구성되어 있다.

사마달등(司馬達等)은 안부촌(鞍部村)의 촌주였다. 안부촌은 가죽으로 말안장(鞍) 따위를 만드는 기술자들이 모여 사는 마을이라는 점에서 ①의 고리(高麗) 숙피(熟皮) 기술자 마을과 일치한다. 그리고 사마달등(司馬達等)이 정착했던 곳은 야마또국(大和國) 다까이찌군(高市郡)의 사까다하라(坂田原)로 ②의 주소와 일치한다. 지금의 나라현(奈良県) 아스까촌(明日香村)인 것이다. 바로 고리(高麗) 색이 짙은 다까마쓰무덤과 기또라무덤이 있는 곳이다.

위 내용을 종합해 보면, 493년 고리(高麗)에 사신을 보내 특별히 초빙한 가죽을 다루는 고리(高麗) 장인들이 야마또군(大和郡) 누까따부(額田部)에 정착했다가

556년 둔창을 설립할 때 아스까촌에 모여 살게 되었고, 584년 백제에서 불상이 오자 고리(高麗) 가죽장인(熟皮工)들이 모여 사는 안부촌(鞍部村)의 촌장이 고리(高麗)에서 일본으로 건너와 평민 옷을 입고 포교 준비를 하던 혜편(惠便) 스님을 찾아 불교를 일으키게 된다. 이렇게 봤을 때 고리(高麗) 안작공(鞍作工)들이 사는 안부촌의 촌주 사마달등은 고리(高麗)에서 온 도래인이라는 결론이 나온다.

사마달등 자신도 촌장이지만 안장을 만드는 기술자였을 것이다. 그것은 그의 아들 안부 다스나(鞍部 多須奈, 구라쯔꾸리 다스나)의 성씨(氏)가 '안부(鞍部, 구라쯔꾸리)'인 것을 보면 알 수 있다. 앞에서 보았듯이 사마달등의 딸이 출가하고 3년 뒤 아들도 출가하는데, 그 장면은 아주 드라마틱하다.

> 용명천황 2년(587) 천황의 부스럼(瘡)이 점점 중하게 되어 세상을 뜨게 되자 <u>안부다스나(鞍部多須奈, 구라쯔꾸리 다스나 = 司馬達等의 아들이다)가 나아가 "신은 천황을 위하여 출가하여 도를 닦고, 또 장육불상(丈六佛像)을 만들고 절을 지어 올리겠습니다."라고 하니</u> 천황이 비통해했다. 지금 남연(南淵)의 사까다사(坂田寺)에 있는 나무로 만든 장육불상과 협시보살이 그것이다.[266]

용명천황은 천황 가운데 최초로 불교에 귀의하였다. 이런 천황을 위해 사마달등의 아들이 불상을 만들고, 절을 짓고 출가하겠다고 서원한 것이다.

여기서 눈여겨볼 점은 안부(鞍部)를 '구라쯔꾸리'라고 읽는다는 것이다. '안장(구라, 鞍)을 만듦(쯔꾸리, 作)'이라는 뜻으로, 아버지 사마달등도 '안장(구라, 鞍)을 만드는(쯔꾸리, 作) '안부(鞍部) = 안작(鞍作)'이라는 장인임을 증명해 준다. 모두 고리(高麗)에서 초빙해 온 가죽을 무두질해서(熟皮) 안장을 만드는 장인(工匠) 수류지(須流枳)·노류지(奴流枳)의 후손들이다. 안부 다스나(鞍部 多須奈)가 천황에게 도를 닦고 나서 절을 짓고 장육불상을 만들겠다고 서언하는 데서 아버지와 함께 늘 해 오던 일이라는 것이 증명된다. 그리고 사까다사(坂田寺)에 있는 나무로 만

---

266) 『日本書紀』 권21, 用明天皇 二年 天皇之瘡轉盛, 將欲終時, 鞍部多須奈(司馬達等子也)進而奏曰 「臣, 奉爲天皇, 出家修道. 又奉造丈六佛像及寺.」天皇爲之悲慟. 今南淵坂田寺木丈六佛像·挾侍 菩薩, 是也.

든 장육불상과 협시보살은 안부 다스나(鞍部多須奈)가 직접 만들었다고 해도 틀림이 없을 것이다.[267]

그리고 안부 다스나(鞍部多須奈)의 다음 대는 바로 아스까 대불(飛鳥大仏)과 법륭사(法隆寺) 석가삼존불을 만든 안작지리(鞍作 止利, 구라쯔꾸리 노 도리) 불사(佛師)다. 따라서 사마달등(司馬達等) → 안부다스나(鞍部多須奈, 구라쯔꾸리 다스나) → 안작 조(鞍作 鳥, 구라쯔꾸리 노 도리)로 이어지는 가계는 고리(高麗)에서 초빙해 온 장인(工匠) 수류지(須流枳)・노류지(奴流枳)의 후손들이라고 확정할 수 있다.

3. 인물화는 고리(高麗) 화사(畵師)의 자화상

그렇다면 누구를 그렸을까? 먼저 법륭사 아미따삼존불의 대좌를 607년에 만들었다고 했을 때 당시 국가에서 임명한 불상 장인인 안작 조(鞍作 鳥)가 만들었을 테고, 623년 석가삼존불을 만들 때 만들었다고 해도 안작 지리(鞍作 止利)가 만들었을 것이다. 조(鳥)와 지리(止利)는 모두 도리(とり)라고 읽는다. 그리고 도리는 고리(高麗)에서 온 도래인이다. 그러므로 고리(高麗) 사람이 고리(高麗) 사람을 그린 것이다.

그렇다면 도리가 그린 고리 사람은 과연 누구일까? 다른 사람이 볼 수 없는 대좌 속에 그렸기 때문에 특별히 어떤 주제나 목적을 두고 그리지는 않았다고 본다. 다시 말해 고리(高麗)에서 온 사신이나 다른 인물을 그렸다고 볼 수 없다는 것이다. 특별한 사람을 그려서 대좌 속에 감추어 넣는다는 것은 상상할 수 없기 때문이다. 그런 점에서 글쓴이는 도리가 자신이 그린 자화상을 마치 작품에 서명(sign)하는 것처럼 그렸다고 생각한다.

고구리•고리에서는 예부터 장인들이 자기가 만든 제품에 나름대로 글자나 부호로 표시를 하는 관습이 있었다. 2004년 환도산성 발굴보고서에 나온 글자와 보고서를 보면 다양한 부호들이 새겨져 있다.

---

267) 실제 출가는 3년 뒤인 590년에 한다. 백제에 간 비구니들이 율법을 배워 10명을 수계할 때 정식으로 출가하여 덕제법사(德齊法師)라는 법명을 받는다.

① 문자 : 수키와는 2호 문터(二號門址)에서 21건, 궁전터(宮殿址)에서 86건 등 모두 107건이 나왔는데 구(九), 천(天), 여(与), 대(大), 수(手), 군(君), 조(鳥) 같은 외자 문자와 소형(小兄), 대솔(大甩), 하천창(下天倉) 같은 2~3글자도 있고, 그 뜻이 불분명한 글자들도 있다. 암키와에도 중(中)자, 천(天)자 같은 10건이 있었으나 수키와에 비해 상대적으로 수량이 많지 않았다.

② 부호를 새긴 기와(刻劃符號瓦)는 모두 211건인데, 새머리 무늬(鳥頭紋)가 202건으로 가장 많았고, #꼴 무늬 91건, X꼴 무늬 90건, ƒ 비슷한 꼴 무늬 84건, 파도 꼴 무늬 30건, Y꼴 무늬 14건 등으로 아주 단순한 부호들이 많이 쓰였다. 그밖에 평소 우리가 흔히 접하지 못하는 갖가지 창작 부호들이 많이 새겨져 있으며, 연꽃이나 사람 모습을 새긴 것도 있다.[268]

<그림 89>는 2호 문터에서 나온 수키와인데 구(九) 자가 새겨져 있고, <그림 90>의 수키와에는 새머리(鳥頭) 무늬가 새겨져 있다.

<그림 91>은 궁전터에서 나온 암키와에 새겨진 사람 꼴이다. 몸통을 별을 그리듯이 몇 개의 선으로 그렸고, 얼굴도 아래가 터진 길둥근꼴 동그라미 안에 점 3개를 찍어서 표현하였다. 아주 절제된 선으로 사람의 특징을 잘 그려냈다고 볼

그림 89 문자 수키와(「환도산성」 31쪽)

그림 90 부호 수키와(「환도산성」 33쪽)

268) 吉林省考古研究所・集安市博物館 編著, 『丸都山城 - 2001~2003年集安丸都山城調査試掘報告』, 文物出版社, 2004. 30~37쪽.

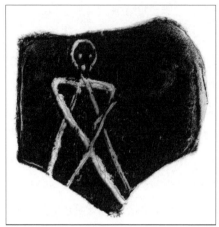 

그림 91 사람꼴 암키와(『환도산성』 149쪽)　　　그림 92 사람꼴 암키와(『환도산성』 149쪽)

수 있다. <그림 92>도 궁전터에서 나온 암키와인데 얼굴이 없어 확실하지 않지만 여자를 그렸을 가능성이 있다. 벽화에 나온 치마의 표현과 닮았기 때문이다. 이 그림도 지극히 절제된 선으로 사람 모습을 표현하였다.

그렇다면 기와에 왜 이렇게 많은 글자와 부호들이 새겨져 있을까? 글쓴이는 이것이 그 제품을 만든 장인이나 작업장의 표시하는 글자나 부호라고 본다. 크게 작업장이라고 볼 수 있지만 환도산성과 궁전을 지으면서 수백 개가 넘는 작업장이 있었다고 볼 수 없고, 작업장에서 직접 제품을 만드는 장인들의 부호, 곧 현대의 서명처럼 다양하고 자유롭게 서명한 결과가 아닌가 생각한다.

이와 같은 부호는 건물을 세우는 주춧돌에서도 나타난다. 국내성에서 동쪽으로 1.5km 떨어진 곳에 민주유적(民主遺址)이 있다. 2003년 발굴보고서에 따르면 유적은 3개의 뜰(院落)로 나뉘는데, 두 번째 뜰(二號院落)로 들어가는 문 터에서 발굴된 주춧돌(礎石)에 부호가 새겨져 있었다. 이런 부호들도 주춧돌을 다듬은 석공들의 사인이라고 본다.

<그림 94>의 주춧돌(2003JMⅡMS1)에 '석(石)' 자와 정(井)가 새겨져 있고, <그림 95>의 다른 주춧돌(2003JMⅡMN2)에도 'A'자 비슷한 부호와 '工'을 옆으로 누인 것 같은 부호가 새겨져 있다.

고구리의 수도였던 국내성과 환도산성에 나타난 고구리 장인들이 만든 작품

그림 93 민주유적(民主遺址) 2호 뜰 문터(「국내성」 도판 25)

그림 94 민주유적(民主遺址) 2호 문 주춧돌의 부호
(「국내성」 도판 26)

그림 95 민주유적(民主遺址) 2호 문 주춧돌의 부호
(「국내성」 도판 26)

에 자신을 나타내는 글자나 부호, 또는 간단한 그림으로 자신을 나타내는 관습이 있었다는 것을 알 수 있다. 이런 자료를 통해서 일본에서 불상을 만든 고리(高麗) 출신 화사(畫師)도 작품에 자신의 자화상을 간단히 스케치하여 서명처럼 사용하였다고 추론할 수 있다.

이처럼 고리(高麗) 사람이 그린 자화상에서 고리(高麗) 옷을 입고 머리에는 닭 깃털관(鷄羽冠)을 쓴 모습은 귀화인들이 고국의 풍습을 유지하며 살았다는 증거이고, 불상을 만들 때 고리(高麗) 왕이 황금을 보낸 사실은 일본에 귀화한 고리 장인들이 고국과의 연계하여 왕래를 했음을 증명하는 것이다.

Ⅴ. 다까마쓰무덤(高松塚) 화법의 기원과 고리(高麗) 벽화

1. 법륭사 건립 논쟁과 고리(高麗) 화가

1) 법륭사 건립 논쟁

지금까지 법륭사에서 발견된 인물상의 연대와 그린 화가에 대해서 검토해서 인물상을 그린 연대를 607~650년으로 보고, 그에 따라 그림을 그린 화가들도 추정해 보았다.

그런데 이런 검토에는 한 가지 큰 문제가 있다. 바로 법륭사 건축 연도에 대한 법륭사 논쟁(법륭사 再建·법륭사 非再建)이다. 곧 『일본서기』의 천지 9년(670) 4월 30일 조에는 "새벽녘 법륭사에 불이 나서 한 채도 남김이 없었다. 큰비가 내리고 천둥벼락이 내리쳤다."고 되어 있는데, 이 기사가 옳다면 오늘날의 금당과 오중탑은 그때 타 없어져서 나중에 다시 세운 것이고(재건설), 기사가 틀린 것이라면 성덕태자가 세운 건축물이 그대로 남아 있는 것이 된다(비재건설).[269]

절은 불타지 않았다는 비재건론(非再建論)은 건축사를 전공하여 1910년 조선총독부에서 일하면서 『조선고적도보(朝鮮古蹟図譜)』를 펴낸 세끼노 다다시(関野貞)가 가장 먼저 주장하였다. ① 양식론(樣式論)으로 볼 때 법륭사(法隆寺) 건축양식은 다른 곳에서 볼 수 없는 독특한 양식으로, 약사사(薬師寺)·당초제사(唐招提寺) 같은 건축이 당나라 건축의 영향을 받은 것과 달리, 법륭사는 한반도 삼국시대와 수나라 영향을 받았다.[270] ② 치수론(尺度論)으로 볼 때 약사사(薬師寺) 같은 곳에 쓰인 기준 치수법(寸法)은 645년 다이까 개신(大化改新)에서 정한 당척(唐尺)이지만 법륭사에서 쓰인 치수법은 그보다 오래된 고리자(高麗尺)라고 하였다.[271] 이어서 제실박물관(帝室博物館)에서 근무하던 미술사가 히라꼬 다꾸레이(平子鐸

---

269) 大橋一章, 『法隆寺美術論爭の視點』, グラフ社, 1998, 12쪽.
270) 關野 貞, 「法隆寺金堂塔婆及中門非再建論」, 『建築雜誌』, (218), 明治38年(1905) 2月, 1쪽.
271) 關野 貞, 「法隆寺金堂塔婆及中門非再建論」, 『建築雜誌』, (218), 明治38年(1905) 2月, 7쪽 이하.

嶺)는 ③『일본서기』에 나온 법륭사 화재 기사의 연대가 잘못되었는데 간지가 한 바퀴 도는 60년 전의 기사(『聖德太子伝補闕記』에 실린))를 잘못 전한 것이라는 주장이었다.[272]

위의 두 주장을 반박하며 절이 불타서 다시 세웠다는 재건론(再建論)을 주장한 것은 「일선양민족동원론(日鮮両民族同源論)」을 주장하여 한일합방을 역사적으로 정당화시켰던 기따 사다끼찌(喜田貞吉)였다. 그는 ①『성덕태자 보궐기(聖德太子伝補闕記)』에는 허황하고 터무니없는 기록이 많고, 이 기록 때문에『일본서기』의 기록을 부정할 수 없다. ② 재건할 때 원래 주춧돌을 다시 썼다면 옛날의 치수가 쓰였을 것이므로 고리자(高麗尺)를 썼더라도 결정적인 증거가 될 수 없다고 반박하였다.[273]

이렇게 시작한 논쟁은 수십 년 동안 법륭사의 역사·건축·불상 같은 여러 각도에서 검토되었다.[274] 법륭사의 화재 여부에 대해서는 1934년부터 법륭사를 수리·발굴한 결과 현재의 절 남쪽에서 '첫 가람 터(若草伽藍址)'가 발견되면서 재건설에 무게가 실리게 되었다. 그리고 그 뒤 현재의 법륭사는 언제 건립되었는지에 대한 논의가 계속되어 많은 연구가 쏟아져 나왔다. 그리고 일본 학계에서는 불이 난 670년부터 탑본소상(塔本塑像)이 만들어졌다고 하는 화동(和銅) 4년(711)까지의 40여 년 동안 다시 지어졌다고 본다.[275]

2) 신재건론(新再建論)

논쟁은 여기서 끝나지 않는다. 1986년 건축사학자인 스즈끼 가끼찌(鈴木嘉吉, 1928~)가 신재건론(新再建論)을 내놓았다.

석가삼존상은 본디 (성덕태자가 살던) 반구궁(斑鳩宮)에서 모신 것이라고 상정한다. 현 동

---

272) 平子鐸嶺, 「法隆寺初創考」, 『國華』(177), 明治38年(1905).

273) 喜田貞吉, 「關野平子二氏の法隆寺非再建論を駁す」, 『史學雜志』(16-4), 明治38年(1905).

274) 大橋一章·片岡直樹, 『法隆寺 - 美術史硏究のあゆみ-』, 里文出版, 2019, 17~72쪽 참조.

275) 大橋一章·片岡直樹, 『法隆寺 - 美術史硏究のあゆみ-』, 里文出版, 2019, 31쪽.

원가람(東院伽藍) 지하에서 발굴된 반구궁터에서 기와가 나왔고, 당시 궁전에는 기와를 이지 않았으므로 이는 불당이 있었다는 증거다. 태자가 죽은 뒤 생전에 살던 곳의 일부를 절로 만들었다고 생각하는 것이다. 653년 소아입록(蘇我入鹿, 소가 노 이루까)이 반구궁을 불태워 버렸으나 석가상(釋迦像)은 어떻게 구출되어 그것을 모신 불당이 현재 금당의 출발점이 되었다.

새 불당의 재원이 된 것은 다이까(大化) 4년(645)에 보시한 식봉(食封) 300호로, 당사자인 거세덕타고(巨勢德陀古, 고세 노 도꾸다꼬)는 불을 낸 실행범으로 속죄하는 마음을 가졌다는 것은 널리 알려져 있다. 그렇다면 태자의 자손 일족을 모두 없앤 장본인이 바라는 것이 절이라고 그대로 받아들이기 어렵다. 때문에 "절터를 정하지 못해" 655~661년쯤에야 겨우 절의 서부에 접하는 산자락에 착공하였다. 그러나 이미 유력한 보호자를 잃은 절의 공사는 좀처럼 진행되지 않았다. 그러는 가운데 670년 본사에 불이 나서 원래대로라면 옛터에 재건해야 하지만 때마침 경사지에 짓기 시작한 불당이 있으므로 그곳을 중심으로 부흥하게 되어 주위를 정지하고 새 절터를 정하였다. 이 과정에서 절의 성격이 변화하거나, 그사이에 '대중(衆人)'의 방해나 마찰이 있었는지도 모른다.

새 가람은 당시 유행한 금당과 탑을 동서에 나란히 세우는 형식을 채용하여, 서쪽에는 5중탑이 착공되었다. 5중탑은 착공된 지 얼마 안 되는 679년 식봉이 정지되어 어쩔 수 없이 중단되었지만, 금당은 진행되어 『자재장(資財帳)』에서 천황에게 닫집(天蓋)이나 경대(経台)를 보시하는 사람을 받아 인왕회(仁王會)가 열린 것을 알 수 있는데, 693년까지는 훌륭하게 완성되었다. 다음 해(694) 기년이 새겨진 불상 조립 글(銘)에는 '각(觴) 대사(大寺) 덕총법사(德聰法師)'라고 되어 있어, 이때쯤 큰절(大寺)이라고 자칭할 정도로 절이 완비되었다는 사실을 알 수 있다.[276]

금당의 착공이 670년 이전이라는 것이 신재건론의 뼈대다. 그리고 금당의 석가삼존상은 이미 반구궁 때부터 모셨고, 불이 났을 때도 피해를 보지 않고 금당에 안치했다는 주장이다. 스즈끼는 자신의 신재건론을 뒷받침하기 위해 1986년

276) 鈴木嘉吉, 「世界最古の木造建築 法隆寺金堂 − 最新の研究から−」, 『國寶法隆寺金堂展』 2008, 38~39쪽.

이후 새로 발견된 다음 세 가지 새로운 사항을 추가한다.[277]

(1) 앞에서 이미 보았듯이 1992년 석가삼존불 대좌에서 성덕태자가 죽은 전년인 621년을 나타내는 신사(辛巳)라는 글(銘文)이 나왔다.[278] 이 새로운 발견은 석가삼존상이 불타지 않고 전해 내려왔다는 것을 증명해 준다.

(2) 1996~2000년에 길비지(吉備池. 기비이께) 폐사에서 가장 오래된 법륭사식 가람배치가 발굴되었는데, 639년 창립하여 642년 낙성한 백제대사(百濟大寺) 터로 보고 있다. 백제대사도 금당과 탑을 세트로 세우는 법륭사식이라는 점은 금륭사가 그 이전에 지어졌다는 방증이 된다.

(3) 2003년~2004년 금당·오중탑·중문(中門)의 부재 107점을 계측하면서 나이테를 통한 목재의 연대를 측정하였다. 금당 외진(外陣) 천정판 2점이 667~669년에 베어냈고, 그밖에 가장 바깥 나이테의 연대는 650~661년이 하한이었으며, 금당의 목재는 650년대 말~660년에 베어낸 것이었다. 이런 과학적인 데이터는 금당이 670년 이전에 지어졌다는 것을 과학적으로 증명하는 근거이다.

3) 법륭사 설립 연대와 금당 불상의 연대 문제

법륭사 건립 논쟁은 금당의 불상 제작연대와도 연결된다. 앞에서 보았지만, 약사불 광배에는 607년이라고 쓰여 있으나 그 후대로 보는 견해도 있다. 석가삼존불에 대한 논의도 간단하지 않다. 석가삼존불은 광배 글에 따라 623년에 만들었다고 파악하였지만 "만약 석가삼존불이 670년 불이 나기 이전부터 안치되어 있었다면 어떻게 타지 않고 남아 있었는가?" 하는 의문이 제기되었다. 이에 대해 미술사가인 마찌다 고이찌(町田甲一)는 "사원의 화제는 탑에 벼락이 쳐서 불이 나 다른 건물로 불길이 옮겨 타는 경우가 많다. 법륭사의 경우도 먼저 탑이 벼락을 맞아 불이 일어났으나 석가삼존불을 안치한 불당에 불이 옮겨가기까지는 시간이 걸렸으므로 그 사이에 불상과 광배를 따로 분리하여 옮기기가 가능했을 것

---

277) 鈴木嘉吉,「世界最古の木造建築 法隆寺金堂 - 最新の研究から-」,『國寶法隆寺金堂展』2008, 39쪽.
278) 동경문화재연구소, 記事番號:04171. 年月:1992年10月.
   https://www.tobunken.go.jp/materials/nenshi/7549.html

이다.[279]"라고 주장했다. 그러나 석가삼존불의 무게가 422㎏나 되고 형태도 복잡해 손상이 없이 옮기는 것은 극히 어려운 일이라는 반론도 만만치 않다.[280]

아미따여래의 대좌 조성연대를 마찌다가 623~650년으로 보고 글쓴이가 607~650년으로 늘려 잡았지만, 불이 났을 때 불상들은 구했다는 전제 아래서만 가능해진다. 만일 절이 탈 때 불상도 타 버렸다면 법륭사가 본당을 다시 지은 670~711년 기간도 고려해야 한다. 이에 대한 정답은 없지만 가장 안전한 결론은 607~711년이라는 기간이 되어 버린다.

이처럼 연대 측정이 어렵지만, 그 그림을 그린 사람이 고리(高麗) 출신 화가였고 작품에 사인처럼 고리(高麗) 인물상을 그렸다는 점은 크게 변하지 않을 것이다. 710년 첫 가람(若草伽藍)이 타 버린 뒤 (법륭사가 있는) 이까루까(斑鳩)에 사는 사공(寺工)들은 다시 법륭사를 지어야 했을 것이다. 첫 가람(創建法隆寺)을 지었던 사공(寺工)들은 이까루까에 그대로 살면서, 세대가 바뀌면서 새 법륭사(再建法隆寺)를 짓는 2세대, 3세대의 사공(寺工)이 되었을 것이다. 그러나 이까루까라는 좁은 지역에 활동하며 사공(寺工)들이 짓는 건축은 첫 법륭사(創建法隆寺) 시대의 건축에서 그다지 큰 변화는 없었을 것이다.[281] 고리(高麗)의 화가들이 710년까지도 계속 활동하여 남긴 훌륭한 증거가 있기 때문이다. 이런 논리를 보강하기 위해서 이 장에서는 안작 조(鞍作 鳥, 구라쯔꾸리 노 도리) 이후 활동한 고리(高麗) 출신 화가나 고리(高麗) 화가들이 그렸다고 보는 무덤벽화 등을 검토하여 보충자료로 삼으려고 한다.

2. 고리(高麗) 승려 담징과 가서일(加西溢 가세이)

1) 일본에 고도의 화법을 전한 담징

법륭사 대좌의 인물화 연대를 추정할 때 약사여래상의 제조연대를 607년으로

---

279) 町田甲一, 『大和古寺巡歷』, 講談社学術文庫, 1989, 227~230쪽.
280) 『奈良六大寺大観 法隆寺二』(補訂版), 岩波書店, 1999, 「補訂」 2쪽.
281) 大橋一章·片岡直樹, 『法隆寺 - 美術史研究のあゆみ -』, 里文出版, 2019, 44쪽.

한다면, 앞에서 보았듯이 아미따여래상의 대좌 하부도 607년까지 거슬러 올라갈 수 있고, 604년 조정이 공식적으로 지정한 황문화사나 산배화사의 화가들, 특히 불상을 만든 안작 조(鞍作 鳥, 구라쯔꾸리 노 도리)가 그렸을 가능성이 크다는 것은 앞에서 보았다. 그러나 조성연대의 하한을 650년까지 내려 잡는다면 담징의 활약을 검토하지 않을 수 없다.

일본의 불교 예술사에서 추고 18년(610) 고리(高麗)의 승려 담징이 온 것은 획기적인 사실이었다.

① <일본서기> 추고 18년(610) 봄 3월 고리왕(高麗王)이 중(僧) 담징(曇徵)·법정(法定)을 바쳤다(貢上). 담징은 5경을 알고, 또 채색(물감) 및 종이와 먹(紙墨)을 만들 수 있고, 아울러 맷돌(碾磑)도 만들었다. 대개 맷돌을 만드는 것은 이때가 처음이었다.[282]

② <원향석서(元亨釋書)> 석담징은 추고 18년(610) 3월, 고리나라(高麗國)가 사문 법정과 함께 바쳐 왔다. 5경을 잘했고, 기예(伎藝)를 갖추고, 맷돌을 만들었고, 색칠한 그림(彩畫) (솜씨가) 뛰어났다(工).[283]

③ <본조고승전(本朝高僧傳)> 석담징은 추고 18년(610) 고리 나라(高麗國)가 바쳐 왔다. (불교 외의) 다른 학문을 읽어 5경을 잘했고, 또 기예(伎藝)를 갖추고, 맷돌을 만들었고, 색칠한 그림(彩畫) (솜씨가) 뛰어났다(工). 그때 우리 왕조(本朝)는 그림을 잘 그리지 못했는데(未善繪事), 담징이 잘 가르쳤다.

[화주(和州) 원흥사(元興寺) 사문 혜미전(慧彌傳) 말미에서][284]

『일본서기』의 기록을 보면, 채색 물감·종이·먹을 잘 만들었다고 했으나 시렌(師鍊, 1278~1346)이 지은 고승전 『원형석서(元亨釋書)』에는 색칠한 그림(彩畫) (솜씨가) 뛰어났다(工)고 했고, 1702년 만원사만(卍元師蛮)이 쓴 『본조고승전(本朝

---

282) 『日本書紀』권22, 推古天皇. 十八年春三月, 高麗王貢上僧曇徵·法定. 曇徵, 知五經, 且能作彩色及紙墨. 幷造碾磑. 蓋造碾磑, 始于是時歟.

283) 『元亨釋書』釋曇徵. 推古十八年三月. 高麗國貢來. 沙門法定共之. 徵涉外學. 善五經. 又有伎藝. 造碾磑. 工彩畫.

284) 『本朝高僧傳』釋曇徵. 推古十八年春三月. 高麗國貢來. 涉外學善五經. 又有伎藝 造碾磑. 工彩畫. 是時本朝. 未善繪事. 就徵受指教(繫于和州元興寺沙門慧彌傳末)

高僧傳』에서는 그때까지 일본에서는 그림을 잘 그리지 못했는데, 담징이 잘 가르쳤다고 했다.

담징이 재료만 만들었는지, 아니면 그림을 직접 그렸는지가 중요한 것은 담징이 법륭사 금당벽화를 그렸는지 아닌지의 문제와도 연결된다. 고리(高麗)에서 꽤 많은 승려가 일본에 왔지만, 담징에 대해서만 특별히 그림을 비롯한 갖가지 기술을 전했다고 기록한 것은 바로 그 분야에 괄목할 만한 공헌을 했기 때문이었다. 그림을 잘그리려면 훌륭한 그림물감(彩色)·종이(紙)·먹(墨)이 필수적이고 당시만 해도 직접 만들어 썼다고 보아야 한다. 그리고 이런 재료들이 작품의 수준을 결정하는 중요한 요소였을 것이다.

담징이 만든 맷돌도 곡물을 찧기 위한 용도가 아니고 붉은 물감의 재료인 '주사(朱砂)'를 빻기 위해 만들었다는 설이 있다. 후꾸오까(福岡) 관세음사에 있는 맷돌에 대한 설명에 나온다.

관세음사 강당 앞면 서남 모서리에 화강암으로 만든 맷돌이 한 점 있다. 윗돌은 두께 약 25cm, 아랫돌 두께 30cm, 너비 약 1m로, 다른 데서 볼 수 없는 큰 것이다. 일본에서 가장 이른 맷돌을 610년(추고 18)에 고리(高麗) 담징이 만들었다는 것을 『일본서기』에 전하고 있는데, 이것이 그 실물인지 아닌지는 알 수 없다. 에도시대(江戸時代) 가이바라 에끼겐(貝原益軒)이 지은 『치꾸젠노구니(筑前国) 속풍토기(続風土記)』에 이 맷돌이 관세음사를 지을 때 주(朱)를 빻았던 것이라고 소개하고 있고, 보통 '천하태평 돌절구(天平石臼)'나 '귀신 돌절구(鬼の石臼)'라고 부른다.[285][286]

---

285) 高倉洋彰는 『大宰府と觀世音寺』(海鳥社, 1996)에서 "이 맷돌은 610년 高句麗에서 온 승려인 담징이 처음 만든 것으로 이것이 실물이다. (文明載, 「고대 일본불교의 한국계 승려 연구」, 한국외국어대학교 대학원 일어일문학과 박사학위 논문, 2016, 198~199쪽 재인용.

286) 福岡 觀世音寺 碾磑 解說 : 觀世音寺講堂の前面の西南隅に, 一組の花崗岩製の碾磑がありま
す。上臼の厚さ約25cm, 下臼の厚さは約30cm, 直径は約１mもあり, 他に類例をみない大形
のものです。日本で最初の碾磑は, 610年(推古18)に高句麗僧曇徴(どんちょう)が造ったことを『日
本書紀』は伝えていますが, これがその実物かどうかはわかりません。江戸時代, 貝原益軒は『筑
前国続風土記』の中で, この碾磑が觀世音寺造営の折に朱を挽いたもの, と紹介しており, 「天平
石臼」あるいは「鬼の石臼」とも俗称されています。(太宰府市文化ふれあい館 HP).
http://dazaifu.mma.co.jp/museum/ktengai.html

관세음사는 나라의 동대사(東大寺), 도쿄의 약사사(藥師寺)와 더불어 나라시대 칙명으로 설치한 일본의 삼계단(三戒壇) 가운데 하나이다.[287] 이 맷돌이 일본에서 가장 오래된 맷돌이라고 하는데, 담징이 만든 것인지 정확히 증명할 수는 없지만 담징이 전한 기술이고 절 지을 때 그림물감을 만드는 데 썼다는 점을 밝혔다는 점에서 중요한 문화재다. 이 맷돌이 곡식을 빻는 용도가 아니라 붉은빛 그림물감을 만들기 위해 주

그림 96 福岡 觀世音寺 맷돌(太宰府市文化ふれあい館 HP)

사(朱砂)를 갈아서 썼다는 사실을 알 수 있으며, 담징이 전한 기술은 모두 사찰 화가들이 사용할 재료를 만들기 위한 것임을 알 수 있다.

그러므로 훌륭한 화가는 이런 재료를 직접 만들어 쓰는 게 최선이었고, 이런 재료 만드는 법과 그림 그리는 법 모두를 전수했다고 할 수 있다. 따라서 담징이 일본에서 활동한 시기는 법륭사를 지을 때와 겹치기 때문에 현장에 있던 담징은 당연히 그림을 직접 그렸거나 그림을 지휘했으며, 시대가 뒤로 가더라도 담징의 화법이나 재료를 이어받은 제자들이 그렸다고 볼 수 있는 것이다.

2) 『천수국수장(天壽國繡帳)』을 그린 고리(高麗) 화공 가서일(加西溢 가세이)

앞에서 『천수국수장(天壽國繡帳)』에 수놓은 글을 해석할 때 맨 마지막에 화사(畫師) 이름이 3명 나왔던 것을 보았다. 여기서 그림을 그린 사람(畫師)이라는 것은 수를 놓기 전에 그림을 그려 그 본으로 삼게 되는데 그 그림을 그린 사람이라는 뜻이다. 동한(東漢 아마또노아야)의 마켄(末賢), 고리(高麗 고마)의 가서일(加西溢 가세이), 한(漢 아야)의 누까고리(奴加己利) 3명이 그렸다고 했다.

---

287) 文明載. 「고대 일본불교의 한국계 승려 연구」. 한국외국어대학교 대학원 일어일문학과 박사학위 논문. 2016. 197~199쪽.

두 번째 고리(高麗) 사람 가서일(加西溢)은 당시 일본에서 고리(高麗, 고마) 씨족에 속한 사람이었다. 산성(山城＝山背) 화사(畫師)에 속한 화가이다. 나머지 두 사람은 동한(東漢)이나 한(漢) 출신이다. 동한(東漢) 씨에 대해서는 이미 앞에서 '서한(西漢)＝하내한(河內漢)＝백제계 도래인', '동한(東漢)＝가야계 도래인'이라는 것을 보았다. 여기서 출신을 찬찬히 보는 것은 『천수국수장(天壽國繡帳)』에 나오는 그림의 밑그림 연원을 보고, 당시 어떤 화가가 밑그림을 그렸을지를 연역하기 위해서다.

결론은 고리(高麗) 사람 가서일(加西溢)이라고 볼 수 있다. 이하 천수국수장의 그림이 고리(高麗)의 도래인 가서일이 밑그림을 그렸는지 그 여부를 증명하기 위해 두 가지만 고리(高麗) 벽화와 비교해 본다.

(1) 천수국수장과 고리(高麗) 벽화의 옷에 대한 비교

『천수국수장(天壽國繡帳)』에서 고리(高麗) 벽화와 비교하여 가장 눈에 띄는 것이 화면에 그려진 인물들의 옷이다.

<그림 97>에 한 승려가 종을 치고 있는데, V자 깃의 긴 웃옷이 무릎까지 덮고 그 안에는 주름치마를 입었다. 마찬가지로 춤무덤 널방 안벽 벽화에서 주인과 대화를 나누는 승려 2명도 똑같은 옷차림을 하고 있다.

---

288) 고리(高麗) ＝ 고마(狛) : 『일본서기』에는 '고리(高麗)'라는 나라이름이 모두 190번이나 나온다. 일본에서는 이 '高麗'를 '고마'라고 읽는다. 그런데 高麗를 '狛' 자로 쓴 경우가 2번 있다. 『일본서기』 권14, 「웅략천황기(雄略天皇紀)」에 보면 『백제기(百濟記)』에 "개로왕 을묘년(475) 겨울 고마(狛)의 대군이 아서 대성(大城)을 7일 밤낮으로 쳐서 왕성이 함락되니 드디어 위례(慰禮)을 잃고, 국왕과 태후 및 왕자들이 모두 적의 손에 죽었다."고 하였다(百濟記云 : 蓋鹵王乙卯年冬, 狛大軍來, 攻大城七日七夜, 王城降陷, 遂失尉禮, 國王及大后, 王子等, 皆沒敵手.). 또 19권 「흠명천황기(欽明天皇紀)」에는 "고마국(狛國) 향강상왕이 죽었다(狛國香岡上王薨也)."고 했고, 『백제본기』에 "고리(高麗) (546년) 정월 병오에 중부인의 아들을 세워서 왕으로 하였다. 나이 8세였다. 고마왕(狛王)에 세 부인이 있었으나 정부인에게 아들이 없고 중부인이 세자를 낳았다."고 했다(百濟本記云 高麗, 以正月丙午立中夫人子爲王, 年八歲. 狛王有三夫人, 正夫人無子, 中夫人生世子.). 모두 '高麗 ＝ 狛'이라는 것을 알 수 있다. 『일본서기』에서는 앞의 기사에서 보았듯이 고리(高麗)에 관한 사실을 『백제(본)기』에서 대부분 인용하고 있다. 그리고 그 인용문에 고리(高麗)를 박(狛)으로 기록했다고 했다. 『백제(본)기』원본에는 틀림없이 맥(貊)이나 맥(貉)이라고 기록되어 있었을 것이다. 고리(高麗)의 다른 이름이기 때문이다. 그 맥(貊)을 일본의 사가들이 박(狛)으로 바꾼 것으로 보이며, 그 발음이 '고마'였기 때문에 '高麗 ＝ 狛 ＝ 고마'가 되었다고 본다..

그림 97 천수국수장 右下 : 종 치는 승려

그림 98 춤무덤 널방 안벽 두 승려

그림 99 천수국수장 右中 인물

그림 100 수산리무덤 안칸 서벽 귀부인

　『천수국수장(天壽國繡帳)』에 나오는 다른 인물들의 옷도 고리(高麗) 벽화에 나온 옷과 거의 같은 형식이 보인다.

　웃옷을 엉덩이까지 내려오게 하고, 아래는 주름 잡힌 치마를 입은 차림은 고리(高麗)의 수산리벽화를 비롯하여 그 보기가 많다. 다만 고리(高麗)에서는 V자

그림 101 천수국수장 左中 인물 　　**그림 102** 천수국수장 右中 인물 　　**그림 103** 수산리무덤 안칸 서벽 시녀

깃을 달았는데 천수국수장에서는 둥글게 한 것은 200년 이후의 유행이기 때문에 그 사이에 변했을 가능성이 있다. 이런 특징적 옷차림은 당시 일본에 영향을 미쳤던 백제나 가야 및 신라에서는 선례가 없기 때문에 고리(高麗)의 영향이라고 보아야 할 것이다.

　안휘준은 "승려는 주름치마 위에 가사를 입고 있어 무용총 현실 북벽 접객도 중의 스님들이나 쌍영총 현실 동벽 여주인 불공도 중의 스님 모습과 방불함을 보여 준다. 즉 종을 치고 있는 이 승려는 고구려식 승복을 입고 있는 것이다. 이 점은 이 천수국만다라수장에 보이는 여인들이 한결같이 주름치마를 비롯한 고구려 복식을 하고 있는 것과 맥을 같이하는 것으로, 이 수장(繡帳)이 고구려 문화의 영향을 강하게 반영하고 있음을 말해 준다."고 했고[289], 일본 학계에서도 "옷을 보면 남녀 모두 반령이라는 둥근 깃에 통소매인 윗옷을 입고 아래는 남자는 바지, 여자는 치마를 입었다. 또 남녀 모두 주름치마를 입은 것이 특색으로 다까마쓰 고분벽화의 남녀상보다 더 오래된 복제라는 점이 지적되었다."고 해서[290] 고리(高

---

289) 安輝濬, 「三國時代 輸書의 日本傳播 Ⅲ. 三國系畵風을 지닌 在日 代表作들 1. 天壽國曼茶羅繡帳」, 국사편찬위원회 『國史館論叢』 第10輯, 1989-12-26. 안휘준, 『청출어람의 한국미술』, ㈜사회평론아카데미, 2010, 284~290.

290) 松浦正昭, 東京国立博物館編集・発行 『国宝天寿国繡帳』, 2006, 14쪽.

麗) 계통 벽화인 다까마쓰 고분과 같은 옷차림이라는 것을 인정하고 있다.

(2) 천수국수장과 고리(高麗) 벽화의 해와 달 그림 비교

천수국수장 왼쪽 상단에 뚜렷하게 나온 달 속의 토끼도 고리(高麗) 벽화에서 자주 나오는 주제다. 장천1호의 달과 비교해 보면 토끼 앞에 월계수 대신 두꺼비가 있는 것이 좀 차이가 난다.

고구리(高句麗) 벽화를 보면 하늘을 그릴 때 달과 함께 반드시 해도 함께 그린다. 따라서 천수국수장에도 달과 상응하는 위치에 반드시 해가 있었을 것이다. 천수국수장은 많이 남은 조각만 붙여 놓은 것이기 때문에 해를 어떻게 그렸는지 증명할 수 없지만 천수국수장과 같은 시기에 만든 것으로 추정하는 옥충주자(玉蟲廚子)[291]에는 날개와 긴 꼬리를 그린 세발까마귀(三足烏)가 있다. 세발까마귀(三

그림 104 천수국수장 左上(달)

그림 105 장천1호 널방 천정(달)

---

291) 주자(廚子)란 불상을 모셔 놓는 일종의 불감(佛龕)을 말하는 것인데, 옥충주자(玉虫廚子)는 주자(廚子)의 상부인 궁전부 주변의 모서리를 감싸고 있는 투조(透彫)의 금동제 테 밑에 옥충(玉虫) 날개를 깔아 장식해서 붙여진 이름이다. 이 옥충주자는 귤부인주자(橘夫人廚子)와 함께 대를 이루며 법륭사(法隆寺)에 소장되어 있다. 하부에 기단, 중부에 수미좌(須彌座), 상부에 궁전부 등 세 부분으로 나뉘어져서 회화·조각·고예·건축 등 여러 분야가 어우러져 있어 종합적 미술문화재의 정수라 할 수 있다. 또한 이 주자에는 삼국시대 우리나라 미술의 영향이 많이 투영되어 있어 그 의의가 지대하다(안휘준 위의 논문과 책).

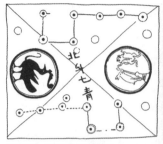
그림 106 장천1호의 해와 달

그림 107 옥충주자(玉蟲廚子)의 세발까마귀

그림 108 다섯무덤 4호 널방 천정 고임 세발까마귀(1994.07.15)

足鳥)는 고리(高麗) 벽화에 자주 등장하는 주제인데, 특히 6세기 후반으로 편년되는 다섯무덤(五盔墳) 4호 널방 천정 고임에 그려진 해 속의 세발까마귀와 거의 같다는 것을 알 수 있다.

앞에서 『천수국수장』의 글(銘文)을 통해서 ① 622년 2월 21일 성덕태자가 세상을 떴고, ② (623년) 3월 석가삼존상을 만들었다는 사실을 뒷받침하였다. 그러므로 석가삼존불을 비롯하여 법륭사 금당 불상의 대좌에 고리(高麗) 인물상을 그릴 화가로 고리(高麗 고마)의 가서일(加西溢 가세이)을 더 추가할 수 있게 되었다.

3. 다까마쓰무덤(高松塚) 그림은 당 무덤벽화의 축소판이다?

1) 사하라 마꼬또(佐原 眞) 당나라 영향론
앞에서 이른바 다까마쓰무덤 양식이란 화풍·화법에 대해서 볼 때 사하라 마꼬또(佐原 眞)는 이런 화법은 한나라부터 시작해 고구리, 당나라까지 이어졌는데 일본은 당나라에서 들어왔다고 했다.

하마다 다까시(濱田隆) 씨와 아리가 요시다까(有賀祥隆) 씨가 정리한 『다까마쓰무덤 벽화 보고서(高松塚古墳壁畵報告書)』(高松塚古墳總合學術調査會, 1973)는 내가 말하는 「눈이 윤곽선을 끊는 얼굴」이 중국 초당(初唐) 7세기 후반에 널리 쓰여 일본에도 건너왔다. 8세기 후반의 정창원(正倉院) 북창(北倉) 도리게류(鳥毛立) 그림 병풍에서는 윤곽선을 단순화하여 문의선을 따로 그리지 않고 하나로 이어 끄는 형을 취한 것이 많다는 중요한 사실을 지적하였다.[292]

중국 당묘의 벽화를 보면, 앞에서 다까마쓰무덤 그림에서 지적한 내용이 그대로 모여 있다는 것을 알 수 있다. 무리를 이루는 사람 수가 많아 비스듬히 향하는 얼굴이 주류이고, 정면을 보거나 옆을 보거나 뒤를 보는 얼굴이 많지 않거나, 비스듬히 한쪽을 향하는 얼굴은 많지만 역방향을 향하는 얼굴은 적은 것도 알 수 있다. 당 무덤의 그림 양식이 일본에 전해져서 당 무덤 그림의 축소판으로 다까마쓰 양식의 그림으로 태어났다는 것은 의심할 여지가 없다.

다까마쓰 무덤 모습에서 당 무덤으로 거슬러 올라가는 비스듬히 향하는 얼굴 모습은 한(漢) 무덤벽화에서도 볼 수 있다. 얼굴 부분의 확대 사진을 보고 싶다. 아마 눈 윤곽을 끊는 얼굴 모습도 고대까지 올라갈 것 같다. 그러나 무리를 앞뒤로 서로 겹치지 않도록 비켜 놓아 원근감을 나타내는 특징과 결합한 시점은 당대부터인 것으로 보인다.[293]

사하라 마꼬또(佐原 眞)는 다까마쓰의 화법이 당나라에 들어왔지만 그런 특징들은 대부분 한(漢) 나라까지 거슬러 올라가지 않을까 가설을 세우고, 자신이

---

292) 日本正倉院, 丝绸之路的终点. 日本正倉院即日本奈良东大寺内的正倉院, 位于大佛殿西北面, 建于公元八世纪中期的奈良时代, 是用来保管寺内财宝的仓库. 正仓院是联合国教科文组织1998年发布的世界文化遗产"古奈良的历史遗迹"的一部分. 日本正仓院收藏有服饰, 家具, 乐器, 玩具, 兵器等各式各样的宝物. 总数约达9000件之多, 其中一半以上来自中国, 朝鲜等国, 最远有来自波斯的宝物. 有一种说法甚至认为, "正仓院是丝绸之路的终点".

293) 佐原 眞, 「竹原古墳と高松塚古墳の繪を比べる ―裝飾古墳壁畵の2つの樣式―」, 國立歷史民俗博物館 編輯, 『裝飾古墳의 世界』(展示圖錄), 朝日新聞社 發行, 1993, 144~145쪽

내세운 8가지 가운데 첫 번째 특징인 "(1) 서 있는 위치를 앞뒤로 비켜서게 하였다."는 특징만 당나라 때 것이라고 했다. 그리고 이런 특징을 고구리(高句麗) 고분도 마찬가지라고 했다.

> 고구리(高句麗) 고분벽화에도 비스듬히 향하는 얼굴, 눈의 윤곽선을 끊는 얼굴을 볼 수 있다. 그러나 사람들은 일직선으로 세우는 등 배열에 의한 원근법적 표현은 아직 발달하지 않았다. 백제와 신라는 비교자료가 없다. 현상의 고고 자료에 따르는 한 다까마쓰 고분의 그림은 중국 당에서 바로 전해왔을 가능성이 크다.[294]

결국 고구리 고분의 화법도 당나라 이전의 특징을 취하고 있지만 원근법 표현이 발달하지 않았기 때문에 다까마쓰무덤 화법은 당나라에서 왔다는 것이다. 그리고 이런 결론에 대해 스스로 확신을 갖지 않은 듯 "지금부터도 개개의 특징이나 그 조합을 검토하여 일본의 장식고분이나 중국 무덤·고구리 무덤 벽화의 그림을 더욱 캐들어가 연구(追究)하고자 한다."고 했다.

이 문제는 화가가 어떤 사람인지를 추적하는 중요한 단서가 되기 때문에 자세히 보려고 한다. 아울러 일본의 초기 회화사를 조감하는 기회로 삼으려고 한다.

2) 당 무덤벽화와 다까마쓰 벽화 여인상의 비교

그렇다면 "당 무덤 그림의 축소판으로 다까마쓰 양식의 그림으로 태어났다."는 당나라 무덤벽화는 어떤 벽화를 말하는가? 다까마쓰무덤 벽화 가운데 가장 잘 남아 있고 특징적인 서벽 궁녀도에 나오는 여인상을 기준으로 하면 다음과 같은 벽화나 여인 용(立女俑)을 들 수 있다.

① 일본 다까마쓰무덤(高松塚) 여인도 : 694~710년
② 당 이수(李壽) 무덤 벽화 무덤방 북벽 동쪽. 연주도 : 630년
③ 당 이현(李賢) 무덤 벽화. 궁녀 : 706년

---

294) 佐原 眞, 「竹原古墳と高松塚古墳の繪を比べる －裝飾古墳壁畵の2つの樣式－」, 國立歷史民俗博物館 編輯, 『裝飾古墳의 世界』(展示圖錄), 朝日新聞社 發行, 1993, 145쪽

④ 당 영태(永泰) 공주 무덤 벽화 전실 동벽 남측. 궁녀 : 706년

⑤ 당나라 때의 '서 있는 여인 용(立女俑)', 西安 출토. 西安市文物園林局 藏

(1) 당 이수(李壽) 무덤벽화 무덤방 북벽 동쪽. 연주도 : 630년

이수(李壽) 무덤벽화는 630년에 그린 벽화이기 때문에 다까마쓰 무덤벽화보다 시대가 빠르고, 등장인물도 연주를 하는 사람들이라 복장이 특이하다. 비스듬히 보는 얼굴이나 눈의 윤곽선을 끊는 화법이 사하라 마꼬또(佐原 眞)가 말하는 다까마쓰 화법과 같다고 할 수 있다. 그러나 입고 있는 옷은 완전히 다르다. 다까마쓰 여인의 옷은 아래 주름치마를 입고 위에 엉덩이를 덮는 윗옷을 입은 것이 특징인데, 이수 무덤 벽화 여인들은 하나같이 소매가 좁고 딱 붙은 저고리를 입고 소매가 없는 2색 원피스 같은 긴 옷을 걸쳤다.

그리고 뒤에 서 있는 시녀들은 피백(帔帛)을 둘렀다. 요즈음 말하는 숄을 즐겨 두른 것이다. 머리 모양도 다까마쓰 벽화에서는 뒤를 짧게 묶었으나 이수 무덤 벽화에서는 단정하게 위로 올렸다.

따라서 이수 무덤 벽화가 다까마쓰무덤에 영향을 주었다고 할 수 없다.

그림 109 高松塚 서벽 궁녀도(『裝飾古墳의 世界』 144쪽)　　**그림 110** 당 李壽墓 연주도(『裝飾古墳의 世界』 133쪽)

그림 111 唐 李賢墓 宮女(『裝飾古墳의 世界』133쪽)　　그림 112 唐 永泰公主墓 궁녀(『裝飾古墳의 世界』133쪽)

(2) 당 이현(李賢) 무덤 벽화. 궁녀 : 706년

이현(李賢) 무덤벽화에서 가운데 인물은 머리 모양을 보면 여인이 틀림없지만, 옷은 남자 호복(胡服)인 반령포(盤領袍)를 입었다. 단령포(團領袍)라고도 하는데 수·당 시기에 사도(士度)·환관들이 일반적으로 입고 있던 복식으로 평상복이었다. 당대에 호풍(胡風) 크게 유행한 것은 당의 황제가 호족 혈통을 지녔고, 남조가 아닌 북조의 호족 정권이 통일하면서 자연스럽게 그 문화가 정착한 것이다. 당대에는 부녀의 지위가 올라가 여자가 정치에 참여하였고 혼인에 있어서도 법률로 과부의 개가를 허용하였다. 당대 여자가 자아의식을 각성하고 부녀의 지위가 올라가면서 여자가 남장을 하는 현상이 생겼다. 처음에는 궁에서 시작된 여자의 남장 유행은 민간에도 퍼져서 보통 여자들의 일상 차림새(裝束)가 되었다.[295]

나머지 두 궁녀는 전형적인 당대의 치마저고리인 유군복(襦裙腹)을 입었다. 위에는 짧은 저고리(短襦)나 적삼(衫)을 입고, 아래는 긴치마를 입고 소매가 짧은 반비(半臂)를 덧입었다. 그리고 그 위에 솔(被帛)을 걸쳤다.[296] 다까마쓰 고분에 나온 복식은 이런 당나라 여인의 특징에 단 하나도 맞지 않는다.

---

295) 「唐三彩에 나타난 唐代의 服飾과 修髮樣式」, 국립부여박물관 『中國洛陽文物展』, 1998, 198쪽.
296) 「唐三彩에 나타난 唐代의 服飾과 修髮樣式」, 국립부여박물관 『中國洛陽文物展』(도록), 1998, 190~191쪽.

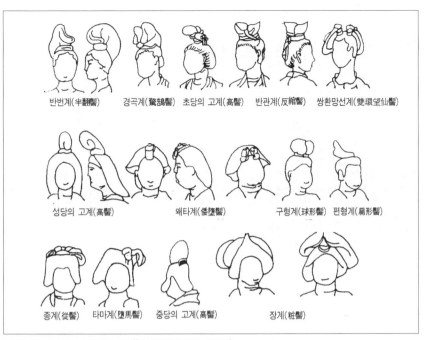

그림 113 당대 머리 스타일의 바뀜(『中國洛陽文物展』194쪽)

(3) 당 영태(永泰) 공주 무덤 벽화 전실 동벽 남측, 궁녀 : 706년

영태(永泰) 공주 무덤의 궁녀들도 앞에서 본 이현 무덤의 궁녀들과 같은 옷을 입고 있다. 그리고 ③, ④의 머리 모양을 보면 다까마쓰무덤과는 전혀 다르다는 것을 알 수 있다. 당대 머리 꾸밈은 높은 형(高型), 드리운 형(垂型), 판판한 형(平型)이 있는데, ③, ④의 머리 모양은 모두 높은 형(高型)이다. 이 높은 형은 머리 위에 가발(義髻)을 고정시켜 자신의 머리와 합쳐서 만드는데 그림에서 보듯이 다양한 머리 꾸밈이 있다. 다까마쓰무덤의 여인 머리를 <그림 113>과 견주어 보면 당나라의 갖가지 머리 꾸밈 가운데 같은 것이 없다.

(4) 당나라 때의 '서 있는 여인 용(立女俑)'

위의 당나라 벽화들은 모두 초당(初唐. 612~712) 시기 100년의 작품으로 다까마쓰무덤과 같은 시대다. 그보다 시대가 떨어진 <그림 114>의 여인용(女俑) 앞에서 본 낙양 궁중의 여인들이 가녀린 몸매를 가진 예쁜 사람으로 그린 것에 비해 장안 삼채(三彩) 가운데는 풍만하고 곱고 아름답게 그린 그림이 많다.

그림 114 서있는 여인 용(立女俑) (『長安の祕寶』 80쪽)　　　　그림 115 鳥毛立女(Wikimedia Commons)

초당　　　　　성당　　　　　중당　　　　　만당

그림 116 당대 옷차림의 바뀜(『中國洛陽文物展』 200쪽)

　　그림에서 보는 바와 같이 성당(盛唐, 713~761)이나 중당(中唐)으로 가면 풍만한
모습이 많이 나온다. 이처럼 풍만하고 머리 모양도 풍성한 당나라 여인의 모습이
사하라 마꼬또(佐原 眞)가 앞에서 이야기한 8세기 후반의 정창원(正倉院) 북창(北
倉) 도리게류(鳥毛立) 그림과 거의 같다는 사실을 알 수 있다.

　　그러나 당나라 초당부터 만당까지 전 시대 복식과 머리 모양을 보아도 다까마
쓰무덤과는 닮은 점이 없다는 것을 알 수 있다.

4. 고구리(高句麗) 벽화와 다까마쓰 벽화의 비교

위에서 당나라 벽화무덤에 그려진 당나라 여인의 옷차림과 다까마쓰무덤 여인들의 옷차림을 견주어 본 결과 당나라의 영향을 받지 않았다는 것을 뚜렷하게 알 수 있었다. 이제부터는 고구리(高句麗) 벽화무덤에 그려진 여인들의 옷차림과 비교해 보기로 한다.

1) 국내성 지역 무덤벽화의 여인상

(1) 씨름무덤(角觝塚) : 5세기 초

5세기 초에 만들어졌다고 보는 씨름무덤은 국내성 지역에서 이른 시기의 벽화무덤으로 지금의 지안(集安) 우산(禹山) 남쪽 기슭에 춤무덤과 나란히 자리 잡고 있다.

그림 117 씨름무덤 널방 안벽(조선유적유물도감) 본뜬 그림 　　그림 118 씨름무덤 널방 안벽(1994.07.15.)

널방 안벽의 무덤 주인 부부의 가내생활도는 국내성 지역 고분벽화에서 가장 이른 시기의 표현 사례에 속한다. 벽화에 그려진 무덤 주인은 다리가 높은 탁자에 정면을 향해 앉았는데, 배 앞에 두 손을 모아 왼손으로 오른 팔목을 잡은 자세이다. 무덤 주인보다 작게 그려진 무덤 주인 왼편의 두 부인은 바닥에 놓인 깔개

---

297) 벽화의 편년은 전호태, 『고구려 고분벽화 연구』, 사계절, 2000, 417~419쪽의 <표 10> 고구려 벽화 고분 편년 시안을 기준으로 하였다.

위에 앉았는데, 머리에 두건을 썼고 주름치마 위에 깃이 달린 긴 치마를 입었다.[298]

<그림 117>은 『조선 유적유물 도감』(평양)에 실린 본뜬 그림(摹寫圖)이고 <그림 118>은 글쓴이가 1994년 찍은 사진이다. 먼저 사진에서 큰 인물은 두 번째 부인이고, 뒤에 얼굴이 떨어져 나간 인물은 시중드는 여자다. 먼저 시중드는 여인 옷을 보면 잔주름치마에 아주 긴 웃옷(袍)을 입었는데 주름치마는 조금 보이고 웃옷이 종아리까지 내려온 것이 특징이다. 시종 앞에 앉은 주인도 같은 웃옷과 주름치마를 입었는데, 무릎을 꿇고 앉으면 웃옷이 무릎을 완전히 덮는 것을 볼 수 있다.

이 여인들 옷차림은 기본적으로 다까마쓰무덤 여인들 옷차림과 같다.

(2) 춤무덤(舞踊塚) : 5세기 초

춤무덤은 씨름무덤과 쌍둥이처럼 씨름무덤 북쪽인 산기슭 쪽에 있다. 남문을 들어서면 정면에 무덤 주인이 손님을 맞이하는 장면이 나오고, 주인공이 있는 안벽을 등지고 문쪽을 바라보면서 오른쪽(북서쪽)에는 유명한 사냥하는 그림이 있고, 왼쪽(동남쪽)에는 이 무덤의 이름이 된 춤추는 그림이 그려져 있다.

춤추는 그림은 둘로 나뉘어 오른쪽에는 춤추는 팀과 노래하는 팀이 그려져 있고, 왼쪽에는 여인 3명이 대접할 차(혹은 먹을 것)를 들고 주방에서 나와 사랑채로

그림 119 춤무덤 널방 안벽(본뜬 그림 「通溝」 하)

그림 120 춤무덤 널방 안벽(1994.07.15.)

---

298) 전호태, 『고구려 고분벽화의 세계』, 서울대학교 출판부, 2004, 162쪽.

걸어가는 광경을 그렸다. 주인공 남자는 말을 타고 춤과 노래를 보고 있고, 책임자인듯한 여인은 걸어가는 3명의 여인 가운데 맨 앞에서 두 손 공손하게 맞잡고 걷고 있다. 세 여인의 옷도 씨름무덤과 거의 같지만 주름치마 아래쪽 속에 바지가 보인다.

김미자는 고구리 여인의 옷에 대해 이렇게 설명하고 있다.

(1) 저고리(襦)

앞이 열리고(前開), 오른쪽 섶을 왼쪽 섶 위로 여미고(左衽), 좁은 소매(前開窄袖)며 옷 길이는 볼기(臀部) 정도 길이(短衣)고, 옷깃, 밑단, 소맷부리(袖口)에 색이 다른 선(襈)이 둘려 있고, 허리에 띠(帶)를 매었다. 띠는 보통 앞에서 여몄으나 옆 혹은 뒤로 매기도 하였다.

(2) 치마(裳·裙)

치마(裳·裙)는 땅까지 끌리게 긴 것과 바지가 보이도록 짧은 것이 있고, 주름치마와 심의(深衣·웃옷)의 하상(下裳)과 같은 여러 쪽을 이은 쪽치마[299]가 있다. 주름치마는 잔주름치마와 넓은 주름치마와 색동치마가 있다.

(3) 웃옷(袍)

우리나라 웃옷(袍)의 기본형은 길이가 종아리 이하 길이인데 벽화에는 주로 여자가 입고 있다. 웃옷(袍)은 소매가 넓은 것, 부선(副襈)을 대거나 팔뚝과 어깨에 선을 치장한 것도 있으며, 쌍영총 여주인은 길이와 같은 빛깔의 선(襈)을 댄 소매 넓은 기본 웃옷(袍) 모습을 하고 있다.[300]

씨름무덤과 춤무덤의 여인 옷은 모두 아래 잔주름치마를 입고, 그 위에 무릎까지 덮는 아주 긴 웃옷(長袍)이라는 것을 알 수 있다. 그리고 춤무덤의 주름치마 아래는 바지가 약간 나타나 있다. 현재의 태권도나 유도복처럼 크게 세모꼴로 열린 깃과 소매, 그리고 웃옷 밑단에는 모두 널찍한 선(襈)을 댄 흔적이 아주 뚜렷이 보인다. 주름치마에 세모꼴 깃이 달린 긴 웃옷을 입은 옷차림은 다까마쓰무덤의 옷차림과 비슷하다.

---

299) <원문 주> 북한 학자들은 폭치마라고 하였다(위만 주름이 있고, 폭은 이은 치마)『조선의 민속풍속』88쪽.
300) 金美子,「高句麗 古墳壁畵를 통해 본 高句麗 服飾에 關한 硏究」,『高句麗硏究』(4), 1997, 502~504쪽.

그림 121 세칸무덤 1널방 왼벽(1994.07.15.)   그림 122 세칸무덤 1널방 왼벽(1994.07.15.)

(3) 세칸무덤(三室墓) : 5세기 중

이 무덤은 방이 세 칸으로 이루어져 있어 세칸무덤(三室墓)이라고 부른다. 3칸에 모두 벽 모서리와 상단에 적갈색 물감으로 기둥과 두공을 그리고 그 위에 도리를 그려 넣어 마치 목조 가옥의 실내처럼 정교하게 꾸몄다. 첫 칸의 벽화를 보면, 들어가자마자 바로 앞에 보이는 동쪽 벽 무덤에 주인 부부와 남녀 시종 및 이들이 사는 기와집 4채를 그려놓아 고구리 귀족의 살림과 삶을 볼 수 있는 중요한 그림이다.

동벽에는 주인 부부를 비롯하여 모두 11명의 인물이 한 줄로 걷고 있는데, 4명의 여인은 모두 앞에서 본 씨름무덤과 춤무덤에서 본 것과 같은 주름치마에 긴 웃옷을 입고 있다. 다까마쓰무덤의 여인상과 기본적으로 같은 옷차림이다.

이 가운데 주인 머리에 쓰개를 썼는데 김미자는 '머리수건(頭巾)'이라고 부르며 위의 세 무덤의 인물 쓰개를 이렇게 설명하고 있다.

① 춤무덤 부인이 쓴 머릿수건은 백색 헝겊을 넓게 편 채 이마와 정수리(頭頂)를 덮어 뒤쪽에서 고정시킴으로써 정면에서 보면 머리 꼭대기 부분이 조금 솟아 있는 형상이다. ② 세칸무덤 여인이 쓴 머릿수건은 정수리 부분이 네모꼴로 평평하게 보이게 되었다. ③ 쌍기둥 무덤 여인의 머릿수건은 띠 꼴로 접어서 머리가 흘러내리지 않도록 이마 위를 둘러 뒤에서 고정시킨 모습이다.

건(巾)은 신분 높은 귀부인들에게 사용된 예가 많으며 계급에 관계 없이 맨머리였던 점을 미루어 보면, 남자의 머리꾸밈이 오랫동안 의례와 신분 표시의 기능을 착실히 수행한 것과는 달리 상대(上代)의 여성 쓰개는 신분 표시의 기능과는 무관했으나 의례의 기능이 있었던 것으로 사료된다.[301]

그러나 다음에도 보겠지만 여인들의 그림 가운데 머리수건을 쓴 사람과 쓰지 않는 사람 사이에 상하 관계가 있는 것으로 보인다. 세칸무덤에서 나오는 여인 4명 가운데 여주인만 머리수건을 쓰고 있는 모습을 보면 알 수 있다.

여기 나오는 여인들의 옷차림은 기본적으로 다까마쓰무덤의 옷차림과 같다.

(4) 장천1호무덤(長川1號墓) : 5세기 중

장천1호무덤은 국내성에서 압록강을 따라 올라가면 황백향 장천촌에 있다. 장천1호는 국내성 지역의 벽화 가운데 불교 색채가 가장 강한 무덤이다. 앞방과 뒷방으로 이루어져 있는데, 뒷방은 무덤칸으로 천정에 북두칠성 별자리가 있고 온방이 모두 연꽃으로 채워져 있어 연화세계인 극락세계를 그린 듯하다. 무덤 주인의 생활도는 모두 앞방에 그려져 있다. 남벽에는 춤무덤과 마찬가지로 실내에서

123 장천1호무덤 앞방 오른벽(1994.07.15.)

그림 124 장천1호무덤 앞방 왼벽(조선유적유물도감)

---

301) 金美子, 「高句麗 古墳壁畵를 통해 본 高句麗 服飾에 關한 硏究」, 『高句麗硏究』(4), 1997, 516쪽.

춤추고 노래하는 그림을 그렸고, 북벽에는 바깥에서 일어난 사냥, 말타기, 연주, 씨름, 마술 같은 갖가지 생활을 모두 담아 고구리 벽화 가운데 출연 인원이 가장 많은 벽화이다.

<그림 123>은 남벽의 거대한 화면에 나오는 많은 놀이 가운데 악기를 연주하는 예술인인데 2명이 모두 전형적인 고구리 여인의 옷차림을 하고 있다. 앞의 여인의 웃옷은 점박이가 아니고 악기를 들고 뒤따라가는 여인은 점박이 옷을 입고 있다. <그림 124>는 북벽의 예술단으로 춤을 추는 무용수로 보인다. 5명의 여인이 걸어가는데 모두 앞에서 본 전형적인 고구리 옷을 입었고, 앞에 간 두 명은 머리수건(頭巾)을 썼다. 그리고 맨 앞에 간 여인은 두건을 썼을 뿐 아니라 웃옷이 점박이 무늬가 아니다.

이곳 여인 옷차림 또한 기본적으로 다까마쓰무덤 벽화의 옷차림과 닮았다.

(5) 통구12호무덤(通溝12號墓) : 5세기 중

이 무덤은 한 분봉 안에 무덤칸이 좌우에 나란히 놓여 있는 아주 독특한 구조다. 남북 무덤칸이 모두 인물풍속도 위주로 구성되어 있다.

남쪽 무덤칸 벽화에 수레를 따라 4명의 여인들이 걷고 있는데 모두가 전형적인 고구리 여인의 옷차림이다. 이 무덤의 여인 옷차림도 기본적으로 다까마쓰무덤 벽화의 옷차림과 닮았다.

그림 125 통구12호 남쪽 무덤칸(조선유적유물도감)

2) 평양·남포 지역 무덤벽화에 나타난 여인의 옷차림

427년(장수왕 15년) 서울을 국내성에서 평양으로 옮기면서 고구리 정치경제의 중심지가 평양이 되었고, 장수왕이 즉위하면서 나라이름을 고구리(高句麗)에서 고리(高麗)로 바꾸는 등 본격적인 중흥기에 들어선다. 5세기 후반 이 지역 벽화에 나온 여인들 옷차림도 기본적으로 다르지 않지만 웃옷 길이 등에서 약간의 변화를 볼 수 있다.

(1) 수산리무덤(水山里墓) : 5세기 후반

수산리무덤벽화는 남포시 강서구역 수산리(옛 지명 : 평남 강서군 수산리)에 있다. 수산리벽화무덤, 수산리무덤으로도 표기한다. 수산리 소재지 서남쪽 4km 지점에 있는 고정산 남쪽 끝자락 언덕 위에 자리 잡은 흙무지돌방무덤으로 무덤 방향은 남쪽이다. 널길과 널방의 길이×너비×높이는 각각 4.5m×1.6m× 1.8m, 3.2m×3.3m×4.1m다. 널방 천정 구조는 평행삼각고임이다. 널방 안에 회를 바르고 그 위에 벽화를 그렸으며, 벽화 주제는 생활풍속이다.[302]

국내성 벽화에 나온 여인 옷에 비해 평양지역의 옷에서 가장 눈에 띄는 변화는 주름치마를 많이 내놓고 웃옷의 길이가 아주 짧아졌다는 점이다. 특히 맨 앞

그림 126 高松塚 서벽 궁녀도

그림 127 수산리무덤벽화 안칸 서벽(조선유적유물도감)

---

302) 조선유적유물도감 편찬위원회, 『조선유적유물도감』(5), 고구려편(3), 1990, 189쪽 이하 참조.

그림 128 수산리무덤 벽화 귀부인　　　그림 129 안칸 서벽 시녀　　　그림 130 안칸북벽(高句麗壁畫,동경)

에 가는 여주인은 뒤따라오는 다른 여인들과 옷차림이 약간 차이가 난다. 뒤따르는 여인들은 모두 잔주름 치마를 입은 데 비해 여주인은 색동치마(폭치마)를 입었다.

　이런 치마는 다까마쓰무덤의 여인 치마와 거의 같다는 것을 알 수 있다. 웃옷도 허리띠를 아래쪽으로 느슨하게 매고 옷깃이 좀 변한 것을 빼면 차이가 없다. 옷깃은 변화가 있었지만 밑단, 소맷부리(袖口)에 색이 다른 선(襈)을 댄 것도 고구리의 옷차림과 거의 같다. 이런 점들은 다까마쓰무덤 벽화에 나오는 여인들 옷차림과 거의 같다는 것을 알 수 있다. 앞에서 본 고구리 옷차림이 5세기 때 것이고 다까마쓰무덤 벽화가 8세기 초이기 때문에 200년 이상의 시차가 있음에도 불구하고 이처럼 거의 닮은 것은 같은 그림본을 가지고 그렸거나, 그 전통을 이어받은 화가가 몸소 그리지 않으면 그렇게 닮을 수가 없다.

(2) 쌍기둥무덤(雙楹塚) : 5세기 중반

　남포시 용강군 용강읍 북쪽 언덕에 있는 쌍기둥무덤은 인물 풍속 및 사신도를 그린 두칸무덤이다. 앞칸과 널방(안칸) 사이에 8각 기둥이 2개 있어 쌍기둥무덤이라는 이름이 붙었다. 무덤 안길 동북벽에 북을 치는 사람을 비롯하여 30명이

그림 131 쌍기동무덤 널방 왼벽 공양도(「朝鮮古蹟圖譜」-2, 1915, 그림 580)

넘는 인물이 그려져 있고, 앞칸에 청룡백호를 그리
고, 안칸인 널방에는 주작과 현무를 그렸다. 널방에
주인공 부부의 일상생활과 불교의식 장면을 그리
는 등 화려한 벽화가 그려져 있었으나 도굴을 당해
거의 사라져 버렸다. 1915년『조선고적도보』에 본
뜬 그림(摹寫圖)이 컬러로 실려 있어 참고할 수가 있
다. 말 탄 무사 벽화 조각은 현재 국립박물관에 소
장되어 있다.[304]

그림 132 널길 동벽(「朝鮮古蹟圖譜」-2, 그림 543)

  <그림 131>은 널방에 있는 공양도로, 맨 앞에 향
로를 머리에 인 여인에 이어서 한 승려가 화려한 가
사를 입고 석장을 짚고 걸어간다. 이어서 시녀 한
사람과 여주인이 걸어가는데 앞에서 본 수산리무
덤 벽화처럼 잔주름치마에 까만 웃옷(袍)을 입었다.

  <그림 132>에 나오는 4명의 여인들도 모두 같은 옷을 입고 있어 평양 쪽으로

303) 朝鮮總督府,『朝鮮古蹟圖譜』(1)(2)(3), 名著出版社(關野貞 외), 1915, 1016.
304) 조선유적유물도감 편찬위원회,『조선유적유물도감』(5), 고구려편(3), 1990, 119쪽 이하 참조.

그림 133 안악2호 안칸 서벽(『조선유적유물도감』)

그림 134 안악2호 안칸 서벽(『조선유적유물도감』)

오면서 웃옷의 길이가 짧아졌다는 사실을 알 수 있다. 3명의 여인은 비록 몸은 모두 정면으로 향하고 있지만 얼굴은 모두 비스듬히 왼쪽을 바라보는 것도 큰 특징이다. 모두가 다까마쓰무덤 벽화의 인물화의 화법과 같다.

(3) 안악2호무덤(安岳2號墓) : 5세기 중반

안악2호무덤은 황해남도 안악군 대추리에 나란히 있는 무덤 뒤에 자리 잡은 무덤이다. 앞에 안악1호무덤이 있다. 이 무덤은 인물풍속도를 그린 감이 있는 벽화무덤이다. 『조선유적유물도감』에서는 5세기 말에서 6세기 초로 편년하고 "이 벽화는 기법이 원숙하여 고구려 무덤벽화 중 특별히 중요한 자리를 차지한다." 고 했다.

그러나 여인상에서 옷을 보면 이 벽화가 위에서 본 수산리무덤 벽화나 쌍기둥무덤 벽화보다 더 앞선다고 본다. 앞에서 두 벽화의 웃옷이 짧아지면서 주름치마가 많이 나타나는데 안악2호 여인들의 옷은 국내성 벽화와 같이 웃옷이 무릎 아래까지 내려오고 주름치마가 조금밖에 나타나지 않기 때문이다. 이 여인들도 모두 다까마쓰무덤 벽화의 여인들과 같은 옷차림을 하고 있다.

(4) 머리 모양

앞에서 당나라의 벽화무덤에 나온 벽화와 다까마쓰무덤 벽화를 비교하면서 머리 모양이 전혀 다르다는 사실을 보았다. 여기서는 고구리 무덤벽화와 다까마

그림 135 高松塚 서벽 궁녀도(『裝飾古墳의 世界』144쪽)

쓰무덤 벽화에 나온 여인상의 머리 모양을 견주어 보기로 한다.

먼저 다까마쓰무덤 벽화에 나온 여인들의 머리는 정수리 부분을 약간 높이고 뒤로 빗어내려 끝을 묶어서 꼬리처럼 멋을 냈다는 것을 알 수 있다.

고구리 여인들의 머리 모양은 꽤 다양한데, 김미자는 다음 6가지로 나누었다.

① 앉은 머리 : 앞머리를 위로 감아 돌리어 머리 위에 얹는 형태로 대개 자기
　　머리로 올리므로 별로 높지 않다.

② 쪽머리 : 쪽을 뒤통수에 낮게 트는 양식.

③ 묶은 머리 : 고구리 벽화에 많이 보이는 머리로 고구리 여인들의 독특한 양
　　식이다. 머리를 뒤에서 하나로 모아 반으로 접어 올리고 접은 부분은 묶는
　　데, 위의 머리를 약간 남겨놓고 묶으면 <그림 135>과 같이 남은 머리가 약
　　간 뒤로 젖혀진다.

④ 늘인머리(푼기명머리) : 양볼에 머리털의 일부를 늘어뜨린 모양이다.

⑤ 건귁(巾幗=수건머리 꾸밈) : 가발로 만든 머리장식으로 모자처럼 머리 위에

없는 것이다.

⑥ 털모자 : 안악2호무덤에서 여자 3명이 쓰고 있다.[305]

위의 6가지 분류 가운데 다까마쓰 고분벽화에 있는 여인의 머리 모양은 정확히 '③ 묶은 머리'에 해당된다. 고구리(高句麗) 벽화에서 묶은 머리를 찾아보면 어렵지 않게 다음 5가지를 들 수 있다.

① 춤무덤(舞踊총) 널방 안벽, 차를 들고 가는 여인의 머리.
② 세칸무덤(三室墓) 1널방 왼벽 여인의 머리.
③ 장천1호무덤(長川1號墓) 앞방 왼벽 여인의 머리.
④ 장천1호무덤(長川1號墓) 앞방 왼벽 악기를 든 여인 앞의 예술인.
⑤ 장천1호무덤(長川1號墓) 앞방 오른벽 노래하는 여인들.

이상에서 여인들의 머리모양을 비교해 볼 때 다까마쓰무덤 벽화의 여인과 고구리(高句麗) 벽화에 나온 여인의 머리 모양은 같다는 것을 알 수 있고, 이런 결과는 다까마쓰무덤 벽화가 고구리(高句麗) 계 화가가 그렸다고 볼 수 있다. 이제 사하라 마꼬또(佐原 眞)가 든 다까마쓰무덤 벽화의 특징을 다시 보자.[306]

(1) 서 있는 위치를 앞뒤로 비켜서게 하였다.
(2) 서로 가까이 접해 서 있다.
(3) 앞에 있는 도형이 뒤의 도형을 가린다.
(4) 비스듬하게 바라보는 얼굴.
(5) 눈이 윤곽선을 끊는 얼굴.
(6) 비스듬하게 바라보는 것이 주류.
(7) 주로 한쪽으로 바라본다.

---

305) 金美子,「高句麗 古墳壁畵를 통해 본 高句麗 服飾에 關한 硏究」,『高句麗硏究』(4), 1997, 518~519쪽.
306) 佐原 眞,「竹原古墳と高松塚古墳の繪を比べる 一裝飾古墳壁畵の2つの樣式一」, 國立歷史民俗博物館 編輯,『裝飾古墳의 世界』(展示圖錄), 朝日新聞社 發行, 1993, 143~144쪽.

그림 136 춤무덤(舞踊총) 널방 안벽

그림 137 세칸무덤(三室墓) 1널방 왼벽

그림 138 장천1호무덤(長川1號墓) 앞방 왼벽

그림 139 장천1호무덤(長川1號墓) 앞방 왼벽

그림 140 장천1호무덤(長川1號墓) 앞방 오른벽 합창단

(8) 얼굴과 얼굴을 마주 보지 않는다.

앞부분에 (1), (2), (3)은 200년이란 시차에서 생긴 변화라고 볼 수 있지만, 나머지는 고구리 벽화와 완벽하게 일치한다고 볼 수 있다. 이러한 변화를 국내성 옷차림 → 평양지역 옷차림 → 다까마쓰 지역 옷차림으로 연결해도 무리가 없을 것이라고 본다.

결국 법륭사에서 발견된 고구리 사람과 다까마쓰무덤 벽화는 같은 화법이고 고구리식 그림이라는 것이 확인되었다. 따라서 대좌에 그린 고리(高麗)의 인물화는 고리(高麗) 계 화가가 그렸다는 결론을 내릴 수가 있다.

Ⅵ. 맺음말

1. 법륭사 아미따여래 대좌에 그려진 인물상은 고구리(高句麗) 사람이다.

고구리(高句麗) 벽화에 나온 남자 인물상과 비교하여 아미따삼존불 대좌에 그려진 남자 인물상은 고리(高麗) 사람이라는 것을 확정할 수 있었다. 그리고 머리에 닭깃털을 꽂은 법륭사 인물상은 벼슬이 높은 사람이거나 예술가이다.

2. 법륭사 고구리(高句麗) 인물상은 언제 그려졌는가?

(1) 요미우리(讀賣) 신문 기사에서는 성덕태자(聖德太子, 593~622년)가 살아 있을 때로 보았다.

(2) 마찌다 아끼라(町田 章)는 1차보고서에서 ① 623년에 만들어진 석가삼존의 대좌보다 늦게 만들어졌다. 그러므로 623년이 상한이 된다. ② 그리고 운

기무늬(雲氣紋)이나 운기무늬당초무늬(雲氣紋唐草紋)을 쓰고 있어 650년이 하한이 된다. ①은 고고학적 유물을 통해서 보았고, ②는 미술사적 측면에서 판단한 것이다.

(3) 글쓴이는 아미따삼존불은 법륭사를 지을 때 약사여래삼존과 함께 만들어지고, 석가삼존불은 성덕태자가 세상을 떠난 뒤 두 불상에 더하여 만들어졌다는 『성덕태자전 사기(聖德太子傳私記)』를 바탕으로 새로운 편년을 시도해 보았다. 약사여래상은 광배에 새겨진 글(銘文)에 607년 조성된 것으로 되어 있다. 일본 연구자들 사이에 논란이 있지만 607년을 인정한다면 아미따여래상의 대좌 하부도 607년까지 거슬러 올라갈 수 있을 것이다. 그렇다면 아미따여래의 대좌 조성연대를 607~650년으로 확대할 수 있다.

(4) 마찌다가 623~650년으로 보고 글쓴이가 607~650년으로 늘려 잡았지만 불이 났을 때 불상들은 구했다는 전제 아래서만 가능해진다. 만일 절이 탈 때 불상도 타 버렸다면 법륭사가 본당을 다시 지은 670~711년 기간도 고려해야 한다. 이에 대한 정답은 없지만 가장 안전한 결론은 607~711년이라는 기간이 되어 버린다.

이 연대 문제는 『일본서기』에 나온 '710년 법륭사 화재 기록' 때문에 많은 논란이 생길 수밖에 없다. 화재 때 불상은 구했다는 설을 취하면 위의 설들이 맞고, 불상까지 타 버렸다면 710년 이후가 되기 때문이다. 그러므로 이 연대 비정에 대한 논란은 앞으로도 계속될 것이다.

3. 법륭사 고구리(高句麗) 인물상은 누가 왜 그렸는가?

(1) 요미우리신문 기사에서 황문화사(黃文畵師) 같은 고구리(高句麗) 화가가 그렸다고 했다.

(2) 마찌다 아끼라(町田 章)는 1차보고서에서 ① 일본 화가가 일본에 온 고구리(高句麗) 사람을 그렸을 것이다. ② 고리(高麗) 사람이 자기 나라 풍속을 그

렸다.

⑶ 글쓴이는 마찌다가 추정하는 ②에 무게를 두고 검토해 보았다.

① 먼저 아미따불상의 대좌에 그린 인물상은 누가 그렸을까?

법륭사 아미따삼존불의 대좌가 607년에 만들었다고 했을 때 당시 국가에서 임명한 불상 장인인 안작 조(鞍作 鳥)가 만든 것이 확실하고, 623년 석가삼존불 광배에는 안작 지리(鞍作 止利)가 만들었다고 뚜렷하게 새겨져 있다. 조(鳥)와 지리(止利)는 모두 도리(とり)라고 읽어 같은 사람이다. 그리고 사마달등(司馬達等, 시바닷또) → 안부다스나(鞍部多須奈, 구라쯔꾸리 다스나) → 안작 조(鞍作 鳥, 구라쯔꾸리 노 도리)로 이어지는 가계는 493년 고리(高麗)에서 초빙해온 장인(工匠) 수류지(須流枳)·노류지(奴流枳)의 후손들이라고 확정할 수 있었다. 도리는 고리(高麗)에서 온 도래인이었다.

② 그렇다면 누구를 그렸을까? 고리(高麗)의 화공 도리(止利)가 고리(高麗) 사람을 그린 것이다. 그렇다면 도리가 그린 대상은 누구일까? 다른 사람이 볼 수 없는 대좌 속에 그렸기 때문에 특별히 어떤 주제를 목적으로 그린 것이 아니라고 본다. 앞에서 본 낙서와 같이 불상의 내용과는 전혀 다른 것일 수 있다. 그런 점에 글쓴이는 도리가 자신을 그린 자화상을 마치 작품에 서명(sign)하는 것처럼 그렸다고 보았다. 이것은 고구리 때 기와나 주춧돌 등에 제작자의 고유한 부호를 새긴 서명과 같은 것이라고 본다.

⑷ 그러나 조성연대의 하한을 650년까지 내려 잡는다면 담징의 활약을 검토하지 않을 수 없다. 일본의 불교 예술사에서 추고 18년(610) 고리(高麗)의 승려 담징이 온 것은 획기적인 사실이었다. 고리(高麗)에서 꽤 많은 승려들이 일본에 왔지만, 담징에 대해서만 특별히 그림을 비롯한 갖가지 기술을 전했다고 기록한 것은 바로 그 분야에 괄목할 만한 공헌을 했기 때문이었다. 622년 성덕태자가 『천수국수장(天壽國繡帳)』을 만드는데, 밑그림을 동한(東漢 아마또 노 아야)의 마켄(末賢), 고리(高麗 고마)의 가서일(加西溢 가세이), 한(漢 아야)의 누까고리(奴加己利 누까고리) 3명이 그렸다고 했다. 『천수국수장(天壽國繡帳)』의 그림을 고구리 벽화와 비교해 본 결과 고리(高麗 고마)의 가서일(加西溢 가세이)이 그렸다는 것을 밝힐 수 있었다. 그러므로 법

류사 금당 불상의 대좌에 고리(高麗) 인물상을 그릴 화가로 고리(高麗 고마)의 가서일(加西溢 가세이)을 더 추가할 수 있었다.

⑸ 만일 절이 탈 때 불상도 타 버려 법륭사가 조성 시기가 670~711년이라고 해도 화가가 고리(高麗) 사람이라는 점은 변함 없다. 그것은 7세기 말에서 8세기 초로 편년되는 다까마쓰벽화나 기또라고분 벽화들을 모두 고리(高麗) 출신 화가들이 그렸기 때문이다.

참고문헌

『魏書』
『周書』
『隋書』
『舊唐書』
『新唐書』

『日本書紀』
『新撰姓氏錄』
『聖德太子傳曆』
『聖德太子傳私記』
『元享釋書』
『本朝高僧傳』

關野　貞,「法隆寺金堂塔婆及中門非再建論」,『建築雜誌』, (218), 明治38年(1905) 2月,

久野健,「法隆寺金堂天井板落書」,『美術研究』(140), 1947.

大橋一章,「法隆寺の再建と二つの本尊」,『早稻田大學大學院文學研究科紀要』(431) 第3分冊, 1998.

大山誠一,「'聖德太子'研究の再檢討 - 上」, 弘前大学國史研究会,『弘前大學國史研究100』, 1996.

東野治之,「法隆寺金堂釈迦三尊像の光背銘」,『日本古代金石文の研究』, 岩波書店, 2004年.

上田正昭,「職貢図倭人の風俗」,『風俗』(3-4), 1964.3.

水城寅雄,「內地に於ける高句麗歸化族の分布」, 朝鮮總督府『朝鮮』(255), 1936.

薮田嘉一郎,「法隆寺金堂薬師・釈迦像光背の銘文について」,『仏教芸術』7号, 1950.

王勇,「中国資料に描かれた日本人像 -遣唐大使の風貌を中心に」, 国文学研究資料館『国際日本文学
　　　研究集会会議録』(24), 2001.

李成市,「法隆寺金堂阿彌陀如來坐像臺座から發見された人物畵像の出自をめぐって」,『アジアにおける
　　　國際交流と地域文化』, 1994.

田中嗣人,「仏師・仏工の成立と止利仏師」,『日本古代仏師の研究』第1部, 1983.

町田章, <調査報告1>「法隆寺金堂阿弥陀坐像の台座に描かれた人物像について」, 法隆寺昭和資財帳
　　　編纂所『伊珂留我ー法隆寺昭和資財帳調査概報 ⑮』, 小学館, 1994年 4月 10日.

佐原　眞,「竹原古墳と高松塚古墳の繪を比べる ―装飾古墳壁畫の2つの様式―」, 國立歷史民俗博物館
　　　編輯,『裝飾古墳의 世界』(展示圖錄), 朝日新聞社 發行, 1993,

平子鐸嶺,「法隆寺初創考」,『國華』(177), 明治38年(1905).

喜田貞吉,「關野平子二氏の法隆寺非再建論を駁す」,『史學雜志』(16-4), 明治38年(1905).

経済雑誌社 編, <国史大系> 第6巻 『日本逸史』・『扶桑略記』, 1897~1901.

高倉洋彰,『大宰府と觀世音寺』, 海鳥社, 1996.

吉川真司,『飛鳥の都 - シリーズ日本古代史3』, 岩波新書, 2011.

奈良国立博物館,『国宝法隆寺金堂展』(展覧会図録), 2008.

大橋一章, 「法隆寺・薬師寺・東大寺：論争の歩み」, グラフ社, 2006.4.

大橋一章,『法隆寺美術論爭の視點』, グラフ社, 1998.

大橋一章・片岡直樹 編著,『法隆寺 美術史研究のあゆみ』, 2019.4.13.

松浦正昭, 東京国立博物館編集・発行『国宝天寿国繍帳』, 2006.

長岡龍作,『日本の仏像』, 中公新書, 2009.

「唐三彩에 나타난 唐代의 服飾과 修髮樣式」, 국립부여박물관『中國洛陽文物展』(도록), 1998,

金美子, 「高句麗 古墳壁畵를 통해 본 高句麗 服飾에 關한 研究」,『高句麗研究』(4), 1997.

文明載, 「고대 일본불교의 한국계 승려 연구」, 한국외국어대학교 대학원 일어일문학과 박사학위 논문, 2016.

安輝濬, 「三國時代 輸書의 日本傳播 III. 三國系畵風을 지닌 在日 代表作들 1. 天壽國曼茶羅繡帳」, 국사편찬위원회『國史館論叢』第10輯, 1989.12.26.

『奈良六大寺大観 法隆寺二』(補訂版), 岩波書店, 1999.

안휘준,『청출어람의 한국미술』, ㈜사회평론아카데미, 2010,

전호태,『고구려 고분벽화 연구』, 사계절, 2000.

전호태,『고구려 고분벽화의 세계』, 서울대학교 출판부, 2004.

町田甲一.『大和古寺巡歴』, 講談社学術文庫, 1989.

玄圭煥,『韓國流移民史』, 興士團, 1976.

다섯째 마당

당나라 장회태자(章懷太子) 이현(李賢)의
무덤벽화에 그려진 닭깃털관(鷄羽冠)

Ⅰ. 머리말

장회태자(章懷太子) 이현(李賢)은 당나라 고종 이치(李治)와 무측천(武則天) 황제 사이에서 난 둘째 아들이다. 그는 고종과 측천무후의 능묘인 건릉(乾陵)에 함께 묻혀 있다. 1971년 7월 2일부터 1972년 2월 하순까지 발굴하여 그해 발굴보고서가 나왔다.

발굴 결과 전체 무덤에서 50편이 넘는 벽화가 발견되었는데 보존상태가 아주 좋고 소재가 다양하였다. 특히 무덤길(墓道) 동서 양쪽 벽에는 그림이 각각 4편씩 그려져 있는데, 동벽에는 먼 길을 떠나는 그림(出行圖), 사신도(客使圖), 의장도(儀仗圖), 청룡도가 있고, 서벽에는 동벽과 마주 보며 마상공놀이 그림(馬毬圖), 사신도(客使圖), 의장도(儀仗圖), 백호도가 그려져 있다. 서벽 벽화는 깨져 없어지고 본뜬 그림만 남아 있고 동벽 그림은 산시성(陝西省)박물관에서 지금도 잘 소장되어 있다. 이 논문에서 다루려는 벽화는 바로 무덤길에 그려진 사신도다. 사신도는 각각 동벽에 6명, 서벽에 6명이 그려져 있는데, 동벽에 있는 6명 가운데 고리(高麗)의 깃털관(羽冠)을 쓴 사신이 그려진 벽화가 발견되었다.

지금까지 깃털관을 쓴 인물에 대하여 ① 일본사신설 ② 신라사신설 ③ 발해사

그림 141 이현(李賢)의 무덤 벽화에 나타난 닭깃털관(鷄羽冠)(王維坤 2014)

신설 ④ 고리(高麗)사신설 같은 갖가지 설이 나왔다. 이처럼 같은 깃털관을 쓴 인물에 대해 여러 가지 설이 나오는 것은 무덤 주인인 이현의 활동과 무덤 조성연대와 관계가 있다.

　측천무후가 황후가 된 뒤 권력을 잡자 황태자를 폐위하고 자기 맏아들 이홍을 황태자로 삼았으나 675년 이홍이 죽자 둘째아들인 이현(李賢)을 황태자로 세웠는데, 이 황태자가 바로 벽화무덤의 주인이다. 이현이 황태자가 될 당시는 이미 고리(高麗) 왕실이 당에게 항복하고 7년이 지난 뒤의 이야기다. 그러니까 이현은 황태자로서 고리(高麗) 사신을 맞이할 수 없었다. 그 뒤 측천무후는 680년에 이현(李賢)을 폐위시키고 결국 684년 자살하도록 만들었다. 고리(高麗)가 항복한 뒤 16년 뒤의 일이다. 683년 고종이 죽자 측천무후는 셋째아들 이현(李顯)을 황제로 세우니 그가 바로 중종이다. 그러나 측천무후는 중종도 폐위시키고 넷째아들을 황제로 세웠다가 또다시 폐위시키고 결국 690년 자신이 직접 황제가 되어 나라 이름을 주(周)로 바꾸었다. 698년에 다시 중종(中宗)이 복위되어 당 왕조를 부활하였고, 새로 자리에 앉은 중종은 706년 억울하게 죽은 형 이현(李賢)을 고종과 측천무후가 묻힌 건릉에 함께 묻히도록 하였다. 그러니까 이현의 무덤이 706년에 만들어졌는데, 고리(高麗)가 당나라에 항복하고 38년이 지난 뒤의 일이다.

이처럼 무덤 주인인 이현이 죽은 해와 무덤을 만든 해가 고리(高麗) 왕실이 당나라에 항복한 뒤이기 때문에 그림에 나온 깃털모를 쓴 인물에 대해 많은 설이 있었다. 그와 같은 사실에도 불구하고 깃털관을 쓴 인물은 고리(高麗) 사람임을 밝히는 것이 이 마당의 목적이다.

연구목적을 달성하기 위해 Ⅱ장에서는 지금까지의 연구사를 자세히 다루었다. 갖가지 설을 처음부터 최근까지 될 수 있는 한 모든 자료를 모으고, 가능한 온라인 자료까지 종합하여 검토하였다. 이 검토 자체가 앞으로 이 주제를 연구하려는 연구자에게 기초자료가 될 수 있도록 1차 자료들을 확인하고 연구자들의 성향도 파악하여 종합한다.

Ⅲ장에서는 신라사신설이나 발해사신설의 한계를 지적하고, 어떻게 그 벽화에 고리(高麗) 사람이 등장할 수 있는지를 증명한다.

Ⅱ. 사신도(客使圖) 깃털모(羽冠)를 쓴 인물에 대한 연구사

<그림 141>에는 모두 6명이 등장하는데 왼쪽 3명은 사신을 맞이하는 당나라 홍려시(鴻臚寺) 관원으로 보고 있다. 그리고 오른쪽에 외국 사신 3명이 그려져 있는데 그 가운데 한 명이 깃털 꽂은 관을 머리에 썼다. 나머지 두 명 가운데 바로 옆에 있는 인물은 동로마제국에서 온 사신으로 보고, 맨 오른쪽 인물은 여진이나 말갈에서 온 사신으로 보고 있다. 1972년 발굴보고서에서는 논란의 주제가 되고 있는 깃털모 쓴 인물에 대해 이렇게 설명하였다.

두 번째 사람은 북쪽을 바라보고 반쯤 옆모습을 하였는데, 길둥근꼴 얼굴이 높고 탐스럽고, 수염과 눈썹이 뚜렷하고 붉은 입술이다. 머리에 깃털모자를 썼는데 새깃털 두 가

닥이 위로 똑바로 서 있고, 모자 앞은 주홍색이고 옆은 녹색이며, 양쪽에 띠로 목까지 묶었다. 귀를 띠 밖으로 내놓았다. 크고 붉은 깃을 단 도포를 입었는데 옷깃 끝에 붉은 띠를 둘렀고, 소매가 넓고 두 손을 소매 속에서 맞잡고 있다. 하얀 띠를 두르고 누런 신을 신었다.[307]

그림 142 고리(高麗) 사람.
陝西省博物館(2018. 9. 1)

　　보고서에는 이처럼 인물에 대한 묘사만 있고, 그 인물의 국적에 대한 언급은 없다. 이하 그 뒤 나온 갖가지 설을 검토해 본다.

I. 일본 사신이라는 설

　　1972년 발굴을 마친 뒤 1974년 일본 기따큐슈(北九州) 시립박물관 개관기념 한당(漢唐) 벽화전시회에서 처음으로 이 벽화가 소개되면서 깃털관을 쓴 인물에 대한 국적 문제가 논의되기 시작한다.[308] 1972년 일본과 중화인민공화국이 미국보다 먼저 수교하고 1973년에 서로 대사관을 설치한다. 1974년에는 처음으로 일본 외무대신이 중화인민공화국을 방문하고 도쿄와 오사카에서 「중화인민공화국 전람회(中華人民共和國展覽会)」를 열어 무려 400만 명이 넘는 입장객을 기록하였다. 이런 중일 교류 초기 단계에 큐슈에서 벽화전을 여는 것은 큰 이벤트였다.

　　이 전시회 도록에서 일본 측에서는 1960년부터 규슈대학교에 재직하였던 아시아고고학 전문가 오까자끼 다까시(岡崎 敬, 1923~1990)가 「한·당 옛 무덤 벽화(漢唐古墓壁画)의 흐름」이란 해설 논문을 썼다. 그는 이 논문에서 "이 속에 일

---

307)　陝西省博物館 乾县文教局 唐墓发掘组 『唐章怀太子墓发掘简报』, 『文物』, 1972-7,13쪽. 16~17. 第二人北向半側面, 楕圓形脸, 面龐豐滿, 鬚眉淸晰, 朱脣. 頭載羽毛帽, 有二鳥羽向上直立, 帽前着朱紅色, 兩傍着綠色, 兩邊有帶束于頸下. 耳露于帶外. 大紅領長白袍, 衣襟鑲紅邊, 寬袖, 兩手拱于袖中. 束白帶, 穿黃靴.

308)　北九州市·北九州市教育委員会·日本中国文化交流協会 主催: 1974年11月3日~12月1日 会場: 北九州市立美術館.

본의 사절이라고 생각되는 인물이 있으며, 이것이 사실이라면 대족(大足) 연간 (701~704)에 견당사였던 아와따 노 마히또(粟田眞人) 등을 그렸을 가능성도 생기 게 된다"고 해서 깃털모를 쓴 인물은 '일본 사신'이라고 주장한 것이 이른바 일본 인설의 시초다.[309] 오까자끼의 주장은 벽화에 나오는 인물의 옷과 『구당서』「일본 전」에 나온 일본 사신의 옷이 비슷하다는 것이다.

> 장안 3년(703년) 그 대신 아소미 노 마히또(朝臣眞人)이 와서 방물을 바쳤다. 아소미 노
> 마히또(朝臣眞人)은 중국의 호부상서와 같은데, 진덕관(進德冠)을 쓰고, 그 꼭대기에 꽃
> 을 만들어 나누어 네 가닥으로 흩어지게 하였다. 몸에는 자줏빛 도포를 입고 비단 허리
> 띠를 하였다. 진인(眞人)은 경서와 사서를 즐겨 읽고 글을 지을 줄 알며, 모습과 행동이
> 온화하였다. 측천(무후)이 인덕전(麟德殿)에서 잔치를 베풀고 사선경(司膳卿)이란 벼슬을
> 내리고 본국으로 돌아가게 하였다.[310]

그러나 실제 그림을 보나 발굴보고서에 나온 내용을 보나 "진덕관(進德冠)을 쓰고, 그 꼭대기에 꽃을 만들어 나누어 네 가닥으로 흩어지게 한" 일본 사신의 모 자는 전혀 같지 않았다. 당시 일본과 중화인민공화국의 정치외교관계사로 볼 때 는 아주 시의적절한 주장이었지만 학술적 측면에서 보면 깊이 있는 연구가 없었 던 내용이었다. 그러므로 이러한 일본 사신설은 같은 해 한국의 김원용이 그 인 물은 일본인이 아니라 한국인이라는 설을 들고 나오면서 한국과 일본에서 일본[311] 사신설은 바로 사라져 버렸다.

이에 반해 당시만 해도 한국의 연구 성과를 몰랐던 중화인민공화국에서는 일 본사신설이 꽤 널리 퍼지기 시작한다. 한·당 벽화전을 주최할 때 중화인민공화 국 측 담당자였던 산시성 박물관(陝西省博物馆)의 왕런뽀(王仁波)가 다음 해인

---

309) 岡崎敬:「漢唐古墓壁画的のながれ」, 北九州市立美術館 編『北九州市立美術館開館記念 中華 人民共和國 漢唐壁畫展』(圖錄), 1974.

310) 『舊唐書』卷199(상) 列傳 第149(上) 東夷 日本. 長安三年, 其大臣朝臣眞人來貢方物. 朝臣眞人者, 猶中國戶部尙書, 冠進德冠, 其頂爲花, 分而四散, 身服紫袍, 以帛爲腰帶. 眞人好讀經史, 解屬文, 容止溫雅. 則天宴之於麟德殿, 授司膳卿, 放還本國.

311) 金元龍,『唐 李賢墓의 新羅使에 대하여』,『考古美術』(123·124), 1974. 17~21쪽.

1975년 오까자끼 다까시의 논리를 그대로 베껴 비슷한 논문을 두 곳에 실으면서부터이다. 왕런뽀(王仁波, 1939~2001)는 1962년 중화인민공화국에서 처음으로 북경대학 고고학 전공 대학원생으로 들어가 유명한 수바이(宿白)·엔원루(閻文儒) 교수의 지도를 받은 뒤 1965년 산시성박물관에 부임한다. 그 뒤 10년 만에 일본 전시회 준비를 하고 이어서 그때 쓴 글을 서북대학 학보에 실었다.

> 1971년 발굴한 장회태자 무덤 무덤길 동벽의 예빈도에 다른 나라와 우호왕래한 감동적인 장면이 생동감 있게 그려져 있다. 그 가운데 남에서 북쪽으로 두 번째 사람…… 이곳에 나온 복식과 《구당서·일본전》에 실린 (703년) 일본 사신 아소미 노 마히또(朝臣眞人)의 "진덕관(進德冠)을 썼는데, 위에는 꽃을 만들어 네 가닥으로 흩어지게 하였다. 몸에는 자줏빛 도포를 입고 비단 허리띠를 하였다"고 한 것은 중·일 우호왕래의 진귀한 자료이다.[312]

 이 논문 앞뒤를 보면 학술적인 형태를 취했지만, 내용을 자세히 보면 일본과의 우호관계를 증명하는 자료를 만들기 위해 오까자끼 다까시의 논리를 그대로 옮겼다는 것을 알 수 있다.[313] 이 논지는 1979년에 나온 『서안역사술략(西安歷史述略)』[314]이나 『문물고고공작30년(文物考古工作三十年) 1949-1979』[315]에 그대로 실렸다. 왕런뽀는 그 뒤에도 1982년 정부에서 외국어로 발행하는 『인민중국(人民中

---

312) 王仁波, 「遣唐使和中日文化交流」, 『西北大學學報(哲学社会科学版)』, 1975. 一九七一年發掘的章懷太子墓墓道東壁的禮賓圖生動之描繪了中外友好往來的動人場面, 畫面上有外國賓客, 還有唐代鴻臚寺的官員. 其中有南至北第二人 …… 這些服飾與《舊唐書·日本傳》所載日本使者朝臣眞人 "冠進德冠, 期頂爲花分而四散, 身服紫袍, 以帛爲腰帶"相近, 是研究中日友好往來的珍貴資料.

313) 이 문제에 대해 2000년 현지 학자를 만나 대화를 나눈 변인석은 이렇게 기록하였다. "주인공이 일본사람이라는 주장이 나오게 된 배경에는 중화인민공화국이 문화혁명의 와중에서 오로지 소수의 일본사람만이 내왕하고 있었기 때문이다. 왕인파(王仁波)를 잘 모셨던 왕세평(王世評)의 말에 따르면 그는 일본사람이 질문에 다소 긍정적일 수밖에 없었다는 것이다." (卞麟錫, 「唐 章懷太子墓 東壁의 禮賓圖에 대하여」, 『春史卞麟錫教授停年紀念論叢』, 2000. 244쪽). 개혁개방 이후 중화인민공화국 학자들의 학문적 태도를 엿볼 수 있는 대목이다.

314) 武伯綸, 『西安歷史述略』, 陝西人民出版社, 1979. 213쪽.

315) 陝西省文物管理委員會, 「建國以來陝西省文物考古的收穫」, 文物編輯委員會, 『文物考古工作三十年 1949-1979』, 1979. 136쪽.

国)』에 「장회태장 이현 무덤 '예빈도'와 일본 사자」라는 글을 발표하여 제목부터[316]
예빈도가 일본 사자라는 것을 분명하게 하였다. 그러나 1984년 산시성박물관 관
장과 시안비림박물관(西安碑林博物館) 관장 재임 당시 쓴 「고고발견으로 본 중·일
문화교류」라는 글에서는 "일본이나 고리(高麗)라고 추측한다."고 약간의 변화를[317]
보이지만 결국은 '일본 견당사 가운데 하나'라고 해서 기존 견해를 유지한다.

> 일본 또는 고리(高麗)의 사절이라고 추측할 수 있다. 또 그림에 나타난 것을 보면 깃털
> 이 곧게 서고(直立) 굽지 않았다. ……이는 일본 8차 견당사 무리 가운데 한 사람일 가능
> 성이 아주 크다.[318]

같은 해인 1984년 처음으로 일본사신설에 대한 비판이 제기된다. 윈샹(云翔)
의 「당 장회태자 무덤 벽화 사신도 중 '일본사절'에 대한 질의」라는 논문이었다.[319]
이 논문은 그 그림이 옛 조선인이고, 고리(高麗) 사람이 확실하지만 연대 때문에
신라인이라는 결론을 내리면서 특히 일본 사람이 아니라 조선 사람이라는 점을
강조한다. 다음 신라사신설을 볼 때 더 자세히 보겠지만 이 논문을 쓴 윈샹(云翔)
의 논리는 왕런뽀에 비해 훨씬 정밀하고 앞서가는 논리였다. 그 뒤 왕런뽀는 『중
국미술전집』(1989년)에서 '묘실벽화' 가운데 사신도를 다루면서 결국 '두 번째 사
람은 고리(高麗)의 사절로 추측한다(推測第二人是高麗的使節)'로 견해를 바꾸면서[320]
중화인민공화국에서 '일본사신설'이 사라진다.

316) 王仁波, 「章怀太子李贤墓"礼宾图"和日本的使者」, 『人民中国』, 1982-10.
317) 王仁波, 「从考古发现看中日文化交流」, 『考古与文物』 1984-3.
318) 王仁波, 「从考古发现看中日文化交流」, 『考古与文物』 1984-3. 推测可能是日本或高麗的使節.
    又据畫面上羽毛爲直立而不是彎曲. 推測日本使節的可能性更大 …… 很可能是日本第八次遣唐
    使使團中的成員.
319) 云翔, 「唐章怀太子墓壁画客使图中"日本使节"质疑」, 『考古』, 1984-12.
320) 王仁波, 「隋唐時期的墓室壁畫-客使圖」, 『中國美術全集』(12) 繪畫編·墓室壁畫, 1989.

2. 신라 사신이라는 설

1) 한·일의 신라 사신설

(1) 1974년, 김원용의 신라 사신설

앞에서 잠깐 보았지만 일본에서 오까자끼 다까시(岡崎 敬)가 일본사신설을 주장한 바로 1974년 말, 『한당벽화전(漢唐壁畫展)』도록을 본 김원룡은 즉시 그 인물은 한국인이고 신라 사신이라는 논문을 발표한다. 한국의 대표적인 고고·미술사학자이자 문인·화가였고, 당시 한국고고학연구회 회장이었던 김원룡(1922~1993) 교수의 신라사신설은 그 뒤 아주 중요한 설로 등장한다. 김원룡의 주장은 다음 두 가지로 간추릴 수 있다.

> ① 우선 모자가 앞뒤 두 부분을 합쳐서 만들어 거기에 쌍각형입식(雙角形立飾)을 한 것은 신라의 특색인데, 그리고 삼각형의 책(幘) 같은 모자를 쓰고 새깃털 2개를 꽂은 것은 고구리(高句麗) 식 쌍우모(雙羽帽)일 수 있으며, 삼각형 모자가 머리에서 떨어지지 않도록 위에서 넓은 베 끈(布纓)을 달고 턱밑에서 맺고 그 끈이 귀를 가리지 않도록 중간을 잘라서 귀를 내놓은 것은 양직공도의 백제 사신과 같으므로 벽화 속 인물은 한국인(韓國人)이 정확하다.
>
> ② 이현 무덤의 벽화가 그려진 706년은 고리(高麗)가 멸망한 지 40년이 넘은 뒤이기 때문에 고리(高麗) 사람이 등장할 수 없고, 연도로 보았을 때 신라 사람으로 보는 것이 타당하다.[321]

이처럼 신라인이라고 하면서도 고구리(高句麗) 사람이라는 점도 부정할 수 없다고 덧붙인다.

여기 나타난 韓國人은 三國時代 末期에서 新羅 統一初期의 사람이라고 해서 잘못이

---

321) 金元龍, 『唐 李賢墓의 新羅使에 대하여』, 『考古美術』(123·124), 1974. 20~21쪽.

아닌데 그 帽子의 形態로 보아 百濟를 除外한 高句麗 아니면 新羅人일 것이다. 그러나 이것이 꼭 어느 나라 사람인지는 단언하기 힘들며 高句麗 使節을 나타낼 수도 있고 反對로 古新羅人 또는 7世紀 後半 以後의 統一新羅人을 나타낼 수도 있는 것이다. 問題는 帽子의 雙立飾이 牛角이냐 鳥羽냐에 걸려 있는데 牛角形 같기도 하고 鳥羽形 같기도 해서 現在로서는 決斷을 내릴 수 없다.[322)]

앞에서 '신라로 보는 것이 타당하다고 했지만, 뒤에서 다시 고구리(高句麗) 사절일 수도 있다고 했는데, 쇠뿔과 같은 꼴(牛角形)인지 새깃털 꼴(鳥羽形)인지가 문제라는 것을 보면, 쇠뿔 꼴이면 신라 사람, 새깃털 꼴이면 고구리(高句麗) 사람[323)]이라는 논리로 보인다. 이렇게 보면 연도 때문에 신라라고 했지만, 고구리(高句麗) 사람일 가능성에도 크게 무게를 실었다는 것으로 볼 수 있다.

(2) 1976년, 아나자와(穴澤和光·馬目順一)의 신라사신설

1976년 일본에서도 일본 사절이 아니라 신라 대사라는 주장이 나온다.

> 시대는 좀 내려가지만 당 이현 무덤(장안 3년·706년)의 벽화 「사신도(客使圖)」에는 아마 신라 대사로 보이는 인물이 있어, '깃털관(鳥羽冠)'의 한 가지인 것을 쓰고 있다.[324)]

아나자와는 아프라시압 벽화를 처음 일본과 한국에 소개한 논문을 쓰면서 간단히 장회태자 무덤벽화를 언급하였기 때문에 자세한 논리 전개는 없다.

---

322) 金元龍, 『唐 李賢墓의 新羅使에 대하여』, 『考古美術』(123~124), 1974. 21쪽.

323) 쇠뿔인지 새 깃털인지의 문제는 그 뒤 복식사 연구하는 학자들에게는 가끔 문제가 되지만 양직공도에 그려진 깃털관은 고구리(高句麗) 사람만 썼고, 앞에서 보았듯이 고구리 사람들은 닭을 신처럼 우러렀기 때문에 닭깃털을 꽂고 다녔다고 봐야 한다.

324) 穴澤和光·馬目順一, 「アフラシヤブ都城址の出土壁畵にみられる朝鮮人使節について」, 『朝鮮學報』(80호), 1976, 23~24쪽. 時代はやや降るが唐李賢墓(長安三年·七〇六年)の壁畵「客圖」には, おそらく新羅大使とおもわれる人物がみえ, 一種の「鳥羽冠」とみらるものをかぶっている.

(3) 1990년, 문명대의 신라 사신

1989年 한국의 동국대학교 불교문화학술조사단이 중화인민공화국과 소련 유적을 답사하고, 다음 해인 1990년 문명대는 다음 두 가지 글을 내놓는다.

① 文明大, 「실크로드의 新羅使節像」, 『中國大陸의 文化』, (1) 故都長安, 한·언, 1990.
② 文明大, 「실크로드上의 新羅使節像 考察」, 『(李載龔博士還曆紀念) 韓國史學論叢』, 한울, 1990.

같은 해에 쓴 것이지만 ②에서 ①의 내용을 인용한 것을 보면 ①을 먼저 썼다는 것을 알 수 있다. ①의 논문에서는 실크로드에 있는 갖가지 벽화와 유물에 그려진 깃털관을 쓴 인물들은 모두 신라인이라는 전제로 논리를 전개한다.[325] 그리고 ②의 논문에서 나름대로 명확한 신라설을 주장한다.

고구려는 새 깃, 백제는 꽃(立花), 신라나 가야는 쇠뿔(牛角)로 모자에 쌍입형장식을 한 것으로 판단되므로 재료가 무엇이냐에 따라 어느 정도 삼국인을 구별할 가능성이 있다고 하겠다. 위의 기준으로 본다면 이현 묘 벽화의 사절상은 도상적으로 신라사절이라고 보는 것이 옳지 않을까. 이 점은 당시의 역사적 사실에서도 분명해진다. 이현의 생존기는 654년에서 684년까지 30년 간이지만 그의 활약 시기는 20세 이후인 675년부터 귀양 간 680년까지로 보아야 하므로 이 시기에 國亡한 백제나 고구려의 사신이 존재할 수는 없을 것이고, 따라서 이 사절은 신라사절일 수밖에 없을 것이다.[326]

문명대는 삼국의 깃털관 특징을 새깃(鳥羽), 꽃(立花), 뿔(牛角)로 구분하고, 장회태자 무덤벽화 인물은 뿔(牛角)이기 때문에 신라라고 했다. 김원룡의 문제제기에 대해 뿔이라고 결론을 내린 것이다. 그리고 이어서 연대 문제를 두고 신라사

---

325) 文明大, 「실크로드의 新羅使節像」, 『中國大陸의 文化』, (1) 故都長安, 한·언, 1990. 27쪽. 고구려, 백제, 신라 가운데 어느 나라 사람인지는 정확히 알 수 없지만 당나라 때 그림이므로 신라 사람일 가능성이 가장 높다. 하지만 관행적인 그림일 때는 다를 수도 있을 것이다. 현재로서는 신라인으로 간주하는 것이 무난하기 때문에 일단 신라인으로 보고 논의를 전개하겠다.
326) 文明大, 「실크로드上의 新羅使節像 考察」, 『(李載龔博士還曆紀念) 韓國史學論叢』, 한울, 1990. 153쪽.

신설을 확정한다.

⑷ 2,000년, 변인석의 신라인

2000년 변인석은 "백의사자의 자태가 유연하고 품위 있는 것으로 보아 신라 사신이 아닌가로 보게 된다. 만일 일본 사신이라면 《양직공도(梁職貢圖)》의 신 발 없는 왜신(倭臣)과는 엄청난 변신이 되기 때문이다."라고 했다. 먼저 당시까지 가장 널리 주장되었던 일본인설에 대한 반론을 세우고, "장회태자가 생전에 맞 이한 외국 사신이라고 한다면 당시는 신라가 통일하고 있을 때이므로 신라인이 다."[327]라는 주장이다. 그러니까 변인석은 그 사신도는 태자가 생전에 만난 장면을 그린 그림으로 본 것이다. 이 점은 왕시핑(王世評)의 설과 같다.

⑸ 2002년, 정수일과 우덕찬의 신라설

2002년 정수일은 "당 이현 묘(長安 3년)의 벽화 객사도에 있는 신라의 사신으 로 추측되는 인물상에서 바로 이러한 복식이 나타났다."[328]고 해서 신라설을 따랐 고, 2004년 우덕찬은 「6~7세기 고구려와 중앙아시아 교섭에 관한 연구」[329]에서 "당대 이현묘 벽화에 있는 신라 사신으로 추측되는 인물상에서 바로 이러한 복 식이 나타났다."고 해서 신라 사신이라고 추측했다.

⑹ 2002년, 권영필의 신라인설

2002년 권영필도 신라인설의 입장에서 706년은 고구리가 멸망한 지 오랜 후 이고, 신라가 당의 복제를 따른 사실을 고려하여 7세기 전반에 신라사를 그린 외 국도가 당 조정에 존재하였고 그것을 밑그림으로 하여 예빈도의 조우관 쓴 사절 을 그렸을 것으로 보았다.[330]

---

327) 卞麟錫, 「唐 章懷太子墓 東壁의 禮賓圖에 대하여」, 『春史卞麟錫教授停年紀念論叢』, 2000. 245~246쪽.
328) 정수일, 『新羅·西域交流史』, 단국대학교출판부. 1992. 439쪽.
329) 우덕찬은 「6-7세기 고구려와 중앙아시아 교섭에 관한 연구」, 『한국중동학회논총』, 2004, 246쪽.
330) 권영필, 『렌투스 양식의 그림(상)』, 2002.

이 같은 신라사신설은 ① 발해설과 마찬가지로 이현의 무덤이 고리(高麗)가 항복한 지 38년 뒤인 706년에 만들어졌다는 점과 ② 새깃털관(鳥羽冠)은 신라에서도 널리 쓰였다는 것이 주된 논리다. 이 설이 실제 꽤 널리 받아들여지고 있다는 것은 다음에 나오는 기사를 보면 알 수 있다.

김형오 전 국회의장

(시안(중화인민공화국)=연합뉴스) 김병만 기자 = 중화인민공화국을 공식 방문 중인 김형오 국회의장이 21일 오후 중화인민공화국 시안(西安) 섬서성 역사박물관을 방문, '신라사절도'를 관람하고 있다. 당나라 장회태자 묘에서 발견된 이 벽화는 조우관(鳥羽冠, 새 깃털을 장식한 모자)을 쓴 인물(오른쪽에서 두번째)이 신라 사신이며 맨 오른쪽은 여진, 가운데는 동로마 사신으로 알려졌다. 2009.11.21.

2) 중국 학계의 신라 사신설

(1) 1984년, 윈샹(云翔)의 신라 사신설

1984년 중화인민공화국에서도 그때까지 지배하던 일본 사절설에 대한 의문을 나타내고 신라 사신설을 주장하는 논문이 나온다. 앞에서 일본 사절설에 대해 문제를 제기한 논문이다. 이 논문을 쓴 바이윈샹(白云翔, 논문에는 云翔으로 되어 있다.)은 1978년부터 중화인민공화국사회과학원 고고연구소에서 근무하면서 선사시대와 선진시대 유적을 발굴하였다. 그리고 1983년부터 2000년까지 주로 주간 『고고학보』, 월간 『고고(考古)』를 편집하면서 사회과학원에서 연구와 강의를 하였다. 그러므로 중화인민공화국이 개방된 지 얼마 되지 않은 1980년대 초에 이미 일본의 학술지와 한국의 이은창(李殷昌)까지 인용하고 있다. 이 논문은 그 뒤 중화인민공화국에서 사신도의 인물이 신라 사신이라는 설로 굳히는 데 선구적 역할을 했기 때문에 더 자세히 보려고 한다.

고대 전적의 기록이나 고고학으로 발견한 재료를 막론하고 모두 조우관은 고대 조선사람(朝鮮人)의 복식임을 증명하고 있다. 그러므로 사신도 두 번째 사람은 조선사람으로 봐야 한다. 결론적으로 고리(高麗) 사절인지 신라 대사인지 바로 대답하기는 어렵다. 왜냐하면 우리나라 옛 책에 조우관은 고(구)리[高(句)麗]의 복식이라고 뚜렷하게 기록되어 있고 신라 사람의 복식도 고(구)리[高(句)麗] 사람과 서로 같다고 기록하였고, 나아가 그 사신도 두 번째 사람이 입은 길고 하얀 도포와 구당서 동이전에 실린 신라인 "조복(朝服)은 늘 하얗다."는 사실과 서로 들어맞기 때문이다. 고고 발견 가운데 조우관에 관한 재료는 고구리(高句麗)와 신라 문화 유존에 모두 나타나지만 고구리(高句麗)에 속한 것이 더 두드러진다. 이 점을 생각해 보면 사신도의 두 번째 사람은 고리(高麗) 사절과 신라 사절이 모두 가능하다고 볼 수 있다.

다만 역사적 배경을 고찰해 보면, 장회태자 이현은 당 영휘 5년(654)에 태어나 문명 원년(684)에 죽었으며, 신룡 2년(706) 파주(巴州)에서 건릉 동쪽으로 옮겨 묻는다. 만일 사신도에 그려진 사건이 이현이 죽기 전이나 살아 있을 때의 일이라면 그 사건이 654~684년 사이에 일어나야 하고, 늦어도 706년 이전의 일이어야 한다. 역사책에 기록된 바에 따르면, 고리(高麗)는 당나라 조정과 645년 이전에는 관계가 가까웠으나 그 뒤 해마다 전쟁이 이어져 관계가 좋지 않았고 끝내 668년 고리(高麗)는 멸망하였다. 그러므로 사신도의 두 번째 사람은 고리(高麗) 사절일 가능성이 아주 낮다. 그러나 신라와 당 왕조의 관계는 꽤 가까웠다. 구당서에 따르면, 7세기 후반까지 신라는 여러 차례 사신을 보내 당나라에 들어와 왕래가 잦았다. 이렇게 분석해 보면, 사신도의 두 번째 사람은 신라 사절일 가능성이 꽤 크다고 볼 수 있다.[331]

---

331) 云翔, 「唐章怀太子墓壁画客使图中"日本使节"质疑」, 『考古』, 1984-12, 1144쪽. 不論古代典籍的記載還是考古發現的材料都證明, 鳥羽冠是古代朝鮮人的一種服飾. 因此, 客使圖第二人應視爲朝鮮人. 至于他究竟是高麗使節還是新羅大使, 目前還難以肯定, 因爲: 我國古籍把鳥羽冠明確作爲高(句)麗的服飾記述的同時, 又指出新羅人的服飾與高(句)麗人相同, 尤其客使圖第二人所穿的長白袍, 和《舊唐書·東夷傳》所載新羅人"朝服尚白"相吻合. 考古發現中, 鳥羽冠的材料在高句麗和新羅文化遺存中均可見到, 而屬于高句麗的較突出. 由此考慮, 客使圖第二人作爲高麗使節和新羅使節的可能性都存在. 但從歷史背景考察, 章懷太子李賢生于唐永徽五年(654年), 卒于文明元年(684年), 神龍二年(706年)由巴州遷至乾陵以東作爲陪葬. 如果說客使圖所描寫的事件爲李賢生前所見或在世其間, 那麽事件當發生在公元654~684年間, 最至不會晩于706年. 据史書所記, 高麗同唐朝在645年前關係尙密切, 但以後則連年爭戰, 關係緊張, 直到668年高麗滅亡. 這樣, 客使圖第二人作爲高麗使節的可能性就很小. 但新羅同唐朝的關係則比較密切. 据《舊唐書》, 僅七世紀後半, 新羅就多次遣使入唐, 來往頻煩. 這樣分析, 客使圖第二人爲新羅使節的可能較大.

이 내용은 앞에서 본 김원룡의 설을 더 심화시켰다는 것을 알 수 있다.

(2) 1996년, 왕웨이쿤(王維坤)의 신라 사신

중화인민공화국에서는 앞에서 본 바이윈샹(白云翔)의 신라사신설에 이어 1996년 왕웨이쿤(王維坤)이 「당 장회태자 무덤 벽화 "사신도" 분석(唐章怀太子墓壁画"客使图"辨析)」이란 논문을 발표한다. 왕웨이쿤(王維坤)은 1994년 일본 도시사대학(同志社大学)에서 박사학위를 받고 바로 다음 해인 1995년 시안(西安)에 있는 시베이대학(西北大學)에 새로 설립된 원뽀대학(文博学院) 교수가 된다. 원뽀대학은 시베이대학의 전통 있는 역사학과를 바탕으로 1988년 설립되는데, 1994년 국가가 비준하는 첫 역사학 인재 배양 및 연구 기지가 되면서 외국에서 박사를 받은 왕웨이쿤이 파격적으로 특채가 된 것이다. 그리고 그 다음 해에 일본에서 모은 자료를 바탕으로 이 논문을 썼다.

먼저 아프라시압 벽화와 같은 조선인(朝鮮人) 사절이라는 점에 착안하여 일본과 한국에서 연구된 고리(高麗)와 신라의 깃털관(羽冠)에 대한 연구 성과를 폭넓게 분석한 뒤 만약 조선인 사절이라고 한다면 신라 사신이 틀림없다(若是朝鮮人使節的話, 那麼應是新羅使者無疑)[332]고 주장하였다. 그 뒤 왕웨이쿤(王維坤)은 최근까지 신라사신설을 끈질기게 주장하는 대표 학자가 되었으며 중화인민공화국에서 그 영향도 아주 컸다.

(3) 2000년, 왕시핑(王世評)의 신라 사신

2000년 산시역사박물관(陝西歷史博物館)에서 열린 『당 벽화와 당대 중일 문화 교류 국제학술강연회(唐壁畫與唐代中日文化交流國際學術講演會)에서 왕시핑(王世評)[333]은 신라설을 주장하고, 이어서 다음 해인 2001년 「당 벽화의 사회적 의의(唐墓壁画的社会意义)[334]라는 이름으로 학술지에 발표한다. 왕시핑은 일본 사신설을

---

332) 王維坤, 「唐章怀太子墓壁画"客使图"辨析」, 『考古』, 1996-1, 69쪽.

333) 王世評, 陝西歷史博物館編, 「關于<迎賓圖>白衣死者國籍的考辨」, 『唐壁畫與唐代中日文化交流國際學術講演會文集』, 2000.

334) 王世平, 「唐墓壁画的社会意义」, 『陝西历史博物馆』(8), 三秦出版社, 2001.

주장한 왕런뽀(王仁波)를 같은 직장에서 윗사람으로 모셨지만 중일문화교류 국제학술대회에서 과감하게 신라설을 주장한 것이다.

① 먼저 이 그림이 장례식에 참가한 사신이 아니라는 것을 밝힌다. 이 견해는 '장례식 참가설'을 잠재우는 대단한 탁견이라고 할 수 있다.

> 706년 건릉(乾陵) 배장(陪葬)을 할 때 이현의 신분은 겨우 옹왕(雍王) 신분이었기 때문에 다른 나라에서 정식 사절을 보내 조문을 할 이유가 없다. ……711년에 이르러 이현을 장회태자로 추봉하였기 때문에 이때는 외국 사신이 의식에 참여할 수 있다. 그러나 앞쪽에서 안내하는 중국 관원이 몸에 (상복을 입지 않고 4·5품의) 붉은 관복(紅色品服)을 입고 있는데 이 점은 이해하기 어렵다. 그러므로 글쓴이는 사자가 조문을 왔다는 설을 취하지 않는다.[335]

② 따라서 이 사신도는 장회태자가 태자로 있을 때 외국사절을 만난 것이다. 그런데 태자가 된 675년에는 이미 고리(高麗)가 멸망한 뒤라서 고리(高麗) 사신이 있을 수는 없다. 따라서 그 사신은 신라인일 수밖에 없다.

⑷ 2014, 왕웨이쿤의 산라 사신설

2014년 왕웨이쿤은 신라 사신설을 뒷받침하기 위해 '왜 신라인가?'라는 작은 제목으로 자신의 주장을 더 심화한다. 대체로 다음 3가지를 든다.

① 고리(高麗)의 새깃털관(鳥羽冠)과 신라의 새날개 꼴(鳥翼形) 금관을 소개하며 '그렇다면 왜 고대 조선의 무덤에서 그런 새날개 꼴 금관이 많이 나오는가?'라는 문제에 대한 대답으로 삼국지 위서를 인용한다. 『삼국지』 「위서(魏書)·동이전」 "변진(弁辰, 고대 조선반도)에서는 큰 새 깃털을 가지고 죽은 사람을 보내는데 그것은 죽은 사람이 (새처럼) 날

---

335) 王世平,「唐墓壁画的社会意义」, 『陕西历史博物馆』(8), 三秦出版社, 2001, 164쪽 . 因爲706年陪葬乾陵時, 李賢的身份僅僅是雍王, 國外沒有理由派使節定式吊唁……到711年追封李賢爲章懷太子, 這時若有國外使者叅加儀式是可能的, 然而走在前邊引導的中國官員身着緋衣而非喪服, 這是難以理解的. 因此, 筆者不取使者是來吊唁之說.

아오르라는 뜻이다[弁辰(古代朝鮮半島)以大鳥羽送死, 其意欲使死者飛揚]."

② 1996년 논문에서처럼 이현이 죽었을 당시 고리(高麗)와 백제는 망했지만 신라만 남았고, 또 당나라와 신라는 관계가 좋았기 때문에 "만약 조선인 사절이라 한다면 신라 사신이 틀림없다(若是朝鮮人使節的話, 那麼應是新羅使者無疑)."는 주장을 되풀이 하면서 ③ 바로 이현이 죽었을 때 신라가 보낸 '조문사절(遣使弔祭)'일 가능성이 크다.[336]

이 당시 왕웨이쿤(王維坤)은 한국 부산대학교 인문학부 객좌교수로 와 있었기 때문에 한국의 연구성과를 섭렵하여 보다 정밀한 논리를 펼 수 있었다. 그 뒤 2017년에는 ① 일본사자설, ② 신라사자설, ③ 발해사자설, ④ 고구리 사자설을 모두 정리 검토하고 나름대로 두 가지 논리를 앞세워 신라사자설을 확정한다. 첫째 이현의 사신도는 이현이 죽었을 때 신라에서 조문 온 사신을 그렸다는 것이다.

만일 당 장회태자 무덤 벽화 '동쪽 사신도' 가운데 '신라 사신'이 입은 옷이 '조복(朝服)'이라면 그《동쪽 사신도(東客使圖)》의 성질은 반드시《동쪽 조문도(東弔唁圖)》여야 하는 털끝만큼도 의심할 여지가 없다.[337]

두 번째는 『삼국지』「위서(魏書)」 동이전에 변진(弁辰)은 "큰 깃털(大羽毛)로 죽은 사람을 보내는데 그 뜻은 죽은 사람이 날아 올라가기를 바라는 것이다(以大羽毛送死 其意欲使死者飛揚)."라는 사료를 바탕으로, 변진 = 변한(弁韓)이기 때문에 당연히 신라 사신이라는 것이다. 그러나 이 자료는 변진이라는 삼국 형성 이전의 자료이고 더구나 죽은 사람을 보낼 때 깃털을 이용한다는 내용으로 "2개의 새깃털을 꼽는다(挿二鳥羽)."는 연결도 무리가 된다.[338] 아울러 조문사절이라는 설은 앞

---

336) 王維坤, 「唐章怀太子墓壁画"东客使图"」, 「大众考古」, 2014, 67쪽.

337) 王維坤, 「关于唐章怀太子墓壁画"东客使图"中的"新罗使臣"研究始末」, 『梧州学院学报』, 2017, 61쪽. 如果说唐章怀太子墓壁画"东客使图"中的"新罗使臣"穿的衣服是"朝服"的话, 那么《东客使图》的性质, 就应该属于《东吊唁图》则毫无疑问了.

338) 王維坤, 「关于唐章怀太子墓壁画"东客使图"中的"新罗使臣"研究始末」, 『梧州学院学报』, 2017, 61쪽. 近年, 笔者在研究冠"挿二鸟羽"的习俗时, 不仅发现了一条非常有说服力的文献记载, 同时还在古代朝鲜人物冠的两侧找到了许多冠"挿二鸟羽"的考古学实物资料. 据《三国志·魏书·东夷传》记载: "弁辰(亦称 '弁韩', 古国名, 与'马韩''辰韩'合称 '三韩'.)……"以大羽毛送死, 其意欲使死者飞

에서 왕시핑(王世評)이 명쾌한 논리로 부정하였다.

이러한 신라사신설은 장회태자무덤 벽화에 대한 온라인상의 블로그나 논설에도 자주 등장한다.

① 江南木客的博客 唐章怀太子墓经典壁画 -《客使图》(2012-07-19 21:32:58)
학자들은 그의 국적에 대해 다른 해석을 하고 있는데 <u>가장 대표적인 학설은 조선반도의 신라 사절</u>이라는 것이다.[339]
② 朱一点头『风华重现』-「唐李重润李贤墓壁画」(2016-09-20 02:58:56)
앞의 세 사람은 칠사롱관(漆纱笼冠)을 쓰고 넓은 소매의 조복을 입었으니 당나라 조정의 홍려시(鴻臚寺) 관원이 틀림없고, 앞줄 바깥쪽 깃털관을 쓴 깃을 포개고, 소매가 넓고 무릎까지 닿은 도포를 입은 사람은 <u>신라에서 온 사절</u>일 것이다.[340]

<u>그리고 2017년 12월 31일까지도 중화인민공화국에서는 신라 사신설이 강하게 자리 잡고 있다는 것을 알 수 있는 논문이 있다. 리시싱(李西興)은 일본 사신설에서 고리(高麗) 사신설로 자신의 설을 바꾼 왕런뽀(王仁波)의 고리(高麗) 사신(客使)설을 소개하고 그에 대한 비판을 가했다.</u> 리시싱은 문헌에 백제나 신라도 고리(高麗)의 복식제도와 같다고 되어 있으므로 해동삼국, 곧 고리(高麗)·신라·백제 어느 나라나 가능하지만 고리(高麗)와 백제는 태자 생존 시 이미 패망하여 없어지고 신라만 남았기 때문에 그 사신은 신라 사절이라는 오래된 논리를 그대로 반

扬." [26] 据《魏略》曰: "其国作屋, 横累木为之, 有似牢狱也."现在看来, 唐章怀太子墓壁画 "东吊唱图"中在 "新罗使臣"冠的两侧所看到的 "插二鸟羽"的习俗, 应该说与我国古代所谓的 "驾鹤西游" "驾鹤西归" "驾鹤成仙"具有同工异曲之妙. 所以唐章怀太子墓壁画 "客使图"中出现的冠 "插二鸟羽"的 "新罗使臣"形象, 难道表现和反映的不正是 "吊唱图"的葬礼场面而又会是什么呢? 当然, "其意义在于提出了一两点新的问题; 或者至少具有 '试错法'的价值, 以利于他人另辟蹊径."

339) http://blog.sina.com.cn/s/blog_4cb9685a0102e0j5.html 学者们对他的国籍有不同解释, 代表性的说法是来自朝鲜半岛的新罗国使节. 据《旧唐书》中的《高丽传》与《新罗传》记载: "(高丽)官之贵者, 则青罗为冠, 次以绯罗, 插二鸟羽, 及金银为饰, 衫筒袖, 袴大口, 白韦带, 黄韦履." 而新罗衣服, 与高丽, 百济略同, 而朝服尚白". 故其服饰特点与新罗最为符合.

340) https://www.douban.com/note/582451553/ . 前三者戴漆纱笼冠, 着广袖朝服, 手执笏板, 应该是唐朝的鸿胪寺官员. 前排外侧头戴羽冠, 着交领广袖齐膝袍服者, 或为来自新罗的使节.

복하였다.[341]

3. 발해 사신이라는 설

1) 1991년, 니시따니 다다시(西谷正)의 발해 사신설

발해 사신설은 1991년 일본의 니시따니 다다시(西谷正)가 가장 먼저 주장하였다. 니시따니는 서문에서부터 발해 사신으로 추정하고 본론에서 그것을 증명해 갔다.

> 오른쪽에서 두 번째 새깃털관(鳥羽冠)을 쓴 인물에 대해서는 일본사람·조선사람 같은 두 가지 해석이 있어 필자도 신라인설을 취해 왔다.
> 그러나 중국 역사에 나온 새깃털관(鳥羽冠)에 관한 기재, 발해의 구성, 당과 일본에서 발해를 부르는 관례, 일본 정사의 사용 보기나 발해와 당의 외교관계를 고려해 보면, 이현의 장송(葬送) 과정은 신룡(神龍) 2년·경운(景雲) 2년의 추증(追贈)·합장은 당 왕조에서도 아주 큰 행사이므로 외국 사신이 참가했다고 생각하여, 이 벽화는 그 모습을 그린 것이기 때문에 <u>새깃털관(鳥羽冠)을 쓴 인물은 발해의 사자일 가능성이 큰 것이다.[342]</u>

니시따니는 중국 사서의 기록과 고구리 벽화와 유물들을 통해 새깃털관이 고구리(高句麗)의 특징이라는 견해를 밝히고 나서, 벽화 그려진 시기가 이현이 죽은 뒤 추증을 받고 이장된 해가 706년이기 때문에 고리(高麗)와 같은 관습을 가진 발해 사신이 참석하였다고 본다.

---

341) 李西興,「唐李賢墓壁畫《客使圖》疏證」,『陝西歷史博物館館刊』(24), 2017. 12. 306~307쪽. 其中戴鳥羽冠的使節, 其服飾不僅和高句麗墓葬壁畫如符契合, 和兩《唐書》的記載也可相印證. 然而僅凭服節就推測其爲高麗使節還是不够的, 還應結合唐朝如高麗的邦交歷史來進行綜合考察. ……可見在李賢爲太子其間(675~680), 高麗國已經不國, 奚有朝貢之使節乎? ……說明李賢爲太子時(675~680), 海東三國有新羅獨存. ……可見, 李賢墓東壁鳥羽冠客使, 應爲新羅使節.

342) 西谷正,「唐·章懷太子李賢墓の禮賓圖をめぐって」,『兒嶋隆人先生喜壽記念論集古文化論叢』, 同記念事業會, 1991. 766쪽.

발해는 고구려인과 말갈인으로 구성되었다고 하므로 위에서 본 바와 같이 고구리의 습속이 발해에 계승되었을 공산은 아주 높다. 또 중국에서는 공식 국가 이름으로 발해라고 불렀지만 보통 사람들은 늘 고(구)리라고 불렀고, 또 분명히 스스로 '고리왕(高麗王)'이라고 불렀던 사실도 있었던 것 같다. 여기에 더하여 일본에서도 발해를 고리(高麗)라고 부르고, 발해에서 온 사절을 고리객(高麗客)이라 부른 일도 있었다. 곧 『속일본기』 천평보자(天平寶字) 2년(758) 12월 14일 조에 발해사로 기록된 양승경(梁承慶)이 같은 해 정월 3일 조에는 고리사(高麗使)로 나와 있다. 그런 사료에 나오는 보기는 평성궁터에서 나온 목간도 있다. 곧 '依遣高麗使廻來 天平寶字二年十月廿八日進二階敍'라고 먹물로 쓰여 있는 목간에 보인 견고리사(遣高麗使)가 견발해사인 오노 노 다모리(小野田守)들을 가리킨다. 이것은 『속일본기』 天平寶字 2년(758) 10월 정묘(28일) 조의 기사나 만엽집(萬葉集)에서 오토모 노 야까모치(大伴家持)가 읊은 "발해대사(渤海大使) 오노(小野) 조신(朝臣)에 대한 시를 짓는다."는 노래를 보더라도 틀림없는 것이다.[343]

2) 1992년, 한국 김희정의 발해 사신설

한국에서는 다음 해인 1992년, 복식사를 연구한 김희정이 발해 사신설을 지지하였다.

벽화 제작이 706년 경이므로 태자 생존 기간과는 너무 멀고, 사망 시 제작된 벽화를 모사했거나 화공이 생존기 업적을 철저히 고증하여 그리지 않았다면 706년 입조해 있던 사신을 대상으로 했을 수도 있다는 것을 전제로 하고, 당시 신라 사신을 제외한 입조해 있던 우리나라 사신으로는 진국인(辰國人)이 있다. 진국은 대조영이 669년 건국한 이래 당과 불편한 관계에 있다가 705년에 이르러서야 대문예(大門藝)가 입당하여 숙위를 함으로써 본격적인 통교가 이루어졌다. 713년 대문예가 귀국하고 그 해에 진(辰)에서 발해로 고쳤다.

발해 초기 풍속에 대해서는 727년 2대왕 무왕이 일본에 보내는 국서 속에 '복고려지구거·유부여지유속'이라고 하였고, 당서에도 '풍속여고려급계단'하므로 고구려 풍속을

---

343) 西谷正, 「唐·章懷太子李賢墓の禮賓圖をめぐって」, 『兒嶋隆人先生喜壽記念論集古文化論叢』, 同記念事業會, 1991, 780쪽.

유지하고 있었음을 알 수 있게 한다. 그러므로 사신이 우리나라 고유복식을 한 진국(辰國) 내지는 발해인이라고 생각할 수도 있다. ……시기적으로 볼 때는 신라인이라는 점을 배제할 수는 없으나 정세와 복식 등을 고려해 볼 때 고구려 유민이나 진국(발해) 사신일 가능성도 있다.[344]

무덤이 형성된 시기에 초점을 맞추어 신라 아니면 발해라고 보았는데 발해에 무게를 두고 있다.

3) 중국의 발해 사신설

중화인민공화국에서도 발해사신설을 지지하는 보기가 있다. 『중국 역사 내부 참고(中國歷史內參)』라는 사이트인데 중화인민공화국에서 내참(內參)이란 '고급 간부에게만 참고로 제공되는 비공개 정보지(「naver 중국어 사전」)'를 말한다. 「당 장회태자 이현 무덤 '예빈도(禮賓圖)'에 관한 문제(唐章怀太子李贤墓《礼宾图》的有关问题)」라는 이 작은 논설문은 국내외 참고문헌도 정리되어 있고 내용도 꽤 잘 정리되어 있다.

당 장회태자 이현 무덤에는 50폭이 넘는 벽화가 있다. 무덤길 동쪽 벽에 있는 '예빈도'는 '사신도(客使圖)'라고도 하는데 그 중에 인물상 6명에 대해 갖가지 해석이 나왔다. 특히 오른쪽에서 두 번째 새깃털관을 쓴 사람에 대하여 일본사람과 조선사람이라는 두 가지 해석이 있다. 그러나 중화인민공화국의 사서에서 관계되는 새깃털관에 대한 기록, 발해국의 형성, 당과 일본이 발해에 대해 불러오던 칭호, 일본 정사에 나오는 발해국의 기록과 당과 발해의 외교관계를 바탕으로 고찰하고, 이현을 신룡 2년 건릉에 옮겨 함께 묻고, 경운 2년 장회태자와 부인 방씨(房氏)가 합장되는 과정은 당 왕조에서는 하나의 중요한 의식이었기 때문에 반드시 외국 사신이 참가해야 했다. 그러므로 이 벽화에 나온 새깃털관을 쓴 인물은 마땅히 발해국(渤海國) 사신일 가능성이 꽤 크다고 본다.[345]

---

344) 김희정, 「장회태자묘 예빈도 중 우리나라 사신 복식」, 한국복식학회 『복식』 19호, 1992, 67~68쪽.
345) http://www.sohu.com/a/211511730_523187. 唐章怀太子李贤墓有50多幅壁画, 对墓道东壁的《礼宾图》, 或称《客使图》中的6个人物像有各种各样的解释. 但对右起第二个戴着鸟羽冠的人物, 有

705년 당이 시어사 장행급을 발해에 보내 초위하였고, 그에 응해 대조영이 그의 아들 대문예를 당에 보내어 입시하게 하였다. 당이 대조영을 발해군왕으로 책봉한 시기가 713년이었다. 양국 간 공식적인 국교 수립은 이때부터로 보아야 할 것이다. 그러므로 705년 대문예의 파견이란 단 한 차례의 접촉이 있었을 뿐인데, 706년 이현 묘의 벽화에 주요 조공국의 사절로 발해인의 모습이 등장하였다고 보기는 어렵다.

이런 발해설은 관련 연구가 활성화되고 '고리(高麗) 사신설'이 자리를 잡게 되자 사라지게 된다.

4. 고리(高麗) 사신이라는 설

1) 한·일 학자들의 고리(高麗) 사신설

(1) 1994년, 김리나의 고구리인

앞에서 김원룡이 1974년 신라 사신설을 주장하면서도 고구리(高句麗) 사절일 수도 있다는 가능성도 언급하였다. 그 뒤 20년이 지난 1994년에 들어서면서 고구리 사신설이 힘을 받기 시작한다. 먼저 김리나가 고구리 사람이라는 설을 뒷받침하는 논리로 다음 2가지를 제시하고 있다.

章懷太子墓 벽화에 깃털을 꽂은 인물의 표현이 묘 주인공과 관련된 특정한 사건에 파견 고구려인이었던지 아니면 당시 중국인들에게 인식되었던 한국인이 고구려인의 특징 있는 복식으로 대표되었던 것인지는 확실하게 설명하기 어려운 문제이다. 그러나 역사적 배경으로 보나 중국 기록에 나타나는 고구려인의 복식에 대한 지식으로 보나

日本人和朝鮮人二种解释. 但是, 在考察中国史书中有关鸟羽冠的记载, 渤海国的形成, 唐和日本对渤海的习惯称呼, 日本正史中关于渤海国的记载和唐与渤海的外交关系的基础上, 考虑到李贤于神龙二年迁回乾陵陪葬, 景云二年追封为章怀太子与妃房氏合葬的过程, 对唐王朝来说是一重要仪式, 应有外国使臣参加, 所以, 这幅壁画中戴鸟羽冠的人物应是渤海国使者的可能性比较大.

신라보다는 <u>고구려인의 표현일 가능성이 훨씬 크다</u>고 생각한다.[346]

① 고구리(高句麗)가 이미 멸망했어도 이미 알려진 도상(圖像)을 따랐을 가능성이 크다며, 그 보기로 둔황 220호굴(642년)과 335호굴(686년)의 이미지가 거의 같은 것을 들었다.

章懷太子墓에 보이는 鳥羽冠을 쓴 외국사신의 또 다른 예가 둔황석굴 제335굴 북벽의 維摩經變相圖에서 발견된다. 이 굴은 앞서 642년작의 220굴보다는 제작연대가 좀 늦어서 동벽 門上에 則天武后期 垂拱 2년(686)의 供養題記가 남아 있다. ……이 변상도의 기본구도로 동일한 原本이 이미 7세기 전반에 있었던지 또는 642년 작인 제220굴의 구도를 模本으로 약간 변형하여 그린 게 아닌가 추정된다. 335굴의 제작연대가 686년이라고 할 때에 이 인물들이 한국에서 온 사신이라면 당시의 역사배경으로 보아 신라인으로 해석될 수도 있을 것이다. 그러나 이 도상이 만약 이미 존재했던 220굴의 유마변상도를 답습모사한 것이라면 <u>이 인물은 고구려인의 표현이 될 것이다.</u>[347]

② 고구리(高句麗)가 망한 후에도 요동지역에 고구리(高句麗)가 당의 번국(蕃國)으로서 9세기까지 계속 존재하였다는 것이다. 이른바 소고구리(小高句麗)의 존재를 내세운 것이다.

당 조정에는 686년부터 고보원을 고려 조선군왕으로, 699년에는 고덕무를 안동도독으로 삼아 고구려 유민을 대표하고 고구려 왕실의 자손에게 예의적인 대우를 하였으나 실제로는 장안에 거주케 함으로써 요동을 원거리에서 통제하고 있었던 것이다.[348]

---

346) 金理那, 「唐美術에 보이는 鳥羽冠飾의 高句麗人-燉煌벽화와 西安출토 銀盒을 중심으로-」, 『李基白先生古稀記念 韓國史學論叢』(上), 1994, 507쪽.

347) 金理那, 「唐美術에 보이는 鳥羽冠飾의 高句麗人-燉煌벽화와 西安출토 銀盒을 중심으로-」, 『李基白先生古稀記念 韓國史學論叢』(上), 1994, 510~513쪽.

348) 金理那, 「唐美術에 보이는 鳥羽冠飾의 高句麗人 - 燉煌벽화와 西安출토 銀盒을 중심으로 -」, 『李基白先生古稀記念 韓國史學論叢』(上), 1994, 522쪽.

(2) 1994년, 이성시의 고구리(高句麗) 사람

같은 해인 1994년, 이성시(李成市)는 일본 호류지(法隆寺) 아미따여래 좌상 대좌에서 발견된 고리(高麗) 인물상을 논하면서 고리(高麗)사신설을 내세운다.

> 고구리(高句麗) 말기의 권력자·천씨 일족을 비롯하여 고구리(高句麗) 왕족이 장안으로 옮겨와 그곳에서 생애를 마친 것은 여러 사료에 보이고, 7세기 말에서 8세기 초 당의 수도 장안에서 고구리(高句麗) 사람들이 본디 지녔던 습속을 몸소 지키며 살았다는 사실을 잊지 말아야 할 것이다. 예빈도 속에서 새깃털관을 쓴 인물이 고구리(高句麗) 사람일 가능성은 버리기 어렵다고 생각한다.[349]

(3) 2003년, 노태돈의 고리(高麗) 사신설

고리(高麗) 사신설을 가장 본격적으로 논의해서 뒷받침한 것은 2003년 노태돈의 『예빈도에 보인 고구려』다. 「당 이현묘 예빈도의 조우관을 쓴 사절에 대하여」라는 작은 제목이 붙은 이 책에서 노태돈은 당시까지 나온 여러 설들을 종합하고 주로 신라사신설에 대한 비판적 시각에서 고구리(高句麗) 사신설을 내세운다. 그 근거를 종합해 보면 다음과 같다.

① 신라에서 6세기 초 이후 몇 차례 복색(服色) 개정이 있었다. 따라서 그 전에 새깃털관(鳥羽冠)을 썼다고 해도 이때부터는 이런 풍습이 계속될 수 없다.

> 물론 신라에선 조우관을 사용하였다. 하지만 현재까지 알려진 관모에 새 깃털 모양의 관식을 꽂은 습속을 말해 주는 유물은, 특히 수도인 경주 지역에서 출토된 6세기 초 이전의 것이라는 사실은 간과할 수 없다. 이 점과 520년 신라에서 관복을 제정하는 조처가 있었다는 사실을 결부해서 보면, 520년에서 649년 사이의 기간에 신라 관인들이 조

---

349) 李成市, 「法隆寺金堂阿彌陀如來坐像臺座から發見された人物畫像の出自をめぐって」, 『アジアにおける國際交流と地域文化』, 1994. 高句麗末期の權力者·泉氏一族はじめ高句麗の王族が長安に移され, ここで生涯を終えたことは諸史料にみえており, 7世紀末から8世紀初頭の唐の都·長安で高句麗人が固有の習俗を身にまとって居住していたことは十分考えられることである. 賓禮圖の中の鳥羽冠を着けた人物が高句麗人である可能性は捨てがたいように思う.

우관을 착용하였다고 단정할 수는 없다. 이 시기에는 신라 내부 사정을 담은 기록이 중
국 사서에 등장하는데, 어떤 기록에도 그런 언급이 없다.[350]

② 문헌에 신라인의 쓰개로서 새깃털관(鳥羽冠)을 기록한 보기가 전혀 없는 반
면 고구리(高句麗)에 관한 기록에서는 여러 군데 나타난다. 이 부분은 다른 저서
나 논문에서도 많이 정리되어 있는데, 노태돈은 여기에 왕회도(王會圖)의 그림에
도 신라 사신은 새 깃털 관을 쓰지 않았다는 점을 강조한다.

이 면에서 주목되는 것은 염립본(閻立本)의 작이라고 전해지는 대만 고궁박물원 소장
'왕회도'의 신라사 모습이다. 염립본(閻立本, 600~673)은 당 초기의 유명한 화가로서, 9세
기 사람 장언원(張彦遠)의 『역대명화기(歷代名畫記)』에 의하면, 정관 연간(627~649)에 태
종이 염립본에게 명하여 '외국도'를 그리게 하였다 한다. ……이 그림의 신라 사신의 관
모에는 새 깃털 모양의 입식이 보이지 않는다.[351]

③ 고리(高麗)가 항복한 뒤에도 새깃털관(鳥羽冠)은 고리(高麗) 사람을 상징하
는 표시로 널리 여겨졌다. 특히 여러 학자가 그동안 새로 발굴된 새깃털관(鳥羽
冠)에 관한 자료를 통해서 이 사실을 뒷받침하고 있다.

7세기 전반에서 8세기 후반에 걸치는 시기에 당에서 제작된 석굴사원의 벽화, 사리함,
은합 등에 그려진 조우관 쓴 이의 그림에 대해 살펴보았다. 이 중 668년 고구려가 멸망
한 이후에 그려진 것이 여러 개다. 8세기대에도 당을 중심으로 한 불교권의 주요한 구
성분자로 고구려가 상정되고 있음을 확인할 수 있다.[352]

남북조시대 이래 고리(高麗)가 수·당의 동방에 있는 주요한 나라로 인식되었기
때문에 고구리가 항복한 뒤에도 당 조정에 보관되어 있던 '외국사절도'를 밑그림

---

350) 노태돈, 『예빈도에 보인 고구려』, 서울대학교 출판부, 2003. 22쪽.
351) 노태돈, 『예빈도에 보인 고구려』, 서울대학교 출판부, 2003. 24쪽.
352) 노태돈, 『예빈도에 보인 고구려』, 서울대학교 출판부, 2003. 46쪽.

으로 삼아 그린 것이라고 주장한 것이다.

(4) 그밖의 고리 사신설

그 뒤 2008년 최광식은 아프라시압 벽화를 논하면서 고구리(高句麗)사신설을³⁵³⁾ 지지하였고, 2012년 조윤재도 실크로드 상의 새깃털관(鳥羽冠)에 대한 연구사를³⁵⁴⁾ 검토하면서 노태돈의 논리를 그대로 받아들였다.

2013년 정호섭은 장회태자 생존 당시 당나라를 방문한 고구리(高句麗) 사절을 그린 것이라고 주장하였다.

> 장회태자묘의 벽화가 대체로 706년을 즈음하여 그려진 것임을 고려한다면, 이는 조문
> 도로 파악하기 어려운 점이 있다. 특히 이 예빈도가 수렵출행도와 시위도 사이에 그려
> 졌다는 점에서 그러한데, 장회태자 생전의 모습 가운데 사절 접객과 관련한 그림이 그
> 려졌을 가능성이 크다고 할 것이다. 특히 내세관의 차원에서도 벽화가 생전 모습을 그
> 리면서 계세사상을 표현한다는 점에서도 그러하다. 따라서 장회태자묘의 조우관을 쓴
> 인물도는 장회태자 생존 당시 당나라에 파견된 고구려 사절이 당나라 관원과 함께 있
> 는 모습이 그려진 것으로 이해된다. 물론 이 그림이 장회태자가 황태자로 있을 당시를
> 그린 것은 아니었겠지만, 적어도 장회태자 생존 당시의 당나라를 방문하였던 고구려
> 사절에 대한 정확한 정보를 갖고 그린 것임에는 틀림없다고 할 것이다.³⁵⁵⁾

2015년 서길수는 이전부터 있었던 고리(高麗) 사신에 대한 밑그림을 써서 그린 것이라고 했다.

> (당나라 때의) 『범어잡명(梵語雜名)』은 (훨씬 이전 천축에서 발행된) 『당범양어쌍대집(唐梵兩
> 語雙對集)』의 내용을 바탕으로 더 자세하게 개정한 것이라는 것을 알게 되었다. ……이

---

353) 최광식, 「고구려와 서역의 문화교류」, 『중앙아시아속의 고구려인 발자취』, 2008, 126~127쪽.

354) 조윤재, 「古代 韓國의 鳥羽冠과 실크로드 – 鳥羽冠 관련 연구사 검토를 중심으로–」, 『실크로드와 한국불교문화』, 2012, 109쪽.

355) 정호섭, 「鳥羽冠을 쓴 人物圖의 類型과 性格 : 외국 자료에 나타난 古代 한국인의 모습을 중심으로」, 『영남학』, 2013.

처럼 학자가 글을 쓸 때나 화가가 그림을 그릴 때 직접 보고 듣는 것을 쓰거나 그리는 경우도 있지만 이미 존재한 글이나 그림을 바탕으로 한 보기는 아주 많다는 점에서 비록 고리(高麗) 왕실은 항복하였지만 당나라 이전의 밑그림이 있어 각국의 사신을 그릴 때는 동녘의 강자인 고리(高麗)를 그렸다는 것은 알 수 있다.[356]

이처럼 한국에서는 잇달아 고리(高麗) 사신설을 증명하고 나서면서 고리(高麗) 사신설이 굳어져 갔다고 볼 수 있다.

2) 중화인민공화국 학자들의 고리(高麗) 사신설

(1) 1990년대 중국의 고리(高麗) 사신설
1996년 시안(西安)에서 나온 두 권의 전문서적에서 고리(高麗) 사신설을 주장한다.

① 1996년, 탕창동(唐昌東)의 「당 장회태자무덤 예빈도(唐章懷太子墓 禮賓圖)」

오른쪽 두 번째 깃털 관에 붉은 깃·넓은 소매·흰 도포(를 입고), 흰 띠를 두르고, 노란 신(을 신은 사람은) 고리(高麗) 사절이다.[357]

② 1996년, 양페이쥔(楊培均)의 「장회태자무덤(章懷太子墓)」

두 번째, 몸에 소매가 넓은 긴 도포를 입고 머리에 깃털 관을 쓴 사람이 흰 띠를 두르고 노란 신을 신고 조용히 모시고 서서 기다리며 두 손을 소매 속에서 맞잡고 있는데 고구

---

356) 서길수, 「외국 高句麗 인물화에 나타난 닭깃털관(鷄羽冠)과 高句麗의 위상」, 『고구려발해 연구』 (51), 2015, 173~174쪽.

357) 唐昌東, 『大唐壁畫』, 陝西旅游出版社, 1996, 134쪽. 唐章懷太子墓 禮賓圖. 右二羽冠, 紅領寬袖白袍, 束白帶, 黃靴, 爲高麗使節.

리(高句麗, 지금의 한국) 사절이 틀림없다.[358]

이때는 일본과 교류를 맡고 있던 왕런뽀(王仁波)는 일본 사신을 주장하였지만, 전문가들은 고리(高麗) 사절이라고 다른 관점에서 보았다는 것을 알 수 있다.

⑵ 2000년대 중화인민공화국의 학자의 고리(高麗) 사신설

중화인민공화국에서는 주로 벽화가 발견된 시안을 중심으로 신라사신설이 크게 자리 잡고 있었지만 2000년 말부터는 고리(高麗) 사신이라는 주장이 나오기 시작하였다.

2009년 인민교육출판사(人民敎育出版社) 역사실에서 많은 집필을 하는 마지빈(馬執斌)은 일본 사신설을 부정하고 고리(高麗) 사신이라는 것을 정확하게 간파한다.

> 왼쪽에서 다섯 번째 사람은 일본 사절이 아니라 고구리(高句麗) 사절이다. ……복식의 만든 꼴(形制)·빛깔을 보면 왼쪽에서 다섯 번째 사람은 바로 고구리(高句麗) 사절이다. 관 위에 새깃털을 꽂고 모자 앞에 붉은색을 쓴 고구리(高句麗) 사절은 그 나라에서 2등 관원이다.[359]

그는 ①『신당서』열전에 나오는 일본의 복식을 인용하여 옛날 일본에서는 모자를 쓰지 않았고, 수 양제 때가 되어서야 백성들에게 비단 관을 내렸으며, 수당(隋唐) 이후는 당의 복식을 채용했기 때문에 깃털관을 쓰지 않았다. ②『구당서』열전에 나오는 고리(高麗) 관원의 복식을 인용하여 정확한 결론을 내렸다.

---

358) 楊培均, 『歷史博物館館藏精品鑑賞』, 陝西人民敎育出版社, 1996, 156쪽. 章懷太子墓 禮賓. 第二位身穿寬袖長袍頭載羽毛冠者, 束白帶, 穿黃靴, 靜靜侍立等待, 雙手拱於袖中, 當是高句麗國(今韓國)使節.

359) 马执斌, 「《礼宾图》的主题与人物」, 『文史知识』, 2009, 144쪽. 左数第五人, 不是日本使节, 而是高句丽使节. ……从服饰的形制, 色彩看, 左数第五人正是高句丽使节. 冠上插鸟羽, 帽前着朱色, 这位高句丽使节在国内是二等官员.

(3) 2010년대 중화인민공화국 학자의 고리(高麗) 사신설

근년에는 고리사(高麗史)를 전문으로 연구하는 만주 지역의 학자들 사이에서는 고리(高麗) 사신이라는 설이 강조되고 있다. 2012년 지린대(吉林大) 변강고고연구중심(邊疆考古研究中心)에서 박사학위를 받고 장춘사법대학 동북아연구소 교수로 있는 정춘잉(鄭春穎)은 고리사신(高麗使臣)이라는 설을 자세히 밝혔다.

정춘잉은 지금까지 나온 '일본 사절' '발해 사절' '조선인 사절' '신라 사절' 같은 여러 설을 소개하고, 이어서 갖가지 사서에 나온 절풍에 관한 기록과 고리(高麗) 벽화에 나타나는 깃털관을 검토하고, 아울러 사서에 나온 옷에 관한 기록들을 통해 신라 사신이 아니고 고리(高麗) 사신임을 밝히는 논문을 썼다.

> 이상에서 본 바와 같이 '신라 사신설'은 무언가 빠뜨린 것이 있고 정론이 되지 못했다. '사신도(客使圖)'의 두 번째 사람이 입은 옷과 고구리(高句麗) 문헌 및 벽화무덤에 그려진 복식의 형태와 제도는 거의 서로 닮았다. 신라 복장은 비록 위아래가 나뉘어 기본적으로 고리(高麗) 복식과 같지만, 자세하게 보면 그 차이가 아주 크다. 7세기 초 신라 복식은 전면적으로 당나라 복식을 취하기 시작하였고, '사신도'는 8세기 초기에 그려졌다. 만일 동벽의 두 번째 사람이 '신라 사절'이라면 당나라 옷[머리에 복두(幞頭)를 쓰고 몸에 깃이 둥근 도포(圓領袍服)]을 입어야 마땅하다. 이러한 점들을 함께 모아 글쓴이는 '사신도'의 두 번째 사람은 고리(高麗) 사절일 확률이 더 크다고 본다.[360]

정춘잉은 지린대(吉林大) 변강고고연구중심(邊疆考古研究中心)에서 위·진·수·당(魏晉隋唐) 시대의 고고학과 중국역사문헌학을 전공하였기 때문에 당연히 고리(高麗)의 역사에 대해서 전문가이다. 논문에서 "고구리(高句麗)는 5세기에 점차 고리(高麗)라고 바꾸어 부르고, 일정기간 함께 쓰다가 수·당시기에는 고구리(高

---

360) 鄭春穎, 「唐章懷太子墓"客使圖"第二人身份再辨釋」, 『歷史教學』, 2012-2, 66쪽. 综上所述, "新羅使者说"存在某些疏漏, 未成定论; "客使图"第二人所穿服饰与高句丽文献及壁画墓所载, 所绘服饰形制极为相似; 新罗服装虽其上下分体式的基础款式与高句丽服饰类同, 但细节处差异颇大; 公元7世纪初新罗服饰开始全面取法唐服, 绘制于8世纪初期的"客使图"如果东壁第二人是"新罗使节"应以身着唐服-头戴幞头, 身穿圆领袍服-为宜; 这些因素综合在一起, 笔者认为"客使图"第二人是高丽使节的概率更大.

句麗)는 다시 쓰지 않고 고리(高麗)를 썼다.”고 주를 단 것만 보아도 알 수 있다. 그러나 그는 논문에서 중화인민공화국 학자와 일본 학자들의 논문은 검토를 했지만 한국 학자들의 논문은 단 한 편도 인용하지 않았다.

한국에서는 이미 앞에서 본 김리나, 노태돈 등이 일찍이 고리설을 주장하였음에도 마치 자기가 처음 고리(高麗) 사신설을 주장한 것처럼 쓰고 있다. 정춘잉이 결론에서 가장 강조한 신라가 7세기 초 당나라 복식으로 바꾸었다는 주장은 사실 노태돈의 고구리 사신설의 핵심을 그대로 옮겨놓은 것이다.

최근 중화인민공화국의 연구자들도 새깃털관(鳥羽冠)을 쓴 인물은 비록 고리(高麗)가 항복한 이후의 그림이라 할지라도 고리(高麗) 사람으로 보고 있다.

> 필자는 오랜 기간 조사연구를 통해 둔황 벽화 가운데 고대 조선반도 인물상은 기본적으로 다음과 같은 네 가지 기준을 아우른다고 결론을 내린다. 첫째, 도상(圖像) 가운데 인물의 쓰개 뒤쪽에 꽂은 물건은 깃털(鳥羽)인가? 둘째, 인물이 쓴 쓰개는 고구리(高句麗) 사람의 특징으로 추정되는 절풍모, 조우관, 조미관, 뒤가 없는 책(無後幘), 상모(象帽)인가? 셋째, 도상 속 인물의 모습은 중화인민공화국 한족과 비슷한 동아시아 사람인가? 넷째, 인물의 복식은 고대 중화인민공화국 복식과 비슷한가?[362]

이와 같은 추세에 따라 시안(西安) 지역에서도 고리(高麗) 사신설로 돌아서고 있다는 것을 알 수 있는 자료가 있다. 이 문제를 온라인에서 검색해 보면 공식적인 대학 연구소 이름으로 고리(高麗) 사신설을 지지하고, 백과사전에도 고리(高麗) 사신설이 자리 잡고 있다.

<당 이현 무덤 사신도 문화해석(唐李賢"客使圖"文化解析)>

두 번째 사람은 길둥근 얼굴에 수염과 눈썹이 뚜렷하고 몸가짐이 엄숙하다. 머리에 "골

---

361) 鄭春穎, 「唐章懷太子墓"客使圖"第二人身份再辨釋」, 『歷史敎學』, 2012-2, 62쪽 주 ⑤. 高句麗在公元 5 世紀逐漸改称高丽, 曾有一定时期两者并用, 隋唐时期不再使用高句丽, 而用高丽.

362) 李新, 「敦煌石窟壁畫古代朝鮮半島人物圖像調查硏究」, 제2회 경주 실크로드 국제학술회의 자료집 『또 하나의 실크로드 북방초원의 길』, 2013, 161쪽.

소관(骨蘇冠, 꼭대기에 깃털 꽂은 모자)을 쓰고, 큰 붉은 목깃이 달린 긴 도포를 입었는데 옷깃은 붉고 소매가 길다. 두 손을 소매 안에 넣고 몸 앞에서 두 손을 마주 잡았으며 발에는 노란 신을 신었다. 일본학자는 일본 사람이라 하고, 조선·한국학자는 조선인이라고 보는 것을 지지한다. …… 이 사람의 관은 고구리(高句麗)·백제·신라의 "골소관"·"절풍(折風)"·"가죽관(皮冠)"과 아주 비슷하다. 따라서 고리(高麗) 사신이라고 추단할 수 있다. [작성기관 : 시베이대학(西北大學) 시베이 역사연구소][363]

<산시 건릉 장회태자 무덤 무덤길 동벽 벽화((陝乾县乾陵章怀太子墓墓道东壁壁画)>
1971년 발굴. 이 그림은 6명으로 이루어진 예빈 행렬이다. 오른쪽 세 사람은 동로마제국·고리(高麗)·동북의 한 소수민족 사절로 식별된다(『互動百科』).[364]

Ⅲ. 고리(高麗) 사신설에 대한 글쓴이의 견해

앞에서 보았듯이 중화인민공화국에서는 장회태자 이현의 무덤 벽화에 그려진 깃털모를 쓴 인물의 국적에 대하여 아직은 신라 사신설이 우세하지만 고리(高麗) 사신설이 일반화되어 가고 있다는 것을 보았다. 글쓴이도 이미 앞에서 본 논문에서 고리(高麗)사신설을 주장했는데, 여기서 몇 가지만 덧붙이고자 한다.

---

363) 『道客巴巴』 http://www.doc88.com/p-9972002708023.html. 第二人楕圓臉, 面頰豊滿, 鬚眉清晰, 身態嚴肅. 頭載"骨蘇冠"(尖頂羽毛帽), 着大紅衣領長白長袍, 鑲紅邊衣襟·長袖, 腰束白帶, 雙手置于袖中拱在身前, 足登黃靴. 日本學者認爲是日本人, 而朝鮮·韓國學者堅持認爲其爲朝鮮人. ……從此人的冠十分類似于高句麗·百濟·新羅的"骨蘇冠"·"折風"·"皮冠", 而且其服飾·鞋也與文獻記載十分相似, 從而可以推斷出其應該是是高麗使者. (作者單位: 西北大學 西北歷史研究所)

364) 『互動百科』 http://www.baike.com/wiki/%E7%A4%BC%E5%AE%BE%E5%9B%BE 该图表现由6人组成的礼宾行列. 左边3人为唐代鸿胪寺官员, 右方3人分别为东罗马帝国, 高丽和东北一少数民族的使节.

1. 신라 사신설과 발해 사신설의 한계성

1) 신라 사신설의 한계성

신라사신설 주장을 보면, 고리(高麗)와 백제는 이미 망했고 신라와 당나라는 관계가 좋았기 때문에 ① 이현이 태자로 있을 당시인 675~680년에 방문한 사신이 이현을 접견했다는 주장과 ② 680년 이현의 장례식에 신라 사신이 참석했을 것이라는 두 가지 설로 간추릴 수 있다.

②에 대해서는 앞에서 조문사절설은 사절을 안내하는 관원이 상복을 입지 않았기 때문에 조문사절이 아니라고 명쾌하게 부정되어 더 보지 않겠다.

①의 설도 이현이 태자가 된 675년부터 폐위된 680년까지 당과 신라는 사이가 좋지 않았기 때문에 신라 사신을 접견했을 가능성이 거의 없다. 이 시기는 바로 당나라가 백제와 고리(高麗)를 무너뜨리고 신라까지 정복하려고 침략하여 두 나라가 전쟁을 하던 시기다. 『삼국사기』와 『당서』를 바탕으로 당시 상황을 간추려 본다.

(1) 675년 이현이 황태자가 되었을 때, 2월 유인궤가 칠중성(七重城)을 쳤고 …… 가을 9월 29일 이근행이 매초성(買肖城)을 쳤다. 이때 신라는 당에 사신을 보내 토산물을 바쳤다.[365] 싸우는 중에도 사신을 보낸 것은 상대국을 염탐하기 위해서다. 아울러 이때를 이용해 안북하(安北河)를 따라 관문과 성을 설치하고 또한 철관성(鐵關城)을 쌓았다. 당나라 병사가 다시 석현성(石峴城)을 포위하여 함락시켰는데, 현령 선백(仙伯)과 실모(悉毛) 등이 힘을 다하여 싸우다가 죽었다. 그러므로 이런 사신행만으로 두 나라 관계를 평가할 수는 없으며 이때 새로 태자가 된 이현이 신라 사신을 맞이할 가능성은 없다. 또한 "우리 병사가 당나라 병사와 열여덟 번의 크고 작은 싸움에서 모두 이겨서 6,047명의 목을 베고 전마(戰馬) 200필을 얻었다."[366]는 기사를 보면 그 사실은 더욱 명백해진다.

---

365) 『삼국사기』 권7, 「신라본기」 제7, 문무왕(하). 문무왕 15년. 二月 劉仁軌破我兵於七重城 … (가을 9월) 二十九日 李謹行率兵二十萬 屯買肖城. … 遣使入唐貢方物.

366) 『삼국사기』 권7, 「신라본기」 제7, 문무왕(하). 문무왕 15년. 緣安北河設關城 又築鐵關城 … 唐兵

(2) 676년 : 당나라 병사가 도림성(道臨城)을 공격하여 함락시켰는데, 현령 거시지(居尸知)가 그곳에서 전사하였다. 겨울 11월, 사찬 시득(施得)이 수군을 거느리고 설인귀와 소부리주 기벌포(伎伐浦)에서 싸웠으나 크게 패하였다. 다시 진군하여 크고 작은 22회의 싸움에서 승리하고 4,000여 명의 목을 베었다.[367] 신라와 당은 1년 내내 싸운 것이다. 그리고 사신을 파견하지도 않았다. 이 해 당은 평양을 지키지 못하고 안동도호부를 요동성으로 옮긴다.

(3) 677년 : 당 고종 의봉(儀鳳) 2년, 토번이 쳐들어와 군사력을 서쪽에 집중해야 했기 때문에 신라와의 싸움이 중단되고, 동쪽을 안정시키기 위해 백제 왕자 부여융을 대방군왕으로 임명하여 백제 옛 땅을 다스리려 했지만 실패하고, 고리(高麗)에 보장왕을 조선군왕으로 봉해 다스리도록 하였다.[368] 당나라가 옛 고리와 백제 땅을 지배할 여력이 없어지자 신라는 백제 땅을 차츰 점령하기 시작하였다. 물론 사신도 보내지 않았다.

(4) 678년 : 토번이 서돌궐과 연합하여 쳐들어와 여러 차례 싸움에서 졌다. 그러자 가까운 신하들을 불러 토번을 막을 계책을 듣고자 하며 말했다.

> 짐은 일찍이 갑옷을 입고 군대를 거느리고 전장에 나간 적이 없다. 지난번 고리(高麗)와 백제를 멸망시킨 이래 매년 군대를 동원하여 중원(中國)이 떠들썩하니, 짐은 지금까지도 이를 후회한다. 지금 토번이 침략해 들어왔는데 그대들은 어찌 나에게 좋은 계책을 주지 않는가?[369]

與契丹靺鞨兵來 圍七重城 不克 小守儒冬死之 靺鞨又圍赤木城滅之 縣令脫起率百姓 拒之 力竭俱死 唐兵又圍石峴城 拔之 縣令仙伯悉毛等 力戰死之 又我兵與唐兵大小十八戰 皆勝之 斬首六千四十七級 得戰馬二百匹.

367) 唐兵來攻道臨城拔之 縣令居尸知死之 冬十一月 沙湌施得領船兵 與薛仁貴戰於所夫里州伎伐浦 敗績 又進大小二十二戰 克之 斬首四千餘級.

368) 『삼국사기』 권22, 「고구려본기」 제10.

369) 『新唐書』 列傳 第141(상) 吐蕃(上). 帝既儒仁無遠略, 見諸將數敗, 乃博咨近臣, 求所以禦之之術. 帝曰:「朕未始擐甲履軍, 往者滅高麗·百濟, 比歲用師, 中國騷然, 朕至今悔之. 今吐蕃內侵, 盍爲我謀?」

토번의 침략이 얼마나 큰 충격인지 알 수 있다. 그러나 전장에서 돌아온 황제는 다시 신라를 치려고 했으나 시중(侍中) 장문관(張文瓘)이 간하여 중단하였다.

> (의봉 2년, 677) 9월, 신유, 황제가 경사로 돌아왔다. 황제가 군대를 내서 신라를 치려하였다. 시중 장문관(張文瓘)이 아파서 집에 누워 있어서 (황제가) 몸소 찾아가니 간하여 말했다. "지금 토번이 쳐들어와 사방에서 군사를 내어 서쪽을 치고 있습니다. 신라가 비록 불순하다지만 아직 변경을 침범하지 않았습니다. 만약 다시 동쪽을 정벌한다면 신은 공사간에 그 폐단이 심하지 않을까 두렵습니다."라고 하니 황제가 중지하였다.[370]

신라는 이틈을 이용해 북원소경(北原小京)을 설치하여 지켰다. 신라가 사신을 파견할 상황도 아니고 사신을 파견하지도 않았다.

(5) 679년 : 조로(調露) 원년(679) 돌궐 아사덕온부(阿史德溫傅)가 반란을 일으켜 선우가 담당하던 24주가 그를 따라 반란에 가담하여 그 수가 10만을 헤아렸다.[371] (선우)도호부 (長史) 소사업(蕭嗣業)이 적을 쳤으나 이기지 못하고 연달아 패했다. 결국 고종은 30만 대군을 보내 토벌해야 했다. 그러므로 당은 신라를 칠 여력이 없었다. 이 해 신라는 탐라국을 경략하는 한편 남산성을 증축하여 당의 침략에 대비하였다. 물론 당에 사신을 보내지 않았다.

한편 돌궐 전쟁이 일어나기 이전인 5월 측천무후의 총애를 받던 명숭엄(明崇儼)이 강도에게 살해되자 측천무후는 이현(李賢)을 의심하기 시작했다. 그러므로 이 해에 신라에서 사신을 보내지 않았지만, 사신이 왔다고 해도 접견은 불가능한 상황이었다.[372]

---

370) 『資治通鑑』卷202,「唐紀」18, (儀鳳二年) 九月, 辛酉, 車駕還京師. 上將發兵討新羅, 侍中張文瓘 臥疾在家, 自輿入見, 諫曰："今吐蕃爲寇, 方發兵西討；新羅雖云不順, 未嘗犯邊, 若又東征, 臣 恐公私不堪其弊."上乃止.

371) 『新唐書』列傳 第33. 劉仁軌傳. 詔露元年, 突厥阿史德溫傅反, 單於管二十四州叛應之, 衆數十 萬. 都護蕭嗣業討賊不克, 死敗系踵.

372) 『百度百科』李賢. 仪凤四年(679年)明崇俨被强盗杀害, 却又迟迟抓不到凶手, 武后因此怀疑是太子所为.

⑹ 680년 : 측천무후는 설원초(薛元超), 배염(裴炎) 등을 보내서 조사하고 8월 22일 이현(李賢)이 폐위되었다. 9월 문무왕이 죽었다. 그다음에야 당 고종이 사신을 보내 신라왕으로 책봉하였다.

이상에서 보는 바와 같이 장회태자 이현은 생전에 신라 사신을 접견할 수가 없었다는 것을 알 수 있다. 680년 마침내 이현은 황태자 지위를 빼앗기고 폐서인(廢庶人)이 되었으며, 이현의 측근 10여 명도 함께 처벌을 받았다. 이현은 장안(長安, 지금의 陝西省 西安)에 유폐되었다가 681년(開耀 원년) 파주(巴州, 지금의 四川省 巴中)로 유배되었다. 683년 고종이 죽자, 측천무후는 셋째아들 이현(李顯)을 황제로 세우니 그가 바로 중종이다. 그러나 측천무후는 중종도 폐위시키고, 넷째아들을 황제로 세워 조정을 마음대로 하였다. 무후는 곧 금오장군 구신적(丘神勣)을 귀양지의 별실에 감금하고 자살하도록 하였다(『百度百科』). 그 뒤 스스로 황제가 되어 나라이름까지 주(周)로 바꾼다. 이런 살벌한 와중에 자살한 이현을 위해 외국 사신을 맞이하여 큰 장례를 치른다는 것도 앞뒤가 맞지 않는다.

2) 발해 사신설의 한계성

발해는 성력(聖曆, 698~699) 연간 대조영이 진국(振國)을 세웠으나 당나라와는 외교 관계를 맺지 않고 돌궐에 사신을 보내 통교하였다. 그러니까 발해는 건국 초에는 당과 통교하지 않고 있었다. 발해가 당나라와 관계를 갖게 된 시점은 측천무후가 물러나고 중종이 다시 황제 자리에 오른 705년이다.

① 중종이 즉위하여(705) 시어사 장행급(張行笈)을 보내 가서 다독이니, (대)조영이 아들을 보내 대궐에 들어가 황제를 뵈었다(入侍). (황제가) 책립(冊立)하려고 했지만, 거란과 돌궐이 해마다 변경을 쳐들어와 사신의 명령(使命)이 이르지 못했다.
② 예종 선천 2년(713) 낭장(郎將) 최흔(崔訢)을 보내 (대)조영을 좌효위원외대장군(左驍衛員外大將軍)·발해군왕(渤海郡王)으로 책봉하고 아울러 다스리고 있는 곳을 홀한주(忽汗州)로 만들어 홀한주 도독(忽汗州都督) (지위를) 더 주었다. 이때부터 매년 사신을 보내

조공하였다.

발해 사신설은 ①과 ②의 두 시기 가운데 하나를 택하여 그때 간 사신을 그려서 무덤 벽화로 활용했다는 것이다.

먼저 ①을 보면, 705년에 대조영의 아들을 보내 황제를 뵈었다고 했다. 그런데 그 다음 문장에 보면 "책립을 하려고 했는데(將加冊立) 거란과 돌궐이 해마다 쳐들어와(會契丹與突厥連歲寇邊) 사신(에게 보낸) 명령이 이르지 못해(使命不達)" 결국은 관계 개선이 이루어지지 않았다. 『신당서』에는 아예 책립 이야기가 빠져버렸다.

> 중종 때 시어사 장행급(張行岌)을 보내 가서 다독이니, (대)조영이 아들을 보내 황제를 뵙게 했다(中宗時, 使侍禦史張行岌招慰, 祚榮遣子入侍).[374]

그래서 이 한 문장을 가지고 장회태자 무덤에 그려진 깃털모 쓴 인물이 발해 사람이라고 하기에는 많은 무리가 따른다고 생각한다. 아직 정식 외교 관계도 성립되지 않은 나라의 왕자를 동로마 같은 공식 사신들과 함께 대접하고 그 그림을 그려놓았다가 다음 해 무덤을 만들 때 그 그림을 그렸다는 것은 앞뒤가 맞지 않는다.

②를 보면 대조영이 진나라를 세운 뒤 713년이 되어야 비로소 두 나라가 공식 통교를 했다는 것을 알 수 있다. 그런데 장회태자 무덤은 706년에 만들었고, 부인 방씨(房氏)를 합장한 해도 711년이기 때문에 그때까지 발해는 아직 한 번도 공식적인 사신을 보낸 적이 없다.

그러므로 680년 이현이 죽기 전에 사신을 보낼 수 없는 조건은 고리(高麗)와 마찬가지였고, 설령 705년에 태자가 갔다고 해도 1년 뒤 이현의 무덤을 만들면서 죽은 지 25년이 지나서 방문한 발해 왕자를 벽화에 그려 넣을 까닭도 없다. 더

---

373) 『舊唐書』 卷199(下), 列傳 第149(下) 北狄, 渤海靺鞨. 中宗卽位, 遣侍禦史張行岌 往招慰之. 祚榮遣子入侍., 將加冊立, 會契丹與突厥連歲寇邊, 使命不達. 睿宗先天二年, 遣郎將崔訢 往冊拜祚榮爲左驍衛員外大將軍·渤海郡王, 仍以其所統爲忽汗州, 加授忽汗州都督, 自是每歲遣使朝貢.

374) 『新唐書』, 列傳 第144, 北狄.

구나 공식 외교 관계를 맺은 것은 713년이니, 무덤이 다 만들어진 뒤 발해 사신을 그려 넣었을 수도 없다. 그러므로 발해 사람이라는 설은 크게 설득력이 없다.

2. 고리(高麗) 사신설을 뒷받침하는 깃털관(羽冠)

1) 양직공도(梁職貢圖)에 나온 3국에서 고리(高麗) 사신만 깃털관(羽冠)을 썼다.

많은 학자가 『신당서』와 『구당서』에 백제와 신라의 복식은 같다는 기사를 인용하면서 복식은 차이가 없으므로 태자가 살아 있는 시대만으로 그림의 연대를 결정하여 신라설이나 발해설을 주장하였다. 그러나 복식이 같다고 해서 다 같은 것은 아니고, 특히 쓰개(冠)는 크게 차이가 난다. 이런 뚜렷한 차이를 완벽하게 보여주는 그림이 바로 양직공도(梁職貢圖)다.

양직공도에는 고리(高麗)·신라·백제의 사신 그림이 모두 나오고, 또 각각 나라 이름이 뚜렷이 쓰여 있으므로 이 세 나라 사신의 그림을 비교해 보면 그 답은 뜻밖에 아주 쉽게 나온다. 첫머리에서 본 사신 접견도에 나온 사신의 깃털모 쓴 인물과 양직공도에 나온 인물들을 비교해 보면 이현 무덤의 벽화에 나온 인물도 고리(高麗) 사신이라는 것을 한눈에 알 수 있다.

먼저 당 염립본의 왕회도에 나온 세 나라 옷을 보자. 깃이 큰 도포를 입은 것도 거의 같고 소매 속에 두 손을 공손히 잡은 것도 같다. 바지나 신도 크게 차이가 나지 않는다. 그러므로 여러 사서에서 세 나라의 옷은 거의 같다고 했고 많은 학자가 이 점을 들어 갖가지 설이 난무하였다. 그러나 세 나라의 사신이 머리에 쓴 쓰개에서는 뚜렷이 차이가 난다. 고리(高麗) 사신만 깃털을 꽂은 관(鷄羽冠)을 쓰고 있지 신라와 백제 사신들은 그렇지 않다는 것을 쉽게 확인할 수 있다. 이는 양나라에서 세 나라 사신의 특징을 잡아 그릴 때 깃털관(羽冠)이 고리(高麗)의 가장 큰 특징이고 바로 그 특징을 이미지로 삼았다는 것을 확인할 수 있는 가장 믿을 만한 자료이다. 이는 우리가 어떤 사람이 입은 옷이나 쓰개를 보고 글이나 말로 설명하는 것보다 사진이나 영상으로 직접 보여주는 것처럼 명명백백하다. 그야말로 말이 필요 없는 증거다.

그림 143 「당 염립본의 왕회도(唐 閻立本 王會圖)」(2020.2.1., 서상욱)　　**그림 144** 이현 무덤 벽화

　이제 양직공도 오른쪽에 있는 장회태자 무덤벽화에 나온 사신을 보자. 옷을 보면 양직공도의 세 사신과 거의 같다. 어떤 중화인민공화국의 학자는 흰 도포를 입은 모습에 신라 사신이라고 강력히 주장하였다. 양직공도에서 신라 사신만 흰 도포를 입었다는 것이다. 이는 컬러로 된 두 그림을 보았기 때문에 나온 주장이다. 그렇다면 큰 깃의 빛깔은 어떻게 설명할 것인가? 장회태자 무덤벽화 인물의 깃은 붉은색이고 신라는 파란색이다. 만일 깃의 색깔로 이야기한다면 백제 사신이 붉은색이다.

　그렇다면 신발 색깔은 어떻게 설명할 것인가? 양직공도에서는 세 나라가 모두 검은색인데 장회태자 무덤벽화에는 노란 신을 신었다. 그렇다면 이 색깔 때문에 다른 나라라고 할 수 있을까? 여기서 색깔은 옮기거나 그리는 사람이 고른 것임을 쉽게 알 수 있다.

　자, 이제는 세 나라 사신의 쓰개를 보자. 고리(高麗) 사신과 백제·신라 사신의 쓰개는 누가 봐도 단박에 그 차이를 바로 알아차릴 수 있다. 양직공도에서나 장회태자 벽화에서나 고리(高麗) 사신만이 두 개의 깃털을 꽂은 것, 고깔 같은 절풍에 끈을 달아 턱밑에 맨 것, 그 끈에 구멍을 내서 귀를 내놓은 모습이 모두 딱 들어맞는다. 이것은 다시 논의할 여지가 없다.

2) 벽화를 그리는 화가는 이미 만들어진 밑그림(本)을 썼다.

그렇다면 어떻게 고리(高麗) 왕실이 항복한 뒤 이런 사신의 그림이 벽화에 등장하게 되었는가? 이는 자료가 생성된 연도만으로는 설명이 안 된다. 화가가 그림을 그릴 때 직접 보고 듣는 것을 쓰거나 그릴 수도 있지만 이미 존재한 글이나 그림을 밑그림(本) 바탕으로 나름대로 조금씩 변화를 주어 그리는 경우가 많기 때문이다. 당나라 때도 마찬가지였다.

『역대명화기(歷代名畫記)』『사탑기(寺塔記)』『당조명화록(唐朝名畫錄)』같은 곳에 기록된 화가 206명 가운데 110명이 벽화를 그렸는데 염립본(閻立本)·한간(韓干)·주방(周舫)·왕유(王維)·이사훈(李思訓) 같은 화가들이다. 그 가운데 당나라 벽화에서 당 초기는 염립본(閻立本, ?~673)의 시대라고 한다. 염립본은 626년 당 태종의 명을 받들어 「진부 18학사도(秦府十八學士圖)」를 그린 유명한 화가인데, 바로 위에서 본 양나라 직공도인 「왕회도(王會圖)」를 모사한 사람이다.[375] 그러므로 해동삼국 사람을 그릴 때는 자연히 양직공도에 나온 것을 바탕으로 하였을 것이고 그것이 기본적인 밑그림(本)이 되었을 것이다.

지금까지 전해 내려온 직공도 가운데 양나라 직공도가 가장 오래되었기 때문에 염립본이 그것을 모사해서 본으로 삼았다는 점을 어렵지 않게 추정해 볼 수 있고, 그가 그린 「역대제왕도권(歷代帝王図巻)」(보스톤미술관 소장, 북송 때 모사한 것)과 그가 모사한 양직공도를 비교해 보면 바로 알 수 있다. 「역대제왕도권(歷代帝王図巻)」는 전한의 소제(昭帝)부터 수나라 양제까지 13명의 황제를 그린 것인데 대부분 양직공도가 본이 되었다.

옆 그림 가운데 첫 번 그림이 염립본이 양직공도를 베낀 것이고, 나머지 5개의

---

375) 楊瑾, 『唐墓壁画的制作者与观看者蠡測』, 陝西历史博物馆馆刊, 2015-10-31, 206쪽.

인물화는 자신이 그린 역대 제왕들의 모습이다. 그림들을 견주어 보면 기본적으로 자신이 양직공도에서 베낀 것을 바탕으로, 모자나 옷에 약간씩 변화를 주어가면서 그렸다는 것을 쉽게 알 수 있다. 양직공도를 베낄 때는 양직공도를 그린지 100년이 지난 뒤의 그림이기 때문에 원본대로 선이 굵었지만, 자신이 그린 그림은 가늘고 힘 있는 선으로 그렸다는 것을 알 수 있다. 특히 황제를 가운데 두고 양쪽에 두 신하가 있는 구성이나 인물화의 화법이 놀랍도록 닮았다는 것을 한눈에 알아볼 수 있다. 그러므로 이현 무덤벽화를 그릴 때도 이런 밑그림들이 바탕이 되었을 테고, 이현 벽화의 인물화가 양직공도의 고리(高麗) 사신과 거의 닮은

그림 145 양직공도 염립본 모사도

염립본① 前漢 昭帝

염립본② 後漢 光武帝

염립본③ 3국시대 吳 孫權

염립본④ 北周 武帝

염립본⑤ 隋 文帝

것은 자연스러운 일이다.

  그러므로 앞에서 양직공도에 나온 3국의 사신 가운데 고리(高麗) 사신과 장회
태자 무덤벽화에 나온 사신이 거의 같다는 것은 바로 양직공도의 밑그림을 바탕
으로 그려낸 것임을 알 수 있다. 특히 양직공도에서 머리에 쓴 관에 깃털을 꽂은
것은 고리(高麗) 사신뿐이고 벽화에 나온 사신도 똑같은 모자를 썼기 때문에 더
욱 확신을 갖게 한다. 이런 염립본의 전통 화법은 그 뒤 설직(薛稷, 649~713)을
비롯한 다른 화가들이 이어받았다. 그러므로 염립본이 직접 그리지 않았다고 하
더라도 후배들이 그 밑그림을 썼다는 것은 쉽게 이해할 수 있다.

  이상에서 보는 바와 같이 비록 고리(高麗) 왕실은 항복하였지만 당나라 이전의
밑그림과 당 초기의 모사본이 있어서 각국의 사신을 그릴 때는 동녘의 주요국인
고리(高麗)를 계속 그렸다는 것을 알 수 있다. 그런 면에서 이런 밑그림들은 당시
국제사회에서 누렸던 고리(高麗)의 위상을 가늠해 볼 수 있는 자료이기도 하다.

3) 닭깃털관(鷄羽冠)은 고리(高麗) 사람의 상징이었다.

  앞에서 자세히 보았지만 고리(高麗) 사신의 머리에 꽂은 깃털관은 단순한 관
습이나 장식이 아니라 닭신(雞貴)을 숭배하는 국가적 상징이었고, 당나라나 서역
사람들에게는 고리(高麗) 사람을 판별하는 가장 중요한 상징이었다는 것을 첫째
마당과 둘째 마당에서 자세히 보았다. 그 내용을 다시 한번 보면 더 확신을 가질
수 있을 것이다.

  계귀(鷄貴)란 산스크리트의 '구구타왜설라(矩矩吒㕦說羅)'를 말한다. '구구타(矩矩吒)'는
  닭(鷄)이고, '왜설라(㕦說羅)'는 귀하게 여긴다(貴)는 것인데, 바로 고리국(高麗國)이다. 전
  하는 바에 따르면, 그 나라는 닭신(鷄神)을 공경(敬)하고 높이 우러러보기 때문에 (닭의)
  깃털을 머리에 꽂아 겉을 꾸민다고 한다. 날란다에 못이 있는데 용천(龍泉)이라 부른다.
  서녘(西方)에서는 고리(高麗)를 구구타왜설라(矩矩吒㕦說羅)라고 부른다.[376]

---

376) 義淨, 『大唐西域求法高僧傳』, 大正藏 第 51 冊 No. 2066.

그러므로 고리(高麗) 사신들은 어떤 경우라도 닭깃털관(鷄羽冠)을 쓰고 다녔고, 닭깃털을 꽂고 다니는 모습은 서역에서도 많이 알려져 별명이 계귀(鷄貴, 矩矩吒醫說羅)가 되었다. 의정(義淨, 635~713)의『대당서역구법고승전(大唐西域求法高僧傳)』은 641~ 691년 사이 천축과 남해를 다니며 만났던 승려들을 기록한 책으로 691년 완성되었다. 바로 고리(高麗)가 항복하기 전부터 그 뒤까지를 기록한 것인데 당나라와 서녘에서 들은 내용을 쓴 것이기 때문에 신빙성이 아주 높은 자료이다.[377]

이는 당나라를 비롯하여 서녘(西方) 실크로드 상의 나라들이 고리(高麗)는 닭신(鷄貴)을 섬기는 상징으로 머리에 닭깃털을 꽂고 다니며, 그것이 고리를 특정 짓는 상징이라고 보았다는 것을 알 수 있었다. 이러한 주장은 일찍이 양직공도는 물론이고 장회태자 무덤벽화 인물에서 완전히 일치한다는 점에서 재론의 여지가 없다고 생각한다.

Ⅳ. 맺음말

1. Ⅱ장에서 연구사를 정리해 본 결과 ① 일본사신설은 사라지고, ② 발해사신설은 1991년 니시따니(西谷正)가 주장하고 1992년 한국의 김희정이 지지하였지만, 지금은 한국과 일본에서 거의 사라지고 있다. 최근 2017년 중화인민공화국의 온라인에서 발해설을 주장하는 글이 실렸지만, 중화인민공화국에서도 발해사신설은 지지를 받지 못하고 있다. ③ 신라사신설은 1974년 김원룡의 주장으로 시작되어 한·중·일 3국에서 많은 학자가 이 신라사신설을 지지하였다. 그러나 2000년대 들어서면서 한국과 일본에서 신

---

377) 자세한 내용은 다음 논문 참조: 서길수, 「외국 高句麗 인물화에 나타난 닭깃털관(鷄羽冠)과 高句麗의 위상」,『고구려발해연구』(51), 2015.

라 사신설이 거의 등장하지 않는다. 반면에 아직도 중화인민공화국에서는 꽤 유력한 설로 논의되고 있다는 사실을 알 수 있었다. ④ 2003년 노태돈이 고리(高麗) 사신이라고 주장하는 책을 낸 뒤 한국과 일본에서는 고리(高麗) 사신설이 거의 자리를 잡았고, 최근에는 중화인민공화국에서도 이 설을 주장하는 학자들이 늘어가는 추세이다.

2. 신라 사신설은 당시 고리(高麗)와 백제가 이미 패망했고 신라와 당나라 관계가 좋은 시기였기 때문에 ① 이현이 태자로 있던 675~680년에 방문한 사신이 이현을 접견했다는 주장과 ② 680년 이현의 장례식에 신라 사신이 참석하였을 것이라는 주장이 있다.

①의 설을 검토해 본 결과, 이현이 태자가 된 675년부터 폐위된 680년까지 당과 신라는 사이가 좋지 않았기 때문에 신라 사신을 접견했을 가능성이 거의 없었다. 이 시기는 바로 당나라가 백제와 고리(高麗)를 무너뜨리고 신라까지 정복하려고 두 나라가 전쟁을 하던 시기였다.

②의 장례식 조문사절설은 벽화에 나온 사신 안내 관원이 상복을 입지 않았기 때문에 조문사절이 아니라고 명쾌하게 부정되었다. 아울러 680년 폐위된 뒤, 681년 파주(巴州)로 유배되었다가 684년 자살하게 만든 살벌한 와중에 자살을 강요했던 이현을 위해 외국 사신을 맞이하여 큰 장례를 치른다는 것도 앞뒤가 맞지 않았다.

3. 발해 사신설을 뒷받침하는 유일한 사료는 705년 대조영이 아들을 당나라에 보내 황제를 뵙게 했다는 기사다. 장회태자 무덤이 706년에 만들어졌고, 부인 방씨(房氏)를 합장한 해가 711년이다. 당과 발해가 공식적으로 외교 관계를 맺은 시기가 713년인데 아직 외교 관계도 없는 진국(振國)의 왕자 모습을 그려놓았다가 1년 뒤인 706년에 만든 이현의 무덤벽화에 굳이 그려 넣을 이유가 도대체 있었을까? 따라서 발해 사신설은 크게 설득력이 없다.

4. 글쓴이는 다음과 같은 3가지 점을 들어 고리(高麗) 사신설을 뒷받침하였다.

① 양직공도에는 고리(高麗)·신라·백제의 사신이 모두 나오기 때문에 이 세 나라 사신의 그림을 비교해 보면 답은 뜻밖에 아주 쉽게 나온다. 세 나라의 사신 가운데 오로지 고리(高麗) 사신만 닭깃털관(鷄羽冠)을 썼기 때문이다. 이는 우리가 어떤 사람이 입은 옷이나 쓰개를 보고 글이나 말로 설명하는 것보다 사진이나 영상으로 직접 보여주는 것처럼 뚜렷한 것이다. 그야말로 말이 필요 없는 증거다.

② 그렇다면 어떻게 고리(高麗) 왕실이 항복한 뒤 이런 사신의 그림이 벽화에 그려졌을까? 벽화를 그리는 화가는 이미 만들어진 밑그림(本)을 썼다고 보았다. 당 초기의 벽화는 염립본(閻立本, ?~673)의 시대라고 한다. 염립본은 양나라 직공도인 「왕회도(王會圖)」를 모사한 사람이다. 그가 모사한 양직공도와 자신이 그린 「역대제왕도권(歷代帝王図巻)」을 비교해 보면 대부분 양(梁) 직공도가 밑그림이 되었다. 그러므로 자연히 해동삼국 사람을 그릴 때는 양직공도에 나온 것을 바탕으로 하였을 것이고 그것이 기본적인 밑그림(本)이 되었을 것이다. 염립본의 전통적 화법은 그 뒤 설직(薛稷, 649~713)을 비롯한 다른 화가들이 이어받았다. 그러므로 염립본이 직접 그리지 않았다고 하더라도 후배들이 그 밑그림을 썼다는 것은 쉽게 이해할 수 있다.

③ 이처럼 국가적으로 닭신(雞貴)을 숭배하여 고리 사신의 머리에 꽂은 2개의 닭깃털(鷄羽)은 당나라나 서역에서는 고리(高麗) 사람을 판별하는 가장 중요한 아이콘이었고, 의정(義淨)이 『대당서역구법고승전(大唐西域求法高僧傳)』에서 이를 기록함으로써 밝혀지게 되었다.

이상 3가지를 통해서 이현 무덤의 벽화 가운데 머리에 깃털을 꽂은 사람은 고리(高麗) 사신이라는 사실을 알았고, 그 사신 머리에 꽂은 깃털은 다름아닌 닭깃털(鷄羽)이라는 것은 두말할 나위가 없다.

참고문헌

『舊唐書』
『新唐書』
『資治通鑑』
『三國史記』
義淨, 『大唐西域求法高僧傳』, 大正藏第 51 冊 No. 2066.

陝西省博物館 乾县文教局 唐墓发掘组 『唐章怀太子墓发掘简报』, 『文物』, 1972-7.
岡崎敬, 「漢唐古墓壁画的のながれ」, 北九州市立美術館 編 『北九州市立美術館開館記念 中華人民共
　　　　和國 漢唐壁畫展』(圖錄), 1974.
金元龍, 『唐 李賢墓의 新羅使에 대하여」, 『考古美術』(123·124), 1974. 17~21쪽.
王仁波, 「遣唐使와中日文化交流」, 『西北大學學報(哲学社会科学版)』, 1975.
武伯綸, 『西安歷史述略』, 陝西人民出版社, 1979.
陝西省文物管理委員會, 「建國以來陝西省文物考古的收穫」, 文物編輯委員會, 『文物考古工作三十年
　　　　1949-1979』, 1979,
王仁波, 「章怀太子李贤墓"礼宾图"和日本的使者」, 『人民中国』, 1982-10.
王仁波, 「从考古发现看中日文化交流」, 『考古与文物』1984-3.
云翔, 「唐章怀太子墓壁画客使图中"日本使节"质疑」, 『考古』, 1984-12.
王仁波, 「隋唐時期的墓室壁畫-客使圖」, 『中國美術全集』(12) 繪畫編·墓室壁畫, 1989.
穴澤和光·馬目順一, 「アフラシャブ都城址の出土壁畫にみられる朝鮮人使節について」, 『朝鮮學報』(80
　　　　호), 1976.
李成市, 「法隆寺金堂阿彌陀如來坐像臺座から發見された人物畵像の出自をめぐって」, 『アジアにおける
　　　　國際交流と地域文化』, 1994.

王维坤, 「唐章怀太子墓壁画"客使图"辨析」, 『考古』, 1996-1.
王世評, 陝西歷史博物館編, 「唐壁畫與唐代中日文化交流國際學術講演會文集」, 2000.
王世平, 「唐墓壁画的社会意义」, 『陝西历史博物馆馆刊』(8), 三秦出版社, 2001.

郑岩, 「"客使图"溯源———关于墓葬壁画研究方法的一点反思」, 陝西历史博物馆 『唐墓壁画国际学术
　　　　研讨会论文集』, 三秦出版社, 2006: 165~175. (왕유곤 2017 재인용)
马执斌, 「《礼宾图》的主题与人物」, 『文史知識』, 2009,

王維坤, 「唐章怀太子墓壁画"东客使图"」, 「大众考古」, 2014.

王維坤, 「关于唐章怀太子墓壁画"东客使图"中的"新罗使臣"研究始末」, 『梧州学院学报』, 2017.

唐昌東, 『大唐壁畫』, 陝西旅游出版社, 1996, 134쪽. 唐章懷太子墓 禮賓圖.

楊培均, 『歷史博物館館藏精品鑑賞』, 陝西人民教育出版社, 1996, 156쪽. 章懷太子墓 禮賓.

鄭春穎, 「唐章懷太子墓"客使圖"第二人身份再辨釋」, 『歷史教學』, 2012-2

李新, 「敦煌石窟壁畫古代朝鮮半島人物圖像調査研究」, 제2회 경주 실크로드 국제학술회의자료집 『또
　　하나의 실크로드 북방초원의 길』, 2013.

楊瑾, 『唐墓壁画的制作者与观看者蠡测』, 陝西历史博物馆馆刊, 2015-10-31.

文明大, 「실크로드上의 新羅使節像 考察」, 『(李載龒博士還曆紀念) 韓國史學論叢』, 한울, 1990.

이은창, 「신라문화와 가야문화의 비교연구」, 『신라와 주변제국의 문화교류』, 서경문화사, 1991. pdf

김리나, 「유마힐경의 나발범왕과 그 도상」, 『진단학보』(71·72), 1991.

정수일, 『新羅·西域交流史』, 단국대학교출판부, 1992.

金理那, 「唐美術에 보이는 鳥羽冠飾의 高句麗人 - 燉煌벽화와 西安출토 銀盒을 중심으로 -」, 『李基白
　　先生古稀記念 韓國史學論叢』(上), 1994.

권영필, 『렌투스 양식의 그림(상)』, 2002.

노태돈, 『예빈도에 보인 고구려』, 서울대학교 출판부, 2003.

최광식, 「고구려와 서역의 문화교류」, 『중앙아시아속의 고구려인 발자취』, 2008.

조윤재, 「古代 韓國의 鳥羽冠과 실크로드 -鳥羽冠 관련 연구사 검토를 중심으로-」, 『실크로드와 한국불
　　교문화』, 2012.

정호섭, 「鳥羽冠을 쓴 人物圖의 類型과 性格 : 외국 자료에 나타난 古代 한국인의 모습을 중심으로」,
　　『영남학』, 2013.

서길수, 「외국 高句麗 인물화에 나타난 닭깃털관(鷄羽冠)과 高句麗의 위상」, 『고구려발해연구』(51),
　　2015.

여섯째 마당

도관칠개국육판은합(都管七個國六瓣銀盒)에 그려진 닭깃털관(鷄羽冠)

Ⅰ. 머리말

도관칠개국육판은합(都管七個國六瓣銀盒)은 1979년 시안시(西安市) 교통대학 안에서 발견되어 시안시 문물관리위원회가 수장하고 있던 것을 1984년 짱다홍(張達宏)·왕창치(王長啓)가 논문으로 발표하여 세상에 알려졌다.[378]

이 유물의 특징은 6개의 달걀꼴 꽃잎과 가운데 생기는 공간을 포함하여 모두 7개 공간에 각 나라 이름을 새겨 넣고 그 나라에 알맞은 인물을 그려 넣었다는 것이다. ① 그림 가운데 곤륜왕국(崑崙王國)과 장래(將來)라는 글자가 있고 그 둘레에 시계방향으로 ② 바라문국(婆羅門國) ③ 토번국(土蕃國) ④ 소륵국(疏勒國) ⑤ 고리국(高麗國) ⑥ 백척△국(白拓△國) ⑦ 오만인(烏蠻人) 이라는 7개 나라 이름이 나오는데 이 논문의 주제는 바로 그 가운데 나오는 고리국(高麗國)이다.[379]

---

378) 張達宏·王長啓,「西安市文管會收藏的幾件珍貴文物」,『考古與文物』1984-4. 22쪽 이하.

379) 이 유물은 2014년 12월 16일 북경 중국국가발물원에서 열린 실크로드전에서 처음 촬영하였으나 촬영장소가 어둡고 옹색하여 제대로 된 사진을 얻지 못했다. 2018년 9월 1일 소장처인 시안박물원((西安博物院))에 갔을 때 마침 "巧工大美最長安"이란 특별전(5.17~9.10)에 주요 유물로 출품되어 4면에서 자유롭게 찍을 수 있어 좋은 사진을 얻을 수 있었다. 다만 조명이 너무 강해 반사로 인해 여러 각도로 수십 장을 찍었으나 글자와 그림의 조명이 달라 완전한 결과를 얻을 수는 없었다. 다음에 글자 위주로 보정을 해서 싣는다.

그림 146 도관칠개국육판은합 西安博物院(2018.9.1.)　　그림 147 뚜껑의 돋을새김(張達宏・王長啓)

이하 첫 보고서인 짱다홍(張達宏) 등의 설명을 그대로 옮겨서 전체적인 스케치를 한다.

1) 곤륜왕국(崑崙王國)

한가운데 여섯모꼴(六角形) 안에 코끼리를 탄 사람이 한 명 있고, 그 앞에 머리에 물건을 이고 숭배하는 사람, 뒤에는 우산을 들고 씌워주는 사람이 있어 코끼리에 탄 사람의 높고 귀한 신분을 말해 준다. 코끼리 오른쪽에 한 사람이 서 있고, 왼쪽에 한 사람이 따라가고, 한 사람은 땅바닥에 앉아 있는데 코끼리 등에는 안장이 잘 갖추어져 있다. 숭배하는 사람 앞에 "도(都)가 관할하는 7개 나라(都管七個國)"라는 제방(題榜)이 있고, 아래는 장래(將來)라는 두 글자가 있다. 곤륜왕국(崑崙王國) 오른쪽에서 시작하여 시계 바늘 방향으로 여러 나라와 지구가 배열되어 있다.

2) 바라문국(婆羅門國)

몸에 가사를 입은 사람이 한 명 있는데 왼쪽에 선장(禪杖)을 짚은 승인(僧人)이 있고 오른쪽에 두 사람은 물어보는 모습이고, 중간 땅에 아가리가 작고 배가 불

그림 148 곤륜왕국(崑崙王國) 西安博物院(2018.9.1.) "將來"　　　　그림 149 "都管七個國" "崑崙王國"

그림 150 바라문국(婆羅門國) 西安博物院(2018.9.1.)

룩한 병이 놓여 있다. 병 주둥이에는 불꽃 같은 것이 사방으로 퍼지고 있어 종교
의식 같은데 자세히 알 수가 없다. 왼쪽에 나라이름이 나와 있고, 오른쪽에는 "주
석(呪錫)"이라는 두 글자가 있다.[380]

---

380) 보고서에는 '□錫'이라고 했는데 '呪錫'이 맞는 것 같아 바꾸었다. 불전에 주석장(呪錫杖)이란 용어

3) 토번국(土蕃國)

토번(吐蕃)을 말하는데 두 사람이 소 한 마리를 몰고 있다. 소는 몸이 살이 찌고 힘차며, 네 발굽으로 차며 달아나고 있다. 나라 이름은 왼쪽 위에 있다.

4) 소륵국(疏勒國)

오른쪽 두 사람이 칼을 들고, 왼쪽 한 사람은 공손히 서 있다. 한 사람은 활을 들고, 세 사람 모두 용감하고 날래므로 소륵 사람들의 상무정신을 나타냈다.

5) 고리국(高麗國)

왼쪽에 한 존자가 가부좌를 하고 앉아 있고 4명이 왼쪽과 오른쪽에 서 있다. 모두 관에 2개의 새깃털을 꽂았고 긴 옷에 소매가 넓은 겉옷을 입었다. 나라이름은 '고리(高麗)' '나라(國)'라고 붙였다.

6) 백척□국(白拓□國)

왼쪽에 한 노인이 방석에 앉아 있고, 오른쪽에 동자가 이바지를 올리고 있다. 나라이름은 한중간에 있다.

7) 오만인(烏蠻人)

오만인은 남소(南詔)를 말한다. 왼쪽에 두 명의 존자가 앞으로 성큼성큼 걸어가고 오른쪽에 3명이 맞이하는 듯한 모습이다. 사람들은 모두 긴 소매에 긴 옷깃이다. 머리에 뾰족한 각(角)이 하나씩 있다. 나라이름은 오른쪽에 있다.

이 마당에서 다루려는 '고리국(高麗國)'에 대한 그림은 한 사람이 왼쪽에 앉아 있고 나머지 4명은 서 있는데, 한 사람은 쟁반 같은 것에 무엇인가를 바치는 모습을 하고 있다. 이 그림에서 가장 큰 특징은 5명의 고리국(高麗國) 사람들은 모

가 등장한다. 『陀羅尼雜集』卷6. 大正藏第 21 冊 No. 1336. 佛說呪錫杖文. 佛言今尊者比丘慈心眾生. 欲安一切令作錫杖. 三節仰意制止三毒. 立三乘進入無極三脫法門. 入律十二大神降屈守護. 是真人法杖. 安隱三界開導一切皆得度脫.

그림 151 토번국(土蕃國) 西安博物院(2018.9.1.)

그림 152 소륵국(疏勒國) 西安博物院(2018.9.1.)

그림 153 고리국(高麗國) 西安博物院(2018.9.1.)

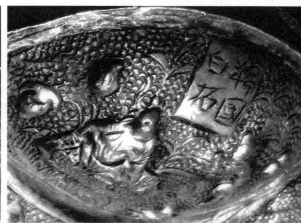

그림 154 백척ㅁ국(白拓ㅁ國) 西安博物院(2018.9.1.)

그림 155 오만인(烏蠻人) 西安博物院(2018.9.1.)

두 깃털관(羽冠)을 쓰고 있다는 것이다. 작은 판에 그리느라 절풍은 그리지 않았지만 고리(高麗) 사람의 특징을 딱 들어맞게 나타냈다고 할 수 있다.

지금까지 당나라 때 깃털관(羽冠)을 쓴 벽화와 유물들이 꽤 여러 건 발견되어 많은 연구가 진행되었지만 모두 주인공의 국적에 대해 논란이 많았다. 그것은 인물들의 국적이 명기되어 있지 않고, 명확한 연대가 기록되어 있지 않기 때문이었다. 장회태자무덤 벽화, 둔황 220호굴 벽화, 아프라시압궁전 벽화는 연도 추정이 가능했지만 깃털관을 쓴 인물의 국적에 대한 명문이 없고, 법지사(法池寺) 사리함, 경산사(慶山寺) 보장(寶帳), 법문사(法門寺) 사천왕은보함(四天王銀寶函), 천옥(泉玉) 박물관 소장 돌 사리함에도 깃털관을 쓴 인물이 나오지만 모두 국적에 대한 명문이 없다. 그런 측면에서 나라이름이 뚜렷하게 나온 유일한 유물인 도관칠개국육판은합(都管七個國六瓣銀盒) 연구는 위에서 본 여러 유적과 유물의 수수께끼를 푸는 아주 중요한 열쇠가 된다.

이 도관칠개국육판은합(都管七個國六瓣銀盒)에 고리국(高麗國)이라는 나라이름이 분명하게 나오는데도 불구하고 그 고리국(高麗國) 그림에 나오는 사람들이 ① 고리(高麗) 사신설, ② 신라 사신설, ③ 발해 사신설, 심지어는 ④ 왕씨 고리(高麗) 사신이라는 설까지 지금까지도 갖가지 주장이 이어오고 있다. 이러한 논의는 이 은합의 제작 연대가 만당(晚唐) 시기인 9세기라는 전제 아래 진행되었기 때문이다. 그렇다면 고리(高麗) 조정이 당나라에게 항복한 지 200년이나 뒤인 9세기에 만들어진 은합에 왜 고리국(高麗國)이란 나라이름과 함께 고리(高麗) 사람의 특징인 깃털모를 쓴 인물상을 배치하였을까? 이 답은 다음 3가지 가운데 하나일 것이다.

① 이 은합은 고리국(高麗國)이 아직 존재했을 때 만들어진 것이다.
② 깃털모(羽毛)를 쓴 고리(高麗) 사람의 특징적 인물상이 밑그림 형태나 예술적 이미지로 9세기까지도 이어지고 있었다.
③ 신라나 발해 사람을 그리면서 고리(高麗)와 같은 나라로 보고 고리국(高麗國)이라고 쓴 것이다.

지금까지 대부분의 연구는 미술사적인 입장에서 은합의 생김새를 통해 "그 은합이 9세기에 만들어졌기 때문에 그 도상(圖像)에 나타난 사람들도 9세기 때의 사람을 그린 것이다."는 전제 아래 모든 연구가 진행되었다. 그러므로 ③의 설이 많이 나오게 되었다. 그러나 "7개 나라의 인물을 새긴 작가가 과연 당시 외국인들을 직접 찾아서 스케치한 그림일까?"라고 반문한다면 ①과 ②에 대해 생각해 보지 않을 수 없다.

이 마당에서는 ①과 ②의 가정에 접근해 보기 위해 역사학적 측면에서 7개국의 연대를 정밀하게 분석하고, 그림의 주제에 대해 역사학적이고 종교사적 측면에서 재검토하여 고리국(高麗國) 설에 대한 논리를 새롭게 뒷받침하는 것이 연구목적이다.

이런 연구목적을 달성하기 위해 우선 II장에서 지금까지 연구해온 여러 설에 대한 논리들을 정리하고, III장에서 7개 나라에 대한 사료연구를 통해서 고리(高麗) 조정이 당나라에 항복한 668년 이전에 모두 함께 존재했던 나라들이라는 점을 밝히고, IV장에서는 신라설이나 발해설을 주장하는 학자들이 내세우는 사리분배에 고리(高麗) 사람들이 참석했던 사료를 분석 발표함으로써 은합에 등장하는 깃털모(羽冠)를 쓴 인물이 고리(高麗) 사람이라는 것을 밝히려고 한다.

II. 도관칠개국육판은합(都管七個國六瓣銀盒)에 대한 연구사

1. 중국 학계의 고리국(高麗國)에 대한 논란

1) 고리국(高麗國)이라는 설
이 유물을 처음 소개한 장따홍(張達宏) 등의 「시안시 문물관리회가 간직한 몇 가지 진귀한 유물(西安市文管會收藏的幾件珍貴文物)」에서 이 유물이 만들어진 연대는 당나라 말기인 9세기라고 하였다.

> 도관칠국육판은합(都管七國六瓣銀盒)의 형틀(造型)이 쟝수성(江蘇省) 단시현(丹徒縣) 띵마
> 오교(丁卯橋)에서 출토된 '류금봉문대은합(鎏金鳳紋大銀盒)', 란티엔(藍田)에서 출토된 '봉
> 함두대문오판은합(鳳銜綬帶紋五瓣銀盒)'과 거의 같다. 뒤의 것(藍田)에는 '함통(咸通) 7년
> (866)'이라는 글씨가 새겨져 있다. 그밖에 앵무문해당형권족은합(鸚鵡紋海棠形圈足銀盒)
> 위에 머리와 꼬리를 서로 맞대고 나는 앵무 역시 전형적인 늦은 당대(晚唐)의 풍격을 갖
> 추고 있다. 그러므로 이 3가지는 늦은 당대(晚唐) 시기의 작품이다.[381]

이 논문은 사실상 간단히 줄인 발굴보고서와 같다. 그러므로 여기서 발표한
내용은 그 뒤 모든 논의의 바탕이 되었다. 이 보고서에서는 출토된 여러 은합 가
운데 함통(咸通) 7년(866)이란 명문이 있는 유물과 비교하여 도관칠개국육판은합
(都管七個國六瓣銀盒)의 연대를 함통(咸通) 7년(866)쯤이라고 추정하였다.

1984년 발굴 간보(簡報)가 발표된 같은 해 운상(云翔)이 논란이 되었던 장회태
자 벽화에 나오는 깃털모를 쓴 인물을 논의하는 과정에서 도관칠개국육판은합
(都管七個國六瓣銀盒)에 나타난 인물은 고리사람(高麗人)이 틀림없다고 주장하였
다. 이것이 은합에 나온 고리국(高麗國)에 대한 첫 주장이다.[382]

> 그 인물과 복식은 『구당서』에 나오는 고리인(高麗人)의 복식에 대한 기재와 서로 들어
> 맞을 뿐 아니라 '고리국(高麗國)'이라고 명확하게 이름을 붙였다. 당나라 때 고리인(高麗
> 人)이 머리에 새깃털관(鳥羽冠)을 쓴 것이 확실하다고 볼 수 있다.[383]

1997년 산시(陝西)사범대학 서북민족연구중심 주임이 이 문제를 다룬다. 시

---

381) 張達宏·王長啓, 「西安市文管會收藏的幾件珍貴文物」, 『考古與文物』 1984-4, 22~23쪽. 都管七國
六瓣銀盒的造型, 如江蘇丹徒丁卯橋出土的 "鎏金鳳紋大銀盒", 藍田出土的 "鳳銜綬帶紋五瓣銀
盒"大體雷同. 後者鑒有 "咸通七年"字樣. 別外鸚鵡紋海棠形圈足銀盒上的首尾相向飛行的鸚鵡,
亦具有典型的晚唐風格, 因此, 這三件銀盒爲晚唐時期作品.
382) 云翔, 「唐章怀太子墓壁画客使图中 "日本使节"质疑」, 『考古』, 1984-12, 1144쪽.
383) 云翔, 「唐章怀太子墓壁画客使图中 "日本使节"质疑」, 『考古』, 1984-12, 1144쪽.

베이대학(西北大學)에서 역사고고학과 민족사를 전공한 저우웨이저우(周伟洲, 1940~)는 1986년 산시사범대 교수가 된 뒤 중국 역사학계에서 왕성하게 활동한 무게 있는 학자다. 그는 이 은합을 남조(南詔) 왕실이 가장 전성기였던 대중(大中, 847~860) 연간에 만들어 당나라에 바친 것으로 보았으나, '고리국(高麗國)'에 대해 서는 "당나라 초기 조선반도 세 나라 가운데 하나인 고리국(唐初朝鮮半島上三國之 一的高麗國)."[384]이라고 해서 고리설을 그대로 따랐다. 이 저우웨이저우(周伟洲)의 조 선반도 고리국(高麗國)설은 그 뒤 중화인민공화국에서 가장 많이 인용되고 있다.

2003년 웨이촨(韋川)은 은합의 제작연대를 발굴보고서와 마찬가지로 만당(晩 唐)이라고 하면서 선종(宣宗) 대중(大中, 847~860)에서 함통(咸通, 847~873)이라고 좀 더 구체화하였다. 그러나 고리국(高麗國)설을 그대로 이었다.

'고리국(高麗國)'은 바로 지금 조선반도 북부에 세워진 고리(高麗, 高句麗)다. 인물의 옷도 역사서에 실린 고리사람(高麗人)은 "두 개의 새 깃을 꽂는다."는 습속과 같고, 5명의 자 태와 옷도 "자못 기자(箕子)를 닮은 기풍이 있다."[385]

2010년 량샤오쟝(梁曉强)도 '고리국(高麗國)은 당나라 때 동쪽에 있는 나라'로 소개하고 『구당서』「고리전(高麗傳)」을 인용하여 자세하게 설명하였다.[386]

2015년 시안박물원(西安博物院)에서 낸 『시안박물원(西安博物院)』 안에 「도관 칠국인물은합(都管七国人物银盒)」을 설명하면서 7개국에 대한 설명은 앞에서 본 저우웨이저우(周伟洲)의 논리를 그대로 인용하고 있다.

저우웨이저우(周伟洲) 선생은 '곤륜국(崑崙國)'은 현재의 미얀마 중남부, '바라문국(婆羅 門國)'은 현재 인두(印度) 중동부, '토번국(吐蕃國)'은 청장고원(青藏高原) 일대, '소륵국(疏

384) 周偉洲, 「唐都管七國六瓣銀盒考」, 『唐研究』 第三卷, 北京大學出版社, 1997, 411~425.

385) 韋川, 「唐代金銀器之珍品--"都管七個國"六瓣銀盒」, 『收藏界』, 2003-7, 16쪽. "高麗國"即在今 朝鮮半島北部建立的高麗(高句麗). 人物服飾也同于史所載高麗人"揷二鳥羽"之習俗, 五人姿態與 服飾, 也"頗有箕子之遺風".

386) 梁曉强, 「都管七个国六瓣银盒辩证」, 『曲靖师范学院学报』 (29-5), 2010, 83쪽.

勒國)'은 현재 중국 신장(新疆) 카슈가르 지구, '고리국(高麗國)'은 현재 조선반도 위, '백

자갈국(白柘羯國)'과 '오만인(烏蠻人)'은 시촨성(泗川省) 남쪽과 윈난성(雲南城) 동북지구

라고 보았다.[387]

현재 온라인에서는 시안박물원(西安博物院)의 관점을 그대로 따르고 있다.[388]

최근 2017년에 란완리(冉萬里, 1967~)가 한국과 중국의 사리 매장에 대한 비교

연구를 하면서 이 문제를 다루었다. 그는 시베이대학(西北大學) 고고학과를 나

와 일본 도시사대학(同志社大学)에서 박사학위를 받고 현재 시베이대학 고고학

과 교수로 활동하고 있는 젊은 학자다. 그는 다나까 가즈미(田中一美)의 연구성과

를 그대로 받아들여 그 유물이 사리용기이고, 그 출토지점이 당 대력 4년(767)에

세운 보응사(寶應寺) 범위 안에 있다는 것을 인정하고 고리국(高麗國)에 대해서는

이렇게 보고 있다.

"고리국(高麗國)"이란 글자 옆머리에 깃털관(羽翼冠)을 쓴 사람이 새겨져 있는데, 여기

서 볼 수 있는 것은 이처럼 사리용기에 새겨진 깃털관을 쓴 사람은 고리인(高麗人)일 수

있다. 필자는 그러나 새긴 글 가운데 '고리국(高麗國)'이란 글이 있지만 넓게 보아 한반

도를 가리킨 것으로 본다. 왜냐 하면 신라인도 머리에 깃털관을 쓰는 습관이 있었기 때

문이다.[389]

그림에 새겨진 나라는 고리국(高麗國)으로 보지만 신라에서도 깃털관을 썼기

---

387) 西安博物院,「都管七国人物银盒」,『西安博物院』, 2015. 周伟洲先生认为"昆仑国"在现在的缅甸
中南部, "婆罗门国"在现在的印度中东部, "吐蕃国"在青藏高原一代, "疏勒国"在现在中国新疆喀
什噶尔地区 , "高丽国"现在的朝鲜半岛上 , "白柘羯国"与"乌蛮人"四川西南云南东北地区.

388) 「都管七国人物银盒」- 【西安博物院】: http://www.xabwy.com/Statics/2015.05/2039.html
「西安博物院馆藏精品 - 都管七国人物银盒」:
http://baijiahao.baidu.com/s?id=1582888333796559217&wfr=spider&for=pc

389) 冉萬里,「古代中韩舍利瘞埋的比较研究――以南北朝至隋唐时期为中心」,『丝绸之路研究集刊』
(1), 2017. 5. 鏨刻"高麗國"字樣的旁邊, 鏨刻有一個頭戴羽翼冠的人物, 由此可見, 這種鏨刻在舍
利容器上的頭戴鳥翼冠的人物可能是高麗人. 筆者認爲, 雖然銘文中鏨刻有"高麗國"字樣, 但似乎
是泛指韓半島, 因爲新羅人也有頭戴鳥翼冠的習俗.

때문에 폭넓게 "한반도"를 가리킨다고 해서 앞에서 본 조선반도 설과 비슷하지만 다나까 가즈미(田中一美)의 신라인설 영향을 받아서 좀 모호한 결론을 내린 것으로 보인다.

2) 왕씨고리국(王氏高麗國)설

위에서 본 바와 같이 중국 학계는 은합에 새겨진 고리국(高麗國)을 자연스럽게 받아들였다. 나라이름이 고리국(高麗國)이라고 명백하게 새겨져 있기 때문이다. 다만 1999년 치동팡(齊東方)이 아주 특이한 주장을 한다. 그는 지린대학(吉林大學) 역사학과를 나와 베이징대학 고고학과에서 석·박사학위를 받고 베이징대학 고고학과 교수로 시작하여 지금은 베이징대학 고고문박원(考古文博院) 교수로 있다.

치동팡(齊東方)은 668년에 망한 '고리국(高麗國)'이 아니고 '왕씨 고리국(王氏高麗國, 918~1392)'일 가능성이 크다고 했다. 치동팡(齊東方)이 주장하는 왕씨 고리국(王氏高麗國) 설은 지금까지 나온 모든 연구 가운데 시대가 가장 늦다.[390]

당나라가 망하고 송나라가 들어선 10세기에 중국 북쪽에서는 이민족인 거란의 요(遼, 916~1125)가 들어서고, 서쪽에서는 서하(西夏, 1038~1227)가 들어섰다. 이 시기는 은합에 새겨진 7개 나라와 통교가 제대로 없었을 뿐더러 그 무렵 송나라는 유교를 통치기반으로 삼았기 때문에 당나라 같은 불교적 천하관을 그릴 수가 없었던 시대였다. 이처럼 역사적으로도 고고학적으로도 뒷받침되지 않은 설은 깊이 있는 연구 결과라기보다 앞(前) 고리(高麗)가 마땅치 않으면 뒤(後) 고리(高麗)일 것이라는 단순한 논리에서 나온 것으로 보인다.

최근에 타당성이 부족해서 그동안 전혀 빛을 보지 못하던 설이 다시 인용되어 관심을 끈다. 2017년 왕웨이쿤(王维坤)은 장회태자 무덤의 인물을 논의하는 과정에서 이 은합을 논의하면서 왕씨 고리국(王氏高麗國)설을 들고 나왔다.

노태돈 선생의 이러한 관점은 논리가 설 수 없지만 그대로 남겨두고 본다. 다만 아주 분

---

390)　齊東方, 『唐代金銀器硏究』, 中國社會科學出版社, 1999, 84~86.

명한 관점이 있다. 시안(西安) 교통대학교 뜰에서 출토된 "도관7국 6판은합(都管七国六瓣银盒)"에 나온 "고리국(高麗國)" 인물 모습은 치똥팡(齊東方) 선생이 한 은합의 제작연대 고증을 보면 668년에 망한 "고리국(高麗國)"을 가리키는 것이 아니고 "왕씨고리국(王氏高麗國)"일 가능성이 있다고 했다.[391]

왕웨이쿤(王维坤)은 몇 차례 쓴 논문에서 장회태자 무덤 벽화에 나온 깃털모를 쓴 인물이 신라인이라는 설을 꾸준히 주장하였다. 그러나 '고리국(高麗國)'이라는 글자가 뚜렷이 새겨진 은합에 대해서는 신라설을 적용하기 어려웠다. 왕웨이쿤은 2017년 이 논문을 쓰기 이전 이미 한국 대학에 객좌교수로 와 있었기 때문에 한국에서는 노태돈 선생의 논리를 비롯하여 고리(高麗)설이 대세였음을 잘 알고 있었다. 그는 이러한 한국 학자들의 논리에 대한 검토나 대안도 없이 치똥팡(齊東方)의 엉뚱한 논리를 내세웠다. 의도적으로 고리(高麗)설을 피하는 듯한 느낌을 준다.

끝으로 중국에서 나온 왕씨고리국(王氏高麗國)설보다 더 엉뚱한 논리를 하나 더 보기로 한다.

2010년 광동성(廣東省) 지난대학(暨南大学) 왕팅(王頲)은 은합의 제작연대를 태화 3년으로 보고, 특별히 육판은합에 나온 나라이름에 대해 자세히 고찰하였다. "도관(都管)"을 태화(太和) 3년(829)에서 함통 원년(860) 사이에 포로로 잡혀 남쪽으로 간 장인들이 만들어 남조(南詔) 사신이 당나라에 바친 것이라고 했다.[392] 아울러 7개 나라도 남조(南詔)의 몽씨(蒙氏)가 다스리는 주변 국가들을 들어 고리국(高麗國)은 가라사불(迦羅舍弗)이라는 엉뚱한 결론을 맺고 있다. 『신당서』에 가라사불(迦羅舍弗)은 남해의 타화라(墮和羅) 북쪽에 있는데, 광주(廣州)에서 5개월이

---

391) 王维坤,「关于唐章怀太子墓壁画"东客使图"中的"新罗使臣"研究始末」,『梧州学院学报』2017, 61쪽. 卢泰敦先生的这一观点是否可以立论, 我们暂且不论. 但是, 有一点是比较清楚的. 西安交通大学校园出土 "都管七国六瓣银盒"上出现的 "高丽国"人物形象, 从齐东方先生对银盒制作年代的考证来看, 并不是指公元 668 年业已亡国的 "高丽国", 而很有可能是指 "王氏高丽国".

392) 王頲,「都管七国 - 关于"六瓣银盒"所镌国名的考释」,『歐亞學研究』, 中國社會科學院歷史研究所 中外關係史研究室學術網站, 2010-08-11.

나 걸리는 곳이라고 했다.[393] 지금까지 연구해 온 다른 학자들과 아주 딴판인 결론을 가져왔는데, 너무 엉뚱한 주장이었다.

2. 한국 학계의 고리국(高麗國)에 대한 논란

1) 발해인설

1991년 『한국고대사금석문』(III)에 「발해 관련 금석문」이 부록으로 덧붙여지는데, 이때 「도관칠국육판은합명문(都管七國六瓣銀盒銘文)」이 발해 자료에 들어간다. 그 자료를 해설한 송기호는 다음과 같은 설명을 한다.

> 이 은합은 문양으로 보건대 晩唐시기의 작품으로 여겨지므로, 이 고려는 발해를 지칭하는 것이 아닌가 생각된다. 그렇다면 이 자료는 당나라에서 발해를 고려라 불렀던 또하나의 예가 될 수 있다.[394]

1991년은 니시따니(西谷正)가 처음 발해설을 주장한 해로, 송기호는 아직 국내에서는 연구가 진행되지 않은 상태에서 니시따니의 논문을 보고 이 유물을 발해 유물에 넣은 듯하다. 참고문헌에 발굴보고서와 니시따니의 논문을 올린 것을 보면 알 수 있다. 그 뒤 동북아역사재단에서 『발해사 자료집』을 낼 때도 이 유물이 발해 관련 유물로 들어 있지만 유물 자체에 대한 설명만 있고, 위에서 본 내용은 빠졌다. 이미 김리나와 노태돈의 고구리인 설이 나왔기 때문이라고 본다. 이 유물에 대한 설을 주석에 달았는데 '고리국(高麗國)'에 대한 설명이 완전히 빠져 왜 이 유물이 『발해사 자료집』에 들어왔는지 알 수 없다.[395]

---

393) 『新唐書』 권222(하) 列傳 第147(下) 「南蠻」(下). 墮和羅, 亦曰獨和羅, 南距盤盤, 北迦羅舍弗, 西屬海, 東真臘. 自廣州行五月乃至. 國多美犀, 世謂墮和羅犀.

394) 宋基豪,「都管七國六瓣銀盒銘文」,『한국고대사금석문』(III) 附 :渤海聯關金石文, 한국고대사회연구소, 1991. <국사편찬위원회 한국사데이타베이스 검색>

395) 「都管七國六瓣銀盒 銘文」, 동북아역사 자료총서 (1)『발해사 자료집』(하), 2007, 885쪽. 은합 위의 인물과 명문은 모두 당대 외국과의 우호적인 교류를 반영하고 있으며, 합 위의 "곤륜왕국" 등

2) 고리 사람설(高麗人說)

1994년 한국에서 처음 이 문제를 본격적으로 다룬 사람은 김리나다. 논문의 주제는 깃털관(鳥羽冠)에 관한 것으로 둔황 벽화와 도관칠개국육판은합을 집중적으로 다루었다. 김리나는 '은합의 제작 시기가 8세기 초를 넘지 않을 것'이라는 나카노 교수의 제작 시기를 받아들였으나, "머리에 토끼 귀같이 생긴 길쭉한 깃장식 2개가 꽂혀 있는 것으로 보아 고대 고구리인의 복식인 조우관식(鳥羽冠飾)이 틀림없다."고 보았다.

'도관칠개국'에 고구려가 포함되어 있는 것은 고구려가 수·당을 물리치던 강성했던 시기에 보냈던 외교사절을 표현한 것은 아닐 것으로 생각된다. 오히려 고구려가 망한 후 그 유민이 장안, 요동 또는 여러 지역에 흩어져 갔으며 당 황실에서는 고구려 왕족을 임명하여 요동지방을 당의 지배 밑에 두고 다스렸던 시기라고 추정된다. 즉 당황실을 중심으로 주변 번국들의 특징 있는 복장으로 당 황실에 예를 갖추어 조공하였던 시기의 고구려인이 표현된 것으로 해석된다. 또 실제로 고구려는 요동지역에 그 유민들이 당 황실에서 임명한 보장왕의 후손을 왕으로 삼아 9세기 초까지 존재했던 사실을 당서에서 알 수 있다.[396]

곧 고리(高麗)가 망했다지만 발해가 생길 때까지 당 번국(蕃國)으로 존재했다는 것이다. 그래서 한 장을 만들어 '소고구리국(小高句麗國)'의 존재에 대해 설명하고 있다. 이는 독창성이 있고 아주 흥미로운 김리나의 논점이라고 볼 수 있다.

2003년 노태돈은 "이 은합의 제작 시기에 대해서는 당 후기로 보는 견해와 8세기 초 이전으로 보는 견해가 있다. 아무튼, 어느 쪽이든 간에 고구려 멸망 후이다."라고 받아들이고, "그런데도 여전히 고구려는 당적(唐的) 천하를 상정할 때 그 한 모퉁이를 차지하는 나라로 계속 거명됨을 볼 수 있다."며 인물상의 국적을

칠국은 당시의 서역문화와 당조의 교류를 연구하는 데 있어서 중요한 실물자료이다.

396) 金理那, 「唐美術에 보이는 鳥羽冠飾의 高句麗人 -敦煌벽화와 西安 출토 銀盒을 중심으로」, 『李基白先生古稀紀念韓國史學論叢 (上)』, 一潮閣, 1994, 518쪽.

고리(高麗)로 보았다.[397] 논문의 주제가 이현 무덤의 예빈도였기 때문에 깊이 다루지는 않았다.

2008년 최광식은 「고구려와 서역의 문화교류」란 제목으로 주로 아프라시압 벽화를 다루면서 간단히 언급하였는데, 앞의 김리나와 노태돈 논문을 주로 달고 "조우관을 쓴 인물은 고구려의 사절을 묘사한 것으로 보아야 할 것이다."[398]고 하였다.

2012년 조윤재도 「고대 한국의 조우관과 실크로드」라는 제목으로 조우관에 관한 관련 연구사들을 검토하는 논문인데, 육판은합에 대해서는 6개의 논문을 주에 달고 "논의에서 몇몇 이견이 존재했으나 최종적으로 고구려 인물들을 표현한 것으로 일단락되었다."[399]고 단언하였다.

2013년 정호섭은 「조우관을 쓴 인물도의 유형과 성격」이란 논문에서 "이들 인물들의 국적 문제는 고고자료의 편년과 맞물려 논란의 여지가 있을 수 있으나, 일단 高麗國이라는 명문으로 보아 여기에 그려진 인물들은 고구려인으로 상징적으로 표현한 것이거나 혹은 한국인의 대표격으로 고려국(고구려)을 상정하고서 묘사한 것으로 볼 수 있을 것 같다."[400]라고 하였다.

2015년 서길수는 「외국 高句麗 인물화에 나타난 닭깃털관(鷄羽冠)과 高句麗의 위상」[401]이란 논문에서 "이와 같은 사실은 비록 고리(高麗) 왕실이 당에 항복하였지만, 당나라 사람들이 설정한 당나라 중심의 불교권에서 주요한 한 부분을 차지하는 존재였다는 사실이 뚜렷이 드러난다."라고 고리(高麗) 사신설을 보충하였다.

이상에서 본 바와 같이 한국 학계에서는 초기에 김리나가 소고구리설(小高句

---

397) 노태돈, 『예빈도에 보인 고구려』, 서울대학교 출판부, 2003, 40쪽.
398) 최광식, 「고구려와 서역의 문화교류」, 『중앙아시아속의 고구려인 발자취』, 2008, 128~129쪽.
399) 조윤재, 「古代 韓國의 鳥羽冠과 실크로드 -鳥羽冠 관련 연구사 검토를 중심으로-」, 『실크로드와 한국불교문화』, 2012, 111쪽.
400) 정호섭, 「鳥羽冠을 쓴 人物圖의 類型과 性格 -외국 자료에 나타난 古代 한국인의 모습을 중심으로-」, 『영남학』(24), 2013, 102쪽.
401) 서길수, 「외국 高句麗 인물화에 나타난 닭깃털관(鷄羽冠)과 高句麗의 위상」, 『고구려발해연구』(51), 2015, 174쪽.

麗說)을 주장한 것을 빼놓고는 깃털관(鳥羽冠)을 다루면서 간단히 인용하는 수준이었지 깊이 있는 연구가 없었다. 2015년 글쓴이의 연구도 마찬가지로 깃털관(鳥羽冠)의 깃털이 닭깃털(鷄羽)이라는 데 중점을 두었기 때문에 한 가지 유물에 대한 집중적인 연구를 하지 못했다. 이번에야 비로소 이 문제를 구체적으로 검토하고 연구를 진전시키게 되었다.

3. 일본 학계의 고리국(高麗國)에 대한 논란

1) 1990년대 전반기의 발해설·고구려설·신라설

1988년부터 1990년까지 일본 도쿄예술대학의 연구비를 받아 「한일 사리용기 조사 및 그 영향에 관한 공동연구(日韓舍利器の調査およびその影響に関する共同研究, 1988~1990)」가 진행되었다. 일본에서 토쿄예술대학 교수인 나까노 마사끼(中野政樹)를 비롯하여 6명이, 한국에서는 당시 국립중앙박물관 미술부장이었던 강우방과 국립경주박물관장 이난영이 참여하였다. 이 결과 『과학연구비 보조금 해외 학술연구 성과보고서[科学研究費補助金(海外学術研究)研究成果報告書]』 가 나온다. 이때 연구대표자인 나까노 마사끼(中野政樹)는 은합의 형태나 주조기법, 그리고 조각 솜씨에서 제작연대를 7세기 후반에서 8세기 초로 추정하며 대체로 현종(玄宗, 712~755) 이후의 금속기에서 보이는 단순해지는 경향과 다르다고 했다. 나까노 마사끼(中野政樹)의 연대 추정은 발굴보고서와 비교해 1세기쯤

---

402) 자료를 구하기 위해 강우방 선생에게 연락했더니, 본인은 깊이 관여한 적이 없고 보고서도 받은 적이 없다고 했다. 아마 한국에서는 이난영 관장이 주도한 것 같다고 했다. 일본 용곡대 서광휘 선생에게 부탁하여 자료를 입수하였다. 일본 측 자료는 서광휘 선생의 도움이 컸다. 감사드린다.

403) 研究代表者 中野政樹, 「日韓舍利器の調査およびその影響に関する共同研究」, 『科学研究費補助金(海外学術研究)研究成果報告書』, 昭和63・平成元年・平成二年度) [東京芸術大学美術学部], 1991.3. 일부가 「仏教芸術」 (188號, 1991)에도 실렸다.

404) 김리나, 「당 미술에 보이는 조우관식의 고구려인-둔황벽화와 서안 출토 은합을 중심으로」, 『이기백선생고희기념 한국사학논총』(상), 1994, 517쪽 재인용. 인용한 자료를 밝히지 않아 검색해 본 결과 1991년 논문에 이런 제목이 나왔다. 研究代表者 中野政樹, 「日韓舍利器の調査およびその影響に関する共同研究」, 『科学研究費補助金(海外学術研究)研究成果報告書』, 昭和63・平成元年・平成二年度) [東京芸術大学美術学部], 1991.3(?).

앞당겨졌지만, 유물이 고리(高麗)가 항복한 뒤 만들어진 것은 사실로 알려지면서 일본에서 그 은합에 나온 고리(高麗)에 대해 여러 주장이 나왔다.

(1) 1991년 발해인설(西谷正)

일본에서는 1991년 니시따니 다다시(西谷正, 1938~)가 이 문제를 처음으로 다루면서 이 은합이 만들어진 시기가 고리(高麗)가 망한 뒤라는 점을 들어 고리(高麗)는 발해를 말하는 것이라는 설을 주장하였다. 니시따니는 교토대학 대학원을 마치고 나라(奈良) 국립문화재연구소 연구원으로 근무하다가 큐슈대학(九州大學) 문학부에서 교수로 재직하였는데, 이 논문은 그때 쓴 것이다. 주로 한반도를 중심으로 동아시아 고대사를 비교고고학적 측면에서 연구하였고, 일본고고학협회 회장을 역임하였다. 니시따니가 발해인설을 주장한 요인은 다음과 같다.

> 발해는 고구리(高句麗) 사람 및 말갈 사람으로 이루어졌으므로 위에서 본 것 같은 고구리(高句麗)의 습속은 발해에 계승되었을 확률이 높다. 또 중국에서는 공식적으로는 발해라고 불렀지만 보통 사람들은 평소 습관대로 고(구)리[高(句)麗]라고 불렀고, 스스로 분명하게 「고리왕(高麗王)」이라고 불렀던 사실도 있었던 것 같다(島山, 1968). 더불어서 일본에서도 발해를 고리(高麗)라 부르고, 또 발해에서 온 사절을 고리 손님(高麗客)이라고 불렀던 일도 있다. ……이렇게 볼 때 앞에서 소개한 은합이 당대 후기의 것이라고 해서 그곳에 쓰인 「고리국(高麗國)」은 발해를 가리키는 게 아닐까 생각한다.[405]

앞 내용은 다음 3가지로 간추려 볼 수 있다.

① 발해는 고구리(高句麗) 사람과 말갈인으로 이루어졌다고 했기 때문에 새깃

---

405) 西谷正, 「唐·章懷太子李賢墓の禮賓圖をめぐって」, 『兒嶋隆人先生喜壽記念論集古文化論叢』, 同記念事業會, 1991, 779~780쪽. 니시따니 다다시가 탈고한 것은 1989년 9월이다. 渤海は, 高句麗人ならびに靺鞨人からなっていたといわれるので, 上で見たような高句麗の習俗が, 渤海に繼承されていた公算はきわめて高い. また, 中國では, 公式に國家としては渤海と呼んでいたであろうが, 普通の人はつねに高(句)麗と呼んでいたようだし, さらに, 明らかに自ら「高麗王」と稱したこともあったらしい(島山, 一九六八). ちなみに, 日本でも渤海のことを高麗と呼び, また, 渤海から來た使節を高麗客と呼ぶこともあった. ……このように見てくると, さきに紹介した銀盒は唐代後期のものといわれるので, そこに記された「高麗國」は渤海を指すのではないかと思われる.

털관을 쓰는 고구리(高句麗)의 습속이 발해에 이어졌을 확률이 높다.

② 중국에서는 공식 국가로 발해라고 불렀지만 보통 사람은 고리(高麗) 사람이라고 불렀고, 고리 사람들이 스스로 '고리왕(高麗王)'이라고 불렀다.

③ 일본에서도 발해를 고리(高麗)라고 부르고 발해 사신을 고리객(高麗客)이라고 불렀다.

이러한 발해설은 10년 뒤 중국 학자 마이홍(馬一虹)이 전면 부정한다. 마이홍은 중국인이지만 일본에서 국학원대학(國學院大學) 박사학위를 받았고, 논의도 일본에서 이루어졌으며, 논문도 일본어로 썼기 때문에 여기서 다루기로 한다. 마이홍은 박사학위 논문 가운데 3장을 「도관칠국육판은합에 나온 '고리국(高麗國)'(「都管七国六瓣銀盒」のなかの「高麗国」)이란 제목으로 꽤 비중 있게 다룬다. 그[406]는 앞에서 본 니시따니의 3가지 관점을 철저하게 비판적으로 다루어 다음과 같은 결론을 내린다.

① 발해 옷은 고구리(高句麗)의 습속을 이어받지 않고 3대 왕 대흠무 때 당의 의복제도를 도입하여 당나라풍의 옷을 입었다. 정효공주 무덤이 이를 증[407]명한다.

② 당(唐)은 발해를 고리(高麗)라고 부르지 않았고, 대조영 정권을 고구리(高句麗)를 이어받은 존재로 인정하지 않았다.[408]

③ 일본 사료에 나오는 '고리국(高麗國)' '고리국왕(高麗國王)' 같은 표기는 발해 국왕이나 발해 사절이 스스로 부른 게 아니고 일본 측이 정치적 목적에 따라 억지로 부른 호칭이었다.[409]

마이홍은 꽤 깊이 있게 이 문제를 다루고 중국 학자로서 소임을 다하는 결론

406) 馬一虹,「渤海と古代東アジア」, 國學院大學 博士學位論文(歷史学), 2000-03-18. 42~59.
407) 馬一虹,「渤海と古代東アジア」, 國學院大學 博士學位論文(歷史学), 2000-03-18. 44쪽.
408) 馬一虹,「渤海と古代東アジア」, 國學院大學 博士學位論文(歷史学), 2000-03-18. 47쪽.
409) 馬一虹,「渤海と古代東アジア」, 國學院大學 博士學位論文(歷史学), 2000-03-18. 52쪽.

을 내렸다. 그런데 니시따니의 설을 비판하는 데는 철저했지만, 정작 그 은합의 제작연대는 언제이고, 만일 8세기나 9세기 설을 인정한다면 은합에 나오는 고리국(高麗國)은 어떤 성격을 가진 어떤 나라인지는 전혀 언급하지 않아 연구목적에 의아심을 갖게 했다. 마이훙은 박사학위를 받고 중국사회과학원 세계역사연구소에 근무하다가 젊은 나이에 세상을 떴다.『발해·말갈과 주변국가·부족관계사 연구』라는 유저(遺著)[410]가 남아 있다.

(2) 1992년 고리국(高麗國) = 조선의 별칭설

이 은합은 1992년 일본에서 열린「실크로드의 수도 장안의 숨은 보물(秘寶)」[411] 이라는 전시회에 출품되어 일본에 널리 알려지게 되었다. 도록에서는 간단한 소개문만 나왔는데 깃털관(羽冠)을 쓴 인물의 국적을 고리국(高麗國)이라 하고 고리국은 '조선의 다른 이름'이라고 설명하였다.

(3) 1993년 신라인설(田中一美)

1993년 다나까 가즈미(田中一美)는 이 유물의 용도가 사리함이라는 논문을 발표한다. 이 사리함의 출토지가 767년에 세워진 보응사(寶應寺)에서 가까운 곳이기 때문에 이 절에 공양한 물건이라고 보았으며, 제작연대는 767년 이후라고 보았다. 그리고 은그릇의 특징에서 보면 제작연대는 9세기 중엽에서 후반이라고 했다.[412] 그는 이와 같은 연대측정을 바탕으로 은합에 나오는 고리(高麗)는 신라인이라고 주장하였다.

조선반도는 고구리(高句麗)가 668년 당 고종에게 멸망한 뒤 신라가 통일했다. 표제의 「고리(高麗)」는 918년에 건국한 나라이름이기도 하지만 기원전 37년부터 668년까지 700년 간 존속한 고구리(高句麗)도 고리(高麗)라고 통칭(通稱)하여『북사(北史)』·『당서(唐書)』는 모두 고구리(高句麗)를 고리(高麗)라고 쓰고 있다. 그러므로 고구리(高句麗) 이후

---

410) 马一虹,『靺鞨, 渤海与周边国家, 部族关系史研究』, 中国社会科学出版社, 2011.
411) 田辺昭三,『シルクロードの都長安の秘宝: 日中国交正常化20周年記念』, セゾン美術館, 1992. 93쪽.
412) 田中一美,「都管七箇國盒の圖像とその用途」,『佛敎藝術』(210), 1993. 27쪽.

건국된 신라도 고리(高麗)라고 통칭(通稱)하는 경우가 많았다.⁴¹³⁾

그는 고구리(高句麗)를 『북사(北史)』나 『당서(唐書)』 같은 정사에서 모두 고리 (高麗)라고 쓴 사실에 착안하여 이렇게 해석하였다.

① 700년 동안 이어온 고구리(高句麗)를 고리(高麗)라 두루 일컬었다.
② 조선반도는 668년 이후 신라가 통일했다. 신라도 고리(高麗)라고 통칭하 는 경우가 많았다.
③ 신라가 망하고 선 나라 이름도 고리(高麗)다.

①에서 고구리(高句麗)를 고리(高麗)라고 통칭(通稱)한다고 하였다. 통칭이란 공통으로 쓰거나 일반적으로 쓰였다는 것인데 『북사(北史)』·『당서(唐書)』를 비롯한 많은 사서에 고리(高麗)라고 나온 것에 대한 그의 해석이다. 장수왕 즉위 뒤 고리(高麗)로 나라이름이 바뀐 사실을 정확히 집어내지는 못했지만, 이 문제로 고심한 흔적을 엿볼 수 있다.

문제는 ②번에 있다. 신라가 통일하고 나라이름을 '고리(高麗)'라고 통칭한 경우가 없기 때문이다. 그는 은합에 나온 고리(高麗)는 조선반도의 나라이름이 확실한데 시대가 이미 고리(高麗)가 멸망하고 신라가 들어선 뒤이기 때문에 그 신라도 고리(高麗)라고 불렸다는 논리를 만들어낸 것이다. 이처럼 역사적 사실과 맞지 않은 무리한 논리 때문에 전체 문장의 내용을 파악하는 데 혼란을 주었지만 다나까가 '고리(高麗)= 신라'를 주장하고자 했던 것은 분명한 것으로 보인다.

(4) 1994년, 이성시의 고리인설

같은 해 이성시(李成市)는 「호류지(法隆寺) 금당 아미타불여래 대좌에서 발견

---

413) 田中一美,「都管七箇國盒の圖像とその用途」,『佛教藝術』(210), 1993. 20쪽. 朝鮮半島は高句麗 が六六八年唐の高宗により滅ぼされた後は, 新羅の統一するところであった. 表題の「高麗」は 九一八年に建國した國家の名稱でもあるが, 紀元前三七年から六六八年まで七百年間存續した 高句麗のことも高麗と通稱され,『北史』『唐書』はともに高句麗を高麗と表記する. そのため高 句麗の後に建國された新羅も高麗と通稱されることが多い.

된 인물 화상의 출신에 대하여」에서 대좌에 나타난 깃털관 인물을 논하면서 육
판은합을 보기로 들었다.

> 이 「도관칠개(都管七箇)」가 불교문화권 여러 나라를 도안한 것이라면 고구리(高句麗)가
> 멸망한 지 오래된 만당(晚唐)으로, 굳이 고구리(高句麗)를 그 한 나라로 뽑고 있다는 점
> 에 각별한 주의가 필요하다. 일단 특정한 나라가 어느 집합체를 구성하는 한 나라로 선
> 택되어 그 이미지가 정착되어 도안화된 경우, 그것을 그릴 때 그들이 실제 존재하는지,
> 존재하지 않은지에 대해서는 반드시 구애받지 않는다는 범례(範例)가 된다는 것을 생각
> 해야 한다.[414]

   이성시는 여러 나라를 도안한 이미지가 정착되어 그 시대가 지나도 사용되었
을 가능성을 바탕으로 고리(高麗)설을 뒷받침했다. 그러나 은합에 대한 본격적인
논문이 아니기 때문에 더 진전은 없었다.

2) 2000년 재론된 발해설(赤羽目匡由)

   중국에서 왕씨 고리(高麗)라는 소수의견이 있었지만 대부분 고리(高麗) 사람으
로 인정하였고 한국에서도 고리(高麗) 사신이라는 설이 자리를 굳혔다고 볼 수
있다. 그림에 고리국(高麗國)이라는 나라이름이 뚜렷이 새겨져 있었기 때문이다.
그에 반해 일본에서는 위에서 본 바와 같이 발해설, 신라설, 고리(高麗)설 같은 갖
가지 설이 나왔고 2000년대 들어와서도 아까바메 마사요시(赤羽目匡由, 1974~)가
꾸준히 발해설을 주장하고 있다.
   아까바메 마사요시(赤羽目匡由 1974~)[415]는 일본과 신라·발해사를 전공하면서 도
관칠국 육판은합에 나오는 깃털관을 쓴 인물이 발해 사신이며, 이 유물이 발해와
당의 관계를 밝혀주는 유물이라고 보고 꽤 깊이 있게 연구한다. 그는 도쿄도립대

---

414) 李成市, 「法隆寺金堂阿彌陀如來坐像臺座から發見された人物畵像の出自をめぐって」, 『アジア
   における國際交流と地域文化』平成4・5年度文部省科學研究費報告書, 1994, 2쪽.

415) 현재 東京都立大學 人文社会学部 人文学科 歴史学·考古学教室 準教授(人文科学研究科 文化基礎
   論専攻 歴史学·考古学分野).

학(東京都立大学) 인문과학연구과 대학원에 들어간 뒤 1999년 이미 이 문제에 관심을 가졌다. 조선사연구회 6월 월례회 발표에서 "「고려국」은 고구리(高句麗)라는 설이 유력하지만 옛 고구리(高句麗) 관할지역을 나타냈을 가능성도 남겨놓고 싶다."고 해 발해설을 예고했다.[416] 그 뒤 박사과정에 있던 2004년 「도관 7국 육판은합 명문에 대한 고찰 – 당 후기 발해 인식에 대하여」라는 논문을 발표한다.[417] 그리고 2009년 박사학위 논문 「8~9세기 발해의 중앙집권과 지방사회 : 종족지배와 자국인식」[418] 3편에서 그 논문을 바탕으로 발해의 고구리(高句麗) 계승의식에 대한 문제까지 발전시킨다.[419] 다음 해인 2010년에는 한국의 고구려발해학회에서 육판은합 부분만 발표하고 『고구려발해연구(高句麗渤海研究)』 38집에 논문이 실린다.[420] 그리고 다음 해인 2011년 박사학위 논문이 『발해왕국의 정치와 사회』라는 책으로 출판되었다.[421] 아까바메가 얼마나 이 문제에 꾸준히 연구했는지 알 수 있다. 내용은 비슷하므로 2010년 고구려발해학회에서 발표하고 논문집에 실은 내용을 바탕으로 그의 논지를 보기로 한다.

2010년 아까바메 마사요시(赤羽目 匡由)는 "이들 일곱 나라 중 '고려국(高麗國)'과 미상인 한 나라를 제외하면 나머지 나라는 은합 제작 기간인 9세기 중엽부터 후반에 실재한 나라라고 생각되었기 때문에 '고려국'을 발해에 비정하는 설을 지지하겠다."고 하였다.[422] 지금까지 본 다른 학자들과 마찬가지로 5개 나라가 고리(高麗)가 멸망한 뒤 9세기 중엽 이후 존재하였다는 것을 증명하고 다음과 같이 결

---

416) 赤羽目匡由, 「唐の四夷觀における渤海の位置付けについて」, 『朝鮮史研究會會報』 (137), 1999. 銀盒の性格と製作年代(晩唐), 高句麗滅亡後の「高麗」の用例, 本稿での檢討を考え合わせるとき, 「高麗國」銘は高句麗とする說が有力であるが, 舊高句麗領地域を示した可能性も殘しておきたい.

417) 赤羽目匡由, 「都管七国六瓣銀盒銘文の一考察 – 唐後期の渤海認識にふれて」, 東京都立大学 人文学部 『人文学報』 (346), 2004, 127~155쪽.

418) 赤羽目匡由 「八~九世紀における渤海の中央権力と地方社会 : 種族支配と自国認識」, 東京都立大学 博士学位論文, 2009年.

419) 第3編 東アジアにおける渤海認識 (八世紀における渤海の高句麗継承意識を巡って–日本に対する高句麗継承意識主張の一解釈 ; 出土遺物からみた唐後期の渤海認識に関する一試論–都管七国六瓣銀盒銘文の考察を通して)

420) 赤羽目匡由, 「동아시아에서의 고구려·발해 문화의 특징」, 『高句麗渤海研究』 (38), 2010-11.

421) 赤羽目匡由, 『渤海王国の政治と社会』, 吉川弘文館, 2011.10.

422) 赤羽目匡由, 「동아시아에서의 고구려·발해 문화의 특징」, 『高句麗渤海研究』 (38), 2010-11. 66쪽.

론을 내린다.

발해가 고리국이라 불려 도관은합 속의 한 나라로 선택된 것은 당대에서의 당나라와 발해 사이의 밀접한 교류의 결과였다고 볼 수 있다. ……한편 발해는 9세기를 통해 번영을 구가하고 당나라도 그것을 인정하고 있었다. 신라를 제쳐 놓고 당나라에 조공하는 나라 중의 하나로 도관은합에 그 이름을 남긴 이유의 일부분은 여기에 있는 것 같다. 그렇지만 그것이 다름아닌 고리국(高麗國)이란 이름으로 선택된 것은 발해가 건국 당초부터 고구려의 영역과 습속을 계승하였다고 인식되어 당나라 사람들에게 주목되었기 때문일 것이다. ……당 말기에 고리란 이름으로 조우관을 쓴 인물상이 등장한 이유는 반드시 고구리와 같은 조우관을 쓰는 습속을 발해가 가졌기 때문일 것이며, 아울러 8세기 주변 제국까지 널리 퍼진 발해의 고구리계승의식이 당시의 당나라에서 일반적 통념으로 잔존하고 정착되었기 때문일 것이다. 그 의미에서 당나라에게는 조우관이야말로 고구리와 발해를 관통하는 문화의 상징이었다고 할 수 있을 것이다.[423)]

그래서 ① 각 나라가 9세기 중엽까지 실재하였다는 데 중점을 두고 논증하여 발해설을 완성하고 ② '발해의 고리(高麗) 계승설'로까지 확장되었다는 것을 알 수 있다.

은합의 뚜껑 위에는 그림이 7개 있다. 중앙부 그림에는 곤륜왕국(崑崙王國)이, 그 둘레 그림에는 각각 파라문국(婆羅門國), 토번국(土番國), 소륵국(疏勒國), 고리국(高麗國), 백자□국(白柘□國), 오만인(烏蠻人)이란 나라 이름이 새겨져 있다. 고리국의 그림에는 새 깃털을 머리에 꽂은 사람 5명이 묘사되어 있다. 이 은합은 당(唐) 후반기 작품으로 보인다. <u>대체로 9세기 중엽 이후 실제 있었던 나라들을 새긴 것으로 볼 때, 은합에 새겨진 고리국(高麗國)은 발해를 지칭한 것일 가능성이 있다.</u>[424)]

---

423) 赤羽目匡由, 「동아시아에서의 고구려 • 발해 문화의 특징」, 『高句麗渤海研究』(38), 2010-11. 66쪽. 71~72쪽.
424) 『한국민족문화대백과사전』, 「도관칠국육판은합명문(都管七國六瓣銀盒銘文)」(집필자:권은주, 2016)

이 논문의 가장 큰 특징은 은합에 나온 7개 나라 가운데 판독이 불분명한 한 나라를 빼놓고 6개국은 모두 9세기에 실제 존재했고, 문헌을 통해서 그것을 입증하려고 했다는 점이다. 지금까지 모든 논문이 미술사적 관점에서 은합의 형태를 가지고 연대를 보려 한 것에 반해 은합에 새겨진 나라들의 존재연대를 잣대로 삼은 점은 새로운 관점이었다. 그러나 기존에 있던 9세기 설을 뒷받침하는 데 중점을 두고 그 이전 시기에도 존재하였다는 사실을 전혀 고려하지 않았다는 점에서 뚜렷한 한계를 지니고 있었다. 이런 관점은 은합에 새겨진 고리국(高麗國)은 그 나라를 이어받은 발해국이라는 결론을 맺어놓고 그것을 증명하는 연구방법이었기 때문이었다.

한국에서는 이 유물에 대한 깊이 있는 연구가 없어서 이 논문이 발표된 뒤 발해설이 차츰 보급되는 것으로 보인다. 2016년 추가된 『한국민족문화대백과사전』의 「도관칠국육판은합명문(都管七國六瓣銀盒銘文)」에서도 "고리국(高麗國) = 발해"라고 소개하고 있다.

Ⅲ. 도관칠개국육판은합에 새겨진 7개 나라 재검토

도관칠개국육판은합(都管七個國六瓣銀盒)의 가장 큰 특징은 다른 은합과 달리 7개 나라 이름이 새겨져 있고 그에 따른 인물들이 그려져 있다는 것이다. 이런 특이한 그림은 그 그림 자체의 성격을 파악해야 하는데 거꾸로 은합의 제작연대를 미술사적으로 비교 연구하여 그 그림의 연대나 성격을 규정한 것이 지금까지의 연구성과다. 글쓴이는 이 장에서 그림에 나오는 각 나라를 역사적으로 검토하여 그릇이 아니라 그림 자체가 갖는 성격을 규명해 보려고 한다. 이러한 검토가 이 논의의 핵심이고, 유물의 제작연대는 물론 7개 나라의 연대와 성격을 규명하는데 새로운 접근을 가능하게 하는 기초 작업이 된다.

먼저 이 유물을 처음 소개한 장따홍(張達宏) 등의 「시안시 문물관리회가 간직한 몇 가지 진귀한 유물(西安市文管會收藏的幾件珍貴文物)」을 보면, 그릇 생김새는 다른 유물들과 비슷하지만 그 무늬 장식은 다른 유물과 전혀 다른 모습을 보여준다고 했다.

해방 뒤 출토된 당나라 때의 은합이 가장 많이 나온 곳은 쟝수(江蘇) 쩐쟝(鎭江) 띵마오교(丁卯橋) 27건, 시안(西安) 허쟈촌(何家村) 26건, 란티엔(藍田) 3건, 시안 동쪽 성밖(東郊) 1건, 시안 샤포(沙坡) 1건이다. 이런 은합의 무늬장식은 대부분 봉황무늬(鳳紋)·앵무새무늬·금을 바르고 꽃을 새기거나 무늬가 없는 것이지 <u>인물무늬는 극소수며</u>, 내용도⁴²⁵⁾ 거의 상서롭고 뜻하는 바가 되기를 비는(吉祥如意) 것들이다.

도관칠개국육판은합(都管七個國六瓣銀盒)은 그만큼 아주 특이한 은합이라는 것을 강조하고 있다. 유물에 인물이 그려져 있는 자체가 아주 드문 경우이고 더구나 그 인물상에는 7개 나라의 이름이 뚜렷하게 나와 있어서 그 인물의 모습과 관련이 있는 나라들에 대해 역사적으로 깊이 비교·연구해 보는 것이 아주 중요하다고 본다. 지금까지는 그런 나라 이름들에 대한 연구를 쟝따훙(張達宏) 등이 발표한 9세기에 맞추었기 때문에 신라설이나 발해설이 나왔다. 그러나 거꾸로 인물도와 7개 나라를 먼저 비교·연구해서 그 연대를 추정해 보면 전혀 다른 결론이 나올 수 있다.

사실을 좀 더 명확히 하기 위해 아까바메 마사요시(赤羽目匡由)가 연구했던 내용을 순서대로 먼저 밝히고 글쓴이의 연구를 이어가려고 한다.

1. 곤륜왕국(崑崙王國)

〈아까바메〉 곤륜왕국은 곤륜이란 말에는 임읍(林邑, 베트남) 이남의 남해지역을 넓게 지칭한 사례가 있어서 당대(唐代) 시기와 상관없이 사용됐다고 여겨지고, 실재한 나라 이름으로서도 「곤륜국」이 9세기 후반의 책인 『만서(蠻書)』에 보인다.

---

425) 張達宏·王長啓, 「西安市文管會收藏的幾件珍貴文物」, 『考古與文物』 1984-4, 24쪽.

곤륜국에 대한 기록은 『만서(蠻書)』[426)] 뿐만 아니라 정사인 『신당서』에도 나온다.

미신(彌臣)을 떠나 곤랑(坤朗)에 이르렀다. 또 소곤류부(小崑崙部)가 있는데, 왕 이름은 망실월(茫悉越)이고 풍속은 미신(彌臣)과 같다. 곤랑(坤朗)을 떠나 녹우(祿羽)에 이르렀다. 대곤륜왕국(大崑崙王國)이 있는데, 왕 이름은 사리박파난다산나(思利泊婆難多珊那)라하고, 강과 들판은 미신(彌臣)보다 크다. 곤륜 소왕(小王)이 사는 곳을 떠나 한나절을 가면 마지발책(磨地勃柵)에 이르고, 바다로 다섯 달을 가면 불대국(佛代國)에 이른다.[427)]

그러므로 지금까지 이 은합을 연구하는 학자들은 이런 사료들을 바탕으로 시대를 9세기 중반 이후로 보았다. 이 자료만으로 보면 시대가 9세기일 수 있다. 그러나 '곤륜'은 고대부터 남해의 여러 섬을 통틀어 부른 이름이었다. 이런 섬나라에서 온 흑인들을 깔보아 곤륜노(崑崙奴), 곤륜자(崑崙子), 곤륜아(崑崙兒)라고 부르고 그곳을 다니는 배를 곤륜박(崑崙舶)이라고 불렀다. 남북조시대 송나라 역사를 편찬한(487년) 『송서』에 보면 "곤륜노(崑崙奴) 한 명을 총애했는데 이름이 백주(白主)다. 늘 좌우에 있으면서 막대기로 군신을 때리게 하니 유원경 이하 모두 그 해독을 근심했다."[428)] 고 해서 곤륜이 송나라 때 이미 쓰였다는 사실을 알 수 있다. 곤륜박(崑崙舶)에 관한 기록도 이미 『남제서』[429)]와 『북제서』[430)]에 등장한다. 고리국(高麗國) 때도 곤륜국은 존재하였다.

이 밖에도 곤륜왕국에 대해서는 보다 근본적인 문제가 제기된다. 은합에 나온 그림에서 곤륜왕국(崑崙王國)은 6개 나라의 한가운데 중심국으로 등장한다. 그렇다면 과연 남쪽 멀리 바다에 떠 있는 곤륜왕국(崑崙王國)이 주변 6개국을 이끄는

---

426) 『만서(蠻書)』는 당나라 번작(樊綽)이 지은 남조사(南詔史)에 대한 기록으로 『운남지(雲南志)』『운남기(雲南記)』『운남사기(雲南史記)』『남이지(南夷志)』『남만지(南蠻志)』『남만기(南蠻記)』라고도 한다.

427) 『新唐書』권222(하) 列傳 第147(下) 「南蠻」(下). 蘇彌臣至坤朗, 又有小崑崙部, 王名茫悉越, 俗與彌臣同. 蘇坤朗至祿羽, 有大昆崙王國, 王名思利泊婆難多珊那. 川原大於彌臣. 蘇崑崙小王所居, 半日行至磨地勃柵, 海行五月至佛代國.

428) 『宋書』卷76, 列傳 第36, 王玄謨. 寵一崑崙奴子, 名白主. 常在左右, 令以杖擊群臣, 自柳元景以下, 皆罹其毒.

429) 『南齊書』「荀伯玉傳」. 又度絲錦與崑崙舶營貨, 輒使傳令防送過南州津.

430) 『北齊書』「魏收傳」. 遇崑崙舶至, 得奇貨猚然褥表, 美玉盈尺等數十件.

중심국가였냐는 것이다. 더구나 붇다의 사리를 나누어 주는 일이라면 바라문국이 중심이 되어야지 어찌 변방의 작은 나라가 중심이 되고 바라문국이 그 사리를 나누어 받아가는 일이 있을 수 있겠는가? 또 곤륜국에서 공물로 사리를 싣고 왔다는데, 그림을 자세히 보면 코끼리 위에 사리를 실은 그릇도 없다.

이런 질문에 대해 앞에서 본 량샤오쟝(梁曉强)의 논문에서는 곤륜산(崑崙山)의 곤륜왕국(崑崙王國)이 남해의 섬나라가 아니라 중국에서 옛날부터 전설로 흘러 내려온 곤륜(崑崙)을 뜻한다고 주장하였다. 곤륜산(崑崙山)은 중국 신화에서 숭고한 지위를 가지고 있으며, 옛날 사람들이 제왕이 살고 있는 땅 한가운데로 '토중(土中)'이나 '중토(中土)'라고 했으며, 그 도성을 '중국(中國)'이라고 했다는 기록을 근거로 하고 있다.[431]

사실 곤륜(崑崙)은 아주 옛적부터 경서와 사서에까지 자주 나온 것은 잘 알려진 사실이다. 주로 곤륜산(崑崙山)과 곤륜하(崑崙河)에 대한 기록이 많다. 이런 기록은 량샤오쟝(梁曉强)이 검토하였기 때문에 여기서는 생략한다. 다만 중국에서는 후대까지도 곤륜산 가까운 곳에 곤륜국(崑崙國)이 있었다고 생각하고 믿었다는 자료 두 가지를 더 덧붙이고자 한다.

① 곤륜국(崑崙國)은 곤륜산 옆 작은 나라를 일컫는다. 곤륜이란 정해진 곳이 없고『장자(莊子)』, (屈原의)『이소(離騷)』같은 여러 가지 책은 모두 서왕무(西王母)가 살던 곳을 말하였으니 지금의 숙주(肅州) 주천국(酒泉郡) 남산에 있는 석실옥당(石室玉堂)이다. 구슬로 꾸며져 늘 모든 것을 갖추고 있으니, 여기가 진서(晉書) 장준(張駿) 전에 태수 마급(馬岌)이 말한 곳으로, 옛 곤륜국(崑崙國)이 틀림없다.[432]

② 곤륜국(崑崙國)은 대개 곤륜산 부근에 있으며, 기록에 따르면 곤륜은 모두 4곳에 있다. …….[433]

431) 梁曉强,「都管七个国六瓣银盒辩证」『曲靖师范学院学报』(29-5), 2010, 85쪽. 古人认为帝王所居之处为地之中，称之为"土中"或"中土"，其都城称为"中国".

432) 明 王樵 撰.『尚書日記』卷4.

433) 德清胡渭 撰.『禹貢錐指』卷9.

이런 자료들을 보면 량샤오쟝(梁曉强)이 중국을 표시하기 위해 전설적인 곤륜산에서 이름을 따 곤륜왕국(崑崙王國)이라 했다는 주장이 꽤 설득력 있다. 만일 그 은합의 주제가 불교에 관한 것이라면 불교경전에도 곤륜은 중요한 이상향으로 등장한다.

① 붇다의 밝은 지혜는 <u>곤륜하(崑崙河)</u>와 같아서 수천 개의 강과 수만 개의 내가 모두 우러르는 바이다(佛之明慧猶崑崙河, 千川萬流皆仰之焉).[434]
② 이른바 <u>곤륜산(崑崙山)</u>이란 바로 염부리(閻浮利) 땅의 중심이다(所謂崑崙山者, 則閻浮利地之中心也).[435]

은합의 그림이 사신도처럼 공식적인 행사를 그린 게 아니고 전통적이고 불교적인 목적에서 만들어진 것이라면, 역사적인 사실이나 지리적 위치를 떠나 상징적으로 세계의 한 가운데라는 뜻에서 '곤륜'을 그린 '곤륜왕국(崑崙王國)'의 연대를 9세기로 확정한다는 것은 무의미하다. 남해의 곤륜이라고 해도 시대가 송나라까지 올라가고, 곤륜산의 곤륜왕국이라면 그보다도 훨씬 올라가기 때문이다.

2. 바라문국(婆羅門國)

〈아까바메〉 바라문국은 천축(天竺)의 별칭으로 인도를 가리키고 이것도 『만서』에서 그 이름을 찾을 수 있다.

바라문국(婆羅門國 Brāhmana-deśa)은 아까바메의 주장처럼 인도 또는 천축을 달리 부르는 이름이다. 바라문국(婆羅門國)은 9세기 『만서』에만 나오지 않고 일찍이 1세기를 전후해서 형성된 불교의 대승경전에도 나오고(法句譬喩經, 大乘悲分陀利經 등), 수많은 불교 논서에도 나온다. 그러나 굳이 중국 역사서에 나온 것을 들라면 『양서』가 가장 빠르다.

---

434) 大正藏第 01 冊 No. 0076 『梵摩渝經』.
435) 大正藏第 04 冊 No. 0197 『佛說興起行經』序.

파사국(波斯國)은 그 선조 가운데 파사닉(波斯匿, 산스크리트 Prasenajit. 빨리어 Pasenadi)이라는 왕이 있었는데, 자손이 왕인 조상의 호칭(字)을 성(氏)으로 삼았기 때문에 나라이름이 되었다. ……나라 동쪽은 활국(滑國)과 잇대어 있고, 서쪽과 남쪽은 모두 바라문국(婆羅門國)과 이어지고, 북쪽은 범률국(汎慄國)과 접해 있다. 중대통(中大通) 2년(530) 사신을 보내 붇다의 이(佛牙)를 올렸다.[436]

이 기록은 바라문국이라는 이름으로 530년에 사신을 보내 조공을 한 기록이기 때문에 아주 신빙성이 있다. 『수서(隋書)』 열전 배구(裴矩) 전에서도 『서역도기(西域圖記)』에서 바라문국이 나온다.

둔황(敦煌)을 떠나 서해에 이르는 길이 3개 있으니 모두 요긴한 목입니다. ……그 남쪽 길은 선선(鄯善)을 떠나 우전(于闐), 주구파(硃俱波)·갈반타(喝槃陀)를 지나, 총령(蔥嶺)을 넘어, 또 호밀(又經護密)·토화라(吐火羅)·읍달(挹怛)·범연(帆延)·조국(漕國)을 거쳐, 북바라문(北婆羅門)에 이르러 서해에 다다릅니다. 그 3가지 길에 있는 여러 나라들 역시 각자 길이 있어 남북으로 오갑니다. 그 동녀국(東女國)·남바라문국(南婆羅門國) 등은 모두 가고자 하는 곳에 다다를 수 있습니다. 그러므로 이오(伊吾)·고창(高昌)·선선(鄯善)을 아울러 서역의 문호입니다.[437]

배구(裴矩)가 대략 7년의 노력 끝에 완성한 『서역도기(西域圖記)』는 606년 완성하여 수양제에게 바쳤고, 수양제는 이를 바탕으로 609년 몸소 토욕혼을 쳤다. 양직공도에 북천축과 남천축이 나오는데 바로 이 북바라문국과 남바라문국을 일컬을 것이다.

현장은 왜 천축국을 바라문국이라고 하는지를 『대당서역기(大唐西域記)』에서 아주 정확하게 설명하였다.

무릇 천축(天竺)이란 이름은 다른 주장들이 뒤얽혀 있다. 옛날에는 신독(身毒, Sindhu)

---

436) 『梁書』 卷54 列傳 第48 諸夷 西北諸戎.
437) 『隋書』 卷67 列傳 第32. 裴矩. 『北史』 卷38 列傳 第26에도 같은 글이 실려 있다.

이나 현두(賢豆, Hindhu)라고 했고, 오늘날의 바른 소리로 하면 인두(印度, Indu)라고 해야 한다. 인두(印度) 사람들은 지역에 따라 (달리) 불렀는데, 지방이 다르고 풍속이 다르지만, 모두를 아우르는 이름 가운데 가장 즐겨 부르는 호칭이 인두(印度)다. 인두(印度)란 당나라 말로 달이다. 달에는 여러 이름이 있는데 그 가운데 하나의 이름이다. ……인두(印度)는 카스트(種姓)와 일가붙이(族類)를 무리로 나누는데, 바라문(婆羅門 Brāhmana)이 가장 맑고 지위가 높으므로 그 우아한 이름이 전해져 풍속이 되었고, 경계에 따른 구별 없이 모두 바라문국(婆羅門國)이라 한다.[438]

이상에서 본 바와 같이 바라문국이란 아주 오래된 나라이고, 아무리 늦게 잡아도 양나라에 조공을 한 530년까지 올라갈 수 있고, 이 해는 고리(高麗)의 안장왕 12년 때다.

3. 토번국(土蕃國)

〈아까바메〉 토번국(土番國)은 토번(吐蕃) 즉 티베트이고 『당회요(唐會要)』에 9세기 후반인 함통(咸通) 연간 토번의 활동을 엿볼 수 있다.

토번은 늦게 잡아도 송첸감뽀가 토번국(吐藩國)을 세운 630년에 이미 존재했고, 이때는 고리(高麗)의 영류왕 13년 때다. 좀 더 자세히 보면 독발번니(禿發樊尼)가 493년 북량이 망하자 강(羌)의 무리 사이에서 나라를 세워 토번(吐藩)의 시조가 되는데, 적어도 6세기 초에 이미 건국되었다고 볼 수 있다.

송첸감뽀가 토번국(吐藩國)을 세운 630년은 영류왕 13년이기 때문에 토번국을 고리(高麗)와 같은 시기로 보는 데는 아무런 어려움이 없다.

4. 소륵국(疏勒國)

〈아까바메〉 소륵국(疏勒國)은 8세기 중엽을 마지막으로 대당 사신 파견 기사가 끊어지지만 『송사(宋史)』에서 10세기 후반의 활동이 전해진다. 소륵은

---

438) 大正藏第 51 册 No. 2087 大唐西域記.

당나라 시대부터 송나라 시대에 걸쳐 오아시스 도시국가로서 실재했다고 보아도 좋다.

소륵국은 이미 불교 대승경전인 『화엄경』에 나온다. 보살이 머물러 사는 곳이 나오는데, "그 가운데 소륵국(疏勒國) 우두산(牛頭山)이 있어 아주 오랜 옛날부터 여러 보살이 살았다."고 기록되어 있다.[439] 소륵국이 붓다 시절부터 있었는지 아니면 나중에 소륵국이 경전에 나오는 이름을 채택했는지 알 수 없지만, 일찍이 한나라 때부터 한적(漢籍) 사서에 소륵국(疏勒国)이 등장한다. 이른바 서역에 있는 36개 나라 가운데 하나이다.

후한서에 보면, AD 80년(建初 5年) 후한은 당시 서역 가사마(假司馬)였던 반초(班超)가 소륵을 쳐서 깨뜨리고(西域假司馬班超 擊疏勒破之), 86년(元和 3년)에도 서역 장사(長史)가 된 반초가 소륵의 왕을 쳐서 목을 베었다(西域長史班超 擊斬疏勒王)는 기록이 나온다.[440] 이 내용은 반초(班超) 열전에서 자세히 나온다. 그 뒤 127년(永建 2년)의 조공 기사를 비롯하여 133년(陽嘉 2년) 소륵국이 사자와 소를 바친 기사(疏勒國獻師子·封牛)까지 두 나라의 교류 기사가 꽤 많이 나온다.

한대 이후 삼국 혼란기를 비롯하여 중원이 힘을 잃자, 관계가 뜸했던 서역 나라들이 다시 중원과 관계를 회복한 때는 남북조시대가 들어서면서부터이다. 남북조에서는 남조보다 북조와의 관계가 깊었다. 남조인 송나라 열전에는 소륵국전이 나오지 않지만, 북조의 『위서』에는 소륵국전이 나오고 본기에서도 많은 기사가 나오기 때문이다.

남조 역사를 기록한 『양서』에는 활국(滑國) 전에서 딱 한 번 기록이 나온다.

활국(滑國)은 차사(車師)의 한 갈레다. 후한(後漢) 영건(永建) 원년(126)에 팔활(八滑)이 반용(班勇)을 좇아 북노(北虜)를 치는 데 공을 세워, 반용이 표를 올려 팔활을 후부친한후(後部親漢侯)로 삼았다. 위(魏)·진(晉) 이래로 중국과 오가지 않았다. 천감(天監) 15년(516)

---

439) 大正藏第 10 冊 No. 0279 大方廣佛華嚴經, 권 45. 疏勒國有一住處, 名牛頭山 從昔已來, 諸菩薩 眾於中止住.
440) 『後漢書』 卷47 「班梁列傳」 第37.

에 이르러 그 왕 염대이률타(厭帶夷栗陀)가 비로소 사자를 보내 그 나라의 특산물을 바쳤다. (삼국시대) 위(元魏)가 아직 상건(桑乾)(이란 강) 지역을 차지하고 있을 때까지 활(滑)은 아직 작은 나라로 예예(芮芮)에 속해 있었다. 뒤에 점차 강대해져 그 곁의 파사(波斯), 반반(盤盤), 계빈(罽賓), 언기(焉耆), 구자(龜玆), 소륵(疏勒), 고묵(姑墨), 우전(于闐), 구반(句盤) 같은 나라들을 정벌하여 땅을 천 리 넘게 넓혔다.[441]

북조 역사를 기록한『위서』소륵국(疏勒國)에는 이렇게 나온다.

소륵국(疏勒國)은 고묵(姑默) 서쪽, 백산 남쪽 100리 남짓한 곳에 자리 잡고 있다. 한(漢) 때부터 오래된 나라이며, (북위 전기의 수도인) 대경(代京)에서 11,250리 떨어져 있다. 고종(高宗) 말년 그 왕이 사신을 보내 사꺄무니(釋迦牟尼) 붇다의 가사(袈裟) 한 벌을 보냈는데, 길이가 두 길(2丈) 남짓 되었다. 고종은 그것이 진짜 붇다의 옷이라면 반드시 영험하리라 생각하였다. 마침내 그것을 태워서 그것이 거짓인지 참인지 시험해 보았는데, 맹렬하게 타오르는 불 위에 놓아두었지만 하루종일 지나도 타지 않았다. 참관한 사람들 가운데 깜짝 놀라지 않는 사람이 없었으니 몸과 마음이 모두 고요하고 엄숙하였다.[442]

북위에 불교가 크게 성했다는 것은 이미 잘 알려진 사실이지만 서역을 통해서 불교교류가 이루어진 단면을 볼 수가 있다.『위서』에서는 열전뿐 아니라 본기에서도 수많은 조공기록이 나온다. 표로 만들어 보면 다음과 같다.

현장은『대당서역기(大唐西域記)』에서 "거사국(佉沙國)은 옛날에 소륵(疏勒)이라 했는데 그 성(城)의 이름을 일컫는 것이다(佉沙國 舊謂疏勒者 乃稱其城號也)."고 했다. 오늘날 신쟝(新疆)의 카슈가르(喀什噶尔)를 일컫는데 타클라마칸사막 남로와 북로가 서쪽 끝에서 만나는 지점으로 예부터 동서 교통의 주요한 길목이었다.

---

441) 『梁書』卷54. 列傳 第48, 諸夷. 西北諸戎. 滑國者, 車師之別種也. 漢永建元年, 八滑從班勇擊北虜有功, 勇上八滑為後部親漢侯. 自魏, 晉以來, 不通中國, 至天監十五年, 其王厭帶夷栗陀始遣使獻方物. ……元魏之居桑乾也, 滑猶為小國, 屬芮芮. 後稍強大. 征其旁國波斯, 盤盤, 罽賓, 焉耆, 龜玆, 疏勒, 姑墨, 於闐, 句盤等國, 開地千餘里.

442) 『魏書』卷102, 列傳 第90. 西域. 疏勒國.

<표 1>『위서(魏書)』「본기」에 기록된 소륵(疏勒)의 조공 기록

	당 연대	고구리 연대	기사 내용
1	世祖 太延 3년	장수왕 25년(437)	龜茲, 悅般, 焉耆, 車師, 粟特, 疏勒, 烏孫, 渴槃陀, 鄯善諸國各遣使朝獻
2	太延 5년	장수왕 27년(439)	鄯善, 龜茲, 疏勒, 焉耆諸國遣使朝獻
3	太平眞君 10년	장수왕 37년(449)	龜茲, 疏勒, 破洛那, 員闊諸國各遣使朝獻.
4	高宗 興安 2년	장수왕 41년(453)	疏勒國遣使朝獻.
5	興光 원년	장수왕 42년(454)	波斯, 疏勒國並遣使朝貢
6	和平 3년	장수왕 50년(462)	高麗, 葅王, 契嚙, 思厭於師, 疏勒, 石那, 悉居半, 渴槃陀諸國各遣使朝獻
7	高祖 景明 3년	문자명왕 11년(502)	是歲, 疏勒, 闕賓, 婆羅捺, 烏萇, 阿喻陀, 羅婆, 不崙, 陀拔羅, 弗波女提, 斯羅, 噠舍, 伏耆奚那太, 羅槃, 烏稽, 悉萬斤, 朱居槃, 訶盤陀, 撥斤, 厭味, 朱沴洛, 南天竺, 持沙那斯頭諸國並遣使朝貢
8	高宗 正始 4년 8월	문자명왕 17년(507)	疏勒, 車勒阿駒, 南天竺, 婆羅等諸國遣使朝獻
9	10월 丁巳	문자명왕 17년(507)	高麗, 半社, 悉萬斤, 可流伽, 比沙, 疏勒, 于闐等諸國並遣使朝獻
10	10월 戊辰	문자명왕 17년(507)	疏勒國遣使朝貢
11	延昌 원년	문자명왕 21년(512)	疏勒國遣使朝獻
	肅宗 熙平 2년	문자명왕 26년(517)	高麗, 波斯, 疏勒, 嚈噠諸國並遣使朝獻
12	神龜 원년 2월	문자명왕 27년(518)	嚈噠, 高麗, 勿吉, 吐谷渾, 宕昌, 疏勒, 久末陀, 末久半諸國, 並遣使朝獻
13	7월	문자명왕 27년(518)	波斯, 疏勒, 烏萇, 龜茲諸國並遣使朝獻

▪ 자료 : 『위서』 권1~9 「본기」

　　그 밖에 수당 시대 기록도 많지만, 연대를 확인하는 데 표만으로도 충분하기 때문에 생략한다. 소륵(疏勒)은 고리(高麗)와 같은 시기에 존재하였던 나라이고, 더구나 소륵(疏勒)이 북위에 13번 조공하는 동안 4번이나 고리(高麗)와 함께 조공한 기록을 보면 두 나라 사신들 사이에 교류가 있었을 것이다. 사신들이 머무는 숙소가 같고, 같은 불교 문화권이었기 때문에 고리(高麗)와 소륵(疏勒)의 사신들끼리 교류는 아주 당연하다.

　　한편 790년 토번이 소륵을 관리하던 안서도호부(安西都護府)를 점령하였고, 808년에는 완전히 당나라의 범위에서 벗어난다. 그러므로 9세기에는 당나라를 위주로 한 천하관에 소륵(疏勒)이 들어갈 수가 없다.

5. 고리국(高麗國)

고리(高麗)가 당나라에 항복한 해가 668년이니 이를 기준으로 다른 나라들의 연대를 견주어 보면 된다. 그림에 대해서는 앞에서 이미 설명했지만 '고리(高麗)'와 '국(國)' 자를 특이하게 따로 썼다는 것이다. 아마 전체적인 구도상의 문제로 본다.

6. 백척△국(白拓△國)

〈아까바메〉백척△국(白拓△國)은 그 이름을 다른 사료에서 찾지 못해서 미상이다.

왼쪽에 한 사람이 큰 방석에 앉아 있고 오른쪽에 동자로 보이는 한 사람이 무엇인가 바치고 있다. 그 가운데 백척△국(白拓△國)이란 나라 이름이 새겨져 있다. 7개 나라 가운데 한 글자를 판독하지 못해 처음에는 밝혀지지 않는 나라로 놔두었으나 차츰 새로운 학설이 나오기 시작하였다.

2002년 샹민졔(尚民杰)는 백자갈국(白柘羯国)이라고 주장하였다. 먼저 백척△국(白拓△國)에서 읽어내지 못한 글자의 자형이 '갈(羯)' 자와 비슷하다고 보고 척갈(拓羯)로 옮겼다.

> '척갈(拓羯)'이란 이름은 송나라 때의 책 『책부원구(冊府元龜)·외신부(外臣部) 포이(褒異) 제3』 건원(乾元) 3년(760)에 "12월(十二月申) 삼전에서 번호(蕃胡) 척갈(拓羯)에게 잔치를 베풀고 선물 30단을 내리셨다."고 했고, 설능(薛能)의 『탁지사(拓枝詞)』 세 수 가운데 두 번째에서 "군사를 내어 척갈(拓羯)을 쳐 내지와 소관(蕭關)이 막히니 햇빛 곤륜산 위에 걸리고 바람소리 사막에 들리네."라고 한 데서 나왔다. 그러나 '척갈(拓羯)'은 사실 '자갈(柘羯)'을 잘못 쓴 것이다. 설능(薛能)의 시에서 나온 '척갈(拓羯)'이 다른 판본에서는 '자갈(柘羯)'이라고 해서 그 글자가 다르고, 비에 새긴 문자에서도 '재(才)'와 '목(木)'이 서로 섞이는 경우가 있다. ……은합(銀盒)에 쓰인 '백자갈국(白柘羯國)'은 조무구성국(昭武九姓國)을 말하고, '백(白)' 자는 대략 그 인종을 견주어 그 특징을 말하는데, 그 사람들의

살갗이 당나라와 다르게 하얗기 때문에 그렇게 부른 것이다.

백척△국(白拓△國)＝백자갈국(白柘羯國)＝백척갈국(白拓羯國)＝조무구성국(昭
武九姓國)이라는 설이다. 당나라 때 쇄엽(碎葉)·포창해(蒲昌海, 현재 신쟝 羅布泊)·
서주(西州)·이주(伊州)·둔황(炖煌, 지금의 깐수 둔황성 서쪽)·숙주(肅州, 지금의 깐수
酒泉)·량주(凉州, 지금의 깐수 武威)·장안(長安)·남전(藍田)·낙약(洛陽)·관내도(關內
道) 북부인 하곡(河曲)의 6호주(六胡州) 등지에 모두 조무구성호(昭武九姓胡)의 삶
터가 있었다. 조무구성 사람들은 장사를 좋아해서 아주 일찍부터 중국과 거래를
했으며, 당나라 때 외국 상인은 조무 9성(昭武九姓) 사람이 가장 많았고 그 중에 강
국(康國)과 석국(石國) 사람들이 주를 이루었다. 소그드인(粟特柘羯)을 일컫는다.[444]

뤼촨밍(芮傳明)은『실크로드 옛 역사 산론(絲路古史散論)』에서 이 문제를 한 장
으로 만들어 비중 있게 다루며 지금까지의 논의를 다음 3가지로 정리하였다.[445]

① 지명이라는 설(地名說) :『대당서역기』에 나오는 삽말건국(颯秣建國, Samarkand)
   에 속하는 자갈(赭羯)이 바로『당서』에서 말하는 자갈(柘羯)이다.
② 종족명이라는 설(族名說) : Sacae(Saka) 족을 한자로 옮긴 것으로, 페르시
   아 군대에서 가장 용감한 종족이었다고 한다.
③ 직업이라는 설(職名說) : ①번에서 본『대당서역기』의 삽말건국(颯秣建國,
   Samarkand)에 속하는 자갈(赭羯)은 강거(康居, Sogdiana) 일대의 '잘 훈련된
   시위병(衛士)'이란 직업이다. 페르시아어 Tchakar을 말하는 것으로, 한자
   로 '자갈(柘羯)' 또는 '자갈(赭羯)'로 옮겼다.

---

443) 尚民杰,「"都管七个国"银盒所涉两国考」,『文博』, 2002-02, 44~45쪽. "拓羯"지명견송본《冊府元
    龜》·外臣部褒異第三》, 乾元三年"十二月申, 宴蕃胡拓羯於三殿, 各賜物三十段". 薛能《拓枝詞》三
    首中第二云: "懸軍征拓羯, 內地蕭關. 日色崑崙上, 風聲朔漠間". 然"拓羯"實爲"柘羯"之誤, 如薛
    能詩中的"拓羯"在不同的版本中或作"柘羯", 就其字形而論, 在碑刻文字中"才"與"木"也常相混
    ……銀盒題榜以"白柘羯國"稱昭武九姓國, "白"字大約是針對其人種特征而言, 約指其人皮膚較
    白, 有別于唐人.

444)『百度百科』昭武九姓胡.

445) 芮傳明,『사로고사산론(絲路古史散論)』, 復旦大學出版社, 2017, 232~235.

뤄촨밍(芮傳明)은 여기에 ④의 설로 "돌궐인들이 만든 일종의 군대 체제로 실크로드에서 활약한 소그드인으로 구성된 금위보병이나 황실 기병으로 보고 돌궐어의 sa:g(오른쪽이라는 뜻을 한자로 '자갈(柘羯)'이라고 옮겼다.)로 오른쪽 기병(右側騎兵)을 뜻한다고 보았다.

이상에서 '자갈(柘羯) = 척갈(拓羯)'설에 대해 검토해 보았지만 한 나라를 이야기하는 것보다는 어떤 직업이나 특별한 부대일 가능성이 크기 때문에 아직 백척△국(白拓△國)이 자갈(柘羯)이라고 보기에는 무리가 있어 보인다.

글쓴이는 2018년 시안박물관에서 이 유물을 자세히 관찰하고 가능한 정밀하게 사진을 찍어 백척△국(白拓△國)에서 못 읽어낸 세 번째 글자를 여러 번 검토해보았으나 백자갈국(白柘羯国)의 '갈(羯)'은 될 수 없다고 보았다. 오히려 '륜(綸)'자에 가깝다는 생각이 든다. 그러나 사료에 그런 용어가 나오지 않기 때문에 확신할 수 없다. 다른 후학이 재검토할 수 있도록 최대한 확대해서 조절한 사진을 올린다.

한편 2010년 량샤오챵(梁曉强)은 「도관7개국 6판은합 변증(都管七个国六瓣银盒辩证)」에서 전혀 다르게 당의 서역이 아니라 동쪽에 있는 나라라는 주장이 나왔다.

그림 156 白拓△國

6판은함(六瓣银盒) 뚜껑에 나온 7개 나라 중에 곤륜(崑崙)이 가장 가운데 있고, 홀로 왕국이라 일컬어 가장 존귀하고 높아서 그 지위가 아주 특수하다. 나머지 여섯 나라 순서를 찬찬히 들여다보면, 아주 쉽게 지리상의 실제 방위를 분별하여 확정할 수 있다. 토번(吐番)·소륵(疏勒)은 서쪽에 있고, 바라문(婆羅門)·오만(烏蠻)은 남쪽에 있고, 고리(高麗)·백자□(白柘□)는 동쪽에 있어, 전부 가운데 있는 곤륜왕국(崑崙王國)을 [446] 에워싸고 있다.

446) 梁曉强, 「都管七个国六瓣银盒辩证」 『曲靖师范学院学报』 (29-5), 2010. 83쪽.

그런데 이 백자□(白柘□)란 나라는 중국 신화전설에 나오는 국가로, 『산해경(山海經)』에 '숙신(肅愼)이란 나라는 백민(白民)의 북쪽에 있다(肅愼之國在白民北)'는 기록을 근거로 백민국(白民國)이라고 주장한다. 백민국(白民國) 설은 아주 새롭고 그럴 듯하지만 어떤 나라인지 확정하기는 아직 연구가 더 깊이 있게 진행되어야 한다고 본다.

7. 오만인(烏蠻人)

〈아까바메〉 오만인은 운남(雲南) 지방에 있던 남조국(南詔國)이 오만의 별종이라고 하는데, 당말(唐末)에도 그 활동을 확인할 수 있는 데다가 그 밖에도 동찬오만(東爨烏蠻)이 『만서』에 나타난다.

오만(烏蠻)이란 나라이름이 아니라 어느 지역의 사람들을 낮추어서 부르는 이름이다. 고리(高麗)와 크게 싸웠던 수나라 때 휴주(雟州) 오만(烏蠻) 사람들이 반란을 일으킨 기록이 있다.

> 인수(仁壽, 601~604) 연간 수주(遂州)의 오랑캐가 반란을 일으켜 다시 행군총관(行軍總管)이 되어 쳐서 평정하였다. 휴주(雟州) 오만(烏蠻)이 반란을 일으켜, 주성(州城)을 쳐서 함락시켰다.[448]

휴주(雟州)는 양(梁, 537)나라 때 설치되어, 570년 서녕주(西寧州)로 바꾸었다가 다시 엄주(嚴州)로 바꾸었다. 수나라 개황(開皇) 6년(586) 다시 서녕주로 복원했다가 18년(598)년 휴주(雟州)로 고치고 월휴현(越雟縣, 지금의 四川 西昌市)을 다스렸다.[449] 지금의 시추안성(泗川省) 시창시(西昌市) 언저리임을 알 수 있다.

오만(烏蠻)은 늦어도 수나라 때인 인수(仁壽, 601~604) 연간까지 거슬러 올라갈 수가 있고, 휴주(雟州)는 양(梁, 537) 나라 때 설치되었기 때문에 양나라 때까지도

---

447) 梁曉强,「都管七个国六瓣银盒辩证」『曲靖师范学院学报』(29-5), 2010. 85쪽.

448) 『隋書』卷665 列傳 第30 周法尚. 仁壽中, 遂州獠叛, 復以行軍總管討平之. 雟州烏蠻叛, 攻陷州城.

449) 『百度百科』南朝梁大同三年（537年）武陵王蕭纪置.

올라갈 수 있다. 그러므로 고리(高麗)가 있을 때 함께 존재한 사실이 뚜렷해졌다.

이상에서 7개국에 대한 시대를 재검토해 본 결과 확정할 수 없는 백척△국(白拓△國)을 뺀 나머지 6개국은 모두 고리(高麗)와 함께 같은 시대에 존재했던 나라라는 결론에 도달하였다. 이는 머리말에서 본 다음 두 가지 가설 가운데 하나라고 볼 수 있다는 것이다.

　① 이 은합은 고리국(高麗國)이 아직 존재했을 때 만들어졌다.
　② 깃털모(羽毛)를 쓴 고리(高麗) 사람의 특징적 인물상이 밑그림 형태나 예술적 이미지로 9세기까지도 이어지고 있었다.

Ⅳ. 사리 분배 사료 분석을 통한 제작연대 재검토

1. 은합의 용도에 대한 학설들

1) 약재 넣는 그릇 또는 불교 선전품

⑴ 귀한 약재를 넣은 그릇 : 장따홍(張達宏) 등
첫 보고서를 낸 장따홍(張達宏) 등은 이 은합을 향료나 귀한 약재를 넣은 은합으로 보았다.

　거북등무늬 은합 안에 질이 떨어지는 수정구슬 두 알과 갈색 올리브 꼴 마노구슬 한 알[450]이 들어 있었는데, 그릇 용도를 분석해 보면 이 구슬 3알은 나중에 집어넣었을 수 있다. 이 그릇의 용도에 대해 허졔촌(何家村) 가마(窯藏)에서 출토된 은합 대부분이 귀중한 약

---

450) 원문에 1알이라고 되어 있지만 22쪽에 2알이라고 나오고, 이어지는 문장에서도 합친 것이 3알이라고 했기 때문에 2알로 고침.

재를 넣은 것을 보면 "도관칠국(都管七國)" 6판은합도 아마 같은 용도일 것이다.⁴⁵¹⁾

당나라 때 춘명문(春明門) 안쪽 남쪽이 도정방(道政坊)이다. 그때 (그곳에) 보응사(寶應寺)라는 절이 있었는데, 그 절은 본디 당 대종(代宗, 762~779) 때의 재상 왕진(王縉)의 저택이었다. 『구당서』 「왕진전」에 보면, 왕진이 만년에 불교를 독실하게 믿었는데 처자의 병을 고치기 위해 사택에 지은 절이 바로 '보응사(寶應寺)'다. 당 대종이 몸소 보응사의 편액을 써 주었다고 한다. 그러므로 이 유물은 흥경궁보다는 재상인 왕진의 저택이나 보응사에서 쓴 물건이라고 볼 수 있다. 따라서 이 은합의 도상은 장회태자 무덤 벽화처럼 궁중 화가들이 당시 당나라를 방문한 사신을 그렸느냐 아니냐는 논란의 대상이 될 수 없다. 일반 작가들은 그림의 주제를 살리기 위해 오랜 전통을 가진 밑그림(本)이나 예부터 전해 내려오는 이미지를 써서 그림을 구성하였다고 볼 수 있기 때문이다.

(2) 불교 예의용품(禮儀用品) : 량샤오쟝(梁曉强)

2010년에 나온 량샤오쟝(梁曉强)의 논문에서는 곤륜(崑崙)이 남해의 섬나라가 아니라 곤륜산, 곧 중국의 머리산(主山)으로 인식하는 전설을 바탕으로 '곤륜왕국 = 중국'이라는 주장은 앞에서 곤륜왕국을 볼 때 확인하였다. 량샤오쟝의 논리에서 곤륜왕국을 중국으로 보면 나머지 나라는 6개 나라로 줄어든다. 그러므로 8개 나라가 등장해야 하는 사리에 관한 그림으로 보지 않았다. 그러나 당시 제국인 당나라를 왕국이라는 작은 나라로 표현하였다는 점은 스스로 문제라고 보고 이 문제를 이렇게 해결한다.

> 육판은합 위에 그려진 '도관칠개국(都管七個國) 가운데 곤륜왕국(崑崙王國)과 백자국(白柘國), 곧 백민의 나라(白民之國)는 중국의 신화 전설에 나온 나라이고, 바라문국, 토번국, 소륵국, 고리국(高麗國), 오만인(烏蠻人, 南詔國)은 실제 존재한 국가지만 여러 국가가 모두 다른 시기에 존재했던 나라들이다. 고리(高麗)나라는 이미 멸망한 지 여러 해

가 지났고, 토번도 이미 와해되었기 때문에 5개 나라 자체는 이미 시간적 한계를 벗어난 것이다. 아울러 이 5개의 실제 존재한 나라들은 모두 불교를 믿는 나라들이다. 육판은합이 이렇게 배열한 것은 주로 공간적으로 배열하는 필요에 따른 것이고 붇다(佛祖)가 주재하는 "미래(將來)"를 강조한 것이다. 붇다는 중국 문화에서 가장 높은 곤륜국왕의 신분일 뿐 아니라 곤륜왕국에 있는 7개 나라의 현재와 미래를 아울러 '모두 관할하는 것이다(都管).[452)]

앞에서 보았듯이 가운데는 중국인 곤륜왕국이 자리를 잡고, 동쪽에 고리(高麗)와 백자국(白柘國), 서쪽에 토번(吐番)·소륵(疏勒), 남쪽에 바라문(婆羅門)·오만(烏蠻)이 에워싼 불교 천하관을 그렸다는 주장이다. 그리고 그 유물의 성격에 대해 이렇게 결론을 내린다.

이 도관찰개국육판은합은 남조(南詔)에서 한 공물이 아니고 바로 대당(大唐) 장안 저자(市場)에서 만든 불교 선전품이거나, 아니면 불교 예의용품이라고 보았다. 그리고 남조(南詔)에서 공물로 올린 물품이 아닌 것은 물론이고, 거꾸로 대당 조정에서만 쓰던 물품이고, 당 조정에서 만든 것이고, 궁중 안에서 바친 것이고, 신하에게 상으로 내린 물품일 수도 있다고 보았다.[453)]

이 경우도 이 은합을 만든 작가는 장안의 저자에서 만든 물건으로 보았기 때문에 작가는 당시 사신이나 인물들을 직접 스케치하지 않고 전통적인 이미지를 놓고 구성했다고 볼 수 있다. 다시 말해 만들어진 시기를 두고 도상에 나온 인물의 국적을 논할 수 없다는 것이다.

---

452) 梁晓强,「都管七个国六瓣银盒辩证」,『曲靖师范学院学报』, 2010-5. 85쪽. 六瓣银盒上都管七个国中, 昆仑王国与白柘国即白民之国, 为中国神话传说中的国家, 而婆罗门国, 土蕃(吐蕃) 国, 疏勒国, 高丽国, 乌蛮人(南诏国) 虽然是实际存在的国家, 但是诸国并不同时存在, 六瓣银盒制作的时候, 高丽国已经灭亡多年, 吐蕃国也已经瓦解, 因此五国本身已经突破了时间界限. 同时, 这五个实际存在的国家, 全部是信仰佛教的国家, 六瓣银盒这样排列, 主要是为了空间列序上的需要, 突出佛祖主宰"将来". 佛祖以中国文化中至尊至上的昆仑国王的身份, 不仅"都管"着包括昆仑王国在内的七个国的现在, 还包括"将来", 佛即是宇宙的主宰.
453) 梁晓强,「都管七个国六瓣银盒辩证」,『曲靖师范学院学报』, 2010-5. 87쪽.

2) 사리함(舍利函) : 다나까 가즈미(田中一美)

1993년 다나까 가즈미(田中一美)의 논문은 제목 자체가 「도관 7개국 합의 도상(圖像)과 그 용도(用途)」이기 때문에 이 문제에 대해 아주 집중적으로 다루었다. 다나까는 약재함(藥材函)이라는 중화인민공화국 학자의 주장에 다음과 같은 두 가지 반론을 내세운다.

① 허제촌(何家村) 가마(窯藏)에서 출토된 은합에 비해 이 은합은 너무 작다.
② 은합이 3겹으로 된 것을 설명할 수 없다.

이어서 다나까는 다음 몇 가지 이유를 들어 사리그릇(舍利容器)이라고 주장한다.
첫째, 출토지점이 흥경궁(興慶宮)이 아니라 보응사(寶應寺)라는 절이다.
둘째, 은합에 그려진 도상(圖像)이 사리가 전해 들어오는 것(傳來)을 상징한다. 그는 가운데 그림에 쓰인 '곤륜왕국(崑崙王国)'과 함께 쓰인 장래(將來)와 「도관7개국(都管七個国)」이라는 두 명문을 두고 설명한다.

> 이 합은 곤륜왕국의 사리장래도(崑崙王國의 舍利將來圖)를 중심으로 중국인에게 가까운 불교국 6개 나라를 배치한 불교적 주제를 바탕으로 한 작품이라고 생각한다.
> 곤륜왕국으로부터의 사리장래도(崑崙王國からの舍利將來圖) 외에 고리(高麗)나 오만·토번 같은 지금까지 발견된 금은기(金銀器)에는 전혀 보이지 않았던 중국에 가장 가까운 아시아 나라들이 도상화되어 있다.[454]

이 은합에 그려진 그림은 지금의 동남아시아 지역을 부르는 '곤륜왕국으로부터 사리가 막 도착하는 그림(崑崙王國からの舍利將來圖)'이고 '사리를 나누는 그림(舍利分配圖)'이라고 봤다. 은합의 한가운데 곤륜국에 새겨진 그림을 코끼리가 사리를 싣고 오는 장면을 상정해 '사리가 도착한 그림(舍利將來圖)'으로 보았고, 둘레 6개의 꽃잎에 그려진 나라들은 이 사리를 나누는 데 참가한 나라들이라는 것

---

454) 田中一美, 「都管七個國盒の圖像とその用途」, 『佛教藝術』(210), 1993, 27쪽.

이다. 다시 말해 곤륜왕국에서 도착한 사리를 나누는데 그 대상이 되는 나라들이 당 주변의 불교 국가나 민족들이며, 분배의 주체는 '도(都)가 관할하는 7개 나라 (都管七個國)'라는 말에 들어 있듯이 당(唐)이 되어 7개 나라와 당을 합치면 8개나라가 된다는 것이다.[455]

셋째, 이 은합에 들어 있는 수정과 마노는 사리(舍利)다.

> 남북조 이후 불사리 신앙이 높아져, 각지에서 왕성하게 사리탑을 세웠는데, 대부분 사리 대체물(代替物)을 썼다.[456] 『여의보주금륜주왕경(如意寶珠金輪咒王經)』여의보주품(如意寶珠品) 3(대장경 19권, 332쪽·하)에서 사리가 없을 때는 금·은·유리·수정·마노·파류(玻瑠)를 대신 쓰는 가르침이 기록되어 있어 중국에서는 수정이나 하얀 구슬을 많이 쓰고 있다. 그리고 이런 사리는 형식은 갖가지지만 금이나 은으로 만든 그릇에 넣고 있다.[457]

수정과 마노를 사리라고 보는 것은 그 자체가 붇다의 사리라는 것이 아니라 사리 대신 쓴 물건이라는 것이다. 그리고 사리를 증명하는 경전을 밝히고 실제 그런 사례들이 많다고 뒷받침한다. 이는 은합이 약재나 귀중품을 넣는 그릇이 아니라 사리함임을 분명히 밝혔다.

넷째, 금은합(金銀盒)을 겹쳐서 쓰는 것은 사리 그릇이라는 결정적인 증거라는 것이다. 이 유물은 다음 3개가 한 세트를 이룬 아주 작은 은합(銀盒)이다.

① 6판은합(六瓣銀盒) : 높이 5cm, 너비 7.5cm

② 앵무무늬 은합(鸚鵡紋銀盒) : 높이 3.4cm, 너비 6.4×4.9cm

③ 거북등무늬 은합(龜背紋銀盒) : 높이 2.3cm, 너비 4.7×3.7cm

---

455) 田中一美, 「都管七個國盒の圖像とその用途」, 『佛教藝術』(210), 1993, 21~22쪽.

456) 唐 不空 譯, 『如意寶珠轉輪祕密現身成佛金輪呪王經』(大正藏第 19 冊 No. 0961)을 줄인 것이다. 若無舍利 以金·銀·琉璃·水精·馬腦·玻梨衆寶等造作舍利. (CBETA)

457) 田中一美, 「都管七個國盒の圖像とその用途」, 『佛教藝術』(210), 1993, 24쪽. 南北朝以降佛舍利信仰が高まり, 各地で盛んに舍利塔が建立されたが, そのほとんどで舍利の代替物が用いられた. 『如意寶珠金輪咒王經』如意寶珠三(大藏經十九卷, 三三二頁·下)は, 舍利が無いときには金·銀·瑠璃·水晶·瑪瑙·玻瑠で代用する旨が記され, 中國では水晶や白色の珠が多く用いられている. そしてこれらの舍利は, 形式は樣々であるが金や銀の容器に納められているのである.

약재나 귀중품을 넣기 위한 합을 몇 겹으로 한 사례가 없는 반면, 사리함은 주로 이처럼 몇 가지 합을 세트로 사용하는 것이 관례라는 점을 주목하였다. 그런 사리함의 보기로 장안 국청사(國淸寺) 부근에서 발견된 금은합 사리 그릇, 한국 경주 황룡사에서 발견된 금은합 사리 그릇 같은 보기를 들었고, 특히 양나라 때 발굴한 금·은·철 3겹 그릇과 금·은·철·석 4겹 그릇 속에서 사리가 발견된 사실을 들며, 그와 같은 관습은 당나라까지 계속되었기 때문에 "금이나 은으로 만든 합을 겹쳐서 쓴 보기는 많지 않지만 사리 그릇으로 볼 수밖에 없다."고 했다. 결론은 "도관칠개국합이 사리의 전래를 상징하는 도상을 지니고 있는 이상 들어 있는 수정 3알과 마노는 크기를 봐도 사리로 보이고, 따라서 도관칠개국합이 사리 용기라고 보는 것이다."[458]

다음 해인 1994년 도야마 키요시(外山潔)도 붇다의 사리를 나누어 주는 그림이라고 했고,[459] 같은 해 이성시도 다나까의 설을 그대로 인용하고 있다.[460] 그 뒤 2010년 아까바메 마사요시(赤羽目匡由)는 그 그림의 사리 분배를 중국의 조공과도 연결하여 설명한다.

> 곤륜왕국이 중국에 사리를 가져오고 나서 그것을 중국 황제가 자국과 일곱 나라를 합친 여덟 나라에게 분배하는 것을 표현하는, 중국 황제를 중심으로 한 세계관을 드러낸다. 본래 불교는 중국 사회에 전통적으로 있던 군신, 부자, 부부의 질서를 강조하는 예교주의(禮敎主義)나 화이(華夷)를 구별하는 중화사상(中華思想)에 얽매이지 않고 세속을 초월하여 국가 외의 세계를 사모하는 것인데 도관은합의 명문과 그림이 드러내는 주제는 이런 불교적 세계관과 근본적으로 다르다. ……요컨대 도관은합의 명문과 그림은 첫째로는 중국 황제가 일곱 나라와 자국에 사리를 분배하는 장면을 표현하는 것으로, 그뿐만 아니라 여기에는 덧붙여 중국 황제가 일곱 나라에게 조공을 받고 있다는 중화

---

458) 田中一美,「都管七個國盒の圖像とその用途」,『佛敎藝術』(210), 1993, 25쪽.

459) 外山潔,「館藏舍利容器について(下)」,『泉屋博古館紀要』10, 1994, 129쪽.

460) 李成市,「法隆寺金堂阿彌陀如來坐像臺座から發見された人物畵像の出自をめぐって」,『アジアにおける國際交流と地域文化』, 1994, 2쪽.

사상도 드러낸 것이다.

    다나까는 이 그릇을 만든 나라인 중국을 바탕으로 상정하고 나머지 7개 나라를 합하여 8개 나라라고 했다. 사리 분배와 관련된 그림은 반드시 8개 나라여야 하기 때문이다. 그러므로 아까바메 마사요시(赤羽目 匡由)는 은합에 나온 나라들이 8개가 아니고 7개인 점에 대한 논리적 설명을 하기 위해 "그래서 도관은합에서 일곱 나라를 담당한 주체로 중국 황제를 상정해 보고 싶다."고 하며, 다른 사리함에 중국 사람들이 나타난 보기를 들고 있다. 그렇지만 다른 사리함에는 중국 사람이 중심인물로 나오지만, 이 은합에는 중국이란 나라 자체가 없는 이유를 완전히 설명할 수는 없었다고 보인다. 어쨌든 이 은합에 그려진 그림은 붇다가 열반한 뒤 다비를 하여 그 사리를 여러 나라로 나눈 사실을 소재로 하였다는 것이 일본 학자들의 주된 흐름이다.

    한국에서도 2003년 노태돈이 『예빈도에 보인 고구려』에서 사리 그릇이라는 다나까의 설을 지지하고 다나까의 설을 간추려 소개하고 있다. 필자도 2015년 「외국 고구리(高句麗) 인물화에 나타난 닭깃털관(鷄羽冠)과 고구리(高句麗)의 위상」에서 간단히 다루면서 다나까의 설을 받아들여 소개하였다. 이처럼 현재 한국과 일본의 연구자들에게는 이 유물이 사리함이고 새겨진 그림은 사리 분배도라는 것이 일반적으로 널리 받아들여지고 있다.

2. 사리 분배와 고리국(高麗國)의 연대

    만일 그것이 사리 분배도라면 은합에 새겨진 '고리국(高麗國)'은 당연히 사리 분배에 참여한 '고리국(高麗國)'이어야 한다. 그런데도 사리를 분배받는 나라가

---

461) 赤羽目 匡由, 「동아시아에서의 고구려·발해 문화의 특징」, 『高句麗渤海研究』(38), 2010-11. 68쪽.
462) 赤羽目 匡由, 「동아시아에서의 고구려·발해 문화의 특징」, 『高句麗渤海研究』(38), 2010-11. 66쪽.
463) 노태돈, 『예빈도에 보인 고구려』, 서울대학교 출판부, 2003, 40쪽.
464) 서길수, 「외국 高句麗 인물화에 나타난 닭깃털관(鷄羽冠)과 高句麗의 위상」, 『고구려발해연구』(51), 2015.

신라라는 설과 발해라는 설이 크게 자리 잡은 것은 그 은합의 제작 시기가 고리(高麗) 조정이 당나라에 항복한 668년 이후 당나라 말기라는 점 때문이었다. 앞에서도 보았지만 이런 연대측정은 대부분 미술사적 측면에서 그릇의 생김새를 기준으로 추정하였다. 그러나 앞에서 그림에 새겨진 7개 나라를 역사적 사실에 따라 분석해 본 결과 고리(高麗)가 항복하기 전 시대에 이미 모든 나라가 실제 존재하고 활동했던 나라들이라는 것을 보았다.

여기서는 사리 분배에 대한 역사적 사실을 분석하여 고리(高麗)가 존재했던 당시나 그 이전에 이미 사리 분배가 유행하였고, 또 고리(高麗)가 수나라에 사리를 분배받은 기록을 분석함으로써 시대 판정에 대한 새로운 관점을 제시해 보려고 한다.

1) 사리 분배와 사리함의 불교사적 검토

초기 경전 『장아함경』에 따르면 당시 사리를 나누어 받은 나라는 8개 나라이다.

① 붇다가 열반하여 다비한 꾸씨나라(Kusīnāra, 拘尸城)

② 빠바(Pāvā, 波婆國) 나라의 말라족(Malla, 末羅)

③ 알라깝빠(Allakappa, 遮羅頗國) 나라의 불리족(跋離 Buli)

④ 라마가마(Rāmagāma, 羅摩伽國) 나라의 꼴리야족(Koliya, 拘利)

⑤ 베타디빠(Vethadīpa, 毘留提國)의 브라마나(婆羅門)

⑥ 까삘라(Kapila, 迦毘羅衛國) 나라의 사꺄족(Sakya, 釋迦)

⑦ 베쌀리(Vesālī, 毘舍離國) 나라의 릿차비족(Licchavī, 離車)

⑧ 마가다(Magadha, 摩揭陀國) 나라의 아자따 쌋뚜왕(Ajāta-sattu, 阿闍世王)[465]

이렇게 분배를 받은 8개 나라는 사리를 챙겨서 자기 나라로 돌아가 모두 탑을

---

465) 後秦 佛陀耶舍·竺佛念 共譯, 『長阿含經』(4),「遊行經」. 대승경전은 산스크리트에서 번역하였다. 그렇기 때문에 빨리어 꾸씨나라는 산스크리트로 꾸시나가라(拘尸那揭羅城/Kuśinagara)다. 장아함경은 초기 경전이고, 여기 나온 홀이름씨들을 원어로 옮기는 데는 빨리어 원전에 다 나와 있으므로 다음의 나라 이름들은 모두 빨리어임.

그림 157 사리 나누는 장면, 2~3세기(페샤와르 박물관 2014.3.4) 　그림 158 사리를 모시고 가는 장면, 3~5세기
(이슬라마바드 박물관 2014.3.3)

세우고 공양하였다. 그 뒤 BC 3세기 전 인도를 통일하여 불교 사상을 통치이념으로 했던 아쇼카왕이 사리가 모셔진 8군데 탑을 헐어 8만 4,000개로 나누어 주고 수많은 탑을 세워 불교를 널리 폈다고 한다.

　이러한 사리 분배에 대한 주제는 이미 기원 전후 간다라 미술에서 많이 발견할 수 있다. <그림 157>는 기원 2~3세기 간다라 지방에서 제작된 것인데 단상 위에 사리함 8개가 놓여 있고, 가운데 앉아 있는 사람이 있으며, 옆에 7명의 각국 대표들이 손에 합을 들고 서 있다. 사리함은 8개인데 서서 받으려는 각국 대표는 7명인 부분에 대해 일설에는 한 나라가 늦게 도착해서 그랬다지만 자세한 사실은 알 수가 없다. 양 옆에는 천신들이 보호하고 있다.

　사리를 모시고 가는 <그림 158> 장면은 육판은합의 코끼리와 비슷한 분위기를 보여준다. 왕이 코끼리를 타고 제법 큰 사리함을 앞에 안고 있으며, 바로 뒤에 탄 사람이 양산을 들고 있다. 여기도 앞뒤로 천신이 따라가며 지켜주고 있다.

　그 뒤 5세기 이상 지난 기원 전후 때도 붇다의 사리로 탑을 만드는 일은 왕성하게 계속되었다. 지금까지 수없이 많은 사리탑이 발견되고 사리함도 발견되었다. 유명한 카니시카왕의 사리함도 현재 페샤와르 박물관에 간직되어 있다.

　그렇다면 사리함은 어떻게 만들었을까? 많은 보기가 있겠지만 뒤에 당나라에서 나온 사리함과 비슷한 보기를 하나만 보기로 한다. 독일 아시아예술박물관이 간직한 사리함은 그 연대나 형식, 그리고 함에 쓰인 명문 덕분에 사리함을 연

그림 159 간다라 사리함, AD 20년(베를린 Museum of Asian Art, 2014.9.10.)
이 사리함에 4줄의 문장이 새겨져 있는데, 워싱턴 대학의 Richard Salomon 교수가 모두 해독해서 발표하였다.

구하는 데 아주 귀중한 정보를 제공해 준다. 이 사리함은 현재 파키스탄 서북 국경 주(Northwest Frontier Province) 바자우르(Bajaur) 지역에 있던 아프라짜 왕 (Apracarājas)의 것이다.

이 사리함에는 문장이 4줄 새겨져 있는데, 워싱턴 대학의 Richard Salomon 교수가 모두 해독해서 발표하였다.

> 아야(Aya, Azes) 대왕 77년 스라바나 달 24일, 바가모야 아빠짜의 왕 쑤부띠카의 아들 사뜨로레까 끄샤뜨라빠가 차드라따 까샤삐야스의 호의로 이전에 모신 적이 없는 아타이 마을에 사꺄무니 세존의 사리를 모셨다. 모든 붓다가 영광스럽고, 연각(緣覺)·아라한 (阿羅漢)·성문(聲聞)들이 영광을 누렸고, 자격이 있는 모두가 영광을 누렸다. 그는 아내 다비따와 두 아들 인드라쎄나·메낭하와 함께 이 사리들을 모셨다. (그의) 어머니와 아버지는 영광을 누렸다. (그의) 형제 인드라쎄바까라(?) (그리고) 아빠짜의 왕 비자야미뜨라는 간다라에서 영광을 누렸다. 영광을 누릴 자격이 있는 쑤루나까지의 아들은 영광을 누렸다. 그는 (빠뜨롤라, 시사바, 다시의 자식들과 함께) 이 사리를 모셨다.[466]

---

466) Richard Salomon, "The Bagamoyo Relic Bowl Inscription", Indo-Iranian Journal (27), 1984, p.107. 1) In the seventy-seventh year of the Great King Aya(Azes) of time past, on the twenty-fourth day of the month Śrāvaṇa, by Śatroleka Kṣatrapa, son of Subhūtika, the king of Apaca, Bhagamoya, 2) The relics of Lord Śākyamuni were established in

그 문장 안에 인도-스키타이시대의 일반 카로슈티 문자로 아야(Aya·Azes) 77년 (AD 19~20)이라는 연대가 쓰여 있다. (글자는) 좀 거칠고 흘려 썼다는데, (쓰인) 언어는 표준 서북 쁘라끄리뜨으로 오늘날 카로슈티에서 간다라어(Gāndhārī)라고 한다.[467]

여기서 역사적 사실로 중요한 것은 다음 4가지로 간추릴 수 있다.

① 사리탑을 세운 연대가 AD 20년이라고 정확하게 새겨져 있다.

② 사까무니(釋迦牟尼) 입적 500년이 넘은 당시 사까무니의 사리를 모셨다.

③ 사리탑을 세운 목적은 왕가의 모든 구성원이 영광을 누리기 위해서였다.

④ 말은 현지 간다라어인 쁘라끄리뜨어를 썼지만 문자가 없었기 때문에 카로슈티 문자를 썼다.

사리함은 회색 청석돌(粘板岩, Grey slate)로 만들었는데 18×15cm로 제법 큰 그릇이다. 그 안에 은합, 은합 안에 금합이 들어있는데, 그 금합 안에 다시 작은 두 개의 합이 있어 모두 합치면 5겹(五重) 사리함이라고 할 수 있다. 그리고 크기로 볼 때 마지막 두 개의 합과 함께 3번째 합 속에 들어 있을 것으로 보이는 사리병(舍利壺)이 하나 있다. 금, 수정, 진주, 마노 같은 보물들이 나왔는데 금을 빼고 나머지 보석들은 모두 구멍이 뚫려 있어 목걸이(瓔珞)로 보인다.

---

a previously unestablished place, in the village Aṭhayi, in favor of the Chādrata(?) Kāsyapīyas. All the Buddhas are honored, all the Pratyeka-Buddhas, Arhats, and Śrāvakas are honored, all 3) those worthy of honor are honored. He establishes these relics together with (his) wife Dăvītī, and with (his) sons Indrasena and Menaṃha. (His) mother and father are honored. (His) brother Indrasevākara(?) (and) the King of Apaca Vijayamitra 4) are honored in Gandhāraka. the sons of Sǔrǔṇākājī, worthy of all honor, are honored. He establishes these relics(with the offspring of Patrola, Śiśabha, and Daśi?)

467) Richard Salomon, "The Bagamoyo Relic Bowl Inscription", Indo-Iranian Journal (27), 1984, p.107. The inscription, dated in the year 77 of Aya or Azes(=19~20 A. D.) is written in the usual Karoṣṭhī script of the Indo-Scythian era. The engraving is somewhat rough and cursive. The language is the standard northwestern Prakrit, nowadays often referred to as Gāndhārī, of the Karoṣṭhī texts.

2) 양(梁, 502~557) 대의 사리함과 사리 분배

(1) 양 아육왕사(阿育王寺) 사리함 출토

중국에는 역사적으로 꽤 많은 사리탑들이 세워졌다. 그 가운데 닝보(寧波) 아육왕사(阿育王寺) 사리탑이 가장 유명하다. 아육왕사(阿育王寺)는 서진(西晉) 태강(太康) 3년(282)에 세워진 절이다. 아육왕(阿育王)은 기원전 3세기 인두(印度) 전체를 지배한 야쇼카왕을 한자로 나타낸 왕 이름이다. 전설에 따르면 아쇼카왕은 왕사성에 있는 붇다의 대 보탑 사리를 8만 4,000으로 나누어 각 처에 탑을 짓게 했는데 그때 중국에도 19곳에 사리탑이 섰고, 그 가운데 아육왕사의 사리탑이유일하게 남았다.[468]

이러한 사리는 제왕들이 자기 지배력을 다지기 위해 많이 사용하였고 국제간에도 우호 관계를 다지기 위해 사리 분배가 이루어졌다. 불법이 성했던 양나라 무제 때의 사리 이야기를 보자.

> 양나라 고조(무제) 3년(504) 무제가 아육왕사탑을 다시 만드는데 옛 탑 아래서 사리와 붇다의 손톱 머리털이 나왔다. ……16년(517) 또 사문 승 상가(尙伽)를 시켜 3층을 만들도록 했는데 바로 고조가 열었던 것이다. 처음 땅 4자를 뚫어 용굴(龍窟) 및 옛사람들이 넣은 금은 고리 팔찌 비녀 같은 여러 보물을 얻고, 9자쯤 더 들어가니 돌 주춧돌에 이르렀는데 주춧돌 아래 돌함이 있고, 그 함 안에 쇠병(鐵壺)이 들어있었다. 그 안에 은그릇이 있고, 그릇 안에 금으로 새긴 양병이 들어 있으며, 사리가 3알 들어 있었는데 마치 벼알갱이만큼 크고 둥글고 빛이 났다. 함 안에는 유리 주발이 있고 그 안에서 사리 4알과 머리털, 손톱을 얻었는데 손톱은 4매인데 황갈색이다. 그날 27일에 고조가 절에 와서 예배하고 무차대회(無遮大會)를 열었으며 온 나라에 큰 사면을 했다. 그날 금 바리때에 물을 담아 사리를 띄우는데, 가장 작은 것이 바리때에 감추어져 나오지 않아서 고조가 예를 갖추어 수십 번 절을 하자 이내 사리가 바리때 안에서 빛을 내며 돌기를 오랫동안

---

468) 『百度百科』, 「阿育王寺」.

하다 바리 가운데 나와 그쳤다.⁴⁶⁹⁾

여기서 우리는 국가 차원에서 사리탑을 관리하고 세우는 사업이 있었으며, 사리 예배를 바탕으로 무차대회를 열고 왕이 이적을 일으키는 이야기를 통해 나라를 다스렸다는 것을 볼 수 있다. 무차대회란 승려·속인·남녀노소·귀천의 차별 없이 평등하게 널리 일반대중을 대상으로 하여 잔치를 베풀고 물품을 골고루 나누어주면서 집행하는 법회이기 때문에 이때 왕이 이적을 행하고 모두에게 은혜를 베푸는 행사는 통치자의 권위를 세우는 데 크게 도움이 되었을 것이다. 여기서 여러 겹의 사리함이 발견되었다는 점에 주목할 만하다. 그때 발굴한 사리함은 다음과 같이 구성되어 있었다.

돌함(石函)+쇠병(鐵壺)+은그릇(銀坩)+금새긴양병(金鏤罌)—사리 3알(舍利 三粒)

양나라 때 이미 도관칠국은합(3重)처럼 4겹(4重) 은합을 사용하였다는 것을 알 수 있다.

(2) 국제적인 사리 공물과 사리 분배

『양서』에 보면, 중대통 6년(534) 현재 태국의 남녘에 있던 반반국(盤盤國)에서 양나라에 붇다의 진신 사리(眞舍利)를 공물로 바친다는 내용이 나온다.⁴⁷⁰⁾ 불교를 숭상했던 양 무제에게는 최고의 공물이었을 것이다. 양 무제는 이 사리 가운데 일부를 신라에 보낸 기록이 있다.『삼국유사』에는 양나라가 진흥왕 10년(549) 신

---

469) 梁書卷五十四 列傳第四十八 諸夷 海南. 高祖改造阿育王寺塔. 出舊塔下舍利及佛爪髮 …… 十六年, 又使沙門僧尚伽為三層, [一八]即高祖所開者也. 初穿土四尺, 得龍窟及昔人所捨金銀鐶釧釵鐶等諸雜寶物. 可深九尺許, 方至石磉, 磉下有石函, 函內有鐵壺, 以盛銀坩. 坩內有金鏤罌, 盛三舍利, 如粟粒大, 圓正光潔. 函內又有琉璃碗, 內得四舍利及髮爪, 爪有四枚, 並為沉香色. 至其月二十七日, 高祖又到寺禮拜, 設無遮大會, 大赦天下. 是日, 以金缽盛水泛舍利, 其最小者隱缽不出, 高祖禮數十拜, 舍利乃於缽內放光, 旋回久之, 乃當缽中而止.

470) 『梁書』卷54 列傳 第48 諸夷, 海南, 盤盤國. (中大通)六年八月, 復使送菩提國真舍利及畫塔. 並獻菩提樹葉, 詹糖等香.

라에 사신 심호(沈湖)를 보내 사리 몇 알을 보낸 기록이 나온다. 그리고 『해동고 [471]
승전』에는 보다 자세하게 그 내용이 기록되어 있다.

> (진흥왕) 10년 양나라가 사신을 보냈다. 입학승 각덕(覺德)과 함께 붇다의 사리를 보내니
> 왕이 신하들을 시켜 흥륜사 앞길에서 받들어 맞이하도록 하였다. [472]

이처럼 사리는 일찍이 양나라 때도 국내 정치뿐 아니라 국제적으로 큰 외교활
동의 수단으로 쓰였다는 사실을 알 수 있다.

3) 수나라의 사리탑 조성과 해동 3국에 사리 분배

(1) 수 문제의 1차 사리탑 30기 조성

이런 사리 분배는 수나라 초기에도 크게 성행한다. 당(唐) 도선(道宣)이 지은
『광홍명집(廣弘明集)』에 수(隋) 왕소(王邵)가 지은 「사리감응기(舍利感應記)」가
실려 있다.

> 황제가 옛날 황제에 오르기 전(潛龍) 바라문 사문이 집으로 찾아와 사리(舍利) 1리(裏)를
> 내놓고 말했다. "단월(檀越, 시주)이 마음으로 좋아하기 때문에 공양으로 남깁니다." 사
> 문이 간 뒤에 (그 사문을) 찾았으나 있는 곳을 알 수 없었다. 나중에 황제가 사문 담천(曇
> 遷)과 함께 각각 손바닥 위에 사리를 놓고 헤아려 보았는데 어떤 때는 적고 어떤 때는
> 많아 헤아려 잡을 수가 없었다. ······황제와 황후가 경사(京師)에 있는 법계니사(法界尼
> 寺)에 옛 바람(舊願)을 갚기 위해 부도(浮圖) 여러 기를 세워 그 아래 사리를 안치하였다.
> 개황 15년(595) 가을밤에 신기한 빛이 나서 스스로 자리 잡고 올라가 오른쪽으로 돌아
> 가 둘러싸고 빙빙 도는데 붉은 모양이 대장간 화로의 불꽃과 같았다. 10일 안에 4번이
> 이런 일이 일어났다.

---

471) 『三國遺事』卷3 興法 第3 原宗興法厭髑滅身. 國史云. 真興王大淸三年己巳. 梁使沈湖送舍利若干粒.
472) 覺訓, 『海東高僧傳』卷1, 大正藏第 50 冊 No. 2065. 十年梁遣使. 與入學僧 覺德送佛舍利. 王使
　　 群臣奉迎興輪寺前路.

황제가 인수(仁壽) 원년(601) 6월 13일 인수궁의 인수전에 납시었는데 바로 태어나신 날이었다. 해마다 이 날이면 마음 깊이 영원히 새기고 복과 선을 닦아 세우고 부모의 은 덕을 갚았다. 그러므로 여러 대덕 사문들을 모셔 함께 도를 논의하고 <u>나라 안에서 높고 밝고 맑고 깨끗한 30곳을 골라 각각 사리탑을 세우도록 했다.</u>[473]

수나라를 세운 수 문제가 황제가 되기 전 어떤 사문에게 사리를 받아 간직하고 있었는데 여러 감응이 일어났고, 황제는 사리를 전국 30곳에 나누어 탑을 세우게 해서 전국에 황제 덕을 보여주는 중요한 행사로 삼았다는 것을 알 수 있다. 북주의 외척이었던 양견(楊堅)은 581년에 왕위를 빼앗아 황제가 되어 수나라를 세웠고, 589년 전국을 통일한 장본인이다. 그가 바로 수 문제다. 그는 어떻게든 백성들의 마음을 사로잡아야 했고, 당시 불교가 성행해서 이 사리 행사를 성대하게 치름으로써 그만큼 정치적 입지를 다졌다는 내용을 보여주는 기록이다. 사리 입수 경위가 뚜렷하지 않아 이런 행사들이 다분히 정치적으로 활용되었다는 것을 알 수 있다.

실제로 수 문제가 인수(仁壽) 원년(601)에 조성한 사리탑의 사리들이 발견되고 있다. 지금까지 중화인민공화국에서 모두 5곳이 있다.

1) 치주(岐州) 치산현(岐山縣) 봉황사(鳳泉寺) 사리탑(舍利塔)
2) 용주(雍州) 저우지현(周至县) 선유사(仙游寺) 사리탑
3) 칭주(青州) 펑산현(逢山縣) 승복사(勝福寺) 사리탑
4) 통주(同州) 우샹현(武鄉縣) 대흥국사(大興國寺) 사리탑

---

473) 唐 道宣 撰, 『廣弘明集』 卷17 「佛德篇」 第 3-3. 隋 王邵 著作 「舍利感應記」. 隋 王邵 著作 「舍利感應記」. 皇帝昔在潛龍. 有婆羅門沙門來詣宅. 出舍利一裹曰. 檀越好心. 故留與供養. 沙門既去. 求之不知所在. 其後皇帝與沙門疊遷. 各置舍利於掌而數之. 或少或多. 並不能定. ……皇帝皇后 於京師法界尼寺. 造連基浮圖以報舊願. 其下安置舍利. 開皇十五年季秋之夜有神光. 自基而上右 繞露槃. 赫若冶鑪之焱. 一旬內四如之. 皇帝以仁壽元年六月十三日. 御仁壽宮之仁壽殿. 本降生 之日也. 歲歲於此日深心永念. 修營福善追 報父母之恩. 故迎諸大德沙門與論至道將於海內諸州 選高爽淸靜三十處各起舍利塔. 覺岸·寶洲, 『釋氏稽古略』 卷二, 隋, 高祖文帝편에도 같은 내용이 실려 있고, 『法苑珠林』에 그 30곳에 대한 자세한 리스트가 나와 있다.

5) 징자오(京兆) 따싱현(大興縣) 용지사(龍池寺) 사리탑 ⁴⁷⁴⁾

칭주(青州) 펑산현(逢山縣) 승복사(勝福寺) 사리탑 명문에는 이 사리탑이 601년에 세워졌다는 내용이 뚜렷이 새겨져 있고,『광홍명집(廣弘明集)』에 있는 기록이 정확하다는 것이 고고학적으로 증명된다.

대수(大隋) 인수(仁壽) 원년(601) 10월 을축일, 황제가 널리 모든 법계의 저승과 이승(幽顯)의 생명(生靈)을 위하여 삼가 청주(青州) 봉산현(逢山縣) 승복사(勝福寺)에 사리를 받들어 모셔 영탑(靈塔)을 세웁니다. 태조 무원(武元)황제·원명(元明)황태후·황제·황후·황태자·여러 왕자와 왕손들, 아울러 안팎의 관료들과 백성들, 6도의 3악도(三惡道)의 사람과 사람이 아닌 (용, 야차, 귀신, 짐승)에 이르기까지 태어날 때마다 붇다로부터 바로 가르침을 듣고 괴롭고 허무한 것을 여의고 함께 (깨달음이란) 묘과(妙果)를 얻길 비나이다.
⁴⁷⁵⁾
맹필(孟弼) 씀

그림 160 青州 逢山縣 勝福寺 사리탑 명문 (冉万里, 2016)

(2) 수 문제의 2차 사리탑 51기 조성과 고리(高麗)·백제·신라 사신의 참석

이런 통치행사는 국내뿐 아니라 국제적으로도 실행되었다.『광홍명집(廣弘明集)』에는「사리 감응을 경하하는 표(慶舍利感應表)」와 황제의 답글이 함께 실려 있다(并詔答). 우선 안덕왕 양웅(楊雄)이 백관을 대표로 상소를 올리는 내용이다.

신하 웅(楊雄) 등이 말했다. ……지난 여름(601년) 6월 조서를 내려 사문에게 사리를 받들어 옮기도록 해서 30개 주에서 10월 15일 한꺼번에 탑을 세웠습니다. 그런데 포주(蒲

---

474) 冉万里,「越南北宁省顺成县春尖村出土的隋仁寿元年舍利石函及舍利塔铭 -交州龙编县禅众寺舍利石函及塔铭调查记」,『西部考古』(1) 2016, 58~59쪽.

475) 維大隋仁壽元年歲次辛酉十月辛亥朔乙丑 皇帝普為一切法界幽顯生靈, 謹于青州 逢山縣 勝福寺, 奉安舍利, 敬造靈塔. 願太祖武元皇帝, 元明皇太后, 皇帝, 皇后, 皇太子, 諸王子孫等, 并內外群官, 爰及民庶, 六道三塗, 人非人等, 生生世世, 值佛聞法, 永離苦空, 同升妙果. 孟弼書.

州) 서암사(栖巖寺)에서는 규범에 따라 탑을 세웠는데, 산 위에서 이내 종과 북소리가 들리고, 사리는 (아직) 강당에 놓여 있었지만, 그날 밤 부도 위에 대단한 빛이 났습니다. …… 황제와 황후가 사리를 얻어 흐르는 빛이 아름답게 흩어져 빛나기도 하고 가라앉기도 하니 지덕과 정성의 도가 영성(靈聖)과 하나 되지 않는다면 어찌 신공묘상이 이처럼 뛰어나고 특별할 수 있겠습니까![476]

이를 통해서 601년 국가적으로 진행되었던 사리탑 조성 사업이 성공적으로 끝났다는 사실을 알 수 있다. 이와 같은 신하들의 경하가 있었던 뒤, 이어서 황제가 다시 새롭게 50곳의 사리탑 건립계획을 발표한다. 이 발표문 가운데는 이 장의 글과 관련되어 아주 중요한 내용이 들어 있다.

짐과 왕공들 및 모든 백성이 이제 다시 더욱 삼보(三寶 : 불·법·승)를 일으켜 발전시키기 위해 이번에도 진짜 사리 50알이 있으니, 해당 사에서는 이전과 마찬가지로 나라 안에 나누어 보내 삼도(三塗, 지옥·아귀·짐승)와 육도를 벗어나고 장애와 번뇌를 모두 면하도록 하여 의식이 있고 영혼을 가진 모두가 함께 묘과(妙果)에 오를 수 있도록 담당자는 시행하기 바란다. 지금 막 고리(高麗)·백제·신라 세 나라 사신들이 와서 각각 사리를 청하여 자기 나라에서 탑을 세워 공양하겠다고 하므로 모두 허락하는 조서를 내렸다. 경사에 조서를 내려 대흥선사에 탑을 세우기 위해 먼저 상서도당(尚書都堂)에 사리를 안치하도록 하였다.[477]

601년 사리를 나누는 과정에서 고리(高麗)·백제·신라의 사신들이 모두 사리를

---

476) 唐 道宣 撰,『廣弘明集』卷17「佛德篇」第 3-3. 慶舍利感應表. 臣雄等言. …… 去夏六月爰發詔旨. 迎請沙門奉送舍利. 於三十州以十月十五日同時起塔. 而蒲州栖巖寺規模置塔之所. 於此山上乃有鍾鼓之聲. 舍利在講堂內. 其夜前浮圖之上發大光明. …… 皇帝皇后又得舍利. 流輝散彩或出或沈. 自非至德精誠道合靈聖. 豈能神功妙相致此奇特.

477) 唐 道宣 撰,『廣弘明集』卷17「佛德篇」第 3-3. 慶舍利感應表. 朕與王公等及一切民庶. 宜更加剋勵興隆三寶. 今舍利眞形猶有五十. 所可可依前式分送海內. 庶三塗六道俱免蓋纏. 裏識含靈同登妙果. 主者施行. 高麗百濟新羅三國使者將還. 各請一舍利於本國起塔供養. 詔並許之. 詔於京師大興善寺起塔. 先置舍利於尚書都堂. 十二月二日旦發焉. 是時天色澄明氣和風靜. 寶輿旛幢香花音樂種種供養彌遍街衢. 道俗士女不知幾千萬億. 服章行位從容有敍.

분배받았다는 기록이다. 이것은 나라 안뿐 아니라 주변 국가에도 사리를 나누어 준 아주 중요한 사료라고 할 수 있다. 『석씨계고략(釋氏稽古略)』에는 세 나라가 사리를 나누어 받는 장면이 잘 그려져 있다.

> 황제가 10월 15일 한낮(午時) 대흥전에 납시어 서쪽을 바라보고 홀을 들고 섰다. 이어서 불상 및 사문 360명·깃발(幡蓋)·음악을 청하자, 대흥선사(大興善寺)에서 (대흥)전까지 맞이하러 와서 향을 피우고 예배하였다. 문무백관을 거느리고 재식(齋食)하고 사리를 탑에 넣은 뒤 황제가 "불법을 크게 일으키면 반드시 감응이 있다"고 말했다. 이때 <u>막 고리</u> <u>(高麗)·백제·신라 세 나라 사신(使者)들이 와서 각각 사리를 청하여 자기 나라에서 탑을</u> <u>세워 공양하겠다고 하므로 모두 허락하는 조서를 내렸다.</u>[478]

마치 행사가 있는 날 신문에 기사가 난 것처럼 당시 상황이 자세하고 현장감 있게 묘사되어 있다. 그해 12월 2일 사리가 궁을 떠날 때 황제가 몸소 절까지 가서 백성들과 함께 사리를 분배하였다.

> 12월 2일 아침 (사리와 황제가) 떠나는데 하늘이 맑고 밝으며, 기운이 부드럽고 바람이 조용하였고, 보여(寶輿: 천자의 수레)·번당(幡幢)·향과 꽃·음악 같은 갖가지 공양이 가는 길에 두루두루 미쳤다. 출가자와 재가자의 남녀가 그 수를 헤아릴 수 없었고 복장 행위 몸가짐을 제대로 갖추고 늘어서 있었다. 상주국 사공공(司空公) 안덕왕 웅(楊雄) 이하 모두 걸어서 절에 이르러 무차대회(無遮大會)를 열고 절하며 죄를 뉘우쳤다.[479]

이 기록에서 보면 얼마나 큰 국가적인 행사인지 알 수 있다. 여기서 고리(高麗)를 비롯한 세 나라 사신이 이 행사에 참석했던 사실, 특히 사리를 분배하는 행사

---

478) 覺岸·寶洲, 『釋氏稽古略』卷2. 隋, 高祖文帝. 帝於十月十五日午時御大興殿. 西向執珪而立. 延請佛像及沙門三百六十人幡蓋音樂. 自大興善寺迎來至殿燒香禮拜. 率文武百僚齋食. 及舍利入塔時畢. 帝曰. 佛法重興必有感應. 時高麗百濟新羅三國使者將還. 各請舍利於本國起塔供養. 詔許之

479) 唐 道宣 撰, 『廣弘集』卷17「佛德篇」第 3-3. 慶舍利感應表. 十二月二日旦發焉. 是時天色澄明氣和風靜. 寶輿旛幢香花音樂種種供養彌遍街衢. 道俗士女不知幾千萬億. 服章行位從容有[1]敘. 上柱國司空公安德王雄已下皆步從至寺. 設無遮大會而禮懺焉.

현장에 고리국(高麗國) 사신이 등장하는 것은 당연하다는 사실을 증명해 준다.
다음 해인 2월에 전국 51주에 명령을 내려 사리탑을 쌓도록 하고 4월 8일 탑에
사리를 넣었다.[480]

 이 기록을 보면, 고리(高麗)를 비롯한 여러 나라 사신들도 큰 행사에 참석하였
다. 그때 궁정 화가들은 외국 사신들이 사리를 받아가는 장면뿐만 아니라 각 나
라 사신들의 특징적인 모습이나 장면을 기억해 두었다가 자신들의 작품에 반영
하였을 것이다. 그리고 특히 화가들에게는 머리에 2개의 깃털을 꽂은 고리 사신
의 모습이 가장 눈에 띄었을 것이다. 고리(高麗) 사신이 이처럼 두 깃털을 꽂는 것
은 단순한 관습이나 장식이 아니고 닭신(雞貴)를 숭배하여 꽂고 다닌다는 것을 알
고 있었기 때문이다.

 계귀(鷄貴)란 산스크리트의 '구구타왜설라(矩矩吒醫說羅)'를 말한다. '구구타(矩矩吒)'는
 닭(鷄)이고, '왜설라(醫說羅)는 귀하게 여긴다(貴)'는 것인데, 바로 고리국(高麗國)이다. 전
 하는 바에 따르면, 그 나라는 닭신(鷄神)을 공경(敬)하고 높이 우러러보기 때문에 (닭의)
 깃털을 머리에 꽂아 겉을 꾸민다고 한다. 날란다에 못이 있는데 용천(龍泉)이라 부른다.
 서녘(西方)에서는 고리(高麗)를 구구타왜설라(矩矩吒醫說羅)라고 부른다.[481]

 이처럼 고리(高麗) 사신들은 어떤 경우라도 닭깃털관(鷄羽冠)을 쓰고 다녔고,
별명이 '계귀(雞貴, 矩矩吒醫說羅)'라고 소문이 날 만큼 닭깃털을 꽂는 고리 사
신들의 의식은 나라 밖으로도 널리 알려져 있었다. 691년에 완성된 의정(義淨,
635~713)의 『대당서역구법고승전(大唐西域求法高僧傳)』은 641~691년 사이 천축
과 남해를 다니며 만났던 승려들을 기록한 책이다. 바로 고리(高麗)가 항복하기

---

480) 唐 道宣 撰, 『廣弘明集』 卷17 「佛德篇」 第 3-3. 慶舍利感應表. 仁壽二年正月二十三日. 復分布
　　 五十一州建立靈塔. 令總管刺史已下縣尉已上. 廢常務七日請僧行道. 教化打剎施錢十文. 一如前
　　 式. 期用四月八日午時. 合國化內同下 舍利封入石函. 所感瑞應者別錄如左. 恒州·泉州·循州·營
　　 州·洪州·杭州·涼州·德州·滄州·觀州·瀛州·冀州·幽州·徐州·莒州·齊州·萊州·楚州·江州·潭州·毛州·貝
　　 州·宋州·趙州·濟州·兗州·壽州·信州·荊州·梁州·蘭州·利州·潞州·黎州·慈州·魏州·汴州·杞州·許州·豫
　　 州·顯州·曹州·安州·晉州·懷州·陝州·洛州·鄧州·秦州(重得舍利)·衛州·洺州·鄭州.
481) 義淨, 『大唐西域求法高僧傳』, 大正藏第 51 冊 No. 2066 .

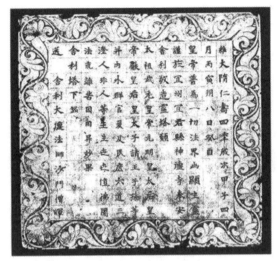

그림 161 陝西省 耀縣 神德寺 舍利塔 銘文(冉万里, 2016)

전부터 그 이후까지를 기록한 책인데, 중국과 현지에서 들었던 내용을 기록한 것
이기 때문에 아주 신빙성 높은 자료이다.[482)

아울러 2차 사리 분배 사실도 고고학적으로 확인되었다. 산시성(陝西省) 야오
현(耀縣) 신덕사(神德寺)에서 발굴된 사리탑 명문에는 인수 4년(604)하고 의주(宜
州) 의군현(宜君縣)이라는 주소만 다르지 똑같은 글이 새겨져 있다.[483) 이는 고리(高
麗)가 수나라 사리 분배 행사에 참석했다는 기록을 완벽히 증명해 준다.

---

482) 자세한 내용은 다음 논문 참조: 서길수, 「외국 高句麗 인물화에 나타난 닭깃털관(鷄羽冠)과 高句麗
의 위상」, 『고구려발해연구』(51), 2015.

483) 維大隋仁壽四年歲次甲子四月丙寅朔八日癸酉 皇帝普為一切法界 幽顯生靈 謹於宜州宜君縣神
德寺奉安舍利敬造靈塔願太祖武元皇帝 元明皇太后 皇帝 獻皇后 皇太子 諸王子孫等 並內外群官
爰及民庶 六道三塗 人非人等 生生世世 值佛聞法永離苦因同升妙果 / 舍利塔下銘 / 送 舍利大德
法師沙門僧暉.

V. 맺음말

Ⅱ장에서 연구사를 정리해 본 결과 다음과 같이 요약할 수 있다. 1984년 처음 도관칠개국육판은합(都管七個國六瓣銀盒)을 발표한 장따홍(張達宏) 등은 이 은합은 당나라 말기인 9세기에 만들어졌다고 하였다. 이러한 연대는 그 뒤 신라사신설, 발해사신설, 심지어는 왕씨 고리(高麗) 사신설 같은 갖가지 주장이 나오게 하였다. 특히 이런 논란은 일본에서 많이 나왔고, 중화인민공화국과 한국에서는 고리국(高麗國) 사신설이 지배적이라는 것을 알 수 있었다.

Ⅲ장에서 은합에 나온 7개 국가를 역사적인 관점에서 검토해 보고, Ⅳ장에서는 사리 분배에 대해 역사적으로 검토해보았다. 그 결과를 머리말에서 본 가정에 대입하여 보면 다음과 같다.

1) 이 은합은 고리국(高麗國)이 아직 존재했을 때 만들어졌다.

Ⅲ장에서 은합에 새겨진 나라들을 자세히 분석해 본 결과, 어느 나라인지 뚜렷하지 않은 백척△국(白拓△國) 말고는 모두 고리(高麗)가 당에 항복한 668년 이전에 함께 존재했던 나라들이었다. 반면 9세기 후반에는 고리국(高麗國, 전 37~668) 정권이 무너지고, 토번(吐蕃, 618~842)의 왕권이 분열되면서 강국에서 물러났고, 소륵(疏勒)을 관할하던 안서도호부(安西都護府)도 808년 무너져 위구르(回鶻)의 수중에 들어갔으며, 실크로드가 막히면서 당과 바라문국과의 교통도 끊긴다. 그러므로 9세기에는 당나라를 위주로 한 주변 7개국의 천하관이 성립될 수 없는 반면 수나 당 초기에는 오히려 그런 조합이 가능하다.

Ⅳ장에서 사리 분배와 사리함에 대해 검토해 보았다. 사리 분배도나 사리함은 양나라 때부터 당나라까지 줄곧 이어졌으며 당나라 때만 성행된 것이 아니었다. 또한 수나라 초기인 601년 황제의 주도 아래 전국 50곳에 사리를 나누어 주고 탑을 세우게 하는 행사에 고리국(高麗國) 사신이 직접 참석하였고 황제가 고리국(高麗國)에도 사리를 나누어 주어 본국에 돌아가 사리탑을 세우도록 한 기록이 있었다. 그러므로 사리 분배도와 똑같은 행사가 실제로 열렸고, 이러한 역

사적 사실들이 수공예품 작가들에게 주제로 채택된 것은 자연스러운 일이라고 할 수 있다.

그러므로 은합에 새겨진 7개 나라와 그 나라의 인물상을 바탕으로 연대를 측정한다면 은합에 새겨진 고리국(高麗國)은 당나라에 항복하기 이전의 고리국(高麗國)이라고 볼 수밖에 없다.

2) 깃털모(羽毛)를 쓴 고리(高麗) 사람의 특징적 인물상이 밑그림 형태나 예술적 이미지로 9세기까지도 이어졌다.

공예사나 미술사적 관점에서 사리함이 9세기에 만들어졌다고 하더라도 그릇에 새겨진 그림의 역사적 사실과 주제를 볼 때 닭깃털모를 쓴 인물은 위에서 본 역사적 사실을 근거로 고리(高麗)일 수밖에 없다.

우리가 간다라 미술에서 사리 분배도를 보았다. 간다라 미술은 기원 전후에 발생하였으니 실제 사리 분배가 있었던 때보다 5세기나 지난 시대의 미술이다. 간다라 작품에 나온 사리 분배 장면은 붇다가 입적하고 난 뒤의 사실로 이해해야지 그 작품이 만들어진 500년 뒤에 일어난 일로 보지 않는다. 그와 마찬가지로 수나라 초 고리(高麗)가 사리를 분배받은 것과 같은 내용이 9세기 그릇에 새겨져 있다고 해서 그 장면이 9세기 때의 상황이라고 볼 수는 없으며 그 상황은 고리(高麗)가 존재했을 당시의 장면으로 봐야 한다.

3) 신라나 발해 사람을 그리면서 고리(高麗)와 같은 나라로 보고 고리국(高麗國)이라고 쓴 것이다.

고리(高麗)가 멸망한 뒤 당(唐)에서는 고리(高麗)라는 나라 이름을 쓰는 것을 극단적으로 피했다. 그런데 당나라 장안 한복판에서 발굴된 유물에서 신라나 발해 사신을 그리면서 고리국(高麗國)이라고 기록했다는 것은 논리성이 떨어진다. 오히려 고리(高麗)가 당에 항복한 지 200년이 지났음에도 불구하고 고리(高麗)의 깃털관(羽冠)이 당나라 조각품의 주제로 활용되었다는 것은 그만큼 고리(高麗)의 특징적인 깃털관이 국제적으로 알려지고 인정받았음을 증명해 준다. 당 궁정에서 많이 연주된 고리악(高麗樂)과 같은 경우다.

이렇게 볼 때 은합에 새겨진 도상이 말해 주는 시대는 역사적 관점에서 보면 수대(隋代) 초까지도 올라갈 수 있다. 앞에서 보았듯이 육판은합은 다른 은합보다 특별하다. 그러므로 은합에 새겨진 나라 이름들과 역사적 사실들을 맞추어보면 은합에 새겨진 '고리국(高麗國)'이 발해나 신라가 아니고 고리국(高麗國)을 제대로 표현하고 있다고 확정할 수 있다.

끝으로 이 그림을 통해서 국제적으로 고구리(高句麗)와 고리(高麗)를 상징하는 이미지가 바로 이 닭깃털관(鷄羽冠)이라는 것을 뚜렷하게 증명해 주는 유물임을 알 수 있다.

참고문헌

『宋書』
『南齊書』
『北齊書』
『魏書』
『隋書』
『新唐書』
『三國遺事』

後秦 佛陀耶舍·竺佛念 共譯,『長阿含經』(4),「遊行經」.
大正藏第 01冊 No. 0076『梵摩渝經』.
大正藏第 04冊 No. 0197『佛說興起行經』
大正藏第 51冊 No. 2085『高僧法顯傳』
「완전한 열반의 큰 경」(144),『디가 니까야』, 한국빠알리성전협회, 2011,

覺訓,『海東高僧傳』卷1, 大正藏第 50 冊 No. 2065.
義淨,『大唐西域求法高僧傳』, 大正藏第 51 冊 No. 2066 .
唐 道宣 撰,『廣弘明集』卷17「佛德篇」第 3-3.
唐 李儼,『法苑珠林』, 大正藏第 53 冊 No. 2122
覺岸·寶洲,『釋氏稽古略』卷2.
明 王樵 撰,『尚書日記』
德清胡渭 撰,『禹貢錐指』

張達宏·王長啓,「西安市文管會收藏的幾件珍貴文物」,『考古與文物』1984-4.
云翔,「唐章怀太子墓壁画客使图中"日本使节"质疑」,『考古』, 1984-12.
周偉洲,「唐都管七國六瓣銀盒考」,『唐研究』第三卷, 北京大學出版社, 1997.
韋川,「唐代金銀器之珍品——"都管七個國"六瓣銀盒」,『收藏界』, 2003-7.
梁曉强,「都管七个国六瓣银盒辩证」『曲靖师范学院学报』(29-5), 2010.
西安博物院,「都管七国人物银盒」,『西安博物院』, 2015.
西安博物院,「西安博物院馆藏精品 － 都管七国人物银盒」【西安博物院】, 2017.
冉萬里,「古代中韩舍利瘞埋的比较研究──以南北朝至隋唐时期为中心」,『丝绸之路研究集刊』(1),
　　　 2017.
齊東方,『唐代金銀器研究』, 中國社會科學出版社, 1999.
王维坤,「关于唐章怀太子墓壁画"东客使图"中的"新罗使臣"研究始末」,『梧州学院学报』2017.

王頤, 「都管七国 ― 关于"六瓣银盒"所镌国名的考释」, 『歐亞學研究』, 中國社會科學院歷史研究所 中外關係史研究室學術網站, 2010-08-11.

尙民杰, 「"都管七个国"银盒所涉两国考」, 『文博』, 2002-02.

芮傳明, 『사로고사산론(絲路古史散論)』, 復旦大學出版社, 2017.

韋川, 「唐代金銀器之珍品――"都管七個國"六瓣银盒」, 『收藏界』, 2003-7.

김리나, 「당 미술에 보이는 조우관식의 고구려인-둔황벽화와 서안 출토 은합을 중심으로」, 『이기백선생 고희기념 한국사학논총』(상), 1994.

宋基豪, 「都管七國六瓣銀盒銘文」, 『한국고대사금석문』(Ⅲ) 附 :渤海聯關金石文, 한국고대사회연구소, 1991.

노태돈, 『예빈도에 보인 고구려』, 서울대학교 출판부, 2003.

최광식, 「고구려와 서역의 문화교류」, 『중앙아시아속의 고구려인 발자취』, 2008.

조윤재, 「古代 韓國의 鳥羽冠과 실크로드 -鳥羽冠 관련 연구사 검토를 중심으로-」, 『실크로드와 한국불교문화』, 2012.

정호섭, 「鳥羽冠을 쓴 人物圖의 類型과 性格 -외국 자료에 나타난 古代 한국인의 모습을 중심으로-」, 『영남학』(24), 2013,

서길수, 「외국 高句麗 인물화에 나타난 닭깃털관(鷄羽冠)과 高句麗의 위상」, 『고구려발해연구 』(51), 2015.

『한국민족문화대백과사전』, 「도관칠국육판은합명문(都管七國六瓣銀盒銘文)」 (집필자 : 권은주. 2016)

中野政樹, 「日韓舍利器の調査およびその影響に関する共同研究」, 『科学研究費補助金(海外学術研究)研究成果報告書』, 昭和63・平成元年・平成二年度)[東京芸術大学美術学部], 1991.3.

西谷正, 「唐・章懷太子李賢墓の禮賓圖をめぐって」, 『兒嶋隆人先生喜壽記念論集古文化論叢』, 同記念事業會, 1991.

鈴木靖民, 「渤海國の構造と特質一首領・生産・交易一」, 『朝鮮學報』(170), 1999.

赤羽目匡由, 「唐の四夷觀における渤海の位置付けについて」, 『朝鮮史研究會會報』(137), 1999.

馬一虹, 「渤海と古代東アジア」, 國學院大學 博士學位論文(歷史学), 2000-03-18.

田辺昭三, 『シルクロードの都長安の秘宝: 日中国交正常化20周年記念』, セゾン美術館, 1992.

田中一美, 「都管七箇國盒の圖像とその用途」, 『佛敎藝術』(210), 1993.

外山潔, 「館藏舍利容器について(下)」, 『泉屋博古館紀要』10, 1994.

李成市, 「法隆寺金堂阿彌陀如来坐像臺座から發見された人物畵像の出自をめぐって」, 『アジアにおける國際交流と地域文化』平成4・5年度文部省科学研究費報告書, 1994.

赤羽目匡由, 「都管七国六瓣銀盒銘文の一考察 - 唐後期の渤海認識にふれて」, 東京都立大学人文学部『人文学報』(346), 2004.

赤羽目匡由 「八～九世紀における渤海の中央權力と地方社会 ：種族支配と自国認識」, 東京都立大学博士学位論文, 2009年.

赤羽目 匡由, 「동아시아에서의 고구려・발해 문화의 특징」, 『高句麗渤海研究』(38),

일곱째 마당

당나라 사리함에 새겨진
고리(高麗)의 닭깃털관(鷄羽冠)

Ⅰ. 법지사(法池寺) 사리함(舍利石函)에 그려진 닭깃털관(鷄羽冠)

1. 사리함에 나타난 주제

    1990년 산시성(陝西省) 란뎬현(藍田縣) 짜이꽈이촌(蔡拐村)에서 흙을 파내던 도중 그 속에서 사리를 담았던 돌함(舍利石函)을 발견하였다. 한백옥(漢白玉)으로 만들어진 네모난 사리함 4면에 각각 돋을새김 그림이 4개 그려져 있는데 '상여로 운구하는 장면' '코끼리를 탄 무리와 말을 탄 무리들이 대치하고 있는 장면' '장사들이 큰 바위를 움직여 항아리를 꺼내는 그림' '사리를 나누는 장면' 같은 4가지 장면이다.

    지금까지 연구한 학자들이 현재 그림 앞면에 나온 장면을 '고승이 설법하는 그림(高僧說法圖)'이라고 했는데 그 그림 가운데 닭깃털관(鷄羽冠)을 쓴 고리(高麗) 사람 2명이 새겨져 있다. 이 장면에서는 바로 이 두 고리(高麗) 사람이 나온 사리 석함에 대해 자세히 알아보려고 한다.

그림 162 법지사 사리함

이 사리석함을 처음 발표한 논문에서는 먼저 법지사에 대해서 소개한다.

그곳은 옛날 당나라 때 법지사(法池寺) 터였다고 한다. 린뎬엔 현지(藍田縣志)에 "당(唐) 장설(張說)의 '남전 법지사 두 법당 찬(藍田法池寺二法堂贊)'이 있다. 법지사(法池寺)는 현(縣)의 남문 안에 있는데 법당이 2개 있고 법화사(法華寺)라고도 부른다. 옛날 절에 못이 있어 그렇게 이름을 붙였다. ……승인사(勝因寺)는 바로 당나라 때 법지사다. 현성(縣城) 안에 있다. 당 선종(宣宗) 대중(大中, 847~859) 때 통영사(通靈寺)로 바꾸었다가 나중에 다시 지금의 이름으로 바꾸었다. 사리함 말고도 주(周)·진(秦)·한(漢)·당(唐)의 유물과 유적도 발견되었다고 한다.[484]

이 논문은 발굴보고서와 같은 역할을 하였기 때문에 처음에 이 그림을 어떻게 풀이했는지가 중요하다. 그러므로 먼저 이 논문에 나온 4가지 그림의 설명을 보고 이어서 다른 사람들의 새로운 해석도 간단히 보기로 한다.[485]

1) 고리(高麗) 사람이 나오는 고승이 법을 설하는 그림(高僧說法圖)

그림 한가운데 평대(月臺) 위에 절(精舍)이 한 채 있고 절 앞 양쪽에 (서쪽의) 빈계(賓階) (동쪽의) 조계(阼階)가 있다. 설법하는 고승은 선상(禪床)에서 결가부좌를 하고 앉아 있는데, 두 손을 무릎 위에 놓고 있다. 평대 양쪽에는 꽃등(華燈)이 하나씩 놓여 있고 절 지붕은 바리때를 엎어놓은 꼴(覆鉢狀)이다. 절 앞에는 고리(高麗)·일본과 곤륜(崑崙) 사람들이 한 명 씩 있는데 양탄자 위에 무릎을 꿇고 있다. 오른쪽에는 농관(籠冠)을 쓴 관원 1명, 머리를 묶은 관원 1명, 서역 사람 1명 역시 모두 양탄자 위에 무릎을 꿇고 있다. 절 바로 앞 한가운데 벌어진 주둥이(侈口), 가는 목(細項), 북 같은 몸통(鼓腹), 굽다리(圈足)가 있는 큰 항아리가 놓여 있고, 왼쪽에 머리를 묶은 노인이 윗몸을 앞으로 구부리고 두 손을 항아리에 넣고 죽

---

484) 樊維岳·阮新正·搗素茹,「藍田出土坑頂舍利石函」,『考古與文物』(64), 1991. 36쪽. 이 논문은 발굴한 뒤 처음 나온 간략한 발굴보고서와 같다. 張說有藍田法池寺二法堂贊, ……法池寺 在縣南門 內 有二法堂, 又稱法華寺. 寺舊有池故名. ……勝因寺, 卽唐法池寺也. 在縣城內. 大中唐宣宗年號 中改通靈寺, 後又稱今名. 현재 蓝田县文管所收藏

485) 樊維岳·阮新正·搗素茹,「藍田出土坑頂舍利石函」,『考古與文物』(64), 1991. 36~37쪽.

그림 163 ① 고승설법도(高僧說法圖)(百度圖片)

은 사람을 염하거나(殯儀) 항아리 안에 사리를 담는 모습을 하고 있다. 절 양쪽에
는 깃발을 든 기수들이 3명씩 늘어서 있는데, 머리를 묶고 옷은 몸에 딱 붙는 짧
은 것을 입었고 아랫도리에 바지를 입고 두 손으로 가슴 앞에 깃대를 잡고 있으
며, 맨발로 똑바로 서 있는 것이 의장대 같다. 깃대에 깃발 4개가 걸려 있는 모습
이 건릉(乾陵) 의덕(懿德)태자무덤 벽화에 그려진 깃발과 서로 닮았다.[486]

2) 고리(高麗) 사람이 나오는 손님을 맞이하는 그림(迎賓圖)

겹겹이 쌓인 산속에 성곽이 있는데 성문은 산꼭대기에 있고, 망새(鴟尾, 鴟吻)
가 뚜렷하고 성가퀴(堞錐)도 보인다. 당나라 수도 안에 있는 요새의 관문이 틀림
없다. 깊은 산 오른쪽에 머리를 두 갈래로 묶고 깃 달린 도포(長袍)을 입은 두 사
람이 말을 타고 성곽을 돌아나와 두 손으로 말고삐를 쥔 채 말 위에서 고개를 숙

---

486) 樊維岳·阮新正·搗素茹,「藍田出土坑頂舍利石函」,『考古與文物』(64), 1991. 36쪽.

그림 164 ② 영빈도(迎賓圖)(百度圖片)

<u>이면서 손님을 맞이하는 모습이다.</u> 깊은 산 왼쪽에는 한 무리의 사람들이 있는
데 맨 앞에 긴 수염을 기른 노인이 큰 코끼리 등 위에 앉아 있다. 코끼리는 안장
을 제대로 갖추고 위에 방석을 깔고 오른발은 세우고 왼 다리를 구부리고 그 위
에 앉아 있다. 오른손은 오른쪽 무릎에 놓고 왼손은 뻗고 있는 모습이 말 탄 사람
들과 이야기하고 있는 듯하다. 코끼리 뒤에 사람 3명이 뒤따르는 것은 노인이 높
은 신분의 장자임을 나타낸다. <u>코끼리를 탄 노인의 뒤 산 위에는 새털을 꽂은 고
리(高麗)·일본 두 사람이 있다. 그 모습이 위에서 본 설법도에서 절 앞 왼쪽 긴 양
탄자 위에 무릎을 꿇고 있던 고리(高麗)·일본 사람과 꼭 닮았다.</u>

이 그림은 당 왕조 국경 요새 성이 동쪽에서 서쪽으로 향하고 있고, 말 탄 사람
이 동쪽을 등지고 서쪽으로, 코끼리를 탄 사람은 서쪽을 등지고 동쪽을 향하고
있어, 석함의 4폭 그림 상황을 분석해 보면 외국 손님 앞에서 사리를 맞이하거나
보내는 그림이다.

3) 장례 그림(葬圖)

그림 속에 한 고승이 둥근 옷깃이 달린 가사를 입고 발에는 구름무늬 가죽신

그림 165 ③ 장례 그림(葬圖)(百度圖片)

(雲頭靴)을 신고, 산 위를 바라보며 오른손(옮긴이 : 실제는 왼손이다)을 높이 들어
지휘하는 모습인데, 왼손으로 가리키며 두 눈으로 바라보는 곳에 큰 바위가 하
나 있어 사리를 묻은 곳으로 보인다. 그림 오른쪽에 장사 5명이 고승의 지휘 아
래 큰 돌을 옮기고 있다. 그들은 머리를 두 가닥으로 묶었고 벗은 몸, 맨발, 주름
바지(褲褶)를 입고 들어 올리거나 매거나 옮기는 등 온 힘을 다하는 모습을 보여
준다. 그림 왼쪽 산 뒤에 3명이 깃발을 들고 있는데 머리를 높이 묶고 깃이 둥근
윗옷을 입고 두 손으로 혼 깃발(魂幡)을 들고 두 눈으로 큰 바위를 옮기는 장면
을 바라본다. 깃발은 끝이 4가닥이고 위에 띠(飄帶)가 있다. 기수들 왼쪽에는 깎
은 머리를 내놓은 5명의 화상들은 손님을 맞이하고 보내는 고승들이다. 그림 가
장 오른쪽에 활엽수 한 그루는 사리를 묻은 지점이 높은 산 깊은 숲속에 있다는
것을 암시한다. 이 도안도 불교에서 전하는 옛이야기 가운데 '500명 도적의 성불
이야기(五百群賊成佛的故事)'일 가능성이 있는데, 다만 깃발을 든 사람은 해석할
수가 없으니 나중에 알아내길 기다린다.

그림 166 ④ 사리를 맞이하는 그림(迎送舍利圖)(百度圖片)

4) 사리를 맞이하는 그림(迎送舍利圖) (百度圖片)

한가운데 10명이 사리 꽃상여를 매고 간다. 긴네모꼴 꽃상여는 위에 덮개가 있고, 네 모퉁이에 망새가 있으며, 덮개에 인(人)자 꼴 받침대가 있다. ……사리 꽃(香)상여는 한쪽을 들고 있으며, 3명이 장막을 두르고 있는데, 모두 (상여의) 절반을 둘렀다. 장막을 든 사람들은 머리에 복두(幞頭)를 쓰고, 소매가 있는 겉옷을 입었으며, 허리띠를 두르고 신을 신었다. 장막 안에 고승 5명이 있는데 사리를 호송하는 고승으로 보인다. 왼쪽 모서리 하늘에 상서로운 구름 두 가닥이 새겨 있다.

이 같은 발표가 나온 뒤 많은 사람이 이 설명을 인용하였고, 이에 관한 토론도 이어졌다. 2013년 원쥔(文軍)은 ①과 ②의 순서를 바꾸어 설명하고 있다. ① 죽은 사람의 사리를 담는 의식을 한 뒤, ④ 사리를 옮기는 화려한 장면이 나오고, ③ 산속에 들어가 사리관(舍利棺)을 묻고, ② 주인이 고승과 귀빈들께 감사 인사를 한다는 스토리다.

① 장엄사리도(莊嚴舍利圖)

④ 사리출행도(迎送出行圖)

③ 사리매장도(舍利埋葬圖)

② 공송고승도(恭送高僧圖)

2016년 위웨이(于薇)는 처음 보고서와 순서를 완전히 거꾸로 바꾸었다. 주로
붇다가 꾸시나가르에서 입적한 뒤 ④ 관을 다비장으로 옮기고, ③ 도중에 500명
의 장사가 돌을 옮기고(대반열반경)[487], ② 각국 사신들이 사리를 서로 가져가려고
다투고, ① 바라문이 여러 나라 사신들에게 사리를 나눠 준다는 줄거리다.

④ 행관도(行棺圖)

③ 오백역사이석(五百力士移石)

② 구분사리(求分舍利)

① 분사리(分舍利)

2. 깃털관(羽冠)을 쓴 인물에 대한 연구사 검토

그림에 대한 해석은 학자마다 크게 달라서 그 상황만 언급하고, 이 장에서 주
로 그림에 나온 깃털관을 쓴 인물에 대해서 검토하기로 한다.

1) 발굴보고서의 고리 사람(高麗人)・일본사람(日本人)

(1) 깃털관을 쓴 인물은 고리 사람(高麗人)・일본사람(日本人)

발굴보고서에서 차례대로 ① <그림 168> 고승이 법을 설하는 그림(高僧說法

---

487) 大正藏第 12 册 No. 0374 大般涅槃經.「復次善男子！我欲涅槃, 始初發足向拘尸那城, 有五百力
士, 於其中路, 平治掃灑, 中有一石, 眾欲舉棄, 盡力不能. 我時憐愍, 即起慈心, 彼諸力士, 尋即見
我, 以足[6]母指舉此大石, 擲置虛空, 還以手接, 安置右掌, 吹令碎末, 復還聚合.

그림 167 왼쪽에 닭깃털관을 쓴 두 고리 사람(高麗人)　　그림 168 고승이 설법하는 그림(高僧說法圖)

圖)을 보자. 이 그림을 첫 보고서에서는 고승이 법을 설하는 그림(高僧說法圖)이라고 했고, 원쥔(文軍)은 '사리를 장엄하는 그림(莊嚴舍利圖)'이라고 했으며, 위웨이(于薇)는 사리를 나누는(分舍利) 그림이라고 했다. 그리고 죽은 사람의 사리를 담고 엄숙한 경전읽기(誦經) 의식을 그린 것이라고 했다.

여기서 왼쪽 양탄자 위에 앉아 있는 세 사람 가운데 깃털관(羽冠)을 쓴 인물이 2명 있다. 이에 대해 1991년 첫 보고서에서 "절 앞에는 고리(高麗)·일본과 곤륜(崑崙) 사람들이 1명씩 있는데 양탄자 위에 무릎을 꿇고 있다."고 했다. 그러나 첫 2명은 모두 똑같은 깃털관(羽冠)을 쓰고 있으므로 한 사람은 고리(高麗) 사람이고, 다른 한 사람은 일본 사람이라고 한 것은 앞뒤가 맞지 않는다. 참석 가능한 나라들을 예상하면서 별다른 생각 없이 고리(高麗)와 함께 일본 사람도 집어넣었다고 볼 수 있다. 어쨌든 깃털관을 쓴 인물을 고리(高麗) 사람으로 본 것은 사실이라고 할 수 있다.

다음에 ② <그림 169> 손님을 맞는 그림(迎賓圖)에 나온 깃털관(羽冠) 쓴 두 사람에 대해서 보기로 한다. 이 두 사람은 왼쪽 위 구석에 있는데, 모습이 작아 자칫 눈여겨보지 않으면 지나칠 수 있다. 자세히 보면 두 사람 모두 깃털관을 썼고 넉넉한 옷소매 안에 두 손을 모으고 있는 모습이 그림에서 나온 두 사신과 똑같다.

첫 보고서에서는 "이 그림에 대해 코끼리를 탄 노인의 뒤 산 위에는 새털을 꽂은 고리(高麗)·일본 두 사람이 있다. 그 모습이 위에서 본 설법도에서 절 앞 왼쪽 긴 양탄자 위에 무릎을 꿇은 고리(高麗)·일본 사람과 꼭 닮았다."고 했다. 그림 ①

그림 169 손님맞이 그림(迎賓圖) 속의 고리(高麗) 사람(부분)　**그림 170** ② 손님맞이 그림(迎賓圖) 전체

에서와 마찬가지로 두 사람 가운데 한 사람을 일본 사람으로 본 것이다.

　이 보고서에는 사리함의 제작연대를 당나라 초기로 보았다.

(2) 사리함을 만든 연대 : 당나라 초기

　이 사리석함을 처음 소개한 번유악(樊維岳) 등은 위에서 장설(張說, 667~730)의 찬(贊)을 놓고 시대를 예측하였는데, 당대 이른 시기의 그릇(唐代早期器物)일 가능성이 크고, 늦어도 대중(大中, 847~859) 때라고 했다.

　이 석함은 당 법지사 옛터에서 나왔다. 법지사는 당대 유명한 사원으로, 장설(張說)이 "남전 법지사 두 법당 찬(藍田法池寺二法堂贊)"을 지었다. 장설 무후(武后) 시대 봉각사인(凤阁舍人)・병부시랑동중서문하평장사(兵部侍郎同中书门下平章事)・좌승상(左承相) 같은 벼슬을 하고 연국공(燕國公)으로 봉해졌다. 조정의 저작들은 그의 손에서 많이 나왔다. 장설이 그 절에 대해 글을 쓸 수 있었다는 것은 그 절에서 나온 사리함의 연대를 결정하는 데 일정한 영향이 있고 유리한 조건을 제공하므로 <u>그 석함은 당대 이른 시기(早期)의 기물일 가능성이 크고, 늦게 잡아도 당 선종 대중 연간보다 늦지는 않을 것이다.</u> 그 절은 대중(大中, 847~859) 연간에 이름을 통영사(通靈寺)로 바꾸었다. 돌함에 새겨진 4폭 도안에 따른 시기 판정도 역시 이른 시기(早期) 당대의 기물이라고 하는 것이 믿을 만할 것 같다.[488]

---

488) 樊維岳・阮新正・搗素茹,「藍田出土坑頂舍利石函」,『考古與文物』(64), 1991. 37쪽.

당 초기는 618년부터이기 때문에 618년~859년이라는 긴 연대를 제시하였다.

2) 1990년대 일본에서의 연구 성과

(1) 1992년, 「실크로드의 서울, 장안의 숨겨진 보물(シルクロード都 長安の秘寶)」 전시 도록
1990년 발굴되고 나서 2년 뒤인 1992년 이 유물을 일본에서 『실크로드의 수
도 장안에 숨겨진 보물(シルクロード都 長安の秘寶)』이란 전시회에 출품하게 되어
일본, 나아가 한국에서 관련 연구자들의 관심을 끌었다.

> 고승설법도는 고대 인도식의 복발형 정사 안에 앉은 고승 앞에 고리(高麗)·일본·곤륜인
> (昆侖人)이나 서역인으로 보이는 외국의 손님이 줄지어 있고, 큰 항아리에 사리를 넣어
> 둔 모습을…… 4면의 석각화 도안에서 보면, 당 시대 초기의 작품일 가능성이 높다.[489]

설명 내용은 발굴보고 내용을 그대로 옮긴 것임을 알 수 있다.

(2) 1993, 다나까 이찌요시(田中一美)
다나까는 자신의 논문 「도관 7개국 합(都管七箇國盒)의 도상과 그 용도」라는
논문에서 은합의 용도가 사리용기임을 증명하는 보기를 들면서 법지사 사리함
을 보기로 들었다. 깃털관을 쓴 인물에 대한 내용은 없다.

> 비슷한 도상을 가진 법지사(法池寺) 돌함의 영빈도을 보면 영빈도는 사리용기 같은 것
> 으로 불사리를 구체적으로 표현하는 대신 코끼리를 탄 인물이 사리를 전해주는 상징으
> 로 삼고 있다. 이러한 표현이 가능한 것은 불교적인 이해를 바탕으로 보면 코끼리 탄 인
> 물이 사리를 상징하기 때문이라고 생각할 수 있다. 사리용기에 새겨진 도상에 따르면
> 그 이상 설명이 필요 없다.[490]

---

489) セゾン美術館 編, 『シルクロード 都 長安の秘寶』, 日本經濟新聞社, 1992, 107쪽.
490) 田中一美, 「都管七箇國盒の圖像とその用途」, 『佛教藝術』(210), 1993.

(3) 1994년 이성시의 고리 사람(高麗人)

다음 해 이성시는 「호류사(法隆寺) 아미따불 여래 좌상 대좌에서 발견된 인물 화상의 출신을 중심으로」라는 논문에서 주인공이 고리(高麗) 사람임을 증명하는 보기로 쓰고 있다.

> 그 근거는 확실하지 않지만 4면의 석각화 도안에서 사리용기의 제작연대는 당대 초기
> 라고 추정되고 있는 점, 또 도관 7개국 은합이나 건원명(乾元銘) 석함과 같이 사리용기
> 로 쓰여 불교의 꾸밈을 도안화하고 있다는 공통성이 있다는 점 등을 감안하면, 새털깃
> 관(鳥羽冠)을 그린 모습이 고구리(高句麗) 사람일 가능성을 부정할 수 없을 것이다. [491]

(4) 1994, 도야마 기요시(外山 潔)의 조선 사람(朝鮮人)

도야마는 공익재단법인 센오꾸박물관(泉屋博古館)의 연구원으로 자기 박물관 에서 간직하고 있는 사리용기를 연구하면서 관련 유물의 하나로 이 돌 사리함을 언급하였다.

> 그 도상을 보면 먼저 '영빈도'는 성문을 바라보는 산중에 코끼리를 탄 반 벗은(半裸) 노
> 인과 그를 모시는 사람이 말 탄 인물과 만나는 장면이다. 또 코끼리를 탄 노인의 뒤로
> 산비탈에는 2개의 긴 돋이(突起)가 있는 관을 쓴 인물을 두 사람 그렸는데, 그 관을 쓴
> 인물은 우리 박물관에 간직한 돌함에도 보이는, <u>그 특색으로 볼 때 조선(朝鮮)의 인물이</u>
> <u>라고 볼 수가 있다.</u> 코끼리를 탄 반나의 인물도 (우리) 박물관이 소장한 돌함에 새겨진
> 한 국왕과 같은 자세로, 역시 외국 인물이다. [492]

도야마는 영빈도 속 깃털관을 쓴 사람을 조선(朝鮮) 사람으로 보았지만 고승설 법도에 나오는 깃털관(羽冠)을 쓴 사람에 대한 언급은 없다. 자신이 쓴 논문과 관 련된 부분에서 참고로 인용한 것이기 때문에 더 자세하게 논의되지 않았다.

---

491) 李成市, 「法隆寺金堂阿彌陀如來坐像臺座から發見された人物畵像の出自をめぐって」, 『アジア
における國際交流と地域文化』, 1994, 4~5쪽.
492) 外山潔, 「館藏舍利容器について(下)」, 『泉屋博古館紀要』(10) 1994, 122쪽.

3) 한국 학자들의 연구사

(1) 1994년, 김리나의 고리 사람(高麗人)

김리나는 「당 미술에 보이는 조우관식(鳥羽冠飾)의 고구려인(高句麗人)–둔황(敦煌)벽화와 서안 출토 은합을 중심으로」라는 논문에서 둔황 벽화와 앞에서 본 '도관 7개국 6판 은합', 그리고 이 법지사 사리함을 집중적으로 다루었다. 시안(西安)에서 발굴된 두 사리함은 앞에서 본 일본 전시회 도록을 통해서 접하고 2년 뒤 한국에 이 두 유물을 소개한 것이다. 김리나는 미술사적인 입장에서 접근하였지만 깃털모(羽冠)를 쓴 인물이 고구리(高句麗) 사람이라는 뚜렷한 관점을 가지고 보고 있어 초기 이 분야 연구에 큰 성과를 냈다고 본다.

> 도록의 설명에서 조우관의 고구려인이 보이는 장면을 高僧說法圖라고 하였는데, 둥근 지붕이 있는 건물 속에 高僧이 앉아 있고, 그 앞에는 머리에 상투를 하고 짧은 바지를 입은 노인이 커다란 항아리에서 무엇인가 꺼내고 있다. (필자가 생각하기로는 舍利分配圖로 보면 좋을 듯하다). 그 앞 양쪽으로 세 사람씩 앉아 있는데 <u>왼쪽에는 鳥羽冠飾의 고구려인으로 생각되는 두 사람과</u> 그 옆에 키가 작은 서역인(또는 崑崙人)이 보이며, 그 반대편에는 모자를 쓴 두 사람과, 수염이 달린 노인이 한 줄로 앉아 있다. ……四面 石刻畵의 양식으로 보아 <u>唐 초기의 작품으로 보고 있으며</u>, 이 사리용기에서 보이는 외국 인물들은 앞서 본 은합의 인물과 유사한 면도 보여 역시 <u>조우관의 인물은</u> 고구려인이고 당 황실에서는 주변 蕃國의 하나로 생각하고 사리를 분배받는 장면의 인물 중에 포함한 것이라 생각된다.[493]

글쓴이도 이 그림은 고승이 설법하는 장면이 아니고 사리를 나누는 장면이라고 본다. 이 장면의 사진을 자세히 보면 단상에 앉은 사람은 머리에 세 봉우리가 있는 모자를 쓴 것으로 보아 고승이 아니라는 것을 알 수 있다. 일반적으로 고승은 모자를 쓰지 않은 인물로 그렸다.

---

493) 金理那, 「唐美術에 보이는 鳥羽冠飾의 高句麗人 –敦煌벽화와 西安 출토 銀盒을 중심으로」, 『李基白先生古稀紀念韓國史學論叢 (上)』, 一潮閣, 1994, 519쪽.

(2) 2003년, 노태돈의 고리 사람(高麗人)

노태돈은 『예빈도에 보인 고구려』에서 예빈도의 깃털관을 쓴 인물이 고리(高麗) 사람이라는 것을 증명하는 과정에서 사리함들에 나오는 깃털관을 쓴 인물도를 보기로 들었다.

> 이 사리함의 그림은 사리를 당으로 가져와 다시 이를 분배한다는 내용을 담고 있음은 확실하다. 이는 도관칠개국육판은합의 그림과 통하는 바이다. 그렇다면 <u>이에서 등장하는 조우관 쓴 이도 고구려인을 나타내는 것이라 할 수 있다.</u> 이 그림은 인도에서 불사리를 8국의 왕들이 분배하였다가 뒤에 아쇼카왕이 그것들을 모아 다시 세분하여 여러 지역과 집단에 분배해 8만 4천의 탑을 세워 봉양케 함으로써 불교를 널리 퍼트렸다는 인도의 고사와 설화를 중국화하여 재현한 것이라 할 수 있다. 즉 당이 중심이 되어 사리를 인접한 여러 나라에 분배한다는 것을 그림으로 나타낸 것으로서, 당이 중심이 된 동아시아 불교권을 상정한 것이라 할 수 있다. 그렇게 보면 조우관을 쓴 이로 상징되는 고구려는 그러한 불교권을 구성하는 한 구성분자로서 등장하였던 것이다. <u>이 사리함은 7세기 말 8세기 초 무렵에 제작된 것으로 여겨진다.</u>[494]

법지사 깃털관 인물도 도관칠개국육판은합과 함께 고리(高麗) 사람이고, 이 사리함이 만들어진 시기는 7세기 말~8세기 초라고 했다.

(3) 2003년, 주영미의 '601년 사리함'

중국사를 전공하는 주영미의 연구는 미술사나 한국사를 연구하는 학자와 달리 새로운 관점으로 이 사리함을 보았다.

> 이 석함의 분사리도와 사리봉송도는 석가모니의 사리를 분배하고 있는 열반경의 장면을 도해한 것으로 보기는 어렵다. 일반적인 분사리도에는 전각 내에 사리 분배를 담당한 드로나 존자가 사리를 가지고 있거나 혹은 사리 자체가 전각 내에 모셔져 있어서, 분

---

494) 노태돈, 『예빈도에 보인 고구려』, 서울대학교 출판부, 2003, 43~44쪽.

사리도의 주체는 사리가 된다. 그러나 이 석함의 분사리도에서는 전각 내에 정좌한 인물이 중심이며, 사리 분배 장면은 하단부에 표현되어 있다. 그러므로 본 석함의 분사리 장면은 수대 인수 연간의 분사리 장면으로 해석할 수 있다. 浮彫畵의 배열 순서는 舍利迎賓圖, 分舍利圖, 舍利奉送圖, 舍利神異圖의 순으로, 전체적인 내용은 인수연간에 행해진 대규모의 사리공양을 도해한 것이다.……

특히 좌측 인물들 중에는 鳥羽冠을 쓴 인물이 주목된다. 조우관의 인물은 일반적으로 한반도계 인물로 추정되어 왔다. 문헌에 의하면 인수 원년의 사리봉송 때에 고구려, [495] 백제, 신라 삼국에도 사리가 1과씩 보내졌다고 하므로, 이 조우관을 쓴 인물은 바로 삼 [496] 국에서 온 사신들이라고 추정된다. 그러므로 인수원년의 사리봉송 시에 한반도로 사리가 전래되었다는 문헌상의 기록을 반영한 石刻畵이자, 중국의 황실 발원 사리기에 鳥羽冠을 쓴 인물이 표현된 가장 이른 예로서 주목된다. 이 사리기의 石刻浮彫畵와『廣弘明集』의 기록을 통하여 당시 인수사리기의 장엄방식이 7세기 전반에 한반도로 직접적으로 전래되었음을 알 수 있다.……

藍田縣 출토 사리장엄구는 도굴된 상태로 땅속에 매납되었기 때문에 원래 봉송지는 알 수 없다. 그러나 석함 외면의 浮彫畵는 인수연간의 사리봉송과 기탑 과정을 도해하고 있는 것으로 해석되어 이 사리석함은 인수사리장엄의 하나였다고 추정 가능하다. [497]

여기서 인수 사리장엄이라는 것은 수 문제의 인수(仁壽) 연간으로 601년부터 604년까지 붇다의 사리를 전국에 나누어 주고 사리탑을 세우게 한 사실을 이야기하는 것으로, 앞 마당 도관7개국사리은합에서 자세히 보았다. 주영미가 수 문제 601년에 고구리·신라·백제 사신이 사리를 나누어 줄 때 참여하였기 때문에

---

495) 鳥羽冠을 쓴 인물은 일찍부터 한반도계 인물로 알려져 왔는데, 이들 인물이 신라인인지 혹은 고구려인인지에 대한 논쟁이 있다. 대체로 미술사학계에서는 고구려인으로 보는 경향이 강한 편이지만, 慶山寺나 法門寺와 같은 8세기 이후의 사리장엄구들에서도 이러한 鳥羽冠을 가진 인물들이 종종 등장하고 있기 때문에 이 鳥羽冠 인물의 국적에 대해서는 좀 더 논의되어야 할 것이다. 金理那, 「唐美術에 보이는 鳥羽冠飾의 高句麗人-敦煌벽화와 西安출토 銀盒을 중심으로」,『李基白先生古稀記念 韓國史學論叢 上-古代篇·高麗時代篇-』(一潮閣, 1994), pp. 503~524.

496) [원문 주]『廣弘明集』卷 17, T2103, 52:217a.

497) 周炅美「隋文帝의 仁壽舍利莊嚴 硏究」,『중국사연구』(22), 2003, 111~115쪽.

'한반도 인물'이라고 본 점은 성과라고 본다. 다만 논문이 인수(仁壽) 때 사리장
엄에 대한 주제이기 때문에 세 나라 인물 가운데 깃털관을 쓴 인물이 고리(高麗)
사람이라는 내용은 언급하지 않았다.

601년에 고리 사신이 사리 분배 때 참석한 모습을 그렸다고 볼 수 있지만, 이
사리함이 인수 연간에 세운 인수 사리 장엄(601년)의 하나였다고 결론 맺기에는
무리가 있다. 앞에서 이미 발굴한 인수(仁壽) 연간 사리탑을 발굴한 고고학적 성
과를 보았지만, 인수 사리함은 정형화된 글월이 쓰여 있는데, 이 사리함은 그런
글월이 없기 때문이다.

(4) 2008년 최광식의 고리 사람(高麗人)

최광식은 "1990년 산시성 란뎬현 법지사지에서 출토된 사리함의 부조에도 조
우관을 쓴 2명의 인물이 등장한다. 이 사리함의 부조는 사리 분배도로 생각되고
그 내용은 앞서 살펴본 도관7개국육판은합과 통한다고 하므로 여기 보이는 조우
관 인물 역시 고구려인으로 볼 수 있다."고 간단히 언급하였다.

(5) 2013년, 정호섭의 고리 사람(高麗人)

정호섭은 깃털관을 쓴 인물상을 유형별로 분류하면서 법지사 사리함, 도관7개
국6판은합, 산동성 제양현 출토 사리함 같은 유물들을 Ⅱ-B형으로 구분하고 이
렇게 평가한다.

이 고고자료들은 주로 고구려가 멸망한 이후에 해당하는 시기의 것들이다. 1990년 섬
서성 법지사지에서 출토된 정방형 사리함에 부조된 조우관을 쓴 인물도는 사리를 분배
하는 장면을 묘사한 것이다. 사리를 분배받기 위해 앉아 있는 사람들은 외국 빈객으로
볼 수 있다. 이 사리함은 대체로 7세기 말에서 8세기 초 무렵에 제작된 것으로 보인다.

---

498) 고리(高麗) 때는 요동을 다 차지하고 있었기 때문에 한반도라는 표현은 맞지 않다고 본다.

499) 최광식, 「고구려와 서역의 문화교류」, 『중앙아시아속의 고구려인 발자취』, 2008.

500) 정호섭, 「鳥羽冠을 쓴 人物圖의 類型과 性格 -외국 자료에 나타난 古代 한국인의 모습을 중심으
로-」, 『영남학』(24), 2013, 100~101쪽.

시기는 앞에서 본 노태돈 설을 이은 것이다. 한국과 일본에서는 아직 이 사리함만을 주제로 한 논문이 나오지 않았다. 그래서 주로 장회태자(章懷太子) 무덤벽화를 비롯하여 다른 그림에 나오는 인물을 평가할 때 하나의 보기로 든 경우가 많다.

4) 2010년대에도 남아 있는 신라인설

(1) 조윤재의 고구리인·신라인설

조윤재는 제작연대가 7~8세기이므로 고구리인일 가능성이 높지만 신라인일 가능성도 있다고 주장하였다.

> 이들 조우관 착용 인물은 아마도 고구려인일 가능성이 높다고 보고 있는데 이는 당시 동북아시아에서 당의 국제 질서에 편입된 대상 국가 중 조우관의 전통을 가진 곳은 고구려가 유일하다는 논지에서 기초한 것이다. 그러나 사리함의 제작연대가 7세기 말에서 8세기 초로 설정되고 있어 신라인의 가능성도 완전히 배제할 수는 없다. 당시 당의 입장에서 본다면 현실적으로 밀접한 관계를 맺고 있는 신라의 실체를 배제하고 이미 멸망 직전에 있거나 멸망한 고구려와의 관계만 부각시킬 특별한 배경이 존재했던 것이 아닌가. 만약 그렇지 않다면 이에 대해 좀 더 개연성이 있는 설명이 필요한 대목이다.[501]

(2) 2013년, 원쥔(文軍)의 신라사람(新羅人)

중국의 원쥔(文軍)도 깃털관을 쓴 두 사람을 신라인이라고 했다.

> 귀빈 가운데 두 사람이 머리에 깃털관(羽冠)을 쓰고 있는데, 이런 깃털관은 산시성(陝西省) 깐현(乾縣)에서 출토된 당대 장회태자(章懷太子) 무덤의 "객사도(客使圖)"에서 볼 수 있는 신라 사신(新羅使者)의 모습으로 보인다. 아쉽게도 이 두 사람이 신라사람이라는 것을 증명할 수가 없는데, 법문사(法門寺)에서 나온 당대(唐代) 금도금 사천왕은보석함

---

501) 조윤재, 「古代 韓國의 鳥羽冠과 실크로드 -鳥羽冠 관련 연구사 검토를 중심으로-」, 고려대학교 한국사연구소, 고려대학교 BK21 한국사학교육연구단 '실크로드를 통한 한국불교문화 해외 전파 조사 및 DB구축'사업 국제학술회의 발표논문집 『실크로드와 한국불교문화』, 2012, 111쪽.

(鎏金四天王銀寶函)에도 이런 차림새를 한 공양인이 있다. 이러한 차림새는 당시 사회에 있었던 일정한 추세였다는 것을 설명해 준다.[502]

그 근거로 장회태자(章懷太子) 무덤의 '객사도(客使圖)'를 들고 있는데 신라설을 택한 것으로 보인다. 그러나 앞서 보았듯이 장회태자(章懷太子) 무덤의 '객사도(客使圖)'에 나오는 인물은 고리(高麗) 사람이므로 이 두 인물도 고리(高麗) 사람으로 보는 것이 옳다. 한 가지 특이한 것은 법문사(法門寺)에서 나온 당대(唐代) 금도금 사천왕은보석함(鎏金四天王銀寶函)에 나온 깃털관을 쓴 인물을 들었는데 처음 나오는 자료이기 때문에 다음 장에서 자세히 다루기로 한다.

원쥔은 사리함의 생성연대에 대해 꽤 깊이 있게 다룬다. 그는 이전 수나라 때부터 사리를 모시는 행사가 있었다는 점을 지적한다.

이런 형식의 조형은 장안지구에서 보면, 수대(隋代)에 이미 많이 출현하여 시안(西安)시 북쪽 교외 한청(漢城)공사 레이자이촌(雷寨村)에서 나온 개황(開皇) 3년(583) 양진웬(楊金元)이 만든 사면탑 조상이 있고, 시안시 서오로(西五路) 서쪽 끝에서 나온 개황 9년(589) 장스신(張士信))이 만든 사면탑상의 조형들은 모두 이런 유형이다. ……[503]

706년 이전 대규모 불사리를 받들어 모신 행사를 가장 이른 시기까지 거슬러 올라가면 수대 인수 원년(601)과 인수 2년(602)인데, 1차에 사리탑 30좌를 세우고, 2차에 51좌를 세웠지만 그때 산시성 경내에 옹주와 지주에 국한되고, 남전은 당나라 때 옹주(雍州) 지역으로 들어갔다. 다만 그때의 절에는 법지사가 없다. 그러므로 남전 사리석함에 모신 사리는 붓다의 사리일 가능성은 낮은 편이다.[504]

다시 말해 수 문제가 사리 분배 때 만든 불사리탑의 사리함은 아니라고 보고 "당대 불교 승려들이 사리를 공양하는 전 과정을 명확하게 보여주었다."고 했다.[505]

---

502) 文軍, 「陝西蓝田出土舍利石函图像再探讨」, 『文博』, 2013-2. 45쪽.
503) 文軍, 「陝西蓝田出土舍利石函图像再探讨」, 『文博』, 2013-2. 45쪽.
504) 文軍, 「陝西蓝田出土舍利石函图像再探讨」, 『文博』, 2013-2. 46쪽.
505) 文軍, 「陝西蓝田出土舍利石函图像再探讨」, 『文博』, 2013-2. 46쪽.

(3) 위웨이(于薇)의 불교 설화 설

위웨이(于薇)는 ②에 나온 인물에 대해 전혀 다른 설명을 내놓는다.

> 앞 그림에 두 그룹의 인물들이 마주보고 있다. 왼쪽 코끼리를 탄 사람이 우두머리고, 따르는 세 사람과 겹친 산 뒤에 있는 두 명의 인물은 그 뒤에 긴 대열이 더 있다는 것을 넌지시 깨우쳐 준다. ……여기서 코끼리를 탄 인물의 신분에 대해 한 걸음 더 나아간 판정이 열쇠다. 일반적으로 이런 인물은 고승이라고 보지만 왕웨진(王悅進)은 아사세(阿闍世)왕의 형상이라고 했다.[506] 실제로 머리털, 긴 수염, 입은 옷 및 코끼리 몸 위에 깐 안장 같은 특징을 통해 볼 때 중·고시대 불교미술에 나오는 바라문의 전형적인 모습이다.[507]

위웨이는 이 이야기의 배경을 완전히 고대 붇다시대의 이야기로 풀어가고 있으므로 고리(高麗) 사람은 상상하지 못했을 것이라고 본다.

3. 맺음말

앞에서 본 사리함엔 아무런 글이 나오지 않아서 이 사리함의 주인공에 대해서도 그 절의 승려라든지, 떠다니던 승려라든지, 그 절과 관계된 재가신자라는 등 갖가지 추측이 나오고 있다.

출토지가 란뎬현(藍田縣) 짜이꽈이촌(蔡拐村) 법지사(法池寺) 터에서 나왔다고 했다. 그러므로 먼저 법지사 내력부터 잠깐 보기로 한다. 법지사에 대한 기록으로 지금 남아 있는 「남전 법지사 두 법당 찬(藍田法池寺二法堂贊)」에 따르면, 장노 초상(初上) 선사가 701년 삼귀원(三歸院), 713년에 선법당(善法堂)을 지었다는 것이 유일한 증빙자료다. 그러나 법지사 자체는 그 이전부터 있었던 것으로 보인

---

506) [원문 주] Wang Yue Jin, 「Of the True Body : The Buddha's Relics and Corporeal Transformation in Tang Imperial Culture」, 『Body and Face in Chinese Visual Culture』, Harvard University Press, 2004.

507) 于薇, 「涅槃前后――蓝田出土唐代舍利石函图像新探」, 『美术研究』, 2016, 73쪽.

다. 「남전 법지사 두 법당 찬(藍田法池寺二法堂贊)」에서 "법지사 서쪽 삼귀원(을 비롯한) 두 법당은 이 절 장로 초상선사가 지었다(法池西三歸院, 二法堂, 玆寺長老初上禅師所造也.)."고 해서 두 법당은 이미 있었던 법지사 서쪽에 지었다는 사실을 알 수 있다.

『속고승전』에 보면, 석영윤(釋靈潤)이 법지사에 머물면서 섭론과 열반경을 강의했다(釋靈潤 講攝論涅槃 近住藍田之法池寺)는 기록이 있는데, 영윤은 614년(수나라 양제 대업 10년) 홍려시(鴻臚寺)에서 삼한(三韓)의 스님들을 가르치고, 아울러 본사에서 새로운 경전을 번역하였다는 기록이 있다. 624년에 화감사(化感寺), 634년에 홍복사(弘福寺)에 머문 기록도 있는 것을 보면, 수나라 말에서 당나라 초기의 승려임을 알 수 있고, 법지사도 이때 존재했다는 것을 알 수 있다.[508]

845년 당 무종 이염(李炎)이 '불교폐지법(廢浮屠法, 毁佛)'을 하명하여 천하의 절 4만 4,600곳을 없애고 승려 26만 명을 환속시킨 사건을 역사에서는 '회창훼불(會昌毁佛)'이라 한다. 이때 서울 근교(京畿)에 있던 남전 법지사도 파괴되었다. 다음 해 무종(武宗) 이염이 죽자 선종(宣宗) 이침(李忱)이 즉위하였다. 선종은 무종과 반대로 명령을 내려 불교를 다시 일으켜 회창 때 파괴된 모든 절을 다시 세웠다. 법지사도 이때 다시 세워졌는데, 무종 때 이미 이름이 법지사에서 통령사로 바뀌었다.

정홍건(曾宏根)이 "법지사 북쪽에 높은 언덕 위에 평평한 곳이 있는데 법지사 탑림(塔林)이 있던 곳이다. 당나라 때 이 절의 방장이 열반하면 다비한 뒤 그 재와 사리를 한백옥 석함에 넣어 탑림에 묻고 그 위에 5층 돌탑을 세웠다. 나중에 사원이 파괴되면서 이 사리석함도 땅속 깊이 파묻혀 사라졌다."고 한 것을 보면,[509] 이 사리함도 법지사의 방장 가운데 한 사람이었을 것으로 보인다.

지금까지 연구한 연구 결과로 사리함의 주인공이나 시대를 정확히 알 수는 없지만, 수나라와 당나라 때 발견된 사리함에 그려진 비슷한 사리 분배도와 비교할 때 법지사 사리함에 나온 깃털관을 쓴 인물은 고리(高麗) 사람이라고 볼 수 있다.

---

508) 道宣 撰, 『續高僧傳』卷第15, 釋靈潤. 大業十年. 被召入鴻臚教授三韓. 并在本寺翻新經本. …… 武德七年 時住化感. 寺主智信為人所告. 勅使圍寺大顯威權. …… 貞觀八年 勅造弘福. 復被徵召. 即現翻譯證義須明. 眾所詳准又當斯任. 至於詞理有礙. 格言正之.

509) 曾宏根, 「法池寺与盝頂舍利石函」, 『陝西档案』, 2002 (5), 43쪽.

II. 경산사(慶山寺) 보석 사리탑에 그려진 닭깃털관

1. 경산사 사리탑에 대한 개관

1) 사리탑의 발견과 발굴

1985년 5월 5일 현에 속하는 신풍벽돌공장(新豊磚瓦廠)에서 벽돌 재료인 흙을 파다가 땅속 6m 깊이에서 벽돌 방(券室)을 발견하였다. 따이왕진(代王鎭) 쟝웬촌(姜原村)에 사는 몇몇 사람이 옛 벽돌을 파내고 방 윗부분을 허물자, 그 안에서 "상방사리탑기(上方舍利塔記)" 비석·선으로 새긴 돌문·세 빛깔(三彩) 호법사자·사까여래사리보장(釋迦如來舍利寶帳)·도자기 유물 등 77점이 쏟아져 나왔다.[511]

현지 기관과 박물관이 유물을 수습하고, 바로 그해『문박(文博)』에「린통현(臨潼) 당(唐) 경산사(慶山寺) 사리탑기정실(舍利塔基精室) 발굴(淸理) 기록」을 발표하면서 세상에 알려졌다. 이 유적은 오른쪽 지도에서처럼 리산(驪山) 기슭에 있는 유명한 진시황릉과 건너편 웨이하(渭河) 사이에 있는 쟝웬촌(姜塬村)이다.

2018년 현장을 찾아갔으나 찾을 수가 없어 임동 박물관(臨潼博物館)을 찾아갔다. 임동 박물관은 바로 이 유적을 발굴한 기관이기 때문에 자세하게 전시하고 있었으나 모두 복제품만 있었다. 학술 담당 책임자를 만났더니 처음 발굴한 자오캉민(趙康民) 선생은 얼마 전 돌아가셨고, 지금은 자기가 책임자지만 많이 알지 못한다고 2014년 나온 도록을 한 권 소개해 주었다. 이미 절품되었지만 서고에 남은 한 권을 찾아줘 구입할 수 있었다. 경산사 유적과 유물에 대해서는 이미 2005년에 일본에서 먼저 전시하면서 도록이 나왔고, 그 다음 2014년 발굴을 담당했던 자오캉민 선생이 2014년 책을 새로 냈다고 한다.[512]

---

510) 현재는 陝西省 西安市 临潼区 代王街道 姜塬村이다. 신평진(新豊鎭) 역 동남쪽이다.

511) 赵康民·临潼縣博物館,「臨潼唐慶山寺舍利塔基精室淸理記」,『文博』1985-5, 1985, 12쪽.

512) 2018년 8월 31일 시안(西安) 에스페란토 협회(Xian Esperanto-Asocio) 회장 WANG Tiany(王天義) 선생의 주선으로 담당자를 만나 자료를 확보할 수 있었다. 지하에 있는 유물을 보여주겠다고 했으나 열쇠를 가진 사람이 없어 보지 못했지만 아주 친절하게 자료를 안내해 주며 말했다. "일본 사람은 많이 오는데 한국 학자는 처음이다."

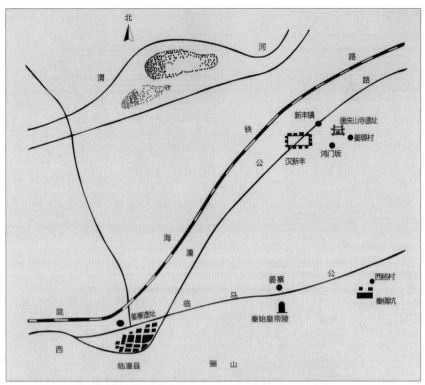

그림 171 경산사 유적 위치(趙康民 8쪽) 赵康民 編著, 『武周皇刹慶山寺』, 陝西旅游出版社, 2014.

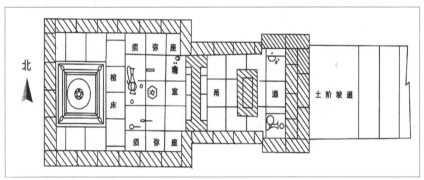

그림 172 사리탑 지하궁전의 평면도(趙康民 14쪽)

앞으로 이 책에 나온 사진과 평면도를 중심으로 경산사 유물과 닭깃털관(鷄羽冠)을 쓴 고리(高麗) 인물에 대해 자세히 보고자 한다.

발굴지는 갑(甲) 자를 누인 것처럼 보이는데 오른쪽에 있는 흙 계단을 통해 들어가면 문이 나오고, 문을 열고 들어가면 널길(甬道)이 나온다. 널길 한가운데 '상방사리탑기(上方舍利塔記)'가 서 있고, 그 비석 뒤에 다시 선으로 새긴 돌문을 열고 들어가면 지하궁전이 나온다. 지하궁전이라 부르지만, 그 규모는 아주 작다.

그림 173 서벽의 음악연주(1)(趙康民 127쪽)

그림 174 서벽의 음악연주(2)(趙康民 127쪽)

네모꼴인 궁전은 남북 길이 1.34m, 동서 너비 0.75m에 높이 1.8m다.

사리보장(舍利寶帳)은 바로 중앙에 서 있고, 그 보장(寶帳) 안에 사꺄여래(釋迦如來)의 사리를 넣은 금 널(金棺)과 은 덧널(銀槨)이 있다. 그리고 이바지하기 위해 올린 기물들이 보장의 앞과 양쪽 옆에 놓여 있었다.

지하궁 동·서·북벽은 벽돌에 광을 내서 쌓고 벽화를 그렸다. 북벽은 약사여래와 아미따붇다(阿彌陀佛), 동서 두 벽에는 하늘나라에서 음악을 연주하는 그림을 그렸다.

2) 상방 사리탑기(上方舍利塔記)

이 지하궁에 들어가는 널길(甬道)에 들어가자마자 한가운데 있는 비석은 이 사리탑과 아래 있는 지하궁전의 내력을 자세히 설명해 주고 있어 모든 수수께끼를 풀어주는 중요한 열쇠가 된다. 이 사리탑은 앞에서 본 유물들과 달리 이 비석이 있어 전체 내력이 밝혀졌다.

이 비석은 높이 67cm, 너비 40cm, 두께 12cm 크기인데 맨 위 한가운데 '상방 사리탑기(上方舍利塔記)'라는 제목이 쓰여 있고, 한 줄에 27자씩 모두 19줄, 모두 513자가 새겨져 있다. 내용은 경산사의 위치, 사리탑이 부서뜨려진 까닭, 수리와 준공한 시기, 담당자들, 사리를 안치한 시기들이 기록되어 있다.

(1) 붇다의 사리를 모시는 사리탑(舍利塔)

앞서 본 사리함에는 어떤 사리를 모셨는지 확실치 않아서 고승들의 사리함인지 붇다의 사리함인지 분명하지 않았다. 그러나 이 사리탑은 제목부터 상방 사리탑기(上方舍利塔記)라고 했다. 상방(上方)은 '높은 곳'을 뜻하므로 가장 높게는 하늘나라를 뜻할 수도 있다.

또 이 사리탑 뚜껑 앞면에 "사꺄 여래(釋迦如來) 사리보장(舍利寶帳)"이라고 뚜렷하게 새기고 금을 입힌 것을 보면 알 수 있다(그림14).

이 사리는 사리병에 넣어서 널에 넣은 다음 다시 덧널(槨)에 넣고, 또다시 널(棺)에 넣는 형식으로 묻었다.

그림 175 사리함 뚜껑 앞면의 제목(趙康民 50쪽)

그림 176 사리병과 사리(趙康民 7쪽)

그림 177 금도금 은 덧널(銀槨)(趙康民 81쪽)

그림 178 금도금 청동 널(棺)(趙康民 78쪽)

　　우리는 불교 국가 가는 곳마다 붇다의 진신사리(眞身舍利)를 모신 탑들을 많이
볼 수 있다. 그렇다면 모든 탑들이 진짜 붇다의 사리를 모신 탑을 세웠을까? 물론
아쇼카 대왕 때 사신들을 통해 보낸 사리들을 가지고 사리탑을 세운 곳도 많다.
그러나 앞에서 수나라 문제가 4차례에 걸쳐 수많은 붇다의 사리를 나누어 전국
에 사리탑을 세운 보기에서 본 바와 같이 사리의 출처가 불분명하다. 따라서 진
신사리 대신에 다른 보석을 사리로 모셨을 가능성이 크다. 실제로 앞에서 보았듯
이 경전에 다른 보석을 허용하고 있기 때문이다.[513]

---
513) 不空 譯,『如意寶珠轉輪祕密現身成佛金輪咒王經』,「여유보주품(如意寶珠品)」第3. 만일 사리가
　　　없으면 금은·유리·마노·파리 같은 여러 보석으로 사리를 만들어, 그 구슬을 위에서 본 것처럼 사

(2) 무너진 탑들을 다시 세웠다.

사리비에는 이곳은 이미 그 이전에 탑들을 세웠으나 큰 재난을 당해 무너지자 새로운 고을 원이 수도 장안에서 유명한 법사를 모셔다가 다시 세웠다는 내용이 적혀 있다.

이 절은 신성한 산이 솟아 세워졌으니, 산홍문(蒯鴻門) 왼쪽 언덕이고, 남으로 여산(驪山)의 작은 봉우리에 이어진다. 상하(象河)를 가는 큰 강이고, 북쪽은 풍수(豊樹)를 가로 지른다. (이곳은) 한대(漢代)의 명승지로 여기에 오래 전에 자리 잡았다. 빽빽한 숲이 가로막고 봉우리들이 가로막아 (여기에) 층층이 탑을 세우기 시작했다.

(그런데) 갑자기 큰 폭풍을 만나 서까래가 무너져 내린 지 오랜 세월이 지났다. 전임 고을 원님 당준(唐俊)이 부임한 지 얼마 되지 않아 바른 믿음으로 크게 공경하며 (이 탑들이) 황폐해진 것을 애달프게 생각하였다. 누구를 데려와야 다시 세울 수 있을까 생각하다가 이내 수도 (장안의) 온국사(溫國寺) 승종(承宗)[514] 법사를 그 절의 주지로 모셨다.

(승종) 법사는 얼음 같은 냉철한 성정과 영혼을 가졌고, 소나무처럼 절개가 있으며, 절약하며 검소하였다. 복전(福田)을 만들 줄 알았고, 괴로움은 흐르는 물과 같다는 것을 잘 알고 있었다. 절은 그의 바람이 자리를 잡았

《上方舍利塔记》碑 (拓本)

그림 179 上方舍利塔記(탁본), (趙康民 24쪽)

용한다. 행자가 (그럴) 힘이 없으면 큰 바닷가에서 맑고 깨끗한 모래나 돌을 사리로 쓰거나, 약초나 대(竹)·나무(木)의 뿌리나 마디로 사리를 만든다. 그 수는 32알이나 7알을 위주로 하되, 크기는 달걀 크기로 한다. (이렇게) 보주(寶珠)를 만들면 그 구슬이 내는 빛이 모든 가난과 괴로움을 널리 비쳐 여의주 보주와 별 차이가 없다(若無舍利 以金銀琉璃水精馬腦玻梨眾寶等造作舍利. 珠如上所用. 行者無力者. 即至大海邊拾清淨砂石即為舍利. 亦用藥草竹木根節造為舍利. 其數三十二粒. 七粒為主. 大如鷄子計. 即造寶珠. 其珠放光普照一切貧窮困苦. 如意寶珠無有別異.).

514) 수나라 때 세워진 실제사(實際寺)인데, 727년 온국사로 이름을 바꾸었다.

고, 이웃들이 마음을 열고 그가 나아가는 길을 함께하였다. (개원) 25년(737)부터 29년 (741)까지 추우나 더우나 크게 일을 계획하고 공사를 진행하며 층계를 만들고 담장을 쌓았다.[515]

이곳에 탑을 세우려고 수도인 장안의 온국사 승종법사를 초청해 737~741년까지 4년 간의 공사를 거쳐 완성되었다는 것을 알 수 있다.

(3) 741년 4월 초8일 낙성한 사리탑

사리비의 제목에서 이미 '대당(大唐) 개원(開元) 경산(慶山)의 산문(山)'이라고 해서 개원 연간에 세운 비석임을 알 수 있다. 개원은 당나라 현종(玄宗, 712~756)의 연호로 713~741년 연간을 뜻하는데 앞에서 737~751년에 세웠다고 했으니 제목과 내용이 일치한다. 현종은 당 고종 이치(李治)와 측천무후의 손자로 무려 44년 동안이나 당나라에서 가장 자리를 오래 지킨 황제다. 현종은 742년부터는 천보(天寶)라는 연호로 바꾼다. 그러니까 이 사리비는 개원 연간의 마지막 해다. 이 사리탑을 낙성한 연도는 사리탑기 맨 마지막에 나온다. 741년 부처님 오신 날 세웠다고 뚜렷하게 기록하고 있다.

우리 절 대덕인 혜등(惠燈)·오현(晤玄)·사원(思遠)·겸이(謙已)와 상좌(上座)들, (그리고) 태휘사(太暉寺) 주지 승종(承宗)을 비롯하여 (法宗)·휴이(休已)·도림(道琳)·수이(修已)·봉선(鳳仙) 들이 함께 세웠다. 대당 개원(開元) 29년(741) 4월 8일.[516]

---

515) 사리비의 탁본과 다음 자료 참고. 庞烬,「唐庆山寺舍利塔碑文校注全译」,『文博』, 1988, 19쪽: 赵康民 編著,『武周皇利慶山寺』, 陝西旅游出版社, 2014. 25쪽.此寺伽蓝, 因神山踊建. 劗鸿门之左阜, 南揭驪岑; 刘象河之大川, 北横豊樹. 漢之勝地, 首在兹乎. 壓重林, 亘絶巇, 肇創層塔. 炊遭大風, 栾橑中㸐, 歲月方久. 賴前邑宰唐俊, 下車不日, 貞信孔崇, 哀此荒涼, 僉苦集若流. 精舍席其風, 隣閭肩其行. 自廿五歲追廿九年, 寒署不劳, 土木躬力, 載謀載構, 是階是堵.

516) 사리비의 탁본과 다음 자료 참고. 庞烬,「唐庆山寺舍利塔碑文校注全译」,『文博』, 1988, 19쪽: 赵康民 編著,『武周皇利慶山寺』, 陝西旅游出版社, 2014. 25쪽. 當寺大德 惠燈·晤玄·思遠·謙已, 上座, 太暉寺主承宗·法宗·休已·道琳·修已·鳳仙等 同建. 大唐 开元 廿九年 四月八日.

그림 180 釋迦如來舍利寶帳(趙康民 57쪽)　　　　　　　그림 181 임동 박물관 전시장(2018. 8. 31)

　그런데 이 기록에서는 앞에서 4년간 탑을 세운 승종 법사가 태휘사(太暉寺) 주지라고 나온다. 이 기록에 따르면, 경산사 대덕들과 태휘사 주지를 비롯한 스님들이 함께 세웠다는 것을 알 수 있다.

2. 사리보장(舍利寶帳)의 4면에 선으로 그린 그림 검토

　지하궁전에서 나온 많은 보물 가운데 가장 중요한 것이 바로 이 사리보장이다. 처음엔 '보장(寶帳)'이란 낱말이 낯설어 혼란이 있었으나, 현장에서 보니 사리탑이었다. 이러한 특이한 이름을 붙인 것은 사리탑 자체에 금으로 '사꺄여래(釋迦如來) 사리보장(舍利寶帳)'이란 글이 새겨져 있으므로 그대로 그 이름을 불렀다. 석회석으로 된 109cm 높이의 이 사리탑은 4면으로 된 몸통에 선으로 그림이 그려져 있는데, 두 면의 그림에 깃털관을 쓴 인물이 나타나 있어 이 장의 연구 대상이 된다.

1) 앞면 : '가르침을 주는 그림(說法圖)'

　그림 한가운데 연꽃 좌대에 앉아 가르침을 내리는 모습을 하고 양쪽 두 보살이 가까이 모시고 있다. 보살 뒤에는 붇다를 모시는 아난다와 다른 제자 한 분이

그림 182 앞면, 가르침을 주는 그림(說法圖)(趙康民 46쪽)

서 있다. 그리고 주변에는 여러 신장이 둘러싸 보호하고 있다.

여기서 눈여겨볼 것은 가르침을 내리는 대상이다. 전체적인 그림에서 아주 작게 그렸지만, 무릎을 꿇고 앉은 사람은 바로 당나라 황제임을 알 수 있다. 이 그림에서 붇다·보살·신장은 일반적으로 절에서 볼 수 있는 장면과 다름없지만 가르침을 받는 대상이 바로 황제라는 점이 크게 다르다. 머리에 관을 쓰고 소매가 넓은 도포를 입은 모습이 다음에 나오는 열반도나 다비하는 그림에 나오는 당나라 황제라는 것을 알 수 있다.

자오캉민(趙康民)은 1985년 발굴보고서에서는 "사꺄(무니) 정면에 한 스님(僧人)이 꿇어엎드려 있다(釋迦正前跪伏一僧人)."고 했고, 2014년 책에서는 "좌대 앞에 한 사람이 땅에 꿇어앉아 있다(座前一人跪地)."라고 했다. 앉아 있는 사람의 모자나 옷이 스님이 아니기 때문에 새로 쓴 것이다.

자오캉민(趙康民)이 1985년 "아난과 가섭이 좌우로 나누어 모시고 있다(阿難迦葉分侍左右)."고 하고, 2014년 "제자 아난과 가섭이 좌우에 서서 모신다(弟子阿難迦葉侍立左右)."고 했는데 가섭은 붇다가 니르바나에 든 뒤 1주일 뒤에 도착하기

517) 赵康民 編著,『武周皇刹慶山寺』, 陝西旅游出版社, 2014, 46쪽.
518) 赵康民 編著,『武周皇刹慶山寺』, 陝西旅游出版社, 2014, 46쪽.

그림 183 니르바나에 드는 그림(涅槃圖)(趙康民 47쪽)

때문에 가르침을 주는 그림이나 니르바나에 드는 그림에는 들어갈 수가 없다.

2) 니르바나에 드는 그림(涅槃圖)

붇다가 누워 있는 평상 앞에 사자 2마리와 나는 천신 2명을 그렸다. 평상 주변에는 제자들이 5명 있는데 앉아서 울고 있는 제자는 마지막까지 27년 동안 붇다를 모신 아난다(Ananda, 阿難陀)로 보인다. 이 그림에서도 자오캉민(趙康民)은 오른쪽 제자는 가섭이라고 했지만 앞에서 본 이유로 가섭이 아니다.

뒤에 서 있는 보살 3명 중에서 두 보살은 '가르침을 주는 그림'에 나온 보살과 같은 모습이다. 자오캉민(趙康民)은 1985년에 양쪽에 시자들을 한 사람씩 데리고 서 있는 두 인물을 약사여래와 아미따여래라고 했으나 2014년에는 옷과 꾸밈에만 언급하고 여래 이야기를 뺐다. 글쓴이는 왼쪽에 관을 쓰고 두 손을 소매 안에 넣고 서 있는 사람은 '가르침을 주는 그림'에 나오는 황제라고 본다. 그리고 오른쪽에 화려한 부채를 들고 서 있는 사람은 측천무후라고 본다. 다시 말해 당의 황제와 측천무후가 붇다가 니르바나로 들어가는 순간 직접 참석한 모습을 그린 것이다. 영락목걸이로 꾸민 보살과 측천무후의 옷과 머리 꾸밈이 사뭇 다르다는 것을 볼 수 있다.

여기서 측천무후의 등장은 매우 조심스러운 접근이지만 전혀 불가능한 것은 아니라고 본다. 경산사가 측천무후와 깊은 관계가 있기 때문이다.

측천(則天) 때 신풍현(新豊縣) 동남쪽 로태향(露台鄉)에 큰 태풍·비·우박·지진이 일어나 산이 솟아올랐는데 높이가 200자가 되었다. 못이 있는데 둘레가 3경(頃)이고, 못 안에 용과 봉황의 형상이 나타나는 화맥의 이적(禾麥之異)이 일어났다. 측천(무후)은 이것을 좋은 징조라고 해서 이름을 경산(慶山)이라고 했다.[519]

이 같은 『구당서』의 「오행지(五行志)」 기록은 『구당서』 「지리지」에서 수공(垂拱) 2년(686), 경산현으로 바꾸었다(改爲慶山縣)[520]고 해서 현지의 행정구역까지도 경산으로 바꾸었다는 것을 알 수 있다.[521] 당시 유문준(兪文俊)이라는 신하가 이것을 "땅 기운이 불화해서 언덕이 솟아올랐다."고 직언하자 영남으로 유배를 보낸 것을 보면, 측천무후가 이때부터 이곳에 불교 성지를 만들었을 가능성이 크다.

실제 이곳에 절을 세운 것은 690년이라는 기록이 있다. 『불조역대통재(佛祖歷代通載)』에 보면 당나라가 선지 30년이 되는 690년 경산에 붇다가 나타나 절(寺宇)을 짓도록 조서를 내렸다(慶山佛現 勅建寺宇)[522]고 기록되어 있다. 이 해에 삼장법사 의정(淨義) 삼장이 서녘에서 돌아오면서 산스크리트 경전 400여 부와 진신 사리 300알을 가져오니 측천무후가 동문까지 나아가 맞이하고, 다음 해 실차난제(實叉難提)가 화엄경을 완성하자 측천무후가 친히 서문을 쓰고 태극전에서 백관을 조회할 정도로 불교에 심취해 있을 때였다.[523]

---

519) 『舊唐書』卷37, 志 第17, 「五行」. 則天時, 新豊縣東南露台鄉, 因大風雨雹震, 有山踴出, 高二百尺, 有池周三頃, 池中有龍鳳之形, 禾麥之異. 則天以爲休徵, 名爲慶山.

520) 『舊唐書』卷37, 志 第17, 「五行」.

521) 『舊唐書』卷38, 志 第18, 「地理志」. 垂拱二年, 改爲慶山縣. 그 뒤 경산은 지명이 바뀐다. 天授二年(691), 置鴻州, 分渭南置鴻門縣, 凡領渭南, 慶山, 高陵, 櫟陽, 鴻門五縣. 尋廢鴻門縣, 還入渭南. 大足元年(701), 廢鴻州入雍州也. 昭應 隋新豊縣, 治古新豊城北. 神龍元年(705), 複爲新豊. 天寶二年(743), 分新豊, 萬年置會昌縣. 七載, 省新豊縣, 改會昌爲昭應, 治溫泉宮之西北 三原 隋縣.

522) 嘉興路大中祥 符禪寺 住持 華亭念常 集, 『佛祖歷代通載』卷第12, 大正藏第 49 冊 No. 2036.

523) 嘉興路大中祥 符禪寺 住持 華亭念常 集, 『佛祖歷代通載』卷第12, 大正藏第 49 冊 No. 2036. (唐三十) 五月戊辰. 淨義三藏自西域還. 獲梵本經論四百餘部. 及金剛座真容舍利三百餘粒則天降蹕上東門迎勞. 安置佛授記寺. 未幾詔入大遍空寺. 同實又難提等譯經證義. 明年十月新華嚴經成.

그러므로 이 사리탑은 바로 정의(淨義) 삼장이 서녘에서 가져온 것이라고 볼 수 있고, 이 사리를 모실 때 측천의 덕을 찬양하기 위해 붇다의 다비와 니르바나에 들 때 무후가 직접 찾아뵌 장면을 그렸을 가능성이 크다. 황제를 내세운 것은 죽은 고종을 상정한 것이 아닌가 하는 생각이 든다. 그림에서 황제보다 측천무후가 더 크게 나온 것은 주제의 비중을 따져 화가가 그렇게 그렸을 가능성이 크다.

그렇다면 사리탑 비문에 741년에 세웠다는 부분은 어떻게 해석할 것인가? 그것은 첫째, 앞에서 보았듯이 741년에는 큰 재앙이 일어나 탑이 모두 무너졌으므로 다시 세웠다고 했으니, 사꺄여래 사리보장(釋迦如來舍利寶帳)은 60년 전인 690년에 만든 것을 그대로 모셨다고 볼 수 있다. 둘째, 측천무후 때 그렸던 4면의 그림본(模本)이 전해 내려와 그대로 그렸을 가능성도 크다.

3) 다비하는 그림(茶毗圖)

튼튼한 두 장사가 장작에 불을 붙이고 승려들은 합장하고 염불하고 있다. 하늘에서 천사가 공양하고 꽃비가 내리고 있다. 여기서 가장 중요한 것은 왼쪽 7명과 오른쪽 6명에 대한 해석이다. 먼저 발굴보고서를 쓴 자오캉민(趙康民)의 해석을 보자.

> 위층 오른쪽 수미산 앞에 세 줄로 모두 6명이 있다. 맨 뒤 한 사람은 긴 더벅머리에 입을 크게 벌리고 오른손을 펴서 위를 가리키고 있다. 가운데 두 사람은 머리칼을 둥글게 묶고 목걸이를 했다. 왼쪽 사람은 팔꿈치를 굽히고 손을 펴서 손바닥을 밖으로 향하고 있다. 앞줄에 홀로 있는 사람은 아미따불(彌陀佛)이고 양쪽으로 나누어 두 협시(脇侍)가 서 있다. 아미따불은 포의(胞衣)를 입고 넓은 띠를 둘렀다. 오른쪽에 복숭아 2개 꼴을 한 부채를 쥐고 있고, 왼손은 약간 구부렸다.
>
> 왼쪽 수미산 앞에는 세 줄로 나뉘어 7명이 서 있다. 앞줄에는 약사불(藥師佛)과 두 협시(脇侍)다. 약사불은 포의를 입고 허리에 넓은 띠를 둘렀다. 뒤의 두 줄에서 바깥쪽 두 사람은 승려고 안쪽 두 사람은 머리에 화관을 쓰고 몸에 포의를 입었다. 아래층은 몸에

實又難提等奉表奏上. 則天親製序引. 御太極殿宣示百官. 其護法弘通無出天后之德矣. 法師姓張. 齊州范陽人. 家世珪璋. 十五有西行志. 三十七歲方遂雅懷. 是年乃旋也.

그림 184 다비하는 그림(茶毗圖)(趙康民 48쪽)

포의를 입고 두 손을 합장한 채 불 앞에 있는 8명의 비구를 바라보고 있다.[524]

　자오캉민(趙康民)은 1985년 발굴보고서와 2014년 저서에서 앞에서 선 두 사람을 약사불과 아미따불이라고 보았는데 글쓴이는 받아들이기 어렵고, '니르바나에 드는 그림(涅槃圖)'에서 본 바와 같이 두 사람은 당나라 황제와 측천무후라고 본다.
　여기서 왼쪽 7명을 눈여겨봐야 한다. 맨 앞의 황제 뒤 양쪽에는 보좌하는 신

---

524) 赵康民・臨潼縣博物館,「臨潼唐慶山寺舍利塔基精室淸理記」,『文博』1985-5, 1985, 21~22쪽. 上
　　层右侧须弥山前分三排共站六人. 后一人长发上竖. 张着大口, 右手舒掌, 指尖向上. 中二人头顶
　　挽发环, 额扎组缨, 左者舒掌屈肘, 掌心向外. 前排, 扣一人是弥陀佛, 两胁侍分站两侧. 弥陀佛褒
　　衣博带, 右手握双桃形扇. 左手微弯, 掌心向下. 左侧须弥山前分三排站立七人. 前排是药师佛和
　　二胁侍, 药师身着褒衣, 腰系博带. 后两排外二人为僧, 内二人头戴花冠, 身着褒衣. 下层是身着褒
　　衣. 双手合十, 仰望大火的八个比丘.

하가 서 있고, 그 뒤 4명은 다음에 볼 '사리를 나누는 그림'에서 보겠지만 다른 나라에서 온 사신들이다. 사신에 대해서는 7명 가운데 가장 뒤에 서 있는 닭깃털관(鷄羽冠)을 쓴 고리(高麗) 사람이 우리에게 가장 큰 관심사다. 여기서는 깃털관을 쓴 고리(高麗) 사람이 등장하였다는 사실만 보고 다음 그림에서 좀 더 자세히 보려고 한다.

4) 사리를 나누는 그림(舍利分配圖)

이 그림은 지금까지 보아온 다른 사리함에서 본 사리를 나누는 그림과 비교해야 하므로 발굴한 사람의 견해가 길지만 자세히 보고 가려고 한다.

> 액방(額仿) 위의 버섯구름 사이에다 매화를 새겼다. 수미산 사이에 4개의 기둥으로 떠받친 둥근 연꽃지붕 정자가 한 채 있다. 정자 양쪽에는 두 그루 깨달음의 나무(菩提樹)가 서 있다. 정자 한가운데 네모난 사리관이 모셔져 있다. 정자 왼쪽에 아난이 가사를 입고 합장을 하고 있고, 오른쪽에 가섭이 가사를 입고 두 손으로 소반을 들고 있다. 정자 앞

그림 185 사리 나누는 그림(舍利分配圖)(趙康民 49쪽)

에는 큰 길이 하나 있고, 길 양쪽에 중국과 외국의 승려들이 두 줄로 서거나 무릎을 꿇고 있다. 왼쪽 앞에 세 사람이 무릎을 꿇었는데, 왼쪽 한 사람은 법의를 입고 허리에 띠를 두르고 두 손을 소매 안에 넣고 있다. 가운데 사람은 '山' 자꼴 모자를 쓰고 두 손을 소매에 넣었는데 왼 무릎 옆에 바루가 놓여 있다. 오른쪽 사람은 높은 관을 머리에 쓰고 포의(褒衣)를 입고 허리에 띠를 둘렀으며, 두 손에 법기를 쥐고 있고 왼 무릎 옆에는 네모난 소반이 있다. 뒷줄에는 4명이 모두 법복을 입고 허리띠를 둘렀으며 두 손을 소매 안에 넣고 서 있다. 왼쪽 두 사람은 머리에 '山' 자꼴 모자를 쓰고 있으며, 세 번째와 네 번째 사람은 모두 높은 관을 썼고, 네 번째 사람은 손에 법기(法器)를 들고 있다.

길 오른쪽은 앞줄에 세 사람이 무릎을 꿇고 있는데, 오른쪽부터 첫번째 사람은 깃꼴 관(羽狀冠)을 쓰고 합장을 하고 있으며 무릎 앞에는 사발이 놓여 있다. 두 번째 사람은 머리에 상투를 틀고 두 손을 소매 안에 넣었으며 몸 왼쪽에 주발이 놓여 있다. 세 번째 사람은 탑 모양의 모자를 쓰고, 두 손으로 네모난 소반을 받들고 있다. 뒤에는 두 손을 모두 소매 안에 넣고 서 있는 사람이 3명 있는데, 오른쪽에서 세 번째 사람은 머리에 후두(候頭)를 썼다.

큰길 왼쪽에 병이 하나 놓여 있고, 길 오른쪽에 한사람이 옷 벗고 맨발에 허리에는 넓은 띠를 둘렀다. 두 손으로 공양물이 가득한 사발을 받들어 오른쪽에 무릎을 꿇고 네모난 소반을 든 사람에게 주고 있다.[525]

자오캉민은 이 그림을 '공양을 올리는 그림(供奉圖)'라고 해서 사리와는 전혀 상관이 없다고 설명을 하였지만 글쓴이는 '사리를 나누는 그림'이라고 보고 설명

525) 赵康民·臨潼縣博物館,「臨潼唐慶山寺舍利塔基精室清理記」,『文博』1985-5, 1985, 22~23. 额仿上雕蘑菇云间梅花. 须弥山间有一座四柱支撑的圆形莲花顶方亭. 亭两侧两株菩提树. 亭中央安置着方形舍利棺撑. 亭左侧阿难身着褒衣, 双手合十, 作莲花合掌印. 右侧伽叶身着褒衣, 双手捧盘. 亭前一条大道, 道两侧跪站两排中外僧侣. 左侧前三人跪, 左一人着法衣, 腰束带, 双手插袖内. 中一人头戴山字形帽, 双手插袖内, 左膝傍置一钵. 右一人头戴高冠, 身着褒衣, 腰间束带, 双手握法器, 左膝傍置一方盘. 后排四人皆着法服, 腰间束带, 双手插袖而站. 左二人头戴山字形帽, 第三, 四人皆头戴高冠, 第四人手握法器. 道右侧, 前排跪三人, 右起一人头戴羽狀冠, 双手合十, 作莲花合掌印, 膝前置一钵. 第二人头挽髻, 双手插袖内, 身左置一碗. 第三人头戴塔形帽, 双手捧方盘. 后排三人皆双手插袖而立, 惟右起第三人头戴候头. 大道左侧置一壶, 道右一人赤身跳足, 腰系博带, 双手捧满盛斋膳之钵, 正在赐给右侧跪地捧方盘者.

해보려 한다.

건물 안에 무덤 같은 것이 보이고 문 앞에 두 제자가 서 있다. 가운뎃길에는 사리병이 하나 놓여 있고 웃통을 벗은 사람이 무엇인가를 나누어 주고 있다. 가운뎃길을 중심으로 양쪽에 3팀씩 6팀이 줄을 서 있다. 앞에 각국 대표들이 앉아 있고 뒤에 함께 온 사람들이 한 사람씩 서 있는데, 왼쪽 맨 안에 있는 사람만 보좌하는 신하가 2명이다.

먼저 왼쪽 맨 안쪽 앞에 홀을 들고 앉아 있는 인물은 앞에서 본 '니르바나에 드는 그림'과 '다비하는 그림'에 나오는 당나라 황제와 똑같으므로 당나라를 대표하는 인물이라고 본다. 그 뒤에 서 있는 두 사람이 황제를 보좌하는 신하인데, 다른 나라와는 달리 당나라만 2명이다. 이 황제와 두 신하는 안쪽에 멀리 있으면서도 가까이 있는 사람보다 더 크게 그린 것은 그만큼 나머지 두 사람보다 더 중요시한다는 것을 뜻한다. 고구리(高句麗) 벽화에서도 원근법을 무시하고 멀리 있지만 주인공은 더 크게 그리는 화법과 같은 이치이다. 앞의 두 그림에서 자오캉민은 높은 모자를 쓴 인물을 약사불(藥師佛)이라고 했는데, 잘못된 추정이라는 것을 쉽게 알 수 있다. 약사불은 모자나 넓은 소매옷을 입을 수 없으며, 특히 약사불은 많은 중생의 병을 고쳐주기 위해 늘 약 그릇을 들고 있다. 결국 당나라 황제를 약사불이라고 한 것이다. 앞의 두 그림에서 왼쪽 인물이 약사불이 아니듯 오른쪽 인물도 물론 아미따불이 아니다. 그래서 글쓴이는 측천무후라고 본 것이다.

당나라 황제 바로 옆사람은 바로 뒷줄에 자신을 보좌하는 사람과 함께 '산(山)'자 모양의 모자를 쓰고 있다.

마지막으로 머리를 단정하게 쪽을 진 팀이 있다. 오른쪽 3팀이 한 사람은 앉아 있고 한 사람은 뒤에 서 있다. 맨 안쪽 두 사람은 높은 모자를 썼는데 무엇인가를 받고 있는 중이다. 가운데 앞에는 고리(高麗) 사람이 깃털모자를 쓰고 있는데, 뒤에 서 있는 사람은 깃털관을 쓰지 않아 머리모습이 다르다. 탁본 사진을 찬찬히 들여다보았지만 깃털관을 확인하기 어려웠다. 고리(高麗) 사람 바로 옆에 마지막 두 사람은 머리를 길게 늘어뜨렸는데, 특히 앉은 채로 머리를 두상 위에서부터 허리 아래까지 길게 땋아내린 사람은 돌궐 사람으로 보인다. 그리고 당나라와 고리(高麗)를 빼고 나머지는 어느 나라 사신인지 추정하기가 어렵다.

3. 깃털관을 쓴 고리 사람(高麗人) 연구사

1) 중국 학자들의 연구사

(1) 2011, 양샤오쥔(楊效俊)의 제석천(帝釋天)과 범천(梵天)

양샤오쥔은「린통 경산사 사리지궁(舍利地宮) 벽화 시론(臨潼庆山寺舍利地宮壁画试析)[526)]」에서 2011년까지의 연구성과를 잘 정리하였다. 사리매장제도의 발전사에서 경산사 사리매장이 제2단계(고종~무종 법란)라고 주장한 쉬핑팡(徐苹芳)[527)]과 양홍(楊泓)의 설을 소개하고, 중국화한 관곽식(棺槨式) 사리매장제도라고 하였다.[528)][529)] 경산사에 대한 연구와 사리탑비 주석에 대한 연구사도 정리하였다.

위 연구들은 본 연구에서 다루는 사리보장과 관계가 없으므로 자세히 다루지 않는다. 양샤오쥔은 마지막에 언급한 린웨이정(林偉正)이 "사리보장 3면 도상은 열반·다비·사리 나누기(分舍利) 같은 장면을 그려 엄숙하게 꾸몄고, 아울러 북벽 양쪽의 범천(梵天)과 제석천(帝釋天)을 배합하여 천국세계를 암시하였다."고 한[530)] 주장을 바탕으로 자기 논리를 발전시킨다.

양샤오쥔(楊效俊)은 『대반열반경후분(大般涅槃經後分)[531)]』에 따라 앞면 = 마지막 가르침(遺敎), 오른면 = 열반, 뒷면 = 다비, 왼면 = 사리 나눔(分舍利)이라 이름 붙인다.

> **앞면**(마지막 가르침) : 화면 한가운데 두 그루의 보디나무(菩提樹) 아래 설법인(說法印)을 한 사꺄무니(釋迦牟尼)가 결가부좌로 앉아 있고, 양쪽에 여러 제자가 둘러싸고 마지막 가르침을 듣고 있다.
>
> **오른쪽**(니르바나) : 화면 가운데 보디나무 아래 있는 평상에 사꺄무니가 니르바나에 들

---

526) 杨效俊,「临潼庆山寺舍利地宫壁画试析」,『文博』, 2011-3.

527) 徐苹芳,「中国舍利塔基考述」, 『传统文化与现代化』, 1994-4.

528) 杨泓,「中国隋唐时期佛教舍利容器」,『中国历史文物』, 2004-4; 杨泓,「中国古代和韩国古代的佛教舍利容器」,『考古』, 2009-1.

529) 顾承甫,「唐代庆山寺小考」,『史林』, 1986-1.

530) 林伟正,「被'身体化'的舍利佛指」,『典藏 古美术』(218), 2010-11, 162~169쪽. 嚴饰含利宝帐其三面图像所描绘的涅槃, 荼毗, 分舍利等场景, 并配合在北壁两侧的梵天和帝释天所暗示的天國世界.

531) 大唐 南海波淩國沙門 若那跋陀羅 譯,『大般涅槃經後分』(大正藏第 12 冊 No. 0377 大般涅槃經後分)

410   실크로드에 핀 고리(高句麗)의 상징 닭깃털관(鷄羽冠)

고, 화면 앞 양쪽에 제석(帝釋)과 범천(梵天)이, 뒤에는 제자들이 있다.

뒷면(다비) : 화면 한가운데 불길 속에 관이 타고 있고, 앞에 2명의 역사가 장작을 넣고 있다. 위에 두 명의 하늘신이 춤추며 꽃를 뿌리는 듯하다. 화면 좌우 양쪽 앞에 제석과 범천이 있고 뒤에는 슬퍼서 우는 제자들이 있다.

왼쪽(사리 나누기) : 그림 뒤 한가운데 나무가 있고 중간에 보장(寶帳)을 설치하였는데, 네모난 평상의 4면 기둥, 여의주 꼴 지붕 꼭대기(寶珠頂), 평상 뒷면에는 꽃 그린 병풍, 평상 위에는 작은 산 꼴로 쌓은 사리·뼈재(骨灰)를 쌓아 모셨다. 앞부분은 가운데 병이 하나 있고 양쪽에서 무릎을 꿇고 절하는 각 나라 왕이 있는데 모습이 서로 다르다. 머리를 길게 땋아 늘인 사람은 돌궐사람 같고, 모자를 쓴 사람은 아라비아(大食人) 사람 같고, 중화의 옷과 모자를 착용한 사람은 당나라 사람이다. 앞에 그릇을 마련해 놓고 중간 사람이 사리를 나누어 줄 때를 기다리고 있다.[532]

양샤오쥔(楊效俊)은 발굴보고서에서 약사여래와 아미따불이라고 했던 인물을 제석천(帝釋天)과 범천(梵天)으로 새롭게 해석하였다. 제석(帝釋)은 제석천(帝釋天)의 줄임말로 인도의 신 인드라(因陀羅)를 말한다. 불교에서는 불교를 보호하는 호법신(護法神)이 된다. 경전에는 '사크라 데바남인드라(Śakkra Devānāmindra)'를 소리 나는 대로 옮기는 과정에서 줄임말로 등장한다. 33개 하늘나라(三十三天)의 왕(天主)이다. 붇다를 왼쪽에서 모시는 신(左脇侍)이다. 범천(梵天)은 브랗마(Brahmā)를 한문으로 범마(梵摩)라고 옮겼는데, 줄여서 범(梵)만 쓰는 경우가 많다. 인도에서 시바·비슈누와 함께 3대 신 가운데 하나다. 불교에서는 색계의 초선천(初禪天)의 범중천(梵衆天)·범보천(梵輔天)·대범천(大梵天)을 말하는데, 전체 범천을 다스리는 대범천의 왕을 말한다. 붇다를 오른쪽에서 모시는 신(右脇侍)이다. 사리를 받으러 온 나라 사신이 당(唐)·돌궐·아라비아(大食)의 왕이라는 해석도 새로운 관점이다.

---

532) 杨效俊,「临潼庆山寺舍利地宮壁画试析」,『文博』, 2011-3, 90쪽.

⑵ 2017년. 슝원(熊雯)의 당(唐) 제왕(帝王)론

슝원(熊雯)은 약사여래와 아미따불이라고 했던 인물을 제석천과 범천이라고 해석한 양샤오쥔(楊效俊)의 주장에서 제석천은 인정하지만, 범천으로 본 인물은 세속적인 제왕(帝王)이라고 주장한다.

먼저 총채(塵尾)를 들지 않은 제왕 모습과 '8왕 사리를 나누는 그림'에 나오는 세간의 제왕 모습을 견주어 보면 그 모습이 하나의 본(一模)처럼 거의 같다는 것을 알 수 있다. 그 다음 하나의 유력한 증거가 일본 센오꾸박고관(泉屋博古館) 사리석함에 시자를 데리고 있는 황제 모습이 있고 건원(乾元) 효의황제(孝義皇帝)라는 제목이 쓰여 있는 것이다. 착용한 옷과 띠, 시자를 데리고 있는 모습이 완전히 서로 닮았다. 여기서 착용한 옷과 띠, 시녀 모습이 당나라 때 세속의 제왕을 그리는 통상적인 화법임을 알 수 있다. 마지막으로 열반하는 그림에 세속의 제왕이 나오는 것은 일리가 있는 것으로, 열반도에 세속인의 대표로 참여(앞에서 말했듯이 간다라 열반도에 나오는 말라족이 붇다 열반·장례에 참여하는 전통)하는 것이 '제왕의 애도(帝王擧哀)'로 나타난다. 둔황석굴 수당(隋唐) 석굴에서 붇다 열반도상에 제왕이 애도하는 그림이 있는 것은 열반도에 세속의 제왕이 나오는 중요한 보기가 되는 것으로, 중당(中唐) 158굴 제왕애도(帝王哀悼)가 있다. 사리보장 열반변상도에 그려진 구도를 보면 위의 '다비도' 한 폭에서 중원 제왕이 뒤에 여러 왕을 거느리고 애도를 마친 뒤 '사리를 나누는 그림'에서 사리를 나누는 데 참여하고 있다.

그러므로 이 두 분의 제왕 모습에 대하여 필자의 관점은 다음과 같다. 총채를 들지 않은 사람은 세간의 제왕이고, 총채를 든 사람은 제왕과 보살 복장을 종합한 제석천(帝釋天)이다. 또 '제석천'과 중원 황제를 대비한 것은 사까(釋迦)의 입멸에 대하여 하늘사람과 세속이 함께 애도하고, 천계와 인간이 함께 붇다의 열반을 보고 참여하는 중대한 사건이다.[533]

슝원(熊雯)의 이러한 관점은 기존 학계의 연구보다 한 발 앞서가는 성과라고 할 수 있다.

---

533) 熊雯, 「庆山寺舍利宝帐涅槃图像的叙事性及图像志再确认」, 『西北美术』, 2017-2, 95쪽.

그림 186 세속 제왕(帝王) 그림(熊雯 95쪽 그림 3-7).

2) 일본과 한국 학자들의 연구사

(1) 1990년, 쯔보이 교따리(坪井淸足)

일본에서 가장 먼저 이 사리탑을 소개한 사람은 나라 국립문화재연구소의 고고학자인 고 쯔보이 교따리(坪井淸足, 1921~2016) 였다. 쯔보이는 1986년 현장을 방문하여 경산사와 법문사의 사리함을 직접 본 뒤에 간단히 소개하는 글이다. 조성연대를 비석에 나온 정관 29년(700)으로 보고 사리보장도 소개하고 있으나 4면에 나온 그림에 대해서는 전혀 언급이 없다.[534] 정관29년(700)은 개원 29년(741)을 잘못 쓴 것이다.

(2) 1992년, 『실크로드의 서울, 장안(長安)의 비보(秘寶)』

1992년 일·중 국교정상화 20주년 기념 전시회 『실크로드의 서울, 장안(長安)의 비보(秘寶)』가 열렸을 때 나온 도록에서 경산사의 보살찬앙도곽(菩薩讚仰圖椁)이 사진과 함께 소개되었지만, 사리보장의 4면은 소개되지 않아 고리(高麗) 인물에

---

534) 坪井淸足,「中国 法門寺と慶山寺の舍利瞥見」,『仏教芸術』(188), 毎日新聞社 1990-2, 66쪽.

대한 언급은 없고, 다만 사리탑을 통해서 조성연대를 737~741년이라고 밝혔다.⁵³⁵⁾

(3) 1994년, 도야마 기요시(外山 潔)의 '조선 인물'

도야마는 자신이 근무하는 박물관에 소장된 사리용기에 대한 논문을 쓰면서 경산사 사리보장 문제를 다루었다.

> 경산사 석장(石帳)은 몸체 4면에 선으로 새긴 그림으로, 공봉도(供奉圖), 다비도, 설법도, 열반도라고 보고하였다. 보고서에 나온 그림은 뚜렷하지 않지만 모두 붇다가 열반하기 전후의 정경을 표현하였다고 생각되어 일종의 열반변상도라고 볼 수 있다. 즉 공봉도 는 중앙 통로를 나누어 양쪽에 중국 주변의 각 나라 왕들로 보이는 인물이 늘어서 있고, 통로에는 바라문 같은 한 사람이 바루를 가지고 양쪽 사람들을 상대하는 모습이다. 확실히 이것은 도로나의 중재에 따라 8개 나라 왕이 사리를 나누는 장면이다. 불전의 사리 8분 장면이라고 비정할 수 있다. 줄 서 있는 각국 인물은 우리 박물관 돌함의 각 나라 왕과 같이 중국 주변의 풍속이지만, 이것은 경전 변상도에서 설명하는 장면을 중국 화하여 설명하고 있다.⁵³⁶⁾

논문 마지막 보기(補記)에서 새로 발표된 「도관7개국사리은합」을 언급하면서 마지막에 '조선 인물'을 곁들인 정도다.

> 영빈도 속에 함께 그려진 조선 인물과 '고승설법도'의 도상에서는 그 사리를 당조(唐朝) 의 주도 아래 각국에 분배한 것이라고 추측할 수 있다.⁵³⁷⁾

자신의 논문에 나온 사리용기와 같은 보기를 보여주는 내용이기 때문에 경산사 사리보장에 나온 고리(高麗) 사람에 대해서는 큰 관심을 두지 않았다.

---

535) セゾン美術館 編, 『シルクロード 都 長安の秘寶』, 日本經濟新聞社, 1992, 101쪽.
536) 外山潔, 「館藏舍利容器について(下)」, 『泉屋博古館紀要』(10), 1994, 121쪽.
537) 外山潔, 「館藏舍利容器について(下)」, 『泉屋博古館紀要』(10), 1994, 129쪽

(4) 2003년 노태돈의 고구리 사람

한국에서는 노태돈이 '예빈도'를 연구하면서 일본에서도 이런 사리함이 나왔다는 것을 도야마의 논문을 인용하여 소개하였다. 사리 분배도에 나온 깃털관을 쓴 인물이 고구리(高句麗) 사람이라는 점을 확인하기 위한 시도였다.

> 이 그림의 전체 구도는 법지사 터 출토 사리함의 그림과 기본적으로 같으며 지붕 모양도 똑같다. 단 후자에서 항아리에서 무엇인가 꺼내는 형상인데, 전자에서 甁이 놓여 있는 등 부분적인 차이가 있다. 이 그림도 사리 분배도로 보여진다.[538]

(5) 2012년, 조윤재의 고구리 국적 언급

2012년에도 조윤재가 이 자료를 소개하는 글을 썼지만, 고구리 설에 대해 자료가 부족하다는 의견을 냈다.

> 특히 우측 전열에 세 사람이 무릎을 꿇고 있는데 오른쪽 첫 번째 인물은 조우관을 쓰고 있다. 관식을 보아 당시 한반도에서 건너간 사절을 표현한 것으로 보인다. 인물의 국적을 고구려인으로 보는 견해가 있으나 조우관 외에는 달리 국적을 밝혀 줄 객관적 자료가 없는 실정이다.[539]

이상 연구사에서 보았듯이 경산사에서 나온 닭깃털 관을 쓴 고리(高麗) 사람에 대해서 중국 연구자들은 전혀 관심이 없었고, 일본에서 조선인이라는 사실만 밝혔으며, 한국에서 노태돈이 고구리 사람이라는 것을 밝히는 한 사례로 쓰고 있다는 것을 알 수 있다. 이 그림도 앞에서 본 사리 그릇들과 같이 '사리를 나누는 그림'으로 보이며, 여기에 고리(高麗)가 등장하고 그들은 어김없이 닭깃털관(鷄羽冠)을 쓴 모습으로 그려졌다는 것을 알 수 있다.

---

538) 노태돈, 『예빈도에 보인 고구려』, 서울대학교 출판부, 2003 45쪽.
539) 조윤재, 「古代 韓國의 鳥羽冠과 실크로드 -鳥羽冠 관련 연구사 검토를 중심으로-」, 고려대학교 한국사연구소, 고려대학교 BK21 한국사학교육연구단 '실크로드를 통한 한국불교문화 해외 전파 조사 및 DB구축'사업 국제학술회의 발표논문집 『실크로드와 한국불교문화』, 2012, 112쪽.

Ⅲ. 돌함에 선으로 새긴 그림(石函線刻畵)의 닭깃털관

1. 센오꾸박고관(泉屋博古館)이 간직한 돌함

1) 센오꾸박고관 돌함에 대한 개관

센오꾸박고관(泉屋博古館)이 간직한 사리용기, 돌함(石函)과 그 안에 자리한 크고 작은 금동제 관(棺) 2점과 곽(槨)은 1918년 산뚱성(山東省) 지난시(濟南市) 지양현(濟陽縣)의 황하 기슭에서 나왔다고 전해진다. 그러나 정식 고고학적 발굴에서 나오지 않았기 때문에 자세한 출토상황은 분명하지 않다. 그 뒤 이 유물은 오사카 야마나까 상회(大阪山中商會)의 손을 거쳐 스미또모(住友) 집안에서 간직했는데,[540] 당시부터 중국의 뛰어난 공예미술품으로 주목받아 오오무라 세이가이(大村西厓)『회고도록(獲古圖錄)』(1923), Osvald Siren『Chinese sculpture』(1925), 『천옥청상속편(泉屋淸賞續編)』(1926) 등에 소개되었다. 그 뒤 이 유물은 몇 안 되는 중국 사리용기의 보기로서 몇몇 논문과 도록에 인용되고, 1984년에는 나라(奈良) 국립박물관의 「붇다 특별전」에도 출품되었다.[541]

돌함은 네모꼴인 용기 몸통 부분과 복두형(覆斗形) 뚜껑으로 짜여 있는데, 뚜껑 윗부분 가운데 5면으로 모서리를 깎아낸 손잡이가 있다. 깎아내는 법을 쓴 돌함은 파낸 몸통 안쪽 둘레에 (맞물릴 때 움직이지 않도록) 0.5cm의 턱을 만들었다. 뚜껑 뒤쪽에는 그에 맞게 오목하게(凹) 파서 뚜껑이 꽉 맞다. 몸통 안쪽 파진 곳에는 끌질한 자국이 남아 있다. 또 안쪽 벽에는 푸른 녹이 남아 있어 금동제 용기를 담았다는 흔적을 보여준다. 바깥 뚜껑 경사면에는 (산화된) 점토가 달라붙어 무늬가 보이지 않게 된 부분도 있다. 몸통과 뚜껑 옆 4면에도 하얀 (산화된) 점토가 곳곳에 띠처럼 달라붙어 있다.

전체 높이 65.6cm, 몸통 부분 평면 61.4×45.6cm, 뚜껑 부분 평면 47.1×

---

540) 센오꾸(泉屋) 박고관(博古館)은 스미또모 컬렉션을 위해 설립한 박물관이다.

541) 外山潔, 「館藏舍利容器について (上)」, 『泉玉博古館紀要』(8), 1992, 101쪽.

31.16cm, 몸통 부분 평면 파진 곳 높이 17.9cm, 몸통 부분 파진 곳 평면 45.9×30.0cm.

이 돌함에는 앞면 왼쪽 "건원 효의황제(를 비롯한) 8개 나라 왕들(乾元孝義皇帝八個國王等)" "10명의 으뜸 제자들(十大弟子等)" 같은 글이 새겨져 있고, 표면에 모두 선으로 새긴 그림이 가득하다.[542]

2) 만든 시기(758~760년)가 확실한 돌함

이 돌함은 건원(乾元) 효의황제(孝義皇帝)라는 글이 뚜렷이 새겨져 있어 만들어진 시기가 건원 연간이라고 밝혀졌다. 따라서 이 돌함은 조성연대가 정확하게 새겨져 있다는 것이 특징이다. 건원은 당나라 제10대 황제인 숙종(肅宗) 이형(李亨, 재위 756~762) 때의 두 번째 연호다. 758년 음력 2월부터 760년 음력 윤4월까지 3년 동안 사용되었다. 숙종은 안녹산(安祿山)의 반군을 상대로 수도 장안(長安)과 동도(東都)인 낙양(洛陽)을 되찾자 758년(지덕 3) 음력 2월에 연호를 '지덕(至德)'에서 '건원(乾元)'으로 바꾸었다. 그리고 그 해를 원년으로 하였다. 다만 돌함에 기록된 '효의황제(孝義皇帝)'라는 칭호에 대한 문제는 이미 제기된 적이 있다.

이 한(漢) 황족이라고 보이는 인물은 글에 쓰인 건원(乾元) 효의황제(孝義皇帝), 곧 당 건원 연간의 숙종(肅宗) 황제라고 생각하고 있다. 다만 숙종이 효의황제라고 불린 예를 보고들은 적이 없어 모르겠다.[543]

돌함에 새긴 내용에 따르면, 당시 숙종을 효의황제(孝義皇帝)라고 불렀을 가능성도 있으나 사서의 검색에는 나오지 않는다. 죽은 뒤에 받은 시호가 문명·무덕·대성·대선효 황제(文明武德大聖大宣孝皇帝)라고 하는데 대선효(大宣孝)에 효(孝)가 들어간다는 정도가 전부다.

---

542) 外山潔,「館藏舍利容器について （上）」,『泉玉博古館紀要』(8), 1992, 102쪽.
543) 外山潔,「館藏舍利容器について(上)」,『泉玉博古館紀要』(8), 1992, 105쪽.

그림 187 돌함(石函)(泉屋博古館 홈페이지)

그림 188 금동제 곽(槨)(泉屋博古館 홈페이지)

2. 돌함 뚜껑에 새겨진 글(銘文)과 그림

뚜껑의 4면에는 모두 선으로 새긴 그림이 빼곡하게 차 있는데, 당나라식으로 바뀐 불전도(佛傳圖)다. 불전도는 고타마 싯다르타(Gautama Siddhartha, B.C. 563 ~B.C. 483), 즉 사까무니(釋迦牟尼)의 일생을 그린 그림이다.

1) 10명의 으뜸 제자들(十大弟子圖)

앞면 뚜껑에는 한가운데 나는 하늘사람 2명이 있는데, 류영정(劉永增)과 도야 마 기요시(外山 潔)는 모두 가릉빈가라고 했다. 그 아래 돌함 몸통에 있는 문틀의 문미(門楣)가 새겨져 있다. 가운데 그림을 중심으로 왼쪽에 '10명의 으뜸 제자들 (十大弟子等)'이란 글이 새겨져 있고 5명의 제자와 오른쪽에 5명의 제자, 모두 10 명의 제자를 새겼다.

『유마경』에 나오는 10명의 으뜸 제자들을 보면 다음과 같다.[544]

---

544) 『佛光大辭典』「十大弟子」.

(1) 사리뿌뜨라(Śāriputra, 舍利弗) : 지혜 으뜸(智慧第一).

(2) 마하-마웃갈랴야나(Mahā-Maudgalyāyana, 大木揵連) : 신통 으뜸(神通第一).

(3) 마하-까샤빠(Mahā-kāśyapa, ⓟ Mahā-kassapa 摩訶迦葉) : 두타(dhūta) 으뜸
(頭陀第一).

(4) 수부띠(Subhūti, 須菩提 ⓟ 같음) : 공(空) 풀이 으뜸(解空第一).

(5) 뿌르나(Pūrṇa, ⓟ Puṇṇa, 富樓那) : 설법 으뜸(說法第一).

(6) 마하-까땨야나(Mahākātyāyana, ⓟ Mahākaccāna, 摩訶迦旃延) : 논의 으뜸
(論義第一).

(7) 아니룯다(Aniruddha, ⓟ Anuruddha, 阿那律) : 하늘눈 으뜸(天眼第一).

(8) 우빨리(Upāli, ⓟ 같음, 優波離) : 계율지킴 으뜸(持律第一)」

(9) 라훌라(Rāhula, 羅睺羅) : 밀행 으뜸(密行第一).

(10) 아난다(Ānanda, ⓟ 같음, 阿難・阿難陀) : 많이 들음 으뜸(多聞第一).

그림 189 뚜껑 앞면 사진(劉永增 86쪽)

그림 190 뚜껑 앞면 선으로 그린 그림(外山 潔 104~105쪽 재구성, 이하 같음)

10면의 으뜸 제자는 정확하게 '십대제자(十大弟子)'라고 쓰여 있으므로 류영정(劉永增)은 그대로 붇다의 10대 제자로 보고, "모두 가사를 입고 두 손을 합장하고 슬픈 표정을 하고 있다."[545]고 했고, 도야마 기요시(外山 潔)도 "침통한 표정으로 합장하고 있거나 오른손을 가슴 앞에 들어 간략한 필치지만 비탄해하는 모습을 잘 나타냈다."[546]고 했다.

한편 도야마는 위의 10명이 붇다의 제자인지는 그 답을 유보하였다.

> 10대 제자는 보통 사꺄의 으뜸 제자 10명을 일컫는데, 이 돌함을 붇다의 사리가 아닌 고승의 유골을 넣은 것으로 본 『센오꾸 감상 속편(泉屋清賞續編)』의 해설에서는 이것을 사꺄의 제자가 아니고 피장자인 고승의 제자 10명이라고 보고 있다. 그러나 10대 제자의 도상만으로 사꺄의 10대 제자인지 고승의 10대 제자인지 판별할 수 없다.[547]

이 함에 든 사리가 붇다의 사리인지 고승의 사리인지도 논의가 더 되어야 하지만 전체적인 이야기가 비록 당나라화 되었지만, 붇다의 불전도라는 측면에서 붇다의 으뜸 제자들로 보는 것이 타당하다.

2) 왼쪽 면 : 마야부인문상도(摩耶夫人間喪圖)와 6년고행도(六年苦行圖)

왼쪽 면의 두 그림을 놓고 두 연구자는 다음과 같이 설명한다.

(1) 류영정(劉永增)은 왼쪽 ❶의 3인에 대해[548] "석존이 니르바나에 들었다는 소식을 들은 마야부인이 천궁에서 내려오는 장면이다."고 했고, 도야마도 둔황 332호굴 남벽 벽화의 열반변상도에 나오는 보기를 들어 그대로 받아들였다.

---

545) 劉永增, 「泉玉博古藏乾元銘石函の研究」, 『泉玉博古館紀要』 (6), 1990, 83쪽.

546) 外山潔, 「館藏舍利容器について(上)」, 『泉玉博古館紀要』 (8), 1992, 105쪽.

547) 外山潔, 「館藏舍利容器について(上)」, 『泉玉博古館紀要』 (8), 1992, 105쪽.

548) 그림에 대한 번호는 류영정과 도야마가 다르고, 도야마의 위치 설정은 사람이 보는 관점에서 보지 않고 돌함 자체에서 보아 오른쪽과 왼쪽이란 이름을 붙였다. 글쓴이는 돌함 4면은 도야마의 위치 설정에 따라 우리가 보는 측면에서 왼쪽이 오른쪽, 오른쪽이 왼쪽으로 따른다. 그러나 그림 설명에서는 쉽게 눈에 보이는 대로 왼쪽 오른쪽을 정하고 따로 ❶, ❷, ❸을 붙여 읽는 사람이 쉽게 이해할 수 있게 했다.

그림 191 돌함 왼쪽 면 좌❶ 마야부인문상도(摩耶夫人問喪圖) 우❷ 6년고행도(六年苦行圖)

(2) 류영정은 오른쪽 ❷의 그림에 대해 깊은 산속에서 힘들게 수행하는 정경
으로, 석존이 좌선하는 모습이라고 했다. 그리고 머리 위에 보이는 새는 머
리에 새가 집을 지을 정도로 일심불란하게 수행하는 모습을 그린 그림이라
고 했다.[549] 붇다의 고행상으로 본 것이다. 도야마도 고행상을 인정하지만 머
리에 새집을 지은 이야기는 산챠리선인 본생도(サンチャーリ 仙人本生圖)에도
나오기 때문에 주의해야 한다고 덧붙였다.[550]

글쓴이는 이 그림은 불전도에 나오는 고행을 아주 잘 표현한 것이라고 본다.

**3) 뒷면 : 가운데 상서로운 새와 돌함 몸통에 있는 문의 문미(門楣)가 그려
져 있다. 류영정은 이 새를 공명조(共命鳥)라고 했다.**

(1) 류영정은 왼쪽 그림❸을 "쇠약해진 석존이 나뭇가지를 잡고 강에서 올라
오는데 가지 위에서 나는 천신이 손을 내미는 모습이다."라며 여러 불전도
를 들어 증명하였다. 도야마도 이 그림에 대해서는 의견이 류영정과 완전
히 일치한다.[551]

549) 劉永增,「泉玉博古藏乾元銘石函の研究」,『泉玉博古館紀要』(6), 1990. 84~85쪽.
550) 外山潔,「館藏舍利容器について(上)」,『泉玉博古館紀要』(8), 1992, 109쪽.
551) 外山潔,「館藏舍利容器について(上)」,『泉玉博古館紀要』(8), 1992, 108쪽.

그림 192 돌함 뒷면의 왼쪽 ❸ 태자 목욕도(太子沐浴圖), 오른쪽 ❹ 유미공양도(乳糜供養圖)

(2) 류영정은 다음에 나오는 오른쪽 면(右面) 그림❺를 "시골 여인이 우유를 이바지하는 장면이다."라고 하고, 여기에 나오는 그림❹를 "아마 잘못하여 같은 그림을 두 번 새겨버린 것 같다."고 했다.[552] 도야마는 "바위 위에 앉은 사람에게 한 어린이가 가늘고 긴 통 같은 것을 올리는 그림"이라고 했다.

글쓴이는 그림❸에 대한 두 사람을 주장에 전적으로 동의한다. 6년 동안 고행한 고타마 싯다르타는 고행을 접고 강가강(恒河) 지류인 나이란자라강(Nairañjanā, 尼連禪河)에서 목욕을 하고 올라올 때 제석천이 허약하여 힘 없는 태자를 위해 나뭇가지를 내려주는 장면이다.

그러나 오른쪽 그림❹는 이 불전도의 흐름을 따라 바로 시골 여인이 우유죽을 바치는 장면이라고 봐야 한다. 『과거현재인과경』에 그 장면이 나온다.

그때 숲 밖에 소 치는 여인(牧牛女)이 한 사람 있었는데 나타파라(難陀婆羅)였다.[553] 정거천왕(淨居天)이 내려와 (그녀에게) "태자께서 지금 숲속에 계시는데 이바지(供養)를 올릴 수 있겠느냐?" 여인이 듣고 마음으로 크게 기뻐하니, 땅속에서 스스로 이파리 1천 개가 달린 연꽃이 올라오고, 그 꽃 위에 우유죽(乳糜)이 있었다. 여인은 이를 보고 기이한 마음으로 우유죽을 들고 태자 있는 곳으로 가서 발에 머리를 대고 예를 올리며 받들어 올

---

552) 劉永增,「泉屋博古藏乾元銘石函の硏究」,『泉屋博古館紀要』(6), 1990, 85쪽.
553) 한국에서는 수자타(蘇迦塔, Sujātā)로 많이 알려져 있다.

렸다. 태자가 그녀의 보시를 바로 받아들이고 축원하였다.

이 일은 정거천이라는 하느님이 돕고 있다는 것을 알 수 있고, 소 치는 여인이 우유죽을 올렸다는 것을 알 수 있다.『아육왕경』에서는 두 여인이라고 나온다.

이곳에서 6년을 고생했다. 다시 게송(偈)으로 말씀하셨다.

6년 동안의 고행 어려운 수행이지만 나는 이미 경험해 보았다.

고행이 도가 아님을 알고 선인(仙人)이 하는 수행 버리노라.

이곳은 보살이다. 난타(難陀, 歡喜)와 나타파라(難陀婆羅, 歡喜力) 두 여인이 올리는 16가지 공덕의 우유죽을 받아 잡수시고 다시 게송을 말씀하셨다.

여기 있는 보살 난타(難陀)가 준 우유죽 먹고

큰 힘과 으뜸 말 얻어 깨달음의 나무(菩堤樹)로 가노라.[555]

그 밖에도『대반열반경』에도 그 우유죽을 먹고 깨달음을 얻었다고 했다.[556] 따라서 이야기 전개 과정을 보면, 강에서 목욕하고 난 다음 깨달음을 얻기 전 이바지를 받는 장면일 가능성이 크다.

4) 오른쪽 면의 설법을 듣는 그림(說法圖)과 열반도(涅槃圖)

(1) 류영정은 왼쪽 그림❺를 "시골 여인이 우유를 이바지하는 장면이다"고 했는데, 도야마는 좀 더 복잡하게 들어갔다.

554) 求那跋陀羅 譯,『過去現在因果經』卷3(大正藏第 03 冊 No. 0189). 時彼林外 , 有一牧牛女人 , 名難陀波羅, 時淨居天, 來下勸言:『太子今者在於林中, 汝可供養.』女人聞已, 心大歡喜, 于時地中, 自然而生千葉蓮花, [2]花上有乳糜. 女人見此, 生奇特心, [3]即取乳糜, 至太子所, 頭面禮足, 而以奉上. 太子即便受彼女施, 而呪願之:『今所施食, 欲令食者, 得充氣力；當使施家得[4]膽得喜, 安樂無病, 終保年壽, 智慧具足.』太子即復作如是言:『我為成熟一切眾生故, 受此食.』呪願訖已, 即受食之；身體光悅, 氣力充足, 堪受菩提.

555) 僧伽婆羅 譯,『阿育王經』卷2,「見優波笈多因緣品」第2(大正藏第 50 冊 No. 2043). 此處六年苦行. 復說偈言. 六年中苦行 難行我已行, 知苦行非道 捨仙人所行. 此處是菩薩. 受難陀難陀波羅二女奉十六轉乳糜受已 食之 復說偈言. 菩薩在此處 食難陀乳糜, 大勇最勝語 往菩提樹間.

556) 曇無讖 譯,『大般涅槃經』卷2(大正藏第 12 冊 No. 0374). 為諸聲聞說言, 先受難陀, 難陀波羅二牧牛女所奉乳[4]糜, 然後乃得阿耨多羅三藐三菩提.

그림 193 돌함 오른쪽 면의 왼쪽 ❺ 설법도(說法圖), 오른쪽❻ 열반도(涅槃圖)

그림 18(=❹)과 그림 19(=❺)는 거의 같은 구도로, 니련선하 목욕을 마친 석존이 마을 여인이 바치는 우유를 받는 장면으로 비정된다. 같은 장면이 2개 있는 것에 대하여 류씨는 두 번을 새겨 버렸다고 하였다. 그러나 『불본행집경(佛本行集經)』에는 니련선하에서 목욕한 뒤, 두 여자아이(童女)에게 우유 이바지를 받은 것으로 기록되어 있다. 따라서 2명의 마을 여인이 각각 우유를 이바지하는 장면을 나타냈을 가능성도 있다. 다만 마을 여인이 우유를 이바지하는 장면을 2폭으로 그린 보기는 거의 알려지지 않았고, 또 그림 19(= ❺)는 여자아이가 바루 같은 것을 들고 있는데 그림 18(= ❹)는 통 같은 것을 올리는 점이 마음에 걸린다. 마을 여인의 우유 이바지 말고는 사까(釋迦)가 성도할 때 천신이 꼴 베는 사람이 되어 자리에 깔 부드러운 풀을 올렸다는 길상초 시좌(吉祥草施座)나 니련선하의 주인 용녀가 보살에게 향기 나는 풀(筌=筌提)을 바쳤다고 하는 용녀공양[557]일 가능성도 생각해 볼 수 있을 것이다.[558]

그러나 필자는 ❺번 그림이 이 사리함을 만든 황제가 설법을 듣는 모습으로

---

557) 釋道世 撰, 『法苑珠林』卷 11, 「食糜部」第5. 爾時菩薩食糜已訖, 從坐而起, 安庠漸漸 向菩提樹, 彼之 筌提其龍王女, 還自收攝, 將 歸自宮, 爲供養故. 而有偈說. * 전(筌)은 통발이란 뜻인데, 『佛本行集經』원(元)나라 본에는 전(筌)이라고 되어 있어 이를 취했다. 전(筌)은 향기나는 풀이라는 뜻이다.

558) 外山潔, 「館藏舍利容器について(上)」, 『泉屋博古館紀要』(8), 1992, 110쪽.

본다. 앞 장에서 본 경산사 불전도에서도 붇다가 니르바나에 들기 전 마지막 설법에서 황제가 직접 설법을 듣는 것으로 설정하고 있는 것을 보았다. 그림❺를 자세히 보면, 먼저 복장과 관이 우유를 바치는 여인의 모습이 아니다. 머리 관이 아주 커서 왕관처럼 생겼고, 넓은 허리띠를 한 도포는 경산사의 설법도에 드러난 모습과 많이 닮았다. 경산사는 붇다를 정면으로 바라보기 때문에 황제 모습이 뒷모습이고, 여기 나온 ❺의 그림에서는 주변의 제자나 보살 및 신장들을 모두 빼고 단순하게 붇다와 황제만 그리고, 또 옆에서 보는 그림이라는 점이 다르다. 이 그림은 붇다가 깨달음을 얻은 뒤 처음 설법하는 초전법륜(初轉法輪)일 수도 있고 열반 전에 하는 마지막 설법일 수도 있다.

⑵ 류영정은 오른쪽 그림❻(劉의 14, 外山의 20)에 대해서 "석존도 앞의 그림과는 달리 바위 위의 연꽃 자리(蓮座)에 앉아 있다. 이것이 도대체 무엇인지 모르겠다."고 했고, 도야마도 "마지막으로 20(❻)의 장면도 비정하기 어렵다. 중앙 인물 좌상 위에 불의 왕 같은 마중(魔衆)이 보여 항마 장면이라고도 생각되지만 항마인(降魔印)을 하고 있지 않았고, 도안이 추상적이어서 단정할 수 없다."고 했다.

글쓴이는 이 그림을 붇다가 니르바나에 드는 열반도(涅槃圖)라고 본다. 앞에서 본 많은 불전도나 사리 나누는 그림(分舍利圖)에서 열반도는 모두 붇다가 누워있는 모습을 그렸다. 그렇기 때문에 누워 있지 않은 그림을 해석하는 데 혼란이 있었던 것 같다. 그렇다면 왜 여기서는 니르바나(涅槃)에 들면서 눕지 않고 결가부좌 모습으로 그렸을까? 이것은 당나라에서 성립된 좌탈입망(坐脫立亡) 사상 때문이라고 본다. 좌탈입망(坐脫立亡)은 선종(禪宗)에서 법력이 높은 고승들이 죽을 때 택하는 방법으로, 죽음마저도 마음대로 다룬다는 뜻이 함축되어 있다. 일반인처럼 누워서 죽지 않고 결가부좌하거나 서서 죽는 것을 말하는데, 오가칠종(五家七宗)의 제3조 승찬(僧璨)은 뜰을 거닐다 나뭇가지를 잡은 채 서서 열반하였고, 당(唐)의 등은봉(鄧隱峰)은 물구나무를 선 채로 열반하였다.

당나라 백장 회해(百丈懷海, 749-814)의 청규(清規)를 토대로 송(宋)의 종색(宗賾)이 엮은『선원청규(禪苑清規)』에 보면, 선원의 운영과 규칙에 좌탈입망에 대한 규칙도 나온다.

① 선림에서 존숙(尊宿)이 앉은 채로 입적하면(坐化) 방장실에 모셔 향과 꽃을 공양하고, 아울러 남긴 게송(偈頌)을 패에 붙여야 한다.[559]

② 범부와 성인을 뛰어넘어 좌탈입망(坐脫立亡)이 자유자재한 것이 그 힘이다![560]

그 밖에도 글쓴이가 이 그림을 '니르바나에 드는 그림(涅槃圖)'이라고 보는 것은 ① 결가부좌한 붇다 양쪽에 나무가 2본이 있어 사라쌍수를 표현하려 했다고 보이고, ②『반니환경(般尼洹經)』(하)에서 니르바나에 든 광경을 보면, 붇다는 마지막 초선에서 비상비비상천(非想非非想天)을 거쳐 상지멸정(想知滅定)까지 이르는 선정에 드는데 연좌에 앉은 모습은 그 장면을 표현한 것으로 보인다. ③ 하늘에 천신을 그린 것은『반니환경)』(하)에서 붇다가 열반할 때 제석천과 범천이 내려와서 게송을 읊는데, 바로 이 장면을 새긴 것이다.[561]

이렇게 보면 뚜껑에 나타난 불전도는 다음과 같이 연결할 수 있다.

❷ 6년고행도(六年苦行圖) → ❸ 태자 목욕도(太子沐浴圖) → ❹ 유미공양도(乳糜供養圖) → ❺ 설법도(說法圖) → ❻ 열반도(涅槃圖) → ❼ 슬퍼하는 10명의 으뜸 제자들(十大弟子圖) → ❶ 마야부인 문상도(摩耶夫人問喪圖)

---

559) 『禪苑清規』卷7,「尊宿遷化」. 禪林中, 若有尊宿坐化, 應將之置於方丈室中, 以香花供養, 竝將其遺誡偈頌貼於牌上.

560) 『禪苑清規』卷八「坐禪儀條」.「超凡越聖, 坐脫立亡, 一任此力矣!」

561) 고익진 편역.『한글아함경』,「반니환경(般尼洹經)」(하), 212쪽.

3. 돌함 몸통에 새겨진 글(銘文)과 그림

돌함 몸통에 새겨진 그림들은 앞면에 "건원 효의황제(를 비롯한) 8개 나라 왕들 (乾元孝義皇帝八個國王等)"이라는 제목이 붙어 있으므로 그림의 성격은 뚜렷하게 드러난다. 앞에서 보았듯이 뚜껑에서 붇다의 수행과정과 열반에 관한 그림이 그려졌다. 그 불전도 가운데 마지막 두 장면이 열반 이후 제자들의 슬픈 모습과 마야부인이 조문하기 위해 하늘나라에서 내려오는 장면이었다.

앞에서 본 다른 사리함 그림들을 보면 열반과 다비, 그리고 사리를 나누는 그림이 나온다. 이 돌함에서는 뚜껑에 다비까지의 과정이 완료되어 건물 안에 사리가 들어 있는 것으로 설정하였다는 사실을 알 수 있다. 그러므로 몸통 8면에는 바로 이 사리를 나누기 위해 8개 나라 왕들이 문 앞에서 기다리는 장면이 새겨졌다고 볼 수 있다.[562]

이런 그림들을 볼 때, 이 사리함은 붇다의 사리를 모신 사리함이라고 할 수 있다. 류영정은 이 사리함에 대해 고승의 유회(遺灰)를 모신 곳이라고 했지만[563] 도야마도 붇다의 사리용기라고 결론짓고 있다.[564]

1) 앞면 : 고리(高麗) 왕과 당(唐)의 건원 효의황제(乾元孝義皇帝)

몸체에 "건원 효의황제(를 비롯한) 8개 나라 왕들(乾元孝義皇帝八個國王等)"이라는 글이 새겨져 있으므로 앞면 해석은 다른 사리함보다 아주 이해하기 쉽다.

문을 가운데 두고 왼쪽 ❶에 고리(高麗) 왕이 있고, 오른쪽 ❷에 당나라 황제가 있다. 이에 대한 해석은 지금까지 누구도 다른 의견이 없다.

◉ <류영정>

국왕에 대한 그림 가운데 6(❷)이 한민족(漢民族)의 국왕과 시종이다. 왕은 면류(冕旒)를

---

562) 이하 선으로 그린 여러 나라 왕 그림은 外山潔,「館藏舍利容器について(上)」,『泉玉博古館紀要』(8), 1992, 106~107쪽.

563) 劉永增,「泉玉博古藏乾元銘石函の研究」,『泉玉博古館紀要』(6), 1990, 83쪽.

564) 外山潔,「館藏舍利容器について (下)」,『泉玉博古館紀要』8, 1994, 124쪽.

그림 194 돌함 몸통 앞면 사진(劉永增 86쪽)

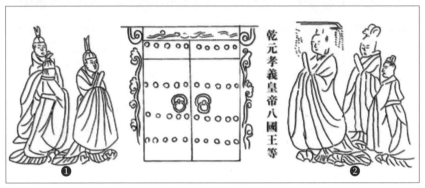

그림 195 돌함 몸통 앞면 사진(劉永增 86쪽)

쓰고 네모난 신발과 긴 도포(方履長袍) 차림으로 서 있고, 그 뒤에 시종이 2명 있는데, 모두 큰 도포를 입고 홀(笏)을 들고 있다. 그 반대쪽에 거의 같은 큰 도포를 입고 홀을 든 인물(❶)이 있다. 그 관이 아주 흥미롭게 2개의 가늘고 긴 것을 머리에 장식하고 있다. 아마 고리(高麗)의 국왕일 것이다.[565]

◉ <도야마>

그림 8(❷)은 면관(冕冠)을 쓰고, 큰 도포를 입고, 높은 신을 신었다. 같은 국왕의 모습은 염립본(閻立本)이라고 전하는 「역대 황제도」, 둔황 220굴 유마변상도에도 보여 이것

---

565) 劉永增, 「泉玉博古藏乾元銘石函の研究」, 『泉玉博古館紀要』(6), 1990, 83쪽.

이 중국 한민족(漢民族)의 전통적 황제의 모습임을 알 수 있다. 황제 뒤에는 홀을 든 높은 고수머리(高髻)를 맺은 인물과 작은 인물을 그렸는데 황후와 황태자일 것이다. 이게 문제가 된다. 류영정 씨는 나머지 그림에 그려진 각국 왕에 대해 <그림7(❶)>을 고리(高麗) 국왕, 그림12를 인도 국왕, 그리고 나머지를 서역 각국의 국왕에 비정하고 있다.[566]

중국 주변의 각 나라 인물을 그린 사리용기로 경산사 석장과 란뎬현(藍田縣) 석함의 두 가지 보기를 들었는데, 그에 따라 우리 박물관에서 간직하고 있는 돌함의 8개 나라 왕(八王國)도 불교 전설에 나오는 '8개로 나누는 사리(舍利八分)'거나 실제 사리를 모실 때 참석한 각국의 왕 모습, 그 가운데 하나를 표현했을 가능성을 생각해 볼 수 있다. 그러나 우리 박물관 유물에 나온 8개 나라 왕(八國王)은 위에서 본 두 가지 보기처럼 구체적인 정경 속에 그린 것이 아니고, 어디까지나 상징적으로 표현한 점에 특색이 있다. 그러므로 어떤 장면을 나타내는 것인가를 특정하기 어렵다. 다만 8개 나라 왕(八個國)이라는 글이 쓰여 있다는 점에서 우리 박물관의 것도 8개로 나누는 사리와 관련이 있는 그림이라는 것은 틀림없을 것이다.

또 우리 박물관 유물의 8개 나라 왕은 실제 각국 왕이 함께 예배·공양하는 모습을 그렸지만, 이것은 당(唐)을 중심으로 주변 각국이 불법을 통해 뭉친다는 이상적인 모습을 표현했다고 볼 수 있다. 이런 이상적인 모습은 경산사 석장, 란뎬현 돌함의 인물상에도 나타나고 있어, 이 점에서 보면 세 개의 돌함에 나타난 도상은 모두 통한다고 할 수 있을 것이다.[567]

그림 ❷를 당나라 황제로 보는 것은 두 사람이 같은데, 류영정은 나머지 두 사람을 신하라고 했고, 오야마는 황후와 태자라고 보는 정도의 차이가 있다. 다음에 연구사에서 좀 더 자세히 보겠지만 깃털관을 쓴 인물을 류영정이 고리(高麗) 왕이라고 한 것을 도야마도 인정하였다.

---

566) 外山潔, 「館藏舍利容器について(上)」, 『泉玉博古館紀要』(8), 1992, 105쪽.
567) 外山潔, 「館藏舍利容器について(上)」, 『泉玉博古館紀要』(8), 1992, 124쪽.

2) 기타 3면의 국왕들

앞에서 본 당나라 황제와 고리(高麗)의 왕을 뺀 나머지 6개 나라의 국적에 대해서는 간단히 선으로만 그린 그림으로 알아내기 어렵다. 류영정이 뒷면 문의 오른쪽에 윗옷을 벗고 있는 왕을 인도라고 비정하였지만 쉽게 받아들이기 어렵다. 무리하면서까지 비정하지는 않겠다.

그림 196 돌함 몸통 뒷면 그림.

그림 197 돌함 몸통 오른쪽면(右面)

그림 198 돌함 몸통 왼쪽면(左面)

여기서 한가지 눈여겨볼 것은 새겨진 각 나라 왕들의 옷과 모자들이 다르지만, 고리(高麗)처럼 정확하게 국적을 바로 판별하기 어렵다는 것이다. 그런 면에서 고리(高麗)의 닭깃털관(鷄羽冠)은 당시 세계에서 고리 사람을 곧바로 판별할 수 있는 아주 독특한 상징이었음을 알 수 있다. 그리고 그런 상징이 일본과 당나라는 물론 서역까지 널리 기록되었기 때문에 그 닭깃털관(鷄羽冠)이 상징으로 자리 잡게 되었다고 볼 수 있다. 다른 나라 왕들도 나름대로 특징을 살려 그렸기 때문에 앞으로 자세히 연구하면 국적을 밝힐 수 있으리라고 본다.

4. 고리(高麗) 왕에 대한 연구사

1) 1990년, 류영정(劉永增), 고리(高麗) 국왕

논문에서 센오꾸박고관(泉屋博古館) 돌함에 새겨진 고리(高麗) 왕의 국적을 가장 먼저 밝힌 사람은 중화인민공화국 둔황연구원의 류영정이었다. 1986년 동경예술대학 초대로 일본을 방문하는 동안, 이 돌함에 대한 자료를 입수하여 논문으로 발표한 것이다. 류영정은 돌함 앞면에 나온 고리(高麗) 왕의 모습을 양직공도와 비교하였다.

양직공도 원본은 이미 없어진 것 같지만 후대에 베낀 그림(摹本)이 2~3점 전해지고 있다. 그 가운데 하나, 타이완 고궁박물원 유물에 「고리 그림(高麗圖)」이라고 쓰인 인물도가 있다. (그림참조). 그 인물의 관 꾸밈은 이 석함의 4와 같이 모두 2개의 가늘고 긴 것으로 꾸미고 있다. 『한원교석(翰苑校釋)』에 따르면 금은으로 사슴뿔을 만든다고 했는

그림 199 a. 직공도의 고리왕(高麗王)   b. 둔황 334호굴 국왕(劉永增 84쪽)

데, 여기서 말하는 사슴뿔은 진짜 사슴뿔은 아니고 사슴뿔 모양의 물건이라고 생각된다. 또 둔황 벽화에도 뿔 모양의 관을 쓴 고리(高麗)의 국왕이라고 생각되는 그림이 있다. 보기를 들면, 159호굴, 335호굴, 148호굴의 열반도나 유마변상도다(그림 참조). 그 가운데 뿔 모양도 있지만 깃털(羽毛) 모양도 있는데(그림 참조) 모두 고리족(高麗族)의 국왕으로 비정해도 좋을 것이다.[568]

당시 중화인민공화국에서 발굴된 자료를 바탕으로 정확하게 고리(高麗) 왕임을 처음으로 학계에 제시한 논문이라는 데 의의가 있다.

2) 1992년, 도야마 기요시(外山 潔), 조선=고리(高麗)

도야마는 공익재단법인 센오꾸박고관(泉屋博古館)의 연구원으로, 자기 박물관에서 간직하고 있는 사리용기를 연구하면서 고리(高麗) 국왕을 언급하였다.

이는 조선의 인물이 틀림없다. 좀 더 덧붙이면 장회태자(章懷太子) 무덤 벽화, 아프라시압궁전터 벽화에도 같은 관을 쓴 고리(高麗) 사절로 보이는 인물이 그려져 있고, 조선에서는 쌍기둥무덤(雙楹塚)·춤무덤(舞踊塚) 벽화에 이런 관을 쓴 인물이 그려져 있다.[569]

류영정이 양직공도와 둔황 막고굴의 벽화에 나온 깃털관을 쓴 인물을 바탕으로 고리(高麗) 왕이라고 한 주장에 더해, 도야마는 장회태자 무덤과 아프라시압 벽화, 더 나아가 고리(高麗)의 벽화까지 인용하여 센오꾸박물관 돌함의 인물도 조선의 왕이라 했다. 1992년 당시 일본에서는 남북한 모두 조선이라고 불렀다.

3) 1994년, 이성시, 고구리 사람(高句麗人)

이성시는 고리(高麗) 조정이 항복한 뒤지만 앞에서 본 다른 사리함과 마찬가지로 불교에서 그림본(圖案)이 있어 고리 사람을 그대로 새긴 것이라고 보았다.

---

568) 劉永增,「泉玉博古藏乾元銘石函の研究」,『泉玉博古館紀要』(6), 1990, 83~84쪽.
569) 外山潔,「館藏舍利容器について(上)」,『泉屋博古館紀要』(8) 1992, 106쪽.

가볍게 봐서는 안 되는 것이 돌함에 새겨진 '건원(乾元) 효의(孝義) 황제'라는 글이 당 건원 연간(756~762)의 황제·숙종이라고 해석되어 있다는 것이다. 먼저 10대 제자나 불전도, 그리고 서녘을 중심으로 하는 중국 주변국의 인물상에 그려져 있는 속에 고구리 사람 같은 조우관을 쓴 도상이 포함된 점에서 앞에서 본 도관 7개국 은합과 그 꾸밈에서 공통성이 보이고, 나아가 제작 시기도 그다지 차이가 없기 때문이다. 결국 고구리(高句麗)는 멸망했다고 해도 전대의 통념이 뿌리 깊게 남아 당대(唐代)에는 불교에서 꾸밈을 도안으로 만들 때, 불교권 여러나라를 표현하는 정형적 묘사로서 고구리를 들고 있는 것이 아닌지 추측해 볼 수 있다. 그렇다면 다른 6국은 서역을 중심으로 하는 중국 주변 나라라고 추정되는데, 그들 나라 이름도 아울러 검토하고 정형적으로 묘사했을 가능성도 검토할 필요가 있다.[570]

4) 2003년, 노태돈, 고구리 사람(高句麗人)

노태돈도 이성시와 마찬가지로 고리(高麗)가 항복한 뒤에도 고리(高麗)는 불교권에서 중요한 구성분자가 되었다고 보았다. 주로 도야마(外山潔)의 논문을 통해 소개하였다.[571]

분사리의 고사를 그린 것으로서, 그 국왕도 중 하나에는 조우관을 쓴 이들이 그려져 있는데 이 역시 고구려를 나타낸 것으로 여겨진다. ……건원 효의황제는 숙종의 정식 시호와 차이를 나타내지만, 숙종의 시호를 표시한 것으로 여겨진다. 아무튼 이를 통해 이 사리함은 숙종(756~762)이 죽은 후 얼마 되지 않은 시기에 만들어진 것임을 알 수 있다. ……668년 고구려가 멸망한 이후에 그려진 것이 여러 개다. 8세기 대에도 당을 중심으로 한 불교권의 주요한 구성분자로 고구려가 상정되고 있음을 알 수 있다.[572]

---

570) 李成市, 「法隆寺金堂阿彌陀如來坐像臺座から發見された人物畫像の出自をめぐって」, 『アジアにおける國際交流と地域文化』, 1994, 4쪽.
571) 노태돈, 『예빈도에 보인 고구려』, 서울대학교 출판부, 2003, 45~46쪽.
572) 노태돈, 『예빈도에 보인 고구려』, 서울대학교 출판부, 2003, 45~46쪽.

5) 2013년, 정호섭, 한국인의 대표 고구리(高句麗)

정호섭도 다른 사리함들을 정리한 뒤에 "당나라 황제를 중심으로 주변국에 대한 세계관을 묘사하고 있는데, 당 주변의 국가를 묘사하면서 한국인의 대표 격으로 고구려를 상정해 두고 묘사한 것으로 볼 수 있을 듯하다."[573]고 했다. 시기가 늦기 때문에 해동의 삼국을 대표하는 나라로 '한국'이라고 표현한 것으로 보인다.

이상 연구사에서 보는 바와 같이 사리를 나누어 받는 여덟 나라 왕 가운데 한 왕이 고리(高麗) 왕이라는데 이론이 없다. 이는 당나라 후기 고리(高麗) 조정이 당나라에 항복하고, 30년이 지나 고리의 휴예들이 진(발해)을 세운 뒤에도 불교에서는 고리가 사리를 분배받는 8개 나라 가운데 하나로 정형화되어 전해 내려왔다는 것을 알 수 있다.

그림 200 사리분배에 참여한 고리(高麗) 왕

---

573) 정호섭, 「鳥羽冠을 쓴 人物圖의 類型과 性格 -외국 자료에 나타난 古代 한국인의 모습을 중심으로-」, 『영남학』(24), 2013, 102쪽.

Ⅳ. 법문사(法門寺) 사리함 사천왕 그림의 닭깃털관

1. 당대 금도금 사천왕 은보석함(唐鎏金四天王 盝頂 銀寶函)

1) 법문사 지하궁의 사리함

이 은제 보석함은 앞에서 본 법지사(法池寺) 사리함의 연구사를 정리하는 과정에서 원쥔(文軍)의 논문에 "법문사에서 나온 「당대 금도금 사천왕 은보석함(唐鎏金四天王 盝頂 銀寶函)」에도 이와 같은 차림(裝束)의 공양인이 나온다."는 간단한 소개문과 아래의 선으로 그린 그림을 실었다.

2018년 10월, 이 유물이 전시 중인 법문사(法門寺)박물관을 찾아가 직접 유물

그림 201 법문사 당대 금도금(鎏金) 사천왕 은보석함(文軍, 45쪽)

---

574) 文軍, 「陝西藍田出土舍利石函圖像再探討」, 『文博』 2013-2, 45쪽.

을 보고 사진 자료를 확보하였다. 그러나 전시실이 어두워 만족할 만한 사진은 얻을 수 없었다. 가능한 부분은 직접 찍은 사진을 쓰고, 다른 것은 박물관 측에서 발표한 자료 사진을 이용하여 소개하려고 한다.

이 여덟 겹 사리함(八重舍利函)은 당 의종(懿宗)이 사꺄무니 붇다의 진신 손가락 사리(指舍利)를 법문사에 모실 때 만든 사리함이다. 중화인민공화국에서 외국에 전시물로 나갈 수 없도록 금지한 첫 번째 유물일 정도로 귀하게 여기는 유물이다. 1987년 5월 5일 법문사에서 발굴되었다.

법문사는 산시성(陝西省) 푸펑현(扶鳳縣) 북쪽에 있는 저명한 불교 고찰로 보통 '산시(陝西)성 웨이허(渭河) 유역 일대인 관중(關中)에 있는 탑묘(塔廟, stūpa)의 시조'라고 부른다. "전해 오는 말에 동한(東漢) 때 불법이 (동으로) 와서 처음 세웠다(聞創始東漢西典東來)."고 하는데 구체적인 연대는 알 수가 없다. 동한에서 북위 때까지 줄곧 '아육왕사(阿育王寺)'라고 불렀으며, 탑을 세워 붇다의 사리를 나누어 묻고 절을 세웠기 때문에 이 절은 탑 때문에 유명해졌다. 수나라 개황 3년(583) 절 이름을 성실도장(成實道場)이라고 바꾸었고, 당 무덕 8년(625) 법문사로 이름을 바꾸었다. 이 절은 당나라 때 제왕(帝王)들이 붇다의 사리를 모시는 곳으로, 사서에는 당 정관 5년(631) 2월에서 의종(懿宗) 함통 14년(873)까지 대규모 붇다 사리를 모시는 의식이 6차례에 이른다.⁵⁷⁵⁾

이 장에서 다루는 사리함은 법문사에서 발굴한 사리함 4점 가운데 하나이다.

　① 전실 서북쪽에서 발굴한 한백옥 아육왕 탑에서 은관(銀棺)이 하나 나왔는데, 안에서 붇다의 손가락 사리가 1과 나왔다.
　② 중실 한가운데 흰 돌 영장(靈帳) 안에 쇠로 된 함에서 은관이 하나 나왔는데 안에서 붇다의 손가락 사리가 1과 나왔다.
　③ 후실 앞 중앙부에 의종(懿宗)이 바친 8겹 보석함이 나왔는데, 첫 겹 작은 금탑에서 붇다의 사리 1과가 나왔다.

---

575)　罗西章,「法门寺」,『人文杂志』, 1983-4, 128쪽.

④ 지하궁 후실 남벽 각석 아래 비감(秘龕)이 있는데, 거기에 모신 수정곽(水晶槨)과 옥
관(玉棺)에서 붙다의 사리 1과가 나왔다.[576]

2) 여덟 겹 사리함(八重舍利函) 개관

이 장에서 다루는 사리함은 ③의 8겹 보석함 가운데 7겹 보석 사리함이다.

2018년 법문사 박물관에는 발굴 당시 이미 부서져 버린 여덟 번째 겉함은 빈
자리로 비워놓고 나머지를 전시하고 있었다.

여덟째 겹 사리함의 겉은 단향목으로 만들고, 그 안에 은함 3개, 금함 2개, 옥
함 1개, 그리고 홑처마(單檐)에 문이 4개 달린 순금 탑이 들어있다. 손가락사리
(指舍利)는 가장 안에 든 순금 탑 속에 들어 있었다. 법문사박물관에서 발표한 사
진을 보면서 좀 더 자세히 보기로 한다.[577]

그림 202 여덟 겹 사리함(八重舍利函)(法門寺博物館, 2018.9.2.)

그림 203 일곱 겹 사리함(七重舍利函)(법문사 박물관 2019)

---

576) 淮建邦,「试谈法门寺真身宝塔之佛骨」,『文博』, 1993-4, 78쪽.
577) 法门寺博物馆,「法门寺1号舍利八重宝函」,『世界宗教文化』, 2019-2.

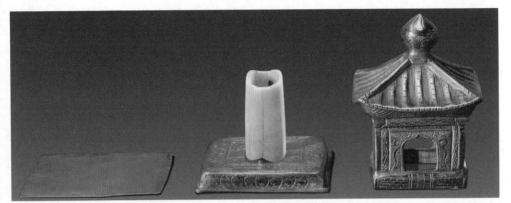

그림 204 첫째 겹 사리함(第一重)(법문사박물관 2019)

그림 205 둘째 겹 사리함(第二重)(법문사박물관 2019)

그림 206 셋째 겹 사리함(第三重)(법문사박물관 2019)

그림 207 넷째 겹 사리함(第四重)(법문사박물관 2019)

그림 208 다섯째 겹 사리함(第五重)(법문사박물관 2019)

(1) 첫째 겹 사리함(第一重) : 보주정 단첨 사문 순금탑(寶珠頂單檐四門純金塔)
꼭대기에 여의주(寶珠)를 올린 홑처마(單檐) 지붕을 얹은 작은 집 꼴 순금 탑이 있
고, 그 탑에는 4면에 문이 있는데(사진 오른쪽), 안에 붇다의 손가락뼈 사리(사진 가
운데)가 모셔져 있었다.

(2) 둘째 겹 사리함(第二重) : 금광보전진주장 무부석 보함(金筐寶鈿珍珠裝 珷砆石寶函)
금 광주리 꼴 보석 꽃장식(金筐寶鈿)에 진주로 꾸민(珍珠裝) 옥돌(珷砆石) 보함이다.

(3) 셋째 겹 사리함(第三重) : 금광보전진주장 순금보함(金筐寶鈿珍珠裝 純金宝函)
금 광주리 꼴 보석 꽃장식(金筐寶鈿)에 진주로 꾸민(珍珠裝) 순금 보함이다.

(4) 넷째 겹 사리함(第四重) : 육비관음 순금녹정보함(六臂觀音 純金盝頂寶函)

(5) 다섯째 겹 사리함(第五重) : 유금 여래설법 녹정 은보함(鎏金如來說法 盝頂銀寶函)

법문사 지하궁 후실에서 나온 8겹 보석함의 4번째 보석함 뒷면에 지권인(智拳
印)을 하고 보석관을 쓴 비로자나 법신불이 있다. 5번째 보석함의 비로자나불은
양쪽에 문수·보현보살로 구성된 화엄신앙체계의 화엄삼성(華嚴三聖) 도상계통
이다(그림 209).

그림 209 화엄삼성(華嚴三聖)(白文 24쪽)

그림 210 비로자나불(白文 25쪽)

그림 212 약사불(白文 26쪽)

그림 211 석가불(白文 25쪽)

그림 213 관세음보살(白文 26쪽)

다만 4번째 보석함은 앞면에 육비여의륜관음(六肩如意輪觀音), 왼쪽에 약사불, 오른쪽에 사꺄무니불(釋迦牟尼佛), 뒷면은 머리에 보관을 쓰고 지권인을 한 비로자나불이 새겨져 있다. 이런 4면 붇다의 도상 관계를 보면『금강정경(金剛頂經)』에서 말하는 4방 4불이 아니다.[578]

이처럼 네 번째 다섯 번째 사리함에 나온 네 불보살에 대해 바이원(白文)은 이렇게 결론을 내린다.

네 번째 보석함에 모인 사꺄불(釋迦佛), 약사불, 육비여의륜관음(六臂如意輪觀音)은 실제

578) 白文,「法门寺地宫八重舍利宝函上的毗卢遮那佛的图像研究」,『文物世界』, 2010-1, 24쪽.

비로자나불이 중생을 구제하기 위해 지혜를 (중생의 근기에 따라 행하는) 교묘하게 나타내
는 시방 3세의 모든 붇다 가운데 현실적인 의의를 가진 중요한 역할을 하는 세 분이다.[579]

위의 두 사리함은 이 장에서 다루려는 주제는 아니기 때문에 어떤 내용인지
아는 정도에서 마친다.

(6) 여섯째 겹 사리함(第六重) : 소면 녹정 은보함(素面盝頂銀寶函)
여섯째 겹 사리함(第六重)은 아무런 그림이 없는데 후대에 보충한 것이 아닌가 생
각한다.

(7) 일곱째 겹 사리함(第七重) : 유금 사천왕 녹정 은보함(鎏金四天王盝頂銀寶函)
일곱째 겹 사리함은 이 글에서 다루려는 그림이 새겨져 있기 때문에 다음 장에서
자세하게 다루겠다.

그림 214 여섯째 겹 사리함(第六重)(법문사 박물관 2019)

그림 215 일곱째 겹 사리함(第七重)(2018.9.2)

(8) 여덟째 겹 사리함(第八重) : 은릉녹정 단향목보함(銀棱盝頂檀香木寶函)
둘레 테를 은으로 만든(銀棱) 평평한 뚜껑(盝頂)을 가진 단향목 (사리)보석함이다.
이 함은 1987년 법문사 탑 지하궁전 뒷방(後室)에서 발굴될 당시 이미 많이 훼손되
어 훼손된 나무 조각을 보존·처리한 뒤에야 일부 판독이 가능하였다.

---

579) 白文,「法门寺地宮八重舍利宝函上的毗卢遮那佛的图像研究」,『文物世界』, 2010-1, 29쪽.

그림 216 여덟 번째 겹 사리함 발굴 당시 상태 (百度 검색)　　　그림 217 1호 조각(冉万里 43쪽)

1988년 나온 발굴보고서 간략보고서에서 "사까무니(釋迦牟尼) 설법도, 아미따
불(阿彌陀佛) 극락세계와 예불도 등이 새겨져 있다."고 했고, 2007년 발굴보고서[580]
에서 "면 위에 '서녘 극락세계(西方極樂世界)' 같은 무늬가 있다."고 했다.[581]

2016년 란완리(冉万里)가 이 문제를 자세히 다루고 다음 같은 결론을 내렸다.

> 법문사 탑기(塔基) 지하궁에서 나온 둘레를 은으로 만든(銀棱) 평평한 뚜껑(盝頂)을 가진
> 단향목 (사리)보석함은 범왕(梵王) 및 제석(帝釋) 예불, 약사불·사까무니 설법 및 서녘 정
> 토세계 같은 주제이다. 그리고 보조 주제는 천왕·보살·비구(제자)·화생(化生) 동자, 연
> 꽃, 팔부호법(八部護法) 가운데 하나인 용 같은 것이다.[582]

이 여덟째 겹 사리함에도 고리(高麗)에 관한 내용이 없기 때문에 간단히 소개
하는 것으로 끝낸다.

---

580) 陝西省法门寺考古队,「扶风法门寺塔唐代地宫发掘简报」,『文物』, 1988-10.
581) 陝西省考古研究院等,「法门寺考古发掘报告」, 文物出版社, 2007.
582) 冉万里,「关于法门寺塔基地宫出土银棱盝顶檀香木函的相关问题探讨」,『文博』, 2016-2, 48쪽.

2. 일곱째 겹(第七重) 사리함의 사천왕도와 고리(高麗) 닭깃털관

이 장에서 다루려는 유물은 일곱째 겹 사리함(第七重)인 류금 사천왕 녹정 은보함(鎏金四天王盝頂銀寶函)이다. 은에 금도금(鎏金)을 한 함인데, 뚜껑 위가 반반하고(盝頂) 4면에 사천왕이 새겨져 있는 사리함이라는 뜻이다. 그리고 4면 가운데 서쪽에 깃털관(羽冠)을 쓴 사람이 나오는데, 이 사람이 고리사람(高麗人)이다.

1) 불교의 하늘나라와 사천왕

불교에서는 하늘나라(天界)를 욕계·색계·무색계로 나눈다. 욕계천(欲界天)에는 모두 여섯 하늘이 있는데 그 중 첫 하늘이 사왕천(四王天, Caturmahārājika-deva)이라고 한다. 4명의 천왕이 각각 4면을 다스리는데 동쪽은 지국천(持國天, Dhṛtarāṣṭra)이고, 남쪽은 증장천(增長天, Virūḍhaka)이며, 서쪽은 광목천(廣目天, Virūpākṣa), 그리고 북쪽은 다문천(多聞天, Dhanada 또는 Vaiśravaṇa)이다.

『장아함경』「사천왕품(四天王品)」에는 이렇게 설명하고 있다.

❶ 수미산 왕의 동쪽 1천 유순(由旬)[583]쯤에 현상(賢上)이라는 제두뢰타천왕(提頭賴吒天王)의 성이 있는데 가로와 세로가 각각 6,000유순이다. 그 성은 일곱 겹으로 되어 있고 일곱 겹의 보배 난간, 일곱 겹의 보배 그물, 일곱 겹의 보배 가로수가 빙 둘러 있는데 모두 7보로 장식되어 있다. 나아가 온갖 무수한 새들이 서로 화답하며 지저귀는 것까지의 일들은 역시 앞에서와 같다. ❷ 수미산 남쪽 1,000유순쯤에 선견(善見)이라는 비루륵차천왕(毘樓勒叉天王)의 성이 있는데, 가로와 세로가 각각 6,000유순이다. ……❸ 수미산 서쪽 1,000유순쯤에 주라선견(周羅善見)이라는 비루바차천왕(毘樓婆叉天王)의 성이 있는데 가로와 세로가 각각 6,000유순이다. ……❹ 수미산 북쪽 1,000유순쯤에 비사문천왕(毘沙門天王)이 있다. 왕은 세 개의 성을 가지고 있는데 첫째는 가외(可畏), 둘째는 경천

---

583) 유순(由旬): 고대 인도의 이수(里數) 단위. 소달구지가 하루에 갈 수 있는 거리로, 80리인 대유순, 60리인 중유순, 40리인 소유순 세 가지가 있다(『표준국어대사전』).

(敬天), 셋째는 중귀(衆歸)라 한다.[584]

좀 더 자세히 정리해 보면 다음과 같다.

❶ 동쪽 : 현상성(賢上城)
제두뢰타 천왕(Dhṛtarāṣṭra, 提頭賴吒 天王) = 지국천(持國天)

❷ 남쪽 : 선견성(善見城)
비루륵차 천왕(Virūḍhaka, 毘樓勒叉天王) = 증장천(增長天)

❸ 서쪽 : 주라선견성(周羅善見城)
비루바차 천왕(Virūpākṣa, 毘樓婆叉天王) = 광목천(廣目天)

❹ 북쪽 : 가외성(可畏城)•경천성(敬天城)•중귀성(衆歸城)
비사문 천왕(Dhanada 또는 Vaiśravaṇa, 毘沙門天王)=다문천(多聞天)[585]

사왕천은 살아서 좋은 일을 많이 하는 사람이 가는 첫 하늘나라로, 괴로움으로 가득 찬 속세보다 오래 살고 행복한 삶을 산다. 그들은 또한 지상 사람들을 보살피고, 상태를 파악하여 우리가 흔히 말하는 하느님인 제석천(帝釋天)에게 보고한다.

> 사왕천 사람(四王天人)의 키는 모두가 반 유순이며, 옷은 길이가 1유순, 너비가 반 유순, 무게가 2푼[分]이다. 천수(天壽)는 500살인데 그보다 더 사는 이는 적고 덜 사는 이가 많다. 인간의 50년이 이 하늘의 하룻낮, 하룻밤이며, 또한 30일이 1달이요, 12달이 한 해다.[500살은 곧 인간의 9만 살이다.] ……

584) 佛陀耶舍·共竺佛念 譯, 『佛說長阿含經』 卷第20, 佛說長阿含 第4, 『分世記經』 4, 「天王品」 第7(大正藏第 01 冊 No. 0001). 須彌山王東千由旬提頭賴吒天王城, 名賢上, 縱廣六千由旬, 其城七重, 七重欄楯, 七重羅網, 七重行樹, 周匝校飾, 以七寶成, 乃至無數眾鳥相和而鳴, 亦復如是. 須彌山南千由旬有毗樓勒(叉)天王城, 名善見, 縱廣六千由旬. ……須彌山西千由旬有毗樓[6]婆叉天王城, 名周羅善見, 縱廣六千由旬. ……須彌山北千由旬有毗沙門天王, 王有三城 : 一名可畏, 二名天敬, 三名眾歸.

585) 『금강명경』 사천왕품(四天王品)에서는 "비사문천왕(毘沙門天王)·제두뢰타(提頭賴吒)천왕·비류륵차(毘留勒叉)천왕·비루박차(毘留博叉)"라 했다,

반 달 3재일(齋日)은 8일과 14일과 15일이다. 사천왕은 언제나 8일에 여러 사자(使者)에게 명하되, "너희들은 세간을 살피고 다니면서 인민들이 부모에게 효도하고, 사문과 바라문 및 장로를 공경하며, 재계(齋戒)를 받아 지니면서 보시하는지 안 하는지를 자세히 살피라."고 한다. 사자들은 명을 받들고 선악을 자세히 아뢰는데, 사천왕은 악을 들으면 기뻐하지 않고 선을 들으면 기뻐한다. 14일에는 사천왕이 언제나 태자(太子)를 보내어 천하를 살피고 다니게 하며, 15일에는 사천왕 자신이 몸소 돌아다닌 뒤에 선법전(善法殿)에 나아가 제석천(帝釋天)에게 자세히 아뢰는데, 제석천은 악을 들으면 근심하고 선을 말하면 즐거워하면서 게송으로 찬탄한다. 재계(齋戒)를 받아 지니는 사람은 나와 행(行)이 똑같으니라.[586]

현재도 우리가 절에 가면 가장 먼저 이 사천왕을 거쳐서 들어가는데, 이처럼 사천왕이 사람들을 평가하기 때문이다.

2) 법문사 일곱째 겹 사리함에 새겨진 사천왕

바로 이 사리함에 닭깃털관을 쓴 고리(高麗) 사람이 나오기 때문에 먼저 4면의 사천왕에 대해 간단히 보면서 고리(高麗) 사람을 찾아보기로 한다. 이 사리함에 대한 논문을 아직 찾지 못해서 바이두백과(百度百科) 내용을 소개하고 이어서 글쓴이가 필요한 내용을 덧붙이기로 한다.

(1) 앞쪽(정면) : 북방대성(北方大聖) 비사문천왕(毗沙門天王)－다문천왕(多聞天王)

□ 앞면(정면) : 주존이 비사문(毗沙門) 천왕이다. 머리에 보관을 쓰고, 몸에 갑옷을 입고, 가슴에 영락(목거리)을 걸고, 머리에 불꽃 빛이 나고, 왼쪽에 탑을 들고, 오른손에 보석 방망이(寶杵)를 쥐었다. 양쪽에 야차와 나찰 같은 권속을 거느

---

586) 梁朝 旻寶唱 等 集.『經律異相』권1,「四天王 天一」. 四王身長皆半由旬. 衣長一由旬. 廣半由旬. 其重二分. 天壽五百歲. 少出多減. 以人間五十歲. 為天一日一夜. 亦三十日為一月. 十二月為一歲也(五百歲即人間九萬歲也). 半月三齋. 八日十四日十五日. 四天王常以八日勅諸使者. 汝等案行世間觀察人民. 孝父母敬沙門及婆羅門長老. 受持齋戒布施者不. 使者奉教具啟善惡. 聞惡不悅言善則喜. 十四日四王常遣太子案行天下. 十五日四天躬自履歷. 然後詣善法殿具啟帝釋. 聞惡則[41]憂言善則樂. 說偈歎受持齋戒人與我同行.

그림 218 정면 북방대성(北方大聖) 비사문천왕(毗沙門天王)(2018.9.2)

렸다. 왼쪽 위에 '북방대성(北方大聖) 비사문천왕(毗沙門天王)'이라고 새겨져 있다. 비사문(毗沙門)은 산스크리트로 다문(多聞)이므로 다문천(多聞天)이라 부르며, 늘 붇다의 하늘나라를 수호하며 여래의 설법을 듣기 때문에 북방 욱단월주(郁單越洲)를 수호한다(百度百科).[587]

비사문은 산스크리트로 바이스라바나(Vaiśravaṇa), 빨리어로 벳사바나(Vessavana)라고 하는데 한문을 옮기면서 비사문(鞞沙門), 비사라바나(毗舍羅婆拏), 비사라문(毗舍羅門), 비사문(毘沙門), 부실라만낭(不室羅懣囊), 폐실라말라(吠室囉末拏) 따위로 옮겼고, 뜻으로는 다문(多聞), 편문(遍聞), 보문(普聞)이라고 옮겼다. 다문천왕(多聞天王)으로 많이 알려져 있다.

이 바이스라바나(毗沙門)는 하늘나라(天)를 다스리는 하늘임금(天王)으로 늘 다섯 (귀)신들이 좌우에서 모시며 지키는데, 그들 이름은 반두루(般闍樓), 단타라

587) 『百度百科』正面 : 主尊为毗沙门天王. 头戴宝冠, 身着甲胄, 胸系樱珞, 火焰头光, 左手托搭, 右手持宝杵, 座下为二邪鬼, 两侧列侍夜叉, 罗刹等眷属, 左上方勒铭"北方大圣毗沙门天王". 毗沙门, 梵语为多闻之意, 又称多闻天, 因其经常守护佛天, 常常听闻如来说法之故, 专司守护佛国北方郁單越洲.

그림 219 서방 비루륵차 천왕(西方毗婁勒叉天王)(2018.9.2)

(檀陀羅), 혜마발타(醯摩跋陀), 제게라(提偈羅), 수일로마(修逸路摩)다.[588] 그림에 보면 다섯 (귀)신이 곁에서 모시고 있고, 신이 아닌 인간이 2명 서서 이바지를 올리고 있다. 이 문제는 뒤에서 다시 보기로 한다.

(2) 왼쪽 면 : 서방 비루륵차 천왕(西方毗婁勒叉天王)－증장천왕(增長天王)

□ 왼쪽(서방):비루륵차천왕(毗婁勒叉天王) : 투구를 쓰고 갑옷을 입으며 머리에 불꽃 빛이 난다. 왼손에 활을 오른손에 화살을 들고 있다. 발아래 요사한 잡귀를, 그리고 양쪽에 여러 용족(龍族, 선계의 종족)과 푸타나(Putana, 富单那, 臭餓鬼) 같은 권속들이 새겨져 있다. 천왕의 머리 앞쪽 위에 서방 비루륵차천왕(西方毗婁勒叉義天王)"이라고 쓰여 있다. <u>비루륵차(毗類勒叉)는 산스크리트로 '광목(廣目)'</u>이란 뜻이므로 광목천이라 부른다. 정정한 눈으로 세계를 관찰하여 보호유지하

---

588) 『佛說長阿含』 第4分 「世記經」, 四天王品 第7. 毘沙門王常有五大鬼神侍衛左右：一名般闍樓, 二名檀陀羅, 三名醯摩跋陀, 四名提偈羅, 五名修逸路摩. 此五鬼神常隨侍衛. 毘沙門王福報, 功德, 威神如是.」

며 서녘 구야니주(瞿耶尼洲)를 맡아서 다스린다.[589]

사리함에 새겨진 비루륵차(毘婁勒叉)는 산스크리트 비루다까(Virūḍhaka), 빨리어 비룰라까(Virūlhaka)를 소리 나는 대로 옮긴 것이다. 비류다(Virūḍha)는 싹튼(sprouted, budded), 자라난(grown)이란 뜻이고, 비류다까(Virūḍhaka)는 싹이 트는 낟알(grain that has begun to sprout)이란 뜻으로, 많이 늘어난다는 뜻이다. 한문에서는 '늘어나 더 자람'이란 뜻을 가진 증장(增長)이라고 옮겨 증장천왕(增長天王)이라 했다.

우리가 절 입구에 가면 사천왕이 있는데, 남방을 다스리는 천왕이라고 되어 있어 법문사 사리함의 설명과 방향에서 차이가 난다. 만물을 소생시키고 중생의 이익을 늘려준다는 천왕으로 알려져 있다. 수미산 중턱의 남쪽에서 불법을 보호하면서 만물을 소생시킨다는 증장천왕(增長天王)을 말한다. 증장(增長)이란 '날로 늘어난다'는 뜻으로, 중생들의 이익을 많게 한다는 '천왕'을 말한다.

◉ 비루륵차(毘婁勒叉)인가, 비루박차(毘婁博叉)인가?

『바이두백과』에서는 "비루륵차(毘婁勒叉)는 산스크리트로 '광목(廣目)'이다."고 했다. 위에서 본 바와 같이 비루륵차(毘婁勒叉)는 산스크리트로 '광목(廣目)'이란 뜻이 아니고 증장(增長)이란 뜻이다. 『바이두백과』의 해석이 틀린 것이다. 그렇다고 『바이두백과』가 모두 틀린 것은 아니다. 경전에는 서쪽 하늘은 광목천왕이 다스린다고 되어 있으므로 그 자체는 틀리지 않았기 때문이다. 앞에서 본 『불설장아함』은 비루봐차(毘樓婆叉)라고 했고, 『금강명경』에서는 비루박차(毘留博叉)라고 해서 다르다. 그런데 다음에 보겠지만 사리함에서는 남방을 비루박차(毘婁博叉)라고 했고, 『바이두백과』에서도 그대로 옮겼다.

설명 순서를 바이두백과에서는 북면을 앞면(正面), 남면을 뒷면(背面)이라고 했다. 박물관에 들어가면 북쪽 비사문천왕이 바로 보여 앞면이 되기 때문이다. 앞에서 보는 북방이 정면이 되고 북방이 뒷면이라면, 당연히 오른쪽이 서쪽이 되고 왼쪽이 동쪽이 된

---

589) 『百度百科』左面：主尊毗娄勒义天王. 头戴盔, 身着甲冑, 火焰头光, 左手执弓, 右手持箭, 座下为二邪鬼, 两侧列侍诸龙族及富单那(臭饿鬼)等眷属, 右上方勒铭"西方毗类勒义天王", 毗娄勒义, 梵语为广目之意, 又称广目天, 据说能以清净眼观察护持世界, 专司守护西方瞿耶尼洲.

다. 그런데 『바이두백과』에서는 서쪽을 왼쪽이라고 하고 동쪽을 오른쪽이라고 해서 크게 헷갈린다.

더 큰 문제는 표에서 보듯이 법문사 사리함만 동쪽과 서쪽의 하늘나라가 바뀌었다는 것이다. 다른 경전에서는 모두 서쪽이 비루박차인데, 법문사 사리함에서는 비루륵차라고 했고, 다른 경전에서는 모두 남쪽 하늘나라가 비루륵차라고 한 반면에 법문사 사리함에서는 비로박차라고 했다.

〈표 2〉 사왕전의 방향에 대한 비교 검토

	불설장아함경	금강명경	東方最勝燈王如來經	법문사 사리함
동(지국천왕)	提頭賴吒	提頭賴吒	提頭賴吒	(우면)提頭賴吒
남(증장천왕)	毘樓勒叉	毘留勒叉	毗婁勒叉	(후면)毗婁博叉
서(광목천왕)	毘樓婆叉	毘留博叉	毗婁博叉	(좌면)毗婁勒叉
북(다문천왕)	毘沙門	毘沙門	毗沙門	(정면)毗沙門

그렇다면 그림이 틀렸는가? 아니면 그림은 제대로 그렸는데 제목을 잘못 붙였는가? 분명히 둘 가운데 하나가 틀린 것이다. 이 문제를 풀기 위해 사천왕의 모습을 설명한 불모대공작명왕경(佛母大孔雀明王經), 다라니집경(陀羅尼集經), 약사유리광왕칠불본원공덕염봉의궤공양법(藥師琉璃光王七佛本願功德念誦儀軌供養法) 같은 자료를 검토했으나, 창이나 칼을 든 천왕의 모습은 있지만 활을 든 천왕이 없어 이 문제는 숙제로 남기고 논의를 이어가려고 한다.

이 내용이 중요한 것은 바로 이 면의 그림에서 깃털관(羽冠)을 쓴 사람 모습이 나타나기 때문이다. 이 문제는 먼저 깃털관 사람의 존재만 지적하고 나중에 더 자세히 보기로 한다.

(3) 뒤쪽 : 남방 비루박차 천왕(南方毗婁博叉天王) – 광목천왕(廣目天王)

□ 뒷면(後面) : 주존은 비루박차 천왕(毗婁博叉天王)으로 머리에 보관을 쓰고, 몸에 갑옷을 입고, 불꽃 두광이 나고, 왼손에 칼을 들고 오른손은 무릎에 놓고 있

그림 220 남방 비루박차 천왕(南方毗婁博叉天王) (2018.9.2)

다. 발아래 아귀가 2명 있고 양쪽에 구반도(鳩槃茶)⋅벽려신(薜荔神) 같은 권속들[590]
이 모시고 있다. 오른쪽 위 귀퉁이에 "남방 비루박차 천왕(南方毗婁博叉天王)'이
라는 글이 새겨져 있다. 비루박차는 산스크리트로 증장(增長)이란 뜻이고, 이 천
왕은 다른 사람들의 선근을 증장시킬 수 있다고 하며, 남방 염부제주(閻浮提洲)를
담당한다(百度百科).[591]

위의 내용에서 "비루박차(毗婁博叉)는 산스크리트로 증장(增長)이란 뜻이다."

---

590) 구반다(鳩槃茶) : 산스크리트 Kumbhāṇla, 빨리어 Kumbhaṇḍa. 뜻으로는 단지꼴 귀신(甕形鬼)인
데, 증장천왕을 모시는 귀신 두 명 가운데 하나다. 冬瓜鬼, 厭魅鬼. 乃隷屬於增長天的二部鬼類之
一, 然圓覺經稱其爲大力鬼王之名. 此鬼噉人精氣, 其疾如風, 變化多端, 住於林野, 管諸鬼衆. 據
大方等大集經卷五十二所載, 佛嘗敕毘樓勒天王(增長天)護持南方閻浮提；天王之下有鳩槃茶大
臣, 率領衆多部衆, 具有大勢力, 其下有鳩槃茶兄弟, 檀提, 憂波檀提, 大肚, 葛迦睺, 摩訶鉢涅婆,
十手, 山行等諸鳩槃茶眷屬. [華嚴經探玄記卷二, 圓覺經略疏卷四]

591) 『百度百科』. 后面：主尊毗娄博义天王. 头戴宝冠, 身着甲冑, 火焰头光, 左手柱剑, 右手接膝, 座
下为二邪鬼, 两侧列侍鸠槃茶, 薜荔神等眷属, 右上角勒铭"南方毗婁博叉天王". 毗娄博义, 梵语
为增长意, 据说此天王能令他人增长善根, 主守南方阎浮提洲.

고 했다. 그러나 앞에서 말했듯이 잘못된 것이다.

비루박차(毗婁博叉)는 산스크리트 Virūpākṣa, 빨리어 Virūpakkha를 소리 나는 대로 옮긴 것이다. 비루빡사(Virūpākṣa)는 비루빠(Virūpa)+악사(akṣa)의 합성어다.[592] 비루빠(Virūpa)는 가지각색(many-coloured, variegated), 다양한(multiform, manifold), 갖가지(various) 같은 뜻이 있고, 악사(akṣa)는 감각기관(an organ of sense)이란 뜻이지만 그 가운데 특히 눈(akṣi)이란 뜻을 갖는다. 그러므로 비루빡사(Virūpākṣa)는 '다양한 눈'이라는 뜻인데, 한문으로 '넓은 눈(廣目)'이라고 옮겼다.[593] 그러므로 비루박차가 광목천왕(廣目天王)인 것이다.

비루빡사는 한문으로 옮길 때 아주 여러 가지로 옮겼다. 비류파아차(鼻溜波阿叉), 비로파아흘차(髀路波呵迄叉), 비루파차(毘樓婆叉), 비로박차(毘嚕博叉) 따위로 옮겼다.

(4) 오른쪽 : 동방 제두뢰타 천왕(東方提頭賴吒天王)―지국천왕(持國天王)

□ 오른쪽 면(右面) : 주존이 '제두뢰타천왕(提頭賴吒天王)'이다. 머리에 보관을 쓰고, 갑옷을 입었으며, 머리에서는 불꽃이 빛나고, 두 손에 칼을 잡고, 발아래 삿된 귀신(邪鬼)이 2명 있고, 양쪽에 건달바(乾闥婆)와 비사도 신장(毗舍闍神將) 같은 권속들이 모시고 있다. 오른쪽 위 모서리에 '동방 제두뢰타 천왕(東方提頭賴吒天王)'이라 새겨져 있다. 제두뢰타(提頭賴吒)는 산스크리트로 국토를 수호한다(持國)는 뜻으로 동방 불제파주(弗提婆洲)를 맡아 다스린다(百度百科).[594]

제두뢰타(提頭賴吒)는 산스크리트의 드리따-라스뜨라(Dhṛta-rāṣtra), 빨리어 다따-랏따(Dhata-raṭṭha)를 소리 나는 대로 옮긴 것인데, 경전에 따라 지리다아라다(持梨多阿囉多), 제다라타(提多羅吒) 따위로 옮겼다.

드리따-라스뜨라(Dhṛta-rāṣtra)에서 드리따(Dhṛta)는 유지된(maintained, kept), 버틴(supported), 갖춘(possessed) 같은 뜻이고, 라스트라(rāṣtra)는 왕

---

592) 빨리어로는 비루빡카(Virūpakkha)다.

593) Monier-William, A Sanskrit-English Dictionary, Oxford, 1899.

594) 『百度百科』. 右面: 主尊提头赖吒天王. 头戴宝冠, 身着甲胄, 火焰头光, 双手持剑, 座下为二邪鬼, 两侧列侍乾闷婆及毗舍闍神将等眷属, 右上方勒铭"东方提头赖吒天王". 提头赖吒. 梵语为持国意, 即护持国土, 专司守护东方弗提婆洲.

그림 221 동방 제두뢰타 천왕(東方提頭賴吒天王) (2018.9.2)

국(kingdom), 국토(realm), 제국(empire), 영토(dominion), 지방(district), 나라 (country) 같은 뜻이므로 '유지된 나라'라는 말인데, 한문 경전에서는 지국(持國)·치국(治國)·안민(安民)이라고 옮겼다. 흔히 지국천왕(持國天王)이라고 알려졌다.

3) 사천왕 그림에 나오는 깃털관(羽冠) 고리 사람(高麗人)

(1) 사천왕 그림에 나오는 깃털관(羽冠) 고리 사람(高麗人)

지금부터는 서녘 비루륵차 천왕(西方毗婁勒叉天王=증장천왕) 그림에 나타난 깃털관(羽冠)을 쓴 사람에 대해 알아보기로 한다. 천왕 왼쪽에 깃털관을 쓴 남자가 긴 도포를 입고 과일로 보이는 공양물을 두 손으로 공손히 받치고 있다. 이 사람은 깃털모를 쓴 것으로 보아 고리(高麗) 사람이 틀림없는데, 이 사천왕 그림에 왜 고리 사람이 들어가 있는지 밝히는 것이 이 장의 주제다. 공양을 올리는 고리 사람 말고, 천왕의 오른쪽에는 여자가 손잡이가 달린 향로(香爐)를 왼손으로 들고 향공양을 올리고 있다. 이 두 사람은 일반적으로 천왕이 거느리고 있는 권속들과는 다른 인간의 예복을 입고 있다는 점이 관심을 끈다.

대개 사천왕이 거느리는 8가지 권속(八部鬼衆, 八部鬼神)들은 다음과 같다.

그림 222(1) 서방 비루륵차 천왕 공양인   그림 222(2) 비루륵차 천왕 왼쪽 : 고리 사람

① 간다르바(乾闥婆, gandharva) : 향음(香陰)이라 옮기는데 술과 고기를 먹지 않고 향을 마시고 산다. 제석천(帝釋天)의 음악신(樂神)이기도 하다.

② 삐사짜(毘舍闍, piśāca) : 정기를 먹는다는 뜻인 담정기(噉精氣)로 옮긴다. 사람과 곡식의 정기를 먹는다.

③ 꿈반다(鳩槃茶, kumbhāṇḍa) : 옹기꼴(甕形)이라 옮겼다. 그 음이 옹기와 비슷하기 때문인데 염매귀신(厭魅鬼)을 말한다.

④ 쁘레따(薜荔多, preta) : 아귀(餓鬼)라고 옮겼다. 오랜 겁 동안 미음과 물이라는 이름도 들어보지 못해 늘 배가 고픈 중생이다.

⑤ 용(龍 nāga) : 용에는 4가지 종류가 있다. ⓐ 천궁전을 받들어 떨어지지 않게 지탱해 준다. ⓑ 구름을 일으켜 비를 내리게 해서 인간을 이롭게 한다. ⓒ 땅의 용(地龍)으로 강물을 터서 도랑에 물이 흐르게 한다. ⓓ 숨은 용(伏藏龍)은 전륜성왕이나 큰 복을 가진 사람들의 보배 창고를 지킨다.

⑥ 뿌따나(富單那, pūtana) : 취아귀(臭餓鬼)나 열병귀(熱病鬼)라고 옮긴다. 열이 나는 병의 귀신이다.

⑦ 약샤(夜叉, yakṣa) : 용건(勇健)이라고 옮긴다. 땅 위를 다니는 약샤, 허공 약샤, 하늘 약샤 3가지가 있다.

그림 223 동방 지국천왕(提頭賴吒) 공양인(1)　　　　　**그림 224** 동방 지국천왕 공양인(2)

⑧ 락샤사(羅刹, rākṣasa) : 속질귀(速疾鬼)나 가외(可畏)라고 옮기는데. 너무 폭
악하여 두려워하여 붙인 이름이다.[595]

　그런데 사리함 서방 비루륵차 천왕 그림에는 위에서 보는 8가지 권속과는 전
혀 다른 인간의 모습과 복장을 한 두 인물이 천왕 양쪽에 공양을 올리는 것이다.
이런 장면의 설정은 지금까지 보아온 불전도와는 아주 색다른 구성이다.
　이처럼 하늘나라 권속이 아닌 지상의 복장을 한 공양인이 추가된 것은 다른
면에서도 나타난다.

　① 동방 지국천왕(提頭賴吒)에 나타난 공양인
　동방 지국천왕 그림에서도 천왕 오른쪽에 꽃병을 든 여인과 왼쪽에 음식을 든

---

595)　法雲 編,『翻譯名義集』卷2,「八部篇」, 第14.『佛光大辭典』.

그림 225 남방 증장천왕(毗婁博叉)(1)　　그림 226 남방 증장천왕(2)그림　　227 북방 다문천왕(毗沙門)

남자 공양인이 그려져 있다. 그림 전체 가장 왼쪽에 있는 꽃 공양 여인은 머리를
화려하게 장식하고 윗옷만 보이는데 특별한 특징을 발견하기 어렵다. 꽃병에는
꽃병보다 2개의 꽃이 꽂혀 있는데 줄기가 아주 굵다. 음식을 든 남자는 모자를
썼고, 공양 그릇은 왼손으로 한쪽을 잡고 오른손으로 받치고 있다.

② 남방 증장천왕(毗婁博叉) 과 북방 다문천왕(毗沙門)

이 그림에서도 두 사람이 나오는데, 천왕의 오른쪽에 있는 여인은 높은 머리
장식을 하고 두 손으로 꽃병을 받치고 있다. 겉옷의 깃과 넓은 소매에 바둑판 같
은 특이한 무늬가 있다. 천왕의 왼쪽에 있는 사람은 키가 크고 머리 모양이 큰 포
도송이처럼 특이하다. 옷에는 허리띠를 하고, 옷깃에 넓은 동정을 단 것처럼 왼
쪽 어깨에서 옆구리까지 대각선으로 이어져 있으며 8자를 가로세로로 겹친 듯한
큰 무늬가 배, 허리, 옷자락에 크게 그려져 있다. 이 사람은 두 손을 가슴에 올렸
지만 특별한 공양물을 들고 있지 않는 것이 특징이다.

③ 북방 다문천왕(毗沙門)

북방 다문천왕 그림에 나오는 공양인은 천왕의 왼쪽에 두 사람이 함께 서 있고 오른쪽에는 공양인이 없다는 것이 특징이다. 천왕 바로 왼쪽에 높은 두건을 쓰고 허리띠를 가슴에 닿을 듯 높은 곳에 한 옷을 입었다. 오른손은 펴고 왼손은 무언가 잡고 있는 듯한데, 머리뒤로 둥근 후광 같은 띠를 잡은 듯도 하다. 이 인물에게는 공양물이 없는 대신 옆에 신분이 더 낮은 사람이 공양물을 들고 서 있다. 여기서 손바닥을 펴고 있는 사람이 당나라 황제가 아닐까 하는 생각이 든다.

법문사 사리함	천왕 왼쪽	천왕 오른쪽	비고
동방(右面) 지국천왕(提頭賴吒)	빈손 남자	꽃공양 여인	
서방(左面) 광목천왕(毗婁勒叉)	음식공양 남자	향공양 여인	깃털관 고리(高麗) 사람
남방(後面) 증장천왕(毗婁博叉)	음식공양 남자	꽃공양 여인	
북방(正面) 다문천왕(毗沙門)	인물1:빈손 인물2:공양남자		

이상에서 본 바와 같이 일곱 번째 겹 사리함 4면에 그려진 사천왕 그림에는 면마다 사천왕과 그 권속을 빼고, 사람 모습이 2명 그려졌다는 것을 알 수 있다. 인물이 모두 8명 나오는데 2명은 빈손이지만 6명은 모두 음식·꽃·향 같은 공양을 올리고 있다. 그리고 6명 가운데 고리(高麗) 사람으로 보이는 깃털관(羽冠)을 쓴 사람이 그릇에 음식으로 보이는 공양물을 담아 들고 서 있다. 여기서 출연하는 인물들의 복장과 머리 모양이 모두 다른 것은 나라도 모두 다르다는 것을 뜻한다. 그렇다면 북방 다문천왕 그림에 나온 2명 가운데 공양물을 든 사람과 함께 손을 벌리고 서 있는 사람이 당나라 황제일 가능성이 있고, 나머지는 다른 나라 사람들일 가능성이 있다. 이는 지금까지 보아온 사리 분배도 같은 보기를 견주어 볼 때 그런 추정이 가능하다고 본다.

이에 대한 연구는 아직 진행된 논문을 찾지 못했기 때문에 이 정도 추정에서 그치고, 앞으로 더 논의가 진전되기 바란다.

(2) 법문사 사리함을 만든 시기

끝으로 이 사천왕상이 새겨진 사리함의 조성연대를 보기로 한다.

당 법문사에 지하궁전을 조성한 기록은 사서에 기록이 있고, 지하궁에서 나온 『지문(志文)』 내용을 종합해 보면 정관 5년(631)에서 함통(咸通) 15년(874)까지 243년 동안 황실이 주체하여 사리를 모신 것이 8번이었다.[596] 태종이 631년 중건한 뒤, 고종이 칙령(660)을 내려 동도(東都)에 가서 사리를 가져와 공양하고, 마침 서녘에서 붇다의 정골(佛束頂骨)을 바쳐오자 사리와 정골을 황후가 많은 돈을 들여 금관과 은곽으로 장식하였다. 용삭 2년(662년) 탑에 사리를 모셨다.[597]

지하궁을 발굴할 때 중실(中室)에서 발굴한 영장(靈帳)의 처마 안쪽에 기록된 글에 측천무후 때인 708년 사문 법장(法藏) 등이 흰 돌로 영장(靈帳)을 만들어 사리를 탑에 넣었다는 기록이 있다.[598]

『책부원귀(冊府元龜)』에 790년 붇다의 손가락 사리(佛指骨) 기록이 나온다.

덕종 정원 6년(790)년 황제가 명령을 내려 붇다의 사리(佛骨)를 기양(岐陽)에 묻도록 하였다. 이전에 기양에 붇다의 손가락 사리(佛指骨) 한 마디가 남아 무왕상(無憂王寺)에 묻었는데, 누군가가 그것을 꺼내 백성들에게 보여 주자고 간절히 청하여 황제가 꺼내서 궁궐 안(禁中) 절에 안치하였다. 또 서울(京師)의 불사에 보내 성안 사람들에게 예배하도록 하니 보시한 재물이 수만 금이 되었다. 그날 관에 명하여 기양으로 돌려보내도록 하고, 좌신책행영절도사(左神策行營節度使) 봉상윤아군아(鳳翔尹邢君牙)에게 호송하여 옛 터에 묻게 하였다.[599]

---

596) 앞에서 罗西章은 「法门寺」에서 6번이라고 했다.
597) 唐, 道世 撰, 『法苑珠林』卷38, 敬塔篇 第35-2, 感應緣. 至顯慶五年(660)春三月下. 勅請舍利往東都入內供養. 時西域又獻佛束頂骨至京師. 人或見者. 高五寸闊四寸許. 黃紫色. 又追京師僧七人往東都入內行道. 勅以舍利及頂骨出示行僧道曰. 此佛真身. 僧等可頂戴供養. 經一宿還收入內. 皇后捨所寢衣帳准價千匹絹. 為舍利造金棺銀槨. 彫鏤窮奇. 以龍朔二年送還本塔. 至二月十五日. 京師諸僧與塔寺僧及官人等無數千人. 共下舍利于石室[2]掩之. 俟三十年後非余所知. 至後開瑞冀補茲處.
598) 『地宮中室靈帳帳櫓題記』: 大唐 景龍二年戊申 二月己卯朔十五日 沙門法藏等 造白石靈帳一鋪 以其舍利入塔 故書記之.(李志榮,「《法门寺考古发掘报告》读后」, 『文物』, 2008-2, 88쪽, 표2.)
599) 『冊府元龜』卷52, 帝王部, 德宗 貞元. 六年二月乙亥 詔葬佛骨於岐陽. 初岐陽有佛指骨寸餘 葬於無憂王寺 或奏請出之以示衆 帝乃出之置於禁中精舍. 又送於京師佛寺 傾都瞻拜 施財物累鉅萬. 是日命中官送歸岐陽 左神策行營節度使 鳳翔尹邢君牙 迎護葬於舊所.

『불조통기(佛祖統紀)』에 819년 "봉상(鳳翔) 법문사의 붇다 사리를 궁궐 안으로 모셔와 3일 동안 경배를 하고, 경성으로 보내 10개의 절에 보내 순회하도록 하였다. 세상에 전해 내려오길 30년에 한 번씩 여는데, 열면 그해 풍년이 들고 백성들이 안녕하다고 했다.⁶⁰⁰⁾"는 기록이 나온다.

그 뒤 844년부터 846년까지 무종의 이른바 회창법란(會昌法亂)이 일어나면서 불교는 완전히 폐허가 된다. 844년 칙령을 내려 붇다의 사리에 공양하는 것을 금하고, 대주(代州) 오대산·사주(泗州) 보광왕사·종남산 오대·봉상부(鳳翔府) 법문사 같은 절에 붇다의 손가락 사리에 일체 공양이나 순례를 금하여 사람들의 왕래가 끊어졌다.⁶⁰¹⁾ 이런 내용은 법문사 지하궁에서 발견된 지문(志文)에서도 "무황제에 이르러 불교(眞敎)를 쓸어 없애고 모두 불태워 버렸다. 조종의 법에 따라 진귀한 영골(影骨)을 부숴 버렸다.⁶⁰²⁾"고 해서 법문사 지하궁도 이때 완전히 파괴되었다는 것을 알 수 있다.

회창법란이 끝나고 30년쯤 지난 의종(懿宗) 함통 12년(871)부터 대대적인 불사가 시작된다. 먼저 『대당 함통 계송 기양 진신 지문(大唐咸通啓送岐陽眞身志文)』⁶⁰³⁾에 나온 내용을 보기로 한다.

❶ 위로 주군의 명을 막는 것이 대체로 변통하는 길이다. 그러므로 물러나 숨어서 때를 기다리는 것인데, 구롱산(九隴山) 선승 사익(師益)이 글들을 보고 선대 이야기를 들어 탑 아래 단을 만들 것을 소원하고, 붇다 사리(金骨)를 거두어 몰래 성심(聖心)을 드러냈다.

함통 12년(871) 8월 19일, 옛날 무덤길(隧道) 서북 모서리에서 사리를 얻었다. 옛 기록에

---

600) 志磐 撰『佛祖統紀』卷第41「法運通塞志」第17-8(大正藏 第 49 冊 No. 2035). (憲宗 元和) 十四年正月. 勅迎鳳翔法門寺佛骨入禁中. 敬禮三日. 歷送京城十寺. 世傳三十年當一開. 開則歲豊人安.

601) 圓仁,『入唐求法巡禮行記』卷第4. (會昌四年) 勅不許供養佛牙. 又勅下云. 代州五臺山. 及泗州普光王寺. 終南山五臺. 鳳翔府法門寺. 々中有佛指節也. 竝不許置供及巡禮等. 如有人送一錢者. 脊杖貳拾. 如有僧尼等. 在前件處受一錢者. 脊杖貳拾. 諸道州縣. 應有送供人者. 當處捉獲. 脊杖貳拾. 因此四處靈境. 絕人往來.

602)『大唐咸通啓送岐陽眞身志文』. 洎武皇帝蕩滅眞教 毀焚具多. 衛天憲者砸珍影骨.

603)『대당함통계송기양진신지문(大唐咸通啓送岐陽眞身志文)』에 대한 내용은 李志荣,「《法门寺考古发掘报告》读后」(『文物』, 2008-2)의 논문 89쪽 표에 간추려 나온 것을 바탕삼았다. 인터넷에 올린 여러 기사에 나온 내용이 많이 달라 번역하면서 나름대로 정리하여 옮겨 보았으나 문맥이 안 통하는 곳도 많았다. 그러나 글쓴이의 목적인 조성시기를 보는 데는 지장 없으리라고 본다.

따르면 길이 1촌 2푼인데 위는 가지런하고 아래는 꺾였고, 높낮이가 같지 않아 3면은 모두 같은데 한 면이 조금 높으며, 가운데 흠집 난 자국이 있다. 빛깔은 옥처럼 희고 약간 푸른 빛을 내는데 바탕이 꼼꼼하고 윤이 난다. 뼛골 구멍(髓穴)은 네모나게 크고 위아래가 모두 뚫려 통한다.

❷ 함통 14년(873) 3월 22일 공봉관(供奉官) 이봉건(李奉建)·고품(高品) 팽연로(彭延魯)·고가(庫家) 제순경(齊詢敬)·승지 만노문(萬魯文), 좌우가승록사(左右街僧錄司) 청란(清瀾)·언초(彦楚), 수좌(首座) 승철(僧澈)·유응(惟應), 대사 중겸(重謙)·운호(雲顥)·혜휘(慧暉) 등에게 조칙을 내려 경건하게 진신(사리)을 청하도록 하였다. 그때 봉상감군사(鳳翔監軍使) 왕경현(王景絢)과 관찰판관(觀察判官) 원충함(元充咸)이 호송하여 4월 8일 (붇다 오신 날) 안복루(安福樓)에 모셨다. ……12월 29일 서울(京都)에서 진신(사리)을 본사로 호송하여 □□□□ 향과 등을 엄숙하게 올렸다. ……

❸ (함통) 15년(874) 정월 4일 탑 아래 석실(石室)에 옥관(玉棺)과 금상자(金篋)를 안치하였는데, 천상 최고의 장엄, 매미와 용 무늬, 인간 최고의 화려함, 육주(六株)를 쌓아 드러내 비추고, 비보(祕寶)를 모아 더욱 아름답게 하니, 황가의 큰 복이 그지없고, 영겁의 선인(良因)이 길이 전하게 되었다. 또한 고품(高品) 팽연노(彭延魯)와 내양(內養) 풍전장(馮全璋)을 시켜 금·은·돈(錢)·명주(絹) 같은 것들을 나누어 주고, 봉상절도사(鳳翔節度使)에 조서를 내려 호현(狐絢) 감군사(監軍使) 왕경현(王景絢)으로 하여금 탑과 절을 고쳐 짓도록 하였다.[605]

❶의 문장에서 사익(師益)이라는 선승(禪僧)의 노력으로 871년 파괴된 지하궁에서 붇다의 손가락 사리를 찾아냈다는 것을 알 수 있다. 그리고 그 사리의 묘사와 발굴된 사리의 생김새가 일치한다는 것도 알 수 있다.

---

604) 좌우가승록사(左右街僧錄司)는 당송시대 숭려의 명부와 승관(僧官)의 보임 등을 맡은 승직이다.

605) 『大唐咸通啓送岐陽眞身志文』. 上以塞君命, 蓋君子從權之道也. 緣謝而隱, 感兆斯來, 乃有九隴山禪僧師益, 貢章聞先朝, 乞結壇于塔下 果獲金骨, 潛符聖心. 以咸通十二年八月十九日得舍利于舊隧道之西北角. 按舊記云: 長一寸二分, 上齊下折, 高下不等, 三面俱平, 一面稍高, 中有隱痕. 色白如玉稍青, 細密而澤, 髓穴方大, 上下俱通. …… 以十五年正月四日安于塔下之石室. 玉棺金篋, 窮天上之莊嚴, 蟬口龍紋, 極人間之煥麗, 疊六株而斥映, 積秘寶以相鮮, 皇家之厚福无涯, 曠劫之良因不朽. 仍令高品彭延魯, 內養馮全璋 頒賜金銀錢絹等, 詔鳳翔節度使令狐絢監軍使 王景絢 充修塔寺.

그림 228 법문사 지하궁에서 나온 사리

❷에서 873년 황제가 조서를 내려 그 사리를 수도 장안으로 옮겨와서 붇다가 오신 날인 4월 8일부터 전시하여 모시고 연말인 12월 29일 법문사로 돌려보냈다는 것을 알 수 있다. 이 사실은 『구당서』에서도 확인할 수 있다.

함통 14년(873) 3월, 양가승(兩街僧)에게 조서를 내려 봉상 법문사에서 붇다의 사리(佛骨)를 모시도록 하니, 그날 하늘에서 황토비가 내려 땅에 두루 적셨다. 4월 8일, 붇다의 사리가 서울에 이르러 개원문(開遠門)에서 안복문(安福門)에 이르니, 임시 누각(彩棚) 양쪽에 늘어선 사람들의 염불 소리가 천지를 진동하였다. 황상은 안복문에 올라 맞이하는 예를 올리고 궁궐 안 절(內道場)에 3일을 모신 뒤, 서울의 여러 절로 나갔다.[606]

그리고 황제가 7월에 죽는다. 지문(志文)에 보면, 그 뒤 같은 해 12월 29일 서울(京都)에서 진신(사리)이 법문사로 돌아갔다는 것을 알 수 있다.

---

606) 『舊唐書』 本紀 第19(上) 懿宗. (咸通十四年 三月), 庚午, 詔兩街僧於鳳翔法門寺迎佛骨, 是日天雨黃土遍地. 四月八日, 佛骨至京, 自開遠門達安福門, 彩棚夾道, 念佛之音震地. 上登安福門迎禮之, 迎入內道場三日, 出於京城諸寺.

❸에 보면 이 장에서 다루고 있는 사천왕 사리함은 함통 15년(874) 정월 4일에 안치했다는 것을 알 수 있다. 8겹으로 만든 사리함에 실제 옥관(玉棺)과 금상자(金篋)가 있고, "천상 최고의 장엄, 매미와 용 무늬, 인간 최고의 화려함, 육주(六株)를 쌓아 드러내 비추고, 비보(祕寶)를 모아 더욱 아름답게 하였다."는 표현도 일치하기 때문이다.

873년 죽은 의종은 874년 2월에 간릉(簡陵)에 묻힌다. 그런데 이 지하궁도 황제의 무덤과 마찬가지로 전·중·후실로 한 것은 황제의 능을 만들 때와 같은 수준의 계획으로 만들었다는 것을 알 수 있다.[607]

이상에서 보는 바와 같이 '금도금 사천왕 녹정 은보함(鎏金四天王盝頂銀寶函)'은 874년에 법문사 지하궁에 안치되었다고 결론 내릴 수 있다.

---

607) 坪井清足,「中国 法門寺と慶山寺の舍利瞥見」,『仏教芸術』(188), 毎日新聞社 1990-2, 67쪽.

참고문헌

『舊唐書』
『冊府元龜』

佛陀耶舍·共竺佛念 譯,『佛說長阿含經』
法顯 譯,『大般涅槃經』
曇無讖 譯,『大般涅槃經』
不空 譯,『如意寶珠轉輪祕密現身成佛金輪咒王經』
求那跋陀羅 譯,『過去現在因果經』
僧伽婆羅 譯,『阿育王經』
고익진 편역.『한글아함경』,

法雲 編,『翻譯名義集』
道宣 撰,『廣弘明集』
道宣 撰,『續高僧傳』
釋道世 撰,『法苑珠林』
宗賾,『禪苑淸規』
梁朝 旻寶唱 等 集.『經律異相』
志磐 撰『佛祖統紀』
圓仁,『入唐求法巡禮行記』

顾承甫,「唐代庆山寺小考」,『史林』, 1986-1.
罗西章,「法门寺」,『人文杂志』, 1983-4.
李志荣,「《法门寺考古发掘报告》读后」,『文物』, 2008-2.
林伟正,「被'身体化'的舍利佛指」,『典藏 古美术』(218), 2010-11.
文軍,「陝西蓝田出土舍利石函图像再探讨」,『文博』2013-2.
庞炘,「唐庆山寺舍利塔碑文校注全译」,『文博』; , 1988.
白文,「法门寺地宫八重舍利宝函上的毗卢遮那佛的图像研究」,『文物世界』, 2010-1.
樊維岳 · 阮新正 · 搗素茹,「藍田出土坑頂舍利石函」,『考古與文物』(64), 1991.
法门寺博物馆,「法门寺1号舍利八重宝函」,『世界宗教文化』, 2019-2.
徐苹芳,「中国舍利塔基考述」,『传统文化与现代化』, 1994-4.
孙浮生,「庆山寺碑全文点校试释」,『文博』, 1986-5; 庞炘,「唐庆山寺舍利塔碑文校注全译」,『文博』,
        1988-2.
杨泓,「中国古代和韩国古代的佛教舍利容器」,『考古』, 2009-1.

楊泓,「中国隋唐时期佛教舍制容器」,『中国历史文物』, 2004-4.

楊效俊,「临潼庆山寺舍利地宫壁画试析」,『文博』, 2011-3.

冉万里,「关于法门寺塔基地宫出土银棱盝顶檀香木函的相关问题探讨」,『文博』, 2016-2,

熊雯,「庆山寺舍利宝帐涅槃图像的叙事性及图像志再确认」,『西北美术』, 2017-2.

劉永增,「泉玉博古藏乾元銘石函の研究」,『泉玉博古館紀要』(6), 1990.

赵康民 編著,『武周皇刹慶山寺』, 陝西旅游出版社, 2014.

赵康民・臨潼縣博物館,「臨潼唐慶山寺舍利塔基精室清理記」,『文博』1985-5, 1985.

曾宏根,「法池寺与盝顶舍利石函」,『陝西档案』,, 2002 (5).

坪井清足,「中国 法門寺と慶山寺の舍利瞥見」,『仏教芸術』(188), 毎日新聞社 1990-2.

陝西省考古研究院等,「法门寺考古发掘报告」, 文物出版社, 2007.

陝西省法门寺考古队,「扶风法门寺塔唐代地宫发掘简报」,『文物』, 1988-10.

淮建邦,「试谈法门寺真身宝塔之佛骨」,『文博』, 1993-4.

セゾン美術館 編,『シルクロード都 長安の秘寶』, 日本經濟新聞社, 1992.

外山潔,「館藏舍利容器について （上)」,『泉玉博古館紀要』(8), 1992.

外山潔,「館藏舍利容器について(下)」,『泉屋博古館紀要』(10) 1994.

于薇,「涅槃前后――蓝田出土唐代舍利石函图像新探」,『美术研究』, 2016.

李成市,「法隆寺金堂阿彌陀如來坐像臺座から發見された人物畫像の出自をめぐって」,『アジアにおける
　　　國際交流と地域文化』, 1994.

田中一美,「都管七箇國盒の圖像とその用途」,『佛教藝術』(210), 1993.

坪井清足,「中国 法門寺と慶山寺の舍利瞥見」,『仏教芸術』(188), 毎日新聞社 1990-2.

金理那,「唐美術에 보이는 鳥羽冠飾의 高句麗人 -敦煌벽화와 西安 출토 銀盒을 중심으로-」,『李基白先
　　　生古稀紀念韓國史學論叢(上)』, 一潮閣, 1994.

노태돈,『예빈도에 보인 고구려』, 서울대학교 출판부, 2003.

정호섭,「鳥羽冠을 쓴 人物圖의 類型과 性格 -외국 자료에 나타난 古代 한국인의 모습을 중심으로-」,
　　　『영남학』(24), 2013.

조윤재,「古代 韓國의 鳥羽冠과 실크로드 -鳥羽冠 관련 연구사 검토를 중심으로-」, 고려대학교 한국사
　　　연구소, 고려대학교 BK21 한국사학교육연구단 '실크로드를 통한 한국불교문화 해외 전파조사
　　　및 DB구축'사업 국제학술회의 발표논문집『실크로드와 한국불교문화』, 2012.

周炅美「隋文帝의 仁壽舍利莊嚴 研究」,『중국사연구』(22), 2003.

최광식,「고구려와 서역의 문화교류」,『중앙아시아속의 고구려인 발자취』, 2008.

Monier-William, A Sanskrit-English Dictionary, Oxford, 1899.

『百度百科』.

『佛光大辭典』.

여덟째 마당

둔황(敦煌) 막고굴(莫高窟) 벽화에 그려진 닭깃털관(鷄羽冠)

Ⅰ. 둔황(敦煌) 막고굴(莫高窟) 벽화에 그려진 닭깃털관

1. 세계 최대의 둔황(敦煌) 막고굴(莫高窟)

1) 둔황 막고굴 개관

둔황 막고굴은 현재 중국 간쑤성(甘肅省) 둔황현(敦煌縣)에 있는 유적으로, 한(漢)이나 당(唐)의 넓은 영토가 끝나고 서역이 시작되는 곳에 자리 잡은 오아시스 도시다. 실크로드의 중요한 길목인 이곳은 366년 한 비구가 명사산(鳴沙山)을 지나다가 찬란한 빛 속에 나타난 천불(千佛)을 보고 이곳에 동굴을 만들어 수행하기 시작하면서 비롯되었다. 그 뒤 11대 왕조를 거치면서 끊임없이 만들어진 세계에서 가장 큰 석굴사원이다. 현재 막고굴에는 492개 동굴에 그려진 벽화만 4.4km²라고 한다.

둔황 석굴사원은 처음 인도의 석굴사원이나 간다라 미술의 영향을 받았으나 당나라에 들어와 당나라 중심의 국제 질서를 세우면서 석굴사원의 내용과 형식이 완전히 달라진다. 보살의 모습이 여성화되고, 인도 인물상이었던 붇다의 제자들이 차츰 당나라 승려 모습으로 바뀌었으며, 하늘나라 임금(天王)이 입은 옷도

그림 229 막고굴 입구(2003.07.27.)

그림 230 고구리연구회 실크로드 벽화 답사단(2003.07.27.)

당나라 옷으로 바뀌어 간다. 당나라 이전에 천축으로 공부하러 간 승려들이 쓴 기록을 보면, 천축국을 중국(中國)이라고 부르고 한(漢) 이후 분열되고 북조의 이민족인 5호 16국이 세력을 다투고 있을 당시 남조인 진(晋)을 변두리 땅(邊地)이라고 불렀다.[609] 그러나 당나라가 제국을 건설하면서 옛날 한나라의 영광을 재현하고 주나라의 중국(中國)과 4오랑캐(四夷) 사상을 구현하면서 불교 석굴사원에서도 변화가 일어난다. 인도에서 아쇼카왕이나 까니스까왕의 얼굴과 모습이 그려졌다면 당나라에서는 당나라 황제의 모습을 그렸다. 각국 왕의 사신에 있어서도 인도에서는 그들이 가진 이미지를 형상화했으나 당나라 때는 나름대로 자기 나라에서 가진 이미지와 화풍으로 바뀌었다.

2) 둔황 막고굴의 닭깃털관 개관

앞의 여러 마당에서 검토하였듯이 이 마당에서도 인도와 서역에서 고리(高麗)

608) 赵恺清,「中国唐代敦煌220窟维摩诘经变壁画与古代美洲波南帕克壁画比较」,『美术教育研究』, 2012-19, 24쪽.
609) 서길수,「6세기 인도의 천하관(天竺=中國)과 高(句)麗의 위상에 관한 연구」,『백산학보』(100), 2014. 『세계 속의 고리(高麗)막북 초원에서 로마까지』, 여유당, 2020.

사람에 대한 이미지는 바로 닭깃털관(鷄羽冠)이었다는 것이 주제다. 그런데 그러한 고리(高麗) 사람의 상징적 이미지는 양나라 직공도에서 당나라를 지나 당나라 이후까지도 변함이 없다. 따라서 수많은 여러 벽화 가운데 고리(高麗) 사람을 가려내는 잣대는 닭깃털관(鷄羽冠)일 수밖에 없었다.

둔황 석굴 가운데 한반도 인물상은 열반경변상도(涅槃經變相圖), 유마힐경변상도(維摩詰慶變相圖), 범망경변상도(梵網經變相圖) 및 오대산도(五臺山圖) 같은 벽화 23폭에 나타난다.[610][611] 이 가운데 가장 이른 시기의 벽화는 당나라 초기(618년 ~) 때의 것(220굴)이며, 서하(西夏) 때의 서천불동 7굴이 가장 늦다.[612]

둔황(敦煌) 벽화 속의 고리(高麗) 인물상은 대략 40개 동굴에서 나타난다. 인물의 쓰개는 일반적으로 깃털을 2개 꽂고 있다. 그러나 깃털을 3개 꽂은 보기도 있는데 막고굴 121호굴과 158호굴 「반야경변상도(般若經變相圖)·각국왕신청법도(各國王臣聽法圖)」가 그 보기다. 그리고 깃털을 4개 꽂은 사람도 있는데 막고굴 138굴의 '유마힐경변상도·각국왕신청법도'와 막고굴 61호굴에서 확인되었다. 쓰개에 꽂은 새 깃털과 새 꼬리털은 조우관(鳥羽冠) 혹은 조미관(鳥尾冠)으로 구분되고 소골(蘇骨), 푸른 비단관(靑羅冠), 흰 비단관(白羅冠), 붉은 비단관(紫羅冠) 따위가 있다.[613]

변상도(變相圖)라는 것은 경전이나 진리의 내용을 바꾸어 그림으로 나타낸 것을 말한다. 다시 말해 볼 수 없는 내용을 볼 수 있게 '상(相)으로 바꾸어(變) 그린 그림(圖)'이라는 뜻이다. 리신(李新)의 연구 성과를 종합해 보면 다음과 같다.

---

610) 리신(李新) 논문에는 고구리(高句麗) 인물상만 해도 40개 동굴에서 나타난다고 했는데, 한반도 인물상 전체가 23폭 벽화에 나타난다고 해서 이해가 가지 않는 내용이다. 李新, 「敦煌石窟壁畵古代朝鮮半島人物圖像調査硏究」, 제2회 경주 실크로드 국제학술회의 자료집 『또 하나의 실크로드 북방초원의 길』, 2013.

611) 당나라 때 둔황 벽화의 주제는 주로 정토변상도(淨土變相圖), 경전변상도(經典變相圖), 붇다와 보살의 모습, 공양하는 사람 같은 4가지로 볼 수 있다.

612) 李新, 「敦煌石窟壁畵古代朝鮮半島人物圖像調査硏究」, 제2회 경주 실크로드 국제학술회의 자료집 『또 하나의 실크로드 북방초원의 길』, 2013, 156쪽.

613) 李新, 「敦煌石窟壁畵古代朝鮮半島人物圖像調査硏究」, 제2회 경주 실크로드 국제학술회의 자료집 『또 하나의 실크로드 북방초원의 길』, 157쪽.

(1) 열반경 변상도(涅槃經變相圖) : 7개

　① 120호굴 ② 148호굴 ③ 158호굴 ④ 225호굴 ⑤ 332호굴 ⑥ 427호굴
　⑦ 서천불동 7호굴.

(a) 누운 붇다(臥佛) 옆에서 슬퍼 울부짖는 모습 :
　① 120호굴 ③ 158호굴 ⑥ 427호굴.

(b) 여러 나라 임금들의 예불도 : ② 148호굴 ⑤ 332호굴

(c) 여러 나라 왕과 신하들이 설법을 듣는 그림(各國王臣聽法圖) : 121호굴
　③ 158호굴

(2) 유마힐경변상도(維摩詰慶變相圖) : 24폭(幅), 29개

　① 5호굴 ② 6호굴 ③ 7호굴 ④ 9호굴 ⑤ 12호굴 ⑥ 25호굴 ⑦ 61호굴
　⑧ 85호굴 ⑨ 98호굴 ⑩ 100호굴 ⑪ 108호굴 ⑫ 133호굴 ⑬ 138호굴
　⑭ 139호굴 ⑮ 146호굴 ⑯ 156호굴 ⑰ 159호굴 ⑱ 186호굴 ⑲ 194호굴
　⑳ 203호굴 ㉑ 220호굴 ㉒ 231호굴 ㉓ 237호굴 ㉔ 332호굴 ㉕ 334호굴
　㉖ 335호굴 ㉗ 359호굴 ㉘ 369호굴 ㉙ 454호굴[614]

(a) 3개의 깃털을 꽂은 쓰개 : 121호굴(1-③) 158호굴

---

[614] 발표문에는 24폭이라고만 하고 전체 리스트가 없었는데, 이선민, 「둔황 막고굴의 고대 한국인 그
들은 누구인가」, 『주간조선』(2013. 10. 1일자) 기사의 표에 나온 리스트를 바탕으로 하였음. 주간조
선에는 29개로 나왔는데, 이 전체 리스트에 없는 121호굴 342호굴이 논문 내용에 나왔으므로 모
두 합치면 31개 굴이 된다. 그러나 전체 리스트에서 332굴과 454굴에는 두 가지 주제의 벽화가 그
려져 있어 전체 굴을 셈하는 데는 빠지기 때문에 전체의 수는 39개가 된다. 논문에서 '고구리(高句
麗) 관련 굴이 40개라고 했는데 하나는 찾지 못했다. 39개 굴의 리스트를 순서대로 열거하면 다음
과 같다. ① 5호굴 ② 6호굴 ③ 7호굴 ④ 9호굴 ⑤ 12호굴 ⑥ 25호굴 ⑦ 61호굴 ⑧ 85호굴 ⑨ 98호
굴 ⑩ 100호굴 ⑪ 108호굴 ⑫ 120호굴 ⑬ 121호굴 ⑭ 133호굴 ⑮ 138호굴 ⑯ 139호굴 ⑰ 146호굴
⑱ 148호굴 ⑲ 156호굴 ⑳ 158호굴 ㉑ 159호굴 ㉒ 186호굴 ㉓ 194호굴 ㉔ 203호굴 ㉕ 220호굴
㉖ 225호굴 ㉗ 231호굴 ㉘ 237호굴 ㉙ 332호굴 ㉚ 334호굴 ㉛ 335호굴 ㉜ 342호굴 감실 ㉝ 359호
굴 ㉞ 369호굴 ㉟ 427호굴 ㊱ 454호굴 ㊲ 456호굴 ㊳ 서천불동(西千佛洞) 7호굴 ㊴ 유림굴(楡林窟)
32호굴

(b) 4개의 깃털을 꽂은 쓰개 : ⑬ 138호굴(各國王臣聽法圖) ⑦ 61호굴[615]

(c) 목도리 한 고구리 사람(高句麗人) : 342호굴 감실(초기 당)[616] 121호굴(중기 당)[617]
　　　⑧ 85호굴(후기 당)

(3) 범망경변상도(梵網經變相圖) : 3개
　　① 454호골 ② 456호굴 ③ 유림굴(楡林窟) 32호굴

(a) 막고굴(莫高窟) : 송나라 때 그린 ① 454호굴 ② 456호굴

(b) 유림굴(楡林窟) : 5대 때 그린 ③ 32호굴

위에서 본 바와 같이 리신(李新)의 논문에서 고리(高麗) 관련 벽화가 있는 굴이
40개라고 했지만, 논문에 전체적인 개략만 발표했기 때문에 발표문만으로는 각
벽화에 대해 자세히 논의하기 어렵다. 자료의 성격상 현지 학자들의 연구 진전을
기다리는 수밖에 없지만, 다행히 최근 몇 년간 엄청나게 많은 연구가 쏟아져 나
오고 논문도 세계 최대의 전자도서관이라고 자랑하는 cnki에서[618] 쉽게 확인할 수
있으므로[619] 가능한 논문들을 입수하여 막고굴의 닭깃털관(鷄羽冠)에 대해 집중적
으로 검토하여 연구를 좀 더 심화시켜보려 한다.

---

615) 「오대산도(五臺山圖)」가 그려진 굴이다. 리신(李新)은 이 굴은 고구리(高句麗) 관련 굴로 보지 않았다.

616) 342호굴도 전체 리스트에는 나오지 않는 굴이다. 그러나 닭깃털관을 쓰고 목도리를 한 그림일 것
으로 본다.

617) 121호굴도 리스트에 없지만 깃털을 3개 꽂고 목도리를 한 인물로 나오고 있다.

618) 中國知網 http://www.cnki.com.cn

619) 아쉽게도 이 사이트는 중국 사람들만 가입이 가능하기 때문에 접근이 제한되어 있다. 다행히 따롄
(大連) 재경대학에 가 있는 강남대학교 송용호 교수가 논문 입수에 큰 도움을 주었다.

Ⅱ. 이미 연구된 둔황 벽화 닭깃털관에 대한 검토

1. 막고굴(莫高窟) 220호굴 벽화에 그려진 닭깃털관(鷄羽冠)-642년

둔황 220호 석굴 동벽 벽화에 유마힐경변상도(維摩詰經變相圖)가 있다. 642년에 그려진 이 벽화는 깃털관을 쓴 인물상 가운데 가장 빠른 시기에 조성된 것이다. 이런 유마힐경변상도는 수나라 때부터 나타나기 시작하였다. 초기에는 간단했던 유마힐경변상도가 당나라 때부터 내용과 구도가 복잡해지기 시작한다. 당나라 중기의 대표적인 유마힐경변상도가 둔황 막고굴의 220호굴, 332호굴, 335호굴이라고 할 수 있다.[620]

대승경전인 유마힐경은 다른 대승경전과 마찬가지로 붇다가 세상을 뜬 지 500~600년이 지난 1세기 전후에 성립되었다. 유마힐경의 중심인물인 유마힐(Vimalakīrti) 거사는 붇다가 살아서 가르침을 펼 때 중인도의 바이샬리(Vaiśālī)에 살던 장자로 나온다. 붇다가 바이샬리에 오자, 500명의 장자들이 붇다를 찾

그림 231 220호굴·221호굴(2018.09.08.)

그림 232 막고굴 2층 맨 왼쪽이 220호굴(2018.09.08.)

---

620) 胡朝阳, 「论敦煌莫高窟第220窟维摩诘情感的艺术表现」, 『西华大学学报(哲学社会科学版)』, 2004-2.

아가 가르침을 들었지만 유마힐은 아프다며 가지 않고 붇다의 제자들이 병문안을 오게 한다. 붇다가 제자들을 보내 병문안을 하면 그 자리에서 붇다의 가르침에 대해 반박하는 내용이다. 이는 초기 불교가 출가 비구 위주의 관념론에 빠진 것을 재가 거사가 논박하는 대승불교의 논리이다. 유마힐경변상도는 만주스리(Mañjuśrī, 文殊師利)가 유마힐과 논쟁하는 모습을 그린 그림인데, 만주스리와 함께 가서 논쟁을 듣는 대중들 가운데 나오는 국왕, 브라만, 왕자, 관속들이 모두 당나라 황제를 비롯하여 대신들, 그리고 당나라 주변 나라들의 왕이나 사절들을 철저하게 당나라식으로 그렸다.

220호굴에 그려진 유마힐경변상도를 보면, 원두막처럼 높은 막을 짓고 막으로 화려하게 꾸민 막집(중국어로는 좌장(坐帳)이라고 부른다)에 당당하게 앉아서 찾아온 붇다의 제자에게 변론하고 있고, 함께 간 여러 나라 왕들과 신하들이 장막 옆에 서서 경청하고 있다. 그 자리에는 외국 사람들중에 깃털모(羽冠)을 쓴 사람도 보인다. 그 모습은 앞에서 본 양직공도와 이현 무덤 벽화에 나온 고구리(高句麗) 사람의 닭깃털관(鷄羽冠)과 닮았다는 것을 알 수 있다. 현재 나라 안팎의 학계에서 이 사신에 대해 여러 설이 있었으나 현재는 고리(高麗) 사람으로 정착되었다.

그림 233 220호굴 유마힐경변상도(중국국가박물원 실크로드전, 2014.12.16).

그림 234 고리(高麗) 사신(중국국가박물관 실크로드전, 2014.12.16).

그림 235 외국 사신들(오른쪽이 고구리).

2. 둔황 332호굴과 335호굴 벽화에 그려진 닭깃털관(鷄羽冠)

335호굴에는 '수공(垂拱) 2년(686)5월 17일'이란 글이 적혀 있어 220호 굴보다는 44년 뒤에 만들어진 것임을 알 수 있다. 이 그림에도 그림220호 굴과 거의 같은 구도로 유마힐 거사가 높은 장막에 앉아 옳고 그름을 따지는 중이고, 그 옆에 여러 나라 왕들이 서서 경청하는데 그 가운데 2명이 깃털 꽂은 쓰개를 쓰고 있다. 이 두 사람도 물론 고리(高麗) 사람으로 닭깃털을 꽂은 고깔(절풍)을 썼다.

332호굴에 그려진 벽화에 나타난 닭깃털관(鷄羽冠)은 335호굴의 벽화를 그린 사람이 그린 것으로 볼 만큼 여러 면에서 같다고 한다.[621]

그림 236 막고굴 335굴 주실 북벽 유마힐경변상도(邹清泉 45쪽)

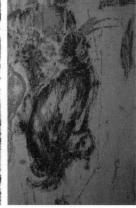

그림 237 335호굴(李新165쪽)　　　그림 238 332호굴 열반경(李新165쪽) 그림 239 323호굴 유마힐경(李新166)

621) 李新, 「敦煌石窟壁畵古代朝鮮半島人物圖像調査硏究」, 제2회 경주 실크로드 국제학술회의 자료집 『또 하나의 실크로드 북방초원의 길』, 2013, 161쪽.

3. 백제 인물상에 대한 논의

2013년 둔황연구원의 리신(李新)은 332호굴과 335호굴에 그려진 깃털 꽂은 고깔을 쓴 두 사람 가운데 한 사람이 백제 사람이라는 주장을 해서 눈길을 끌었다. 그가 백제 사람이라고 주장하는 논거를 보기로 한다.

> 백제 인물상은 현재 332호굴과 335호굴에 그려진《유마힐경변상도(維摩詰經變)·각국 국왕 청법도(各國國王聽法圖)》속에 ① 새깃털관(鳥羽冠)을 쓴 두 사람 가운데 ②-1 몸에 번령(翻領)을 입은 사람이라고 확정할 수 있다. 두 동굴에 그려진 머리에 새깃털관(鳥羽冠)을 쓴 사람의 구도는 서로 닮았을 뿐 아니라 두 사람의 관모와 복식도 아주 비슷하다. 다만 한 사람은 직령(直領)인 큰 웃옷(大袍)을 입고, 다른 한 사람은 번령(翻領)인 큰 웃옷(大袍)를 입었다는 점이 다르다.
> ③ 화면 속 두 사람은 귓속말로 소곤대는 듯한데 이 두 사람이 서로 말이 통한다는 것을 얘기해 준다. 사실 고리(高麗) 나라와 백제 나라의 통치계급은 본디 뿌리가 같아서 모두 옛 부여 사람에서 비롯되었다. ②-2 『魏書』「백제전」에는 또 "백제…… 그 의복과 음식은 고구리와 같다."고 했다. 그러므로 한 사람은 반드시 백제 사람이다. ②-3 고구리(高句麗) 땅은 산이 높고 골짜기는 험하고 좁은데다가 바람이 차갑고 서리와 눈이 많아서 옷깃을 단단히 여미지 않으면 바람과 추위를 막을 수 없다. 그러므로 단단한 깃(堅領)을 한 사람이 고구리(高句麗) 나라 사람이고, 헐렁한 깃(翻領)을 한 사람은 백제 나라 사람이어야 한다." 이 밖에도 여러 동굴에서 발견된 그림 가운데 ④ '뒤가 없는 책(無後幘)'을 쓴 백제 나라 사람이 그려진 그림이 있다.[622]

리신이 백제 사람이라고 주장하는 근거를 검토해 보자.

① 먼저 두 사람이 다 새깃털관(鳥羽冠)을 쓰고 있다는 점을 들었다. 그러나 양 직공도에서 보았듯이 백제 사신은 관에 깃털을 꽂지 않고 오로지 고리(高麗) 사

---

622) 中國知網 http://www.cnki.com.cn

신만이 깃털을 꽂았다는 측면에서 이 주장은 오히려 두 사람이 모두 고리(高麗) 사람임을 밝혀 주는 확실한 증거가 된다.

② 리신(李新)이 가장 강조한 차이는 바로 웃옷(袍)의 옷깃이 다르다는 점이다. "고구리(高句麗) 땅은 산이 높고 골짜기는 험하고 좁은데다가 바람이 차갑고 서리와 눈이 많아서 옷깃을 단단히 여미지 않으면 바람과 추위를 막을 수 없다. 그러므로 단단한 깃(堅領)을 단 사람이 고구리(高句麗) 나라 사람이고, 헐렁한 깃(翻領)을 입은 사람은 백제 나라 사람이어야 한다."는 것이다.

그러나 옷깃만으로 고리(高麗)와 백제 사람을 가려내는 것은 큰 무리가 따른다. 앞에서 양직공도에서 보았지만 두 나라의 옷깃은 조금도 차이가 나지 않는다. 또한 막고굴 335호굴에 그려진 두 사신의 옷깃에서도 큰 차이를 발견할 수가 없다. 더구나 리신이 내놓은 또 한 가지 자료 <②-2『魏書』「백제전」에는 "또 백제…… 그 의복과 음식은 고구리와 같다."고 했다. 그러므로 한 사람은 반드시 백제 나라 사람이라는 주장은 몇 번 읽어 보아도 이해가 가지 않는다. 이 자료는 두 나라 사람을 구별할 수 없을 만큼 같다는 뜻인데, 이것이 어떻게 한 사람은 백제 사람이라는 근거가 되는가? 이 자료는 오히려 옷을 가지고는 두 나라를 구별할 수 없다는 것을 보여 주는 내용이다.

③ 화면 속의 두 사람은 귀엣말로 소곤대는 것 같은데 이 두 사람이 서로 말이 통한다는 것을 말해 준다. 말이 통하면 오히려 같은 나라 사람이지 그 사실이 어떻게 다른 나라 사람이라는 증거가 되겠는가? 그리고 변상도를 그린 화공이 엄숙한 토론장에서 사신들이 귀엣말을 주고받는 그림을 그렸다는 것은 상식적으로 이해가 가지 않는다. 방향이 약간 비슷하지만, 귀엣말하는 모습도 아니다.

④ '뒤가 없는 책(無後幘)'을 쓴 백제 나라 사람이라는 주장.

'뒤가 없는 책(無後幘)'은 고구리(高句麗) 사람들이 쓰는 쓰개의 가장 큰 특징 가운데 하나이다. 『삼국지』「위서」고구리전에 보면 이렇게 나온다.

공식적인 모임에서 옷은 모두 비단이고 금과 은으로 꾸몄다. 대가와 주부는 머리에 책을 쓰는데 책(幘)과 같으나 뒤가 없고, 소가는 절풍을 쓰는데 고깔 같이 생겼다(其公會

衣服皆錦繡金銀以自飾. 大加主簿頭著幘 如幘而無餘, 其小加著折風 形如弁).[623]

그리고 이 문구는 그다음 이어지는 『후한서』『남사』『양서』『통전』『한원』에[624] 모두 기록되어 있다. 따라서 '뒤가 없는 책(無後幘)'이 고리(高麗)와 백제를 가르는 잣대가 될 수 없고, 오히려 고리(高麗) 사람이라는 것을 뚜렷이 증명하는 자료가 된다.

이처럼 리신의 주장은 매우 신선하고 눈길을 끄는 주장이었지만 근거와 논리가 들어맞지 않는 것이었다.

Ⅲ. 둔황 벽화에 그려진 닭깃털관 인물의 시대별 분석

1. 둔황 벽화에 그려진 고리(高麗) 인물의 시대 분류

리신은 둔황 벽화에 40개나 되는 고리(高麗) 사람이 그려져 있다고 하였다. 리신(李新)의 논문에서 나온 39개의 그림을 이미 발표된 논문 가운데서 연대 추출이 가능한 굴(窟)을 뽑아 시대별로 정리하여 당나라(618~907) 4시기와 이어지는 5시대, 서하를 합해 모두 8시대로 나누어 보았다. 중당(中唐, 756~824) 이후 그리고 송나라는 실제로 이 지역을 직접 통치하지 않았지만, 중화인민공화국 학자들이 다른 민족의 지배를 의도적으로 그렇게 썼기 때문에 여기서도 학자들이 쓴 용어를 그대로 정리해 만당과 송의 연대는 현지 정권과 중복이 된다.

---

623) 『三國志』,「魏書」, 高句麗.

624) 『삼국지』와 『後漢書』에는 '여책이무여(如幘而無餘)'라고 했는데 『南史』에서는 사책이무후(似幘而無後)라고 했다. 여책(如幘)이나 사책(似幘)이나 같고 무여(無餘)나 무후(無後)가 같다는 것을 나타내 준다. 다시 말해 리신이 말하는 무후책(無後幘)은 무여책(無餘幘)과 같다.

(1) 초당(初唐, 618~712) : 당나라 개국 ~ 현종(玄宗) 원년.

　① 220호굴(642년) ② 335(686)호굴[625] ③ 332호굴(698년)

(2) 성당(盛唐, 713~755) : 현종(玄宗) 개원(开元)·천보(天宝) 연간.

　① 148호굴[626] ② 194호굴[627] ③ 225호굴[628]

(3) 중당(中唐, 756~824) : 숙종(肃宗) 덕원(德元)~목종(穆宗) 장경(長慶) 4년.

　① 133호굴 ② 158호굴,[629] ③ 25호굴

(4) 토번(吐蕃) 통치시대(781~848) :

　① 25호굴[630] ② 61호굴[631] ③ 156호굴[632] ④ 158호굴[633] ⑤ 159호굴[634] ⑥ 231호굴[635]
　⑦ 237호굴[636] ⑧ 335호굴[637] ⑨ 359호굴[638]

625) 孙毅华,「莫高窟新发现摩崖石刻」,『敦煌研究』, 1999-3.

626) 乔晴, 敦煌莫高窟第148窟乐舞壁画研究,『武汉音乐学院』2010. 彭金章, 莫高窟第148窟密教内四外四供养菩萨考释,『敦煌研究』2004-6.

627) 谢雨珂·乔洪,「从莫高窟194窟菩萨服饰看盛唐女礼服形态」,『纺织科技进展』, 2012-4.

628) 施萍婷, 新定『阿弥陀经变』－莫高窟第225窟南壁龛顶壁画重读记,『敦煌研究』, 2007-4.

629) 沙武田,「关于榆林窟第25窟营建时代的几个问题」,『藏学学刊』, 2009. 今枝由郎·张长虹,「敦煌莫高窟和榆林窟中的T形题记框」,『藏学学刊』2009. 沙武田,「吐蕃统治时期敦煌石窟研究综述」,『西藏研究』, 2011-3.

630) 段文杰, 榆林窟第25窟壁画艺术探讨,『敦煌研究』, 1987-4. 沙武田, 关于榆林窟第25窟营建时代的几个问题,『藏学学刊』, 2009. 今枝由郎·张长虹, 敦煌莫高窟和榆林窟中的T形题记框,『藏学学刊』2009. 沙武田, 吐蕃统治时期敦煌石窟研究综述,『西藏研究』, 2011-3

631) 沙武田,「莫高窟第61窟甬道壁画绘于西夏时代考」,『西北第二民族学院学报(哲学社会科学版)』, 2006

632) 陈明, 关于莫高窟第156窟的几个问题,『敦煌学辑刊』, 2006-3. 郭俊叶, 敦煌壁画中的经架－兼议莫高窟第156窟前室室顶南侧壁画题材,『文物』2011-10. 暨远志, 张议潮出行图研究－兼论唐代节度使旌节制度,『敦煌研究』, 1991-3. 谢静, 敦煌莫高窟『吐蕃赞普礼佛图』中吐蕃族服饰初探－以第159窟、第231窟、第360窟为中心,『敦煌学辑刊』2007-2. 李永宁, 敦煌莫高窟第159窟文殊、普贤赴会图－莫高窟第159窟初探之一,『敦煌研究』1993-4.

633) 沙武田,「敦煌莫高窟第158窟与粟特人关系试考(上)」,『艺术设计研究』, 2010-1. 沙武田,「敦煌莫高窟第158窟与粟特人关系试考(下)」,『艺术设计研究』, 2010-2. 吴健·余生吉·俞天秀,「莫高窟雕塑数字化与艺术表现－以莫高窟第158窟三身雕塑为例」,『敦煌研究』, 2009-6.

634) 赵晓星,「吐蕃统治时期传入敦煌的中土图像」－以五台山图为例,『文艺研究』, 2010-5.

635) 王婧怡,「敦煌莫高窟壁画吐蕃赞普服饰考－翻领与云肩·靴及蹀躞带」,『浙江纺织服装职业技术学学报』, 2009-4.

636) 赵晓星,「吐蕃统治时期传入敦煌的中土图像－以五台山图为例」,『文艺研究』, 2010-5

637) 沙武田, 莫高窟吐蕃期洞窟第359窟供养人画像研究－兼谈粟特九姓胡人对吐蕃统治敦煌的态度,『敦煌研究』, 2010-5. 张元林·夏生平,"观音救难"的形象图示－莫高窟第359窟西壁龛内屏风画内容释读,『敦煌研究』, 2010-5.

638) 沙武田,「莫高窟吐蕃期洞窟第359窟供养人画像研究－兼谈粟特九姓胡人对吐蕃统治敦煌的态度」,

(5) 만당(晩唐, 825~907) : 경종(敬宗) 보력(宝历)~애제(哀帝) 천우(天祐) 4년.

① 12호굴[639] ② 85호굴(862~867)[640] ③ 139호굴[641] ④ 158호굴(839년 이전)[642]

(6) 금산국(金山国, 張議潮 歸義軍, 851~1036)

① 9호굴[643] ② 61호굴[644] ③ 85호굴[645] ④ 98호굴[646] ⑤ 100호굴[647] ⑥ 108호굴[648] ⑦ 133호굴[649]
⑧ 138호굴[650] ⑨ 146호굴[651] ⑩ 156호굴[652]

(7) 송(宋. 960~1036) : ① 454호굴(974~976년)[653]

(8) 서하(西夏, 1032~1225) : ① 5호굴[654]

(9) 구체적인 시대를 확인하지 못한 굴(唐代) : 194호굴[655]

『敦煌研究』, 2010-5. 张元林·夏生平, 「“观音救难”的形象图示──莫高窟第359窟西壁龛内屏风画内容释读」, 『敦煌研究』, 2010-5.

639) 范泉, 莫高窟第12窟供养人题记·图像新探, 『敦煌研究』, 2007-4. 张景峰, 敦煌莫高窟第9窟甬道供养人画像年代再探, 『兰州学刊』2009-11.

640) 陈菊霞, 「从莫高窟第85窟供养人看其营建和重修」, 『敦煌研究』, 2011-3.

641) 李永宁, 敦煌莫高窟碑文录及有关问题(一), 『敦煌研究』, 1982-1. 顾淑彦, 敦煌石窟贤愚经变研究, 『兰州大学』, 2009. (석사논문)

642) 沙武田, 「敦煌莫高窟第158窟与粟特人关系试考」(上), 『艺术设计研究』, 2010-1.

643) 李军, 「从供养人题记看莫高窟第9窟的建成时间」, 『西部考古』, 2011. 张景峰, 敦煌莫高窟第9窟甬道供养人画像年代再探, 『兰州学刊』2009-11.

644) 沙武田, 「莫高窟第61窟甬道壁画绘于西夏时代考」, 『西北第二民族学院学报(哲学社会科学版)』, 2006-3.

645) 沙武田, 「金光明最胜王经变』在敦煌吐蕃期洞窟首次出现的原因」, 『敦煌归义军史专题研究四编』, 2009.

646) 沙武田, 「S.P.172与莫高窟五代宋窟顶壁画关系试论──敦煌壁画底稿研究之三」, 『敦煌研究』000-3. 沙武田, 「S.P.76『维摩诘经变稿』试析──敦煌壁画底稿研究之四」, 『敦煌研究』2000年04期.

647) 沙武田, 「S.P.172与莫高窟五代宋窟顶壁画关系试论──敦煌壁画底稿研究之三」, 『敦煌研究』000-3. 沙武田, 「S.P.76『维摩诘经变稿』试析──敦煌壁画底稿研究之四」, 『敦煌研究』2000年04期, 米德昉, 「敦煌莫高窟第100窟窟主及年代问题再议」, 『敦煌研究』2012-4. 米德昉, 「形制与图像：莫高窟第100窟设计思想探源」, 『中国美术研究』, 2013-1.

648) 沙武田, 「S.P.172与莫高窟五代宋窟顶壁画关系试论──敦煌壁画底稿研究之三」, 『敦煌研究』, 2000-3.

649) 沙武田, 「金光明最胜王经变』在敦煌吐蕃期洞窟首次出现的原因」, 『敦煌归义军史专题研究四编』, 2009.

650) 沙武田, 「金光明最胜王经变』在敦煌吐蕃期洞窟首次出现的原因」, 『敦煌归义军史专题研究四编』, 2009.

651) 顾淑彦, 「敦煌石窟贤愚经变研究」, 『兰州大学』, 硕士論文, 2009.

652) 沙武田, 「金光明最胜王经变』在敦煌吐蕃期洞窟首次出现的原因」, 『敦煌归义军史专题研究四编』, 2009.

653) 顾淑彦, 「敦煌石窟贤愚经变研究」, 『兰州大学』, 硕士論文, 2009.

654) 刘永增, 「安西东千佛洞第5窟毗沙门天王与八大夜叉曼荼罗解说」, 『敦煌研究』2006-3.

655) 百度文库

그림 240 61호굴 주실·동벽·북쪽 유마힐(邹清泉, 41쪽)　　　그림 241 61호굴 주실·동벽·남쪽문수(邹清泉, 41쪽)

그림 242 98호굴 주실·동벽·북측, 유마힐경변상도의 유마힐(邹清泉, 40쪽)

이와 같이 앞에서 본 220호굴을 빼고는 모두 고리(高麗) 왕실이 당나라에 항복
한 668년 이후 제작된 벽화들이었다. 그러므로 비록 그 그림이 고리(高麗)의 깃
털관을 썼으나 발해나 신라 사람을 그린 것이라는 주장들이 꾸준히 이어졌다. 이
와 같은 주장의 바탕에는 그런 그림들이 신라나 발해에서 온 사신들을 직접 그린
것이라는 전제가 바탕에 깔려 있었기 때문이다. 그러나 그것은 불가능하다.

둔황은 781년부터 848년까지 67년 동안 토번(吐蕃, 현재의 티베트)이 통치하였
다. 토번은 불교를 적극 지지한 영향으로 둔황석굴을 계속 만들었으며 석굴 벽화
에도 토번의 독특한 문화예술이 반영되었다. 이어서 당나라 장수 장의조(張議潮)
가 851년 토번을 물리치고 금산국(金山國)이란 나라를 세워 1036년까지 185년
동안 이 지역을 지배한다. 위의 리스트를 보면 고리(高麗) 닭깃털관을 쓴 그림이

있는 굴의 상당 부분이 이 시대에 그려졌다는 것을 알 수 있다. 중국 학자들이 만당(晩唐)이나 송대(宋代)라고 쓴 것을 리스트에 그대로 표시했으나 사실은 중당(中唐) 이후 당나라와 송나라는 이 지역을 직접 지배하지 못했다. 금산국이 멸망한 뒤에도 이곳은 13세기 초까지 서하(西夏, 1032~1225)가 지배하였다.[656]

위와 같은 정황에서 발해나 신라가 당나라를 넘어 토번이나 금산국에 사신을 보내고 그곳 화공들이 사신을 그리기는 어려웠을 것이라고 본다. 그렇다면 어떻게 해서 그렇게 많은 벽화에서 고리(高麗)의 닭깃털관이 등장하였을까?

변상도는 불경에 있는 이야기를 그림으로 표현하는 것이다. 유마힐경의 주인공인 유마힐을 본 사람이 누가 있겠는가? 그러므로 새로 유마힐경변상도를 그려야 할 화공은 이미 그려진 그림을 참고할 수밖에 없다. 그리고 그런 밑그림을 바탕으로 나름대로 덧붙이거나 빼고 그리는 것이다. 유마힐경변상도도 마찬가지였다. 그러므로 동방의 강국 고리(高麗)가 계속 등장하고, 이에 맞추어 화공들은 고리(高麗)의 가장 특징적 이미지인 닭깃털관(鷄羽冠)을 그렸던 것이다.

2. 둔황 벽화에 그려진 고리(高麗) 닭깃털관(鷄羽冠)의 성격

유마힐경변상도를 가장 먼저 그린 사람은 동진(317~419) 때 와관사(瓦官寺)에 벽화를 그린 고개지(顧愷之)다. 그 뒤 진(晋), 유송(劉宋), 양(梁)나라를 거쳐 수나라 때는 양계단(梁契丹)이 보찰사(寶刹寺)에 벽화를 그렸다. 유마힐경변상도에서 가장 큰 특징은 유마힐이 앉는 자리다. 보통 꾸밈없이 널찍하게 만든 의자를 좌탑(坐榻)이라고 한다. 이렇게 시작한 의자는 위에 휘장으로 꾸민 막집(坐帳)으로 바뀐다. 그러나 당나라 때 막고굴에 와서는 아주 새로운 모델이 등장한다. 막고굴에서 가장 이른 시기의 유마힐경변상도인 220호굴에서 막집 네 곳에 높은 다리를 세워 고상식(高床式) 막집을 그린 것이다. 뒤를 이은 초당(初唐, 618~712) 시대의 332호굴과 335호굴도 모두 이런 고상식 막집을 그려 유마힐경변상도의 새

---

656) 邹清泉,「莫高窟唐代坐帐维摩画像考论」,『敦煌研究』, 2012-1, 38쪽.

로운 전통이 만들어졌으며, 그 뒤 수많은 변상도는 이 밑그림에 충실하였다.

　인물화도 유명한 화가들의 그림이 인용되었다. 220호굴 유마힐경변상도 화면 아랫부분에 함께 앞으로 나와 가르침을 듣는 제왕과 군신들(그림 244)은 당나라 초기 화가 염립본(閻立本)의 명작 「역대 제왕도」와 서로 비슷하다. 그런데 염립 본의 제왕도가 주변 신하들의 숫자는 다르지만, 앞에서 양직공도의 양 무제 그림 과 거의 같은 이미지라는 것을 알 수 있다. 양나라와 당나라의 차이가 있으므로 모자와 장식에서 차이가 있지만 팔을 벌리고 서 있는 황제 모습은 거의 같다. 이 처럼 염립본은 양나라 원제가 그린 그림의 밑그림을 바탕으로 하고, 이런 인물상 은 다시 장안에서 막고굴까지 영향을 미쳤다.

　여기서 우리는 당나라 위주의 천하관을 그림에 표현하면서 당시 국제정세를 중심으로 주변 강국들을 화폭에 나타낼 때 고리(高麗)가 이른바 그들이 말하는 동이(東夷) 여러 나라를 대표하는 나라가 되었고, 고리(高麗)를 대표적으로 상징 하는 이미지로 닭깃털관(鷄羽冠)이 양나라 이후 당나라를 거쳐 서하시대까지 이 어진 것이다. 막고굴의 변상도에 나타난 이러한 닭깃털관은 단순히 장안의 그림 을 베낀 것이 아니라 고리(高麗) 사람들이 닭깃털관을 쓴 뚜렷한 이유를 잘 알고

그림 243 양직공도(서상욱 2020.2.1.)　**그림 244** 막고굴 220호굴 제왕도 (趙愷淸 24쪽)

657)　邹清泉,「莫高窟唐代坐帳維摩画像考论」,『敦煌研究』, 2012-1. 36쪽.

658)　趙愷淸,「中國唐代敦煌220窟維摩詰經變壁畫與古代美洲波南帕克壁畫比較」,『美術教育研究』, 2012-19, 24쪽.

있었다.

계귀(鷄貴)란 산스크리트의 '구구타왜설라(矩矩吒瞖說羅)'를 말한다. '구구타(矩矩吒)'는 닭(鷄)이고, '왜설라(瞖說羅)'는 귀하게 여긴다(貴)는 것인데, 바로 고리나라(高麗國)다. 전하는 바에 따르면, 그 나라는 닭신(鷄神)을 공경(敬)하고 높이 우러러보기 때문에 (닭의) 깃털을 머리에 꽂아 겉을 꾸민다고 한다. 날란다에 못이 있는데 용천(龍泉)이라 부른다. 서녘(西方)에서는 고리(高麗)를 구구타왜설라(矩矩吒瞖說羅)라고 부른다.[659]

의정(義淨, 635~713)이『대당서역구법고승전(大唐西域求法高僧傳)』을 쓴 것은 고리(高麗) 왕실이 당나라에 항복하고 23년이 지난 691년이니, 이 당시 막고굴을 비롯한 서역에서 고리(高麗)에 대해 어떤 이미지를 갖는가를 뚜렷하게 보여주는 것이다. 이는 고리(高麗) 사람들이 머리에 꽂은 깃털이 평범한 새털(鳥羽)이 아니라 신으로 우러러보는 닭신(鷄神)의 깃털로 만든 쓰개라는 것을 명확하게 알고 있었다는 것을 뜻하고, 따라서 막고굴에 그려진 깃털관은 새깃털관(鳥羽冠)이 아니라 닭깃털관(鷄羽冠)일 수밖에 없는 당위성이 여기에 있는 것이다.

배치도에 고리(高麗)가 들어간 것은 불교의 세계관에서 동쪽의 나라는 고리(高麗)가 일반화되었기 때문이다. 천축에서 이용되고, 그 뒤 당나라에서도 이용된 산스크리트–당(唐) 사전에 고리나라가 중요하게 등장하고, 또 위에서 본 사료에도 " 바로 고리나라(高麗國)다. 전하는 바에 따르면, 그 나라는 닭신(鷄神)을 공경(敬)하고 높이 우러러보기 때문에 (닭) 깃털을 머리에 꽂아 겉을 꾸민다고 한다. 날란다에 못이 있는데 용천(龍泉)이라 부른다. 서녘(西方)에서는 고리(高麗)를 구구타왜설라(矩矩吒瞖說羅)라고 부른다."고 했으니 깃털을 꼽은 고리 사람을 그렸다고 보아야 할 것이다.

---

659) 義淨,『大唐西域求法高僧傳』.

3. 토번(吐蕃) 지배시기(781~848)의 고리(高麗) 닭깃털관(鷄羽冠)

성당(盛唐, 713~755) 시기 유마힐경변상도는 103호굴·194호굴·225호굴밖에 없는 데 반해 토번이 지배한 시기에는 고리(高麗) 인물상이 더욱 많이 등장한다.

781년 토번(吐蕃, 현재 티베트)이 둔황을 통치하면서 67년이라는 짧은 기간에 동굴을 54개 팠는데 그 가운데 133호굴, 159호굴, 186호굴, 231호굴, 236호굴, 237호굴, 240호굴, 359호굴, 360호굴 같은 9개 굴에 유마힐경변상도가 그려졌다. 이 가운데 236호굴 240호굴 360호굴을 뺀 6군데 벽화에서 모두 닭깃털관을 쓴 고리(高麗) 사람이 발견되었다.

앞에서도 보았지만, 유마힐경변상도의 구성면에서 높은 좌석에 앉은 유마힐과 주변에서 여러 왕과 주변국의 사신들이 설법을 듣는 구도는 이 변상도도 초당의 220호굴 구도가 그대로 채용되었다는 것을 알 수 있다. 그러나 설법을 듣는 인물상 하나하나는 완전히 다른 모습이다. 먼저 200호굴에 당나라 황제의 모습

그림 245 둔황 237굴 유마힐경변상도에 나타난 닭깃털관(鷄羽冠) [정찬주, 「돈황가는길」]

660) 邹清泉, 「莫高窟唐代坐帐维摩画像考论」, 『敦煌研究』, 2012-1. 37쪽.

그림 246 둔황 237호굴 유마힐경변상도의 닭깃털관(鷄羽冠) [정찬주, 「돈황가는길」]

이 나왔는데 237호굴에서는 토번(吐藩)왕이 양산을 씌워주는 시녀들과 함께 서 있고, 이어서 승려가 3명 서 있는데 그 가운데 한 승려가 특이한 수인(手印)을 하고 있어 티베트 불교의 특징인 밀교를 잘 표현하고 있다. 그 뒤를 따르는 외국 사신 가운데 고리(高麗) 사신이 뚜렷하게 보인다. 다만 닭 깃털을 꽂은 관을 쓰고 있지만 220호굴의 그림과는 완전히 다른 모습이다. 정찬주가 신라화랑이라고 생각하는 것도 무리가 없겠다는 생각이 들 정도이다. 그러나 이런 변화는 당나라 황제와 토번 왕의 차이에 비하면 비교가 안 될 정도로 고리(高麗) 사람의 특징을 잘 살린 그림이라고 평가된다. 220호굴 그림이 절풍에 닭 깃털을 꽂고 머리에 고정하기 위해 끈으로 맨 것까지 본디 모습을 아주 잘 표현했다면, 237호굴에서는 그런 구체적인 특징을 생략하고 머리에 맞는 관에 닭 깃털만 2개 꽂은 모습으로 대신했다. 고리(高麗) 조정이 당나라에 항복하고 150년이나 지난 뒤까지 고리(高麗)의 닭깃털관(鷄羽冠)이 신화처럼 전설처럼 이어져 내려온 게 신기할 따름이다.

이 시기에 그려진 159호굴에는 오히려 절풍은 그럴 듯하지만 닭깃털을 몇 개 합쳐 적당히 표현한 모습이 그려져 있다. 이런 그림은 지난날의 그림도 참조했겠지만 대부분 고리(高麗) 사람들은 닭깃털을 꽂고 다닌다는 전설적인 이야기를 화폭에 그려내면서 생긴 새로운 모습이 아닌가 한다.

4. 금산국(金山國, 851~1036) 때의 고구리(高句麗) 닭깃털관(鷄羽冠)

848년 장의조(張議潮)가 토번을 물리치고 금산국(金山國)이라는 나라를 세워 59년 동안 장씨왕조가 다스리며 71개의 동굴을 팠다. 그 가운데 9호굴, 12호굴, 18호굴, 85호굴, 132호굴, 138호굴, 139호굴, 143호굴, 150호굴, 156호굴, 369호굴 같은 11개 굴에 유마힐경변상도를 그렸다. 이 가운데 18호굴, 85호굴, 132호굴, 150호굴 같은 3개 굴을 뺀 나머지 8굴의 유마힐경변상도에서 고리(高麗) 닭깃털모(鷄羽冠) 인물도가 발견되었다.

고리(高麗) 왕실이 항복한 지 200년이 지났건만 '닭깃털관'이라는 고리(高麗)의 상징은 막고굴 벽화에 살아 있었다. 다만 그림에 나타난 닭깃털관은 그 특징만 살

그림 247 둔황 9호굴 유마힐경변상도에 나타난 닭깃털 관(鷄羽冠)
(정찬주, 「돈황가는길」)

그림 248 138호굴 닭깃털관(李新)

아 남았고 본디 모습과는 많이 달라진 것을 알 수 있다. 이 시기 그려진 138호굴의 인물상에는 절풍은 제대로 얹었는데 닭깃털을 4개나 꽂은 것만 봐도 알 수 있다.

914년 장의조(張議潮)에 이어 조의금(曹議金)이 이 지역을 통치하면서 24개 굴을 파는데, 그 가운데 5호굴, 6호굴, 22호굴, 53호굴, 61호굴, 98호굴, 100호굴, 108호굴, 121호굴, 146호굴, 261호굴, 334호굴, 335호굴, 342호굴 같은 유마힐 경변상도 14개가 발견되었다. 22호굴, 53호굴, 261호굴 같은 3개 굴을 뺀 11개 굴에서 고리(高麗) 닭깃털모(鷄羽冠) 인물도가 발견되었다.

2013년 리신(李新)이 61굴에서 신라와 '후고리(後高麗 = 왕건의 고리)' 때 모습이 등장한다고 발표해서 크게 관심을 끌었던 내용을 잠깐 보고 가기로 한다.

현재 남아 있는 막고굴「오대산도(五臺山圖)」는 모두 7폭인데, 중당(中唐) 시대에 159호굴, 222호굴, 237호굴, 361호굴, 만당(晩唐) 시대에 9호굴, 144호굴이 그려졌고, 당이 멸망하고 오대 시대에 61호굴이 그려졌다. 61호굴「오대산도」는 동굴 정면(서벽)에 그려졌는데 크기가 길이 13.45m, 높이 4.42m나 되는 어마어마하게 큰 그림이다. 그림 옆에 쓴 제목(榜題)만 해도 무려 195개나 되는데 그 가운데 신령하고 상서로움을 나타내는 것이 46개, 절 이름 85개, 탑 15개, 땅이름 32개, 공양을 보내는 사람과 노니는 도인 같은 것이 12개, 기타 5개이다. 그 가운데 리신이 '신라송공사(新羅送供使)' '고리왕사(高麗王使)'를 소개한 것이 있다.[661]

① 신라 인물상으로 확실시되는 예로는 막고굴 61호굴 「오대산도(五臺山圖)」 속에 나오는 '신라송공사(新羅送供使)' 속의 인물이 대표적이다. 그림 속에는 5명의 신라인이 있는데, 머리에는 복두(幞頭)를 쓰고 깃을 둥글게 한 긴 옷옷(團領長袍)을 입고 있다. 이들은 후기 신라시대 인물상이다. 인물상의 신분은 사신, 고급관료, 하급관리 통역관, 말몰이꾼이다. 그밖에 머리에 비단관, 붉은 비단관 및 고깔(弁冠 혹은 遣子禮)을 쓴 신라 인물상도 있다(사진 참조).[662]

---

661) 趙聲良,「莫高窟第61窟五台山圖硏究」,『敦煌硏究』, 1993-4, 90~91쪽. 李新,「敦煌石窟古代朝鮮半島資料硏究ーー莫高窟第61窟《五台山图》古代朝鮮半島资料研究」,『敦煌硏究』, 2013-08, 29쪽.
662) 敦煌研究院 编·赵声良 主编,『敦煌壁画五台山图』, 江苏凤凰美术出版社, 2018.

그림 249 막고굴61호굴 오대산도(『敦煌壁画五台山图』)　　　그림 250 신라송공사(送供使)(『敦煌壁画五台山图』)

② 고리(高麗)[663] 인물상은 61호굴 「오대산도(五臺山圖)」 '고리왕사(高麗王使)' 속에 나타나 있다. 고리(高麗) 인물상이 모두 3명 그려져 있으며, 머리에 갈모(笠帽)를 쓰고 전통옷을 입었다. 신분은 사신, 안내인, 시중드는 사람(挑夫)이다.[664]

947~951년에 만든「오대산도」는 문수보살에게 공양을 올리는 장면이어서 문수당이라고 한다. 907년 당나라가 멸망하고 5개 나라가 나누어 차지했을 때이고, 935년 신라가 멸망한 뒤이며, 후고리(後高麗)가 918년 나라를 세운 지 25년쯤 지난 뒤에 만들어진 벽화이다. 이 벽화는 특히 장안에서 멀지 않은 오대산에 관한 것이고, 당나라 때 많은 신라 승려들이 활동하던 곳이기 때문에 당나라는 이미 멸망했지만 세계 각국에서 공양하는 나라 가운데 신라를 넣은 것이다. 후고리(後高麗)에 관한 기록은 왕이 보낸 사신을 그린 것으로 5대의 복잡했던 판도 속에서 나라를 세운 지 15년도 안 되어 사신을 보냈던 기록은 흥미로운 부분이다. 둔황에서는 추모(주몽)가 세운 고리(高麗)에서 왕건이 세운 후고리(後高麗)까지 그 명성이 이어진 곳이라는 점이 특기할 만하다.

---

663) 왕건이 세운 高麗는 추모(주몽)이 세운 나라이름을 이어받아 그대로 고리(高麗)라고 지었기 때문에 읽는 것도 '고리'라고 읽었다. 서길수 「高句麗'와 '高麗'의 소릿값(音價)에 관한 연구」, 『고구려연구』(27), 2007 참조.

664) 趙聲良, 「莫高窟第61窟五台山圖研究」, 『敦煌研究』, 1993-4, 158쪽; 李新, 「敦煌石窟古代朝鮮半島資料研究―莫高窟第61窟《五台山图》古代朝鮮半島資料研究」, 『敦煌研究』, 2013-08, 29쪽.

이상에서 둔황 막고굴에 그려진 고리(高麗)의 인물상에 나타난 닭깃털관(鷄羽冠)에 관한 벽화를 살펴보았는데, 시대별로 다시 간추려 보면 다음과 같다.

(1) 초당(初唐, 618~712) : 3개 굴

(2) 성당(盛唐, 713~755) : 3개 굴

(3) 중당(中唐, 756~824) : 3개 굴

(4) 토번(吐蕃) 통치시대(781~848) : 9개 굴

(5) 만당(晩唐, 825~907) : 4개 굴

(6) 금산국(金山国, 張議潮 歸義軍, 851~1036) : 10개 굴

(7) 송(宋. 960~1036) : 1개 굴

(8) 서하(西夏, 1032~1225) : 1개굴

여기서 우리는 벽화 가운데 당나라 때 그린 것은 9개일 뿐 나머지 25개 벽화가 대부분 토번을 비롯한 다른 나라에서 그렸다는 것을 알 수 있다. 이것은 의정이 『대당서역구법고승전』에서 "서녘(西方)에서는 고리(高麗)를 구구타왜설라(矩矩吒醫說羅)라고 부른다."는 설명과 부합되며, 그것은 고리(高麗) 왕실이 당나라에 항복한 뒤에도 고리(高麗)라는 나라의 특성과 상징적인 이미지가 전설처럼 맥을 이어간 아주 좋은 역사 자료임을 알 수 있다.

---

665) 구구타왜설라(矩矩吒醫說羅)는 산스크리트 꾹꾸떼스바라(Kukkuteśvara)를 한자음으로 옮긴 것으로 '닭신(雞神)'이란 뜻이다. 자세한 것은 서길수, 「高句麗·高麗의 나라이름(國名)에 관한 연구(1)」(『高句麗渤海研究』(50), 2014. 11) 참조.

Ⅳ. 둔황 막고굴의 닭깃털관(鷄羽冠) 연구사

1988년 돤원줴(段文杰, 전 둔황문물연구원장)는 그의 논문에[666] 둔황 막고굴 벽화에 깃털관을 쓴 인물상이 존재한다는 내용을 처음 발표하였다. 그리고 이 인물에 대한 복식과 국적에 대해서 많은 논의가 있었다.[667] 특히 막고굴의 깃털관 쓴 인물이 고리(高麗) 사람인지, 아니면 신라 사람인지 국적 문제가 논의의 중심이 되었다. 왜냐 하면, 여러 굴에서 발굴된 벽화의 깃털관 인물 가운데 고리(高麗) 조정이 당에 항복하기 전에 만들어진 벽화는 220호굴(642년) 하나뿐이고 나머지는 모두 668년 이후에 만들졌기 때문이다.

1. 고구리인·발해인·신라인·조선인·한국인설

1) 1990년대의 시대 판별

⑴ 1990년, 문명대의 신라 사절

앞에서 이현 무덤벽화를 비롯한 깃털관을 쓴 인물상에 대한 국적을 볼 때 문명대가 신라인설을 강력하게 주장한 바 있다. 문명대는 신라설의 논리 전개에서 막고굴의 변상도에 나온 인물들도 모두 신라 사람이라고 주장하였다.

현재 남아 있는 예로서는 220굴과 335굴의 유마경변상도의 인물상이 가장 확실하고, 103굴 유마경변상도 및 158·332굴 열반경변상도에도 신라인 그림이 있을 가능성도 배

---

666) 段文杰, 「莫高窟唐代藝術中的服飾」, 『敦煌石窟藝術論集』(甘肅人民出版社), 1988. 273~317쪽. 특히 294~295쪽.

667) 이 논문은 입수하지 못했는데, 권영필은 "그는 둔황 초당기의 석굴 220호 동벽에 묘사된 유마거사 문질품(問疾品) 변상도에 한국인이 들어 있음을 확인했다. 즉 유마상 하부, 번왕객사도 가운데 조우관을 쓰고 정장을 한 관복 차림의 두 사람을 한국인으로 비정하였던 것이다."라고 했다(권영필, 「河西回廊에서 敦煌으로」, 『중앙아시아연구』(6), 2001. 157쪽).

제할 수 없다. 한국인임을 가장 잘 알 수 있는 특징은 깃털(鳥羽)을 꽂은 모자나 관을 쓴 인물상이다. 당 이현 묘의 신라 사절상, 사마르칸트 아프라시압 궁전벽화 신라 사절상, 서안 도관칠개국합(都管七個國盒) 사절상, 서안 경산사지(慶山寺址) 사리보장(舍利寶帳) 사절상(조우인물상; 鳥羽人物像), 서안 법지사지(法池寺址) 사리용기 사절상(조우인물상) 등에는 깃털을 꽂은 모자 쓴 인물상이 있는데, 이들은 모두 고구려 내지 신라의 사절상으로 확인되고 있다. <u>양직공도와 도관칠개국합의 깃털 꽂은 인물상을 고려국(高麗國) 사절로 표기하고 있어서 고구려 인물들만 깃 꽂은 모자를 쓰는 것으로 생각하기 쉽지만 그런 것은 결코 아니다.</u>[668]

2000년대에 들어와서 신라인설이 거의 사라져 갈 무렵, 문명대는 자신의 신라설을 뒷받침하는 결정적인 사료로 『대당서역구법고승전』에 나오는 아리야 바르마에 관한 기록을 인용하였다. 아리야 바르마는 고리(高麗) 출신의 승려였다는 사실은 이미 이 책 첫째 마당을 비롯하여 몇 차례 자세하게 보았기 때문에 다시 논하지 않는다.

(2) 1992~2008년, 권영필의 한국인(발해-신라-고구리)

권영필은 일찍이 실크로드를 직접 답사하면서 지속해서 관계 논문을 발표하였다. 1988년 돤원제(段文杰)의 논문을 바탕으로 1992년 조선일보에 연재하던 「유라시아의 한국」(30)에서 335호굴 벽화의 유마거사도에도 한국인이 나온다고 발표하고 그 한국인은 발해인일 것이라고 주장하였고, 1997년 『실크로드 미술-중앙아시아에서 한국까지』에서 「둔황과 한국」이란 절에서 둔황 벽화에서[669]도 그렇게 소개하였다.

권영필은 1996~1999년도 학술진흥재단 국제협력과제인 「국립중앙박물관 중앙아시아 유물에 대한 종합적 연구」를 마친 뒤 「河西回廊에서 敦煌으로」라는[670] 논문을 발표하였다.

---

668) 文明大, 「실크로드의 新羅使節像」, 『中國大陸의 文化』, (1) 故都長安, 한·언, 1990. 181~191쪽.
669) 權寧弼, 『실크로드 미술-중앙아시아에서 한국까지』, 열화당, 1997.
670) 權寧弼, 「河西回廊에서 敦煌으로」, 『中央아시아研究』(6), 2001.

둔황벽화에 나타난 최초의 한국인은 642년 석굴 220호 벽화에 묘사된 인물들이고, 그 다음으로는 868년 경의 335호 굴 벽화에 나오는 인물들이다. 그런데 686년 경은 통일전쟁 직후로 나·당 간의 영토 분쟁이 한창이어서 신라 사신이 당에 파송될 형편이 되지 못했던 때로 여겨져 아마도 이 686년 벽화의 한국인 묘사는 앞선 시대의 어떤 범본을 참고하여서 제작하였던 것이 아닌지 추찰되는 점이 있다.[671]

권영필은 벽화에 나온 인물을 '한국인'이라고 표현하면서 그 '한국인은 곧 신라'라는 관점에서 연구를 진행하였다. 642년은 고리(高麗)가 항복하기 전이지만 고리(高麗)에 대한 고려는 없었다는 것을 알 수 있다. 그리고 335호굴이 조성된 686년에는 당나라와 신라가 전쟁 중이어서 사신을 보낼 수 없었으므로 당연히[672] 그 이전에 그린 본보기(範本)가 있었다고 보았다. 그리고 "번국의 객사들을 표현한 염립본의 소릉열상도에서 결정적인 자료가 되는 부분은 이 그림의 객사들 가운데 고대 한국인 사절이 포함되었을 것으로 추론된다는 것이다."고 했다.[673]

염립본(閻立本)이 그린 소릉열상도(昭陵列像圖)의 소릉(昭陵)은 당 태종(627~649)의 무덤이다. 이 소릉열상도에 있는 소릉도설(昭陵圖說)에 따르면 "여러 번족의 군장들은 정관년(627~649) 중에 귀화한 자들인데, 돌을 깎아 초상을 만들고, 전면에 각자의 관직과 이름을 적었으니, 이들은 모두 14명이다."고 했는데, 그 14명 가운데 '신라·낙랑군왕 김진덕(金眞德)'이 들어 있다. 권영필은 바로 이 소릉열상도를 깊이 연구하여 막고굴에 그린 한국인은 염립본이 신라 사람을 보고 그린 인물도를 본보기(範本)로 하여 조성되었다는 결론을 내린다.

이러한 신라인설은 다음 해에 쓴 「신라문화 속에 남아 있는 서역 요소」[674]와 『렌투스 양식의 그림』(상)[675]에도 이어진다. 2002년 『렌투스 양식의 그림』(하)에서 아프라시압 벽화에 대해 국외 당사자들의 견해를 소개하며 벽화의 조성연대는 7세

---

671) 權寧弼, 「河西回廊에서 敦煌으로」, 『中央아시아研究』(6), 2001, 158쪽.
672) 684년 측천무후가 당나라를 주(周)로 바꾸고 황제가 되었고, 686년 신라는 주(周)나라에 사신을 보냈다(『삼국사기』 권8, 신라 문무왕 6년).
673) 權寧弼, 「河西回廊에서 敦煌으로」, 『中央아시아研究』(6), 2001, 160쪽.
674) 권영필, 「신라문화 속에 남아 있는 서역 요소」, 『신라인의 실크로드』, 백산자료원, 2002.
675) 권영필, 『렌투스 양식의 그림』(상), 사계절, 2002, 232~239쪽.

기 4분의 3기로, 벽화의 사절을 고구리 사람으로 보는 입장에 동조하였다. 그 뒤[676] 실크로드에서 보이는 깃털관을 쓴 인물을 고리(高麗)의 사신이라고 보았다.[677]

(3) 1998년 가게야마 에쯔꼬(影山悦子)의 조선인

가게야마는 둔황 막고굴의 유마힐경변상도를 설명하면서 변상도에 나오는 외국사절 가운데 나오는 고구리 사람이 왜 거기에 들어가 있는지를 설명한다.

> 중국에서는 외국사절이 온 장면을 그릴 때, 조선인 사절을 그리는 게 아주 일반화되어 있다는 것을 둔황막고굴의 유마힐경변상도에서 추측해볼 수 있다. 막고굴에서는 67가지 사례의 유마힐경변상도가 알려져 있는데, 그린 시대는 수(隋)에서 송(宋)에 걸쳐 있다. ……유마힐과 문수가 좌우 어디에 앉느냐가 시대에 따라 바뀌지만 반드시 유마힐의 주위는 외국사절(蕃王)이, 문수의 주위는 한(漢) 황제가 에워싼다. 대부분의 경우 번왕의 집단 앞열에 나란히 서 있는 몇 명의 남방계 민족으로 반쯤 벌거벗고 피부 빛깔이 짙은 맨발이 특징이다. 그들의 뒤에 나란히 서 있는 사람들은 용모, 관이나 옷이 뚜렷이 구별할 수 있게 그려져 있어 여러 나라의 사절이 유마힐을 병문하러 왔다는 것을 한눈에 알 수 있다. 조선인으로 특징적인 깃털관(羽冠)을 쓴 사절은 남방계 민족 바로 뒷줄 안(유마힐 쪽)에 그려져 있는 경우가 많다. …… 당대 이후의 작품 가운데 필자가 외국사절도를 참조할 수 있는 벽화는 15점이었다. 그 가운데 11점에 조선인 사절 또는 그 변형이라고 생각되는 인물상이 그려져 있었다. 실로 3분의 2 이상에 조선인 사절도가 그려져 있는 것은 외국 사절을 그릴 때 반드시 그림본(手本)이 존재했고, 그 그림 가운데 나오는 한 사람이 조선인 사절이었다고 한다.[678]

둔황 막고굴 유마힐경변상도에 나오는 15점의 외국사절도 가운데 3분의 2에 고구리 사절이 나오기 때문에 중국의 유마힐경변상도에 그려진 조선인 사절 또

---

676) 권영필, 『렌투스 양식의 그림』(상), 사계절, 2002, 168~169쪽.

677) 권영필, 「아프라시압 궁전지 벽화의 '고구려 사절'에 관한 연구」, 『중앙아시아 속의 고구려인 발자취』, 동북아역사재단, 2008, 14~59.

678) 影山悦子, 1998, 「サマルカンド壁画に見られる中国絵画の要素について : 朝鮮人使節はワルフマーン王のもとを訪れたか」, 『西南アジア研究』(49), 26~27쪽.

한 아주 일반적 현상이라는 것이다. 가게야마는 둔황벽화에 등장하는 여러 인물은 화가들이 보관해 오던 그림본(模本)을 보고 그린 모습이지 그때그때 직접 보고 그린 모습이 아니라는 것을 증명하기 위해 이 일반론을 주장하였다. 그리고 그는 이러한 막고굴의 사절도의 원본, 곧 모본(模本)이 따로 있다고 하였다.

> 이런 형식화된 외국사절 그림이 둔황에서 처음 만들어졌다고 보기 어렵고, 중국의 중심부에 그러한 형식화된 외국사절 그림이 있어서 그 그림을 바탕으로 그렸다고 추측된 것이 이현(李賢) 무덤의 '객사도(客使圖)'다. 그 그림은 무덤길 양쪽 벽(동서)에 그려져 있고, 물론 3명의 홍려사(鴻臚寺) 문관이 서 있고, 그 뒤쪽에 외국사절 3명이 따르고 있다. 조선인 사절은 동벽에 그려져 있다. 물론 조선인 사절은 실제 조공을 하기 위해 중국을 찾았겠지만 '객사도'는 각국 사절이 조공하러 온 때의 어떤 한 순간을 한치 틀림없이 재현하였다고 생각할 수는 없을 것이다. 그보다는 이미 있었던 외국사절 그림을 그림본으로 하여 작성하였기 때문에 그 그림에는 조선인도 사절의 한 사람이 되었다고 생각할 수 있다.[679]

여기서 들고 있는 이현 무덤의 객사도를 보고 베껴 그린(模寫) 그림본(模本)은 궁정화를 말한다. 당나라는 전통적으로 내려오는 궁정의 사절도가 있어서 이현 무덤의 객사도(客使圖) 또한 그 궁정의 사절도를 바탕으로 그린 그림이지, 외국 사절을 직접 보고 그린 그림이 아니라는 것이다. 이와 마찬가지로 막고굴의 유마힐경변상도 궁정화의 사절도를 보고 베낀 그림이며, 사절을 보고 직접 그린 그림이 아니라는 근거를 연역해 낸 것이다.

가게야마가 이처럼 궁정화에서 이현 무덤과 둔황 막고굴 사절도의 족보를 만들어낸 것은 바로 아프라시압 벽화도 똑같이 중국의 형식화된 외국사절 그림을 베낀 것이라는 결론을 끌어내기 위해서였다. 그러나 아프라시압 벽화는 고구리 사람들이 직접 그린 벽화와 비슷한 반면, 양직공도와는 거리가 있다는 점과 양직공도의 모사도를 비롯하여 오늘날 우리가 볼 수 있는 그림들 대부분은 아프라시

---

679) 影山悦子, 1998, 「サマルカンド壁画に見られる中国絵画の要素について : 朝鮮人使節はワルフマーン王のもとを訪れたか」, 『西南アジア研究』(49),

압 벽화와 같은 시기이거나 후대에 그려진 그림이기 때문에 사마르칸드 화가들이 당의 궁정화 모본을 베꼈을 가능성은 희박하다는 반론을 이미 다른 논문에 발표한 바 있다.[680] 가게야마는 깃털관을 쓴 인물이 고리(高麗) 사람이라고 인정하였지만 용어는 계속 '조선인(朝鮮人)'이라고 썼다.

2) 2000년대의 시대 논쟁

(1) 2000년, 변인석(卞麟錫), 신라 사람인가 고구리 사람인가?

변인석의 막고굴 벽화 주인공에 대한 주장은 장회태자 무덤 예빈도 깃털관 인물에 대한 국적과 연결하여 같은 보기로 들고 있다.

> 둔황석굴 No. 335의 북벽 유마힐경변(維摩詰經變; 初唐)과 No. 220의 동벽 남쪽의 각국왕자도(各國王子圖; 初唐)에는 깃털을 꽂은 조우관을 쓴 사람이 보인다. ……이 같은 조우관을 쓴 왕자는 장희태자묘 동벽에 있는 문제의 주인공과 그 풍모가 많이 닮은 느낌이 들었다. 그러나 동일한 화가가 그렸다고는 말할 수 없을 것이다. 왜냐 하면 화원(畫院)의 화가와 불화를 그리는 화사(畫師)가 각기 달랐기 때문이다. 이런 점에서 고구려, 신라, 백제의 복식이 유사했다는《新唐書》(권 220)의 기록을 놓고 보면, 장희태자묘 동벽의 백의사자가 신라사람인가, 고구려사람인가 하는 지적은 어렵게 된다.[681]

신라설을 주장하는 많은 학자가 사서에 나오는 "고구리·신라·백제의 복식이 유사했다."는 점을 들고 있다. 변인석도 이 점을 들어 다음같이 결론을 내린다.

> 필자의 생각으로는 고구려가 멸망한 후인 9세기까지 한반도로부터 파견된 외국 왕자를 표현할 때는 조우관을 쓴 사람이 대표가 되지 않았을까? 물론 계절과 장소에 따라

---

680) 서길수, 「아프라시압 고구리 사절에 대한 새 논란 검토-高句麗 사신 사행(使行) 부정론에 대한 비판적 고찰」, 『고구려발해연구』(66), 2020.4.

681) 卞麟錫, 「唐 章懷太子墓 東壁의 禮賓圖에 대하여」, 『春史卞麟錫教授停年紀念論叢』, 2000, 246~247쪽.

달랐지만 조우관을 쓰는 경우가 많았다고 본다. 사마르칸트 아프라시압 궁전벽화의 제작 연대가 A.D. 691년으로 티무르왕의 즉위식에 참석한 사절을 그린 것이라면, 이것 또한 시기적으로 백제·고구려가 멸망한 이후가 되기 때문에 <u>두 벽화의 주인공이 신라사절일 가능성이 매우 커진다.</u> 만약 고구려 사절로 단정한다면 전제되어야 할 몇 가지 점이 장애로 놓이게 된다. 그것은 첫째, 고구려의 사절이 북방제국이나 중국의 변경을 가로질러 사마르칸트까지 갈 수 있었던 역사적 배경이 고려되어야 한다. 즉 당시 동아시아 정세에서 볼 때 어느 나라의 사절이 참석에 유리했을까이다. 둘째, 중국의 사서가 지적한 대로 3국의 복식이 거의 동일하였다면 3국의 각기 다른 사절을 어떻게 차별화 할 것이며, 아울러 또 벽화의 본(本)으로 쓰여진 입증을 어디에 둘 것인가 등이다.[682]

먼저 220호굴은 조성연대가 642년이고 아프라시압벽화에 등장하는 바루후만이 강거도독이 된 해는 658년이기 때문에 고구리 조정이 당에 항복하기 전의 일이란 점을 인식하였다면 결론은 달라진다. 그리고 해동 3국이 복식은 비슷했지만 바로 깃털관이 세 나라를 차별화하는 잣대라는 것은 앞에서 양직공도를 볼 때 명확하게 보았다. 아프라시압 벽화에 관하여 사신이 갈 수 있는 역사적 배경은 <고구리·고리사 연구총서> 5권에서 자세하게 다룬다.

결국 변인석의 주장은 조건부 고구리설이고, 조건이 맞지 않으면 신라설이라는 주장이다.

(2) 정찬주의 고구리와 신라의 화랑

2001년 소설가 정찬주 씨가 『둔황으로 가는 길』이란 책에서 고리(高麗) 사람이 그려진 막고굴 벽화 사진을 공개하였다. 당시만 해도 둔황에 가서 직접 벽화를 보기 어려운 시절이었기 때문에 독자들의 반응이 컸다. 정찬주가 밝힌 사진 가운데 237호굴 사진은 토번(吐藩, 현재 티베트)이 둔황을 지배하던 시기(781~848)였다. 정찬주는 237호굴의 깃털관 인물을 "220호굴 인물과 완전히 구분된다. 220호굴의 조우관이 고구려식이라고 가정한다면 이 관모는 아주 딴판이다."라

---

682) 卞麟錫, 「唐 章懷太子墓 東壁의 禮賓圖에 대하여」, 『春史卞麟錫敎授停年紀念論叢』, 2000, 251쪽.

고 하면서 237호굴 깃털관 인물에 대해 "혹시 화랑의 관모가 아닐까?"라는 상상의 나래를 펴며 이런 제안을 한다.

> 얼굴이 앳된 저 사신이 정말 화랑일까. 화랑이 사신으로 중국을 드나든 예가 있는지 나그네는 들어본 적이 없다. 또한 화랑을 상상으로 그린 그림은 보았지만 실제로 문헌에서 발견된 그림은 아직 보지 못했다. 만약 저 사신이 천 년 전의 화랑이라고 한다면 지금 나그네는 기적과 만나고 있는 것이라 아니할 수 없다. 물론 당시 신라 사회에 새 깃이 앞으로 꽂힌 신라식 조우관이 왕족과 화랑들에게 유행했을 가능성도 있다. 그러니까 화랑이라고 예단하기보다는 화랑이거나 왕족일 수도 있다는 것이다. 그래, 국내에 돌아가면 사람들에게 사진을 공개하고 토론에 붙여 보자. 나그네 같은 소설가의 다급한 직관보다는 성실하고 끈기 있는 학자들의 학문적 태도를 더 믿어줄 테니까.[683]

정찬주는 소설가답게 237호굴의 인물에 대해서 나름대로 신라사를 썼다. 그리고 겸손하게 학계의 판단을 구했다. 그런데 아직도 인터넷에 화랑의 그림으로 널리 퍼진 것을 보면 이에 대한 학계의 진지한 답변은 없었던 모양이다. 결국 고구리 조정이 당에 항복하기 전의 작품인 220호굴은 고구리 사람이고, 항복한 뒤는 신라였기 때문에 신라라고 생각하고 화랑을 그렸던 것이다.

⑶ 2005년 김문자의 '우리 고유의 조우관 = 통일신라'?
김문자는 '우리 고유의 조우관=통일신라'라는 관점에서 보았다.

> 지금까지 유물 발굴 경과만을 본다면 당 이현 묘 벽화의 사절이나 왕회도 사신도, 둔황 막고굴 237호굴 벽화인물도의 조우관은 우리 고유의 조우관을 착용한 것으로 보이며, 사마르칸트벽화 인물도나 둔황 335굴의 인물도가 착용한 조우관은 통일신라기에 들어와 조우관의 양식 방법이 바뀐 것을 증명해야만 우리나라 사신으로 규명할 수 있으리

---

683) 정찬주, 『돈황가는길』, 김영사, 2001, 221쪽.

라 생각되나 아직은 정확한 근거자료를 발견하기 힘든 실정이다.[684]

이현 묘·왕회도·막고굴 237호굴의 깃털관 인물은 '우리 고유의 조우관'이지만 사마르칸드 인물도와 둔황 335호굴 인물도는 통일신라 때 양식의 변화가 바뀌었다는 것을 증명해야 한다고 했다. '우리 고유의 조우관'이 어느 시기 것인지 분명하지 않지만 후자를 통일신라로 보려면 양식변화를 증명해야 한다고 해석하면서 '우리 고유의 조우관 = 통일신라'라고 보지 않았나 생각한다. 다만 앞에서 본 바와 같이 237호굴 벽화는 토번이 당나라에게서 둔황을 빼앗아 지배하던 781~848년 때 벽화이고 335호굴 인물도는 686년이므로 237호굴이 100년이나 늦다. 그리고 사마르칸드의 인물화는 658년 바르후만이 강거도독으로 임명된 해다. 이렇게 연대를 보면 시대별로 분류해 볼 때 김문자의 분류나 국적을 쉽게 받아들이기 어렵다.

(4) 2010년, 김용문의 고구리(高句麗) 사신, 한국 사신.
이 논문은 아프라시압 벽화에 나타난 복식을 연구하면서 아프라시압 벽화에 나오는 인물의 깃털관이 고구리 것이라고 밝히고, 이와 같은 맥락에서 둔황 220호굴의 깃털관 인물을 다룬다. 그는 668년을 기점으로 그 이전의 220호굴은 고구리 사신, 그 뒤의 것은 한국 사신이라고 했다.

<그림 14>는 비슷한 시기의 둔황 220굴(642년)의 동벽 유마힐경변상도이다. 외국 사신들 중에 한 명이 조우관을 쓰고 소매가 넓은 포와 바지를 입고 공수한 자세로 서 있는 고구려 사신이 그려져 있다. <그림 15>는 355굴(686년)의 북벽 유마힐경변상도에 두 명의 한국 사신이 그려져 있으며 조우관이 확실하게 보인다.[685]

(5) 2012년, 조윤재, 한국인
조윤재는 주로 권영필의 2001년 논문을 정리한 것이다. DB 구축을 위한 글이

---

684) 김문자, 「고대 조우관의 원류에 대한 연구」, 『한복문화』(8-1), 2005, 60쪽.
685) 김용문, 「아프라시압 벽화에 나타난 복식 연구」, 『服飾』(60-7), 2010, 122쪽.

기 때문에 특별히 자신의 의견은 없지만, 권영필의 2001년 논문과 같이 한국인이라는 막연한 논지를 소개하였다. 자신의 주제인 아프라시압은 고구리 사람으로 했으므로 권영필의 고대 한국인 정도를 그냥 지나간 것이다.[686]

2. 고구리 사람(高句麗人)설

1) 1990년, 류영정(劉永增), 고리(高麗) 국왕

류영정의 고리(高麗) 국왕에 대한 언급은 이미 앞 마당에서 일본 센오꾸박고관(泉屋博古藏) 사리함에서 보았다. 그 사리함에 나온 깃털관 인물을 고리(高麗) 왕이라고 주장하기 위해 막고굴의 인물상을 들었는데, 다시 한번 보기로 한다.

> 또 둔황벽화에도 뿔 꼴의 관을 쓴 고리(高麗)의 국왕이라고 생각되는 그림이 있다. 보기를 들면 159굴, 335굴, 148굴의 열반도나 유마변상도다(그림 참조). 그 가운데 뿔 꼴인 것도 있지만 깃털(羽毛) 같은 것도 있는데(그림 참조) 모두 고리족(高麗族)의 국왕으로 비정해도 좋을 것이다.[687]

335호굴은 초당(初唐, 686년) 때 조성된 것이고, 159호굴은 중당(中唐, 756~824) 시대 조성된 것이며, 148호굴은 성당(盛唐, 713~755) 시대 조성된 것이다. 류영정이 고리 사람(高麗人)이나 고리(高麗) 사신이라고 하지 않고 고리(高麗) 국왕이라고 한 것은 센오꾸박물관(泉屋博古藏) 사리함에 '8개 나라 왕(八國王)'이라는 글이 새겨져 있었기 때문이다.

---

686) 조윤재, 「古代 韓國의 鳥羽冠과 실크로드-鳥羽冠 관련 연구사 검토를 중심으로-」, 고려대학교 한국사연구소, 고려대학교 BK21 한국사학교육연구단 '실크로드를 통한 한국불교문화 해외 전파조사 및 DB구축'사업 국제학술회의 발표논문집 『실크로드와 한국불교문화』, 2012.
687) 劉永增, 「泉玉博古藏乾元銘石函の研究」, 『泉玉博古館紀要』(6), 1990, 83~84쪽.

2) 1994년, 김리나, 고구리(高句麗)

김리나는 논문에서 '둔황벽화의 조우관(鳥羽冠)을 쓴 고구리인(高句麗人)'이란 장에 꽤 자세하게 논의하고 있다. 김리나는 깃털관을 쓴 고구리 사람으로 먼저 220호굴의 유마힐경변상도에 대해 자세하게 설명하고 이어서 335호굴에 대해 설명한다. 335호굴은 측천무후 때인 686년에 조성된 것이기 때문에 고리(高麗) 조정이 당에 항복한 뒤의 작품이다. 이 문제에 대해서는 이렇게 결론 짓고 있다.

> 이 335굴은 제220굴의 그림보다는 더 복잡하면서도 구도나 인물 배치가 유사하고 구체적이나 세부 표현에서는 약간 형식화된 것을 보면 이 변상도의 기본구도로 동일한 原本이 이미 7세기 전반에 있었거나 또는 642년 작인 제220굴의 구도를 模本으로 약간 변형하여 그린 게 아닌가 추정된다.
>
> 335굴의 제작 연대가 686년이라고 할 때에 이 인물들이 한국에서 온 사신이라면 당시의 역사배경으로 보아 신라인으로 해석될 수도 있을 것이다. 그러나 이 도상이 만약 이미 존재했던 220굴의 유마힐경변상도를 답습모사한 것이라면 이 인물은 고구려인의 표현이 될 것이다.[688]

당시까지 벽화의 조성연대만으로 당시 존재했던 나라를 비정하여 신라인이라고 하는 설이 있었지만 김리나는 이미 고리(高麗) 시대 있었던 원본을 바탕으로 그렸을 것으로 보고 668년 이후의 깃털관 인물도 고리(高麗) 사람으로 볼 수 있는 아주 중요한 잣대를 학계에 제시하였다.

3) 2003년, 노태돈, 고구리(高句麗)

노태돈은 『예빈도에 보인 고구려』에서 예빈도의 깃털관 인물이 고리(高麗) 사람이라는 것을 증명하는 과정에서 둔황 막고굴의 벽화에 나온 깃털관 인물도 고리(高麗) 사람이라고 주장한다. 김리나의 설을 뒷받침했다고 볼 수 있다.

---

688) 金理那, 「唐美術에 보이는 鳥羽冠飾의 高句麗人 - 燉煌벽화와 西安출토 銀盒을 중심으로 -」, 『李基白先生古稀記念 韓國史學論叢』(上), 1994, 511~512쪽.

조우관을 쓴 인물상은 당적 천하를 구성하다고 여긴 한 부분을 나타낸 것이라고 이해할 수 있다. 이들 조우관 쓴 이는 앞에서 말한 바처럼 고구려인을 형상화한 것이다.

그런데 335호 석굴의 벽화는 686년에, 즉 고구려가 멸망한 668년 이후에 제작된 것이다. 이에 대해 종교화는 일단 그 내용과 구도가 형성되어지면 계속 그것을 이어가는 경향이 강하다는 점과 실제 335 석굴의 유마힐경변상도는 642년에 그려진 220호를 모본으로 삼아 그렸던 것 같다는 점을 고려하면, 668년 이후의 당인들의 고구려에 대한 인식과 연관하여 이 그림에 큰 의의를 부여할 필요는 없다고 생각해 볼 수도 있다.[689]

4) 2015년, 서길수, 고구리설

서길수 논문의 특징은 둔황 막고굴에 그려진 25개의 닭깃털관 인물을 시대에 따라 ① 초당(初唐, 618 ~ 712) ② 성당(盛唐, 713 ~ 755) ③ 중당(中唐, 756 ~ 824) ④ 토번(吐蕃) 통치시대(781~848) ⑤ 만당(晚唐, 825 ~ 907) ⑥ 금산국(金山国, 張議潮 歸義軍, 851~1036) ⑦ 송(宋. 960~1036) ⑧ 서하(西夏, 1032~1225)로 나누어 관찰하였다는 점이다. 그리고 벽화 가운데 당나라 때 그린 것은 9개밖에 되지 않고 나머지 25개 벽화가 대부분 당나라가 아니라 토번을 비롯한 다른 나라에서 그린 것이라는 사실을 밝혔다.

이를 통해 "이것은 의정이 『대당서역구법고승전』에서 "서녘(西方)에서는 고리(高麗)를 구구타왜설라(矩矩吒䃜說羅)[690]라고 부른다."는 설명과 부합된다는 것을 알 수 있으며, 그것은 고리(高麗) 왕실이 당나라에 항복한 뒤에도 고리(高麗)의 특성과 상징적인 이미지가 전설처럼 이어졌다는 것을 보여주는 아주 좋은 자료임을 알 수 있다."[691]는 결론을 내렸다. 그리고 이러한 입장은 지금도 변함이 없으며, 사실상 이 마당의 결론이 된다.

---

689) 노태돈, 『예빈도에 보인 고구려』, 서울대학교 출판부, 2003, 38쪽.

690) 구구타왜설라(矩矩吒䃜說羅)는 산스크리트 꾹꾸떼스바라(Kukkuṭeśvara)를 한자음으로 옮긴 것으로 '닭신(雞神)이란 뜻이다. 자세한 것은 서길수, 「高句麗·高麗의 나라이름(國名)에 관한 연구(1)」(『高句麗渤海研究』(50), 2014. 11) 참조.

691) 서길수, 「외국 高句麗 인물화에 나타난 닭깃털관(鷄羽冠)과 高句麗의 위상 연구」, 『高句麗渤海研究』(51), 2015, 201~202쪽.

저자 약력

― 1944년 전남 화순에서 태어남.
― 광주 사레지오고등학교, 국제대학 졸업.
― 단국대학교에서 경제학 석•박사 학위(한국경제사 전공).
― 서경대학교(전 국제대학교) 경제학과 교수(2009년 정년퇴임).

서경대학교 경제학과 교수로 재직하던 1990년 세계에스페란토협회 회원으로 중국에 있는 고구려 유적을 운명처럼 마주했다. 이후 고구려연구회를 설립하고 국내외 학자들과 교류하며 수많은 국제 학술대회를 열어 우리나라 고구리사 연구의 현주소와 역사학계의 나아갈 방향을 찾아나섰다. 또한 중국 땅은 물론 남북의 고구리 역사 유적을 샅샅이 찾아다니며 고구리•고리사 연구에 헌신하였다.

　현재 고구려연구회 이사장, 고구려•발해학회 고문, 맑은나라 불교연구회 이사장으로 활동하면서 고구리•고리연구소를 새롭게 발족하여 당면한 중국의 일방적인 동북공정에 맞서 남은 여생을 바치고 있다.

저서로는
『高句麗 城』『고구려 역사유적 답사』『대륙에 남은 고구려』『유적 유물로 보는 고구려』『세계 유산 고구려』『동북공정 고구려사』(번역),『중국이 쓴 고구려 역사』(번역)와 고구리•고리사 연구총서 시리즈로『고구려의 본디 이름 고구리(高句麗)』『장수왕이 바꾼 나라이름 고리(高麗)』들이 출간되었다.

논문으로는
「송화강 유역의 고구려 산성 연구」「고구려 축성법 연구(1~5)」「중국의 역사왜곡 현장에 관한 사례 분석」들이 있다.

저자 연락처 kori-koguri@naver.com